PAGE 44 SUR LA ROUTE

RÉGIONS, VILLES, VILLAGES
Visites, activités et bonnes adresses

LES INCONTOURNABLES PAGE SUIVANTE

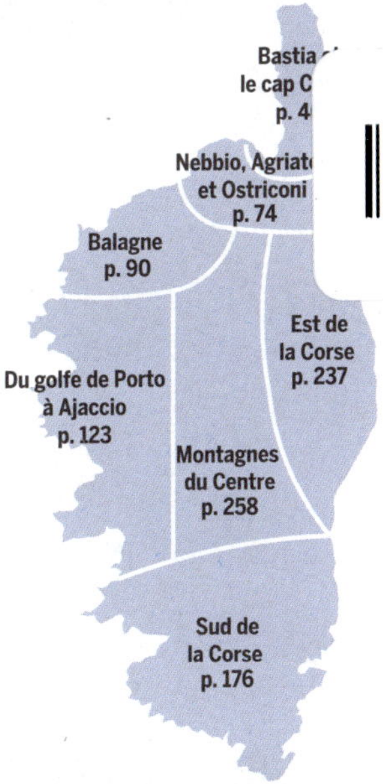

PAGE 381 CORSE PRATIQUE

TOUT POUR S'ORGANISER
Location de voiture, lignes de train, organismes à connaître

ÉDITION ÉCRITE ET ACTUALISÉE PAR

Jean-Bernard Carillet

Olivier Cirendini

Corse

Les incontournables

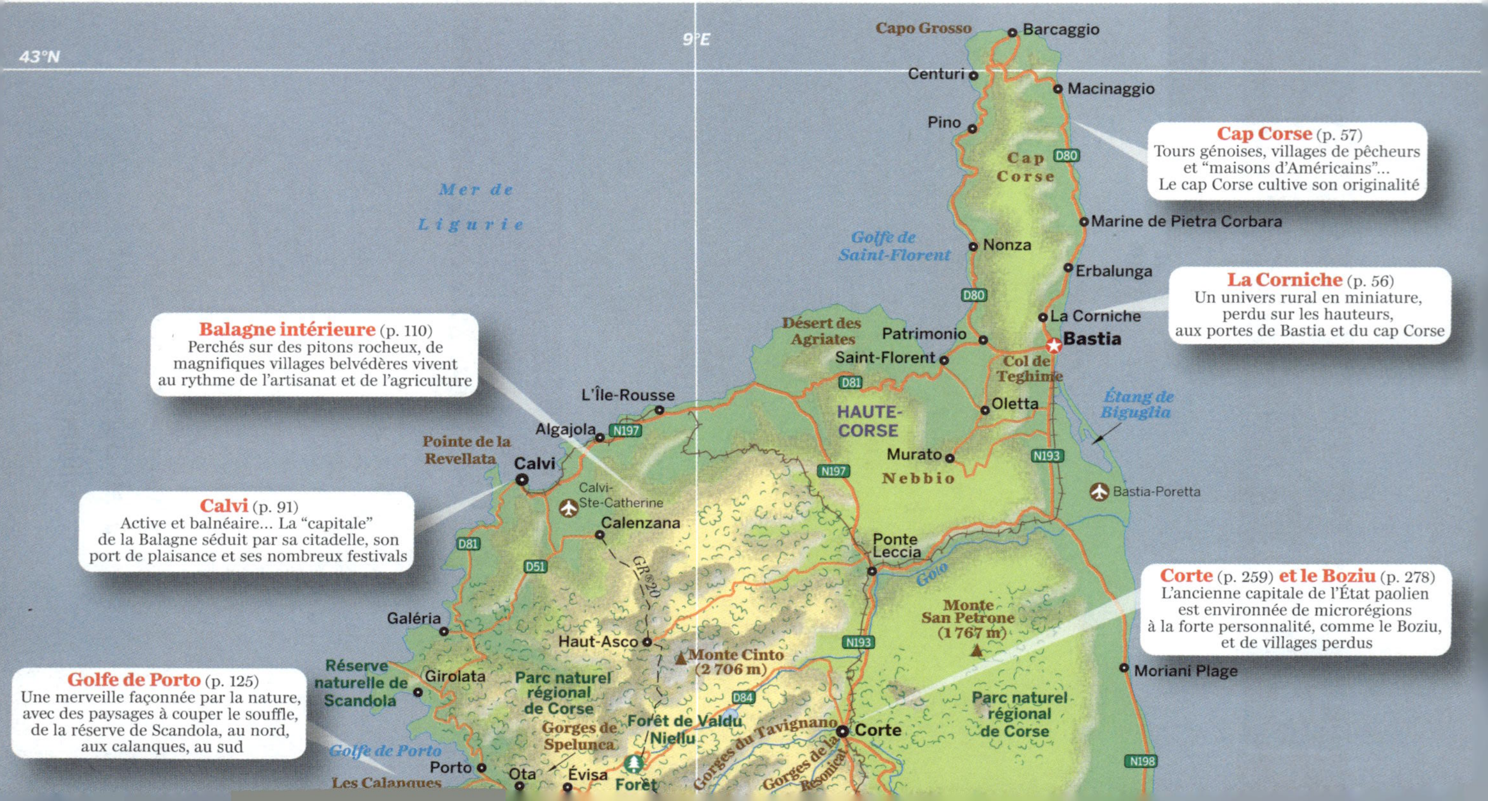

GR®20 (p. 287)
Un itinéraire de légende, pour les bons randonneurs
Les aiguilles de Bavella (p. 228)
Surplombant la forêt de l'Ospédale, les pointes acérées des aiguilles de Bavella composent un spectacle fantastique
Porto-Vecchio (p. 213)
L'ancienne cité du sel est l'un des hauts lieux de la plongée en Corse
Bonifacio (p. 199)
Perchée sur des falaises de calcaire à la blancheur éclatante, Bonifacio scrute la Sardaigne
Ajaccio (p. 157)
Au cœur de la vieille ville, le musée Fesch abrite une exceptionnelle collection de primitifs italiens
Sartène (p. 190)
Garante des traditions insulaires, Sartène surplombe des sites mégalithiques dont les mystères n'ont pas été élucidés
ALTITUDES
2 000 m
1 500 m
1 000 m
500 m
0 m
0
20 km
MER MÉDITERRANÉE
Mer Tyrrhénienne
42°N
Capo Rosso
Cargèse
Sagone
Golfe de Sagone
Capo di Feno
Ajaccio
Pointe de la Parata
Îles Sanguinaires
Ajaccio-Campo dell'Oro
Porticcio
Plage d'Agosta
Golfe d'Ajaccio
Capo di Muro
Porto Pollo
Pont di Calzola
Filitosa
Golfe de Valinco
Propriano
Plage de Portigliolo
Portigliolo
Campomoro
Sartène
Paddaghiu
Cauria
Roccapina
Pianattoli-Caldarello
Capo di Feno
Bonifacio
Cap Pertusato
Bouches de Bonifacio
Archipel des Lavezzi
Figari
Figari-Sud-Corse
CORSE DU SUD
Porto-Vecchio
Golfe de Porto-Vecchio
Forêt de L'Ospédale
L'Ospédale
Sainte-Lucie-de-Tallano
Zonza
Quenza
Conca
Aiguilles de Bavella
Parc naturel régional de Corse
Solenzara
Zicavo
Taravo
Bastelica
Ghisonaccia
Fiumorbu
Ghisoni
Aléria
Vizzavona
Vivario
Tavignano
(2 622 m)
GR®20
D81
D70
N193
D69
D344
N200
D83
N196
D155
D859
N198

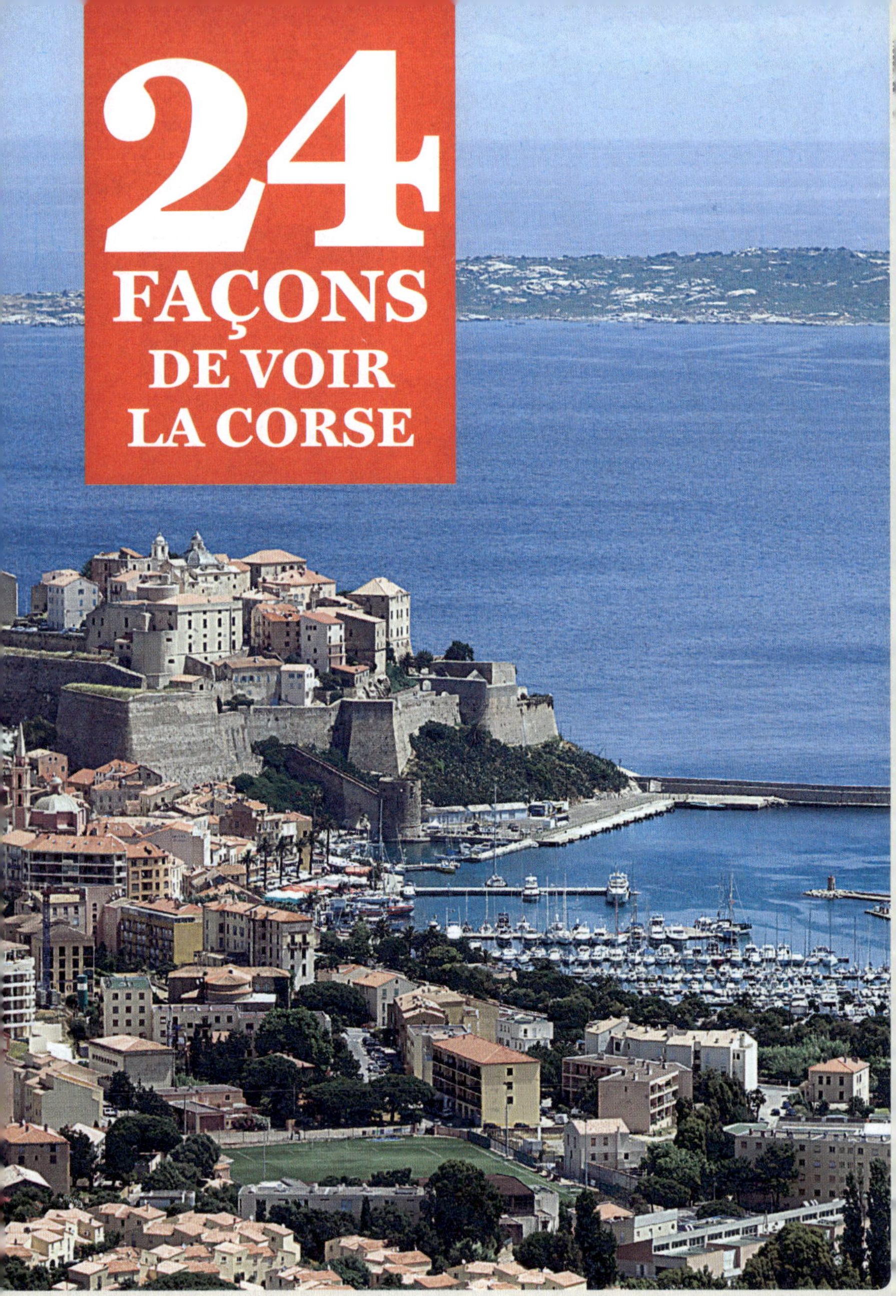

Calvi et sa citadelle

1 Au pied de la citadelle, le port de plaisance de Calvi (p. 91) est l'un des grands pôles d'attraction touristique de l'île. Cafés et restaurants s'alignent sur le quai, dont les vastes terrasses côtoient les yachts. La façade rose vif de l'église Sainte-Marie-Majeure, au-dessus du port, ajoute une note de gaieté.

Les paysages du cap Corse

2 Découvrez les paysages sauvages du cap Corse (p. 57), cette "île dans une île" traversée par une crête rocheuse. Un maquis vert et odorant recouvre ses collines, montagnes et vallons. Avec ses tours génoises, ses marines, ses ports de pêche, ses villages perchés et ses "maisons d'Américains", le cap Corse est une étape incontournable de votre séjour sur l'île de Beauté.

La tour de l'Osse, l'une des nombreuses tours génoises qui émaillent le cap Corse

Le golfe de Porto

3 Petit port de pêche devenu une station balnéaire sans grand charme, Porto (p. 127) conserve toutefois un site exceptionnel. Perchée sur un éperon rocheux, sa tour génoise, l'une des rares en Corse à être carrée, garde l'entrée du petit golfe de Porto, une merveille façonnée par la nature, encadré par les majestueux pics déchiquetés du Capo d'Orto, à 1 294 m.

JEAN-BERNARD CARILLET

Les aiguilles de Bavella

4 Les aiguilles de Bavella se dressent dans le massif boisé de l'Alta Rocca (p. 223), l'un des plus beaux sites de la montagne corse. Ces étonnantes pointes de porphyre rouge sculptées par l'érosion culminent à 1 596 m. Si elles ne sont pas les plus hautes, elles sont sans doute les plus spectaculaires. On en oublierait presque la présence de l'homme tant cette nature fascine.

Le village de Zonza, au pied des aiguilles

Ajaccio et les îles Sanguinaires

5 Devenue la première ville de Corse grâce à un décret de son enfant le plus célèbre, Napoléon Bonaparte, Aiacciu (p. 154) ne manque pas d'attraits. Certains ne jurent que par son atmosphère décontractée, d'autres par son musée Fesch ou par ses restaurants. Tous s'accordent sur un point : la ville fait la joie des amateurs de littoral avec son front de mer, la longue plage du Ricanto et les îles Sanguinaires. À quelques kilomètres du centre, ces îlots protégés qui ponctuent la pointe de la Parata doivent leur nom à la couleur rouge de la roche qui les compose et sont un refuge de choix pour les oiseaux marins.

Traversée de l'île avec le GR®20

6 C'est un véritable mythe auprès de milliers de randonneurs. Traversant l'île en diagonale, de Calenzana à Conca, le GR®20 (p. 287) offre un autre regard sur la géographie corse, quasi aérien et résolument montagnard – même si la côte se laisse souvent apercevoir à l'horizon. Flirtant avec les sommets, cherchant souvent la difficulté, cet itinéraire de haut vol est à réserver aux marcheurs aguerris. Les autres trouveront leur bonheur dans de nombreuses balades et sentiers moins sportifs, mais tout aussi riches de promesses, comme les Mare a Mare® et les Mare e Monti®.

OLIVIER CIRENDINI/LPI

Les falaises de Bonifacio

7 Bonifacio (p. 199) s'accroche toujours à ses spectaculaires falaises de calcaire blanc. Sculptées par le vent et les embruns, elles abritent des calanques, des criques et des plages au décor féerique. On aimerait ne pas trop en dire et ne pas trop en montrer pour garder intact votre émoi lorsque vous découvrirez la "Gibraltar corse". Juste ceci : c'est depuis le pont d'un bateau qu'elle est la plus ravissante...

Les richesses de l'Alta Rocca

8 Beauté du décor, richesse du patrimoine, belles opportunités de loisirs sportifs… Le massif surplombant le sud de l'île est un monde à part qui se prête à toutes les envies. Aussi âpre sur ses sommets que doux sous le couvert de ses forêts de pins laricios, l'Alta Rocca est sillonné de sentiers de randonnée et de rivières propices au canyoning. Blottis dans ce décor, les villages de granite appellent à découvrir la culture insulaire et recèlent quelques trésors, comme le musée de Levie et sa Dame de Bonifacio, plus vieux vestige humain découvert en Corse.

Le village de Levie

JEAN-BERNARD CARILLET/LPI

Plongée et snorkeling aux îles Lavezzi

9 La Corse réserve des surprises jusqu'à ses extrémités les plus éloignées. Dernier bastion de terre corse avant la Sardaigne, les îles Lavezzi (p. 209) sont l'occasion d'un tour en mer à la journée jusqu'à ce petit paradis protégé entre ciel et mer. Érodée par le vent et par la mer, la roche claire prend ici des formes d'écailles de monstres marins se découpant sur des eaux oscillant entre le turquoise et le bleu outremer. L'idéal pour une sortie en snorkeling… Hormis l'île Cavallo, refuge de la jet-set, les Lavezzi sont accessibles en bateau depuis le port de Bonifacio.

Les plages de Porto-Vecchio

10 Ah ! les plages corses. Souvent comparées à celles de destinations beaucoup plus exotiques, elles justifient pleinement leur réputation. Aux abords de Porto-Vecchio notamment, les golfes et les plages déclinent à l'envi sable blanc et eaux turquoise. La plage idyllique de Palombaggia (p. 219), bordée de pins d'un vert éclatant, déploie un long ruban de sable blanc ponctué de rochers rouges et baigné par une mer transparente. C'est la plus prisée de Corse du Sud. Lovée dans une magnifique baie circulaire de sable blanc, bordée de pinèdes, la plage de Rondinara (p. 212, photo ci-dessous) est abritée des vents et attire les plaisanciers en saison.

OLIVIER CIRENDINI/LPI

Chapelles du Boziu

11 Aux portes de Corte, la région montagneuse du Boziu (p. 278) dissimule d'étonnantes chapelles nichées au bout d'étroites routes de montagne. L'une des plus remarquables est la chapelle San-Nicolao, à Sermano, décorée de fresques du XVe siècle d'une poignante sensibilité. Celle de San-Quilico se distingue par la finesse des sculptures de son schiste clair, tandis que la chapelle Santa-Maria-Assunta de Favallelo (photo ci-dessous) abrite des fresques que les connaisseurs apprécieront à leur juste valeur. L'occasion d'échapper aux foules pour découvrir une enclave montagneuse délaissée par les itinéraires touristiques.

DAVID TOMLINSON/LPI

La tour de l'île de la Pietra

12 S'ils ont laissé un souvenir amer et douloureux, les Génois ont également cédé à l'île l'un de ses éléments patrimoniaux les plus distinctifs : des dizaines de tours de surveillance, rondes ou carrées, hautes d'une quinzaine de mètres. Bâties pour prévenir les attaques par la mer, elles servaient de moyen de communication grâce à un système de feux, visibles de l'une à l'autre. À L'Île-Rousse (p. 104), la tour de l'île de la Pietra est l'une des 67 tours encore visibles en Corse, sur les 85 construites à l'époque génoise. Les tours de Porto (p. 128), Campomoro (p. 58) et Santa Maria (p. 65), sur le cap Corse, comptent également parmi les plus belles.

Le village de Pigna

13 La désertification des villages n'est pas une fatalité. Pigna (p. 113) en est un exemple vivant. Perché sur les montagnes de Balagne, ce bourg doit son renouveau, depuis les années 1970, à une maire dynamique et à une poignée d'artistes et d'artisans, qui lui ont donné un nouveau souffle. Potiers, sculpteurs, peintres, luthiers, musiciens… la visite du village est un hommage vivant à la culture traditionnelle corse. Pigna serait par ailleurs un sérieux prétendant si le titre du plus beau village de Corse devait être décerné…

Le palais Fesch à Ajaccio

14 Oncle de Bonaparte, Joseph Fesch (1763-1839) était un homme d'Église – il fut nommé cardinal en 1803 – mais aussi un amateur d'art éclairé. Ajaccio lui doit l'exceptionnel musée qui porte son nom, rouvert au public après plusieurs années de rénovation. Au cœur de la vieille ville, il conserve un millier des 16 000 toiles qui auraient constitué la collection du cardinal, qu'il céda à la ville à la fin de sa vie, après avoir été disgrâcié par Bonaparte. Des œuvres de Botticelli, Titien ou encore Véronèse y côtoient des toiles d'inspiration napoléonienne.

OLIVIER CIRENDINI/LPI

JEAN-BERNARD CARILLET

Baignades dans les vasques de rivière

15 Qui a dit que la baignade devait se limiter à la "grande bleue" ? L'île est sillonnée de dizaines de rivières dont les eaux fraîches sont un vrai bonheur en été, lorsque la côte est surfréquentée. Dans les vallées du Fango (p. 121) et de la Restonica (p. 268), elles achèvent leur course vers la mer en de superbes vasques, véritables piscines naturelles, souvent accessibles par de courtes balades ou au fil des randonnées (attention aux glissades !). L'un des secrets de la Corse, et un refuge des insulaires pour éviter la foule estivale...

Notre-Dame-de-la-Serra

16 À la sortie de Calvi vers la pointe de la Revellata, l'église Notre-Dame-de-la-Serra (p. 99) fait face à la Méditerranée. L'atteindre nécessite une petite heure de marche, récompensée par la vue, particulièrement belle en fin de journée, lorsque les lumières de Calvi s'allument en contrebas.

DAVID TOMLINSON/LPI

Spécialités corses

17 Un voyage sur l'île ne saurait être complet sans goûter le brocciu, le *figatellu* et la *pulenta*... Parfumée comme le maquis, la cuisine corse doit son goût à ses savoir-faire ancestraux et à ses produits phares. Tête de liste, la charcuterie de montagne est traditionnellement élaborée à partir de la viande des cochons coureurs, élevés aux glands et aux châtaignes. Le brocciu, de décembre à juillet, est un fromage frais fabriqué à partir de petit lait. Confitures, miels et vins sont aussi à découvrir.

JEAN-BERNARD CARILLET

Corte

18 Aussi éloignée de la mer qu'il est possible de l'être sur l'île, Corte (p. 259) fait figure de gardienne de l'identité corse. Pendant des siècles, sa magnifique citadelle a commandé le centre géographique de l'île. Juchée comme un nid d'aigle sur un promontoire rocheux, la ville a été de toutes les batailles et fut le principal bastion de résistance de l'intérieur de l'île contre l'occupation génoise, concentrée sur les côtes. Juste retour des choses, c'est dans cette ville historique, agréable et accueillante, que fut créée en 1981 l'Université de Corse.

Les sites archéologiques de Cauria

19 La région de Sartène abrite les plus anciens vestiges d'occupation humaine sur l'île. S'ils n'ont pas livré tous leurs secrets aux scientifiques – quelle était leur fonction ? Quelle est leur symbolique ? – les dolmens et les alignements de menhirs du plateau de Cauria n'en méritent pas moins la visite pour leur atmosphère particulière. Plus grand témoignage mégalithique de Corse, le dolmen de Funtanaccia (p. 195) est lourd d'une quinzaine de tonnes et aurait été érigé vers 4 000 avant J.-C. Les menhirs de Stantari (photo ci-dessous), non loin, valent également le coup d'œil.

JEAN-BERNARD CARILLET

L'austère Sartène

20 Sartène (p. 190), "la plus corse des villes corses" selon Prosper Mérimée – une citation qui fait la fierté de la ville –, dresse sur un éperon rocheux ses imposantes demeures de granite sombre, que relient passerelles, venelles et autres passages voûtés. Elle jette ainsi un regard lointain sur le golfe du Valinco.

Bastia

21 L'église Saint-Jean-Baptiste, qui domine le vieux port, est l'image la plus célèbre de Bastia (p. 48). L'intérêt de la ville ne se limite cependant pas à cette imposante façade baroque. Bâti dans une crique étroite chargée d'histoire où pêcheurs et plaisanciers, Bastiais et touristes se retrouvent dans une joyeuse animation sur fond de façades colorées, le vieux port est le cœur de la deuxième ville de l'île. Gentiment anarchique, méditerranéenne et populaire, Bastia sait séduire ceux qui prennent le temps de se plonger dans son atmosphère.

JEAN-BERNARD CARILLET

Les plages de l'Ostriconi et des Agriates

22 Entre la Balagne et les Agriates, l'Ostriconi (p. 87) se distingue par ses longues plages, surveillées en été et particulièrement adaptées aux enfants. Certains avancent que le sable qui les couvre serait l'un des plus fins du monde… Il n'en fallait pas plus pour assurer la réputation des lieux, superbes mais très fréquentés en été. L'étonnant "désert" des Agriates, non loin, dissimule pour sa part deux autres sublimes plages, moins faciles d'accès : les plages du Lodo (p. 78) et de la Saleccia (p. 78). La plage de l'Ostriconi

Nonza

23 La façade jaune et orangée de l'église Sainte-Julie de Nonza (p. 71) n'est que l'un des sites qui justifient un arrêt dans ce bourg du cap Corse. Bâti sur un spectaculaire piton rocheux flanqué d'une tour génoise, au-dessus d'une plage de galets noirs, Nonza est l'un des points forts du cap. Prenez le temps de découvrir les peintures et les sculptures qui ornent les murs et le plafond de l'église, d'arpenter les ruelles pentues montant à l'assaut de la tour et de boire un verre sur la place ombragée du village.

EMILY RIDDELL/LPI

La réserve de Scandola

24 Inscrite par l'Unesco sur la liste du patrimoine mondial de l'humanité, en même temps que les calanques de Piana (p. 138) et le site de Girolata (p. 126), la réserve naturelle de Scandola (p. 125) doit une part de sa beauté à son isolement, qui l'a tenue à l'écart de la fréquentation et des promoteurs. Accessible principalement par la mer, cette réserve de 920 ha de terre et 1 000 ha d'espace maritime, créée en 1975, offre des paysages grandioses et des fonds marins d'une biodiversité remarquable.

Bienvenue en Corse

Fragment de paradis enchâssé dans la Méditerranée, la Corse enchante par la beauté de ses paysages et la vitalité de sa culture. Farniente, excursions ou loisirs sportifs, ce joyau insulaire se prête à toutes les découvertes.

Un cadre naturel incomparable

Le territoire corse est un livre de géographie grandeur nature. On y trouve tous les paysages marquants : montagnes, pics, golfes, baies, criques, canyons, forêts, maquis, lacs glaciaires, vasques, plateaux, falaises, réserves marines (Bouches de Bonifacio, Scandola) et même un "désert" (les Agriates) ! Sans parler des plages qui ourlent le littoral, dont certaines passent pour les plus belles d'Europe (Saleccia, Palombaggia, Rondinara). Le regard est en permanence ébloui par tant de beauté et de diversité. Sertis dans ce cadre magnifique, des villages pittoresques, aux ruelles serrées bordées de belles demeures de granite, se laissent approcher par des routes sinueuses, hors des sentiers battus.

Une culture et un patrimoine à découvrir

La culture corse est riche, dense, profonde. La vivacité des traditions s'exprime au travers de nombreux festivals (de chant polyphonique, par exemple) qui valorisent l'identité insulaire. Les fêtes religieuses, et plus particulièrement Pâques et l'Assomption, donnent lieu à des processions hautes en couleur. Côté patrimoine, la Corse ravira les passionnés d'architecture avec ses chapelles et ses églises aux styles variés (roman, pisan, baroque), ses villes fortifiées (les citadelles de Corte, Bastia, Ajaccio, Calvi, Bonifacio) et ses magnifiques tours génoises qui ponctuent le littoral. On remonte encore plus loin dans le temps sur les sites archéologiques de Cauria et de Filitosa, près de Sartène, qui rassemblent d'étonnants vestiges mégalithiques, et sur celui de Levie dans l'Alta Rocca. D'excellents musées, à Bastia, Corte et Ajaccio, complètent cet éventail culturel. Savourer la cuisine insulaire, très typée, fait également partie des expériences à ne pas manquer.

Une palette d'activités

Chaque année, des milliers de randonneurs viennent se frotter au célèbre GR®20, qui traverse l'île du nord au sud, ou aux itinéraires Mare a Mare® et Mare e Monti®, plus courts et plus faciles, sans parler des innombrables possibilités de balades familiales, en forêt, dans le maquis ou le long du littoral. Le canyoning, l'escalade, les balades équestres (en forêt ou sur les plages), le VTT et les parcs aventure, dans lesquels on joue à Tarzan au milieu des pins laricios, drainent également un public nombreux. Côté mer, la richesse des fonds marins fait le bonheur des plongeurs, avec un bel éventail de sites (épaves, tombants) disséminés autour de l'île. Les merveilles cachées de la côte se dévoilent à bord d'un kayak ou d'un voilier.

Envie de...

Baignade

Comment résister à la tentation d'une baignade sur l'une des nombreuses plages de rêve que compte l'île, ou dans l'une des vasques de rivières à l'eau cristalline lors d'une randonnée ? La Corse ravira les adeptes du farniente et de la baignade.

Plage de Tamarone Tout au nord, enchâssée dans un décor sauvage, c'est la plus belle du cap Corse (p. 64).

Plage de Portigliolo Au sud d'Ajaccio, elle a la faveur des hédonistes, ainsi que ses voisines (p. 188).

Plage de Palombaggia Perle du littoral corse, au sud de Porto-Vecchio, elle a des allures tropicales : eau turquoise et ruban de sable fin (p. 219).

Plage de la Saleccia Sur la côte agriate, cette magnifique plage longue de 1 km a servi de cadre au film *Le Jour le plus long* (p. 78).

Vasques de la Solenzara Des petites plages au bord de magnifiques piscines naturelles (p. 257).

Vasques du Tavignano Une vallée accessible à pied uniquement, avec des petits bassins aux eaux cristallines (p. 270).

Routes pittoresques

Avec son relief très accidenté et ses nombreuses microrégions, l'île n'est pas avare en routes pittoresques qui traversent des territoires méconnus. Sur les côtes ou dans l'arrière-pays, certains paysages sont à couper le souffle.

Le tour du Boziu À l'est de Corte, il offre des points de vue imprenables, et vous pourrez visiter de belles églises romanes (p. 278).

De Patrimonio à Pino Un sublime itinéraire, des vignobles du Nebbio aux tours génoises du cap Corse par la sinueuse D80 (p. 81).

Les calanques De Piana à Porto, par la D81. La route la plus spectaculaire, en corniche, au milieu d'un exceptionnel décor minéral (p. 139).

Les aiguilles du massif de Bavella Vues de la D268, entre Solenzara et le col de Bavella, elles offrent un panorama époustouflant (p. 228).

La route des artisans Aventurez-vous dans la Balagne intérieure pour découvrir la richesse des traditions artisanales corses, et l'art de vivre dans des villages pleins de cachet (p. 110 et encadré p. 112).

Adrénaline

La Corse offre largement de quoi faire le plein de sensations fortes. L'île de Beauté est un paradis pour les amateurs de loisirs nature.

Escalade et via ferrata Les passionnés d'escalade se donnent rendez-vous dans la vallée de l'Asco (p. 275), équipée d'une superbe via ferrata.

Eaux vives À Aléria, pourquoi ne pas remonter le cours du Tavignano à bord d'un kayak ? (p. 251). Ou vivre des sensations fortes dans les canyons du massif de Bavella, réputé pour le canyoning... (p. 228)

Parc aventure Ce loisir d'un nouveau genre vous permettra de jouer à Tarzan dans la vallée de la Solenzara ou dans la forêt de Vizzavona (p. 255 et p. 283).

Ski et raquettes Oui oui, on peut skier en Corse ! La forêt de Valdu Niellu, dans la vallée du Niolo, offre notamment de belles pistes de ski de fond (p. 273).

Balade à cheval Au trot dans les châtaigneraies, de village en village, dans la Castagniccia (p. 241). Vous trouverez des centres d'équitation dans de nombreux endroits de l'île.

Planche à voile et kitesurf La plage de Piantarella (p. 210) et la plage de la Tonnara (p. 199), près de Bonifacio, sont les meilleurs spots de l'île.

>> Une promenade équestre sur la plage de Cateraggio. Les centres proposent des parcours adaptés aux parents et aux enfants.

JEAN-BERNARD CARILLET

Plongée

Si vous êtes un adepte de la plongée, vous trouverez votre bonheur ; si vous n'avez jamais plongé, c'est le moment ! La Corse présente des sites magnifiques pour cette activité.

Îles Lavezzi Dans cet archipel tout simplement paradisiaque pour pratiquer la plongée, vous pourrez aller taquiner les mérous dans une mer bleu turquoise (p. 209).

Golfe de Porto Un lieu hautement réputé pour ses sites spectaculaires (p. 125), près de la réserve de Scandola.

Golfe du Valinco D'excellente réputation. Un beau relief sous-marin, et de nombreux sites adaptés aux débutants (criques sécurisées). Voir p. 179.

Golfe d'Ajaccio Des plongées spectaculaires, surtout dans le sud. Sites pour tous les niveaux (p. 154).

Golfe de Lava Pour confirmés. Le Banc provençal est l'une des plus belles plongées de Corse (p.34).

Golfe de Saint-Florent Falaises et failles constituent la plupart des sites, assez fréquentés (p. 77).

Bastia Pour les amateurs d'épaves principalement ; ses site en recèlent plusieurs, sur fond de sable (p. 51).

Amuser ses enfants

La Corse offre toutes sortes d'activités pour les enfants ; vous ne serez pas souvent en manque d'inspiration pour les occuper.

Balade à dos d'âne ou de poney Pendant que vous marchez, votre enfant vous suit à dos d'âne ; de nombreux centres sur l'île proposent cette activité appréciée des bambins.

Plongée Des cours d'initiation existent pour les enfants ; renseignez-vous auprès des centres nautiques. Le snorkeling est également une possibilité très intéressante pour eux, pour une première découverte des fonds marins.

Parc aventure Un parcours réservé aux enfants existe souvent dans les parcs aventure, pour jouer à Tarzan.

Plage Voici une activité qui ne se démode jamais ; un après-midi à la plage, à faire des pâtés de sable et à se baigner. Beaucoup de plages corses sont sûres pour les enfants.

À la ferme Assister à la traite des chèvres, rencontrer un cochon et caresser les chevaux… Certaines fermes ouvrent leurs portes le matin, tout exprès pour les enfants.

Patrimoine religieux

Diverses influences ont enrichi le patrimoine religieux corse au fil des siècles. Les nombreux édifices qui s'égrènent le long des routes et des paysages sont autant de témoins de l'histoire de l'île.

Église San-Michele-de-Murato Une très belle église polychrome de style roman, sur les hauteurs du Nebbio (p. 83).

Castagniccia Cette région recèle des églises baroques de toute splendeur (p. 241). Visitez l'église Saint-Jean-Baptiste de La Porta, un chef-d'œuvre.

Nebbio La cathédrale du Nebbio (p. 76), à Saint-Florent, est un très bel exemple d'architecture pisane, qui mérite très certainement le détour.

Boziu Les églises du Boziu (p. 278), à l'est de Corte, sont des trésors d'art et d'architecture romane. Certaines de ses chapelles et sa "cathédrale du Boziu" sont de véritables bijoux, avec de magnifiques fresques.

Église Saint-Jean-Baptiste de Bastia. Elle domine le vieux port de la ville de sa haute façade et de ses deux clochers. Une visite de son intérieur s'impose, pour ses marbres, sa tribune d'orgues et ses peintures (p. 49).

JEAN-BERNARD CARILLET

>> Le village de Sainte-Lucie-de-Tallano, dans l'Alta Rocca.

Villages perchés

Certains villages de Corse, à flanc de falaise, semblent braver les lois de la nature.

Pigna Ne manquez pas ce superbe et actif village de Balagne (p. 113), classé parmi les "plus beaux villages de France".

Sant'Antonino Voisin de Pigna (ci-dessus), nid d'aigle à 490 m d'altitude sur un éperon rocheux, il figure aussi sur la liste des "plus beaux villages de France" et domine le paysage. Le site est magnifique, mais très fréquenté (p. 115).

Piana Célèbre pour ses calanques, ce village, également classé, est juché sur un plateau qui domine la mer, à 438 m d'altitude. Une merveille, qui ouvre l'accès au magnifique Capo Rosso (p. 136).

Sainte-Lucie-de-Tallano Sans conteste l'un des plus beaux villages de Corse, perché à 450 m d'altitude dans la verdure de l'Alta Rocca (p. 235).

Loreto-di-Casinca Un mystère que ce village en équilibre sur un éperon rocheux à 630 m d'altitude, avec une vue panoramique vertigineuse (p. 241).

Lama Classé parmi les "plus beaux villages de France", c'est à la fois son site et son architecture médiévale qui font son charme (p. 88).

Randonnée

La randonnée pédestre est l'activité phare sur l'île. En plus du mythique GR®20 (p. 287), il existe de nombreuses balades plus accessibles.

Le GR®20 (p. 287). Une randonnée mythique et une expérience magique, au cœur de l'île. Vivez-la dans son intégralité (15 jours) ou choisissez certaines étapes.

Cap Corse À l'extrémité nord du cap, suivez le sentier des Douaniers (p. 65).

Nebbio Longez le littoral entre la plage du Lodo et celle de la Saleccia (p. 86).

Golfe de Porto Découvrez les calanques de Piana et Capo Rosso (p. 137). Du col de la Croix, descendez jusqu'au hameau de Girolata (p. 127).

Alta Rocca On accède facilement à la cascade de Piscia di Gallo (p. 225).

Extrême sud de l'île Longez les falaises de Bonifacio jusqu'au phare de Pertusato (p. 210), en dominant les bouches de Bonifacio.

Castagniccia La randonnée est le meilleur moyen de s'aventurer sous le couvert des forêts de la région (p. 247).

Produits du terroir

La liste des produits locaux est aussi longue qu'alléchante : charcuterie, miels, vin d'orange, liqueur de myrte ou d'orange, ratafia, muscat, apéritif, cédrats confits, vins, huile d'olive, châtaigne, gâteaux secs, fromages... Privilégiez l'achat chez les producteurs.

Fromage De délicieux fromages artisanaux de brebis et de chèvre sont produits sur toute l'île. Le *brocciu*, un fromage frais, entre dans la composition de nombreuses spécialités corses.

Vin Quelques vins corses sont d'excellent qualité. Il existe en revanche peu de vins de garde.

Miel Goûtez au *mele di Corsica*, l'une des fiertés de l'île : un miel AOC — une rareté.

Huile d'olive L'*oliu di Corsica* est AOC depuis 2004. L'île recèle six variétés d'olives reconnues, et la production est en plein essor.

Châtaigne Un aliment ancestral en Corse, décliné sous toutes les formes possibles.

Charcuterie La véritable production corse est assez chère mais vaut son prix : les produits sont de qualité et les techniques d'élaboration originales. Ne vous tournez pas vers le moins cher : vous aurez une qualité moindre, voire un produit non corse.

Musées et vestiges

Le patrimoine corse s'appréhende notamment à travers ses musées et ses sites archéologiques, dont plusieurs vestiges sont bien conservés, et qui sont passionnants.

Palais Fesch Faites halte à Ajaccio et visitez son superbe musée Fesch (p. 157), et sa magnifique collection de peintures italiennes et corses.

Musée de la Corse Un musée très intéressant, à Corte, pour se familiariser avec la culture corse traditionnelle (p. 261).

Maison natale de Pascal Paoli Un musée à la mémoire du "Père de la patrie", pour mieux appréhender l'histoire corse (p. 246).

Filitosa Un site préhistorique au sud de l'île, dont les imposants mégalithes n'ont pas encore livré tous leurs secrets (p. 185).

Levie Les sites archéologiques dans les environs de Levie (dont un village de l'âge de bronze) présentent un autre aspect de l'histoire ancienne de l'île (p. 233).

Plateau de Cauria Des monuments très bien conservés, avec de superbes statues-menhirs alignées et le plus grand dolmen de Corse (p. 195).

Bouts du monde

La Corse est généreuse avec ceux qui s'écartent des sentiers battus : elle leur offre mille et un lieux méconnus ou secrets, à l'abri des foules, même en été.

Le plateau du Coscione Un immense plateau vallonné recouvert de prairies, parsemé de chaos granitiques et strié de pozzines (tourbières), aux confins de l'Alta Rocca et du Haut Taravo (p. 310).

Vallée de l'Asco Dominée par des murailles rocheuses, cette vallée reculée offre un visage austère et minéral et ne compte qu'un seul village (p. 275).

Le Ghjunsani On l'appelle le "Tibet de la Corse", car ce terroir est isolé, en altitude, et desservi uniquement par quelques routes étroites et sinueuses (p. 116).

Le Boziu Une microrégion très enclavée, aux portes de Corte, avec des hameaux en équilibre instable sur des crêtes et de profondes vallées tapissées de châtaigneraies (p. 278).

De Campomoro à Tizzano Un immense territoire protégé aux rivages désertiques. C'est la portion de littoral la plus sauvage de Corse (p. 196).

Le Fiumorbu Une microrégion méconnue, parcourue de routes sinueuses, à l'ouest de Ghisonaccia (p. 253).

Sorties en mer

Les beautés du littoral corse ne se découvrent pas mieux qu'à l'occasion d'une belle excursion en bateau.

Scandola/golfe de Porto Des bateaux vous conduisent sur les plus beaux sites de la réserve de Scandola, une merveille de la nature, aujourd'hui très préservée (p. 125).

Agriates Louez un bateau à moteur et explorez les criques sauvages. C'est le meilleur accès aux plus belles plages. Vous pouvez aussi opter pour le kayak de mer (p. 85).

Macinaggio À bord de la vedette San Paulu, mettez le cap sur les îles Finocchiarola, qui abritent une réserve naturelle exceptionnelle (p. 63).

Golfe d'Ajaccio Faites une croisière au coucher du soleil dans ce golfe magnifique, avec les somptueuses îles Sanguinaires en arrière-plan (p. 154).

Bonifacio/Lavezzi Vue de la mer, Bonifacio est encore plus impressionnante. Les îles Lavezzi ne sont accessibles que par bateau (p. 209).

Golfe du Valinco Une escapade dans ce golfe somptueux vous fera découvrir des plages de rêve ; c'est aussi l'occasion de faire des arrêts snorkeling (p. 179).

Mois par mois

Le top 5

1 **Foire du Niolo**, septembre

2 **Nuits de la guitare**, juillet

3 **Foire à la châtaigne**, décembre

4 **Processions de la Semaine sainte**, mars

5 **Rencontres de chants polyphoniques**, septembre

Mars

Processions de la Semaine sainte

(fin mars, ou avril). Les plus célèbres sont celles de **Bonifacio** (procession des cinq confréries) et de **Sartène** (U Catenacciu). Calvi, Corte, Erbalunga, la Castagniccia ou Bastia fêtent également la Semaine sainte avec ferveur.

La passion du Christ

(fin mars, ou avril). À **Calvi**, la Semaine sainte est l'occasion d'un grand spectacle en langue corse retraçant la passion du Christ, dans les rues de la citadelle.

Avril

Fête de l'olive - A Festa di l'Oliu novu

Sainte-Lucie-de-Tallano (week-end de Pâques). Une foire artisanale autour de l'huile d'olive ; également dégustation de produits fermiers, vente d'artisanat local et démonstrations de savoir-faire.

A Merendella in Castagniccia

(week-end de Pâques). Autour des produits locaux, cette grande foire a lieu à **Piedicroce**.

Mai

Tour de Corse automobile

Cette célèbre compétition de 3 jours, manche du Championnat de France des rallyes, se déroule sur route (mais quelles routes !).

A Fiera di u casgiu

Venaco (début mai). Foire rurale dédiée aux fromages corses, avec dégustations, et spécialités à base de fromages fermiers.

Passion du Christ noir des miracles

Bastia (3 mai). Les pêcheurs processionnent en portant le Christ noir, trouvé dans la mer, dans les ruelles du quartier de Terra Nova.

Juin

Saint-Érasme

(2 juin). La population honore saint Érasme, le patron des pêcheurs. Bénédiction des barques de pêche à **Ajaccio**, à **Bastia** et à **Calvi**, dégustations.

Cavall'in Festa

(début juin). Une foire du cheval à **Corte**. Durant un week-end, défilés, concours, spectacles autour du cheval.

Calvi Jazz Festival

(dernière semaine de juin). Il rassemble de grands noms du jazz international.

Juillet

Calvi on the Rocks

(début juillet). **Calvi** est l'hôte d'un festival consacré aux musiques rock, électronique et expérimentale.

Estivoce

Balagne

Les voix et la musique sont à l'honneur en Balagne,

entre L'Île-Rousse et Calvi. Un auditorium a été créé dans le village de Pigna, mais la manifestation a lieu dans plusieurs villages.

Foire du vin de Luri

(première semaine du mois). La principale manifestation viticole de l'île, sur le **cap Corse**. Dégustation de produits du terroir, et découvertes des vins corses.

Relève des gouverneurs

Bastia (début juillet). Ce spectacle en costumes retrace l'arrivée des gouverneurs à Bastia.

Nuits de la guitare

Patrimonio (mi-juillet). De grands noms de la guitare classique, jazz ou flamenca se réunissent au théâtre de verdure de Patrimonio.

Santa Severa

Luri (dernière semaine du mois). Une fête de la mer et un carnaval nocturne à la marine de Luri.

Août

Pèlerinage de Notre-Dame-des-Neiges

(5 août). Il a lieu au pied des aiguilles de Bavella, près de **Zonza**. Des milliers de pèlerins se recueillent devant la statue de Notre-Dame-des-Neiges.

Foire du Pratu

(premier week-end du mois). Elle se déroule au **col de Prato**, en Castagniccia. Concours agricole, artisanat, chants polyphoniques et *chjami e rispondi* sont au programme.

Festival du film de Lama

(première semaine du mois). Axé sur la vie rurale, ce festival du film européen fête son dix-neuvième anniversaire en 2012. Projection de films en plein air.

Rencontres de Calenzana

(troisième semaine du mois). Musique classique et contemporaine dans les églises des environs.

Festival de musique d'Erbalunga

(début du mois). Variétés, jazz et guitares résonnent sur le cap Corse, avec chaque année de grands noms de la musique.

Fêtes napoléoniennes

Ajaccio (15 août). Parades, spectacles et feux d'artifice sont au programme de cette célébration qui culmine le 15 août, jour anniversaire de la naissance de Napoléon.

Rencontres théâtrales de Haute-Corse

(mi-août). Une quinzaine de spectacles se déroulent à **Olmi-Capella**, dans le Ghjunsani. Stages et théâtre en plein air.

Septembre

Foire du Niolo

Casamaccioli (autour du 8 septembre). Trois jours de célébrations de la Vierge, avec une procession. Ce pèlerinage annuel se double d'une importante foire commerciale et artisanale. Activités culturelles.

Rencontres de chants polyphoniques

Calvi (mi-septembre). Elles ont lieu dans le superbe décor de la citadelle.

U Mele in Festa

Murzo (fin septembre). Une fête autour du miel et des produits du terroir. Animations pour les enfants, présentation du travail des apiculteurs.

Octobre

Festival du Vent

Calvi (fin octobre). "Courants d'art et inspirations écolos"... Artistique, sportif, scientifique et écologique : le vent dans tous ses états.

Les Musicales de Bastia

(mi-octobre). Jazz, variétés, musique classique, danse, théâtre... Durant quelques jours, ce festival réunit des artistes, avec parfois de grands noms.

Décembre

Foire à la châtaigne

(mi-décembre). La foire la plus importante de Corse, qui se déroule à **Bocognano**, est devenue un rendez-vous incontournable. Producteurs et artisans présentent la châtaigne sous toutes ses formes.

Itinéraires

Que vous partiez pour un week-end, quinze jours ou un mois, composez votre voyage à l'aide de ces suggestions. Encore en manque d'inspiration ? Reportez-vous également au chapitre Envie de..., p. 18.

Trois semaines / De Bastia à Bastia ou d'Ajaccio à Ajaccio

Le grand tour

Un long périple, éprouvant, mais qui vous donnera le meilleur de la Corse. Un seul regret : on a l'impression d'un survol. Il faudra revenir pour approfondir !

De **Bastia**, commencez par une mise en bouche très goûteuse : le **cap Corse**, que l'on peut visiter en deux ou trois jours. Poursuivez votre périple en passant par les villes côtières du Nebbio et de la Balagne, notamment **Saint-Florent**, **L'Île-Rousse** et **Calvi**. Rejoignez le **golfe de Porto** en suivant la route côtière, exceptionnellement belle, en surplomb de la Méditerranée. Après les **calanques** et **Cargèse**, suivez le **golfe de Sagone** jusqu'à **Ajaccio**. Descendez vers **Propriano** et le **golfe du Valinco** en prenant les petites routes côtières (délaissez la nationale). De là, poussez vers **Sartène**, la plus corse des villes corses, avant de vous enfoncer dans les méandres de l'**Alta Rocca**, pour savourer les paysages de la Corse intérieure. Ensuite, repiquez plein sud vers **Bonifacio** et **Porto-Vecchio**, dotées de plages exceptionnelles. Remontez le long de la plaine orientale, en passant par **Solenzara**, **Ghisonaccia** et **Aléria**. Il serait dommage de ne pas passer par **Corte** avant de revenir à Bastia.

Six jours / De Porto-Vecchio à Porto

D'un port à l'autre

Ce très bel itinéraire marie les ambiances balnéaires et les paysages montagneux de l'Alta Rocca, sans oublier les plus beaux golfes de l'île. Les loisirs nautiques sont à l'honneur. L'arrivée à Porto et l'excursion dans la réserve de Scandola se vivent comme une superbe récompense.

Au départ de **Porto-Vecchio**, la D368 monte en lacet dans la **forêt de l'Ospédale**, plantée de magnifiques pins laricios. Après une pause rafraîchissante à la **cascade de Piscia di Gallo**, vous arriverez au village de **Zonza**, bien équipé en infrastructures hôtelières. Continuez jusqu'à **Quenza** et **Aullène** en suivant la sinueuse D420. À Petreto-Bicchisano, la N196 vous conduira rapidement jusqu'à **Ajaccio**. Prenez plein nord, par la pittoresque D81, jusqu'au golfe de Liscia. Profitez des plages et des loisirs nautiques à **Tiuccia** ou à **Sagone** avant de reprendre la route à destination de **Cargèse**, en surplomb de la "grande bleue". Poursuivez vers le nord, jusqu'à **Piana**, où une merveilleuse route en corniche dévoile les formations minérales des **calanques**. La descente sur **Porto** est sublime. Remontez jusqu'au col de la Croix, d'où vous pourrez rejoindre le petit port de **Girolata**. Au départ de Porto, ne manquez pas la visite de la **réserve de Scandola**, à découvrir en bateau.

Huit jours / D'Ajaccio à Bonifacio

Plein sud

Difficile de résister à l'attrait du Sud... Ce parcours d'une semaine vous offrira le meilleur des plaisirs balnéaires, dans le cadre toujours somptueux de golfes échancrés. Les sites préhistoriques de Filitosa et du Sartenais ajoutent une note culturelle bienvenue.

Commencez par visiter **Ajaccio** et ses alentours, avant de faire route plein sud en direction de la **plage d'Agosta**, idéale pour faire trempette. Continuez sur la D155, toujours vers le sud, pour rejoindre la rive nord du golfe de Valinco. La route serpente dans le maquis jusqu'à **Porto Pollo**, une agréable station balnéaire. De là, faites un crochet de quelques kilomètres vers le nord jusqu'à **Filitosa**, un site préhistorique réputé pour ses vestiges mégalithiques. Revenez sur vos pas et roulez jusqu'à **Propriano**. La rive sud du golfe vous tend les bras : empruntez la D121 jusqu'à **Portigliolo**, jolie station frangée d'une plage de sable blanc, puis poussez jusqu'à **Campomoro**, terminus de la route, au milieu de paysages étonnamment sauvages. De retour sur la N196, descendez jusqu'à **Sartène**, où l'âme corse se cache dans les ruelles de la vieille ville. Toujours plus au sud, vous pourrez faire un petit détour jusqu'aux **sites préhistoriques du Sartenais** (Cauria et Paddaghiu), puis faire halte à **Tizzano**, un village côtier du bout du monde. Filez ensuite vers l'ouest jusqu'à **Bonifacio**, d'où vous rejoindrez, dans le cadre d'une excursion, l'**archipel des Lavezzi**, un paradis protégé, baigné d'eaux translucides.

Quatre jours / De Bastia à L'Île-Rousse

Richesses du Nord

Toutes les beautés de la côte nord, avec le tour du cap Corse et ses somptueux panoramas. La magie se prolonge dans le Nebbio, où les bons vivants apprécieront la visite des vignobles. Pour les amateurs de farniente, la "grande bleue" n'est jamais loin.

Au départ de **Bastia**, filez vers le nord en suivant la **Corniche** pour bénéficier de superbes panoramas. Longez ensuite la côte jusqu'à **Erbalunga**, délicieuse bourgade posée au bord de l'eau qui compte de nombreux restaurants. De là, impossible de se perdre : la D80 vous conduira jusqu'à **Macinaggio**, au nord du cap Corse, via une série de marines (dont celles de Sisco et de Pietra Corbara). En chemin, vous apercevrez plusieurs tours génoises. Faites étape à Macinaggio, puis passez sur l'autre versant du cap, plus sauvage. Première halte : le port de **Centuri** a des allures de carte postale. La D80 continue plein sud et traverse des paysages spectaculaires, entre mer et montagne. Le village de **Nonza** mérite que l'on s'y attarde. Arrivé à **Saint-Florent**, profitez des joies balnéaires sur les **plages de la Saleccia** ou du **Lodo**, puis faites le tour des vignobles de **Patrimonio**, dans l'arrière-pays. De Saint-Florent, la D81 longe le **désert des Agriates**, avant de redescendre sur l'agréable station balnéaire de **L'Île-Rousse**, en Balagne.

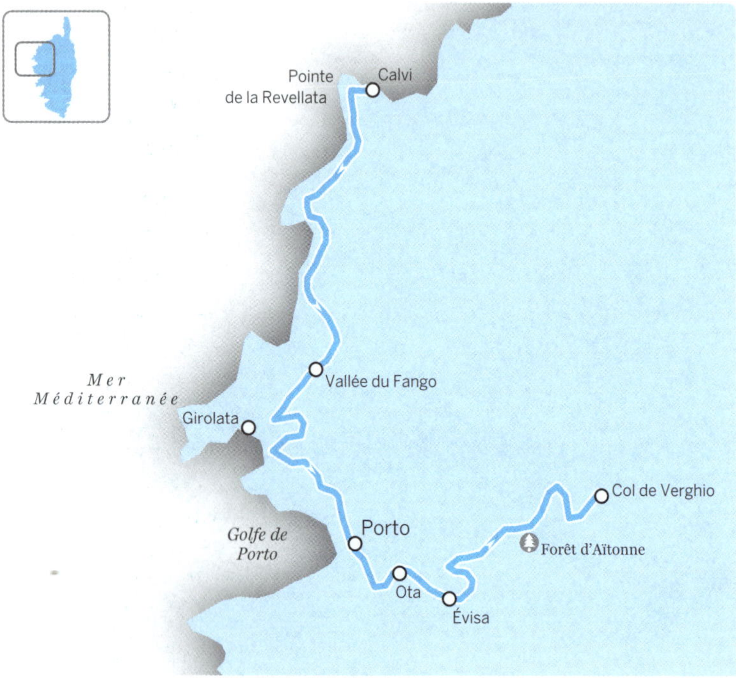

Trois jours / De Calvi au col de Verghio

"Mare e Monti" motorisé

De Calvi au col de Verghio, cet itinéraire conjugue la splendeur d'une côte découpée, exceptionnelle par ses paysages, à celle de la très belle vallée du Fango, avant de monter dans la fraîcheur des hauteurs de l'île, où vous attendent de belles balades.

Le titre de cet itinéraire n'est pas par hasard un clin d'œil à un célèbre sentier de randonnée. À parcourir en voiture, il offre de très beaux aperçus de la côte comme de l'intérieur de l'île. Le parcours débute à **Calvi** et emprunte la D81 le long de la **pointe de la Revellata**. La route côtière serpente ensuite entre maquis et littoral jusqu'aux abords de Galéria, où vous attend une merveille naturelle : la **vallée du Fango** et ses promesses de baignades dans de superbes piscines naturelles. L'itinéraire se poursuit vers le col de la Croix, d'où part le sentier menant à **Girolata**, puis atteint **Porto**. Cap ensuite vers l'intérieur des terres. De Porto, la D124, puis la D84 s'en vont flirter avec le relief de l'île. On atteint ainsi **Ota**, où l'on peut voir de beaux ponts génois, avant les gorges de la Spelunca et le paisible village d'**Évisa**. Divers sentiers permettent de découvrir les abords de la belle **forêt d'Aïtone**, avant d'atteindre le **col de Verghio**, où une belle balade est également au programme.

Six jours / De Bastia à Solenzara

Secrets bien gardés à l'est

Qui a dit que l'est de la Corse était monotone ? Voici un superbe itinéraire ! Munissez-vous d'une bonne carte routière, car les routes sont étroites, sinueuses, et les forêts denses ; il n'est pas toujours facile de se repérer dans ce labyrinthe.

De **Bastia**, dont le vieux port et le centre-ville méritent une visite, filez plein sud vers Casamozza, d'où l'on rejoint la microrégion de la **Casinca**. On découvrira, au gré de routes sinueuses, de superbes villages perchés. Après la Casinca, cap sur la **Castagniccia**, un peu plus au sud, dont les petites routes interminables traversent des villages au patrimoine inestimable, tel **La Porta**, réputé pour son église baroque. On rejoint ensuite, en suivant la **corniche de la Castagniccia**, une autre microrégion valant le détour, le **Morianincu** avec, en point d'orgue, le bourg de **Cervione**. Toujours plus au sud, passé **Aléria**, on peut faire un détour vers l'intérieur des terres, jusque dans le **Fiumorbu**, dont les villages, bâtis en belvédère, ménagent de superbes points de vue sur la côte. La **vallée du Travo**, encore plus secrète, possède de magnifiques vasques dans lesquelles se baigner, tout comme la **vallée de la Solenzara**, dans un cadre spectaculaire, qui conduit au col de Bavella.

Plongée

Plongée et environnement, quelques recommandations :

Pour limiter au maximum la pression sur cet écosystème fragile, les visiteurs respecteront ces recommandations :

» **Ne pas nourrir les poissons**, à plus forte raison avec des aliments étrangers à leur régime habituel, qui risquent de perturber leur métabolisme ou de provoquer des comportements contre nature. Citons le cas des mérous, apprivoisés avec des œufs durs, qui s'offrent ensuite sans méfiance aux flèches des chasseurs sous-marins ou absorbent n'importe quoi (sac en plastique).

» **Survoler les fonds** et éviter les coups de palmes intempestifs grâce à une bonne maîtrise de sa flottabilité et de sa stabilisation. La faune fixée, notamment les éponges et les gorgones, ne résiste pas à ces coups de boutoir dévastateurs.

» **Ne pas s'attarder dans les grottes** : les bulles qui s'échappent des détendeurs restent prisonnières sous les voûtes, exposant au milieu aérien des organismes qui se nécrosent, telles les éponges encroûtantes.

» **Ne rien remonter du fond**. La collecte d'animaux en plongée avec bouteilles est interdite sur le littoral français. Pris individuellement, ces comportements peuvent paraître insignifiants ; répétés des milliers de fois, ils peuvent causer des dégâts irréparables.

Sous la surface, le relief est aussi tumultueux que sur terre, avec des failles, des pics, des éboulis et des massifs rocheux couverts de gorgones et d'anémones-fleurs, voire de précieux corail rouge. Si l'ambiance sous-marine ne concurrence pas les fonds tropicaux, l'île de Beauté peut se targuer d'atouts propres à satisfaire les plongeurs exigeants. L'absence de pêche intensive, la pollution presque inexistante et l'aménagement de deux sanctuaires marins (Scandola et Lavezzi, voir p. 125 et 209) attirent une faune bigarrée. Les fonds corses sont également connus pour les épaves facilement accessibles et bien réparties sur le pourtour de l'île, long de près de 1 000 km. Les dizaines de sites de plongée qui émaillent le ruban côtier s'adressent à tous les niveaux et sont desservis par une trentaine de centres compétents et bien équipés.

Conditions de plongée

La Corse sous-marine n'est pas une destination tropicale, mais elle dispose d'excellents atouts en saison. La température de l'eau, fraîche en hiver (aux alentours de 13-14°C), monte à 17°C en mai, à 20-21°C en juin, avant d'atteindre un maximum en août où elle flirte avec les 25°C. Septembre reste très agréable (23°C), de même qu'octobre (20°C). Ces chiffres, indicatifs, sont valables en surface. Pour un bon confort thermique, une combinaison avec cagoule est fortement recommandée.

En été, la visibilité est en moyenne de 25 m et peut atteindre 40 m en août par grand beau temps. Quant aux conditions météo, sachez que le vent constitue le paramètre

Sites de plongée

0 — 30 km

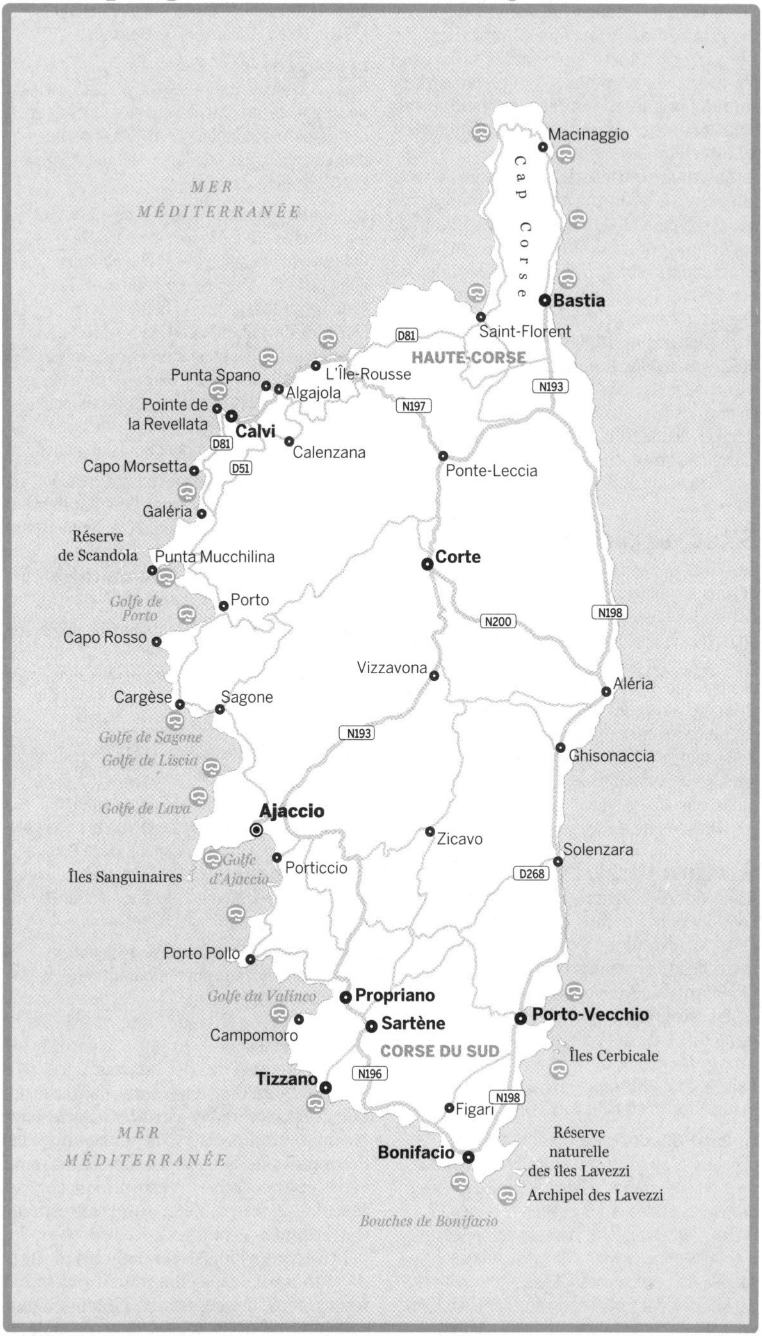

dominant, en particulier le *libecciu* (sud-ouest), qui soulève une houle en mer et à l'intérieur des golfes faiblement protégés. Certains sites sont alors impraticables. Le courant affecte surtout les pointes et les avancées rocheuses. Si les conditions sont défavorables, les centres disposent de solutions de repli dans des zones abritées, à l'intérieur des baies.

La configuration des sites sous-marins fait écho au relief terrestre. Les montagnes se prolongent sous la mer, formant de superbes tombants aux formes torturées. Ainsi, sur toute la façade occidentale, les profondeurs deviennent vite abyssales (800 m dans le golfe de Porto !). On trouve également de multiples “secs” (hauts-fonds) qui forment des minibarrières coralliennes à toutes les profondeurs. La plupart des sites sont multiniveaux. Sur la façade orientale (région de Bastia), la topographie est plus classique, avec des fonds sableux en pente douce parsemés de massifs rocheux.

Sites de plongée

Les sites se chiffrent par centaines. Chaque détour de roche, chaque sec, chaque pointe donne l'occasion de plusieurs plongées. La description qui suit, nullement exhaustive, vise à donner un aperçu représentatif de la plongée en Corse, sur la base d'un échantillon de plongées régulièrement exploitées. Sachez que les noms des sites varient parfois d'un centre à l'autre. Les espèces mentionnées sont celles qui sont les plus régulièrement observées, mais gardez à l'esprit que les poissons ne donnent pas de rendez-vous.

Secteur de Porto-Vecchio

Effet du réchauffement climatique ? On voit de plus en plus de faune “exotique” dans le secteur de Porto-Vecchio, notamment des barracudas et des sérioles.

Une dizaine de plongées sont possibles dans cette zone, essentiellement à proximité immédiate de la réserve des îles Cerbicale, un groupe d'îles qui fait face à la plage de Palombaggia. Inconvénient : cette zone est exposée aux vents et aux courants.

Le Toro – Site de repli en cas de vent, car bien abrité, au sud-est de l'archipel. Îlot idéal pour tous les niveaux, avec de petites anses protégées et des fonds descendant jusqu'à -40 m. Petits canyons tapissés d'éponges, d'éboulis et de cavités. Serrans, girelles, saupes, congres animent l'ensemble, avec parfois quelques dentis, portés par le courant. Passage de thons. À proximité de l'îlot gît l'épave du *Toro*, un caboteur en bois qui aurait sombré dans les années 1910-1920, mais les centres de plongée préfèrent plonger sur l'épave de *La Pinella* (voir ci-dessous).

Le Danger du Toro – Plus au large, l'un des îlots les plus sauvages du secteur. Trois secs, striés de gorgones, remontent à quelques mètres sous la surface et sondent à -40 m. Site superbe, plusieurs plongées possibles. Mérous, gorgones, dentis, girelles, castagnoles.

La Pinella – Ancien cimentier de 45 m, qui a coulé en 1967 lors d'une tempête. Gît droit sur sa quille à la sortie nord du golfe de Porto-Vecchio, entre -5 m et -12 m seulement. Idéal pour les baptêmes et les plongées de nuit. Bon état de conservation. Possibilité d'évoluer à l'intérieur d'une partie de l'épave. Belle faune fixée sur les parties métalliques, mais secteur peu poissonneux, hormis une poignée de corbs et quelques chapons. Vaut surtout pour son ambiance.

La Vacca – Site de repli en cas de vent. Autre îlot à l'est de l'archipel. Configuration analogue à celle du Toro, de -20 à -25 m environ. Barracudas, mérous, poulpes. Idéal pour les baptêmes (dans une crique, au sud) et les petits niveaux.

Danger de la Vacca – Site préféré de nombreux moniteurs ! Plus au large, et encore plus sauvage que le danger du Toro. Plusieurs secs remontent entre -10 m et -5 m, et descendent jusqu'à -25 m, sur un fond rocailleux. Barracudas, mérous, araignées, cigales, éponges, anémones. Arche à -6 m, et failles.

Les Arches – Belle plongée pour confirmés, entre l'île du Toro et celle de la Vacca, praticable par mer calme. Gros pic rocheux entre -19 m et -37 m, orné de gorgones. À -35 m, plateau avec grandes arches. Mérous, murènes, corbs et prédateurs (dentis et liches).

Les Aiguilles – En continuité de la pointe de la Vacca. Roches qui remontent à -13 m. Mérous et corbs.

Bonifacio

Bonifacio est l'un des secteurs les plus “plongés” de Corse. La réserve naturelle des îles Lavezzi (voir *Des paradis marins sous haute surveillance*, p. 376), à une vingtaine de minutes de la côte, au sud-est, offre un cadre et des conditions exceptionnels, pour tous les niveaux. L'eau turquoise évoque des latitudes exotiques – l'idéal pour des baptêmes de plongée. Un peu plus au large de l'archipel, plusieurs sites renommés feront la joie des confirmés. La topographie sous-marine de la zone diffère de celle de

LES DERNIERS MINEURS DE LA MER

En Corse, une quinzaine de corailleurs plongent pour arracher l'"or rouge", le précieux corail qui, selon la mythologie, proviendrait du sang de Méduse, décapitée par Persée... En réalité, il s'agit d'une espèce animale (*Corallium rubrum*) au squelette calcaire rouge, qui vit fixée sur le substrat rocheux jusqu'à -300 m. De mai à novembre, le rituel de la récolte est immuable. Assisté d'un marin, le corailleur s'équipe : combinaison (jusqu'à 3 couches), bi-bouteilles, palmes, panier de récolte, lampe ainsi que l'indispensable martelette qui sert à cueillir le corail. Vient alors l'immersion, généralement entre -70 et -100 m.

Au fond, il faut faire vite et ne pas rater le "filon". Sur le bateau, le marin manœuvre pour ne pas perdre de vue les bulles qui crèvent à la surface. Au bout d'un quart d'heure commence la remontée ponctuée de longs arrêts à intervalles réguliers – les paliers – pour éliminer l'azote accumulé dans l'organisme.

À la fin de chaque saison, la récolte est écoulée à Torre del Greco, près de Naples, où le kilo se négocie entre 150 et 600 €, selon la qualité. Pourtant, les gisements se raréfient et la qualité des récoltes baisse. Le corail n'est pas une espèce menacée, car on en trouve jusqu'à -300 m, mais les corailleurs corses se sont déjà expatriés en Tunisie et lorgnent désormais vers les côtes libyennes ou albanaises. Avec, peut-être, la perspective d'autres eldorados !

la façade littorale ouest. Les tombants sont plus rares, le relief plus doux, et les profondeurs moins importantes.

Seul problème : en plein milieu des bouches de Bonifacio, entre la Sardaigne et la Corse, cet archipel est exposé à tous les vents, notamment les vents d'ouest, ainsi qu'au courant. La mer se montre parfois capricieuse et les trajets en bateau jusqu'aux sites sont alors inconfortables.

La Tortue – Blocs rocheux autour desquels évolue une petite faune typique de la Méditerranée (chapons, girelles, mostelles). Entre les Lavezzi et l'île de Cavallo.

Mérouville (sec de Pellu) – La plongée phare de Corse, aux Lavezzi (voir l'encadré *Pollution touristique à Mérouville*), à l'est de l'archipel. Sur un fond sableux d'une trentaine de mètres, un ensemble rocheux remonte jusqu'à -15 m. Une dizaine de mérous bruns, parfaitement habitués à la présence des plongeurs, se laissent approcher. Également des barracudas, des dentis et des dorades. Proscrivez toute forme de nourrissage.

Écueil de Sperduto – Bien excentré, à l'est, au large de l'île de Cavallo, roche affleurante matérialisée par une tourelle. Tous niveaux. Sars, murènes et castagnoles.

Écueil des Lavezzi – Site superbe, plus au large, vers l'ouest, balisé par une tourelle. Vaste plateau rocheux qui débute à -5 m et descend progressivement jusqu'à -50 m. En pleine mer (bonnes conditions météo requises). Mérous sauvages, corbs, raies, dentis, murènes, poissons de roche, bancs de sars, et une opulente vie fixée.

La Tête d'homme – Au nord-ouest, autre remontée rocheuse s'étageant entre -6 m et -40 m, accessible dès le niveau 1, ainsi nommée en raison de la forme caractéristique du sommet du rocher. Gorgones dès -13 m, mérous, dentis et corbs.

La Tête de cheval – Entre -16 m et -50 m, une roche au profil de tombant, agrémentée de gorgones, de grottes et de passages. Dentis, barracudas, mérous.

Les Cloches – À côté de la Tête de cheval. Idéal pour les baptêmes et petites explorations, dans quelques mètres d'eau, au milieu de blocs rocheux.

Beccu – Grosses patates rocheuses, percées d'anfractuosités, autour desquelles rôdent mérous et corbs, dans -20 m. Accessible dès le niveau 1.

Tizzano

La plongée du bout du monde... Un seul centre, basé à Tizzano, et des sites qu'aucun autre centre ne fréquente, le rêve ! Seul bémol : les conditions sont assez difficiles, car la plupart des sites sont exposés aux vents dominants. Les meilleurs sites se situent près de la pointe de Senetosa. Citons **A Torra**, **Fortuna** et **Scogliu Longu**. Il s'agit essentiellement de hauts-fonds poissonneux, avec un joli relief.

Golfe du Valinco

La profonde échancrure que forme le golfe du Valinco dans la façade littorale jouit d'une excellente réputation auprès des plongeurs. Ses atouts sont le relief sous-marin, encore plus chaotique que sur le reste de la côte occidentale (au milieu du golfe la profondeur frise les 800 m) et l'abondance de la vie fixée (gorgones, parazoanthus) avec, en vedette, le corail rouge, bijou de la Méditerranée. La densité de la faune n'est pas exceptionnelle, mais on voit de plus en plus revenir des mérous, des barracudas, des sars et des dentis.

Les plongées les plus renommées se situent surtout à la sortie du golfe, au sud et au nord, à proximité immédiate des côtes, sur des remontées rocheuses. Plus près de Propriano, des criques abritées et sécurisantes rassureront les débutants.

Les centres de plongée locaux proposent également des plongées "hors golfe", notamment dans le secteur du cap Senetosa, au sud, où se trouvent des sites très sauvages, peu fréquentés et poissonneux.

Crique de Cala Muretta – Pour les débutants. À mi-chemin entre Portigliolo et Campomoro.

Red Canyon (la Roche de Deux) – Sur la rive sud du golfe, à mi-chemin entre Propriano et Campomoro. Grosse roche fendue sur un côté, riche en vie fixée et en corail rouge (vers -25 m).

Sec du Belvédère – Un peu plus loin vers l'ouest, piton rocheux entre -9 m et -30 m, réputé pour ses gorgones et ses voûtes garnies de corail rouge, près du fond.

Le Tonneau – Plus à l'ouest. Pour confirmés. Gros rocher à la configuration variée, qui remonte jusqu'à -6 m. Arche à -23 m, grotte à -47 m et cheminée, dans laquelle on peut s'engager par -45 m, puis ressortir à -37 m. Mérous et langoustes.

La Géode – Sec qui s'étage entre -19 m et -50 m, à mi-chemin entre la côte et le Tonneau. Beau relief.

Monica (les Trois Frères) – À la sortie est de la baie de Campomoro. Trois pics qui s'éloignent au fur et à mesure du rivage. Le premier se situe entre -6 m et -22 m, le deuxième entre -7 m et -40 m et le troisième entre -14 m et -40 m. Voûte à corail entre -27 m et -35 m. Également un enchevêtrement de gros tubes de plusieurs mètres de diamètre, perdus par un navire, par -12 m.

Sec de Campomoro-L'Écueil de la Tour – À l'extrémité ouest de la baie de Campomoro, à la sortie du golfe, à hauteur de la tour génoise. Pour tous les niveaux. Plusieurs étages rocheux, de la surface jusqu'à -40 m. Gorgones à partir de -20 m environ. Présence de saupes, de sars, de mostelles, de langoustes, de dentis et, à l'occasion, de mérous.

Sec du Belge – Derrière la pointe de Campomoro. Sur ce sec gît l'épave d'une vedette à moteur, par -27 m. Belle topographie rocheuse, mais peu de faune.

Les Cathédrales – Site le plus emblématique au nord du golfe, à une encablure du port de Porto-Pollo. Sorte de massif de Bavella en miniature. Entre -12 m et -40 m, pics, failles, ressauts et arches (à -37 m), faune diversifiée.

Le Colorado – Site de configuration analogue aux Cathédrales, un peu plus à l'ouest. Mérous, gorgones.

Les Aiguilles – Secs en forme d'aiguilles entre -7 m à -45 m, dans le prolongement des Cathédrales. Gorgones.

POLLUTION TOURISTIQUE À MÉROUVILLE

Dans la réserve des Lavezzi, ce site d'exception est victime de son succès. Certes, plonger au milieu d'une escouade de mérous curieux est un spectacle digne des meilleurs barnums, mais il n'est pas rare de compter plusieurs dizaines de bateaux à cet endroit ! Les fonds en ont pâti et les roches de Mérouville se sont bien dénudées sous l'effet des ancres et des coups de palmes. Autre sujet de controverse, la pratique discutable du nourrissage desdits mérous, à laquelle s'adonnent de nombreux individuels. En donnant des œufs durs, du pain, voire des saucisses, à ces animaux pour les apprivoiser, on prend des libertés avec les règles élémentaires de la physiologie. Les centres de plongée de Bonifacio, conscients de leur intérêt à préserver ce précieux capital, essaient de trouver un compromis entre la demande et la capacité d'accueil du site. Par ailleurs, le Parc marin international des Bouches de Bonifacio a élaboré une note d'information pour les plongeurs, qui recommande notamment de ne pas toucher les poissons, de ne pas les nourrir et de veiller à ne pas détériorer les fonds avec l'ancre lors du mouillage.

La Grande Vallée et la Petite Vallée – Plongées hors golfe, vers le nord, prisées en raison des nombreux mérous présents sur le site.

Tombant de Senetosa – Au large du cap du même nom. Sec entre -13 m et -53 m, avec des mérous.

Le Jardin – Site vierge, au large des Aiguilles. Descente dans le bleu jusqu'à -25 m, puis mur qui dégringole jusqu'à -45 m. Gorgones et faune fixée (corail noir). Entre les Aiguilles et la Petite Vallée.

Golfe d'Ajaccio

Plusieurs dizaines de sites sont répertoriés dans le golfe d'Ajaccio, très échancré, qui s'étire entre l'archipel des Sanguinaires au nord et le Capo di Muro au sud. Curieusement, les Sanguinaires, sur la rive nord, ne sont pas très fréquentées.

Plusieurs autres sites sont exploités par les clubs locaux entre les Sanguinaires et la plage d'Ajaccio. Les plongées les plus spectaculaires se situent essentiellement sur la partie sud, entre la tour de l'Isolella (également appelée Punta di Sette Nave) et le Capo di Muro.

Le Tabernacle – Site phare de la rive nord, à l'extrémité du golfe. Le plateau, idéal pour les débutants, descend sous forme de dalles de -3 à -22 m. Mostelles, langoustes, corbs, sars, mérous.

Guardiola – Plus près d'Ajaccio, à 300 m de la côte, tombant pour tous les niveaux, de la surface jusqu'à -40 m. Gorgones, langoustes, mérous et chapons.

Sette Nave – Dans la partie sud. Énormes rochers recouverts de gorgones et de faune fixée entre -4 et -45 m. Petits passages et tunnels. Bon site pour les baptêmes.

Campanina – Tous niveaux. Proche de la côte, très prisé.

Sec d'Antoine – À quelques coups de palmes de Campanina. Caractéristiques analogues.

La Tête de mort – Plongée tous niveaux, entre -0,5 et -40 m : un plateau (-15 à -20 m), une remontée jusqu'à -6 m, une cheminée et une cavité à -17 m, ainsi qu'une seconde cavité à -10 m. Corbs, sars, langoustes, dentis, voire liches et barracudas, et riche vie fixée. Bon site pour les baptêmes.

Grotte à Corail – Pour confirmés. Cheminée richement décorée de gorgones et de corail, de -25 à -57 m, en face de la plage d'Agosta.

Tombant du Corailleur – À plusieurs milles au large du golfe, pour confirmés.

La Meulière – Plus au sud, près de la pointe Castagne. Dragueur de mines coulé pendant la Seconde Guerre mondiale, entre -5 et -15 m.

Golfe de Lava

Sauvage, peu fréquenté, le golfe de Lava est proche d'une des plus belles – sinon de la plus belle – plongées de Corse : le Banc provençal, au nord, en pleine mer, à mi-chemin entre le golfe de Lava et celui de Liscia, accessible par mer calme uniquement.

Le Banc provençal – Plongée à grand spectacle, pour confirmés. Monumental ensemble rocheux posé entre -17 et -80 m, constitué de 2 têtes à son sommet, séparées par une faille. Sur un côté, il se compose d'un plateau ; sur les autres, des escaliers rocheux forment une succession d'étagements. Éponges multicolores, gorgones et anémones-fleurs. Très poissonneux.

Pietra Piombata – Sec multiniveau, à la sortie sud-ouest du golfe de Lava, entre -3 et -60 m. Gorgones et corail dans la zone des -40 m. Passage de prédateurs, notamment des barracudas.

Golfe de Sagone

Castellaci – Sur la rive sud, en rentrant vers le golfe de Liscia (inclus dans le golfe de Sagone). Succession de tombants destinés plutôt aux confirmés. Le plateau, qui vient de la côte, s'étage en forme de grosses marches (-15 à -30 m, -30 à -50 m), trouées de grottes.

Punta Paliagi – Même architecture que Castellaci, plus à l'est, avec de petits plateaux démarrant à -3 m.

Punta Palmentoju – À hauteur de la tour d'Ancone, à l'entrée sud du golfe de Liscia, une dizaine d'aiguilles remontent à -3 m et dévalent jusqu'à -50 m. Murènes, gorgones, langoustes, corbs, dentis, voire barracudas.

La Langue de feu – Toute proche de la Punta Palmentoju. Belle couverture de corail rouge, sous une voûte, dans la zone des -30 m.

Punta Capigliolo (pointe de Locca) – Tombant vertical, au nord du golfe de Liscia, de la surface à -130 m.

Punta San Giuseppe – Plus au nord que la pointe de Locca. Gros mégalithes rectangulaires d'une vingtaine de mètres de long sur plusieurs mètres de hauteur, à -20 m, qui se prolongent en éboulis jusqu'à -40 m.

La Girafe – Épave dans l'anse de Sagone à -18 m (canons en bronze, quelques structures de coque, des boulets). Flûte napoléonienne qui transportait des pins laricios destinés à la

LA PLONGÉE EN CULOTTES COURTES

Initier vos bambins à la plongée en Corse ? Rien de plus facile. Conformément à la réglementation française, les centres de plongée accueillent les juniors dès l'âge de 8 ans, avec une autorisation parentale. Les conditions sont excellentes, qu'il s'agisse du cadre (petites criques sécurisantes, eau claire et chaude, petite faune de roche) ou de l'accueil. Presque tous sont équipés de matériel adapté à leur morphologie ("biberons", ministabs, petits embouts, combinaisons à leur taille). Après le baptême, les juniors peuvent suivre des stages spécifiques (plongeur de bronze, d'argent et d'or).

construction navale ; cernée par des navires anglais, elle s'est sabordée dans les années 1800.

Le Canadair – Un peu plus au large, à la sortie de l'anse. Épave d'un avion qui s'est écrasé en 1971 lors d'une mauvaise manœuvre ; posée à l'envers sur un fond sableux par -30 m.

Golfe de Porto

Joyau de la Corse, le golfe de Porto est une étape obligée. Les parois granitiques dévalent rapidement vers les abysses (800 m au milieu du golfe).

On dénombre une dizaine de sites entre le Capo Rosso au sud et la Punta Mucchilina au nord, exploités par 3 centres seulement. Par ailleurs, le golfe de Porto jouit d'une prestigieuse carte de visite : il jouxte la limite sud de la réserve naturelle de Scandola, un sanctuaire qui abrite la faune méditerranéenne au grand complet (voir *Des paradis marins sous haute surveillance*, p. 376). La plongée y est bien sûr interdite, mais les centres de Porto et de Galéria proposent des sites en bordure de la réserve, au sud. Seule ombre au tableau : le vent d'ouest, quand il souffle, rend les sorties difficiles, et les plus belles plongées, près des extrémités nord et sud du golfe, sont alors annulées.

Castagne – Sur la rive sud. Site pour débutants accessible par la route ou par la mer.

Sec du Château – Au sud également, un peu plus loin. Plusieurs petits secs qui émergent. Pour débutants.

Figajola – Plus à l'ouest (rive sud). Site multiniveau où 2 pointes riches en vie fixée dégringolent de -5 à -35 m environ. Passage de dentis et de corbs.

Vardiola – En continuant vers le Capo Rosso. Pain de sucre affleurant la surface de l'eau, entaillé par une faille entre -30 et -10 m dans laquelle on peut remonter. Corail rouge en abondance au pied de la faille. Plateau peuplé de corbs, de dentis, de mostelles, de langoustes et de mérous.

Pitons de Vardiola – Entre Vardiola et Capo Rosso. Têtes rocheuses qui remontent à -8 m et plongent à -50 m. Magnifiques gorgones sur les parois entre -30 et -40 m.

Capo Rosso – Face à la pleine mer, ce cap termine la façade sud du golfe. Deux grosses roches affleurantes. Relief découpé, creusé de failles. Passage de pélagiques (thons, barracudas, liches).

Porte d'Aix – Crique située à 5 min du port, sur la rive nord, idéale pour les baptêmes et l'initiation.

Voûte à corail – La plus belle voûte à corail du golfe, par -26 m, à 5 min du port, à Monte Rosso. Site poissonneux.

Punta Scopa – À mi-chemin entre Porto et la Punta Mucchilina. Belle plongée de tombant (tous niveaux). Dentis et corbs.

Senino – La pointe suivante. Tous niveaux. Sec culminant à -1,50 m, dégringolant sur un côté jusqu'à -50 m. Failles et faune fixée, dont de splendides gorgones. Mérous, dentis, murènes, corbs, langoustes et mostelles.

Punta Mucchilina – L'une des plus belles plongées de Corse, à la limite sud de la réserve de Scandola. Multiniveau. Petit sec près de la côte, composé de 2 têtes séparées par une cuvette, remontant à -1 m et chutant, côté sud, jusqu'à -50 m. Gorgones, parazoanthus, langoustes, corbs, dentis et barracudas. Sur le côté est du sec, épave d'un ancien charbonnier entre -20 et -30 m, avec salle des machines, hélice et chaudières.

Galéria

Ambiance sauvage et plongées de caractère définissent le secteur de Galéria, où n'officie qu'un seul centre de plongée. Les sites sont disséminés entre la pointe Morsetta, au nord, et la limite nord de la réserve de Scandola.

Ciuttone – Premier site en allant vers le nord-est, à hauteur de la pointe éponyme, à l'extrémité est de la baie de Galéria. Tous niveaux. Corail rouge à partir de -20 m.

La Roche bleue – Entre Ciuttone et Morsetta. Pour confirmés. Pain de sucre enjolivé de gorgones, entre -30 et -50 m.

Îlot Morsetta – Au nord, face à la pointe du même nom. Architecture sous-marine variée. Éboulis volumineux, failles, tombants, vallées. Mostelles, langoustes, murènes et gorgones. Passage de mérous et de corbs. Tous niveaux.

Le Tunnel – Site original, vers le sud. Boyau de 50 m de long environ, en forme de L, qui traverse la paroi de part en part et dont l'entrée s'ouvre à -17 m. Le diamètre de ce goulet est de 2 à 3 m. Lampe indispensable. Accessible aux niveaux 1. À l'intérieur, la roche est assez dénudée. Quelques mostelles. La sortie se situe à -12 m.

La Faille – Proche du Tunnel. Anfractuosité à -16 m, qui s'enfonce sur une trentaine de mètres dans la paroi. On peut émerger dans une poche d'air agrémentée de stalactites.

Îlot Porri – Vers la réserve de Scandola. Enchaînement d'arêtes rocheuses disposées parallèlement à une profondeur comprise entre -15 et -40 m.

Calvi

Les fonds de la baie proprement dite n'ont rien d'exceptionnel mais dès que l'on s'écarte vers l'ouest, dans le secteur de la pointe de la Revellata, au caractère sauvage bien accusé, on peut s'attendre à de très belles plongées.

Le B17 – Épave chargée d'histoire, dans la baie de Calvi. Reliques d'un bombardier américain qui fut contraint d'amerrir devant la citadelle de Calvi en 1944. Il repose par -27 m, à 200 m à peine de la côte. Posée à l'endroit, l'épave est tronquée à l'avant et à l'arrière (le nez et la queue ont été détruits lors de l'amerrissage), mais il reste la partie centrale du fuselage, une partie du train d'atterrissage, les ailes et les 4 moteurs aux pales vrillées. Cette plongée vaut surtout pour son ambiance. Site théoriquement réservé aux confirmés, mais les centres de Calvi emmènent couramment les niveaux 1, pour peu qu'ils se contentent de survoler l'épave.

La Bibliothèque – Autre site, dans la baie de Calvi, régulièrement proposé aux débutants. Nommé en raison de la ressemblance des massifs rocheux avec des piles de livres, dans moins de 20 m d'eau. Peu poissonneux.

Pointe Saint-François – Derrière la citadelle, à la sortie de Calvi. Site exploité pour les baptêmes et l'initiation.

La Revellata – Au nord-ouest, en contrebas du phare. Vallées rocheuses, éboulis, minitombants, canyons et failles, à des profondeurs différentes, exposés au large. Gorgones, éponges, anémones-fleurs, mérous, sars, corbs, dentis, liches et crustacés. Accessible à tous les niveaux (de -10 et -40 m). Corail rouge à partir de -30 m.

Mezzu Golfu (ou sec du Clocher) – Plus à l'ouest, pour confirmés. Grosse boule, plate sur sa partie supérieure, pourvue de failles et de cavités et décorée de gorgones, de -27 m à -50 m.

Punta Bianca – Site poissonneux comportant des tombants assez abrupts. Gorgones et corail rouge, entre -10 et -42 m. Dentis, congres, mostelles, langoustes et corbs.

Entre Calvi et L'Île-Rousse

La zone comprise entre la Punta di Spano, à l'ouest de la marine de Sant'Ambroggio, et Algajola à l'est réserve de belles plongées, accessibles à tous les niveaux, dans des sites à la configuration originale.

Cala Stella – Crique idéale pour les débutants, à proximité de la tour de Spano. Petits poissons de roche et relief diversifié.

Kalliste – Site pour confirmés, entre -23 et -45 m, avec des grottes et des passages sous roche. Corbs, sars, mostelles, murènes et langoustes en abondance. Corail et gorgones à partir de -30 m.

Danger d'Algajola – Au large de la station balnéaire du même nom. Immense plateau rocheux à 1,5 mille au large, qui couvre plus de 1 km de long sur environ 400 m de large et descend par paliers de -1 à -40 m. Relief très varié. Beaucoup de poissons de roche et de pélagiques.

Le Grand-Cerf – Navire qui fit naufrage au XIXe siècle, par -25 m. Les membrures et les mâts de charge sont apparents.

Pedra Mule – Îlot proche du promontoire situé à l'ouest d'Algajola. Tous niveaux.

Pietra Eramer – Site localisé dans le prolongement de la Punta di Sant'Ambroggio et formé de gros éboulis, entre -27 et -43 m. Belles gorgones, mérous, sars, dentis, langoustes ou homards.

L'Île-Rousse

La baie de L'Île-Rousse compte quelques sites. Il s'agit de remontées rocheuses sur fond sableux, criblées de magnifiques gorgones qui passent pour les plus belles de Corse.

Le Naso – Gros rocher qui culmine à -13 m et descend à -32 m, accessible à tous les niveaux. Concentration impressionnante de congres et de murènes. Présence de corbs et de dentis.

Le Petit Tombant – Site proche du Naso, entre -16 et -42 m, avec des caractéristiques analogues. Gorgones et passage de bancs de dentis et de liches.

Le Grand Tombant – Dans le prolongement du Petit Tombant, plateau à -20 m qui, côté large, dégringole jusqu'à -39 m. Très belles gorgones et éponges encroûtantes sur la paroi. Sars et poulpes sur le plateau.

Les Trois Vierges – À moins de 200 m du Grand Tombant, en direction du large, 3 rochers très poissonneux (corbs, dentis, thons, mérous, entre autres). Pour confirmés (entre -25 et -42 m).

Le Monlouis – Plus au large. Pour confirmés (de -30 à -47 m). Superbes gorgones.

Tour de Saleccia – À hauteur du site terrestre du même nom. Sec qui tombe en cascade de -25 à -50 m. Exposé au courant. Présence de daurades, de langoustes et de raies.

Saint-Florent

Le golfe de Saint-Florent, en forme de U évasé orienté plein nord, longe, sur sa rive gauche, le désert des Agriates. Une dizaine de sites sont couramment exploités, côtés est et ouest du golfe. À l'est, les petites falaises calcaires, trouées comme du gruyère, se prolongent sous la surface.

Grotte aux Pigeons – Côté est. À quelques mètres sous la surface. Falaise entaillée par de multiples anfractuosités.

Sec des Pigeons – Au large du précédent, plateau rocheux entre -25 et -30 m, percé de petites failles, peuplées de mérous, de corbs et de sars.

Le Gendarme – À la sortie du golfe, côté ouest, dans le secteur de la Punta Mortella, à proximité du phare du même nom. Gros caillou qui culmine à -17 m et chute à -43 m. Repaire de congres, de mérous, de murènes et de langoustes.

Le Sphinx – Un peu à l'ouest de la Mortella. Rocher affleurant dont la tête évoque un sphinx, qui descend à -17 m.

Les Cormorans – Plus proche du fond du golfe, à l'anse de Fornali. Relief composé de deux lignes de roches émergentes. Petite profondeur (-8 m), idéale pour les baptêmes et l'initiation.

Sec de la Citadelle – Petite remontée rocheuse. Configuration idéale pour les débutants (éboulis rocheux et excavations dans 6 m d'eau).

L'Aventure et le Çaira – Deux épaves à proximité de la citadelle, à respectivement -10 m et -18 m.

Bastia

Ici, pas de grands tombants, de pics ou de canyons cascadant vers les abysses, mais des fonds sablonneux en pente douce, parsemés d'ensembles rocheux qui servent d'abri à une faune diversifiée. Les sites s'éparpillent à proximité immédiate de la côte, entre le port de Bastia et la tour de l'Osse, au nord, sur le cap Corse. Les appellations diffèrent parfois selon les centres. Les gorgones et le corail rouge se font rares, mais les amateurs d'épaves trouveront leur compte.

Heinkel-111 – Épave d'un bombardier allemand qui repose sur le dos par -33 m, à une encablure de la digue du nouveau port. La queue de l'appareil est cassée, les moteurs, détachés, et le train d'atterrissage, toujours en place. On peut entrer dans la carlingue.

Roche du 14-Juillet – Un peu plus au nord. Petites falaises entre -17 et -38 m. Bancs de sars, quelques mérous, des murènes et des chapons.

Roche à Mérous – Caractéristiques analogues au site précédent, entre -22 et -34 m.

Rocher de Cinquini – À hauteur de Toga. Strates rocheuses qui se superposent entre -24 et -36 m, partiellement colonisées par la faune fixée. Riches en crustacés, présence de mérous, de mostelles et de murènes.

Roche des Minelli – Trois remontées entre -8 et -22 m. Saupes, poulpes, chapons, mérous et murènes au milieu des éboulis.

Le Pain de sucre – Dans le même secteur que le précédent. Site au nom évocateur, entre -28 et -42 m, attenant à un plateau troué, entre -36 et -42 m. Vivier de mérous, de mostelles et d'anthias.

L'Ancre perdue – Plus au nord, à 20 min de bateau de Bastia, succession de pains de sucre séparés par des bancs de sable. Le plus profond commence à -42 m, le dernier est à -24 m.

Roche de Miomio – Site idéal pour les débutants. Massif de 150 m de long, très découpé.

Le Thunderbolt P-47 – Plus vers le nord, épave en bon état d'un petit chasseur anglais gisant par -22 m sur un fond d'algues.

La Canonnière – À hauteur de Pietracorbara. Épave longue de 45 m, coulée en 1943 et reposant entre -40 et -45 m. On inspectera la coque, une partie du pont, l'hélice et le moteur, ainsi qu'un canon. Abondance de mérous, de homards, de corbs, de congres et d'anthias.

Centres de plongée

Organisation et fonctionnement

À l'instar de la plupart des activités de loisirs et des services touristiques en Corse, la plongée se caractérise par une forte saisonnalité. Sur la trentaine de centres que compte l'île, seuls quelques-uns ouvrent toute l'année – et encore, sur demande ou le week-end uniquement. La plupart fonctionnent à partir d'avril, ferment à la Toussaint et tournent au ralenti en avril, mai et octobre, à la demande. La saison commence véritablement en juin et bat son plein en juillet-août, avant un retour au calme en septembre. Le nombre de sorties quotidiennes s'adapte à la surfréquentation saisonnière : de 2 en juin à 4 ou 5 en juillet-août dans certaines structures, 7j/7 ! Préférez l'avant-saison (juin) et l'après-saison (septembre), car on se bouscule moins et l'on n'a pas le sentiment d'être le énième client d'une "usine à plongeurs".

La plupart des centres n'ont pas de programme de sorties bien défini, mais tiennent compte, pour le choix des sites, des conditions météo et du niveau des plongeurs inscrits. En tout cas, quelle que soit l'époque, nous vous conseillons de réserver vos plongées au moins la veille. En pleine saison, certains centres affichent complet 3 ou 4 jours à l'avance. Ils ne tiennent pas tous une permanence pendant les sorties ; présentez-vous de préférence une demi-heure avant le départ, ou en fin de matinée ou d'après-midi.

Leur répartition géographique est assez large. Presque tous les golfes entre Porto-Vecchio et Saint-Florent, en suivant la côte dans le sens des aiguilles d'une montre, disposent de structures de plongée. La quasi-totalité des centres est affiliée à la Fédération française d'études et de sports sous-marins (FFESSM), mais accepte tous les plongeurs. Un comité régional de la **FFESSM** (☎04 95 57 48 31 ; www.plongee-corse.org ; lotissement Castelaccio ; Immeuble Bardeglinu, 20220 L'Île-Rousse) est installé en Balagne.

Tarifs et prestations

Les centres de plongée de Corse offrent une gamme complète de prestations : baptême (enfants et adultes), plongée exploration, plongée de nuit et passage de brevet. Le tarif du baptême s'entend prêt du matériel inclus. Le prix des plongées exploration varie en fonction de votre équipement personnel. Comptez 15 € environ la location de l'ensemble du matériel. Les clubs pratiquent en général un tarif de base pour le "plongeur équipé", un tarif intermédiaire "demi-équipé" et un tarif "non équipé". La fourchette de prix que nous indiquons dans les descriptifs des centres va du tarif de base au tarif avec location de l'équipement complet. Attention ! En Corse, la formule

DÉBUTANTS : PASSEZ À L'ACTE !

Envie de voir sous la surface ? Offrez-vous un baptême qui vous permettra de ressentir vos premiers émois subaquatiques. Il s'agit d'une balade sous-marine d'une vingtaine de minutes, encadrée de près par un moniteur, dans un site très sécurisant. La Corse présente des conditions idéales pour s'initier : criques rassurantes aux eaux cristallines et chaudes, de faible profondeur, personnel compétent, matériel performant. Dans certains centres, les baptêmes représentent plus de la moitié de la clientèle. N'hésitez pas ! Frappez à plusieurs portes, posez des questions, sentez l'ambiance et écoutez votre feeling. Aucune formalité n'est requise, si ce n'est une autorisation parentale pour les mineurs. Les seules contre-indications sont d'ordre médical : affections ORL graves, épilepsie et pathologies cardiovasculaires, rhume, sinusite et grossesse. Quant aux enfants, grâce à un matériel adapté, ils peuvent faire un baptême dès 8 ans. Comptez un minimum de 40 €, tout compris (jusqu'à 60 € dans certains centres).

Le baptême se déroule en tête à tête avec un moniteur. À terre, celui-ci vous explique brièvement les règles élémentaires de sécurité et vous présente le matériel. L'ensemble vous paraîtra peut-être encombrant, mais, une fois sous l'eau, vous serez étonné de l'aisance de vos mouvements. Vient ensuite le grand moment : l'immersion. Le moniteur vous équipe et vous prend entièrement en charge. Sur un fond de 3 à 5 m maximum, dans un site sécurisant, il vous fait descendre en douceur, en vous tenant par la main. Au fond, il guide vos évolutions pendant une vingtaine de minutes.

Grisé par ces sensations nouvelles ? Vous pouvez alors envisager une formation débutant pour décrocher un brevet qui vous ouvrira les portes des centres de plongée dans le monde entier. Le niveau 1 (CMAS une étoile ; 3 à 5 jours, environ 6 plongées en mer ou en piscine, apprentissage des techniques de base et des règles de sécurité) vous permet de plonger encadré par un moniteur jusqu'à -20 m.

QUEL BUDGET ?

- Baptême : de 40 à 55 €
- Plongée à l'unité : de 40 à 60 € environ
- Brevet niveau 1 : de 300 à 400 € environ

"plongeur équipé" signifie souvent que vous apportez votre bouteille.

Tous les centres proposent des forfaits (de 3, 5 ou 10 plongées), avec un tarif dégressif. Pour les formations, assurez-vous que le prix comprend, outre la formation théorique et pratique, l'ensemble des frais administratifs (licence, carnet de plongée, passeport de plongée, diplôme). Nombre de centres n'acceptent pas les cartes de crédit ; prévoyez des espèces ou des chèques.

Choisir un centre

Au même titre qu'un hôtel ou un restaurant, un centre de plongée possède une personnalité, un style. Certains se sentiront plus en confiance dans une structure à taille humaine, où règne un apparent dilettantisme ; d'autres préféreront l'effet de masse très "pro", le fonctionnement à l'américaine et l'impressionnante logistique des grosses structures. De même, des clients se sentent rassurés par la rigueur millimétrée de certains moniteurs alors que d'autres préfèrent la décontraction et la souplesse. Pour faciliter votre choix, partez de critères objectifs, tels que la localisation, le cadre (existe-t-il une plage toute proche où vous attendront les non-plongeurs qui vous accompagnent ?), les tarifs, les horaires, les locaux et les infrastructures (douches chaudes, confort des bateaux), l'organisation des sorties, la qualité de l'accueil, les sites et les formations proposés, l'accessibilité, les petits plus (pot après la plongée, absence de toute manutention des bouteilles)... puis laissez parler votre instinct. En cas de déception, tournez les talons !

Quant au bouche-à-oreille, c'est un indicateur à double tranchant : lorsque plusieurs centres se partagent une même zone, vous constaterez vite que chacun a ses inconditionnels et ses détracteurs. Tout est question d'appréciation personnelle. Un conseil : si plusieurs prestataires se concurrencent dans un secteur, n'hésitez pas à comparer tarifs et prestations jusqu'à ce que vous trouviez le centre qui vous inspire.

Tous les centres mentionnés dans les chapitres concernés bénéficient d'un agrément officiel, emploient des moniteurs qualifiés, disposent d'un matériel moderne et en bon état et respectent un strict cahier des charges en matière de sécurité. Notre sélection de centres n'est bien sûr pas exhaustive.

Formalités

Pour un baptême, aucune formalité spécifique n'est requise. Seule une autorisation parentale est nécessaire pour les mineurs. Si vous êtes déjà breveté, on vous demandera de fournir votre attestation de niveau et votre carnet de plongée. Tous les plongeurs sont acceptés, quel que soit l'organisme qui les a formés (PADI, FFESSM, etc.). Tout au plus vous demandera-t-on d'effectuer une plongée de réadaptation pour évaluer votre aisance et vérifier votre compétence technique si vous n'avez pas plongé récemment. Un certificat médical de non-contre-indication à la pratique de la plongée est obligatoire pour une formation.

La plupart des centres disposent d'une assurance en responsabilité civile qui couvre d'office leurs clients. Vérifiez tout de même que votre assurance voyage prévoit une prise en charge et un rapatriement en cas d'accident dû à la plongée. Dans le cas contraire, vous pouvez souscrire une complémentaire auprès des prestataires.

ACCIDENTS DE DÉCOMPRESSION

Un séjour en Corse offre l'occasion de pratiquer deux activités qui ne font pas toujours bon ménage si on s'y adonne dans la même journée : la plongée et la randonnée en montagne. Évitez toujours de monter en altitude consécutivement à une plongée afin de laisser le temps à l'organisme d'évacuer l'azote résiduel qu'il a emmagasiné. Une altitude de 1 500 m seulement ou un voyage en avion peuvent s'avérer dangereux quelques heures après une plongée. En règle générale, attendez une douzaine d'heures après avoir regagné la surface. Le **centre hospitalier d'Ajaccio** (☎ 04 95 29 90 90 ; 27 rue de l'Impératrice-Eugénie) est équipé d'un caisson de décompression.

La région en un clin d'œil

Bastia et le cap Corse

Paysages ✓✓✓
Villages ✓✓✓
Architecture ✓✓

Paysages

Les routes en corniche du cap Corse ménagent des points de vue inoubliables sur la Méditerranée. Sur la côte ouest, de Centuri à Nonza, la D80 joue à cache-cache avec des criques, des baies et des plages, avec un arrière-plan de montagnes couvertes de maquis.
Les côtes occidentale et orientale offrent des paysages différents ; l'Ouest est sans aucun doute plus spectaculaire. Le pourtour de cette langue de terre est parsemé de tours génoises à la forme caractéristique.

Villages

À l'intérieur des terres, les villages et les hameaux sont blottis dans la végétation et regardent vers le large. Sur le littoral, des bateaux de pêche colorés dodelinent dans de belles marines.
À Centuri, on perpétue la tradition de la pêche à la langouste ; Macinnagio accueille les plaisanciers, tandis que Rogliano, nid d'aigle perché au-dessus de ce village, offre un bel aperçu sur les hauteurs du cap.

Architecture

Le cap Corse est célèbre pour ses "maisons d'Américains", ces imposantes demeures de style colonial, et les multiples tours génoises, dont certaines bien conservées, qui montent la garde le long du littoral. De magnifiques chapelles romanes valent également le détour.
Bastia elle-même n'est pas en reste : sa citadelle, témoin de la domination génoise et du rôle important de la ville, surplombe le vieux port. Elle représente un quartier à elle seule, avec ruelles, promenades et remparts.

p. 46

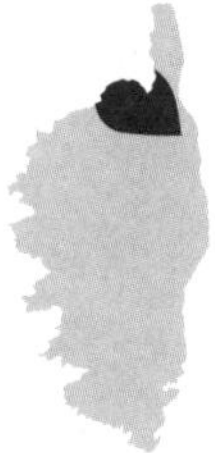

Nebbio, Agriates et Ostriconi

Architecture ✓✓
Plages ✓✓
Activités sportives ✓✓

Architecture

Le style pisan est bien représenté dans le Nebbio, avec la somptueuse église San-Michele de Murato à Murato et la cathédrale du Nebbio, à Saint-Florent.
Le quartier médiéval de Lama, l'un des plus beaux villages de Corse, dans l'Ostriconi, est également un joyau architectural.

Plages

À un concours de beauté, le podium serait le suivant : la plage de Saleccia, baignée d'une eau incroyablement cristalline, la plage de Lodo, tout aussi photogénique, et la plage de l'Ostriconi, précédée d'un bras de mer et d'une roselière.

Activités sportives

Les étendues sauvages du désert des Agriates se prêtent à toutes les aventures, sur terre ou sur mer : balade équestre dans le maquis ou galop sur la plage, kayak le long des criques secrètes, exploration des chemins et des pistes à VTT ou à pied.

p. 74

Balagne

Villages ✓✓✓
Plages ✓✓
Loin des foules ✓✓

Villages
L'arrière-pays balanin rassemble un chapelet de villages pittoresques, desservis par des routes secondaires qui n'en finissent plus d'offrir de somptueux points de vue. Des bourgs côtiers aux villages-belvédères de l'arrière-pays, la Balagne abrite quelques-uns des plus beaux villages de Corse.

Plages et vasques
La Balagne est riche en plages idylliques, à proximité de Calvi et de L'île-Rousse. Certaines sont plus propices au farniente, d'autres attirent les amateurs de loisirs nautiques. Dans le Fango, il fait bon se rafraîchir dans les vasques de la rivière.

Loin des foules
La Balagne a souvent l'image d'une région bondée en saison, mais il est possible de trouver un peu de quiétude en s'éloignant du littoral, notamment dans le Ghjunsani et dans la vallée du Fango.

p. 90

Du golfe de Porto à Ajaccio

Paysages ✓✓✓
Loin des foules ✓✓
Culture et patrimoine ✓✓

Paysages
Le golfe de Porto est un éblouissement pour les yeux, avec, en point d'orgue, la réserve de Scandola et les calanques de Piana. Cette merveille naturelle dévoile toutes ses beautés lors d'une excursion en bateau. Plus au sud, de belles plages de sable blanc attendent les estivants.

Loin des foules
Les vallées du haut Taravo et les gorges du Prunelli, encaissées et reculées, offrent un visage radicalement différent de la Corse, rural et paisible, loin de l'agitation trépidante des stations du littoral.

Culture et patrimoine
En 2010, le palais Fesch à Ajaccio a rouvert ses portes et fait à nouveau partie des escales culturelles incontournables. Le secteur de Porto et d'Ota recèle de superbes ponts et des tours de la période génoise. Cargèse "la Grecque" mérite une halte pour les deux églises qui s'y font face.

p. 123

Sud de la Corse

Plages ✓✓✓
Activités sportives ✓✓✓
Loin des foules✓✓✓

Plages
Chacun trouve son bonheur dans cette région aux plages les plus paradisiaques de Corse. Au sud de Porto-Vecchio, les plages de Palombaggia et de Rondinara sont de vrais édens. Dans les environs de Bonifacio, l'archipel des Lavezzi, aux eaux turquoise, incite à découvrir ses fonds marins.

Activités sportives
Le sud de la Corse offre un bel éventail d'activités : randonnée, balades à cheval, canyoning, escalade, VTT, parcs aventure, kayak... Vous n'aurez que l'embarras du choix !

Loin des foules
Les villages de l'Alta Rocca et sa nature montagnarde contrastent avec la côte, souvent surpeuplée. Le sud possède également un patrimoine archéologique important (notamment sur le plateau de Cauria), ainsi que des vallées secrètes comme l'Ortolo, entre montagnes, vignes, forêts et champs.

p. 176

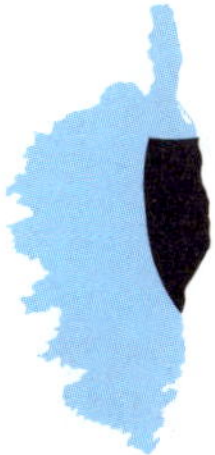

Est de la Corse

Loin des foules ✓✓✓
Paysages ✓✓
Plages ✓✓

Loin des foules
Les quatre microrégions qui composent l'est de la Corse (Casinca, Castagniccia, Fiumorbu et Morianincu) sont les moins fréquentées de Corse. Et pourtant, elles sont dotées de merveilles d'architecture et recèlent un patrimoine culturel très riche.

Paysages
En altitude, les forêts profondes de la Castagniccia, desservie par des routes secondaires longues et sinueuses, mènent jusqu'à des villages reculés aux splendides panoramas, sur la côte ou sur son magnifique manteau végétal.

Plages et vasques
Les longues plages de sable fin de Moriani ou de la Costa Serena sont propices au farniente et aux activités nautiques ; dans l'arrière-pays, les vasques de rivière dans la vallée du Travo offrent de belles baignades dans des eaux cristallines.

p. 237

Montagnes du Centre

Loin des foules ✓✓✓
Activités sportives ✓✓✓
Architecture ✓✓✓

Loin des foules
Les vallées reculées de l'Asco, du Manganellu et du Niolo, où se perpétuent les traditions corses, et la microrégion du Boziu, un paradis rural oublié, valent vraiment le détour, ne serait-ce que pour découvrir l'âme corse.

Activités sportives
Poumon vert de la Corse, cette région abonde en sentiers de randonnée pour tous les niveaux, qui mènent à des paysages exceptionnels (lacs glaciaires, sommets, forêts) ; un rêve pour les amateurs de canyoning et de balades équestres.

Architecture
La citadelle de Corte offre une vue extraordinaire : perchée à une centaine de mètres de hauteur, elle arbore un nid d'aigle qui semble posé en équilibre à l'extrémité du piton. Les villages du Boziu, quant à eux, offrent tout au long de la route qui les relie un chapelet de magnifiques édifices religieux.

p. 258

Les pictos pour se repérer :

Les coups de cœur de l'auteur

BON PLAN Les meilleurs rapports qualité/prix

Les adresses écoresponsables

Voir aussi l'index où figurent toutes les localités couvertes dans ce guide.

Sur la route

Bastia et le cap Corse

Dans ce chapitre »

Le top des hébergements

» Le Castel Brando (p. 59)
» U Castiglionu (p. 61)
» Latu Corsu (p. 67)
» Maison Battisti (p. 70)

Le top des restaurants

» La Citadelle (p. 53)
» Le Pirate (p. 60)
» U Fanale (p. 67)
» Morganti (p. 71)

Pourquoi y aller

Superbe image, quand on arrive du large, que celle de Bastia, accrochée à une montagne qui plonge dans la mer, et de sa citadelle perchée au-dessus du vieux port. Il faut prendre le temps de flâner à l'ombre des ruelles des quartiers de Terra Vecchia et de Terra Nova, de laisser la soirée s'étirer sur les terrasses de la place Saint-Nicolas, d'assister au va-et-vient estival des ferries colorés et de regarder les derniers rayons du soleil dessiner des arabesques sur les façades du vieux port, dominé par les clochers jumeaux de l'église Saint-Jean-Baptiste...

Au-delà débute un autre voyage. Bastia finit en effet là où commence l'une des régions à l'identité la plus marquée de l'île : le cap Corse. Cette étroite péninsule est un monde à part. On y passe avec délice d'un minuscule port de pêche à une marine tranquille, entre de longues langues de maquis plongeant dans les flots, aux pieds de villages hardiment accrochés sur les versants montagneux. Le cap, qui plus est, est ponctué de beaux points de vue – cols, tours génoises, routes panoramiques – d'où il se laisse admirer à loisir.

Quand partir

Avril-juin	Juillet-août	Septembre-octobre
Au printemps, Bastia s'offre sous son meilleur jour. Profitez des terrasses ensoleillées sur le vieux port. Ne manquez pas les processions de la Semaine sainte et la fête de la Saint-Érasme début juin.	Découvrez le littoral du nord du cap Corse à pied et lézardez sur une plage, ou faites de belles balades en mer au départ de Macinaggio. Tentez l'expérience d'un baptême de plongée dans les eaux chaudes et cristallines de la région.	Une saison merveilleuse pour découvrir les routes sinueuses du cap Corse en toute quiétude et faire de belles balades à pied.

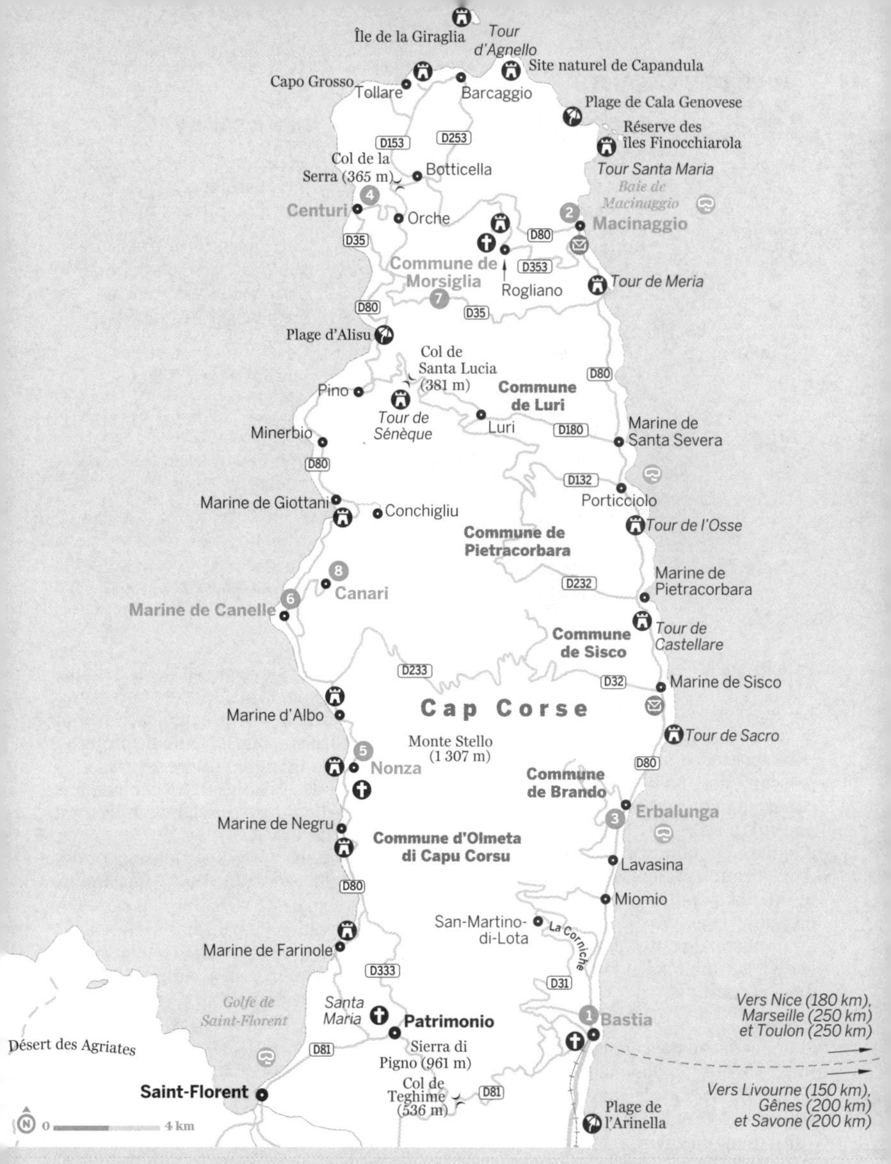

À ne pas manquer

1 La vue sur le vieux port de **Bastia** (p. 49) depuis une terrasse de la citadelle

2 Une sortie en mer au large de **Macinaggio** (p. 63), à la découverte des îles Finocchiarola

3 Le village d'**Erbalunga** (p. 59), posé sur l'eau, dont la marine attire encore les artistes

4 Le joli petit port de **Centuri** (p. 68), qui perpétue la tradition de la pêche à la langouste

5 **Nonza** (p. 71), sa superbe église jaune et rouge et son étonnante plage de galets noirs

6 La pittoresque **marine de Canelle** (p. 70)

7 Les "maisons d'Américains" à **Morsiglia** (p. 69)

8 L'église Santa-Maria Assunta à **Canari** (p. 70), trésor architectural de style roman

AVEC DES ENFANTS

LIEUX	ACTIVITÉS	BON À SAVOIR
Bastia	Une visite qui n'épuisera pas vos enfants, celle du **village Corse miniature** (p. 51)	Mieux vaut téléphoner pour vous assurer que vous ne trouverez pas porte close.
Bastia	Une découverte des éléments marins dans le cadre du **jardin des mers** du Club nautique bastiais (p. 51)	Cette découverte s'effectue sous la forme d'un stage de 5 demi-journées. Pour les enfants de 4 à 6 ans.
Cap Corse	À dos de cheval avec le **centre équestre** Cavallu di Brando (p. 59)	Dès 7 ans. Organise des balades à travers tout le cap Corse.
Sisco	Une découverte de l'équitation dans le **poney club** du centre équestre A Ferrera (p. 60)	Dès que l'on a soufflé ses trois bougies. Les plus grands pourront accompagner leurs parents en promenade.
Macinaggio	Une initiation à la **voile** avec le club nautique de Macinaggio (p. 64)	Les Optimist sont maniables par un enfant de 5 ans !

BASTIA

La deuxième ville de l'île ne se laisse pas facilement appréhender. Bastia ne mise ni sur l'apparence ni sur les paillettes, mais présente une ambiance gentiment anarchique qui fait tout son charme. C'est aussi une ville d'art et d'histoire, riche en édifices religieux (notamment baroques), cachés dans l'entrelacs de ses rues. Méditerranéenne et populaire, elle mérite que l'on prenne le temps de se laisser séduire par son atmosphère, de s'attarder sur ses terrasses et de regarder le soleil jouer sur les façades du vieux port.

Histoire

Si le site de Bastia a été habité dès l'époque romaine, la ville elle-même ne fut fondée qu'en 1372, lorsque le gouverneur génois de l'époque, alors établi au château de Biguglia – situé dans un environnement mal défendu et impaludé à quelques kilomètres au sud de la ville actuelle –, se mit en quête d'un nouveau lieu de résidence. Soulignant pour la première fois la position stratégique du site, il porta son choix sur le seul promontoire rocheux de cette côte sans relief et y fit construire une bastille (*bastiglia*), qui donnera son nom à la ville.

En 1452, la forteresse devint le chef-lieu de la Corse génoise et le siège des gouverneurs, tandis que se développait alentour le quartier de Terra Nova. Jusqu'au XVIIIe siècle, la citadelle restera le symbole de la domination génoise pour la majorité des Corses. Des paysans venus des montagnes saccageront la cité à plusieurs reprises afin de protester contre l'administration fiscale génoise.

En dépit de ces années d'instabilité, une grande partie du patrimoine architectural bastiais date des XVIIe et XVIIIe siècles. En 1764, la ville passe sous le contrôle des Français. Cinq ans plus tard, elle capitule après deux mois de résistance au siège des Anglais, commandés par l'amiral Nelson. Ils resteront maîtres de la ville pendant deux ans. Différentes révoltes seront réprimées sévèrement sous Napoléon et, en 1811, Bastia perd son statut de première ville de l'île au profit d'Ajaccio. En 1943, elle est la seule agglomération corse bombardée par les Américains. Bastia retrouvera son rôle de capitale économique après la guerre, grâce à ses activités portuaires et commerciales. Elle est le siège de la préfecture de Haute-Corse depuis 1975.

Renseignements

Office du tourisme (☎04 95 54 20 40 ; www.bastia-tourisme.com ; place Saint-Nicolas ; ⏲tlj 8h-20h en été, lun-sam 8h-18h hors saison). Pourra vous renseigner sur les promenades à thème organisées dans Bastia et vous communiquer les horaires des bus.

Accès Internet Vous pourrez vous connecter chez **Cyber Oxy** (1 rue Salvatore-Viale ;

3 € l'heure ; ⌚lun-ven 10h-2h, sam 12h-2h). De nombreux bars proposent l'accès Wi-Fi.

Fêtes et festivals

Rencontres du cinéma italien (fin janvier-début février). Projections de films d'auteurs essentiellement, conférences et débats pendant 2 semaines.

Festival du cinéma britannique (mars)

Processions de la Semaine sainte (fin mars-début avril)

Festival de Saint-Érasme (2 juin). Festivités sur le thème de la mer. Joutes et animations dans le port.

Relève des gouverneurs (mi-juillet). Une centaine de figurants en costumes d'époque font revivre la pompe de la cérémonie de la relève des gouverneurs génois, dans la citadelle.

Festival du cinéma espagnol et latino-américain (fin septembre-début octobre). Ce festival de 2 semaines, qui s'ouvre et se conclut par un spectacle de danse ou de musique, propose plusieurs projections par jour de films d'auteurs avant tout.

Musicales de Bastia (mi-octobre). Musique baroque, polyphonies, rock, rap, techno, jazz, blues, etc. Concerts sur la place Saint-Nicolas, au théâtre municipal et dans certaines églises.

À voir

Place Saint-Nicolas — PLACE HISTORIQUE

Longue de près de 300 m, bordée de palmiers et de terrasses de cafés sur sa face ouest, cette place édifiée au XIXe siècle est le centre névralgique de la ville. Entre la brocante du dimanche matin et les rollers du soir, des générations de Bastiais s'y retrouvent pour boire un verre. Au sud de la place, une imposante **statue de Napoléon**, drapé dans la tunique d'un empereur romain, torse puissant et tête droite, plonge son regard dans l'horizon marin... Tout un symbole : face à lui, l'île d'Elbe est à moins de 50 km. Plus au sud, une promenade construite au-dessus du souterrain qui traverse la ville permet de gagner l'autre pôle de la vie bastiaise : le quartier du vieux port.

♥ Terra Vecchia et vieux port — QUARTIER ANCIEN

Peuplé par des Corses, à l'opposé du quartier de Terra Nova, jadis fief des Génois, c'est le quartier le plus ancien de Bastia. De la place Saint-Nicolas, empruntez la rue Napoléon, qui longe deux oratoires baroques, la **chapelle Saint-Roch** et la **chapelle de la Conception** avec son parvis en mosaïque de galets blancs, verts et ocre. La rue débouche sur la **place de l'Hôtel-de-Ville**, également appelée place du Marché (marché tous les matins). Les ruelles étroites et tortueuses, aux maisons hautes, qui descendent vers le vieux port et le quai des Martyrs ne manquent pas de caractère. La place est bordée de bâtiments de 4 étages aux enduits patinés et décrépis, coiffés de toits de lauzes bleutées, pierre que l'on ne trouve que dans la région de Bastia. L'édifice le plus remarquable du quartier est la très belle **église Saint-Jean-Baptiste**, reconnaissable à ses deux campaniles symétriques. Achevée en 1666 et redécorée dans le style baroque au XVIIIe siècle, elle occupe l'angle sud-ouest de la place. C'est de la profonde anse du vieux port, qu'elle surplombe magistralement de son imposante stature, que vous la découvrirez sous son meilleur jour. Lors de la Seconde Guerre mondiale, les bâtiments les plus proches du port furent bombardés par les Alliés. Le quartier en retrait a été mieux préservé, en particulier en remontant vers l'**église Saint-Charles-Borromée**, dissimulée derrière de hauts immeubles étroits dont certains ont été réhabilités au cours des dernières années.

Citadelle et Terra Nova — QUARTIER ANCIEN

Du quai sud du vieux port, vous rejoindrez la citadelle en empruntant les escaliers de la rampe Saint-Charles via le **jardin Romieu**, un havre de paix planté d'essences méditerranéennes, où il faut prendre le temps de flâner le long des allées qui serpentent. Une autre option consiste à prendre la rue qui part sur la gauche lorsque vous vous trouvez en face du palais de justice. À la différence de Terra Vechia, les façades des bâtiments de Terra Nova ont été restaurées, et les enduits ocre, jaunes, rouges ou verts éclatent sous la lumière de midi dans les ruelles étroites de la citadelle. En venant du jardin Romieu, on y pénètre par la **place du Donjon**. Immédiatement à droite se trouve le **palais des Gouverneurs**, dans lequel est installé le **musée d'Histoire de Bastia** (☎04 95 31 09 12 ; www.musee-bastia.com ; 5/2,50 € ; ⌚10h-19h30 mar-dim juil à mi-sept, 10h-18h mar-dim mi-sept à oct et avr-juin, 9h-12h et 14h-17h30 mar-sam nov-mars), réouvert en 2010 après des travaux de rénovation. Ce musée retrace l'histoire de la ville. L'exposition permanente s'appuie sur trois thématiques : la naissance et la croissance de la ville, son rôle dans l'histoire politique et économique de l'île, sa vitalité artistique et intellectuelle.

La citadelle abrite également deux remarquables édifices religieux. Le premier est l'**église Sainte-Marie**, à l'imposante façade

Bastia

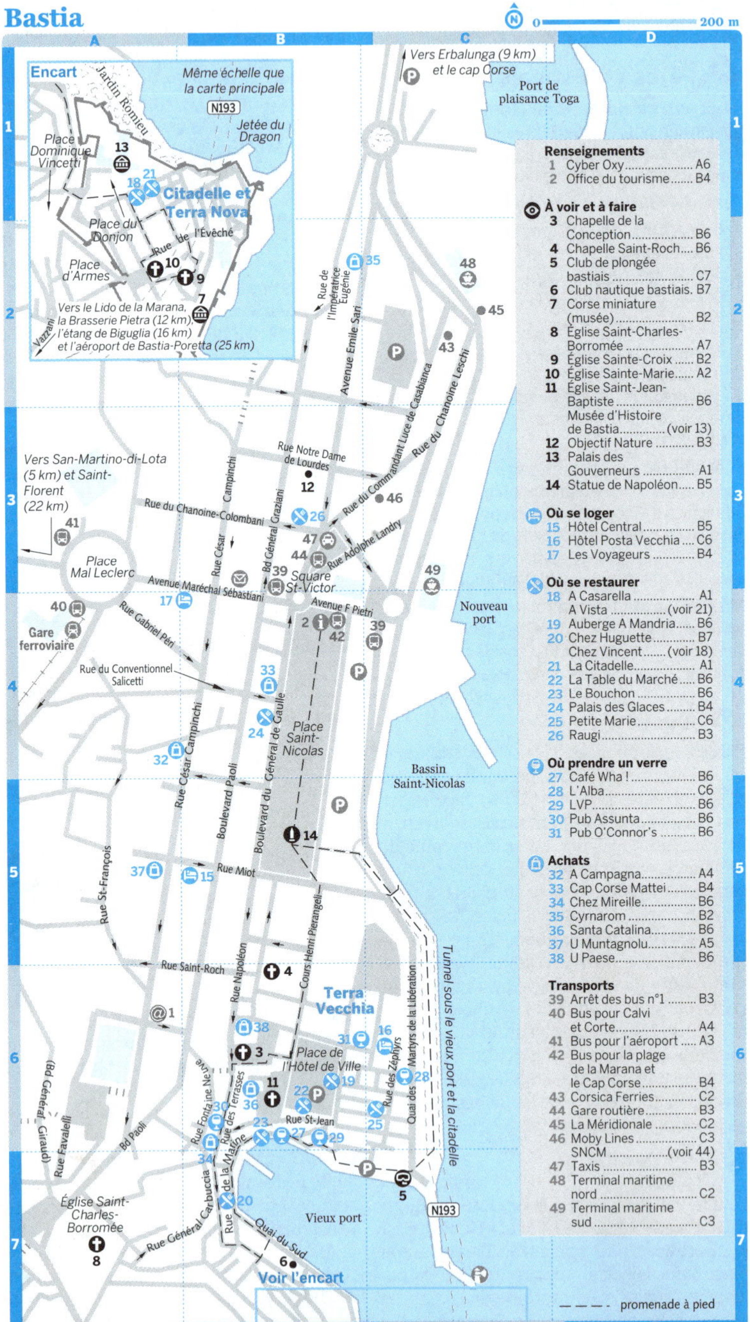
0 — 200 m
A
B
C
D
1
2
3
4
5
6
7
Encart
Même échelle que la carte principale
N193
Jetée du Dragon
Jardin Romieu
Place Dominique Vincetti
Citadelle et Terra Nova
Place du Donjon
Rue de l'Évêché
Place d'Armes
Vers le Lido de la Marana, la Brasserie Pietra (12 km), l'étang de Biguglia (16 km) et l'aéroport de Bastia-Poretta (25 km)
Vazzani
Vers Erbalunga (9 km) et le cap Corse
Port de plaisance Toga
Renseignements
1 Cyber Oxy A6
2 Office du tourisme B4
À voir et à faire
3 Chapelle de la Conception B6
4 Chapelle Saint-Roch B6
5 Club de plongée bastiais C7
6 Club nautique bastiais. B7
7 Corse miniature (musée) B2
8 Église Saint-Charles-Borromée A7
9 Église Sainte-Croix B2
10 Église Sainte-Marie A2
11 Église Saint-Jean-Baptiste B6
Musée d'Histoire de Bastia ..... (voir 13)
12 Objectif Nature B3
13 Palais des Gouverneurs A1
14 Statue de Napoléon B5
Où se loger
15 Hôtel Central B5
16 Hôtel Posta Vecchia C6
17 Les Voyageurs B4
Où se restaurer
18 A Casarella A1
A Vista ..... (voir 21)
19 Auberge A Mandria B6
20 Chez Huguette B7
Chez Vincent ..... (voir 18)
21 La Citadelle A1
22 La Table du Marché B6
23 Le Bouchon B6
24 Palais des Glaces B4
25 Petite Marie C6
26 Raugi B3
Où prendre un verre
27 Café Wha ! B6
28 L'Alba C6
29 LVP B6
30 Pub Assunta B6
31 Pub O'Connor's B6
Achats
32 A Campagna A4
33 Cap Corse Mattei B4
34 Chez Mireille B6
35 Cyrnarom B2
36 Santa Catalina B6
37 U Muntagnolu A5
38 U Paese B6
Transports
39 Arrêt des bus n°1 ..... B3
40 Bus pour Calvi et Corte A4
41 Bus pour l'aéroport A3
42 Bus pour la plage de la Marana et le Cap Corse B4
43 Corsica Ferries C2
44 Gare routière B3
45 La Méridionale C2
46 Moby Lines C3
SNCM ..... (voir 44)
47 Taxis B3
48 Terminal maritime nord C2
49 Terminal maritime sud C3
– – – – promenade à pied
Rue de l'Impératrice Eugénie
Avenue Émile Sari
Rue du Commandant Luce de Casabianca
Rue du Chanoine Leschi
Rue Notre Dame de Lourdes
Vers San-Martino-di-Lota (5 km) et Saint-Florent (22 km)
Rue du Chanoine-Colombani
Rue Campinchi
Rue César
Bd Général Graziani
Rue Adolphe Landry
Place Mal Leclerc
Avenue Maréchal Sébastiani
Square St-Victor
Avenue F Pietri
Nouveau port
Gare ferroviaire
Rue Gabriel Péri
Rue du Conventionnel Salicetti
Place Saint-Nicolas
Boulevard du Général de Gaulle
Rue César Campinchi
Boulevard Paoli
Bassin Saint-Nicolas
Rue Miot
Rue St-François
Cours Henri Pierangeli
Rue Saint-Roch
Rue Napoléon
Terra Vecchia
Tunnel sous le vieux port et la citadelle
Place de l'Hôtel de Ville
Rue des Zéphyrs
Quai des Martyrs de la Libération
(Bd Général Giraud)
Rue Favalelli
Bd Paoli
Rue Fontaine Neuve
Rue des Terrasses
Rue St-Jean
Rue de la Marine
Rue Carbuccia
Rue Général Carbuccia
Église Saint-Charles-Borromée
Vieux port
Quai du Sud
N193
Voir l'encart

jaune et blanche. À droite de l'église, une plaque apposée sur une maison signale que le jeune Victor Hugo vécut dans la citadelle de 1803 à 1805, alors que son père, général, était en garnison à Bastia. Contournant la cathédrale, vous parviendrez à l'**église Sainte-Croix**. Ne manquez pas d'admirer son superbe plafond et son célèbre christ noir. Remarquez enfin l'élégant parvis en galets verts et blancs.

L'ancienne poudrière, en bas des escaliers à droite de l'église Sainte-Marie, héberge **Corse miniature** (☎06 10 26 82 08 ; adulte/enfant 4/2,50 € ; ⏲fin avr à mi-oct tlj 9h-12h et 14h-18h), et sa reproduction en pierre d'un pittoresque village des années 1940 où sont reconstitués les maisons, les moulins, la cathédrale, la tour génoise, etc. Les horaires sont fluctuants : appelez auparavant.

L'Arinella PLAGE

Au sud de la ville, la plage de l'Arinella est équipée d'aires de jeux pour les enfants. Accessible en voiture, elle est desservie par un bus gratuit de la SAB/STIB en juillet-août (voir *Depuis/vers Bastia*). Plus au sud, le long cordon lagunaire de la Marana comporte plusieurs plages (voir p. 56).

Activités

Objectif Nature MULTIACTIVITÉS

(☎04 95 32 54 34, 06 12 02 32 02 ; www.objectif-nature-corse.com ; 3 rue Notre-Dame-de-Lourdes ; ⏲avr-oct). Cette agence spécialisée dans les loisirs sportifs organise des **randonnées pédestres** d'une journée ou d'une demi-journée (20 €/pers la journée), des sorties **plongée** et des sorties **pêche** (80 €/pers, casse-croûte et rosé compris). L'équipe propose aussi un parcours de **canyoning** (45-50 €/pers) dans les gorges du Figaretu (plutôt destiné aux confirmés), à 20 minutes en voiture au sud du centre-ville, et des **randonnées aquatiques** dans le secteur de Lavasina, au nord de Bastia (45 € la demi-journée).

Objectif Nature loue également des VTT et des VTC pour adultes et enfants, qui pourront être livrés à votre lieu d'hébergement. Un service de consigne est disponible sur place (8h-19h, 3 €).

Club nautique bastiais ACTIVITÉS NAUTIQUES

(☎04 95 32 67 33, 06 11 83 09 14 ; www.club-nautique-bastia.fr ; quai du Sud et plage de la Marana). Cette base nautique loue des planches à voile (16-24 €/h), des kayaks (12-16 €/h), des dériveurs et des catamarans (30-45 €/h), et propose des cours particuliers et collectifs. De juillet à mi-septembre, le club s'installe sur la plage de la Marana. Le reste de l'année, sur le vieux port, les adultes peuvent pratiquer le kayak et s'initier à la voile, tandis que les enfants se voient proposer des stages d'Optimist et, pour les plus petits, une découverte de la voile et du milieu marin dans le cadre d'un jardin des mers.

Plongée

La zone qui s'étend au nord de Bastia, jusqu'à la tour de l'Osse, dans le cap Corse, est réputée pour la qualité de ses sites de plongée (pour plus de détails, reportez-vous au chapitre *Plongée* p. 30). Les centres de plongée suivants proposent des baptêmes (à partir de 41 €), des plongées d'exploration (à partir de 41 €, matériel inclus) et des formations :

Club de plongée bastiais (☎06 18 39 96 37 ; www.plongee-bastia.com ; vieux port)

Objectif Nature (☎04 95 32 54 34, 06 12 02 32 02 ; www.objectif-nature-corse.com ; 3 rue Notre-Dame-de-Lourdes)

Thalassa Immersion (☎04 95 31 78 90, 06 11 11 54 00 ; www.thalassa-immersion.com ; Ville-di-Petrabugno, sortie nord de Bastia). À environ 1,5 km du centre-ville, après le port de Toga.

Où se loger

Même si de nombreux visiteurs choisissent de quitter rapidement la ville, les arrivées massives de touristes débarqués par bateau rendent la réservation quasi obligatoire en haute saison.

Camping San Damiano TROIS-ÉTOILES €

(☎04 95 33 68 02 ; www.campingsandamiano.com ; lido de la Marana ; adulte/enfant/emplacement 5,50-8,20/3,80-5,60/5-8 € selon la saison ; ⏲avr-oct ;). Dans une pinède en bordure de plage, à 8 km de la sortie sud du tunnel sous le vieux port, cet agréable camping trois étoiles dispose d'excellentes infrastructures. Il loue également une vingtaine de bungalows en bois à la semaine. Un bus dessert le camping depuis le port de Bastia (2/j mai-fin sept). La gare la plus proche est celle de Furiani, à 4 km.

Hôtel Posta Vecchia HÔTEL €€

(☎04 95 32 32 38 ; www.hotelpostavecchia.com ; quai des Martyrs ; s/d 45-95/45-105 € selon confort et saison ; ⏲fermé 20 déc-10 jan ;). Difficile de trouver la moindre étincelle de charme dans cet établissement dont les chambres évoquent celles d'un motel, mais l'emplacement est idéal, face à la mer, entre la place Saint-Nicolas et le vieux port. Toutes les chambres ne bénéficient pas d'une vue sur la mer mais les tarifs varient en conséquence. Les chambres du dernier étage sont mansardées. Pas de parking.

Hôtel Central HÔTEL €€
(☎04 95 31 71 12 ; www.centralhotel.fr ; 3 rue Miot ; d 67-105 €, ste 97-145 € selon saison ; wifi). Le Central donne l'impression de séjourner dans une maison de campagne. Vous serez séduit par le bel escalier central de ce bâtiment datant de la fin du XIXe siècle, par les teintes ocre ou bleues des murs aux enduits cirés et par l'aménagement des chambres, toutes personnalisées, avec parquet, tomettes, alcôves et balcon pour certaines. La petite cour est par ailleurs très agréable. Le Central loue également au dernier étage une belle suite climatisée à la décoration contemporaine. Il ne manque qu'un ascenseur, la clim dans les chambres et un parking.

Les Voyageurs TROIS-ÉTOILES €€
(☎04 95 34 90 80 ; www.hotel-lesvoyageurs.com ; 9 av. du Maréchal-Sébastiani ; s 60-108 €, d 75-115 € ; P clim wifi). La belle réception, avec des meubles en teck et aux chaleureuses teintes jaunes, donne le ton. Prestations de qualité et chambres confortables, pimpantes et fonctionnelles, décorées de façon différente, justifient les trois étoiles de cette adresse. Parking payant (7 €).

Hôtel Pietracap TROIS-ÉTOILES €€€
(☎04 95 31 64 63 ; www.hotel-pietracap.com ; Pietranera ; d 95-220 € selon confort et saison ; avr-nov ; P clim wifi piscine). À 3 km de Bastia en direction du cap Corse, ce trois-étoiles croulant sous les bougainvilliers et niché dans un beau parc paysager qui descend vers la mer, peut constituer un bon point de chute, même si l'architecture, le mobilier et la déco ne sont plus au goût du jour. La plage de galets de Pietranera se trouve à 10 minutes à pied, à moins que vous ne préfériez lézarder autour de la grande piscine.

Où se restaurer

BON PLAN **Chez Vincent** CORSE MODERNE €
(☎04 95 31 62 50 ; 12 rue Saint-Michel ; plats 9-22 € ; fermé sam midi et dim). Mention spéciale pour ce petit établissement de la citadelle, dont on apprécie les pizzas, l'"assiette du bandit corse" (19 €) et les suggestions à l'ardoise. Les tables en terrasse, au bord des remparts, offrent une vue superbe sur le port de commerce, le manège incessant des ferries en été et la ville basse. La petite salle est, quant à elle, fraîche à souhait.

BON PLAN **Petite Marie** CUISINE FAMILIALE €
(☎04 95 32 47 83 ; 2 rue des Zéphyrs ; plats 8-22 € ; toute l'année lun-sam soir uniquement). Installé dans une ruelle des abords du vieux port, Petite Marie annonce la couleur – "pas de frites congelées" – et mitonne une cuisine familiale aux assiettes bien garnies. On vient ici davantage pour les petits prix, l'ambiance conviviale et la verve de la patronne que pour le cadre, un peu vieillot.

Raugi GLACIER €
(☎04 95 31 22 31 ; www.raugi.com ; 2 bis rue du Chanoine-Colombani ; boule 1,20 €, coupe 6-19 € ; mar-sam 9h-12h30 et 14h-24h juin-août, mar-sam 10h-22h mi-sept à juin). Ce glacier qui a ouvert en 1937 prépare une soixantaine de crèmes glacées et de sorbets différents. Les coupes glacées sont vraiment impressionnantes, par leur volume et leur composition ! Fiadone, cédrat, noix-figue, canistrelli – de nouveaux parfums sont proposés chaque saison. De mi-septembre à fin mars, l'établissement sert aussi, midi et soir, des pizzas, des salades et des galettes de châtaigne au fromage frais.

Palais des Glaces BRASSERIE-GLACIER €
(☎04 95 31 05 01 ; place Saint-Nicolas ; plats 11-18 € ; tlj 6h-2h, restaurant midi et soir mai-sept, midi uniquement oct-avr). Cette grande brasserie appréciée des Bastiais sert des salades, des plats du jour, des viandes et des poissons grillés, des pâtes et, bien sûr, des glaces (maison). Terrasse sur la place Saint-Nicolas. Animation certains soirs d'été à partir de 19h avec un guitariste-chanteur.

A Casarella MÉDITERRANÉEN €€
(☎04 95 32 02 32 ; 6 rue Sainte-Croix ; plats 15-23 € ; tlj mai-sept, fermé dim et lundi midi le reste de l'année). Installé sur la terrasse qui prolonge l'établissement, à l'ombre d'une élégante pergola en fer forgé couverte d'une vigne, vous savourerez des spécialités méditerranéennes variées (cochon noir caramélisé, espadon aubergine et menthe), face à l'un des plus beaux points de vue sur Bastia.

A Vista MÉDITERRANÉEN €€
(☎04 95 47 39 91 ; 8 rue Saint-Michel ; plats 15-30 € ; tlj mai-sept, fermé dim le reste de l'année, fermeture annuelle jan et 1re sem fév). Juste après Chez Vincent, A Vista tire honorablement bien son épingle du jeu, avec une cuisine que l'on dit de qualité, qui devrait contenter aussi bien les carnivores que les amateurs de poisson et de pâtes. Comme ses voisins, il possède une terrasse avec vue sur le vieux port.

Auberge A Mandria CORSE MODERNE €€
(04 95 35 17 11 ; 4 place de l'Hôtel-de-Ville ; plats 13-25 € ; tlj sf lun et mar midi). Cette auberge compte au nombre de ses atouts une savoureuse cuisine corse, un cadre agréable et le fait d'être ouverte le dimanche – ce qui n'est pas si courant à Bastia. Sur la terrasse ou dans l'une des deux petites salles intimes, avec pierres apparentes, on déguste une cuisine régionale mâtinée d'élans créatifs (souris d'agneau confite au miel, raviolis aux châtaignes). Une bonne table à prix raisonnables.

Le Bouchon BISTROT €€
(04 95 58 14 22 ; 4 bis rue Saint-Jean, vieux port ; plats 16-25 €, menus 25-40 € ; tlj juil-août, fermé mer et dim hors saison). Ambiance bistrot pour cet accueillant bar à vin, dont la terrasse est idéalement située sur le vieux port. Les plats du jour se déclinent sur l'ardoise : charcuterie, tartares de poisson (excellents), veau corse bio, mais surtout poissons de pêche locale, bien cuisinés et servis avec des accompagnements à la présentation soignée. Vous pourrez les accompagner de vin au verre (à partir de 3,90 €). Un petit peu cher tout de même. Cartes de crédit non acceptées.

Chez Huguette SPÉCIALITÉS DE LA MER €€
(04 95 31 37 60 ; vieux port ; plats 14-28 €, menu 25 € ; tte l'année midi et soir sf dim midi en saison et sam midi et dim midi hors saison). Nappes blanches, verres étincelants et service stylé vous attendent dans ce restaurant connu pour ses spécialités de la mer, à déguster en salle ou sur sa terrasse au-dessus du vieux port. Faites-vous plaisir avec de la langouste (14 €/100 g) ou du poisson frais (6 € les 100 g).

La Table du Marché BRASSERIE €€
(04 95 31 64 25 ; place de l'Hôtel-de-Ville ; plats 14-35 €, menus 25-35 €, menu homard 75 € ; lun-sam en saison, mar-sam hors saison). Ambiance "repas d'affaires" pour ce restaurant à la décoration de brasserie élégante qui compte parmi les valeurs sûres de la restauration bastiaise. La Table du Marché, idéalement située derrière le vieux port, sur la tranquille place de l'Hôtel-de-Ville, propose une carte alléchante qui fait la part belle aux produits de la mer, mais les carnivores y trouveront également leur compte.

La Citadelle MÉDITERRANÉEN €€€
(04 95 31 44 70 ; 6 rue du Dragon ; plats 22-27 €, menu 35-48 € ; mar-dim, sf dim hors saison). À ne pas confondre avec le bar du même nom, situé sur la place (le restaurant est dissimulé dans une ruelle, sur l'arrière), cette table réputée propose une cuisine méditerranéenne partagée entre tradition et modernité, élaborée à base de produits locaux rigoureusement sélectionnés, en fonction des saisons. Ambiance feutrée et chaleureuse.

La **place du Marché** (place de l'Hôtel-de-Ville) accueille chaque matin commerçants et producteurs proposant des produits locaux : miel, fruits, charcuterie, vins... Les bars de la place Saint-Nicolas feront parfaitement l'affaire pour un déjeuner léger en terrasse.

Où prendre un verre

La vie nocturne bastiaise n'est pas très animée, mais vous pouvez tenter votre chance du côté du vieux port, où le **Café Wha !** (04 95 34 25 79 ; rue de la Marine, vieux port), café-restaurant d'inspiration mexicaine et rendez-vous de la jeunesse bastiaise, sert de bons cocktails. Également sur le vieux port, le **LVP** (rue de la Marine, vieux port) a ses inconditionnels. Pour une ambiance plus lounge et chic, optez pour **L'Alba** (quai des Martyrs-de-la-Libération).

Les amateurs de bière apprécient le **Pub O'Connor's** (04 95 32 04 97 ; 1 rue Érasme), derrière l'hôtel Posta Vecchia, dont l'ambiance est rarement très animée avant 23h. La valeur sûre de Bastia reste cependant **Pub Assunta** (04 95 34 11 40 ; 4 rue de la Fontaine-Neuve), subtil et accueillant mélange d'ambiance pub et branchée (concerts et soirées salsa le week-end). Certains bars du port de Toga sont également animés en soirée.

Achats

Chez Mireille GÂTEAUX ET BISCUITS CORSES
(04 95 32 41 05 ; 5 rue des Terrasses ; fermé lun). Impossible de résister à l'alléchante odeur qui s'échappe par la porte de cette boutique située en surplomb du vieux port. Chez Mireille est l'incontournable rendez-vous des amateurs de *fiadone* et de *canistrelli*, parfumés de multiples façons (vin blanc, châtaigne, citron...). Comptez 1 € les 100 g.

Brasserie Pietra BIÈRE CORSE
(04 95 30 14 70 ; www.brasseriepietra.com ; route de la Marana, Furiani ; juil-août lun-ven 9h-12h et 14h-18h visite guidée gratuite et dégustation). Première bière corse, créée en 1996, la Pietra, une bière ambrée, à la farine de châtaigne, connaît depuis un succès grandissant. La brasserie produit aussi une blonde, la Serena et une blanche, la Colomba.

Cyrnarom PARFUMERIE
(☎04 95 31 39 30 ; 29 rue Émile-Sari et 9 rue Mgr-Rigo ; ⌚lun-sam 9h30-12h et 15h-19h avr-juin et sept-oct, lun-sam 9h30-12h et 15h30-19h30 juil-août, lun-sam 9h30-12h et 15h-19h nov-déc, lun-sam 15h-19h jan-mars). Si l'odeur du maquis corse vous enivre, allez faire un tour chez ce maître artisan qui en capture toutes les senteurs pour créer des eaux de toilette, des parfums et des cosmétiques. Vous y verrez le laboratoire où officie le parfumeur, ainsi que des alambics et des essenciers d'un autre âge.

Cap Corse Mattei CAP CORSE
(☎04 95 32 44 38 ; www.capcorsemattei.com ; place Saint-Nicolas, 15 bd du Général-de-Gaulle ; ⌚lun-sam 9h-12h et 14h-19h). Cap Corse Mattei a été rendu célèbre par son apéritif Cap Corse. Outre les produits corses, la vitrine de ce magasin d'époque présente les objets qui ont participé au succès de la marque : tapis de cartes, étiquettes de bouteilles, affiches...

Bastia compte également plusieurs boutiques d'alimentation spécialisées dans les produits corses de qualité : charcuterie, fromages, vins, huile d'olive, liqueurs, miel, confitures... Nombre d'entre elles peuvent se charger de l'expédition de colis dans toute la France.

A Campagna (☎04 95 34 00 78 ; 25 rue César-Campinchi)

Santa Catalina (☎04 95 32 30 69 ; 8 rue des Terrasses)

U Muntagnolu (☎04 95 32 78 04 ; 15 rue César-Campinchi)

U Paese (☎04 95 32 33 18 ; www.u-paese.com ; 4 rue Napoléon)

ℹ Depuis/vers Bastia

Vous trouverez des précisions sur les liaisons maritimes, les dessertes aériennes et les coordonnées des agences de location de voitures de l'aéroport de Bastia au chapitre *Transports*, p. 390.

AVION L'**aéroport de Bastia-Poretta** (☎04 95 54 54 54 ; www.bastia.aeroport.fr) et son aérogare en forme de soucoupe volante se trouvent à 24 km au sud de la ville. Vous trouverez dans l'aérogare un distributeur de billets, un bar, quelques boutiques et de nombreuses agences de location de voitures.

BATEAU L'un des plus actifs de Corse et de France pour le trafic passagers, le port de Bastia compte 2 terminaux de ferries, distants de quelques centaines de mètres. Le terminal sud est réservé aux passagers piétons, tandis que le nord se partage entre le fret et les passagers embarquant avec leur véhicule. Les diverses compagnies maritimes qui desservent Bastia disposent de billetteries dans les terminaux. Elles vendent des billets pour un départ le jour même et ouvrent quelques heures avant l'arrivée des bateaux. Pour un départ à une autre date, vous pouvez vous rendre aux bureaux des compagnies :

Corsica Ferries (☎0825 095 095 ; www.corsicaferries.com ; palais de la Mer, 5 bis rue du Chanoine-Leschi). Liaisons avec Toulon, Nice, Savone et Livourne (tte l'année)

Moby Lines (☎04 95 34 84 94 ; www.moby.it ; 4 rue Luce-de-Casabianca). Liaisons avec Gênes (de mai à sept), Livourne (tte l'année) et Toulon (tte l'année)

SNCM (☎04 95 54 66 99 ; www.sncm.fr ; terminal sud). Liaisons avec Marseille (tte l'année) et plus rarement avec Nice (avr-oct)

La Méridionale (☎0810 20 13 20 ; www.lameridionale.fr ; port de commerce). Liaisons avec Marseille (tte l'année)

BUS La gare routière se situe presque en face de l'office du tourisme, vers l'extrémité nord de la place Saint-Nicolas. Certains bus partent cependant de la gare SNCF ou des avenues Sébastiani et Pietri. La gare routière se limite à un petit parking où stationnent les bus et ne compte pas de guichets. L'office du tourisme, tout proche, pourra répondre à vos questions. Vous trouverez également des renseignements sur les sites www.corsicabus.org et www.bastiabus.com

Les compagnies de bus opérant au départ de Bastia (tableau ci-contre) sont les suivantes :

Autocars Antoniotti (☎04 95 36 08 21)

Autocars Cortenais(☎04 95 46 02 12, 04 95 46 22 89)

Eurocorse (☎04 95 31 73 76, 04 95 21 06 30)

Les Beaux Voyages (☎04 95 65 15 02, 04 95 65 11 35)

Les Rapides Bleus (☎04 95 31 03 79). Billetterie au bureau Rapides Bleus/ Corsicatours (av. du Maréchal-Sébastiani).

Transports Miguelli (☎04 95 35 14 64)

Transports Santini (☎04 95 37 04 01, 04 95 37 02 98)

Transports Saoletti (☎04 95 37 84 05)

Transports Tibéri (☎04 95 57 81 73)

STIB/SAB (☎04 95 31 06 65)

VOITURE ET MOTO La plupart des loueurs de véhicules disposent d'un bureau à l'aéroport et d'une agence en ville. En haute saison, il est indispensable de réserver pour être assuré d'obtenir un véhicule. Reportez-vous p. 393 pour plus de détails.

BUS AU DÉPART DE BASTIA

Renseignez-vous à l'office du tourisme ou auprès des transporteurs pour les horaires.

Destination	Compagnie	Fréquence	Prix	Arrêt
Moriani Plage	STIB/SAB	8/j	6,50 €	Place Saint-Nicolas
Lido de la Marana	Autocars Antoniotti	lun-sam 2/j (mi-mai à mi-oct) dim 1/j	4-5 €	Gare routière
Cap Corse : Erbalunga Sisco et Pietra Corbara	STIB/SAB	toutes les 30 min env	2,20-2,80 €	Place Saint-Nicolas
Cap Corse : Macinaggio	Transports Micheli	lun-sam 2/j	7 €	Place Saint-Nicolas
Cap Corse : Luri, Pino Barettali, Nonza et Canari	Transports Saoletti	mer 1/j	10 €	À côté de l'agence SNCM
Saint-Florent	Transports Santini	lun-sam 2/j	5 €	Gare routière
L'Île-Rousse	Les Beaux Voyages	lun-sam 1/j (2/j tlj juil-août)	14 €	Rond-point gare SNCF
Calvi	Les Beaux Voyages	lun-sam 1/j (2/j tlj juil-août)	17 €	Rond-Point gare SNCF
Solenzara	Transports Tibéri	lun-sam 1/j	17 €	Gare routière
Corte	Eurocorse	lun-sam 2/j	11,50 €	Gare routière
	Autocars Cortenais	lun, mer, ven	11 €	Gare SNCF
Ajaccio	Eurocorse	lun-sam 2/j	21 €	Gare routière
Porto-Vecchio	Les Rapides Bleus	lun-sam 2/j tlj en saison	22 €	Place Saint-Nicolas

TRAIN La **gare** (☎04 95 32 80 61 ; www.ter-sncf.com) est installée en haut de l'avenue Maréchal-Sébastiani, qui part au nord de la place Saint-Nicolas. Deux à trois trains par jour quittent Bastia pour Calvi (3 heures, 16,40 €), via Ponte-Leccia et L'Île-Rousse. Chaque jour, 5 trains rallient Corte (1 heure 45, 10,10 €) et Ajaccio (3 heures 50, 21,40 €).

ℹ Comment circuler

DEPUIS/VERS L'AÉROPORT L'arrêt des bus pour l'aéroport de Bastia-Poretta (8,50 €) se situe en face de la préfecture, sur le rond-point de la gare SNCF. Les horaires sont affichés à l'arrêt et disponibles à l'office du tourisme (environ 10 liaisons quotidiennes en saison). Comptez au moins 30 minutes de trajet.

La course en taxi vous reviendra à près de 40 € (environ 55 € après 19h, ainsi que les dimanches et jours fériés). En voiture, deux itinéraires permettent de gagner l'aéroport depuis Bastia : la N193, embouteillée dès le milieu de l'après-midi, et la route du lido de la Marana (D107), légèrement plus longue mais plus agréable et moins fréquentée.

BUS Le bus n°1 relie le port de Toga au vieux port via le cours Paoli et les abords de la citadelle. En été, la SAB/STIB met en place une navette gratuite qui dessert la plage de l'Arinella (voir p. 51).

TAXI

Taxis Radio Bastiais (☎04 95 34 07 00 ; place Saint-Victor). À côté de la gare routière.

Taxis Bleus (☎04 95 32 70 70)

Taxis Orange (☎04 95 32 24 24)

Environs de Bastia

RÉSERVE NATURELLE DE L'ÉTANG DE BIGUGLIA

Long de plus de 11 km, large de 2,5 km et totalisant une superficie de 1 450 ha, l'étang de Biguglia est le plus grand plan d'eau de Corse. Classé réserve naturelle en 1994, il accueille de nombreux oiseaux migrateurs au cours de leur voyage entre l'Europe et l'Afrique, notamment des flamants roses. On y dénombre plus de 100 espèces d'oiseaux, parmi lesquelles l'aigrette garzette, le butor étoilé, le héron pourpré et le busard des roseaux. La partie nord est reliée à la mer par un canal, le reste de l'étang étant composé d'eau douce. La navigation et la baignade y sont interdites, mais on y

RANDONNÉE

LE SENTIER DE L'ÉTANG DE BIGUGLIA

Départ : à quelques kilomètres au sud de Bastia, sur le lido de la Marana
Durée : 30 min

Permettant d'échapper à l'agitation bastiaise, cette courte balade en bordure du plus grand plan d'eau de Corse fera la joie des ornithologues. Créé à l'initiative du conseil général de Haute-Corse, le sentier de découverte débute au niveau de la plage de la Marana, au nord du plan d'eau, derrière un panneau aux armes de la réserve naturelle.

Cette balade familiale sur terrain plat ne pose aucune difficulté, si ce n'est l'humidité ambiante et la présence de quelques moustiques. Un peu gâchée par la proximité de la route, elle n'en offre pas moins une occasion de se dégourdir les jambes aux abords de la ville. Il n'y a pas de balisage, mais il est impossible de se perdre. Des lecteurs ont eu des difficultés à trouver le début du sentier. Il est matérialisé par un panneau situé sur le parking face à la plage de Tombulu Biancu.

Longeant le plan d'eau d'un côté et la route de l'autre, le sentier d'environ 2 km est l'occasion d'observer les oiseaux qui peuplent l'étang. Pas moins de 127 espèces – parmi lesquelles des foulques, aigrettes, hérons ou encore sarcelles – ont été recensées aux abords de la réserve naturelle. Les oiseaux sont généralement difficiles à observer durant la saison chaude. Un poste d'observation est aménagé à la fin du parcours.

pratique la pisciculture (anguilles et mulets). Un sentier pédestre, malheureusement trop proche de la route, permet d'en découvrir la rive nord-est (voir la randonnée ci-dessus). Les oiseaux sont cependant assez difficiles à observer durant les mois les plus chauds. Le **Centre d'information de la réserve** (☎04 95 33 55 73) organise des promenades gratuites, sur réservation. Il se situe à 12,5 km de Bastia, sur la rive orientale de l'étang, à côté de la résidence Les Chênes.

LIDO DE LA MARANA

Cet étroit cordon littoral de plus de 20 km, qui s'étend entre l'étang de Biguglia et la mer, est aujourd'hui colonisé par les infrastructures touristiques – commerces, résidences, campings, discothèques, centre équestre, activités nautiques et parcours aventure. Le bord de mer n'a rien d'extraordinaire, mais la place pour étendre sa serviette de bain ne manque pas. Un parking longe la plage de la Marana, au début du lido en venant de Bastia. Ensuite, la route s'écarte de quelques centaines de mètres et il devient plus difficile de garer son véhicule, à moins d'emprunter les chemins de terre qui mènent à la plage. Une piste cyclable, idéale pour rollers, cyclistes et piétons, borde le côté est de l'étang et longe l'intégralité du lido de la Marana.

Plusieurs bus par jour partent de la gare routière de Bastia (inscription Marana sur le devant du bus) et desservent le lido et l'étang de Biguglia (voir l'encadré ci-dessus). On peut aussi prendre le train en direction de Casamozza et descendre à l'arrêt Rocade. L'étang est à 200 m à pied.

SITE DE MARIANA ET CATHÉDRALE DE LA CANONICA

En venant du nord, à l'extrémité de l'étang de Biguglia, à deux pas de l'aéroport de Bastia-Poretta, se trouvent le petit **site archéologique romain de Mariana** et la **cathédrale de la Canonica** (Santa-Maria-Assunta). La route (D107) borde la **cathédrale** et l'environnement manque cruellement de charme, mais Santa-Maria-Assunta, reconnaissable à ses murs polychromes, se visite avec plaisir. Elle fut consacrée en 1119 par l'archevêque de Pise. Plus loin, en direction des pistes d'atterrissage, l'**église de San Parteo** bénéficie d'un cadre plus bucolique.

LA CORNICHE

Envie de séjourner près de Bastia tout en profitant d'une vraie atmosphère de village ? La "Corniche" est certainement la solution. Plus vraiment bastiaise, mais pas encore complètement capcorsine, elle désigne une route étroite et sinueuse – la D31 – qui serpente sur les versants montagneux immédiatement au nord de Bastia. La Corniche dessert ainsi une série de villages de caractère, dont **Ville di Pietrabugno**, **San Martinu di Lota** et **Santa-Maria di**

Lota, eux-mêmes composés de plusieurs hameaux, avant de redescendre vers **Miomo** et le littoral. En pratique, il s'agit déjà du cap Corse, mais les villages du secteur sont encore dans la sphère d'influence de Bastia. Une localisation idéale, à quelques minutes de l'agglomération bastiaise et des premiers bourgs du cap, à laquelle s'ajoutent, suprême récompense, des panoramas sublimes sur la côte, Bastia et, au loin, les îles de l'archipel toscan. La plupart des visiteurs ignorent son existence, ce qui en renforce l'attrait.

Où se loger et se restaurer

Les trois premières adresses de cette liste vous attendent à San Martinu di Lota, à environ 7 km de Bastia.

BON PLAN **U San Martinu** AUBERGE €
(04 95 58 19 55 ; place de l'Église, San Martinu di Lota ; gîte d'étape avec petit-déj sans/avec draps 15-20 €, d avec petit-déj 45-55 €, menus 12-20 € ; mars-nov). Cette auberge traditionnelle cultive son ambiance rétro au cœur de San Martinu di Lota. La cuisine, familiale et copieuse, est proposée à des tarifs imbattables – goûtez la *migliacciolu*, une crêpe au fromage frais de brebis, spécialité de la maison. Côté hébergement, vous aurez le choix entre des chambres avec sdb – les plus récentes, à l'arrière, offrent un bon rapport qualité/prix – et des dortoirs de 4 lits bien tenus (draps et serviettes fournis).

Château Cagninacci CHAMBRES D'HÔTES €€€
(06 78 29 03 94 ; www.chateaucagninacci.com ; San Martinu di Lota ; d avec petit-déj 103/123 € en basse/haute saison ; mi-mai à fin sept ;). Les amoureux de calme et de vieilles pierres apprécieront cet ancien couvent du XVIIe siècle restauré par un "Américain", entouré d'un grand jardin et doté d'un joli cloître. Il renferme 4 chambres spacieuses meublées à l'ancienne, dont une avec terrasse (et vue mer) et deux avec clim. Le château est dissimulé par la végétation, environ 500 m avant le centre du village de San Martinu di Lota.

La Corniche HÔTEL-RESTAURANT €€
(04 95 31 40 98 ; www.hotel-lacorniche.com ; San Martinu di Lota ; s 54-105 €, d 65-130 € selon confort et saison, petit-déj inclus ; plats 16-28 €, menu 28 € ; fév-déc ; P). Piscine de 16 m, vue imprenable sur le littoral et les montagnes environnantes, situation au cœur d'un charmant village... Cet établissement bien tenu ne réserve aucune mauvaise surprise. Les chambres, fraîches et accueillantes, réparties en trois niveaux de confort différents ("standard", "supérieure" et "confort"), sont joliment décorées grâce à l'utilisation de pigments aux murs et d'un carrelage couleur miel. La plupart font face à la mer. Le restaurant a bonne presse ; la cuisine, accompagnée d'une belle carte des vins, s'appuie sur les produits du terroir et de la mer.

BON PLAN **La Place** RESTAURANT €
(04 95 31 82 61 ; Santa Maria di Lota ; plats 8-20 €, menu 19 € ; mai-sept). Dans une belle maison en pierre sèche, cet établissement sur la place centrale respire la bonne humeur. On y sert une cuisine simple et généreuse (pizzas, viandes, pâtes) à prix doux. Aux beaux jours, attablez-vous sur la terrasse ombragée par un platane et profitez de la jolie vue sur la mer.

Les deux adresses suivantes sont à Figarella – le hameau faisant face à San Martinu di Lota, de l'autre côté de la vallée – pour la première ; et un peu plus bas en direction de Miomo pour la seconde.

BON PLAN **Chez Gilles et Elise** CHAMBRES D'HÔTES €
(04 95 33 25 65 ; www.medori.net ; Figarella, Santa Maria di Lota ; d avec petit-déj 45-50 € ; tte l'année ;). Les Medori vous réserveront un accueil chaleureux dans leur demeure en pierre tricentenaire. Les 4 chambres, coquettes, de style rustique, se partagent 2 sdb. La terrasse baignée de soleil, où l'on prend le petit-déjeuner, offre une vue sublime sur les montagnes et la côte. Les propriétaires louent également 2 gîtes à la semaine, dont un aménagé dans un ancien moulin à huile et un situé à Miomo, en bord de mer.

BON PLAN **Maison Saint-Hyacinthe** MISSION €
(04 95 33 28 29 ; www.maison-saint-hyacinthe.com ; Santa Maria di Lota ; dort 28-32 €/pers en demi-pension, d 31-62 € ; tte l'année). Sur la route de Miomo, cette mission catholique est tenue par des Polonaises, appartenant à la congrégation des Divines Sœurs Pastourelles. Le site, calme et reposant, incite à la méditation. Les chambres, modernes, sont impeccables et certaines, un peu plus chères, sont dotées d'une douche et de toilettes privées.

CAP CORSE (CAPI CORSU)

Souvent décrite comme "une île dans l'île", cette langue de maquis de 40 km de long et d'une dizaine de kilomètres de large, qui rend les contours de la Corse si caractéristiques, est un monde à part. Rares sont les visiteurs qui ne succombent pas au charme d'Erbalunga, à la douceur de Centuri et à la vue de Nonza. Bordé d'un nombre impressionnant de tours édifiées à l'époque génoise pour le protéger des incursions barbaresques, le cap Corse voit des villages de pêcheurs alterner avec des hameaux juchés en équilibre sur les hauteurs, et de douces ondulations couvertes de maquis plonger dans des côtes au relief vertigineux. Le cap présente des visages différents sur ses côtes occidentale et orientale. Son rivage ouest, plus sauvage, est sans conteste le plus spectaculaire.

La présentation ci-après en propose un tour de Bastia à Saint-Florent. Ne soyez pas surpris de constater que certains villages prennent différents noms. Le hameau principal de chaque commune du cap est en effet souvent désigné du nom de la commune elle-même. Morsiglia devient ainsi Baragona, Botticella est appelé Ersa, Luri désigne A Piazza, etc.

Histoire

Nul ne saurait dire si c'est en un muet reproche ou par recherche de paternité culturelle que le cap Corse pointe son doigt vers l'Italie et le golfe de Gênes. L'histoire de la péninsule se distingue en effet de celle du reste de l'île. Le cap fut longtemps dominé par des familles seigneuriales d'origine ligure (Da Mare, Avogari, Gentile...), fortement attachées à la république de Gênes, avec qui elles entretenaient de fructueux liens commerciaux (vin, huile, etc.). S'appuyant sur cette féodalité, Gênes prit l'habitude de considérer le cap Corse comme une terre alliée et, au cours des siècles, rares sont les épisodes qui lui donnèrent tort.

L'histoire de la région est également profondément marquée par l'exil. Marins de tradition, les Capcorsins furent les seuls Corses, avec les Bonifaciens, à s'intéresser réellement à la pêche, et même à en vivre. Seuls négociants et marins d'une île de montagnards, peu ouverte sur un monde extérieur souvent hostile, ou considéré comme tel, les Capcorsins furent nombreux à ressentir le besoin d'élargir leur horizon. Ils contribuèrent ainsi pour une large part à la diaspora corse (l'apéritif qui porte le nom du cap fut souvent leur étendard et le symbole de leur nostalgie à l'étranger), et nombre d'entre eux s'illustrèrent dans les colonies françaises d'Afrique du Nord et en Amérique. Revenus dans leurs villages après avoir fait fortune, certains se firent construire d'étonnantes demeures de style colonial. Quelques-unes de ces "maisons d'Américains" sont encore visibles sur le cap, notamment à Sisco ou à Canelle.

ℹ Renseignements

Installés dans la maison rose en face de la pharmacie à l'entrée de Ville di Pietrabugno, les bureaux de la **communauté de communes du cap Corse** (☎04 95 31 02 32 ; www.destination-cap-corse.com ; Maison du Cap Corse, 20200 Ville-di-Pietrabugno) éditent un guide pratique sur le cap ainsi qu'une carte recensant des circuits de randonnée. Écrivez-leur pour en obtenir un exemplaire, ou adressez-vous à l'office du tourisme de Bastia ou de Macinaggio.

Attention : le cap ne compte que deux DAB, l'un à Erbalunga, à la poste, l'autre à Macinaggio, également à la poste. Les deux sont accessibles 24h/24.

ℹ Comment circuler

Le cap Corse n'est pas très bien desservi par les transports en commun, surtout sa côte ouest.

TOURS GÉNOISES

Impossible de ne pas remarquer leur silhouette caractéristique ! Une soixantaine de tours génoises – sur les 85 construites par l'Office de Saint-Georges (institution financière de l'ancienne République de Gênes) au XVIe siècle – se dressent en Corse. Ronds, ou plus rarement carrés, ces édifices fortifiés d'une quinzaine de mètres de hauteur jalonnent le pourtour de l'île, notamment le cap Corse. Si les tours génoises visaient à assurer la protection de l'île contre les innombrables razzias sarrasines, on ne peut s'empêcher de penser que Gênes, en les faisant édifier, cherchait également à défendre ses intérêts stratégiques et commerciaux. Ceinturant le littoral de façon à être visibles l'une de l'autre, ces tours constituaient un vaste réseau de guet. Un système de signaux permettait ainsi à un message de parcourir le tour de l'île en seulement 1 heure. La marina de Scalo, le hameau de Pino, Erbalunga ou encore le sentier des douaniers – qui passe par la très belle tour Santa-Maria – donnent l'occasion d'admirer des tours génoises. Il en demeure également en de nombreux autres points de l'île : Porto, Campomoro, Calvi, etc.

BUS Les bus de la **STIB/SAB** (☎04 95 31 06 65) assurent un service régulier entre Bastia et Pietracorbara, via Erbalunga. Ceux des **Transports Miguelli** (☎04 95 35 14 64) desservent Macinaggio (arrêt possible dans les communes situées sur le parcours). Les **transports Saoletti** (☎04 95 37 84 05) ajoutent à cette offre une liaison hebdomadaire Bastia-Luri-Pino-Barettali et Bastia-Nonza-Canari. Pour plus d'infos voir p. 54.

♥ Erbalunga

On pourrait presque passer à côté de ce village sans le voir. À une dizaine de kilomètres au nord de Bastia, Erbalunga se laisse à peine découvrir de la route. Et pourtant, il serait dommage de ne pas s'arrêter pour explorer les ruelles paisibles de ce hameau aussi beau que tranquille – du moins hors saison. En ordre serré, elles forment un promontoire qui enserre un minuscule port de pêche plein de charme, où sont amarrées quelques barques multicolores. Une tour génoise ajoute une note architecturale et historique au tableau.

Port important de l'île entre le XIIIe et le XVe siècle, Erbalunga périclita après la construction de la ville de Bastia, en 1453. Surnommé le "nid des peintres" ou encore la "Collioure du cap", le village attira les peintres paysagistes dans l'entre-deux-guerres en raison de sa superbe marine – qui fascine encore de nombreux artistes amateurs. Le village est par ailleurs connu pour ses processions de la Semaine sainte.

Vous trouverez à Erbalunga quelques épiceries, une pharmacie et un bureau de poste équipé d'un **DAB**.

Fêtes et festivals

Festivités de la Semaine sainte (Pâques). La procession A Cerca a lieu le Vendredi saint. Elle est suivie par la *granitola*, la procession nocturne.

Saint-Érasme (2 juin). Fête du patron des pêcheurs corses. À cette occasion, les pêcheurs décorent leurs barques.

Festival de musique d'Erbalunga (www.festival-erbalunga.fr). Août. Au programme, les grands noms du chant corse et de la variété française.

Procession en l'honneur de la Vierge (8 septembre). Depuis l'église Notre-Dame-de-Lavasina, à 1 km d'Erbalunga.

À voir et à faire

Les vestiges de la **tour génoise** (XVIe siècle) se dressent à l'extrémité de la marine, d'où l'on bénéficie d'une jolie vue sur les bateaux et le village. D'Erbalunga, la D54 monte au hameau de **Castello**, où l'on peut admirer les ruines d'un **château médiéval**. Juste avant d'arriver à Castello, une route part vers la gauche et conduit à l'**église Sainte-Marie-des-Neiges**, qui abrite de belles fresques datées de 1386. L'**association Contact** (☎04 95 60 48 09, 06 86 78 02 38) organise des visites guidées dans le secteur (10 €/pers). En saison, le départ a lieu à 9h à l'office du tourisme de Bastia (sur demande hors saison). Il est nécessaire d'être motorisé.

Les amateurs de **randonnée pédestre** se rendront au hameau de **Pozzo** (accès par le D54), d'où part le sentier menant au **Monte Stello** (1 307 m). Vu l'ampleur du dénivelé (1 000 m), prévoyez au moins 6 heures aller-retour.

Le **centre équestre Cavallu di Brando** (☎06 13 89 56 05 ; www.cavalludibrando.com ; Glacières de Brando, Erbalunga ; ⏲tte l'année) propose des balades et des randonnées à cheval dans les alentours de la commune de Brando et dans tout le cap Corse (18 € l'heure, 40 € la demi-journée). En été, la forêt ombragée de Pietracorbara est l'un de ses sites privilégiés.

Où se loger

Corinne Fabiani CHAMBRES D'HÔTES €€
(☎06 09 52 93 68 ; corinnettef@wanadoo.fr ; d 70 € ; ⏲avr-sept, oct sur demande). Mention spéciale pour cette chambre d'hôtes installée dans la grande maison ancienne qui se dresse sur la place, au cœur du village. Vaste, décorée avec goût et dotée d'une sdb impeccable, l'unique chambre vous offrira également le luxe de dormir sous les fresques et stucs qui ornent son plafond.

♥ **Le Castel Brando** HÔTEL DE CHARME €€€
(☎04 95 30 10 30 ; www.castelbrando.com ; d 109-235 € selon confort et saison ; ⏲fin mars à mi-nov ; P ❄ 🏊 📶). Unique hôtel du bourg, cet établissement de caractère vous accueille dans une superbe propriété plantée de palmiers, à 2 minutes du bord de mer. À la bâtisse principale, une élégante demeure de maître datant de 1853, viennent s'ajouter 3 annexes plus modernes, deux piscines (dont une chauffée), un centre de soins et un court de tennis. Le complexe compte 45 chambres, claires et agréables. Location de vélos et de kayaks. Une adresse de charme, dont on apprécie la simplicité et l'accueil chaleureux.

Où se restaurer

BON PLAN **A Piazzetta** RESTAURANT-PIZZERIA € (04 95 33 28 69 ; plats 9-20 € ; avr-oct). Installé sur la petite place d'Erbalunga, ce restaurant-pizzeria propose une carte de pâtes, pizzas et viandes, ainsi que des suggestions à l'ardoise. L'ensemble est servi sur l'agréable terrasse, à l'ombre d'un impostant platane, ou dans une petite salle chaulée. Aux pizzas, sans grand intérêt, préférez les suggestions du jour. Prix doux. Cartes de crédit non acceptées.

Ind'è Noi MÉDITERRANÉEN € (06 24 30 52 99 ; plats 10-25 € ; fév-déc, fermé jeu et dim). Une valeur sûre, à deux pas d'A Piazzetta. L'Ind'è Noi mérite qu'on le recommande pour ses suggestions à l'ardoise, qui sortent du registre corse habituel (tagine de poulet, brick chèvre et courgette). Terrasse avec mobilier moderne, de couleur chocolat.

L'Esquinade POISSONS €€ (04 95 33 22 73 ; plats 13-20 € ; avr-oct). Avec sa belle terrasse ombragée par un superbe tamaris, sa vue sur le port et sa carte alléchante, L'Esquinade aiguise l'appétit. Faites-vous plaisir avec la pêche du jour (6 €/100 g), ou avec un plat de viande ou de pâtes. Également petit-déjeuner en saison.

Le Pirate GASTRONOMIQUE €€€ (04 95 33 24 20 ; www.restaurantlepirate.com ; menus 38-90 € ; fermé jan-fév). Certes, les tarifs sont stratosphériques, mais cet établissement passe pour l'une des meilleures tables de Haute-Corse. On se fait plaisir en dégustant une cuisine de haute volée, d'inspiration méditerranéenne, dans un cadre soigné (une élégante salle voûtée et une très belle terrasse donnant sur le petit port). Le menu du midi reste abordable (35 €).

Marine de Sisco (Siscu) et ses environs

Marine modeste à l'ambiance intimiste et décontractée, Sisco, à 5 km au nord d'Erbalunga, séduit avant tout familles et habitués. Elle se double d'une série de hameaux disséminés sur les hauteurs (notamment Muline, Crosciano, Chioso et Poggio), dont la visite permet de goûter à l'ambiance particulière des villages du cap (suivez la D32 sur 7 km).

À voir

Au hameau de **Poggio**, à 7 km vers l'intérieur des terres, vous pourrez admirer la **chapelle Saint-Martin**, précédée d'une place ombragée d'imposants chênes verts, et poursuivre en direction de la **chapelle Saint-Michel**, un chef-d'œuvre de l'art roman, perchée sur un promontoire. On atteint cette dernière en suivant le fléchage, par une route goudronnée qui cède la place à une piste empierrée praticable uniquement à pied (prévoyez 1 heure aller-retour).

Activités

Dollfin CENTRE DE PLONGÉE (04 95 58 26 16, 06 07 08 95 92 ; www.dollfin-plongee.com ; plongée à partir de 39 €, baptême à partir de 52 € ; mi-mars à mi-nov, sur rdv le reste de l'année) loue des kayaks de mer (monoplace 13 €/2 heures) et encadre des randonnées palmées au cap Sagro (25 €/pers, minimum 5 personnes, matériel fourni) du 15 juin au 15 sept. Le baptême coûte 52 €, la plongée exploration 46 € (matériel inclus). Les sites proposés incluent de belles épaves, dont celle de l'*Insuma*, une canonnière allemande (pour confirmés), et deux avions de chasse P47 de la Seconde Guerre mondiale (l'un à -20m, à Miomio, l'autre à -30 m, à Santa Severa). Pour les débutants, le centre privilégie le cap Sagro (-11m), qui attire une kyrielle de poissons multicolores.

A Ferrera CENTRE ÉQUESTRE (04 95 35 07 99, 06 11 21 11 12 ; tte l'année) organise des balades équestres accompagnées dans les vallées de Sisco et de Pietra Corbara (35 €/2 heures, 80 €/jour, à partir de 8 ans). Prenez la D32, vous le trouverez à environ 300 m à droite après le hameau de Moline.

Où se loger et se restaurer

A Casaïola CAMPING € (04 95 35 20 10 ; a-casaiola@bbox.fr ; adulte/voiture/tente 5,50/4/3 € en haute saison ; Pâques-oct). On atteint ce petit camping convivial et décontracté en empruntant une petite route, dans le bourg, qui s'éloigne de la côte. Un bon point pour le cadre – une agréable aire naturelle où dominent les chênes-lièges –, la propreté du site et la diversité des services : machine à laver, bar, location de kayaks. Le bord de mer n'est qu'à 300 m environ. Le camping se double d'un **restaurant** (mai à mi-sept) du même nom situé sur la plage, qui met l'accent sur les produits de la mer.

A Stalla Sischese AUBERGE €€ (04 95 35 26 34 ; www.a-stalla-sischese.com ; d 55-110 € selon saison, menus 17-30 € ; tte l'année ; P). Appréciée pour sa cuisine familiale déclinant les classiques du terroir corse, cette auberge installée dans un bâtiment moderne se double d'un hôtel, de l'autre côté de la route. Le site manque un peu de verdure, malgré des mûriers platanes, mais les chambres, avec terrasse privative, sont confortables et accueillantes (tons doux, belles tomettes au sol...), et la piscine est appréciée lors des fortes chaleurs. Dommage que les tarifs s'envolent autant en haute saison. Sur la D32.

U Castiglionu MAISON D'HÔTES €€€
(☎04 95 31 05 34, 06 11 47 31 81 ; www.ucastiglionu.com ; Moline ; d avec petit-déj 76-120 €, ste avec petit-déj 120-165 € ; ⌚tte l'année ; ❄🏊📶). Une adresse hors normes. Difficile de trouver aussi personnalisé que cette bâtisse du XVIe siècle, rénovée avec goût par Paula Raffalli. Le résultat est admirable : deux chambres et une suite, qui intègrent des matériaux très modernes comme le Plexiglas aux structures anciennes, le tout mâtiné de touches exotiques (mobilier, objets du monde) et épurées. Le salon commun, avec pierres apparentes, occupe un ancien moulin, tandis que le hammam est installé dans une cave datant de 1535. On prolonge le plaisir dans le magnifique jardin de 2 500 m², avant de piquer une tête dans la belle piscine d'été. Table d'hôtes (28 €). Minimum 2 nuits en saison.

Marine de Pietra Corbara et ses environs

Le principal atout de cette paisible petite marine est sa belle **plage** de sable, qui, à défaut d'être large, s'étire sur près d'un kilomètre. Elle se laisse admirer depuis la route, construite en corniche sur quelques kilomètres depuis Sisco, qui offre un magnifique panorama. Quelques restaurants sont installés le long de la plage.

Il serait dommage de s'en tenir à la façade littorale. En remontant la vallée (suivez le D232), vous découvrirez des hameaux dispersés dans les replis de la montagne, dont **Orneto**, **Oreta**, **Selmacce**, **Lapedina**... Nul doute que vous tomberez sous le charme de leurs chapelles, églises et ponts génois.

Où se loger et se restaurer

La Pietra CAMPING €
(☎04 95 35 27 49 ; www.la-pietra.com ; adulte/enfant/voiture/tente 9,95/4,90/3,80/3,80 € en haute saison ; ⌚avr-oct ; 🏊). Des infrastructures impeccables et bien conçues – dont une grande piscine, des courts de tennis, une épicerie et un restaurant – comptent parmi les atouts de ce camping trois étoiles. Les emplacements sont clairement délimités par des haies et le site, verdoyant, ne se trouve qu'à 600 m de la plage.

Le Rendez-vous de l'Été HÔTEL-RESTAURANT €€
(☎04 95 35 23 32, 04 95 35 22 43 ; d 73-81 € avec petit-déj ; plats 9-18 € ; ⌚mai-sept ; ❄). À quelques mètres de l'eau, entre la plage et une petite marine, cet hôtel-bar-restaurant tenu en famille abrite 6 chambres pimpantes avec poutres au plafond, clim et TV, dont 4 ont vue sur la mer. La grande terrasse du restaurant, très agréable, ombragée par de luxuriants mûriers platanes, donne sur la marine. On y déguste des poissons, souvent grillés, un plateau de fruits de mer ou un plat du jour d'inspiration traditionnelle. Location de kayaks (7/10 € par heure 1/2 pers) pour pagayer sur la mer ou sur un petit bras de la Pietracorbara.

Marine de Porticciolo (Porticciolu) et ses environs

Une marine aux jolies maisons couvertes de lauzes, la "grande bleue" en contrebas, quelques barques de pêche qui dodelinent dans une anse naturelle..., ce "petit port" tranquille séduira les amateurs de calme. Il est annoncé par la superbe **tour de l'Osse,** qui surplombe la mer et ses fonds rocheux aux couleurs changeantes deux kilomètres avant la marine. Une belle **plage** de sable s'étend à quelques centaines de mètres à la sortie de Porticciolo, vers le nord.

Les hameaux dispersés sur les hauteurs méritent également le coup d'œil. En prenant la D132, vous rejoindrez les hameaux de **Piazze**, **Ortale** et **Suare**. Dépaysement assuré et calme garanti !

Peu après Piazze, il est possible de rejoindre Luri par une belle route en corniche.

Où se loger et se restaurer

BON PLAN **Maison Bella Vista** CHAMBRES D'HÔTES €€
(☎04 95 35 38 46, 06 24 54 61 87 ; http://maison-bellavista.online.fr ; marine de Porticciolo ; d avec petit-déj 52-62 € selon saison et orientation ; table d'hôtes 24 € ; ⌚avr-oct ; 🅿📶). Difficile de ne pas succomber au charme de cette maison d'hôtes et de ses 5 chambres pimpantes. Repérable à sa façade jaune et à ses volets verts, la maison se dresse dans un virage, sur la droite en venant de Bastia. Les chambres, dont une familiale, sont fraîches et d'une propreté exemplaire, dotées d'une grande sdb

et, pour certaines, d'une vue sur la mer. Vous prendrez le petit-déjeuner sur la terrasse, qui surplombe la mer. La table d'hôtes (sur réservation) met l'accent sur les spécialités méditerranéennes préparées par la charmante Cathy Catoni.

U Patriarcu HÔTEL-RESTAURANT €€
(04 95 35 00 01 ; www.u-patriarcu.com ; marine de Porticciolo ; d 68-95 € selon saison ; plats 8-17 €, menus 17-25 € ; avr-oct, restaurant soir uniquement). Cette haute demeure carrée dotée d'un petit jardin ombragé loue des chambres agréables, rénovées, toutes avec sdb et certaines avec vue sur la mer. Le restaurant sert une cuisine corse familiale où le poisson pêché par la famille est à l'honneur.

Maison Simonpietri CHAMBRES D'HÔTES €€
(04 95 35 03 20, 06 75 34 94 94 ; www.lucianamasinari.it ; Suare ; d avec petit-déj 65-70 € selon saison ; mai à mi-sept). Un vrai petit bijou, serti dans le paisible hameau de Suare, aux airs de bout du monde. Cette maison de village possède 4 petites chambres, adorables, avec carrelage en terre cuite ou plancher en bois, poutres apparentes, enduits colorés et, en guise de mobilier, des objets anciens. La chambre à l'étage, en soupente, climatisée, possède une superbe terrasse, avec vue sur la mer. Quant à la "Casette", aux airs de cocon douillet, elle occupe une maisonnette en pierre sèche, juste devant la maison principale. Seuls inconvénients : les sdb sont exiguës, et il n'y a pas de parking. Possibilité de table d'hôtes.

Marine de Santa Severa

Marine du bourg de Luri, quelques kilomètres en surplomb dans le maquis du cap, le village Santa Severa décline les habituels ingrédients des hameaux capcorsins – quiétude en tête –, ce qui lui vaut chaque été une clientèle familiale d'habitués. Au départ de Santa Severa, la D180 file plein ouest, dessert les hameaux qui composent Luri, et rejoint ensuite Pino, sur la côte ouest.

Où se loger et se restaurer

La Marine HÔTEL-RÉSIDENCE €€
(04 95 35 01 06 ; www.hotel-lamarine.com ; d 70 € ; avr-oct et déc-jan ;). À défaut de réel charme architectural, cette résidence aux allures de motel doit son attrait à son emplacement, les pieds dans l'eau à l'extrémité de la marine. Elle renferme 3 chambres doubles et des studios fonctionnels dotés d'une loggia donnant sur la mer (loués à la semaine). Les propriétaires mettent des VTT et une embarcation à la disposition de leurs hôtes.

Micheli CHAMBRES D'HÔTES €€
(04 95 35 01 27 ; d avec petit-déj 52-58 € selon saison ; avr-sept ; P). Chez les Micheli, un couple de retraités, tout est simple, propre et net. Au milieu d'une propriété verdoyante, les 4 chambres, avec entrée indépendante, à la déco sans chichi, disposent d'une terrasse, et deux d'entre elles donnent sur la mer. Les principaux atouts des lieux sont le calme, la vue panoramique, le parking ombragé et les tarifs raisonnables. Goûtez à leurs excellentes liqueurs du cap Corse, de fabrication familiale (en vente sur place).

A Cantina RESTAURANT €
(04 95 35 05 67 ; plats 10-17 € ; fermé mer et dim soir). Sous ses airs de simple cabanon au bord de la marine, A Cantina s'est constitué une solide réputation dans le cap. On y déguste une cuisine de mamma corse, simple, copieuse et préparée avec soin, où les cannellonis, *migliacci*, storzapretti et autres "vol-au-vent du pêcheur" sont à l'honneur. L'occasion de goûter des spécialités trop souvent boudées par les restaurants, proposées à prix raisonnables.

Traversée du cap (de Santa Severa à Pino, via Luri)

La D180 permet de traverser le cap Corse d'est en ouest, et de rejoindre Pino depuis Santa Severa. Cette quinzaine de kilomètres de route sinueuse, dans le calme olympien du cœur du cap, commencera par vous mener au village de Luri – aussi dénommé Piazza sur les cartes. L'itinéraire grimpe ensuite jusqu'au **col de Sainte-Lucie** (Santa Lucia, 381 m). De là, une route secondaire monte sur 1 km, puis se prolonge par un sentier menant à la tour de Sénèque, qui toise le cap et la Méditerranée depuis une crête. Après le col de Sainte-Lucie, la D180 descend jusqu'à Pino (voir p. 69).

À voir et à faire

Luri VILLAGE
Sans grand intérêt architectural, Luri compte toutefois un petit musée du Vin, **A**

Memoria di Vinu situé entre la mairie et l'église Confraternita, et qui accueille tous les ans la **Fiera di u Vinu**, foire régionale des vignerons, le premier week-end de juillet.

Quelques kilomètres avant Luri, vous pourrez faire une halte aux **Jardins traditionnels du cap Corse** (☎04 95 35 05 07 ; www.lesjardinstraditionnelsducapcorse.org ; Luri ; adulte/enf 5/2 € ; ⏲mai-oct lun-ven 9h-17h). Un parcours fléché vous emmène à la découverte de la flore sauvage, des plantes potagères et des arbres fruitiers insulaires, et des produits bio sont proposés à la vente : confitures de cerises, de courge ou de pastèque, sauce tomate, compotée d'oignons de Sisco...

Tour de Sénèque TOUR GÉNOISE

Arrivé au col de Sainte-Lucie, empruntez la petite route qui part sur la gauche, au coin de la chapelle. Elle serpente sur 1 km jusqu'à des habitations récemment transformées en gîtes, où vous pourrez laisser votre voiture. Un sentier balisé en rouge s'élance alors vers la tour en une montée abrupte (15 min environ). Parvenu à un sous-bois, vous prendrez à gauche sur des dalles rocheuses pour atteindre l'édifice, bien préservé, perché à 564 m d'altitude. La vue embrasse les deux côtes du cap.

Randonnée pédestre

Pour la **randonnée** dans le nord du cap, renseignez-vous à l'épicerie de Luri, ou adressez-vous à la dynamique association **Amichi di u Rughjone** (☎04 95 35 01 43 ; www.amichidiurughjone.org ; ⏲tte l'année), qui se consacre notamment à l'ouverture et au balisage des sentiers de la commune et de ses environs et publie un guide référençant 100 km de chemins. Le bureau de l'association se trouve dans le hameau de Campo, sur la droite avant Luri (Piazza). **Altre Cime** (☎04 20 20 04 38, 06 18 49 07 75 ; www.altre-cime.com ; Luri) encadre des randonnées à la journée dans la région, telle l'ascension du Cima di e Follice (1 300 m), le plus haut sommet du cap, ou une boucle sur la dorsale du cap, dans les hauteurs de la vallée de Luri (30 €/pers). Cette agence organise aussi un trek de 5 jours, du nord du cap Corse à Bastia, en suivant les crêtes.

Où se loger et se restaurer

BON PLAN **I Fundali** CHAMBRES D'HÔTES €€

(☎04 95 35 06 15 ; www.locationcorse-ifundali.com ; route de Spergane, Luri ; d avec petit-déj 48-50 € ; table d'hôtes 17,50 € ; ⏲avr-oct ; wifi). Le cadre champêtre de cette maison totalement isolée dans un vallon verdoyant vous enchantera. Juste à côté, un *castellu* fortifié semble monter la garde. Quelle tranquillité ! Les 5 chambres, sobrement décorées, n'ont pas de charme particulier mais sont bien tenues. Les sympathiques propriétaires proposent une table d'hôtes de cuisine familiale tous les soirs sauf le mardi et le samedi. De Luri, prendre sur la droite (en venant de Santa Severa) la route indiquée U Sperganu, au niveau de la place principale, et continuer sur 3 km.

Meria

Pour un peu, on passerait devant sans s'arrêter... La discrète marine de Meria, pleine de charme, possède une jolie **tour génoise**. Le village de Meria est juché sur une colline, à environ 2 km. De la marine de Meria, une route transversale très peu fréquentée, la D35, mène à Morsiglia, sur la côte ouest.

Macinaggio (Macinaghju)

Reconnu comme le meilleur mouillage du cap Corse depuis l'Antiquité, le port de Macinaggio, ancienne base navale de Pascal Paoli, est en premier lieu fréquenté par les plaisanciers. Cette grande marina offre en effet de nombreux services : fioul, eau, shipchandlers, bars, restaurants, change, laverie, etc. Les "terriens" apprécient également ses atouts, car Macinaggio est la localité la plus animée du cap et proche de la plus belle plage de sable de la péninsule : Tamarone. Traversée de sentiers de randonnée reliant plusieurs tours génoises et proposant diverses activités sportives et nautiques, Macinaggio est également une base idéale pour rayonner dans le nord du cap.

Renseignements

L'efficace **office du tourisme** (☎04 95 35 40 34 ; www.ot-rogliano-macinaggio.com ; ⏲lun-sam 9h-12h et 14h30-19h, dim 9h-12h juil-août, lun-sam 9h-12h et 14h-18h, dim 9h-12h sept, lun-ven 9h-12h et 14h-17h oct-mai), sur le port, dispose d'une **borne Internet**.

Le bureau de poste, à la sortie de la localité, à gauche en direction de Centuri, est équipé d'un **DAB** accessible 24h/24 – le seul du cap avec celui d'Erbalunga.

La **laverie Clean Up** (☎04 95 35 44 94) jouxte la poste.

Le port dispose de 580 places et peut accueillir 150 bateaux de passage. Douches et bulletins météorologiques sont disponibles à la **capitainerie** (☎04 95 35 42 57 ; ⏲7h-21h en saison).

À voir et à faire

Tamarone — PLAGE

Pour le farniente, la plage de Tamarone est certainement la plus belle du cap, avec son ruban de sable fin aux allures caribéennes. Elle se trouve à quelque 2,5 km de Macinaggio, en direction du camping U Stazzu (suivez le fléchage). En saison, vous y trouverez une paillote, **L'Acula Marina**.

San Paulu — PROMENADES EN MER

(06 14 78 14 16 ; www.sanpaulu.com ; avr-sept). En juillet-août, cette vedette touristique assure différentes sorties en mer, notamment une promenade de 2 heures jusqu'à Barcaggio, incluant un arrêt baignade et la **visite des îles Finocchiarola** (23/11 € adulte/enfant). La deuxième formule s'adresse à ceux qui souhaitent passer la journée sur la plage de Barcaggio : le bateau part à 11h de Macinaggio et vient vous rechercher à 17h30 (26/13 € adulte/enfant). La troisième permet aux randonneurs qui ont rejoint Barcaggio par le sentier des douaniers de revenir à Macinaggio par la mer (3 départs par jour dans chaque sens, 15 € l'aller simple). Le *San Paulu* propose également des sorties de **pêche en mer** deux fois par semaine (pêcheur/accompagnant 35/20 €). En avril, mai, juin et septembre, des promenades en mer sont organisées (horaires variables).

Îles Finocchiarola — RÉSERVE NATURELLE

Classés réserve naturelle en 1987, ces 3 minuscules îlots à quelques encablures de la côte forment sur 3 ha un sanctuaire animalier exceptionnel, riche en avifaune (notamment les goélands d'Audouin et les cormorans). Il est interdit d'y débarquer du 1er mars au 31 août. La vedette *San Paulu* (voir ci-dessus) passe à proximité de la réserve.

Clos Nicrosi — VIGNOBLE

(04 95 35 41 17 ; lun-sam 10h-12h et 16h-19h juin-sept). Les amateurs de vin pourront faire un tour au bureau de vente et de dégustation de ce domaine viticole, le plus septentrional de Corse, réputé pour ses vins blancs.

Club nautique de Macinaggio — ACTIVITÉS NAUTIQUES

(06 86 72 58 40 ; plage de Macinaggio ; juil-août). Ce club nautique loue des catamarans (25-40 €/h selon type), des planches à voile (18 €/h) et des kayaks (monoplace 10/20 € heure/demi-journée). Pour les familles, des kayaks de trois et quatre places sont également disponibles. Le club propose aussi des stages de voile sur Optimist s'adressant aux enfants de 5-7 ans.

Cavallu di Ruglianu — CENTRE ÉQUESTRE

(04 95 35 43 76 ; mai à fin sept). Ce centre équestre rattaché au camping U Stazzu propose des promenades à cheval sur le sentier des douaniers (21 € l'heure) et des balades en poneys pour les enfants à partir de 5 ans (12 € la demi-heure).

Cap Bateau — LOCATION DE BATEAUX

(06 22 02 11 45 ; www.capbateau.com). Ce prestataire loue des bateaux sans permis (6 CV), moyennant 90/130 € la demi-journée/journée (hors essence) – un bon moyen pour explorer à votre guise la magnifique côte sauvage, jusqu'à la tour Santa Maria et les criques sableuses de Cala Genovese et Cala Francese.

Capi Corsu TSM — PLONGÉE

(04 95 35 31 70, 06 85 75 17 06 ; www.capcorseimmersion.fr ; port de plaisance ; avr-oct). Encore très sauvages, les fonds marins autour de l'île de la Giraglia et de la tour Santa-Maria, accessibles en une quinzaine de minutes de bateau depuis Macinaggio, réservent d'excellentes surprises aux plongeurs de tous niveaux. Il propose aussi des explorations sur les épaves situées entre Meria et Santa Severa, notamment deux avions de la Seconde Guerre mondiale et une canonnière allemande, l'*Insuma*. Le baptême revient à 55 €, l'exploration à 40 €. Voir aussi p. 30.

Où se loger et se restaurer

U Stazzu — CAMPING €

(04 95 35 43 76 ; adulte/enfant 9/4,50 € avec tente et voiture ; mai-sept). Indiqué à droite à la sortie de la ville en direction de Centuri, en face de la poste, ce terrain bénéficie d'un cadre splendide, proche de la plage et du bourg. Les emplacements sont largement ombragés et les sanitaires corrects (mais pas assez nombreux). Centre équestre à proximité.

U Libecciu — MOTEL €€

(04 95 35 43 22 ; www.u-libecciu.com ; s/d 66-94/70-130 € selon saison ; avr à mi-oct ; P). Dans un lotissement un peu en retrait du centre du bourg, cet établissement sans cachet particulier n'offre aucun point de vue sur la mer mais il propose 30 chambres spacieuses et carrelées, avec terrasse et TV. Leur déco est assez banale mais elles sont confortables et constituent une option à prendre en compte, d'autant que l'hôtel dispose d'une piscine de belle taille et qu'une partie des sdb a été refaite à neuf en 2010.

RANDONNÉE

LE SENTIER DES DOUANIERS JUSQU'À LA TOUR SANTA-MARIA

Départ : plage de Tamarone, Macinaggio (cap Corse)
Durée : boucle de 2 heures aller-retour
Dénivelé : très faible
Balisage : logo vert et peinture jaune
Difficulté : accessible à tous, prévoyez une protection contre le soleil en été

Commencez par rejoindre la plage de Tamarone après Macinaggio, en prenant la direction du camping U Stazzu, à la sortie de la ville vers Centuri. Une mauvaise route continue sur environ 1 km après le camping jusqu'à la plage. Longeant celle-ci en direction du nord, vous atteindrez une intersection indiquant à gauche "Chapelle Santa-Maria par l'intérieur" et à droite "Chapelle Santa-Maria par le sentier des douaniers". C'est cette dernière direction que vous prendrez.

Montant dans le maquis, le sentier pénètre dans la zone protégée de Capandula, propriété du Conservatoire du littoral, et traverse un décor où le vert du maquis rivalise avec le turquoise de la mer. En continuant, vous verrez un second panneau indiquant la chapelle Santa-Maria (45 min). Une première tour génoise, édifiée sur un îlot, vous attend un quart d'heure de marche plus loin, avant que le chemin ne redescende pour atteindre les abords des îles Finocchiarola.

Le sentier remonte ensuite sur la gauche, permettant de découvrir l'île de la Giraglia et la superbe **tour Santa-Maria**. Il redescend ensuite vers celle-ci, croisant la petite **chapelle Santa-Maria**. La tour Santa-Maria, qui semble posée sur l'eau et ne présente plus qu'une seule façade, comme un décor de cinéma, est cependant le clou du spectacle.

Continuant après la tour, vous atteindrez deux petites criques isolées, la **Cala Genovese** et la **Cala Francese**, dont les plages de sable sont idéales pour la baignade. Vous pourrez regagner votre point de départ via la chapelle Santa-Maria par un large sentier qui longe des vignes. De la tour Santa-Maria, il est également possible de continuer cette balade jusqu'à Barcaggio.

Stella Marina RÉSIDENCE HÔTELIÈRE €€
(☎04 95 35 07 04 ; www.stella-marina.com ; d 60-122 € selon saison ; ⏲tte l'année ; P ❄ ≋ ᯤ). Aucune mauvaise surprise dans cette résidence hôtelière composée de villas modernes louées à la semaine et de 8 chambres, de plain-pied, fonctionnelles et bien équipées (clim, TV à écran plat). Le complexe manque de personnalité, mais la propriété est au calme, à 200 m de la plage de Macinaggio.

Marina d'Oro HÔTEL €€
(☎04 95 37 49 36 ; www.marinadoro.fr ; s 50-140 €, d 50-145 € selon confort et saison ; ⏲fév-déc ; ❄ ≋ ᯤ). De l'extérieur, cette bâtisse blanche aux formes anguleuses, située à l'entrée de Macinaggio, ne respire guère l'esprit vacances. En revanche, vous serez agréablement surpris par la déco des chambres, lumineuses et attrayantes (malgré le revêtement de style "fausses pierres" aux murs), avec parquet flottant, sdb modernes et une literie de qualité. Certaines possèdent un balcon et une vue sur la mer.

Les Îles HÔTEL-RESTAURANT €€
(☎04 95 35 42 73 ; port de Macinaggio ; d 55-70 € ; plats 10-32 €, menus 20-30 € ; ⏲tte l'année). Un bon choix pour déjeuner ou dîner, à condition de préférer la terrasse agréable, face à la marina, à la salle de café-restaurant sans grand charme. Outre les suggestions du jour, la carte mise sur les poissons (7 € les 100 g pour le poisson grillé) et produits de la mer (canellonnis de mérou, blanquette de moules à l'estragon). L'établissement loue également des chambres au confort simple et aux sdb minuscules, dont certaines donnent sur le port, au-dessus du restaurant. Les moins chères, sous le toit, sont mansardées.

A Casa di Babbo CHAMBRES D'HÔTES €€
(☎04 95 35 43 36 ; www.casa-di-babbo.com ; Tomino ; d avec petit-déj 80 € ; ⏲tte l'année ; P ❄ ≋). Une adresse idéale pour décompresser, en pleine nature, à 1,5 km de Macinaggio (en direction de Tomino). Vue de l'extérieur, la maison, moderne, n'a pas de cachet particulier mais la propriétaire

a fait des efforts pour personnaliser l'aménagement et la déco des 5 chambres, toutes différentes. Elles donnent toutes sur une grande terrasse avec vue sur la mer. Table d'hôtes (30 €) sur réservation, à base de produits régionaux. Les hôtes ont accès à la piscine.

La Vela d'Oro RESTAURANT €€
(04 95 35 42 46 ; plats 14-22 €, menus 14-22 € ; tte l'année). En retrait du port, dans une ruelle parallèle au front de mer, ce restaurant propose avant tout des produits de la mer, notamment du poisson grillé ou au four (6 €/100 g), des langoustes, de la soupe de poisson, ainsi que des pâtes et quelques plats de viande. La salle est agrémentée de bibelots évoquant la mer (hélice, amphore, cartes marines), tandis que la terrasse à l'arrière s'ouvre sur un agréable décor champêtre de lauriers-roses et de figuiers se détachant sur fond de montagnes.

BON PLAN **Osteria di U Portu** AUBERGE €€
(04 95 35 40 49 ; port de Macinaggio ; plats 12-22 € ; avr-oct). Cette *osteria* propose une cuisine familiale, sans prétention, mais copieuse et bien préparée. La carte permet de satisfaire toutes les envies terrestres et maritimes dans un cadre plaisant, à l'intérieur ou en terrasse, face à la marina.

Où prendre un verre

Les Dock's PUB-PIZZERIA
(tous les soirs en saison). Situé derrière l'Osteria di U Portu, ce pub-pizzeria semble bien décidé à mettre un peu d'animation dans les soirées de Macinaggio. Il dispose pour ce faire d'un atout de taille : une superbe salle en pierre et brique bâtie à l'origine pour abriter les installations d'une ligne de chemin de fer entre Bastia et le cap Corse.

Rogliano (Ruglianu)

Véritable nid d'aigle perché à 5 km au-dessus de Macinaggio, le bourg de Rogliano (465 habitants) offre un bel aperçu sur les hauteurs du cap. Le village, qui s'atteint par une agréable route sinueuse, se compose en réalité de sept hameaux (dont **Bettolacce**, le principal, et **Vignale**), disséminés sur des croupes montagneuses. En passant de l'un à l'autre, vous serez étonné par la variété des monuments et bâtisses historiques qu'ils abritent : églises, chapelles, maisons d'Américains, anciennes demeures couvertes de lauzes, tours génoises, tours-forteresses... et même des vignobles. Le tout ponctué de belles perspectives sur le large.

À voir et à faire

Rogliano connut des jours meilleurs quand il était habité par les membres de la puissante famille Da Mare. Il eut son heure de gloire en 1869, lorsque le navire qui ramenait d'Égypte l'impératrice Eugénie dut s'abriter dans le port de Macinaggio. La grande dame et sa suite montèrent au hameau de Bettolacce et l'histoire raconte qu'elle se recueillit à l'**église Sant'Agnello**. Derrière une belle façade, cet édifice du XVIe siècle abrite un maître-autel en marbre de Carrare. Vous remarquerez également de nombreuses **tours génoises** en vous promenant dans le village et alentour, ainsi que les ruines du **château de San Colombano** (XIIIe siècle). Plusieurs viticulteurs, dont le **domaine Gioielli**, sont par ailleurs installés dans les environs. L'autre caractéristique de cette commune est la batterie d'**éoliennes** qui le surplombe.

De Rogliano, il est possible de rejoindre facilement le hameau de **Tomino** par la D353. Notez la remarquable **église baroque** restaurée et les **tours-forteresses**, enchâssées au plein milieu des habitations.

Où se loger et se restaurer

U Sant'Agnellu CHAMBRES D'HÔTES €€
(04 95 35 40 59 ; www.hotel-usantagnellu.com ; Bettolacce ; d 90-160 € avec petit-déj, d en demi-pension 130-190 € selon saison ; plats 10-25 €, menu soir 25 € ; mai à mi-oct ;). Au centre de Bettolacce, face à l'église, cette bâtisse traditionnelle, admirablement restaurée, séduit par son calme olympien. Elle offre 14 chambres spacieuses, simples et ensoleillées, dont 7 avec une vue superbe sur la mer, qui occupe au loin le paysage ; préférez celles du premier étage, qui ont été relookées (au deuxième étage, la déco mériterait une mise au goût du jour). Côté restaurant, des spécialités locales préparées selon le marché et l'inspiration du patron. La demi-pension est recommandée en juillet-août. Navette gratuite pour Macinaggio en saison.

Ersa, Barcaggio et Tollare

Bienvenue au bout du monde ! Dernier bastion de Corse avant l'infinité méditerranéenne, la marine de Barcaggio semble perdue dans la contemplation silencieuse de l'inaccessible **îlot de la Giraglia** et de son sémaphore, dont la construction dura 10 ans. Atteindre le point le plus septentrional de Corse est la principale motivation des visiteurs qui s'engagent sur la D253 pour s'y rendre. La route, aussi belle que sinueuse, serpente dans le maquis sur 10 km depuis Ersa (du nom de la commune). Cette position sur la carte et sa belle plage sont les principaux attraits du hameau, qu'aucun bus ne dessert mais qui est relié en saison à Macinaggio par la mer (voir p. 63). De Barcaggio, une route mène à Tollare, un petit village de pêcheurs situé à 2,5 km à l'ouest, d'où l'on découvre un beau point de vue sur le cap.

À voir et à faire

La jolie **plage de Barcaggio** permet de rejoindre le **sentier des douaniers** (voir p. 65), pas toujours très bien balisé à cette extrémité. Il part derrière la barrière en bois qui ceinture la plage et mène à la **tour d'Agnello**, puis à la **tour Santa-Maria**, juste après la **plage de Cala Francese** et la **plage de Cala Genovese**, surnommée "plage aux vaches" en raison de la présence fréquente de ruminants – et à Macinaggio. Les barrières qui ceinturent la plage de Barcaggio ont été installées à l'initiative du Conservatoire du littoral afin de lutter contre la disparition des espèces végétales qui "fixent" les dunes de sable, notamment l'oyat et le liseron des sables, que la fréquentation touristique et le surpâturage contribuaient à raréfier. Les dunes magnifiques méritent un coup d'œil. Quant aux amateurs de baignade tranquille, ils trouveront un coin de rocher plat après la plage (attention aux oursins). Le parking de la plage est payant en saison.

Pour des **balades à cheval**, adressez-vous au **centre équestre d'Ersa Cabanne** (04 95 35 63 19, 06 18 65 40 06, 06 08 95 32 84 ; Cabanne ; juin-sept), qui assure des sorties accompagnées de une à trois heures, côté mer (plage de Barcaggio) ou côté montagne (jusqu'au moulin Mattei). Comptez 30 € les 2 heures. Le reste de l'année, ce centre équestre est implanté à Borgo, près de l'étang de Biguglia.

Où se loger et se restaurer

Le Saint-Jean HÔTEL €€
(04 95 47 71 71 ; www.lesaintjean.net ; Ersa, hameau de Botticella, D80 ; s 60-100 €, d 65-125 € selon confort et saison ; avr-oct ;). Un bel exemple de rénovation. Difficile d'imaginer que cette bâtisse à la belle façade ocre n'était que ruines voici quelques années. Les 9 chambres aux couleurs gaies, avec des murs peints à la chaux, possèdent des sdb impeccables et une excellente literie. Les plus chères, plus spacieuses, bénéficient d'une vue sur la mer. L'emplacement, au bord de la D80, n'est pas optimal, mais la route est peu fréquentée la nuit.

Casa A Rota CHAMBRES D'HÔTES €€
(04 20 05 15 83, 06 13 59 68 29 ; http://locations-cap-corse.fr ; lieu-dit Rota, D153 ; d 65-75 € ; tte l'année ;). Cette chambre d'hôtes de caractère occupe une maison d'Américain datant de 1871, impeccablement restaurée. Les 3 chambres, avec tomettes, douches à l'italienne et murs peints dans des tons gris et blanc, offrent un confort douillet, de beaux volumes et une literie de qualité. Le petit-déjeuner, à base de produits maison, est servi sur une terrasse à l'arrière, avec vue sur la mer. À savoir : les chambres sont louées uniquement à la semaine en juillet-août. Au lieu-dit Rota, à 1,5 km de la D80, en descendant vers Tollare (prendre la D153).

Latu Corsu CHAMBRES D'HÔTES €€
(04 95 35 99 95, 06 16 10 70 70 ; contact@cotecorse.com ; Poggio ; d avec petit-déj 80-95 € ; tte l'année ;). Nichée dans un hameau plein de charme, très calme, voici une bonne adresse, au sein d'une belle maison de village refaite de fond en comble, avec une façade jaune dotée de volets vert olive, juste à côté d'une tour fortifiée. Au choix : 5 belles chambres, tout confort et très bien conçues. Au hameau de Poggio (de Botticella, prendre la D153 qui descend vers Tollare). À savoir : il faut garer sa voiture à l'entrée du hameau (pas de parking).

Petra Cinta HÔTEL-RESTAURANT €€
(04 95 36 87 45, 06 03 35 45 97 ; http://hotel-petracinta.free.fr ; Barcaggio ; s/d 55-105 €, d 75-135 € selon saison ; mai-sept ;). Un deux-étoiles récent, remarquablement bien tenu, à l'atmosphère familiale et détendue, face au port de Barcaggio. Les 9 chambres, claires et spacieuses, donnent sur un jardinet, à l'arrière. Trois d'entre elles sont mansardées. Petite restauration assurée en saison. Une halte reposante et sans mauvaise surprise.

U Fanale RESTAURANT €€
(04 95 35 62 72 ; www.u-fanale.com ; formule midi 14 €, plats à partir de 15 € ; mi-avr à oct). Dans une jolie demeure couverte de vigne vierge précédée d'une terrasse,

face à la Giraglia, U Fanale concocte une cuisine fraîche et inventive. Faisant la part belle au poisson, la cuisine varie selon l'humeur du chef et les arrivages. La carte affiche toujours un plat de viande. Mention spéciale à la formule déjeuner, servie en saison, composée d'un plat et d'une boisson. Une bonne table, où il convient de réserver quelle que soit la saison. Cartes de crédit non acceptées.

Col de Serra

Entre Ersa et Centuri, le col de Serra (361 m) est célèbre pour porter en son point le plus haut l'une des icônes du cap Corse, le **Moulin Mattei**. Longtemps laissé à l'abandon, ce petit moulin rond qui vante les mérites du "Mattei Cap Corse, cédratine liqueur exquise digestive", a été récemment restauré. Il déploie maintenant ses ailes neuves et ses murs blanchis de frais dans le ciel azur, sur une esplanade d'où l'on découvre un superbe panorama sur l'île de la Giraglia et les montagnes du cap. Quelques minutes de marche mènent au moulin depuis le col. Un tout autre panorama se révèle en tournant le dos à la mer : celui des batteries d'**éoliennes** qui s'élèvent sur les hauteurs de Centuri et de Rogliano.

Centuri

Blotti en contrebas du col de Serra, le port miniature de Centuri (200 habitants), bordé de maisonnettes au pied desquelles les filets font des taches colorées, est l'une des étapes les plus dépaysantes du cap Corse. Neuf des bateaux amarrés entre ses quais étroits perpétuent au ralenti la tradition capcorsine de la pêche à la langouste, en premier lieu pour alimenter les restaurants dont les terrasses illuminent le port en fin de journée. L'une des figures les plus sympathiques du village est d'ailleurs un pêcheur à la barbe blanche de Père Noël, qui a figuré par le passé dans plusieurs publicités.

Tant d'atouts ne pouvaient pas rester secrets. Le petit port est ainsi gagné de plus en plus par la fièvre du tourisme. Centuri préserve certes son charme, mais l'afflux estival lui fait perdre une grande partie de son attrait en pleine saison.

L'histoire du village n'est pas seulement marquée par la pêche à la langouste. Très certainement créé par les Romains sous le nom de Centurium, le village fut jadis un centre de commerce actif. Il s'illustra également d'un point de vue militaire, comme l'attestent les anciens canons reconvertis en bittes d'amarrage, plantés à la verticale sur les quais du port. Au XVIIIe siècle, Pascal Paoli en fit la base d'une partie de sa flotte rapide.

À voir et à faire

Outre ses plaisirs gustatifs et son atmosphère décontractée, Centuri est également une base agréable pour découvrir l'extrémité du cap et le **sentier des douaniers**, dont la direction est indiquée dans le village. Si vous souhaitez pratiquer la **plongée** en juillet-août sur cette côte sauvage, contactez **Bleu Marine Compagnie** (☎04 95 35 60 46 ; http://bleumarine.compagnie.free.fr ; marine de Mute ; juil-août), dont le local se trouve sur la marine de Mute, à 200 m du camping L'Isulottu. Ce club est le seul à proposer des plongées sur les hauts-fonds de Centuri, un secteur régulièrement cité parmi les plus belles plongées de Corse. Le baptême coûte 39 €, l'exploration 33 €.

Pensez aussi à prendre de la hauteur, et visitez les hameaux perchés sur les montagnes qui dominent Centuri, dont **Cannelle**, parcouru de venelles pavées, ainsi que **Camera** et **Ortinola**, où vous pourrez admirer de superbes maisons d'Américains.

Il n'y a pas de plage à Centuri, mais la petite **marine de Mute**, exposée plein ouest, est agréable au couchant.

Où se loger et se restaurer

L'Isulottu CAMPING €
(☎04 95 35 62 81 ; route de Morsiglia, D35 ; www.isulottu.fr ; adulte/enf/tente/voiture 6,70/3,50/3,70/3 € ; fin mai-fin sept). Indiqué à 1,5 km du port de Centuri en direction du sud, L'Isulottu offre un cadre plein de charme grâce à ses terrasses et à ses murets de pierre, des emplacements ombragés, une épicerie et un snack-bar. Par un chemin, on accède en 5 minutes à une petite plage de galets, malheureusement négligée parfois.

L'Auberge du Pêcheur HÔTEL-RESTAURANT €€
(☎04 95 35 60 14 ; d 60-75 € ; plats 12-35 €, menus 15-25 € ; mai-oct). Ce modeste hôtel situé sur le port, dont on repère la façade par ses volets bleus et sa façade rose, loue 5 chambres, ordinaires mais au confort correct (certains matelas sont fatigués, cependant !). Pour la jolie vue sur le port,

choisissez la 1 ou la 4. Cuisine modeste au restaurant (spécialités de la mer et plats de pâtes), à des tarifs raisonnables.

Le Vieux Moulin HÔTEL-RESTAURANT €€€
(☎04 95 35 60 15 ; www.le-vieux-moulin.net ; d 100-230 € selon confort et saison ; plats 15-45 €, menus 15-75 € ; ⊙fév-oct ; ❄📶). Adresse haut de gamme de Centuri, Le Vieux Moulin offre des chambres réparties dans 2 bâtiments : une belle demeure cossue du XIXe siècle, avec 2 chambres pleines de cachet (mais bruyantes en saison, car situées juste au-dessus de la terrasse du restaurant) et une annexe moderne, plus calme, avec des chambres à la déco plus passe-partout. Côté cuisine, on savoure des spécialités issues de la mer, notamment des pâtes à la langouste et de l'araignée de mer, attablé sur une belle terrasse au mobilier en teck. Tarifs tout de même un peu excessifs selon certains lecteurs.

A Macciotta RESTAURANT €
(☎04 95 35 64 12 ; plats 13-35 €, menus 15-24 € ; ⊙avr-oct). Une affaire de famille, à une brassée du port. La carte, sans surprise, est largement tournée vers les produits de la mer (langoustes, assiette du pêcheur, denti...), mais les carnivores ne seront pas lésés, avec quelques plats de viande. Le cadre, la petite terrasse et l'accueil chaleureux des patrons contribuent à en faire une adresse attachante.

Autres options :

Chez Fernand CHAMBRES €€
(☎04 95 36 96 12, 06 22 25 46 68 ; d 80-120 € ; ⊙Pâques-oct). Chambres au confort moderne, dans un bâtiment rénové, juste après le restaurant A Macciotta.

Le Langoustier RESTAURANT €€
(☎04 95 35 64 98 ; plats 11-29 € ; ⊙Pâques-déb nov). Cette belle terrasse jaune, qui ferme le port, remporte un certain succès avec ses plats de poisson et crustacés.

Morsiglia

Comme toutes les communes du cap Corse, Morsiglia est éclatée en plusieurs hameaux, dont **Pecorile**, qui abrite quelques maisons d'Américains – certaines sont de véritables palais. Vous aurez aussi l'occasion d'admirer d'imposantes **tours fortifiées** disséminées dans le village. Juchée sur une colline verdoyante, l'**église Saint-Cyprien**, avec sa façade de style néo-grec, mérite le coup d'œil. Le clocher, coiffé d'une coupole, est séparé de l'édifice principal.

De Morsiglia, une route très peu fréquentée, la D35, mène à la **chapelle Notre-Dame-des-Grâces**, à 5 km, sur un plateau. Plus que la chapelle elle-même, somme toute très sobre, c'est surtout le cadre très sauvage qui vous enchantera.

Pino et marine de Scalu

De Morsiglia à Pino, la route suit les contours du littoral, particulièrement escarpé, et semble flotter entre mer et montagne, ménageant des points de vue époustouflants. Au passage, ne manquez pas de piquer une tête dans les eaux limpides qui baignent la **plage d'Alisu**, la seule du secteur, qui tapisse une magnifique crique sauvage, en contrebas de la D80. Le bourg de Pino émerge au milieu d'une végétation composée de pins et de cyprès. Au centre du bourg, vous remarquerez la superbe **tour Croccie**, une imposante tour fortifiée, carrée, et la **tour Patrochia**, à usage d'habitation. Vous apercevrez également de belles **maisons d'Américains** noyées dans la végétation.

Descendez jusqu'à la discrète marine de Scalu, où se dressent les ruines d'une **tour** ainsi que l'ancien **couvent Saint-François**.

Où se loger et se restaurer

Beneventi Martine CHAMBRES D'HÔTES €
(☎04 95 35 10 42 ; Pino ; d avec petit-déj 50 € ; ⊙tte l'année). Au cœur du village de Pino, au détour d'une ruelle, cette chambre d'hôtes sans prétention dispose de 2 chambres au confort très dépouillé, avec des petites sdb. Préférez la chambre qui donne sur la terrasse, plus claire et agréable que l'autre.

DES VINS RARES À DÉCOUVRIR

Pour les amateurs de vins rares, une halte s'impose au **Domaine de Pietri** (☎04 95 35 64 79, 04 95 35 63 60 ; Morsiglia ; ⊙tte l'année), renommé pour ses fameux *rappu* (un vin doux naturel rouge), *impassitu* (un vin liquoreux issu de la malvoisie) et *muscatellu* ("petit muscat", élaboré à partir de muscat de malvoisie). Ce domaine est le seul à continuer la production de ces trois vins traditionnels selon des méthodes de fabrication artisanales, que l'on vous expliquera lors de la visite des caves, à Morsiglia.

Belle vue depuis la terrasse ombragée par un pin. Pour vous y rendre, montez les marches à côté de l'épicerie, poursuivez par une autre volée de marches sur la gauche et cherchez des yeux la maison rose.

Chez Kiki CHAMBRE D'HÔTES €€
(☎04 95 35 32 60, 06 14 48 58 16 ; http://kiki.pino-monsite-orange.fr ; Pino ; d avec petit-déj 60 € ; ⏲avr-oct). Quelle vue inoubliable ! Allongé sur son lit, on aperçoit la mer à l'horizon... On se sent vite à l'aise dans cette chambre avec entrée indépendante, dotée d'un salon attenant et d'un coin-cuisine (supplément de 3 €). De la terrasse, on ne se lasse pas de la vue plongeante sur la tour de Scalu en contrebas. Pas de panneau – repérez la bâtisse rose à proximité de la tour Croccie, au centre de Pino.

Les chambres d'hôtes ne proposent pas de table d'hôtes mais vous trouverez un petit **restaurant** au centre du village.

Barrettali et marine de Giottani

Au sud de Pino, jouez à vous perdre sur les routes étroites qui desservent les multiples hameaux hauts perchés qui composent la commune de Barrettali. La D33 reste suspendue en corniche et mène à **Torre**, puis à **Conchigliu**, d'où vous pouvez redescendre vers la côte et la délicieuse **marine de Giottani**, très encaissée, bordée par une petite plage de galets que surveille une tour génoise.

Où se loger et se restaurer

Maison Battisti CHAMBRES D'HÔTES €€
(☎04 95 35 10 40, 06 62 00 33 76 ; www.maisonbattisti.com ; Conchigliu ; d avec petit-déj 80 € ; ⏲tte l'année ; wifi). Une perle ! Dans un hameau du bout du monde, vous serez accueilli par les Battisti dans leur superbe demeure de caractère, une ancienne miellerie. Un charme certain se dégage de la première chambre, de style rustique, égayée de mobilier de famille, et dotée d'une jolie sdb au sol en pierre de Brando et aux murs en stuc... sans parler de la vue magnifique sur la mer. Coup de cœur également pour la chambre mansardée, avec plancher en châtaignier et poutres apparentes. Celle-ci dispose d'une terrasse privative à laquelle on accède par un petit escalier en bois. Panorama à 360° garanti ! Possibilité de table d'hôtes 23 € hors saison. Boutique de produits corses sur place. La marine de Giottani est accessible en 15 min de marche.

Canari et marine de Canelle

L'un des villages les plus adorables de la côte ouest du cap, Canari se déploie en plusieurs hameaux perchés sur les hauteurs. On l'atteint par une étroite route en corniche qui grimpe sur 3 km. Au centre du bourg, face à la mer, s'étend une placette où se dresse un **phare** transformé en clocher, flanqué de cinq palmiers. Les adeptes de panoramas grandioses y feront une pause contemplative pour admirer le littoral et la mer.

À voir

Église Santa-Maria-Assunta ART ROMAN
Cette église romane du XIIe siècle, au milieu d'une esplanade, juste à côté de l'hôtel-restaurant Au Bon Clocher, est un joyau architectural. Parmi les caractéristiques les plus remarquables, notez l'arcature autour de la nef, animée de personnages populaires et de têtes d'animaux, la belle porte sculptée de l'entrée principale, surmontée d'un linteau doté d'une frise géométrique, et une inscription latine de 1455 (sur le côté nord).

Conservatoire du costume corse MUSÉE
(☎mairie 04 95 37 80 17 ; couvent Saint-François ; entrée libre ; ⏲mar-dim 10h-12h et 18h-20h juil-sept, oct et juin s'adresser à la mairie). Au même endroit que la résidence I Fioretti (voir *Où se loger et se restaurer*), dans une agréable salle voûtée, ce musée vous offre une occasion unique de découvrir des tenues vestimentaires traditionnelles capcorsines du XIXe siècle (habit de pêcheur, de servante, somptueuse robe de noces...), qui ont été fidèlement reconstituées par l'atelier de couture d'Anima Carnarese. Pour un musée de village, la conception et l'aménagement, modernes et didactiques, sont exceptionnels. Également expositions de photos.

Usine d'amiante RUINES INDUSTRIELLES
À quelques kilomètres au sud de Canari, en direction de la marine d'Albu, vous passerez devant les ruines d'une usine d'amiante. Le gisement d'amiante, au-dessus de l'usine, fut exploité entre 1926 et 1965, et mobilisa jusqu'à 300 ouvriers. Que faire de ces bâtiments fantômes ? Les réhabiliter ou les détruire ? La question n'était toujours pas tranchée lors de la rédaction de cet ouvrage.

Où se loger et se restaurer

BON PLAN **L'auberge du Chat qui pêche** AUBERGE €

(04 95 37 81 52 ; Abro ; d 40 € ; plats 13-22 € ; restaurant fév-nov, hébergement avr à mi-nov). Dans une maison de pierre postée au bord de la D80, au niveau du hameau d'Abro, cette auberge séduit par sa remarquable terrasse en bois, à l'ombre d'un platane, et la vue sensationnelle qu'elle offre sur la côte rocheuse et la "grande bleue". Dans l'assiette, de bonnes viandes au feu de bois et des plats de poisson. Les deux chambres, mansardées, sont petites et basses de plafond mais impeccables (elles gagneraient cependant à être climatisées en été). Les hôtes sont priés de dîner au restaurant.

BON PLAN **Au Bon Clocher** HÔTEL-RESTAURANT €€

(04 95 37 80 15 ; http://aubonclocher.fr ; Canari village ; d 55 € ; plats 11-19 € ; tte l'année ;). Face à l'ancien phare de Canari, maintenant transformé en clocher, cette belle auberge est dotée d'une terrasse où il fait bon laisser s'étirer l'heure du repas. Cette première bonne impression se vérifie avec l'arrivée des plats. Épaulé par un pêcheur qui travaille pour le restaurant, Ange concocte une cuisine fraîche et goûteuse, axée sur les produits de la mer (le poisson en croûte de sel est excellent). La partie hébergement se trouve dans une maison derrière le restaurant. Les 6 chambres, lumineuses, aux tons pastel, sont propres, modernes, mais sans charme particulier ; quatre d'entre elles ont vue sur la mer et la montagne. Calme assuré et bon rapport qualité/prix.

I Fioretti RÉSIDENCE DE CARACTÈRE €€

(04 95 37 13 90 ; www.ifioretti.com ; Canari village ; d avec petit-déj 65-70 € selon saison ; tte l'année ; P). Au centre du village, une centaine de mètres au-dessus de l'auberge Au Bon Clocher, le couvent Saint-François, qui date du début du XVIe siècle, joliment restauré, abrite 5 chambres impeccables, aux radieux murs jaunes (les plafonds voûtés rappellent qu'il s'agit d'anciennes cellules de moines), ainsi que 3 appartements loués à la semaine. Les fenêtres ouvrent sur la mer ou sur une vaste cour intérieure. Un excellent rapport qualité/prix, d'autant que les tarifs ne s'envolent pas en haute saison.

Ogliastro et marine d'Albu

L'agréable marine d'Albu, qui dépend du village d'Ogliastro, niché sur les hauteurs, est bordée par une **plage** de sable noir. La présence d'une **tour génoise** ajoute un attrait supplémentaire au site.

Où se loger et se restaurer

Les Tamaris HÔTEL €€

(04 95 37 81 91 ; www.lestamaris.com ; marine d'Albo ; d avec petit-déj 58-85 € selon vue et saison ; mai-oct). Ce deux-étoiles dispose de chambres classiques, sans charme particulier mais confortables. Préférez celles avec balcon et vue sur la plage. La demi-pension est possible, en association avec le restaurant Morganti, à partir de 3 nuits.

BON PLAN **U Snacku** PAILLOTE €

(06 46 02 24 03 ; marine d'Albo ; plats 7-16 € ; mi-juin à mi-sept). À mille lieues des ambiances m'as-tu-vu qui caractérisent nombre de paillotes en Corse, U Snacku est un agréable petit établissement, tenue par une équipe de jeunes. La cuisine est très simple (paninis, salades), mais l'adresse est conviviale et les tarifs modiques.

Morganti RESTAURANT €€

(04 95 37 85 10 ; marine d'Albo ; plats 12-27 €, menu 20 € ; fermé mi-déc à mi-jan). Bonne table à prix raisonnables, à l'accueil des plus souriants, Morganti séduit par ses plats de poisson : denti grillé, salades de fruits de mer, crustacés... Mention spéciale au tartare de la mer (denti ou thon, selon arrivage). Si la salle est quelconque (le mobilier mériterait d'être changé), la terrasse ombragée, à côté d'une chapelle, est plaisante. Une valeur sûre.

Nonza

L'un des points forts du tour du cap, Nonza est une apparition : imaginez un village en partie bâti sur un spectaculaire piton rocheux au sommet duquel une tour génoise surplombe de plus de 150 m une plage de galets noirs, malheureusement dépourvue d'ombre. Nonza et ses abords sont un superbe point final au tour du cap, avant de retrouver l'animation de Saint-Florent.

À voir

Église Sainte-Julie ARCHITECTURE RELIGIEUSE

Le village est célèbre pour cette église du XVIe siècle, dont la superbe façade jaune et rouge, ornée d'un grand escalier, se dresse au bord de la route. Outre ses murs et plafonds peints et sculptés, vous admirerez dans ce bel édifice, classé monument historique, un autel baroque en marbre polychrome réalisé à Florence en 1693 et un tableau représentant sainte Julie crucifiée.

Tour carrée TOUR PAOLINE

De l'autre côté de la route, les paisibles ruelles escarpées du village mènent à cette tour du XVIe siècle, qui domine le bourg. Elle fit parler d'elle en 1768 : assiégée par les Français à qui le traité de Versailles venait de rendre la Corse, elle fut âprement défendue par un habitant du village, Jacques Casella. Manœuvrant à lui seul plusieurs bouches à feu, il parvint à faire croire aux assaillants qu'ils étaient des dizaines à défendre Nonza, avant de se rendre, à la stupéfaction de ses adversaires. Ce point de vue offre un superbe panorama sur le village, le golfe et la plage en contrebas.

Fontaine Sainte-Julie PETIT PATRIMOINE

À une cinquantaine de mètres de l'église Sainte-Julie en direction du cap Corse, un sentier descend vers cette fontaine réputée miraculeuse. Une plaque, sur le fronton de sa chapelle blanche, rappelle l'histoire de la sainte patronne de la Corse : en l'an 303, "sainte Julie fut martyrisée et crucifiée pour sa fidélité en la foi chrétienne. Après son martyre, ses seins coupés furent projetés contre le rocher, duquel jaillit cette source miraculeuse".

Plage de Nonza PLAGE

Au-delà de la fontaine, le sentier dégringole jusqu'à la plage de galets noirs, dont la couleur est due à l'activité de l'ancienne usine d'amiante de Canari (fermée en 1965). Écrasée de chaleur en été, elle ne jouit d'aucun ombrage et la remontée à pied est éprouvante. En voiture, vous pourrez vous y rendre en quelques minutes en continuant sur 2 km environ jusqu'à l'étroite route goudronnée qui rejoint le rivage.

Où se loger et se restaurer

Casa Lisa CHAMBRES D'HÔTES €€

(04 95 37 83 52, 06 11 70 45 73 ; http://casa-lisa.free.fr ; d 55-70 € selon saison ; avr-oct ;). Comme les cailloux du Petit Poucet, des petits panneaux bleus vous guident jusqu'à cette agréable adresse située dans le bas du village, entre lauriers en fleur et figuiers de barbarie, accessible à pied uniquement (pas de parking). Installées dans une fraîche demeure ancienne (appréciez les belles tomettes au sol et les meubles de famille), ces chambres d'hôtes agréables, avec sdb privative (intérieure ou extérieure), dégagent un charme champêtre et sont proposées à un tarif raisonnable. Jolie terrasse ombragée pour les petits-déjeuners, avec vue sur la mer. Accueil sympathique.

Casa Maria CHAMBRES D'HÔTES €€

(04 95 37 80 95, 06 76 05 40 13 ; www.casa-maria.fr ; d avec petit-déj 75-95 € selon saison ; avr-oct ;). Cette ancienne maison de maître au cœur du village, restaurée en faisant la part belle à la pierre et au bois, comprend 5 chambres dotées de sdb. Vastes et décorées dans les tons clairs, elles sont sobres et élégantes ; certaines ont vue sur la mer. Une "familiale" (125-165 € selon saison), mansardée, se compose de 2 chambres qui se partagent une sdb. Le petit-déjeuner se prend sur une jolie terrasse, derrière la maison. Bon accueil. Pas de parking.

A Sassa RESTAURANT €€

(06 11 99 49 03 ; tour de Nonza ; plats 12-24 € ; mi-avr à fin oct). La montée par l'escalier jusqu'au pied de la tour est un peu dure, mais vous ne la regretterez pas une une fois arrivé à ce restaurant tout simple, aménagé dans un rocher, dont la terrasse offre une vue époustouflante sur la plage de Nonza et le golfe de Saint-Florent. Le midi, on y mange des salades, des assiettes, des pâtes et des glaces artisanales ; le soir, des brochettes de poisson et de viande au feu de bois. Emmanuel, le sympathique propriétaire, invite des groupes de musiciens (rock, reggae, latino, musique corse...) le jeudi soir en saison (à partir de 19h) et le week-end le reste du temps. Seul hic : en cas de grand vent, le restaurant est fermé (il n'y a pas de salle).

Où prendre un verre

Sur la charmante placette de Nonza ornée d'une fontaine, vous apprécierez la jolie terrasse tout autant que l'ambiance conviviale du **Café de la Tour**, où se retrouvent les habitants des environs.

Marine de Negru

Au détour d'un virage apparaît cette petite marine ouvrant sur une plage de galets, que toise une belle tour génoise. Negru est rattachée au village d'Olmeta-di-Capu-Corsu.

Où se loger et se restaurer

Le Relais du Cap CHAMBRES D'HÔTES €€

(04 95 37 86 52 ; www.relaisducap.com ; marine de Negru ; s/d 45-75/50-80 €

selon saison ; ⏲avr-oct ; 📶). Cette excellente adresse est tenue par une famille dynamique qui privilégie la convivialité. Rien de luxueux (les chambres partagent une sdb) mais un cadre de rêve : la maison et la terrasse sont posées sur les rochers, à l'aplomb de la petite plage de galets de la marine de Negru, à proximité de la tour génoise. La vue sur la mer et la Balagne est splendide. Quant aux 4 chambres, elles partagent une sdb sur le palier, et sont propres, très lumineuses, et donnent sur la mer. Le copieux petit-déjeuner (buffet avec viennoiseries, pain, fruits, yaourts...) est servi sur la terrasse (7 €). Aucun repas n'est proposé sur place mais vous trouverez des restaurants dans les environs. Sinon, vous pourrez utiliser à votre guise le barbecue et le coin cuisine mis à votre disposition à l'extérieur et dîner sur la terrasse. Un appartement avec cuisine pouvant accueillir 4 personnes est également disponible.

Marine de Farinole

La côte ouest du cap Corse se termine en beauté à la marine de Farinole, bordée d'une belle **plage** de sable blanc et des ruines d'une imposante **tour génoise**.

Où se loger et se restaurer

A Stella CAMPING **€**

(☎04 95 37 14 37 ; www.campingastella.com ; marine de Farinole ; adulte/enf/tente/voiture 7/4,50/4,50/3,50 € ; ⏲avr à mi-oct). Ce camping a tout pour plaire : des emplacements ombragés, une situation idéale en bord de mer et de bons équipements, dont un snack-bar.

Nebbio, Agriates et Ostriconi

Dans ce chapitre »

Le top des hébergements

» Château Calvello (p. 80)
» Cicendolle (p. 84)
» Casa Ghjunca (p. 85)
» Case Latine (p. 88)

Le top des restaurants

» Le But (p. 84)
» A Magina (p. 82)
» Campo di Monte (p. 84)
» Campu Latinu (p. 89)

Pourquoi y aller

Des vignobles de Patrimonio au port de Saint-Florent et des abords austères des Agriates à la douceur de l'Ostriconi, cette région révèle des visages variés. Saint-Florent cultive son image de Saint-Tropez à la mode corse au fond de son joli golfe ; Patrimonio perpétue le savoir-faire viticole insulaire avec un succès grandissant ; les villages de l'intérieur des terres dissimulent quelques superbes églises pisanes ; le littoral aligne de longues étendues de sable blanc...

Point d'orgue de la région, le désert des Agriates. Le contraste est total entre les étendues inhabitées et stériles qui se laissent découvrir depuis la route et ce littoral aux reflets turquoise, qui n'est pas sans évoquer les lointaines Caraïbes (foule estivale comprise). Cette étonnante facette de l'île se révèle avant tout à ceux qui l'approchent à pied, à VTT ou par la mer.

L'Ostriconi, trop souvent réduit dans l'esprit des voyageurs à son seul littoral, est aussi une étroite vallée qui remonte vers l'intérieur de l'île, donnant au passage refuge à une poignée de superbes villages, dont le très photogénique Lama.

Quand partir

Mai-juin
La période idéale pour découvrir les splendeurs des Agriates. Le maquis, en fleurs, exhale ses effluves les plus subtiles et la chaleur est très supportable.

Juillet-août
Les plages se parent de teintes tropicales. L'eau, chaude et cristalline, se prête à merveille au snorkeling, à la plongée et à la baignade. En juillet, ne manquez pas les Nuits de la guitare, à Patrimonio.

Septembre
Une saison propice à la tournée des caves de Patrimonio. Goûtez aux excellents crus de cette appellation réputée.

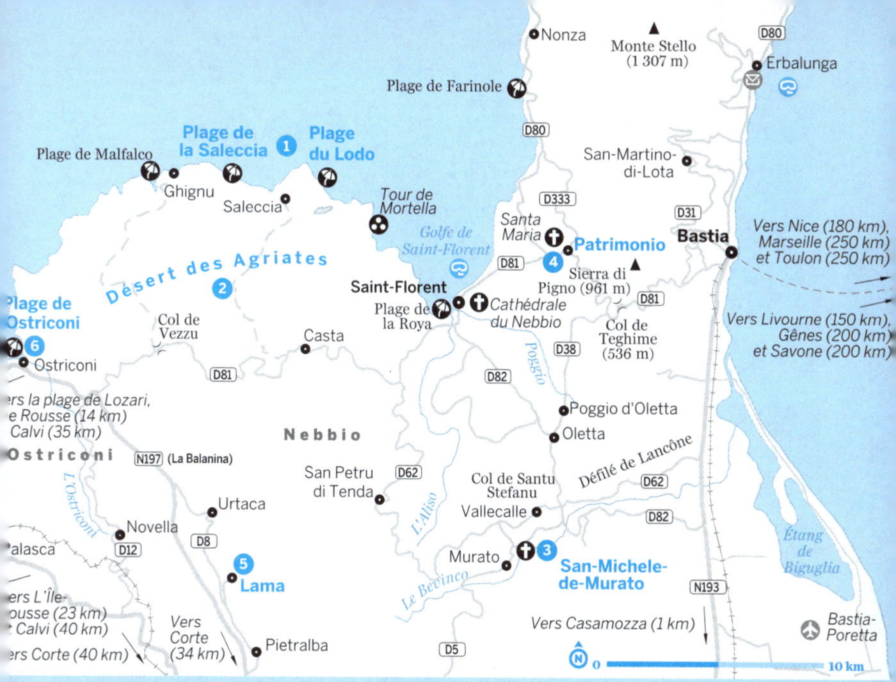

À ne pas manquer

1 Les **plages de la Saleccia** et du **Lodo** (p. 87), aux teintes caribéennes

2 La découverte du **désert des Agriates** à pied, à cheval, en kayak ou à VTT (p. 85)

3 L'**église San-Michele de Murato** (p. 83), merveille d'architecture romane

4 La visite des caves de **Patrimonio** (p. 81), suivie d'une soirée de guitare ou de polyphonies corses

5 Les ruelles et les belles demeures de style toscan du village de **Lama** (p. 88), dans l'Ostriconi

6 Les magnifiques étendues de sable blanc de la **plage de l'Ostriconi** (p. 89)

NEBBIO

Saint-Florent (San Fiurenzu)

1 500 HABITANTS

Principale localité du Nebbio, séparée de Bastia par seulement 23 km, Saint-Florent suscite des sentiments partagés. Certains sont d'emblée séduits par cette ville balnéaire qui cultive sous le soleil corse son bronzage tropézien. D'autres la trouvent superficielle et lui préfèrent le cap Corse, au nord, ou L'Île-Rousse, au sud. Prenons Saint-Florent pour ce qu'elle est : une ville entièrement vouée au tourisme en été, dont les principaux atouts sont le golfe, le port animé où des yachts rutilants s'amarrent en saison et la plage de la Roya (malheureusement éloignée du centre).

Histoire

L'origine du nom de la ville varie selon les sources. Certaines avancent que saint Florent fut un évêque africain exilé en Corse par les Vandales au Ve siècle. D'autres font référence à un soldat romain converti au christianisme et martyrisé. La ville connut son essor à l'époque pisane. Sa position stratégique – elle offrait un abri sûr en face du port militaire de Toulon – en fit un temps un enjeu de la lutte contre les Génois. Délaissée par la suite, elle ne fit guère parler d'elle jusqu'à ce que la création de son port et le tourisme ne la remettent au goût du jour.

Orientation

La route nationale, qui débouche sur la ville par le nord-est en venant de Patrimonio, mène à la place des Portes, l'épicentre de Saint-Florent, où l'on est accueilli par un

AVEC DES ENFANTS

LIEUX	ACTIVITÉS	BON À SAVOIR
Saint-Florent	Rendez-vous au **Buffalo Beach Ranch** (ci-contre) pour les apprentis cavaliers	Pour les enfants ayant des bases d'équitation, des sorties avec baignade en mer sont possibles.
Désert des Agriates	Un voyage à fleur d'eau sur l'un des **kayaks de mer** d'Objectif Nature (ci-contre)	Vous pourrez emmener vos enfants à partir de 7-8 ans à la découverte de la côte des Agriates sur l'une de ces embarcations.
Ostriconi	Un concours de pâtés de sable sur la **plage** de l'Ostriconi (p. 89)	Les plus petits pataugeront dans les bras de mer de la plage de l'Ostriconi.

immense parking (payant). Traversant le ruisseau du Poggio, la nationale continue vers le sud et la plage de la Roya, qui s'étend à environ 2 km au sud-ouest de la ville. On l'atteint par la "route de la plage", qui part à droite juste après le pont métallique franchissant l'Aliso. Le beau bâtiment de la citadelle, au nord de la ville, est malheureusement inutilisé. Ses abords servent avant tout de parking (gratuit).

Renseignements

Office du tourisme (04 95 37 06 04 ; www.corsica-saintflorent.com ; horaires variables, assez larges, en saison). Dans le centre administratif qui regroupe également la poste et la mairie, à l'est du centre, sur la D81. Audioguides sur la cathédrale du Nebbio et le bourg (3 €).

Accès Wi-Fi dans plusieurs bars et restaurants ; **L'Ambada** (04 95 37 15 71 ; port de Saint-Florent ; tlj 7h-2h) propose un **accès internet**.

À voir

Citadelle ÉDIFICE GÉNOIS

(1 € ; juil-août). Un enduit couleur sable donne à la citadelle, construite à l'époque génoise, un air de bâtisse du Sud marocain. Juchée au-dessus du port, elle se résume à un édifice unique depuis que ses remparts furent détruits sous les Génois. Fermée au public la plupart du temps, elle accueille parfois des expositions en été. Ce beau bâtiment est malheureusement peu mis en valeur. Ses abords révèlent cependant un large panorama sur les environs. Prenez un moment pour flâner dans les ruelles et sur les places avoisinantes de la vieille ville, comme la jolie place Doria, dont la fontaine fait la joie des petits qui n'hésitent pas à s'y tremper l'été.

Cathédrale du Nebbio ARCHITECTURE PISANE

Également appelée église Santa-Maria-Assunta, la cathédrale du Nebbio est un bel exemple d'architecture religieuse pisane du XIIe siècle. Elle rappelle que Saint-Florent fut, dès le IVe siècle, le siège de l'évêché régional. Dressant sa façade de style roman à 800 m environ du centre, à l'emplacement de l'ancienne cité romaine, elle présente d'étonnantes sculptures figurant des serpents et des fauves. Renseignez-vous sur ses horaires d'ouverture à l'office du tourisme.

La Roya PLAGE

Outre un long ruban de sable (parfois souillé en présence de vents contraires), la plage de la Roya, à 2 km environ du centre-ville en direction du sud-ouest, offre un magnifique point de vue sur la ville et les hauteurs du Nebbio. Vous trouverez sur place plusieurs centres d'activités nautiques.

Activités

Aliso Sport LOCATION DE VTT

(04 95 37 03 50). Ce prestataire loue des VTT moyennant 18 € par jour (tarifs dégressifs selon durée) et dispose de vélos pour juniors et enfants.

Altore CANYONING

(06 88 21 49 16 ; www.altore.com). Spécialiste de longue date des loisirs sportifs en Corse, Altore propose notamment du canyoning (60 € la journée, prévoir un casse-croûte) dans le cap Corse, à une demi-heure de voiture de Saint-Florent, et du parapente (75 € le baptême biplace), au-dessus de la

Saint-Florent

plage de la Roya. Joignable par téléphone toute l'année, le club s'installe en saison au camping Aqua Dolce, sur la plage de la Roya.

Buffalo Beach Ranch BALADES ÉQUESTRES (06 11 59 42 30, 06 62 90 62 29 ; tte l'année). Ce centre équestre organise des balades sur le sentier des douaniers, dans les Agriates, au printemps (week-end 250 €, gîte et repas compris), ainsi que des promenades de 2 heures dans le vignoble de Patrimonio, toute l'année (40 €). Des sorties avec baignade sont également possibles (50/70 € enf/adulte) à condition de posséder des bases d'équitation. Contactez le ranch par téléphone pour convenir d'un lieu de rendez-vous.

Plongée

Les fonds sous-marins du golfe de Saint-Florent recèlent quelques trésors qui raviront les plongeurs de tous les niveaux. La faune est au rendez-vous, et on compte même deux épaves. Pour plus d'informations sur les sites, reportez-vous au chapitre *Plongée* p. 30. Les centres suivants proposent des baptêmes, des explorations et des formations :

Actisub (06 12 10 29 71, 06 07 70 18 01 ; www.actisub.com ; quai de l'Aliso ; avr-oct). 50 € le baptême, 41 € l'exploration (matériel inclus).

CESM (04 95 37 00 61 ; www.cesm.net ; plage de la Roya ; mars-nov). Assure également une activité voile. Tarifs avantageux (41 € le baptême, 40 € l'exploration).

Kayak de mer

Le kayak de mer est une formule idéale pour explorer le littoral autour de Saint-Florent, jusqu'au désert des Agriates. Les prestataires suivants proposent diverses sorties, adaptées à tous les niveaux, notamment des randonnées guidées, et louent également des kayaks :

Objectif Nature (04 95 32 54 34, 06 12 02 32 02 ; www.objectif-nature-corse.com)

Cors'kayak (06 12 10 23 27 ; www.corsekayak.com)

Excursions en bateau

En saison, deux sociétés proposent de rejoindre par la mer la superbe **plage du Lodo** (Lodu), sur le littoral du désert des Agriates. Avec la **plage de la Saleccia**, à laquelle elle est reliée par une petite demi-heure de marche, elle est l'un des points forts de cette portion de côte. Une sortie à ne pas rater...

Le Popeye (04 95 37 19 07 ; www.lepopeye.com ; 17/10 € adulte/enfant aller-retour plage du Lodo en haute saison ; avr-sept). Ancien bateau de pêche reconnaissable à la bouche des Rolling Stones peinte sur sa proue. Jusqu'à 12 départs par jour (de 8h30 à 17h15). Le trajet jusqu'à la plage dure environ 30 min. À bord, vous pourrez louer masques de plongée, tubas et parasols. Possibilité de se faire déposer à la plage de Saleccia en bateau-taxi ou en 4x4, au départ de la plage du Lodo.

Agriate Express (06 10 38 27 65 ; www.corse-croisieres.com ; adulte/enfant 17/10 € aller-retour plage du Lodo en haute saison ; juin-sept). Plus rapide mais moins convivial, ce navire peut accueillir plus de 200 passagers. Jusqu'à 9 allers-retours par jour pour la plage du Lodo. De la plage du Lodo, possibilité de rejoindre la plage de Saleccia en calèche ou en bateau semi-rigide.

Location de bateaux sans permis

Envie de découvrir le littoral à votre rythme ? Vous pouvez aussi louer un bateau à moteur (sans permis) et relier la plage de Saleccia en 1 heure 30 environ depuis Saint-Florent. Adressez-vous à **Corse Horizon** (04 95 35 37 61, 06 15 77 85 53 ; près du rond-point, en bordure de l'Aliso ; www.corse-horizon.com ; mi-mai à mi-oct), **Sun Folie's Location** (06 13 07 39 83, 06 17 01 37 35 ; plage de la Roya ; avr-oct) ou **Dominique Plaisance** (04 95 37 07 08, 06 16 90 58 02 ; www.dominiqueplaisance.com ; bord de l'Aliso ; avr-oct). Comptez 90/105 € la demi-journée/journée de location. Les loueurs vous donneront des conseils sur l'itinéraire, avec une carte côtière et des bons plans pour se baigner dans des criques discrètes.

Où se loger

Camping d'Olzo TROIS-ÉTOILES €
(04 95 37 03 34 ; www.campingolzo.com ; entrée nord de Saint-Florent ; adulte/tente/voiture 6,50/4,50/2,50 € ; avr-sept ;). Ce bon trois-étoiles, avec des emplacements ombragés et calmes, est installé à 2 km de la ville en direction de Patrimonio (à l'opposé de la plage de la Roya par rapport à la ville).

Camping La Pinède CAMPING €
(04 95 37 07 26 ; www.camping-la-pinede.com ; sud de Saint-Florent ; forfait 2 pers 33 € en haute saison ; mai-sept ;). En direction de la plage de la Roya, au bout du chemin qui part de la route nationale juste après le pont métallique, ce terrain de 4 ha ombragé et agréable dispose d'une grande piscine en bordure de l'Aliso et de quelques divertissements (ping-pong, billard, trampoline...). Les emplacements les plus chers bordent le cours d'eau. Ses atouts sont la pinède, le calme, le frais et la piscine, mais vous devrez marcher ou prendre la voiture pour rejoindre la plage. Chalets à partir de 500 € la semaine.

Camping Aqua Dolce CAMPING €
(04 95 37 08 63 ; www.campingacquadolce.fr ; adulte/voiture/tente 5,50/2,50/3 € ; mai-sept ;). À 50 m de Sun Folie's Location et à proximité immédiate de la plage, ce camping propose des emplacements et des sanitaires convenables. Également petite restauration (pizzas) à prix modiques.

BON PLAN **Hôtel du Centre** HÔTEL €
(04 95 37 00 68 ; rue de Fornellu ; d 50-70 € selon saison ; tte l'année). Tenu par une bien sympathique dame de 87 ans, généralement installée sur une chaise devant son établissement, à deux pas du port, cette vénérable institution semble presque anachronique dans cette station balnéaire plutôt huppée. Les 12 chambres avec sdb et TV affichent une déco pas toute jeune (avec quelques merveilles kitsch dans certaines) mais sont très propres et convenables pour le prix.

Villa Serena CHAMBRES D'HÔTES €
(04 95 39 04 94, 06 16 59 42 72 ; quartier Fromentica ; d 55-75 € selon saison ; tte l'année ;). Dans un lotissement moderne à l'écart de Saint-Florent, au calme, la Villa Serena, bien tenue, pratique des tarifs raisonnables. La vue sur le golfe de Saint-Florent est le principal atout des 3 chambres, récemment rénovées, équipées chacune d'un sdb et d'un frigo. On peut descendre à la plage à pied.

Maxime HÔTEL €€
(04 95 37 05 30 ; route de la Cathédrale ; d 55-85 € selon saison ; fermé déc-jan ; P). Les automobilistes adoreront cet établissement aux allures sobres de motel, doté d'un parking et d'un garage à moto (gratuits). Emplacement remarquable, au début de la route de la Cathédrale, à 100 m du centre-ville. Les doubles, fonctionnelles, claires et bien équipées, au calme (demandez une chambre donnant sur le ruisseau Poggio) sont proposées à un prix raisonnable sauf au mois

d'août. Jolie terrasse donnant sur le Poggio. Cartes de crédit non acceptées hors saison.

L'Europe HÔTEL €€
(☎04 95 37 00 03 ; www.hotel-europe2.com ; place des Portes ; d 50-110 € ; ⏲tte l'année ; ❄📶). Cet ancien relais de poste du XVIIIe siècle se trouve au cœur de l'animation, face au port. Les chambres, lumineuses, sont réparties sur 3 étages desservis par un escalier de pierre. Certaines ont été récemment rénovées, et possèdent de belles tomettes et des meubles anciens. Deux disposent d'un balcon ouvrant sur le port.

U Palazzu HÔTEL €€
(☎06 37 22 63 04, 06 18 43 84 74 ; www.upalazzu.com ; rue Principale ; d 50-100 € selon saison et confort ; ⏲tte l'année ; P❄). Certes, les tarifs varient du simple au double selon la saison, mais cet agréable hôtel de 5 chambres, dans la rue principale (très fréquentée en journée), dispose de 5 chambres pimpantes et à la propreté impeccables. Le petit plus : un parking (un vrai luxe en saison).

La Roya HÔTEL DE CHARME €€€
(☎04 95 37 00 40 ; www.hotelroya.com ; d 150-400 € selon vue et saison, ste 310-580 € ; ⏲avr à mi-nov ; P❄≋📶). Îlot de luxe et de raffinement, l'hôtel La Roya accueille ses hôtes au son cristallin du petit bassin qui orne la réception. Mobilier asiatique, peignoirs sur les lits, piscine chauffée... rien n'est laissé au hasard, des parties communes avec petits espaces pour s'isoler aux chambres luxueusement équipées. Ajoutons que le site est exceptionnel – face à Saint-Florent et en bordure de la plage. Reste qu'une petite mise au goût du jour en matière de déco serait la bienvenue pour justifier de tels tarifs en haute saison. Les gourmets se régaleront au restaurant gastronomique (demi-pension 55 €/pers).

Le Rorqual MAISON D'HÔTES €€€
(☎04 95 37 05 37 ; www.maison-rorqual.com ; d 150-480 € selon saison, demi-pension 50 €/pers ; menu 50-65 € ; ⏲tte l'année ; P❄≋📶). Cachée au bout d'un petit chemin, à l'extrémité de la plage de la Roya, cette maison de caractère, bâtie sur une propriété arborée de 1 ha, est un havre de paix. Elle se distingue par ses 5 chambres décorées avec originalité – bois nobles, mosaïques, ardoises, étoffes délicates, mobilier unique – et ses étonnantes sdb (cascade ruisselant le long d'une paroi de roches pour l'une, plafond vitré pour une autre). À savoir : les propriétaires privilégient désormais la location de l'intégralité de la maison. Restaurant sur réservation (minimum 6 pers).

Où se restaurer

BON PLAN **Ind'ê Lucia** CORSE TRADITIONNEL €
(☎04 95 37 04 15 ; place Doria ; plats 13-24 €, menus 22-31 € ; ⏲avr-déc). Facilement repérable à l'épaisse vigne vierge qui recouvre sa façade, ce restaurant se distingue par sa cuisine "maison", pas très originale mais sans esbroufe.

La Gaffe SPÉCIALITÉS DE LA MER €€
(☎04 95 37 00 12 ; port de Saint-Florent ; plats 12-33 €, menus 28-59 € ; ⏲mi-fév à mi-nov). Dans un cadre à l'atmosphère maritime, on voue ici un culte aux spécialités du royaume de Neptune (langouste, poissons, bouillabaisse) depuis plus de 30 ans. La formule continue à séduire les touristes, mais un petit rajeunissement du décor et de nouveaux élans créatifs en matière culinaire redonneraient une nouvelle jeunesse à cette institution qui a tendance à se reposer sur ses lauriers.

La Rascasse SPÉCIALITÉS DE LA MER €€
(☎04 95 37 06 99 ; port de Saint-Florent ; plats 26-32 €, menu 38 € ; ⏲mi-mars à oct). "La mer est le ciel des poissons", annonce la carte de cet établissement, qui fait honneur à la pêche locale. La cuisine est à l'image de ces lieux, élégants, décorés dans des tons rose pâle et gris sur lesquels tranchent les nappes blanches immaculées. La terrasse ouvre directement sur le port. Au rez-de-chaussée, vous pourrez boire un verre à la brasserie **137**.

L'Europe BRASSERIE €€
(☎04 95 35 32 91 ; www.hotel-europe2.com ; port de Saint-Florent ; plats 13-30 €, menu 19 € ; ⏲fév-nov). Après un lifting complet, cette brasserie a repris des couleurs, autant dans la déco (tons rouge et bleu et mobilier moderne, dans un esprit "bistrot chic"), que dans l'assiette. Les plats sont joliment présentés et les saveurs se libèrent en bouche. La carte s'appuie sur des plats de viande, de poissons et de pâtes. Le menu à 19 € présente un bon rapport qualité/prix.

Le Montana AUBERGE €€
(☎04 95 37 14 85 ; www.auberge-lemontana.com ; route d'Oletta ; formule assiette repas 26 € ; ⏲fév-nov). Les habitants du secteur ne disent que du bien de cette sympathique affaire familiale, à 3 km de Saint-Florent, au bord de la route pour Oletta. Les frères Costa (l'un en salle, l'autre en cuisine) ne travaillent que des produits frais, et leur cuisine est savoureuse. En été, les tables sont dressées autour de

la piscine, sous un palmier – une véritable mini-oasis gourmande.

Depuis/vers Saint-Florent

BUS Les cars **Santini** (04 95 37 02 98, 04 95 37 04 01) assurent une liaison entre Saint-Florent et Bastia (lun-sam, 2/j, 5 €). En juillet-août, ils circulent également entre Saint-Florent et L'Île-Rousse (2/j, 10 €). Les billets s'achètent à bord du bus, dont l'arrêt est situé juste après le pont sur l'Aliso.

Patrimonio

Le vin corse a le vent en poupe et Patrimonio, à 6 km de Saint-Florent en direction du cap Corse, est l'un des fers de lance du vignoble insulaire. Les 32 viticulteurs de l'appellation, qui se partagent environ 500 ha de vigne, ne sont par ailleurs pas avares de dégustation. La tournée des caves est ainsi devenue l'une des raisons majeures de la venue des visiteurs dans ce joli village, surplombé par la haute **église Saint-Martin** (XVIe siècle) et son fronton en demi-lune prolongé de volutes de pierre.

Fêtes et festivals

Qui dit vin, à Patrimonio, dit aussi musique : le village possède en effet une solide tradition de vignerons guitaristes, qui a donné lieu, en 1989, à la création des **Nuits de la guitare** (04 95 37 12 15 ; www.festival-guitare-patrimonio.com), un festival qui accueille chaque année en juillet les plus grands guitaristes du monde dans l'enceinte du théâtre de verdure (voir l'encadré p. 83). La musique traditionnelle connaît par ailleurs un véritable renouveau depuis plusieurs années. L'association **A Capella** (06 20 16 84 02) anime toute l'année des ateliers de chant et de pratique musicale, et des rencontres autour de la musique traditionnelle corse. La **Confrérie San Martinu de Patrimonio** accompagne les cérémonies locales tout au long de l'année : si vous passez devant l'église du village un dimanche vers 19h hors saison, vous avez de bonnes chances d'entendre son chœur polyphonique répéter des chants sacrés et liturgiques.

Où se loger et se restaurer

U Castellu Piattu CHAMBRES D'HÔTES €€
(04 95 37 28 64 ; www.castellu-piattu.fr.st ; Barbaggio ; d avec petit-déj 88-98 € selon saison ; tte l'année ;). Cette maison d'hôtes occupe un site idyllique, au milieu des vignes et des montagnes. Spacieuses et sobrement meublées, les 5 chambres occupent l'annexe d'une maison en pierre à l'architecture moderne, s'intégrant parfaitement dans le paysage. Une piscine ajoute à l'agrément. Castellu piattu signifiant "château caché", l'adresse se mérite : depuis Saint-Florent, prenez la direction de Patrimonio. Avant d'arriver à la bifurcation qui mène au village, prenez à droite vers le domaine Orenga de Gaffory et roulez environ 1,3 km jusqu'à une fourche. Empruntez le chemin de droite, sur 1,5 km. Vous apercevrez la maison sur une butte, sur la gauche.

Château Calvello CHAMBRES D'HÔTES €€
(04 95 37 01 15 ; ucalvellu@orange.fr ; château Calvello ; d 95-130 € avec petit-déj, 2 nuits min ; avr-fin oct ;). Cette adresse d'exception a une âme et ravira les amateurs de bâtisses anciennes. Dans cette altière demeure en pierre de 50 pièces (!), très calme, vous logerez dans la chambre ou l'une des deux suites, de style rustique, avec lits en noyer et tomettes. La sdb de la chambre est riquiqui (le WC est coincé entre le lavabo et la douche) ; préférez les suites, plus spacieuses, notamment la "Voûte céleste", qui bénéficie d'une vue sur les montagnes et le village. Service en argenterie et en cristal sont de rigueur au petit-déjeuner. Le château est situé un peu après l'église, sur la gauche.

BON PLAN **Hôtel du Vignoble** HÔTEL €€
(04 95 37 18 48 ; www.hotel-du-vignoble.com ; d 50-100 € selon saison ; avr-oct ; P). Un établissement récent et sans mauvaise surprise, dans une bâtisse rénovée, au bord de la route principale. La façade, de couleur jaune, les volets vert olive et les 12 chambres arborent une déco aux accents méditerranéens. Les propriétaires, vignerons, possèdent une cave, attenante à l'hôtel.

Casa Albina CHAMBRES D'HÔTES €€
(04 95 37 00 57 ; www.casa-albina-corsica.com ; gîte ou ch avec petit-déj fourni 255-310 € les 2 nuits selon confort et saison ; tte l'année ;). Grâce à la famille Andreani, très impliquée dans la préservation du patrimoine culturel insulaire, on peut se familiariser avec les principales composantes de l'identité corse, dont la musique, les chants polyphoniques ou la cuisine du terroir (des stages sont d'ailleurs régulièrement organisés). Côté hébergement, cette adresse de charme dissimulée dans le maquis aux abords du village, en bordure d'une rivière, rassemble 3 gîtes et une maison, loués à la semaine ou en formule séjour détente de deux nuits.

LES DOMAINES VITICOLES DE PATRIMONIO

Pays du muscat, ce vignoble, qui fut le premier à recevoir une appellation d'origine contrôlée (AOC), produit également de bons vins rouges, rosés et blancs. Il profite de conditions climatiques excellentes et d'un joli terroir. La plupart des domaines sérieux travaillent donc de façon très naturelle. Plus d'un tiers des vignerons de Patrimonio ont déjà acquis la certification de culture biologique ou sont en passe de l'obtenir, l'ambition des producteurs étant que l'ensemble du vignoble soit labellisé AB. Ne vous attendez cependant pas à trouver beaucoup de vins de garde dans ces caves, la majorité de la production étant écoulée dans l'année en raison de la demande. Certains viticulteurs commencent néanmoins à proposer des vins millésimés à la vente. Un tour des domaines s'impose si vous êtes en voiture. Une **Maison des vins** devrait voir le jour fin 2011 ; renseignez-vous auprès de l'office du tourisme de Saint-Florent – il diffuse une carte de la route des vins.

Parmi les adresses que l'on peut recommander :

» **Domaine Gentile** (☎04 95 37 01 54 ; www.domaine-gentile.com). Outre un rouge digne d'intérêt, on vous proposera peut-être la Cuvée Grande Expression, un vin vieilli en foudre, produit en petite quantité. Le domaine Gentile élabore aussi une curiosité : un muscat sec.

» **Domaine Orenga de Gaffory** (☎04 95 37 45 00 ; www.orengadegaffory.com). L'un des plus importants de Patrimonio. La cuvée du Gouverneur passe pour l'un des meilleurs rouges de l'île.

» **Clos Arena** (☎04 95 37 08 27 ; lieu-dit Morta Majo). L'un des meilleurs vignobles de l'appellation. Excellents blancs (notamment la cuvée Carco) et rouges, élevés en biodynamie.

» **Clos de Bernardi** (☎04 95 37 01 09 ; au-dessus de la route de l'église). Dans cette belle maison de pierre, on privilégie les petits comités aux dégustations "à la chaîne". Très bons vins rouges, certifiés biologiques.

» **Domaine Leccia** (☎04 95 37 11 35 ; route de la Cathédrale ; www.domaine-leccia.com). L'un des meilleurs crus de l'île, et l'un des rares viticulteurs à proposer d'excellents vins rouges de garde, 100% monocépages et vieillis entre 2 et 4 ans selon les ans.

» **Domaine Lazzarini** (☎04 95 37 18 61 ; www.domainelazzarini.com ; sortie de Patrimonio). Plus touristique. Outre le muscat, vous goûterez surtout des vins d'orange et de pêche.

» **Clos Marfisi** (☎04 95 37 01 16). Un blanc plusieurs fois primé et un rouge surprenant.

» **Clos Montemagni** (☎04 95 37 00 80). Rouges et muscat primés au concours général agricole 2008.

BON PLAN **Le Bartavin** BAR À VIN €

(☎04 95 38 37 94 ; plats 9-19 € ; avr-mi-oct). Une belle salle en pierre, une tonnelle aérée, quelques tables disposées dans le jardin : voilà pour le décor. Le reste est clairement indiqué dans le nom des lieux : située dans un virage en montant dans le village, cette ancienne étable transformée en bar à vin est idéale pour s'initier aux crus de Patrimonio (proposés au verre). La carte propose les spécialités corses habituelles.

U Scontru RESTAURANT €

(☎04 95 37 29 73 ; lieu-dit Camp d'Elge ; plats 10-18 €, menus 15-19 € ; avr-mi-oct). Une étape culinaire bien connue dans le secteur, où l'on peut s'attendre à une cuisine corse de caractère. Cadre très banal cependant, au bord de la route principale, en bas du village.

Col de Teghime

Placé sur une épine dorsale, le col de Teghime (536 m), à mi-chemin entre Bastia et Saint-Florent, offre un saisissant panorama sur toute la région. Vers l'est, la vue s'étend sur la ville de Bastia, l'étang de Biguglia et, par temps clair, jusqu'à l'île d'Elbe. À l'ouest, on découvre les vignes de Patrimonio, le golfe de Saint-Florent et le désert des Agriates. De Bastia, une dizaine de kilomètres de route permettent d'atteindre le col. Un peu avant, la route croise une ancienne décharge en plein air qui attire rapaces et goélands – le site devrait bientôt être réhabilité par végétalisation. Une fois au col, on peut rejoindre le sommet de la Sierra di Pigno (961 m) par une route étroite et goudronnée (bifurquer à droite 300 m avant le col en venant de Bastia). L'ascension de 4,5 km, très agréable à pied, offre un magnifique panorama sur les deux versants, ainsi que sur le cap Corse. Le sommet, souvent balayé par les vents, est enlaidi par des antennes de diffusion et une petite zone militaire.

Oletta et Poggio-d'Oletta

Si vous préférez la tranquillité à l'animation débordante de Saint-Florent, dirigez-vous vers ces villages du haut Nebbio. Seuls quelques kilomètres les séparent de la côte mais ils restent étonnamment calmes, même en pleine saison.

Dispersés sur plusieurs kilomètres et accrochés aux collines qui descendent doucement vers la vallée du Guadello et les domaines vinicoles de Patrimonio, Oletta et Poggio-d'Oletta sont reliés par une route qui offre une superbe vue sur le golfe de Saint-Florent.

À voir

À Poggio-d'Oletta, en contrebas de la mairie, deux petites églises, merveilleusement situées, regardent dans la direction de Saint-Florent. Vous pourrez visiter la mieux restaurée, l'**église de San-Cervone** (demander la clé à la mairie). Le chœur date de 1145, mais la majeure partie du bâtiment actuel remonte au XVIIIe siècle. Le clocher a été ajouté un siècle plus tard.

À Oletta, jetez un coup d'œil sur la façade saumon de l'**église paroissiale**, ainsi qu'au petit **musée d'Art sacré** (juin-sept), installé dans une coquette chapelle restaurée. En contrebas du bourg (en direction de Saint-Florent), se dressent les ruines du **couvent Saint-François**.

Vous pourrez faire provision de produits locaux (fruits et légumes, fromages, charcuterie...) au **marché artisanal** d'Oletta, qui se tient le vendredi matin devant l'église du couvent Saint-François de juin à septembre.

Où se loger et se restaurer

Casa di L'Amanduli CHAMBRES D'HÔTES €€
(04 95 37 28 87 ; www.casacorse.com ; route de la Plaine, Olmeta di Tuda ; d avec petit-déj 95-120 € selon saison ; table d'hôtes 28 € ; avr-oct ;). Cette maison d'hôtes à l'atmosphère décontractée est perdue au milieu d'une immense propriété plantée de milliers d'amandiers, tout près du lac de Padule. Les 5 chambres, confortables, toutes différentes, avec entrée indépendante et terrasse privative, sont décorées dans des tons clairs. Les hôtes ont également accès à la piscine et à un grand salon avec billard. En été, des sorties pique-nique en bateau sont proposées, de même que des soirées musicales et culturelles. Prendre la route du lac de Padule, en bas d'Oletta, jusqu'au panneau indiquant le domaine viticole Sanamaria, où vous tournerez à gauche.

Eliane Bartoli CHAMBRES D'HÔTES €€
(04 95 39 06 65, 06 74 34 30 25 ; eliane.bartoli@orange.fr ; Oletta ; d 64-74 € avec petit-déj, 2 nuits min ; mi-avr à mi-oct ;). En haut du village, cette maison moderne dispose d'une suite de deux chambres mansardées, idéale pour des familles, avec accès indépendant. Déco minimaliste et confort simple, mais rien à redire côté propreté. Possibilité de table d'hôtes (18 €).

U Lampione CHAMBRES D'HÔTES €€
(04 95 35 28 46 ; www.ulampione.fr ; place de l'Église, Oletta ; d avec petit-déj 60-75 € selon saison ; tte l'année ;). On se sent rapidement à l'aise dans cette maison située à côté de l'église d'Oletta. À l'étage, la suite (deux chambres), avec entrée indépendante, est décorée selon une thématique nautique : le couloir évoque une coursive, avec des hublots, et les chambres sont conçues comme des cabines. En bas, la chambre est équipée d'une belle sdb, avec douche à l'italienne. Pas de table d'hôte, mais pizzeria à 20 m.

A Magina AUBERGE €€
(04 95 39 01 01 ; entrée nord d'Oletta ; plats 15-25 €, menu 28 € ; avr-oct). Dans une salle panoramique avec vue sur la plaine du Nebbio et le golfe de Saint-Florent, ou sur la terrasse, cette auberge recommandée par les habitants du secteur sert des mets élaborés et inventifs.

Défilé de Lancone

Ceux qui ont parcouru le défilé de la Scala di Santa Regina, entre Ponte-Leccia et Calacuccia, risquent fort d'être déçus par le défilé de Lancone (Stretti di Lanconu), plus court et moins vertigineux. Mais ne boudons pas notre plaisir : le défilé, sculpté par le Bevincu dans le massif du Monte Pinzali, offre de beaux points de vue. Le fleuve, qui devient torrent dans les gorges, termine sa course dans l'étang de Biguglia, au sud de Bastia.

INTERVIEW

LE VILLAGE DES GUITARISTES

Entretien avec Jean-Bernard Gilormini, président des Nuits de la guitare de Patrimonio (voir p. 80).

Comment l'idée du festival est-elle née ? Quelques guitaristes de Patrimonio jouaient en permanence sur le pas de la porte de leur épicerie quand nous étions gamins. À force d'écouter, d'apprécier, de baigner dans cet univers de la guitare, quelques jeunes, dont je faisais partie, se sont mis aussi à jouer et l'on se retrouvait certains soirs d'été au café du village pour partager notre passion avec les anciens. Lorsque l'un de ces amis a été élu maire, il a souhaité que l'on fasse quelque chose d'un peu organisé. Le premier festival s'est tenu en 1989, avec des guitaristes locaux en première partie de chaque concert et des têtes d'affiche comme Babik Reinhardt, le fils de Django, Roland Dyens et Raphaël Fays, entre autres, en deuxième partie.

Le festival a pris beaucoup d'ampleur... Il s'agissait de faire venir tous les gens qui nous faisaient rêver. Sans exclure aucun style. Le pari un peu fou est devenu réalité. De 3 soirées, nous sommes passés à 8, et ce, pratiquement sans moyens, en nous autofinançant à 90%.

Qu'est-ce que cela représente pour Patrimonio ? Une très belle aventure humaine, pleine de moments très émouvants. Le premier grand artiste qui est venu, Al Di Meola, est une star de la guitare. Les gens s'étonnaient : le vrai Al Di Meola ? Ce fut notre premier grand concert, extraordinaire au niveau de l'affluence, de la qualité musicale. Et John McLaughlin était notre invité l'année suivante. Les premières années, les artistes n'étaient pas toujours entre 2 avions comme maintenant. On arrivait à les garder 2 ou 3 jours et, en clôture, tous participaient à un grand bœuf – ce qui donnait des finales extraordinaires !

Les Nuits de la guitare doivent donner lieu à des échanges passionnants ? Tous les gens qui installent le festival et s'occupent des musiciens sont des bénévoles passionnés de musique. Il y a un esprit de convivialité que l'on trouve rarement ailleurs : il est rarissime de pouvoir se trouver à 2 mètres seulement des Deep Purple ! Les musiciens sont très accessibles, et cet esprit particulier donne lieu à des échanges fabuleux. Beaucoup sont tombés amoureux de Patrimonio et veulent s'y installer !

Du rond-point du **col de la Bocca di Santu Steffanu**, 2 routes surplombent les gorges étroites. La D82 rejoint la N193 à Ortale. La D62, plus impressionnante (assez étroite, elle peut devenir difficile en cas de circulation intense), se termine à Casatorra.

Murato

On vient surtout à Murato pour visiter sa célèbre église qui se dresse sur un promontoire à l'écart du village. Le bourg lui-même mérite qu'on lui consacre une petite balade, le temps de découvrir ses jolies bâtisses. Un parcours balisé permet de faire le tour des sites les plus significatifs. Murato est un haut lieu historique : à l'époque de l'indépendance, il accueillit l'hôtel de la Monnaie où furent frappées les pièces du nouvel État. Murato est aussi le village natal de Giuseppe Fieschi et du père de Raúl Leoni, symbole d'une émigration corse riche et mouvementée (voir l'encadré p. 85).

À voir et à faire

San-Michele de Murato ÉGLISE ROMANE

L'église San-Michele-de-Murato, l'un des joyaux architecturaux du Nebbio, s'élève majestueusement sur un pré qui domine la vallée de Saint-Florent et le désert des Agriates, entouré de collines rocheuses. Outre son cadre somptueux, ce petit édifice roman de style pisan frappe par sa polychromie, ses lignes pures et, quand on s'en approche, la beauté des sculptures naïves qui en ornent l'extérieur. L'agencement des deux couleurs de sa façade – le calcaire blanc vient de Saint-Florent, la serpentine verte du lit de la rivière proche U Bevincu – relève d'une association singulière : des bandes horizontales monochromes succèdent à un damier irrégulier. La légende locale raconte qu'elle aurait été construite par des ouvriers pressés, en une seule nuit. On sait qu'elle fut édifiée vers 1140, restaurée dans un style baroque et visitée par Prosper Mérimée, qui en fit des esquisses et une description complète. Demandez la clé à la mairie du village si vous souhaitez voir les fresques murales de l'intérieur.

A Nebbiulinca BALADE GUIDÉE
(☎04 95 37 65 59, 06 72 38 36 07 ; www.anebbiulinca.com ; Murato ; ⌚avr-nov). Cette structure propose une balade à pied dans les environs, comprenant la visite guidée du village et celle d'une châtaigneraie, suivie d'un repas campagnard près d'un vieux séchoir à châtaignes toujours en activité (adulte 25 € repas compris). La promenade est accessible à tous.

Où se loger et se restaurer

A Mandria CHAMBRES D'HÔTES €€
(☎04 95 37 66 16, 06 03 57 54 11 ; www.location-corse-amandria.com ; Murato ; d 120 € avec petit-déj ; ⌚avr-oct ; 📶). Une adresse impeccable, dans une ancienne bergerie en pierre sèche rénovée avec goût. Les trois chambres, avec entrée indépendante, offrent un excellent confort. Deux d'entre elles sont mansardées, avec poutres apparentes et carrelage ancien. Au petit-déjeuner, servi en terrasse, régalez-vous des confitures et des *canistrelli* maison.

♥ **Le But** AUBERGE €€
(☎04 95 37 60 92 ; www.restaurant-lebut.fr ; Murato ; menu 40 € ; ⌚tte l'année). Cette grande auberge à la façade verte plantée au milieu du village est célèbre dans tout le Nebbio pour ses festins pantagruéliques à base de produits du terroir. Seul le menu est proposé et il est impossible de tout engloutir ! La grande salle est impressionnante et les photos d'époque ajoutent une petite touche rustique. Côté ambiance, on joue plus sur le registre de la convivialité que de l'intimité. Uniquement sur réservation.

♥ **Campo di Monte** FERME-AUBERGE €€
(☎04 95 37 64 39 ; Murato ; menu 50 € ; ⌚jeu-sam soir, dim midi, sur réservation). Cette auberge bénéficie d'un emplacement exceptionnel, totalement isolée dans la campagne, à 2 km du centre de Murato. Au cadre bucolique s'ajoute l'agrément d'une demeure en pierre avec toit de lauze. Après l'apéritif en terrasse, à l'ombre des platanes, on s'attable dans l'une des petites salles rustiques, où l'intimité des convives est préservée. On se délecte de la "cuisine du moment" de la propriétaire, qui privilégie le coup de cœur en fonction de la saison. Accès par un chemin qui part de la route du village de Rutali, après Murato. Cartes de crédit non acceptées.

Environs de Murato

Il serait dommage de quitter cette pittoresque microrégion sans avoir visité les villages des environs de Murato, à l'écart des grands axes touristiques. **Rapale**, **Pieve** et **Soriu** possèdent de belles églises paroissiales, qui soulignent l'héritage pisan. À Pieve, vous pourrez admirer trois statues-menhirs en schiste, vestiges de la préhistoire. Accessibles en une vingtaine de minutes de marche du centre du village, les ruines de la chapelle San Nicolao (XIIe siècle) se dressent sur un plateau, d'où l'on embrasse un vaste panorama. À Rapale, une courte promenade mène aux ruines d'une église qui ressemble à celle de San-Michele. Le départ du sentier est indiqué derrière le cimetière, quelques centaines de mètres après l'église du village.

De Soriu, la D62 continue jusqu'à **San Gavino di Tenda**, puis **San Petru di Tenda**, par une jolie route en corniche, avant de redescendre vers Saint-Florent. À Santo Pietro di Tenda, le regard est attiré par l'imposante silhouette de l'église Saint-Jean-l'Évangéliste (XVIIe siècle), aux allures de cathédrale, en pierre ocre, flanquée d'un haut campanile.

Où se loger et se restaurer

♥ **Cicendolle** CHAMBRES D'HÔTES €€
(☎04 95 37 60 60 ; http://hotescorses.free.fr ; Vallecalle ; d avec petit-déj 63-68 € ; ⌚tte l'année ; 📶). Un village perdu sur les hauteurs du Nebbio entre Oletta et Murato, une belle bâtisse traditionnelle, une terrasse ombragée d'un tilleul, un panorama sublime sur les environs... On est rapidement dépaysé dans un cadre aussi serein. Les 3 chambres à la décoration sobrement rustique (parquet en châtaignier, enduits bruts) dégagent un charme simple et rassurant. La Nebbiu, la plus spacieuse, ouvre sur une vue magnifique, avec le golfe de Saint-Florent à l'horizon. Table d'hôtes possible certains soirs (23 €). Pas de parking, mais vous pouvez vous garer devant la maison.

♥ **A Casella** CHAMBRES D'HÔTES €€
(☎04 95 37 63 51, 06 80 50 65 28 ; www.acasella.com ; Vallecalle ; d avec petit-déj 65-75 € ; ⌚tte l'année ; @). On coule des jours heureux dans cette maison moderne, dotée de 3 chambres au confort douillet, avec entrée indépendante. La Scopa possède une belle vue dégagée sur la vallée et un balcon. La literie est de qualité et les sdb rutilantes. L'accueil chaleureux des propriétaires, spécialistes de la randonnée pédestre,

LA PETITE HISTOIRE

LE TERRORISTE ET LE PRÉSIDENT

Deux enfants de Murato ont eu des parcours remarquables quoique assez différents. Le premier eut le destin le plus explosif. Né en 1790 à Murato, Giuseppe Fieschi fut d'abord un petit malfaiteur sur l'île, avant de monter à Paris et de collaborer avec la police secrète. Influencé par les mouvements républicains, il organisa en 1835 un attentat contre Louis-Philippe et la famille royale lors des célébrations de la révolution de juillet 1830. Il manqua sa cible mais tua 19 personnes, un résultat saisissant pour l'époque. Fieschi et ses complices furent condamnés à mort et exécutés un an plus tard. Le second, Raúl Leoni, devint à 58 ans président de la république du Venezuela lors de l'élection de décembre 1963. Soixante-huit ans plus tôt, son père Clément Leoni, né à Murato, s'était embarqué à Bastia, à l'âge de 22 ans, à destination de Caracas (Venezuela) pour tenter sa chance dans les nouvelles républiques d'Amérique du Sud. Il eut 4 enfants, dont Raúl, qui fit son premier et dernier voyage en Corse en 1970 et découvrit le village natal de son père, symbole glorieux de la migration corse à travers le monde. Aujourd'hui, l'histoire retient plus volontiers le premier personnage.

est un plus – ils vous indiqueront tous les parcours des environs. Table d'hôtes (22 €) à base de produits régionaux, servie sur une jolie pergola.

Casa Ghjunca MAISON D'HÔTES €€€ (04 95 39 03 14, 06 43 15 76 95 ; olivier.balbinot@radiofrance.com ; Rapale ; d avec petit-déj 90-160 € ; tte l'année ; P). Quelle belle adresse de charme ! Cette imposante demeure du XVIIe siècle superbement rénovée vous donnera envie de prolonger votre séjour insulaire. Les 5 chambres et suites, équipées de mobilier ancien et de tomettes, avec des murs peints à la chaux, sont accueillantes, tout comme les parties communes. Au hameau de Rapale.

AGRIATES (E AGRIATE)

Entre Saint-Florent et l'embouchure de l'Ostriconi, le **désert des Agriates** révèle sur une trentaine de kilomètres un paysage aride et grandiose de maquis souvent brûlé par le soleil mais qui verdoie dans les vallons, et d'où émergent des escarpements rocheux et de basses montagnes de couleur crayeuse. Traversée par des chemins, cette vaste étendue attire également les visiteurs grâce aux joyaux enchâssés dans son littoral : ses plages exceptionnelles, qui ne sont accessibles pour la plupart qu'en bateau, en kayak ou à pied.

Histoire

Il est difficile de croire, en contemplant les paysages rocheux et tourmentés des Agriates, que cette microrégion fut jadis considérée comme le grenier à blé de Gênes. Ce désert fut en effet aussi verdoyant et agricole qu'il est aujourd'hui stérile et dépeuplé. Jusqu'au début du XXe siècle, la vie du territoire était rythmée par l'alternance de la transhumance et des semis : dès le mois d'octobre, les bergers du Nebbio et de la vallée de l'Asco y descendaient leurs troupeaux de chèvres et de brebis pour passer l'hiver. Juin venu, les cultivateurs capcorsins, arrivés dans des barques plates, leur succédaient. La région fut même réputée pour ses oliveraies. L'écobuage (une technique de culture sur brûlis) et les incendies favorisés par les vents dominants sont à l'origine de cette nouvelle physionomie des Agriates dominée par un décor rocailleux.

Renseignements

Pour tous renseignements sur les Agriates – notamment les possibilités de randonnée –, adressez-vous à l'**office du tourisme de Saint-Florent** (voir p. 76) ou à celui de **L'Île-Rousse** (voir p. 105).

La circulation des véhicules à moteur en dehors des pistes, les bivouacs, les feux, le camping et les dépôts d'ordures sont interdits.

À voir et à faire

Les plages

La côte agriate, soit quelque 35 km de rivages sauvages, présente le même visage lumineux depuis des lustres. Les 5 500 ha acquis par le Conservatoire du littoral s'ajoutent aux terrains communaux environnants pour former le site naturel des Agriates. Outre la protection, son action vise à sauvegarder les espèces d'oiseaux, de papillons et de plantes qui peuplent cet écosystème. Émaillé de criques secrètes et d'anses sauvages, ce littoral protégé compte aussi des **plages** figurant parmi les plus belles de Corse : **Lodo** est la plus proche de Saint-Florent et sans doute la plus fréquentée ; de là, on peut facilement gagner à pied celle de **Saleccia** (voir la balade ci-contre). S'étirant sur près de 1 km, cette plage n'a rien à envier à celles que l'on trouve sous les tropiques. Son sable blanc et surtout l'irréelle lumière turquoise de ses fonds marins en font l'une des merveilles de l'île. Tout aussi superbes et plus sauvages, les plages de **Ghignu** et de **Malfalco**, plus à l'ouest, ont l'avantage d'être moins fréquentées en saison. La **plage de l'Ostriconi** (voir p. 89) forme l'extrémité ouest de la côte agriate. Si le panorama sur les Agriates se laisse admirer depuis la D81, qui serpente entre Saint-Florent et l'Ostriconi, celles-ci méritent une découverte plus approfondie.

Découverte des Agriates

Le **bateau** est le moyen le plus simple et le plus direct d'atteindre les plages du Lodo et de Saleccia. Deux sociétés desservent la plage du Lodo (30 min à pied de Saleccia) au départ de Saint-Florent (voir ci-contre). Vous pouvez également louer un **bateau sans permis** au départ de Saint-Florent et explorer le littoral à votre guise.

Les plus sportifs opteront pour la randonnée en **kayak de mer**. Installé sur la plage de la Roya à Saint-Florent, **Objectif Nature** organise des randonnées en kayak de 1, 2 ou 3 jours à la découverte des criques secrètes des Agriates (voir p. 77 et l'encadré p. 89). Autre option : la **randonnée pédestre**. Un **sentier du littoral** est aménagé entre Saint-Florent (plage de la Roya) et l'Ostriconi. Long de 45 km, il permet de rejoindre la plage de l'Ostriconi, à l'autre extrémité des Agriates, en 3 jours. Il se divise en 3 étapes : Saint-Florent-Saleccia (5 heures 30 environ) ; Saleccia-Ghignu (2 heures 45 environ) ; Ghignu-l'Ostriconi (6 heures 30). L'itinéraire, praticable en toute saison, ne présente pas de difficultés particulières, hormis le soleil. Prévoyez eau et protection en conséquence. L'éprouvant trajet Casta-la Saleccia par la piste peut également se parcourir à pied (12 km environ). La pente est raide au retour et l'ombre rare.

La **Ferme équestre d'Arbo Valley** (☎06 12 06 34 38 ; www.arbovalley.fr ; N197, 2,5 km avant L'Île-Rousse) propose une découverte des Agriates à cheval. Différentes formules sont possibles, dont une balade à la journée (85 €) et une balade au coucher de soleil (47 €). En juillet-août, cette ferme installe un relais au Village de l'Ostriconi (voir p. 89).

Le **VTT** est certainement l'option la plus sportive. Si le sable du sentier du littoral (voir p. 87) n'est pas adapté au vélo, la piste entre le hameau de Casta et la plage de la Saleccia est praticable en VTT. Ces 12 km de piste cahoteuse permettent par ailleurs de découvrir les paysages de l'intérieur désertique des Agriates, avant l'apothéose des plages. Le sol dur et caillouteux rend cependant la descente particulièrement physique. Prévoyez de l'eau, un chapeau, de la crème solaire et du temps ; mieux vaut effectuer cette descente tôt le matin afin d'éviter les heures les plus chaudes et passer le reste de la journée sur la plage. Le superbe spectacle de la piste couleur sable qui descend dans l'odorant maquis, bordé de montagnes aux teintes claires, récompense l'effort. Si la descente est relativement éprouvante, la montée vous demandera encore plus d'ardeur… Comptez environ 1 heure 30 jusqu'à Casta. L'hôtel-restaurant Le **Relais de Saleccia** (☎04 95 37 14 60 ; Casta ; avr-sept), à une centaine de mètres du départ de la piste (voir ci-contre), loue des VTT, renouvelés chaque saison, au prix de 17 €. Le tarif inclut le prêt d'une bombe anticrevaison.

Où se loger et se restaurer

BON PLAN **U Paradisu** CAMPING-GÎTE-RESTAURANT €
(☎04 95 37 82 51 ; www.camping-uparadisu.com ; plage de la Saleccia ; empl/adulte/voiture 3/5/3 €, ch en demi-pension 50 €/adulte, gîte d'étape 20-25 €/pers ; menu 15-20 € ; camping mai-sept, gîte d'étape mi-sept à début juin). Ce camping, installé à 300 m de la plage de Saleccia, au bas de la piste reliant Casta à la côte, jouit d'une situation exceptionnelle. Outre des emplacements ombragés, une petite épicerie, un bar-restaurant, une pizzeria, une aire de jeux pour les enfants et des sanitaires corrects, il possède 7 maisonnettes en pierre sèche avec terrasse, proposées en demi-pension. Bien tenues, elles manquent cependant d'un peu d'intimité. Elles peuvent loger 4 personnes et sont louées hors saison aux randonneurs en formule gîte d'étape. Le restaurant (ouvert de fin juin à début septembre) prépare un menu fixe régulièrement renouvelé.

BON PLAN **Paillers de Ghignu** GÎTE D'ÉTAPE €
(contact via l'office du tourisme de Saint-Florent ☎04 95 37 06 04 ; 10 €/pers ; avr-sept). Ces paillers désignent d'anciennes bergeries restaurées, proches de la plage de Ghignu, sur la côte. Sommaires et accessibles à pied, ils sont avant tout destinés aux randonneurs qui parcourent le sentier littoral. Prévoyez un sac de couchage (un tapis de sol en mousse ajoutera au confort). Un bloc

RANDONNÉE

DE LA PLAGE DU LODO À CELLE DE SALECCIA

Durée : 1 heure 30 aller-retour
Difficulté : facile

Cette jolie balade en boucle vous obligera tout d'abord à prendre un bateau pour rejoindre la plage du Lodo, à environ 30 minutes de mer de Saint-Florent (reportez-vous p. 78 pour les informations concernant la traversée). Le sentier débute à l'extrémité sud de la plage par un court raidillon. La large piste s'enfonce ensuite dans l'odorant maquis des Agriates. Après 25 minutes de marche environ, essayez de repérer un petit passage au-dessus de la clôture, à droite, qui se dirige vers une petite zone boisée. Cette variante mène à l'extrémité nord de la superbe plage de Saleccia en passant sous un couvert forestier qui vient démontrer que les Agriates ne sont pas si désertiques. L'autre option, en continuant le sentier tout droit, mène directement aux abords du camping, situé au sud de la plage.

Pour le retour, choisissez le sentier littoral. Vous le trouverez en allant le plus loin possible à l'extrémité nord de la plage de Saleccia. Le chemin part dans les rochers et longe une très belle partie de littoral constituée d'une succession de criques rocheuses. Il s'en écarte très rarement si ce n'est dans la seconde moitié du parcours, où il le surplombe pour traverser une zone boisée. Vous parviendrez à votre point de départ après avoir croisé un petit groupe d'habitations.

sanitaire, avec eau chaude (non potable), est installé à l'extérieur, mais vous ne trouverez aucune possibilité de restauration sur place. Réservation impérative auprès du département de Haute-Corse.

Relais de Saleccia AUBERGE €€
(☎04 95 37 14 60 ; www.hotel-corse-saleccia.com ; hameau de Casta ; d 55-80 € selon confort et saison, chambre d'hôtes 63-85 € selon saison, app 450-750 €/sem; plats 10-14 € ; ⏲avr-sept ; 📶). Idéalement située pour partir à la découverte des Agriates, cette auberge accueillante est implantée à 5 minutes du début de la piste qui descend à Saleccia. Le bâtiment ne brille pas par le charme de son architecture mais il bénéficie d'une vue splendide. L'auberge loue 12 chambres fonctionnelles et bien tenues, dont certaines avec terrasse, ainsi qu'un appartement à la semaine. Le restaurant propose des plats sans prétention et une carte snack. Un plus : la location de VTT pour les courageux qui souhaitent descendre à la plage. Sinon, un 4x4 peut vous y emmener, (aller-retour 25 €/pers). Cartes de crédit non acceptées. Wi-Fi gratuit dans les chambres.

ℹ Depuis/vers les Agriates

VOITURE Deux pistes d'une douzaine de kilomètres descendent dans les Agriates depuis la D81. La première part du hameau de Casta, la seconde du col de la Bocca di Vezzu, à 10 km de Casta vers L'Île-Rousse. Toutes deux, particulièrement mauvaises et caillouteuses, surtout en fin de saison (ne vous laissez pas abuser par le ruban de bitume qui part de la Bocca di Vezzu, il est de courte durée), sont déconseillées aux véhicules classiques, à plus forte raison si la pluie a creusé dans le sol de profondes ornières que le soleil a ensuite solidifiées. Le site protégé des Agriates s'accommode par ailleurs mal des véhicules à moteur. Nous ne saurions donc trop vous déconseiller ce mode de transport, même si de nombreux visiteurs y ont recours entre Casta et la plage de la Saleccia. Renseignez-vous toujours à l'avance sur l'état de la piste en téléphonant au camping U Paradisu.

OSTRICONI

Pour un peu, on l'oublierait... Charnière entre la Balagne, le désert des Agriates et les massifs du centre de la Corse, l'Ostriconi est une région discrète, qui doit son nom à la rivière dont le delta constitue, avec la plage du même nom, le site naturel d'Ostriconi. D'ordinaire, on ne fait que la traverser en filant le long de la Balanina, la route Bastia-Calvi (N197). Cette région de transition, entre mer et montagne, a pourtant de superbes atouts à faire valoir, dont de superbes villages bâtis sur les hauteurs, de part et d'autre de la vallée, et une plage magnifique.

ℹ Renseignements

Office du tourisme du Paese d'Ostriconi (☎04 95 48 23 90 ; ⏲juil-août lun-ven 9h-12h et 14h-18h, sam 14h-18h, dim 11h-12h et 14h-19h) À l'entrée de Lama. Renseignements sur les chambres d'hôtes et les gîtes à louer dans le village, ainsi que sur les balades à faire dans la vallée.

Lama

Dominée par le Monte Astu, Lama, la capitale de cette microrégion, est l'un des plus beaux villages de Corse. Pour vous y rendre depuis la côte, prenez la N197 en direction de Ponte-Leccia sur 10 km, puis empruntez à gauche la petite route qui monte en serpentant sur 3 km jusqu'au village. Perchée sur un éperon rocheux, à 450 m au-dessus de la vallée, cette merveille d'architecture rurale mérite au moins un détour.

Festival

La dernière semaine de juillet, Lama accueille le **Festival européen du cinéma et du monde rural**, dont les séances de projection en plein air et les débats attirent un public nombreux.

À voir et à faire

Quartier médiéval ARCHITECTURE

Prenez le temps de flâner dans les ruelles étroites du vieux quartier médiéval, puis admirez les grandes maisons bourgeoises de style italien des XVIIIe et XIXe siècles, reliées entre elles par des passages voûtés, qui ont appartenu jadis aux riches oléoculteurs de la vallée. Des hauteurs du village, on distingue nettement la **Casa Bertola**, surmontée d'un remarquable belvédère de style toscan, et le **Stallo**, d'anciennes écuries transformées en salle d'exposition. Témoins du passé, de vieilles jarres à huile débordant de fleurs jalonnent les rues du village.

Monte Astu RANDONNÉE PÉDESTRE

De Lama, un sentier permet de rejoindre le Monte Astu (1 535 m). Comptez 6 heures aller-retour. En chemin, vous pourrez faire halte au **refuge de Pruníncu**, construit en pierre sèche, à environ 2 heures de marche de Lama.

De Lama à Urtaca BALADE THÉMATIQUE

Une promenade d'environ 1 heure vous permettra de rallier le village voisin d'Urtaca. Le sentier, l'ancien chemin communal de liaison entre les deux villages, est très facile et convient à tous les promeneurs. Outre de jolis panoramas sur la vallée, son intérêt réside dans les panneaux thématiques consacrés à la vie agropastorale d'autrefois : paillers, bergeries, aires de battage...

Où se loger et se restaurer

BON PLAN **Chez Marie-Paule** CHAMBRE D'HÔTES €€

(☎04 95 48 23 03, 06 86 49 08 67 ; village de Lama ; d 50-80 € avec petit-déj ; ⏲tte l'année ; ❄📶). Cette altière demeure en pierre au cœur du village vous enchantera à coup sûr. Vous logerez dans une petite chambre mansardée, que prolonge un salon. Le petit-déjeuner est servi sur une coquette terrasse, d'où le regard balaie toute la vallée. Possibilité de repas (15 €).

Case Latine HÔTEL DE CHARME €€€

(☎04 95 46 84 11, 06 22 37 14 16 ; www.case-latine.com ; village de Lama ; ste 210-298 € selon saison ; ⏲mai à mi-oct ; ❄🏊📶). Accrochées sur un terrain pentu sur les hauteurs de Lama, ces "maisons latines" parfaitement intégrées à leur environnement sont une leçon de bon goût, mariant à merveille la rusticité de la pierre et l'agrément d'un confort moderne. À la manière d'un petit village, chacune des cinq suites, de plain-pied, dispose d'un accès indépendant et d'une terrasse privative. L'intérieur est chaleureux, rehaussé par une gamme de teintes allant du beige au chocolat.

BON PLAN **L'Alzelli** RESTAURANT €

(☎04 95 48 23 08 ; route de l'Ostriconi ; plats 7-18 €, menu 18 € ; ⏲mars-déc). Situé sur la N197 entre Lama et Urtaca, ce restaurant offre une terrasse très agréable, à l'ombre de vieux oliviers, séparée par une haie de lauriers-roses et une belle grille en fer forgé d'une piscine, en contrebas, où l'on peut piquer une tête. Dommage qu'il soit au bord de la route, bruyante. Choix de salades fraîches, de viandes grillées et de pizzas cuites au bois. Hors saison, les spécialités corses et les pizzas ont la vedette.

VAUT LE DÉTOUR

LES PERLES DE L'OSTRICONI

Lama vous a plu ? Les 4 autres villages-belvédères de cette microrégion vous charmeront également. De Lama, une route secondaire mène à **Urtaca**, un superbe village perché, à quelques kilomètres au nord. À 4 km vers le sud, **Pietralba** présente également de belles maisons de caractère. De l'autre côté de la vallée, accessible par une pittoresque route en corniche, **Novella** fait aussi belle impression, avec son bâti ancien. Le panorama sur les Agriates et la mer est époustouflant. Quant à **Palasca**, encore plus à l'écart, il se mérite ; vous aurez l'impression d'arriver au bout du monde.

INTERVIEW

UN VOYAGE ENTRE MAQUIS ET GRANDE BLEUE

Randonner en kayak le long des côtes était encore une activité confidentielle il y a peu, mais cette façon de voyager au fil de l'eau, entre mer et terre, séduit de plus en plus de visiteurs. Explications de Louis Azara, directeur du groupement sportif Objectif Nature.

"C'est un moyen privilégié pour découvrir en famille ce site naturel exceptionnel, et protégé, qu'est la côte du désert des Agriates. Vous glissez au ras de l'eau, sans bruit, sans déranger la faune aquatique ou terrestre, sur une eau turquoise, le long de criques secrètes et sous l'œil de ces sentinelles que sont les tours génoises. Au printemps, des bouffées de senteurs extraordinaires vous parviennent du maquis tout proche. Dès 7-8 ans, les enfants sont en âge de pouvoir accompagner leurs parents.

Sans mettre de masque, vous pouvez voir les fonds sous-marins jusqu'à une profondeur de 15 m, entre fonds rocheux, bancs de sable et prairies de posidonies. On peut poursuivre cette exploration avec un masque et un tuba lors d'une halte pique-nique. À la différence d'un bateau, vous pouvez tirer le kayak au sec, au gré de votre désir, dans les petites criques qui jalonnent la côte.

Des caissons étanches vous permettent de transporter votre casse-croûte, votre portable et votre appareil photo en toute sécurité. Vous pouvez aussi y glisser une paire de baskets pour faire une incursion pédestre dans le maquis des Agriates. Ou embarquer des provisions pour effectuer une randonnée plus longue en autonomie, comme la traversée des Agriates de Saint-Florent à la plage de Lozari, sur 3 jours.

Les mois de mai, juin et septembre sont préférables au plein été, car la côte est alors très fréquentée par les plaisanciers et les jet-skis."

Campu Latinu RESTAURANT €€
(☎04 95 48 23 83 ; www.campulatinu.fr ; village de Lama ; plats 13-25 €, menu 27 € ; ⏲avr-sept). Cette adresse bénéficie d'un cadre exceptionnel : on profite d'une atmosphère intimiste et romantique où les tables sont disposées sur de petites terrasses en pierre sèche, avec le village et les montagnes en point de mire. Le soir, on dîne à la lueur des lanternes et des photophores... La cuisine décline les spécialités corses ainsi qu'un grand choix de viandes grillées.

Plage de l'Ostriconi

L'autre grand attrait de l'Ostriconi – la plage de l'Ostriconi – vous attend sur le littoral, dans l'anse de Peraiola, au débouché de la vallée. Magnifique étendue de sable et de dunes entre lesquelles serpentent des bras de mer bordés de roselières, elle est surveillée en été, et passablement fréquentée. Attention tout de même aux courants. L'accès se fait par l'ancienne route, qui part devant le camping Village de l'Ostriconi et se termine en cul-de-sac en contrebas de la Balanina. De la route, plusieurs chemins dévalent la colline qui surplombe la plage.

Où se loger et se restaurer

Le Village de l'Ostriconi CAMPING €
(☎04 95 60 10 05 ; www.village-ostriconi.com ; D81, plage de l'Ostriconi ; adulte/voiture/tente 9/4/4 €, bungalows 53-89 € selon saison ; ⏲Pâques à mi-oct ; 🏊). Au niveau de la plage, ce "village" bien équipé et idéalement placé se compose d'un camping trois étoiles, de bungalows et de mobile homes, d'une piscine, d'un tennis, d'une épicerie et d'un restaurant. On accède à la plage (à 700 m) par un joli sentier à travers la campagne et les étangs bordés de joncs, que l'on franchit sur une passerelle en bois.

Pietra Monetta FERME-AUBERGE €
(☎06 76 34 88 37 ; www.location-agriates.com ; route de l'Ostriconi ; ch avec sdb 64-70 €/pers en demi-pension selon saison, ch avec sdb commune 49-50 €/pers en demi-pension selon saison ; plats 15-18 €, menu 27 € ; ⏲avr-sept). À 200 m du croisement de la N197 et de la D81, cette belle bâtisse de pierre comprend 9 chambres, dont 5 avec sdb privative. Les plaisirs de la table sont le point fort des lieux : installé dans une belle courette en pierre, vous vous régalerez d'une cuisine élaborée à base des produits de la ferme. Seule ombre au tableau, la proximité immédiate de la route. La formule demi-pension est privilégiée.

Balagne

Dans ce chapitre »

Le top des hébergements

» U Palazzu (p. 114)
» Casa Musicale (p. 114)
» Casa Theodora (p. 116)
» Mare e Monti (p. 112)

Le top des restaurants

» Auberge de Tesa (p. 110)
» Pasquale Paoli (p. 108)
» U Palazzu (p. 114)
» Le Matahari (p. 103)

Pourquoi y aller

Aussi séductrice côté littoral que passionnante dès que l'on prend un peu de hauteur, la Balagne occupe une place enviée dans l'emploi du temps des visiteurs. Longtemps désignée comme le "jardin de la Corse", elle doit son essor à la conjonction d'un arrière-pays fertile, de ports propices au commerce et de sa proximité avec le continent.

Calvi, historique dans les ruelles de son imposante citadelle, sait se faire résolument balnéaire côté plage ou un rien sophistiquée le long des quais du port. L'Île-Rousse, forte de sa belle plage de sable au cœur de la ville et de sa superbe place ombragée de platanes et de palmiers-dattiers, a su préserver son atmosphère détendue.

Suspendus au-dessus de la plaine et de la Méditerranée, les villages de l'arrière-pays balanin comptent parmi les plus beaux de Corse. En s'avançant encore plus dans l'intérieur des terres, on pénètre dans le Ghjunsani, l'une des microrégions les plus mystérieuses de l'île.

La superbe route côtière qui relie Calvi à Porto compte également son lot de merveilles, dont la vallée du Fango, ponctuée de piscines naturelles.

Quand partir

Pâques Vous serez subjugué par les processions de la Semaine sainte, très émouvantes, suivies par une foule considérable, notamment dans les rues de Calvi.

Juillet-août Les plages sont bondées, et la chaleur oppressante ? Réfugiez-vous dans le Ghjunsani, et assistez aux Rencontres internationales artistiques à Olmi-Cappella.

Septembre Le mois idéal pour découvrir les charmes secrets des villages de l'arrière-pays de la Balagne et lézarder sur des plages presque désertes. À la mi-septembre, ne manquez pas les Rencontres de chants polyphoniques, à Calvi.

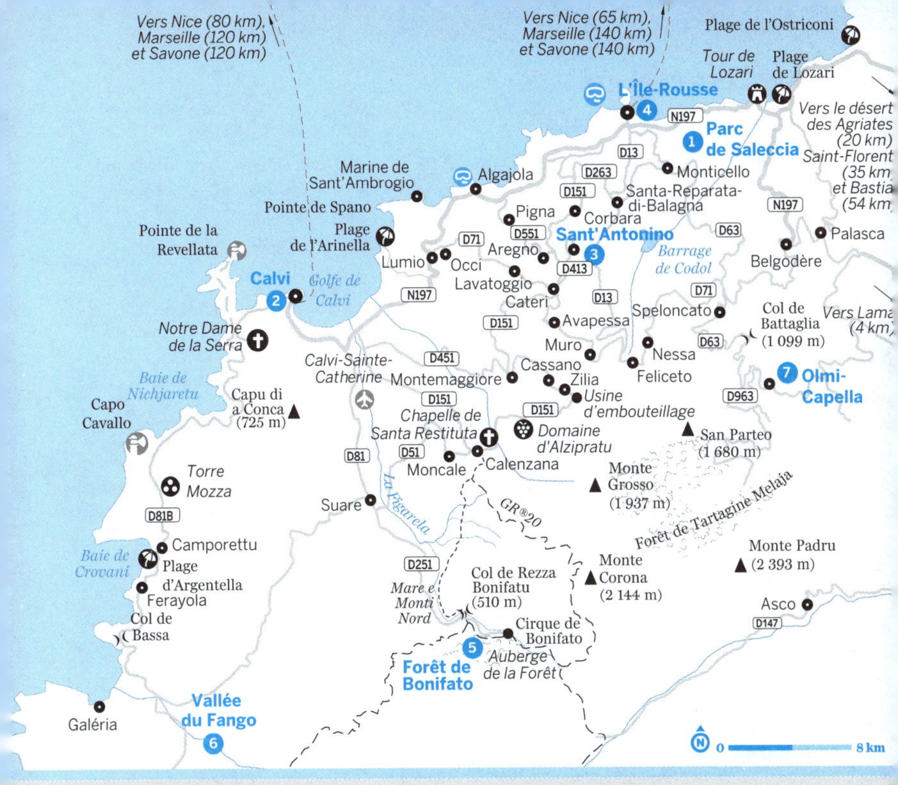

À ne pas manquer

1 Le **parc de Saleccia** (p. 105), superbe espace botanique paysager consacré à la flore méditerranéenne

2 **Calvi** (ci-dessous), estivale par sa plage, culturelle par sa citadelle et ses festivals

3 Les villages perchés de l'arrière-pays balanin, comme **Sant'Antonino** (p. 115)

4 L'ambiance détendue de **L'Île-Rousse** (p. 104) et de sa place Paoli, à deux pas de la plage

5 La forêt de **Bonifato** (p. 101), traversé par de multiples itinéraires de balade

6 La **vallée du Fango** (p. 121), parsemée de vasques où l'on peut se rafraîchir

7 L'ambiance mystérieuse qui règne autour d'**Olmi-Cappella** (p. 117), au cœur de la région isolée du Ghjunsani

CALVI

5 600 HABITANTS

Estivale par sa plage, culturelle par sa citadelle et ses festivals, Calvi figure parmi les escales les plus appréciées et fréquentées de Corse. La prospère "capitale" de la Balagne s'étend le long de son golfe sous la double surveillance de sa citadelle et du Monte Cinto (2 706 m). Ville corse la plus proche du continent, cette ancienne place forte génoise fut, dès les années 1920, l'une des premières destinations touristiques de l'île. Sa réputation ne s'est, depuis, jamais démentie, grâce à son cadre, à sa vitalité culturelle et à son patrimoine. Revers attendu de la médaille : Calvi est l'une des villes balnéaires les plus fréquentées de l'île durant l'été.

Histoire

Si le golfe de Calvi fut une escale maritime dès l'Antiquité, les bases de la ville ne furent jetées par les Romains qu'au Ier siècle, avant d'être détruites par les raids barbaresques. La ville reprit un peu de souffle sous les Pisans (XIe-XIIIe siècle), jusqu'à ce que les rivalités entre les seigneurs locaux amènent

AVEC DES ENFANTS

LIEUX	ACTIVITÉS	BON À SAVOIR
Calvi	Un après-midi à la **plage** (p. 94)	Une plage particulièrement sécurisante pour les jeunes enfants.
Calvi	Une leçon d'**équitation** au Cercle équestre de Balagne (p. 102)	Le centre est situé entre Calvi et Lumio.
Algajola	Une balade sur un **VTT** loué par Sport & Nature (p. 103)	Des vélos tractés et des remorques sont proposés à la location pour embarquer vos enfants dès 2 ans.
L'Île-Rousse	Une séance d'**Optimist** avec le Club nautique de L'Île-Rousse (p. 105)	Le club propose des séances d'initiation ou de perfectionnement à la voile et à la planche à voile.
L'Île-Rousse	Un **rallye-photo** dans le parc de Saleccia (p. 105)	Outre son intérêt pédagogique, le parc abrite un espace de jeux, des balançoires, un enclos à chèvres et une buvette.
Lumio	Un **balade aquatique** sur un sentier sous-marin (p. 102), encadrée par un moniteur qualifié	Sortie très sécurisante, dès 8 ans,
Galéria	Une **balade en kayak** dans le delta du Fango (p. 121)	Dès 6-7 ans. Les équipements de sécurité sont fournis.

sa population à demander la protection de Gênes, en 1278. La puissante République italienne ne pouvait espérer mieux : face à cette occasion qui lui était offerte d'asseoir son pouvoir sur l'île, elle s'empressa de faire des Calvais des citoyens génois. L'histoire de la ville fut dès lors indissociable de sa fidélité à la république italienne, désignée comme l'oppresseur en de nombreux autres points de l'île (ce qui vaut encore à Calvi d'être parfois montrée du doigt). Sous l'impulsion génoise, la ville se fortifia et se dota de sa citadelle. Gênes la transforma en une cité prospère et, au XVe siècle, Calvi devint l'une des deux places fortes génoises corses, avec Bonifacio. Elle le demeura jusqu'au XVIIIe siècle. Calvi dut capituler en 1794 sous les assauts répétés des armées britanniques et des troupes indépendantistes de Pascal Paoli. Lourdement bombardée, elle fut en grande partie détruite au cours des combats. Calvi redevint française en 1796, à la fin de l'éphémère royaume anglo-corse.

Orientation

La citadelle (haute ville) est bâtie sur un promontoire au nord-est de la basse ville. La majeure partie de l'activité se concentre quai Landry (le long de la marina), avenue de la République, boulevard Wilson et, dans une moindre mesure, avenue Christophe-Colomb. Une partie de la basse ville, à l'est du boulevard Wilson, est piétonne. Une longue et belle plage (voir p. 94) s'étend au sud du port de plaisance.

Renseignements

Office du tourisme de Calvi et de Balagne (☎04 95 65 16 67 ; www.balagne-corsica.com ; port de plaisance ; ⏲tlj 9h-12h30 et 15h-18h30 en haute saison, lun-ven 9h-12h et 14h-18h en hiver, lun-sam 9h-12h et 14h-18h au printemps). Propose notamment des audioguides accompagnant un parcours balisé dans la citadelle (7 €).

Accès Internet Plusieurs bars et cafés sur le port proposent l'accès Wi-Fi.

Laverie Calvi Clean (bd Wilson ; ⏲7h-21h)

Fêtes et festivals

Fête pascale (avril). La Semaine sainte est toujours l'occasion d'un grand spectacle. Ne ratez pas la *Granitula*, la procession du Vendredi saint.

Calvi Jazz Festival (juin). Ce festival qui fête ses 25 ans en 2011 rassemble les grands noms du jazz international. Concerts gratuits en plein air ou payants, dans différents lieux de la ville.

Calvi on the Rocks (juillet). Musiques nouvelles et électroniques.

Rencontres de chants polyphoniques (mi-septembre). Carrefour de l'expression polyphonique, ces rencontres ont lieu tous les ans depuis 1989. Concerts dans la cathédrale Saint-Jean-Baptiste, à l'oratoire Saint-Antoine, à la Poudrière et sur la place d'armes de la citadelle.

Rencontres d'art contemporain (juin à fin août). Exposition des œuvres de peintres et de plasticiens contemporains.

Festival du Vent (fin octobre). Initialement organisé autour de la thématique du vent, dans ses aspects artistique, sportif et scientifique, ce festival s'oriente de plus en plus vers des opérations écocitoyennes et l'environnement durable.

À voir

Citadelle CENTRE HISTORIQUE

Érigée à la fin du XVe siècle par les Génois, la citadelle de Calvi (accès libre) domine la ville de son promontoire rocheux. Elle forme un quartier à part de la ville, souvent assez désert, même si quelques cafés et restaurants dressent leurs tables à l'ombre des murs ocre de ses fortifications, plusieurs fois remaniées depuis les premiers plans génois. Après avoir traversé la place Christophe-Colomb, on y pénètre par un porche surmonté de l'inscription *Civitas Calvi semper fidelis*, qui rappelle qu'au XVIe siècle la ville proclamait haut et fort sa fidélité à Gênes. Une enfilade de ruelles mène ensuite à la place d'armes, sur la gauche de laquelle se tient **l'ancien palais des gouverneurs génois** (fermé au public). Rebaptisée caserne Sampiero, cette imposante bâtisse du XIIIe siècle abrite aujourd'hui le mess des officiers parachutistes de la Légion étrangère.

Enchâssée dans la citadelle, et coiffée d'une imposante coupole, la **cathédrale Saint-Jean-Baptiste (San Giovanni Battista)** renferme un maître-autel en marbre polychrome du XVIIe siècle, à la droite duquel se tient le Christ des Miracles. Cette statue en ébène fait l'objet d'une vénération particulière depuis le siège de la ville, en 1553, par des troupes françaises et turques et des combattants de Sampiero Corso. Selon la légende, les navires auraient fait voile vers le large après que la population de Calvi eut promené le Christ en procession dans les ruelles de la cité. L'originalité de la Vierge du Rosaire, également dans la cathédrale, est d'ordre vestimentaire. Cette grande statue possède en effet 3 tenues – une robe noire pour le Vendredi saint, une mauve pour le mercredi qui suit les Rameaux et un riche habit de brocart réservé aux processions –, et seules les femmes ont le droit de la vêtir.

Derrière la cathédrale, on rejoint la **maison de Laurent Giubegga**, le parrain de Napoléon. Sur la façade, une inscription rappelle le séjour de son filleul en 1793, lorsqu'il fut chassé d'Ajaccio par les paolistes et se réfugia à Calvi.

Une ruelle mène à l'**oratoire de la confrérie Saint-Antoine**, une institution caritative active en Corse depuis le XIVe siècle. Derrière sa façade ornée d'un linteau en ardoise sculpté représentant saint Antoine, l'édifice renferme des fresques des XVe et XVIe siècles (dont une remarquable Crucifixion, de 1513) et un christ en ivoire attribué au sculpteur florentin Jacopo d'Antonio Tatti, dit "le Sansevino".

En flânant dans les ruelles de la citadelle, vous verrez le **palais des évêques de Sagone** (qui abrite le piano-bar Tao) et les cinq **bastions** érigés successivement depuis la fin du XVe siècle, qui offrent de belles vues sur la baie et la ville. Au nord-ouest de la citadelle, le **bastion Celle** est flanqué d'une échauguette, guérite de pierre suspendue au-dessus des remparts afin d'en surveiller les abords. Bien qu'elle soit bâtie à l'extérieur des remparts, ajoutons la **tour du Sel**, une jolie tour ronde située sur le quai Landry, utilisée naguère pour entreposer le sel de la ville.

Église Sainte-Marie-Majeure STYLE BAROQUE

Derrière son enduit rose, cette église située au cœur de la basse ville cache une impressionnante coupole. Bâtie entre 1765 et 1838 dans un style baroque, elle témoigne de l'extension de la basse ville, précédemment cantonnée au pied de la citadelle. L'église Sainte-Marie-Majeure contient deux toiles classées (une Assomption du XVIe siècle et une Annonciation du XVIIIe siècle) et une statue de la vierge de l'Assomption, portée chaque année en procession dans la ville.

Calvi

Plages

Longue de 4 km, la belle plage de sable fin de Calvi débute au port de plaisance et s'étend vers l'est, le long du golfe. Elle est idéale pour les enfants car elle présente très peu de profondeur sur les 50 premiers mètres. Elle est bordée de nombreux bars-restaurants ouverts en saison. Pour les activités sportives et le centre nautique, consultez la rubrique *Activités* ci-après.

À l'extrémité est de la baie de Calvi (suivre la direction de Lumio), la **plage de Sainte-Restitude** est en général nettement moins bondée.

Activités

Activités nautiques

La baie de Calvi est propice à la pratique de nombreux sports nautiques (planche à voile, kayak de mer, voile). Le **Calvi nautique club** (04 95 65 10 65 ; www.calvi-voile.fr ; base nautique ; tte l'année), au début de la plage, et le **Point Plage** (04 95 35 96 84 ; www.pointplage.fr ; juil-août), situé plus loin sur la plage, organisent des stages collectifs et des cours particuliers, et proposent des locations de matériel. En kayak, une balade agréable consiste à rejoindre les criques derrière la citadelle.

Promenades équestres

À 3 km du centre-ville en direction de l'aéroport, le **centre équestre A Cavallu** (☎04 95 65 22 22 ; www.a-cavallu.com ; N197, face embranchement aéroport ; ⏲tte l'année) propose des promenades à cheval et du manège, sur rendez-vous. En été, les cavaliers confirmés peuvent même se baigner avec les chevaux. Comptez 25 € pour une promenade de 1 heure dans la pinède, 48 € pour la balade "mer et montagne" de 2 heures et 24 € pour la baignade.

Parcours aventure

Altore a également créé un étonnant parcours aérien dans la pinède, près du restaurant Le Bout du monde, appelé **A Scimia Calvese** (☎06 83 39 69 06 ; www.altore.com ; extrémité nord de la plage ; initiation 5 €, moyen parcours 12 €, grand parcours adulte/moins de 15 ans 18/15 €, les 3 parcours 20 € ; ⏲Pâques-Toussaint), comprenant 21 ateliers de 3 niveaux différents (taille minimum 80 cm).

Plongée et snorkeling

Calvi est un haut lieu de la plongée en Corse, avec un bel éventail de sites pour tous les niveaux, dont une épave très connue, le B17, au large de la citadelle. Reportez-vous au chapitre *Plongée* (p. 30) pour plus d'informations sur les sites. Parmi les centres de plongée représentés à Calvi, contactez **EPIC** (☎06 13 38 61 26, 06 15 51 66 10 ; www.epic-plongee.com ; port de plaisance ; ⏲tte l'année), **Plongée Castille** (☎04 95 65 14 05, 06 07 89 77 63 ; www.plongeecastille.com ; port de plaisance ; ⏲tte l'année), tous deux situés au port de plaisance. **Calvi Plongée** (☎04 95 65 33 67 ; www.calviplongee2b.com ; port de plaisance ; ⏲avr-nov) propose également des sorties snorkeling (25 €). Comptez 50 € pour un baptême et de 35 à 45 € pour une plongée exploration.

Sorties en mer

Colombo Line VEDETTES TOURISTIQUES

(☎04 95 65 32 10 ; www.colombo-line.com ; port de Calvi ; ⏲avr-oct). Cette société propose une gamme complète d'excursions en mer, à la demi-journée ou à la journée, à destination de la réserve de Scandola, de Girolata, des calanques de Piana et même des îles Sanguinaires dans le golfe d'Ajaccio.

Des croisières en catamaran (maximum 30 pers), mettant l'accent sur la détente et la baignade, avec mise à disposition de masques et de tubas, sont également organisées. Elles incluent la visite des plages des Agriates, de la réserve de Scandola ou de la grotte des Veaux marins, près de la pointe de la Revellata. Toutes ces sorties en mer étant tributaires des conditions météorologiques, renseignez-vous sur place.

Comptez de 50 à 110 €, selon la sortie (demi-tarif pour les enfants).

Catacalvi CATAMARAN

(☎04 95 62 81 21, 06 79 98 30 28 ; www.catacalvi.com ; ⏲mai-nov). Ce catamaran de 13 m, *La Désirade*, n'embarque que 12 personnes maximum le long des côtes de la Balagne pour une demi-journée (grotte des Veaux marins, golfe de Calvi, pointe de la Revellata ou pointe de Spano) ou une journée (les Agriates, golfe de Girolata et réserve de Scandola), ou encore pour admirer le coucher du soleil sur la baie de Calvi. Les tarifs varient entre 40 et 85 € selon l'excursion.

Tra Mare e Monti Locations LOCATION DE BATEAUX

(☎04 95 65 21 26 ; www.tramare-monti.com ; port de plaisance). Pour ceux qui souhaitent explorer les criques secrètes de Balagne en toute indépendance, la location d'un bateau à moteur (avec ou sans permis) est une solution tout indiquée. La location d'un bateau sans permis, d'une capacité de 4 personnes, revient à 90/170 € la demi-journée/journée, hors carburant.

VTT

Garage d'Angeli LOCATION DE VTT

(☎04 95 65 02 13 ; www.garagedangeli.com ; 4 quartier Neuf ; ⏲tte l'année). Locations de VTT et de VTS pour 14 €/j (tarifs dégressifs, modèles enfants). Garage d'Angeli peut vous fournir des plans de balades dans le secteur.

Où se loger

La Pinède CAMPING €

(☎04 95 65 17 80 ; www.camping-calvi.com ; route de la Pinède ; adulte/tente/voiture 9,50/3,50/3,50 € en haute saison ; ⏲avr-oct ;). Près de la plage, à environ 1 km du centre-ville, ce camping s'étend dans une pinède de 5 ha et comprend d'excellents équipements, dont une piscine. Des chalets climatisés de 1 à 3 chambres sont également proposés à la nuit ou à la semaine.

Camping Paduella CAMPING €

(☎04 95 65 06 16 ; www.campingpaduella.com ; route de Bastia ; adulte/tente/voiture 8/3,40/3,40 € en haute saison ; ⏲mi-mai à mi-oct). Un camping accueillant et bien aménagé, en bordure de la route, et à 300 m de la plage. Les emplacements sont vastes, ombragés et bien délimités. Mention spéciale pour les blocs sanitaires, irréprochables. Également location de bungalows en toile équipés.

UN CALVAIS NOMMÉ COLOMB ?

Place Christophe-Colomb, avenue Christophe-Colomb, stèle de Christophe Colomb érigée pour fêter l'anniversaire de la découverte de l'Amérique... Calvi voue au découvreur du Nouveau Monde la même admiration qu'Ajaccio à Napoléon, L'Île-Rousse à Pascal Paoli ou Bastelica à Sampiero Corso. Pourquoi la mémoire du célèbre navigateur hante-t-elle les ruelles de la citadelle ? La réponse est simple : selon certains, Cristóbal Colón serait né à Calvi, dans une demeure de la citadelle, aujourd'hui en ruine. Et qu'importe si la majorité des sources le proclame génois : à sa naissance, vers 1450, Calvi n'était-elle pas génoise ? Le flou qui entoure la jeunesse du futur découvreur de l'Amérique permet difficilement d'infirmer ou de confirmer cette thèse. S'il est attesté que Colomb était le fils d'un tisserand génois, nul ne saurait affirmer si ses lointains ancêtres étaient corses, galiciens, catalans ou simplement génois. Quoi qu'il en soit, le hardi navigateur a vite tourné ses regards vers les Amériques, ne laissant à la Corse d'autre héritage qu'une supposée maison natale.

Hôtel du Centre HÔTEL €

(☎04 95 65 02 01 ; 14 rue d'Alsace-Lorraine ; d avec sdb commune 32-47 € selon chambre et saison ; ⌚juin-déb oct). Seul établissement économique du centre-ville, l'Hôtel du Centre loue des chambres spartiates, à la déco d'un autre âge, mais propres et bien tenues. Les moins chères partagent des sanitaires sur le palier ; les autres possèdent une douche. Les cartes bancaires ne sont pas acceptées. À deux pas du marché, dans le bâtiment d'une ancienne gendarmerie du Second Empire.

BON PLAN **Relais international de la Jeunesse** AUBERGE DE JEUNESSE €

(☎04 95 65 14 16 ; www.clajsud.fr ; route de Pietramaggiore ; dort 18,50 € avec petit-déj ; ⌚avr-oct ; P). Point de chute idéal pour les voyageurs à petit budget, cet établissement à l'ambiance décontractée n'a qu'un seul inconvénient : il se trouve à 4 km du centre-ville (en pente, et il n'y a pas de transports en commun). Il se compose de chambres de 4, 5 et 6 pers, avec sdb, et de 2 dortoirs de 11 et 13 pers, simples mais propres, répartis dans deux bâtiments. La superbe vue panoramique sur la baie depuis la terrasse est un plus. Demi-pension possible (29 €). Paiement en espèces.

Hôtel Christophe Colomb HÔTEL €€

(☎04 95 65 06 04 ; www.hotelchristophecolomb.com ; pl Bel-Ombra ; d 60-135 € selon vue et saison ; ⌚avr-oct ;). Un deux-étoiles correct et bien situé. Gaies et pimpantes, les chambres sont confortables et disposent de sdb impeccables. Préférez celles qui donnent sur la citadelle ou la mer, un peu plus chères. Parking public devant l'hôtel.

Le Belvédère HÔTEL €€

(☎04 95 65 01 25 ; www.calvi-location.fr ; pl Christophe-Colomb ; d 48-133 € selon confort et saison ; ⌚tte l'année ;). Dressant sa grande façade d'un bel ocre au pied de la citadelle, ce bâtiment moderne n'a guère de prétentions en matière de décoration mais il constitue une valeur sûre, avec des chambres lumineuses et bien équipées, dont certaines avec une vue superbe sur le golfe. Dommage que certaines soient très petites. Celles du dernier étage possèdent des baies vitrées.

Sole Mare HÔTEL €€

(☎04 95 65 09 50, 04 95 65 26 95 ; www.calvi-location.fr ; pointe Saint-François ; d 48-133 € selon confort et saison ; ⌚Pâques-oct ;). L'architecture de style motel est dénuée de charme mais cet établissement réunit plusieurs atouts : une piscine, un emplacement au calme au bout d'une petite rue calme descendant vers une crique sableuse, un parking privé (ainsi qu'un garage pour les motos), et des chambres sans fioritures mais très correctes, avec vue sur la mer et la citadelle pour certaines d'entre elles.

Le Grand Hôtel AVEC VUE €€

(☎04 95 65 09 74 ; www.grand-hotel-calvi.com ; 3 bd Wilson ; s/d 80-154/90-198 € selon confort et saison, ste 145-185 € ; ⌚avr-fin oct ;). Bâti en 1913, puis rénové dans les années 1940-1950 par la fille du parfumeur François Coty, cette bâtisse monumentale du centre-ville a gardé le cachet de son prestige passé, comme sa très belle salle de restaurant, au 5e étage, qui révèle une vue splendide sur Calvi. Les chambres, confortables, présentent une déco sobre et classique, qui se modernise d'année en année. Les "confort" sont plus vastes et, pour certaines, dotées d'un balcon avec vue sur la mer. Pas de parking, mais cour privée pour motos.

Casa di Floumy CHAMBRES D'HÔTES €€

(☎06 03 31 33 91 ; www.casadifloumy.com ; route de Pietramaggiore ; d 58-90 € selon saison, avec petit-déj ; tte l'année ; P). Un havre de paix, à seulement 1,5 km du centre-ville. Les trois chambres occupent chacune une maisonnette et bénéficient d'une entrée indépendante et d'une terrasse privative. Décoration simple mais gaie, aux couleurs du Sud. Possibilité de table d'hôte (27 €).

La Signoria HÔTEL DE CHARME €€€
(04 95 65 93 00 ; www.hotel-la-signoria.com ; route de la Forêt-de-Bonifatu ; d 200-650 € selon confort et saison ; avr-jan ; P). Rien ne manque à ce cinq-étoiles de charme, qui occupe un ancien domaine génois du XVIIIe siècle, planté d'oliviers, d'eucalyptus et de pins : une décoration jouant habilement sur de douces teintes pastel, une atmosphère intime, une belle piscine, un spa, un court de tennis et un restaurant gastronomique. Sur la route de Bonifatu.

La Villa HÔTEL DE CHARME €€€
(04 95 65 10 10 ; www.hotel-lavilla.com ; chemin de Notre-Dame de la Serra ; d 110-630 € selon confort et saison ; tte l'année ; P). Très différent de l'adresse précédente par son ambiance et sa décoration, l'autre établissement de prestige des abords de Calvi mise sur une déco contemporaine, sobre, zen et épurée. Tous les ingrédients d'un séjour de rêve sont au rendez-vous dans ce havre raffiné : un spa, cinq piscines, un tennis, un restaurant gastronomique et une superbe vue sur la baie de Calvi.

Où se restaurer

La Voûte CORSE TRADITIONNEL €
(04 95 36 99 54 ; 2 rue Saint-Antoine ; menu 15,50 € ; avr-oct). L'un des rares restaurants à l'intérieur de la citadelle, La Voûte occupe une toute petite salle voûtée et sert des plats corses simples et roboratifs (pâtes au brocciu, lasagne au sanglier, sauté de veau ou d'agneau) à des prix raisonnables.

U Casanu CUISINE MÉDITERRANÉENNE €
(04 95 65 00 10 ; 18 bd Wilson ; plats 12-19 € ; tte l'année). La salle, égayée de tons verts et jaunes, n'est pas beaucoup plus spacieuse qu'une cabine téléphonique. Mais qu'importe : on vient davantage pour la savoureuse cuisine du soleil mitonnée dans cette adresse familiale que pour le cadre. Desserts maison.

U Calellu POISSONS €€
(04 95 65 22 18 ; port de Calvi ; plats 16-29 €, menu 25 € ; avr-oct). Cette adresse du port est réputée pour sa pêche du jour (pageot, denti, chapon, sar, corb, mostelle) servie grillée, ses spécialités de langouste et ses plats de poisson cuisinés avec inventivité, qui côtoient sur la carte quelques viandes.

A Scola SALON DE THÉ €€
(04 95 65 07 09 ; haute ville ; plats 10-18 €, formule 18 € ; avr-nov). Ce salon de thé au format de poche vous attend au cœur de la citadelle, en face de la cathédrale Saint-Jean-Baptiste. La petite salle, pimpante – admirez la vue ! – se double d'une poignée de tables en terrasse où l'on peut commander un petit-déjeuner, une omelette, des tartes salées, des salades ainsi que d'alléchantes (mais onéreuses) pâtisseries maison.

U Fornu CORSE MODERNE €€
(04 95 65 27 60 ; www.ufornu.com ; plats 18-25 €, menu 17,50 € ; Pâques-oct). Une bonne surprise au centre-ville, à commencer par le décor, une belle salle de style bistrot chic, avec des tons gris rehaussés de notes rouges, et une terrasse agréable, cachée dans une ruelle discrète au milieu du boulevard Wilson. La cuisine est à l'image des lieux, fine et élégamment présentée. Optez pour le menu, d'un excellent rapport qualité/prix.

Le Tire-bouchon BISTROT €€
(04 95 65 25 41 ; rue Clemenceau ; plats 12-20 €, menu 19 € ; avr-nov). Une ambiance conviviale et animée règne dans ce bistrot à vin. Commandez l'un des plats suggérés à l'ardoise (assiette de charcuterie ou de fromage, sauté de veau corse, etc.) et accompagnez-le d'un AOC Calvi ou Patrimonio, servi au verre. La cuisine est bien préparée, quoique sans surprise, et les lieux sont accueillants.

U Fanale CORSE MODERNE €€
(04 95 65 18 82 ; www.ufanale.com ; route de Porto ; plats 21-30 €, menu 19-24 € ; avr-jan). À l'écart de l'agitation du centre-ville, l'U Fanale a su fidéliser une clientèle locale et de passage grâce à des mets bien travaillés, inspirés de la mer ou du terroir (tartare de liche, agneau braisé au vin blanc), servis dans un cadre avenant : une terrasse ombragée par un énorme pin parasol, ou une salle avec vue sur le phare de la Revellata.

Emile's GASTRONOMIQUE €€€
(04 95 65 09 60 ; www.restaurant-emiles.fr ; quai Landry ; plats 38-46 €, menus 50-130 € ; avr-oct). La table la plus huppée de Calvi est à la hauteur de la réputation, avec des spécialités de la mer et du terroir savamment préparées à partir de produits

rigoureusement sélectionnés. Cadre chic mais sans ostentation, avec une salle lumineuse surplombant le port.

Une dizaine d'établissements sont également disposés le long de la plage et permettent de se restaurer les pieds dans l'eau, avec une vue imprenable sur la citadelle. Leur réputation varie d'une année à l'autre, selon les modes et les talents du cuisinier du moment. Parmi les adresses en vogue lors de notre passage :

Le Bout du monde (04 95 65 15 41 ; www.restaurant-leboutdumonde.fr ; plage de Calvi ; plats 15-27 €, menu 26 € ; mai-sept). Ce restaurant de plage un rien branché propose une cuisine inventive orientée vers les produits de la mer.

La Plage (04 95 60 18 21 ; plage de Calvi ; plats 20-40 € ; mai-mi-sept). Une adresse haut de gamme. Spécialité de poissons et de langoustes.

L'Octopussy (04 95 65 23 16 ; www.plage-octopussy.com ; plage de Calvi ; plats 12-28 € ; mai-sept). Un restaurant prisé par la jeunesse calvaise.

U Ricantu (04 95 65 02 46 ; plage de Calvi ; plats 14-32 € ; mai-sept). Bel éventail de plats italiens (pâtes, poissons, viandes).

Où prendre un verre

Chez Tao BAR MUSICAL

(04 95 65 00 73 ; www.cheztao.com ; rue Saint-Antoine ; juin-sept). Juché au sommet de la citadelle dans un ancien palais, ce piano-bar est une institution. Les consommations ne sont pas bon marché mais les salles voûtées aux tons pastel et les terrasses surplombant la ville sont agréables. La soirée se déroule en trois temps : prélude-apéritif en terrasse en compagnie de musiciens de 21h à 23h30 ; le propriétaire, Tao-By, interprète ensuite au piano un répertoire de chansons jusqu'à 2h, après quoi un DJ vous emmène au bout de la nuit.

L'Escale Café BAR D'AMBIANCE

(04 95 65 10 75 ; quai Landry ; tte l'année). Un établissement branché, sur le port, où se retrouve la jeunesse calvaise et les touristes, dans un décor moderne. Intéressantes formules petit-déjeuner.

A Cantina BAR À VIN

(04 95 60 19 69 ; 10 rue Joffre ; avr-oct). Également sur le port, cet établissement propose 130 références de vins corses et des tapas maison. Le tout se déguste à l'intérieur ou autour des barriques, sur la terrasse.

Achats

Chez Annie PRODUITS CORSES

(04 95 65 49 67 ; www.annietraiteur.com ; 5 rue Clemenceau). Une accueillante boutique de charcuterie, vins, miel, liqueurs et confiseries.

A Loghja PRODUITS CORSES

(04 95 65 39 93 ; 3 rue Clemenceau). À côté de Chez Annie. Boutique bien approvisionnée.

Depuis/vers Calvi

AVION **L'aéroport de Calvi Sainte-Catherine** (www.calvi.aeroport.fr) est à 7 km au sud-ouest du centre-ville. Reportez-vous p. 390 pour les détails sur les dessertes aériennes.

BATEAU **Corsica Ferries** (0825 095 095 ; www.corsicaferries.fr) relie Calvi à Nice et Savone (Italie). La **SNCM** (3260 ; www.sncm.fr) dessert Nice. Billets en vente auprès de **CCR/Tramar** (04 95 65 01 38, 04 95 65 00 63 ; quai Landry) et **Les Beaux Voyages** (04 95 65 11 35 ; place de la Porteuse-d'Eau).

BUS **Les Beaux Voyages** (04 95 65 11 35 ; place de la Porteuse-d'Eau) assure une liaison entre Calvi, Algajola, L'Île-Rousse, Ponte-Leccia (possibilité de correspondance vers Ajaccio) et Bastia (17 €, 2 heures 30), tlj sauf dim et jours fériés. En juillet-août, l'agence ajoute une liaison vers Galéria (9 €, une heure) et Calenzana (8 €, 30 min). De mi-mai à mi-octobre, un bus des **Transports Ceccaldi** (04 95 22 41 99) dessert Porto via le col de la Croix (17 €, 2 heures 45), tlj entre juillet et mi-septembre.

TRAIN De la **gare de Calvi** (04 95 65 00 61 ; www.ter-sncf.com ; av. de la République), des trains relient Ajaccio, Vizzavona, Bastia et Corte. D'avril à octobre, le Tramway de la Balagne circule entre Calvi et L'Île-Rousse et dessert toutes les plages et les stations balnéaires entre les deux villes, dont Lumio, Sant'Ambroggio, Algajola et Davia), à raison d'une dizaine d'allers-retours quotidiens en haute saison.

Comment circuler

DEPUIS/VERS L'AÉROPORT La course en **taxi** (04 95 65 30 36) revient à 20 € environ.

VOITURE, VÉLO ET SCOOTER Location de scooters chez **Tra Mare e Monti Locations** (04 95 65 21 26 ; www.tramare-monti.com) et **Garage d'Angeli** (04 95 65 02 13 ; www.garagedangeli.com). Garage d'Angeli loue également des VTT et des VTC. Plusieurs agences de location de voitures au centre-ville et à l'aéroport.

Environs de Calvi

POINTE DE LA REVELLATA

Préfigurant la très belle côte sauvage qui s'étend au sud de la ville, ce superbe cap aux abords déchiquetés et blanchis d'écume se situe à 3 km de la citadelle de Calvi. Ne manquez pas ces paysages qui ont séduit les scientifiques d'un centre de biologie marine belge, implanté à son extrémité. Vous pourrez arpenter la pointe à pied ou à **VTT** et rejoindre la **plage de l'Alga** ou la **plage de l'Oscelluccia**, bordées de superbes fonds turquoise et nichées dans des petites criques, sur la côte est du cap. La plage de l'Alga est accessible en voiture (mais gare au châssis de votre voiture de location), tandis que la plage de l'Oscelluccia n'est accessible qu'à pied.

Prenez la D81b en direction de Galéria et de Porto jusqu'à la piste qui descend sur la pointe. Un embranchement sur la droite mène à la plage de l'Alga (piste déconseillée aux voitures légères) après 1 km.

Où se restaurer

Mar A Beach PAILLOTE €
(☎04 95 65 48 30, 06 33 62 17 64 ; plage de l'Alga ; plats 13-20 € ; ⏲Pâques-oct, à midi). Le cadre est sublime, au bord de la crique de l'Alga, où mouillent les voiliers en saison. On oublie vite le mobilier moderne, qui dépare un peu dans ce site sauvage, et l'on n'a d'yeux que pour la plage et l'eau turquoise. Dans l'assiette, des plats très corrects, poissons et viandes, à des tarifs pas exorbitants vu la beauté du lieu. Accès à pied depuis Calvi en 20 minutes, ou en voiture, par une piste défoncée.

NOTRE-DAME DE LA SERRA

Au-delà de la chapelle et de la statue, érigée en 1950 face à la mer, c'est surtout l'exceptionnel panorama sur le golfe de Calvi qu'offre ce promontoire sauvage et venté qui vaut sa réputation à Notre-Dame de la Serra. À l'embranchement vers la pointe de la Revellata (voir ci-dessus), un panneau indique Notre-Dame de la Serra à 1,5 km sur la gauche.

ARRIÈRE-PAYS CALVAIS

Calenzana (Calinzana)

1 700 HABITANTS

Gros bourg à 13 km de Calvi, Calenzana doit sa notoriété au GR®20. Ce village paisible est en effet le point de départ nord du célèbre sentier. Accordez-vous cependant une parenthèse culturelle avant de diriger vos pas vers les cimes. Érigée à partir de 1691, l'**église Saint-Blaise**, qui se dresse sur la place du village, demanda 16 années d'efforts à ses bâtisseurs. Ses chapiteaux, ornés de feuilles d'acanthe, furent ajoutés en 1722 et son maître-autel en marbre polychrome fut réalisé en 1750, sur les plans du Florentin Pierre Cortesi. Le superbe campanile baroque qui la jouxte fut construit entre 1862 et 1875.

À 1,5 km à l'est du bourg se dresse la **chapelle romane Santa-Restituta**, consacrée à sainte Restitude, dont le martyre eut lieu ici en 303. Sa sépulture, qui date du IVe siècle, fut mise au jour en 1951. Pour la visiter, demandez la clé au bureau de tabac qui jouxte le bar proche de l'église, où vous trouverez aussi une plaquette d'information sur la chapelle.

Depuis 2000, l'association **MusiCal** (☎04 95 48 09 89 ; www.musical-calenzana.com) organise chaque année, du 17 au 22 août, les **Rencontres de Calenzana**, un festival très apprécié mêlant musique classique, contemporaine et polyphonies corses. Les concerts ont lieu dans les églises des environs de Calenzana.

Où se loger et se restaurer

Gîte d'étape municipal GÎTE D'ÉTAPE €
(☎04 95 62 77 13 ; route de Calvi ; dort 15 €, camping tente/pers 4,50/6 € ; ⏲avr-oct ; 📶). Bâti à l'attention des randonneurs, le gîte de Calenzana offre des dortoirs de 4 lits modernes et agréables, avec sanitaires, et 1 chambre double. Il est également possible de planter sa tente, et une cuisine est à disposition. Les randonneurs peuvent laisser leur voiture sur place pendant 2 semaines (idéal pour ceux qui s'élancent sur le GR®20). Sur place, l'employé de la **Maison du GR®20** (☎04 95 62 87 78 ; ⏲10h-12h et 15h30-18h30) vous communiquera des informations sur le parcours et sur toutes les activités ayant trait à la montagne. Vous pourrez y consulter un point météo journalier et acheter des topoguides sur les randonnées dans le parc régional.

Auberge A Flatta AUBERGE-RESTAURANT €€
(☎04 95 62 80 38 ; www.aflatta.com ; d 90-138 €, selon saison, petit-déj inclus ; menus 30-45 € ; ⏲avr-déc ; ❄ 🏊 📶). Un petit coin de paradis blotti au fond d'une vallée, à 3 km du centre de Calenzana, accessible par une piste cahoteuse. Pour le prix, on s'attendrait à ce que les 5 chambres soient plus spacieuses, orientées vers la mer, et que les sdb soient mieux séparées du reste de la chambre. Pour les familles, le chalet, à l'écart, entièrement

en bois, représente une option intéressante. Côté restaurant, le propriétaire a mis en place une formule de table d'hôtes individuelle, avec des spécialités régionales de qualité.

La Maison d'hôtes CHAMBRES D'HÔTES €€
(☎04 95 60 15 53, 06 71 60 20 33 ; www.chambredhotescorse.com ; route de Calvi ; d 65-105 € selon confort et saison, petit-déj inclus ; ⊙avr-oct ; P ≋ ᯤ). À mi-chemin entre Calvi et Calenzana, une maison moderne, enchâssée dans une magnifique propriété plantée d'agrumes, très calme, d'où l'on aperçoit la baie de Calvi. Confort et bien-être sont au rendez-vous dans les 4 chambres (préférez la Cicca et la Verger, au mobilier de sdb dernier cri). Petit-déjeuner servi dans la véranda. Mention spéciale pour la jolie piscine, entourée d'un deck.

Le Calenzana – Chez Michel CORSE TRADITIONNEL €
(☎04 95 62 70 25 ; cours Saint-Blaise ; plats 7-21 €, menu 17 € ; ⊙mars à mi-jan). L'une des adresses les plus fréquentées du village, Chez Michel sert des pizzas, des pâtes et des plats corses à des tarifs attractifs. Ne soyez guère exigeant sur la déco – les chaises en plastique sur la terrasse mériteraient d'être remplacées.

A Stazzona CORSE TRADITIONNEL €€
(☎04 95 36 47 12 ; rue U Fondu ; plats 14-20 €, menu 20 € ; ⊙fermé déc). Dans une ancienne forge à l'entrée du bourg, cet établissement mitonne des plats corses honnêtes, notamment des poissons à la fraîcheur garantie (selon arrivage). Aux beaux jours, installez-vous sur la terrasse à l'arrière, au calme.

Achats

E Fritelle BISCUITS CORSES
(☎04 95 62 78 17 ; www.perrinchristian.com ; Tiassu Longu ; ⊙tte l'année lun-ven 7h-19h, sam 8h-12h30). Cette fabrique artisanale embaume les rues du village avec des parfums de citron, d'anis ou d'amande depuis plus de 20 ans. Christian Perrin confectionne d'excellents *canistrelli* et autres biscuits, notamment des *fritelle* (beignets au sucre parfumé).

A Lughjetta PRODUITS CORSES
(☎04 95 61 36 99, 06 09 76 57 83 ; 3 place de l'Église ; ⊙Pâques-déc). Un repaire gourmand où l'on s'approvisionne en confitures, miels, charcuterie et fromages fermiers, et condiments.

Montegrosso (Cassano, Lunghignano, Montemaggiore)

Ne cherchez pas de panneau indiquant Montegrosso, car il s'agit du nom de la commune, qui regroupe plusieurs hameaux, dont **Montemaggiore** (400 m d'altitude), à quelques kilomètres au nord de Calenzana, qui mérite le détour pour son panorama et l'**église baroque Saint-Augustin** (XVIIe siècle). En toile de fond se détache la paroi du Montegrosso, qui semble constituer une muraille infranchissable.

Chemin faisant, faites une halte-dégustation aux caves du **domaine d'Alzipratu** (☎04 95 62 75 47 ; www.domaine-alzipratu.com ; 2,5 km de Calenzana sur la D151), dont les cuvées Fiumeseccu devraient vous laisser un bon souvenir. Le domaine vend aussi de la confiture et de l'huile d'olive. Les caves se situent à 2,3 km de la **source Zilia**, ce qui tend à démontrer que le même terroir peut à la fois faire le bonheur des amateurs d'eau et de vin. L'**usine d'embouteillage** (☎04 95 65 90 70), à environ 1,8 km du village, se visite sur rendez-vous.

À 2,5 km de Zilia, à **Lunghignano**, le **moulin à huile U Fragnu** (☎04 95 62 75 51 ; www.ufragnu.com ; ⊙mi-mars à oct) borde la route. Si vous le visitez entre début avril et fin mai, vous assisterez au pressage des olives qui s'effectue encore comme autrefois, avec une meule de pierre actionnée par un âne. Le reste de l'année, vous pourrez acheter plusieurs crus d'huile d'olive, des produits de beauté à base d'huile et d'autres produits locaux.

Le hameau de **Cassano**, au charme fou, avec ses bâtisses serrées les unes contre les autres, rassemble les structures d'hébergement et de restauration du secteur.

Où se loger et se restaurer

E Casalte CHAMBRES D'HÔTES €€
(☎04 95 62 71 29 ; www.e-casalte.com ; Cassano ; d 75-80 € avec petit-déj ; ⊙tte l'année ; ❄ ᯤ). Au centre du village, cette haute maison peinte en rose et dotée de volets bleus, impeccablement réaménagée, comprend deux chambres confortables (mais la sdb de l'une d'elles est à l'extérieur de la chambre). Le petit-déjeuner se prend sur une terrasse, face à l'impressionnante muraille du Montegrosso.

Les Chambres d'hôtes de Magali CHAMBRES D'HÔTES €€
(☎04 95 21 25 33, 06 87 61 31 94 ; www.chambresdhotesdemagali.fr ; Cassano ; s/d 80/

85 € avec petit-déj ; ⏲tte l'année ; ❄📶). À quelques mètres de l'adresse précédente, cette jolie demeure de village se compose de 5 chambres gaies, décorées de touches évoquant les années 1930 et l'Art nouveau (verres de Clichy, opalines, appliques en barbotine), toutes de couleurs différentes (framboise, vert, rose, chocolat). À noter : les sdb n'ont pas de porte, mais un rideau. Réservez la 1 et la 5, qui bénéficient d'une vue directe sur le Montegrosso.

Chez Jean-Philippe – Le Barbylone RESTAURANT €

(☎04 95 62 78 51 ; Cassano ; plats 10-15 € ; ⏲tte l'année). Éloge de la simplicité pour cette adresse de village... En face de l'église de Cassano, prenez place sur la terrasse ou dans la petite salle, et régalez-vous des plats corses simples mais d'une fraîcheur absolue réalisés par la mamma Agostini, notamment les beignets de courgette, sa spécialité.

Auberge de Calia AUBERGE €€

(☎04 95 60 57 87 ; Cassano ; plats 13-20 €, menu 24 € ; ⏲avr-sept). Une auberge accueillante, installée dans une maison en pierre. Cuisine locale bien préparée.

L'Ortu di Ziu Simone RESTAURANT DE JARDIN €€

(☎04 95 61 32 11, 06 48 09 53 73 ; Cassano ; menu 22 €, sur réservation ; ⏲mai-début sept). Une formule originale : on dîne dans un jardin en restanque, aménagé avec dais, mobilier, nappes blanches et lanternes, face au Montegrosso. Les habitants du secteur recommandent la cuisine méditerranéenne qui est proposée. À l'entrée de Cassano, un peu après l'auberge de Calia.

Forêt et cirque de Bonifato (Bonifatu)

Rafraîchissante parenthèse à l'ombre des conifères, la forêt de Bonifato, tout comme le cirque du même nom, séduira autant les promeneurs que les randonneurs. Les lieux semblent avoir été placés sous une bonne étoile dès leur baptême. Étymologiquement, “Bonifatu” signifie “endroit où il fait bon vivre”. Au début du siècle, les abords du cirque étaient fréquentés par les convalescents en quête d'eau et d'air purs. Le lieu a visiblement su préserver cette qualité écologique, car il a maintenant la faveur des mouflons, renards, gypaètes barbus, sittelles corses et sangliers. Située entre 300 et 1 950 m d'altitude, la forêt de Bonifato est plantée de pins maritimes, de pins laricios, de chênes verts et d'autres feuillus. Ces différentes essences couvrent une superficie d'environ 3 000 ha, en grande partie dans le cirque du même nom. Plutôt qu'une cuvette, celui-ci présente l'aspect d'une suite de crêtes et d'arêtes enchevêtrées, étonnantes pour les couleurs rougeâtres, cuivrées ou vert-de-gris que leur donne le soleil au fil de sa course. La forêt et le cirque de Bonifato vivaient naguère au rythme de la transhumance. De nos jours, ils sont principalement fréquentés par les randonneurs, notamment ceux qui arpentent le GR®20.

Vous aurez besoin d'un véhicule pour atteindre le cirque et la forêt. De Calvi, prenez la route de l'aéroport et continuez sur une vingtaine de kilomètres. Un panneau signale la forêt domaniale de Bonifato, 7 km après l'embranchement de la route de Calenzana. Vous parviendrez au col de la Bocca Rezza (510 m) – qui dévoile un décor minéral de toute beauté – 2 km plus loin. Le col précède de peu la maison forestière, l'auberge et le parking, payant en été (2/3,50 € moto/voiture).

Activités

Un petit **itinéraire pédestre** part du parking, non loin de l'Auberge de la Forêt (voir ci-dessous). Cette piste forestière, fermée à la circulation, ne présente aucune difficulté : elle longe la rivière de la Figarella, agrémentée de **vasques** dans lesquelles vous pourrez vous baigner.

Bonifato est également le point de départ du sentier qui mène aux refuges de Carozzu (2 heures environ) et d'Ortu di u Piobbu (3 heures environ), situés sur le GR®20. Ces **randonnées** de niveau moyen sont un bon moyen de découvrir le cirque dont on n'a depuis le bas qu'un faible aperçu. Le tracé vers le refuge de Carozzu est décrit p. 292.

L'équipe d'**Altre Cime** (☎04 95 65 81 86 ; www.altre-cime.com ; Auberge de la Forêt, Calenzana ; ⏲tte l'année), composée de guides de haute montagne et d'accompagnateurs qualifiés, encadre des randonnées de différents niveaux au départ de l'auberge.

Où se loger et se restaurer

Auberge de la Forêt AUBERGE €

(☎04 95 65 09 98 ; www.auberge-foret-bonifatu.com ; forêt de Bonifato ; bivouac adulte/enfant 8/4 €, gîte 18 €, demi-pension gîte 38 €/pers, d 66-70 €, demi-pension s/d 58 €/pers ; plats 10-15 €, menus 21-23 € ; ⏲avr-début oct). Cette belle auberge située en pleine nature répond aussi bien aux souhaits des randonneurs que des visiteurs de passage.

Située à hauteur du parking, elle propose différentes formules d'hébergement : des chambres avec douches chaudes (toilettes sur le palier) ; 4 dortoirs de 3 lits superposés, installés dans des chalets en bois tout neufs qui s'étagent à flanc de montagne parmi les arbres, dotés d'un bloc de sanitaires ; une aire de bivouac pour les campeurs. Le restaurant sert une cuisine locale, en salle ou sous une tonnelle aérée. Cartes de crédit non acceptées.

DE CALVI À L'ÎLE-ROUSSE

Lumio et marine de Sant'Ambroggio

Est-ce l'effet de la lumière qui baigne ce village bien nommé ? Toujours est-il que les bougainvilliers y fleurissent jusqu'en hiver. On quitte la N197 une dizaine de kilomètres après Calvi pour gagner le centre de Lumio, qui se dresse fièrement à flanc de colline, en balcon, au-dessus de la baie de Calvi. Côté mer, la marine de Sant'Ambroggio offre tous les services ayant trait à la navigation de plaisance, et des commerces regroupés dans de mornes constructions modernes, derrière lesquelles s'étend une succession de lotissements résidentiels sans grand charme. Pour la baignade, vous trouverez plusieurs plages et de merveilleuses criques dans les environs.

À voir et à faire

Chapelle Saint-Pierre-et-Paul ART ROMAN

À la sortie de Lumio, en direction de Calvi (panneau indicateur), cette chapelle romane du XIe siècle se dresse au milieu d'un cimetière, à 200 m de la route nationale. Construite en beau granite jaune, elle comporte cinq arcades agrémentées de beaux motifs décoratifs, sous forme de cercles et de losanges.

Hameau d'Occi PROMENADE À PIED

De Lumio, une belle promenade à pied d'environ 1 heure et demie aller-retour vous conduira, après une montée un peu rude, au hameau abandonné d'Occi où vous attend un superbe panorama sur le golfe de Calvi. Les habitants de la pointe de Spano (Punta di Spano) s'étaient installés à Occi au XVe siècle pour échapper aux raids des Sarrasins. Les ruines des maisons en pierre sèche, qui semblent suspendues au-dessus de la côte, entourent encore l'émouvante petite église, qui a été restaurée. On peut aussi voir l'ancienne aire de battage du blé. Une sorte de chemin de ronde ceint le village, que ses derniers habitants ont quitté dans les années 1920. Le chemin débute au parking situé à côté de l'hôtel-restaurant Chez Charles, un peu en retrait de la N197.

Punta di Spano BAIGNADE

Envie de faire trempette dans un cadre naturel sauvage ? Descendez à la marine de Sant'Ambroggio. De là, prenez la petite route jusqu'à la Punta di Spano : imaginez une pointe isolée creusée d'une petite anse parsemée d'énormes rochers aux formes arrondies, au milieu desquels on se baigne dans de minuscules **criques**, avec la ville de Calvi coiffée de sa citadelle en toile de fond. Vous pouvez stationner sur le parking, terminus de la route, juste au-dessus de la pointe.

Plage de l'Arinella BAIGNADE ET SNORKELING

Autre bel endroit pour la baignade, cette plage de sable fin est accessible par une petite route qui s'embranche sur la N197 (ou par le Tramway de la Balagne). Vous pourrez vous restaurer les pieds dans l'eau au Matahari (voir *Où se loger et se restaurer*). La route continue jusqu'à la **Punta Carchintu**, parsemée de criques rocheuses.

L'association **I Sbuleca Mare** (06 80 41 67 23 ; http://isbulecamare.free.fr ; adulte/enfant 16/12 € ; juin-sept) propose une formule originale et ludique pour découvrir l'écosystème du littoral : un sentier sous-marin. Au cours de la sortie (45 minutes), dans les eaux cristallines de la pointe Caldanu, le moniteur vous accompagnera et vous donnera toutes les explications sur l'environnement. Le matériel (combinaison, palmes, masque, tuba) est fourni. Le cabanon d'accueil se trouve à l'entrée du parking de la plage de l'Arinella.

Gaec de l'Astratella HUILES ESSENTIELLES

(04 95 60 62 94 ; www.astratella.com ; Salduccio ; lun-sam 14h-19h, jusqu'à 18h hors saison). Si la fabrication des huiles essentielles biologiques (myrte, genévrier, immortelle, eucalyptus...) vous intéresse, faites halte dans cet établissement, dont les produits sont également proposés à la vente. En venant de Calvi, prendre la direction de Salduccio à droite avant Lumio.

Cercle équestre de Balagne BALADE ÉQUESTRE

(04 95 60 66 66, 06 13 42 27 62 ; Le Cormoran, N197, Lumio ; tte l'année). Ce centre équestre

met ses poneys et chevaux à la disposition des petits et des grands pour des promenades ou des randonnées (à partir de 25 € l'heure). À 3 km avant Lumio en venant de Calvi, sur la droite juste après la caserne de la Légion étrangère.

Où se loger et se restaurer

Le Panoramic CAMPING €
(04 95 60 73 13 ; www.le-panoramic.com ; route de Lavatoggio, Lumio ; adulte/enfant/tente/voiture 8,20/4,10/3,50/3,20 € en haute saison ; mai à mi-sept). Ce camping tranquille installé dans les hauteurs, dont les terrasses s'étagent à l'ombre des eucalyptus et des platanes en offrant une large vue de la côte, jouit d'un cadre magnifique. On peut se restaurer au bord de la piscine ou s'approvisionner à l'épicerie. Également mobile homes.

U Cafè di a Mossa CAFÉ €
(04 95 60 61 45 ; 3 pl Charles-Moretti ; plats 10-13 € ; tlj). Dans cet authentique café de village, vous vous sustenterez tout en profitant de l'animation assurée par les habitués et de la belle vue sur la mer depuis la terrasse ombragée par un grand platane.

Le Matahari RESTAURANT DE PLAGE €€
(04 95 60 78 47 ; www.lematahari.com ; plage de l'Arinella ; plats 13-30 €, menu soir 39 € ; tlj sauf lun soir avr à mi-oct). Le sable de la plage de l'Arinella, une petite crique idyllique avec vue sur la citadelle de Calvi, accueille les tables et chaises en teck du Matahari. L'exotisme caractérise aussi bien la décoration (magnifique collection d'orchidées d'Indonésie, statue du Bouddha), que la cuisine. Les prix sont un peu élevés, mais l'ambiance est décontractée et le cadre magique, notamment le soir, quand les flammes des bougies et des flambeaux dansent sur le sable...

Le Rocher RESTAURANT DE PLAGE-CLUB €€
(06 03 83 50 21 ; Punta di Spano ; plats 13-25 € ; juin à mi-sept). Une adresse discrète, qu'il faut dénicher à la Punta di Spano, encadrée par des massifs rocheux. Attablez-vous face aux eaux turquoise qui baignent les criques et faites-vous plaisir avec une cuisine inventive. Le soir en saison, l'établissement propose des soirées avec DJ.

Algajola

À mi-chemin entre cette dernière et L'Île-Rousse, cette localité balnéaire tranquille attire avant tout un public familial, composé en grande partie d'habitués, ainsi que des surfeurs lorsque les rouleaux déferlent. Reliée en été à L'Île-Rousse et à Calvi par le train des plages, Algajola compte quelques restaurants et boutiques, et surtout une plage de sable fin.

Peu de traces demeurent du passé militaire du bourg, ravagé par les Sarrasins au milieu du XVIIe siècle. Des vestiges retrouvés sur place témoignent de son occupation par les Romains, et la "citadelle", où siégea quelques années le gouvernement de Balagne, est aujourd'hui propriété privée. Algajola était jadis réputé pour sa carrière de granite porphyrique (une roche magmatique riche en cristaux colorés), actuellement inexploitée.

À voir et à faire

Plage d'Aregno BAIGNADE ET ACTIVITÉS NAUTIQUES
Quelle merveille : la plage d'Aregno déroule son tapis de sable blanc entre la sortie est du bourg et la pointe Varcale, soit 3 km. Elle fait la joie des familles, des adeptes des sports nautiques et des surfeurs. Pour les activités nautiques, la dynamique équipe de moniteurs de **Sport & Nature** (06 80 24 82 47 ; www.algajola-sportetnature.com ; plage d'Aregno ; mai-oct) propose du kayak de mer, du surf, de la planche à voile, du "skibus" (bouée tractée), du snorkeling et de la plongée.

Des adeptes du naturisme fréquentent parfois le secteur de la pointe Varcale, également un lieu de rencontre entre gays.

Où se loger et se restaurer

Saint-Joseph HÔTEL FAMILIAL €€
(04 95 60 73 90 ; www.hotel-algajola.com ; 1 chemin de Ronde ; s 61-105 €, d 65-143 € selon saison et vue, petit-déj 1 € ; tte l'année ; P). Familial, tranquille et sans aucune prétention, cet hôtel bâti sur un site agréable au pied de l'ancienne poudrière offre des chambres correctes, aux sdb spacieuses (mais le mobilier est dépassé), avec balcon ou terrasse (pas de vue sur la mer directe). Le jardin de l'hôtel surplombe la mer, et la plage est à quelques minutes à pied. Sept nouvelles chambres, modernes, ont été ajoutées en 2011.

Hôtel de la Plage – Les Arcades HÔTEL €€
(04 95 60 72 12 ; www.hotelalgajola.fr ; 15 route nationale ; s 65-105 €, d 70-120 € selon orientation et saison, petit-déj inclus ; 15 avr-15 oct ;). Installé dans une vieille bâtisse à arcades, cet hôtel doit son attrait à son

architecture, à la proximité immédiate de la mer, que l'on découvre dans l'embrasure de chaque fenêtre, à son balcon-terrasse et à ses petits salons tranquilles cachés dans les recoins. Confort simple et déco passe-partout.

Hôtel Serenada HÔTEL €€
(☎04 95 36 43 64 ; www.hotel-serenada.com ; d 95-167 € selon orientation et saison, petit-déj inclus ; ⊙avr-sept ; P ❄ 📶). Dans une bâtisse habillée d'un beau crépi rose, le Serenada est l'hôtel le plus récent de la station. Il dispose de chambres à la déco actuelle et de bons équipements, à proximité immédiate de la plage, mais toutes les chambres n'ont pas vue sur la mer.

Stella Mare HÔTEL €€
(☎04 95 60 71 18 ; www.stellamarehotel.com ; d 65-135 € selon vue et saison ; ⊙avr-oct ; P ❄ 📶). À deux pas de la gare d'Algajola, dans une demeure aux volets bleus entourée d'un beau jardin, les chambres affichent une élégante déco contemporaine ; les plus chères donnent sur la mer. La terrasse extérieure aux confortables alcôves aménagées sous des arcades, les petits-déjeuners copieux et l'accueil prévenant font de cette adresse une étape agréable.

U Castellu RESTAURANT ET CHAMBRES D'HÔTES €€
(☎04 95 60 78 75 ; www.ucastelluchambresdhotes.com ; 10 pl du Château ; d 90-160 € selon confort, avec petit-déj ; plats 15-18 €, menu 20 € ; ⊙mars-oct ; ❄ 📶). Face au fort crénelé, dans une ancienne maison de village, U Castellu est servi par un cadre exceptionnel et une jolie terrasse avec mobilier en teck. Les 5 chambres sont lumineuses, accueillantes et pimpantes, avec quelques notes rustiques.

La Vieille Cave RESTAURANT €€
(☎04 95 60 70 09 ; 9 pl de l'Olmo ; plats 14-27 €, menus 21-23 € ; ⊙avr à mi-oct). Si l'extérieur est un peu banal, malgré le bel aulne (*olmo*) qui agrémente la terrasse, la salle installée dans une ancienne cave voûtée l'est beaucoup moins. Cette table offre un large choix de poisson, de viande, de pâtes et même des pierrades.

N'oublions pas les paillotes sur la plage d'Aregno, dont **Le Padula** (☎04 95 60 75 22 ; plats 10-21 € ; ⊙avr-oct), un grand classique, réputé pour ses tarifs raisonnables (pizzas à 10 €) et la discrète **A Rotta** (☎04 95 60 74 85 ; ⊙mai-sept), cachée au milieu des tamaris et des lauriers-roses, à l'extrémité nord de la plage, vers la pointe de Varcale.

L'ÎLE-ROUSSE (ISULA ROSSA)

3 000 HABITANTS

Coup de cœur assuré pour L'Île-Rousse, une belle cité balanine qui s'insère dans un environnement de toute beauté : la vieille ville, parcourue de venelles pavées débouchant sur des places animées, campe au bord d'une vaste baie, limitée au nord-ouest par une presqu'île de porphyre rouge (qui a valu son nom à la ville) et au sud par une belle plage de sable blanc bordée par une agréable promenade.

C'est hors saison (y compris pendant les mois d'hiver) que L'Île-Rousse se présente sous son meilleur jour. En juillet-août, la cité paolienne est souvent congestionnée par la circulation automobile et la vieille ville est envahie par les terrasses des restaurants. Victime de son succès, L'Île-Rousse est devenue une cible de choix pour les promoteurs immobiliers ; au cours des dernières années, de nombreuses résidences secondaires ont poussé à la périphérie de la ville.

Au cœur de la Balagne, la ville est une excellente base pour explorer les villages de l'arrière-pays.

Histoire

Selon certaines sources, la cité d'Agilla dont parle Ptolémée aurait jadis occupé le site de l'actuel port de L'Île-Rousse. Les Romains y fondèrent ensuite un comptoir qui fut abandonné dans des circonstances méconnues, vraisemblablement liées à des incursions barbaresques. La ville fit à nouveau parler d'elle à partir de 1758, lorsque le patriote Pascal Paoli choisit ce qui était devenu un modeste hameau de pêcheurs pour édifier une cité portuaire capable de rivaliser avec la génoise Calvi. L'Île-Rousse est restée une plaque tournante commerciale jusqu'à la Première Guerre mondiale, avant de décliner lentement. Le tourisme a pris le relais.

Orientation

En venant de Bastia, on pénètre dans la ville par l'avenue Paul-Doumer jusqu'à la courte avenue Piccioni, qui conduit à la place Paoli, cœur de la ville. Au nord de la place, quatre rues étroites (rue Notre-Dame, rue Paoli, rue de Nuit et rue Napoléon), de part et d'autre du marché couvert, concentrent une grande partie des restaurants et des commerces. Le port des ferries se situe sur la péninsule de la Pietra, au nord de la ville. La plage débute à l'est de la place Paoli et se prolonge vers le sud-est. De mai à septembre, les 2 parkings de la ville (l'un sur la place Paoli, l'autre sur la route de Monticello, juste après la poste) sont payants.

Renseignements

Office de tourisme (☎04 95 60 04 35 ; www.ot-ile-rousse.fr ; av. Calizi ; ⏲lun-sam 9h-19h, dim 10h-13h mi-juin à mi-sept, lun-ven 9h-12h et 14h-18h hors saison). Loue des visioguides sur la ville (5 €).

Movie' Store (route de Calvi ; 5 € l'heure ; ⏲lun-sam 10h-24h, dim 14h-24h) propose un **accès Internet**.

À voir

Vieille ville CENTRE ANCIEN

La **place Paoli** (remarquez la statue du grand homme), où les joueurs de pétanque ont leurs habitudes, marque le cœur de la cité. À l'ouest se détache l'**église de l'Immaculée-Conception**, à l'allure altière. Immédiatement au nord de la place, le **marché couvert**, bel édifice du XIXe siècle classé monument historique, se signale par ses 21 colonnes antiques. En saison, il accueille le matin des étals animés proposant miel, charcuterie, fromages et autres. Derrière le marché, les rues (Notre-Dame, Napoléon et Pascal-Paoli) du centre ancien sont flanquées de belles demeures aux volets colorés.

Presqu'île de la Pietra PROMONTOIRE

Vous pouvez vous rendre à pied jusqu'à l'île de la Pietra, coiffée d'une **tour génoise** et d'un **sémaphore**. Profitez du panorama sur la mer et sur la ville.

Parc de Saleccia JARDIN BOTANIQUE

(☎04 95 36 88 83 ; www.parc-saleccia.fr ; route de Bastia ; tarif plein/réduit 8/6 € ; ⏲mar-ven 9h30-19h, lun et sam 14h-19h, dim et jours fériés 10h-19h avr-juin et sept ; tlj 10h-19h30 juil-août ; mar-ven et dim 10h-18h oct). Ne quittez pas L'Île-Rousse sans avoir flâné dans ce magnifique parc botanique et paysager de 7 ha, dédié à la flore du maquis, de la Méditerranée et d'autres régions du globe à climat méditerranéen. Oliviers, figuiers, cistes, myrtes, immortelles, lauriers... n'auront plus de secrets pour vous après la visite (comptez 1 heure 30), qui vous apprendra par ailleurs que l'île comptait jadis 12 millions d'oliviers contre à peine 180 000 aujourd'hui. À 4 km du centre-ville en direction de Bastia.

Plages

La belle **plage de la ville**, idéale pour les enfants, est bordée par la **promenade A Marinella**, la "Croisette" locale. Elle se prolonge vers le nord après quelques rochers par la **plage de Caruchetu**, d'où l'on peut emprunter un sentier pour se balader sur les falaises parmi les eucalyptus. Au sud de la ville, la superbe **plage de Bodri**, accueille des naturistes à son extrémité nord. En voiture, descendre après le camping Bodri jusqu'au parking (payant en été). De là, un chemin champêtre vous conduira à la plage (300 m). À pied, elle est accessible de L'Île-Rousse par le chemin des douaniers qui part au sud de la gare et longe la mer.

Activités

Plongée et snorkeling

L'Île-Rousse est une bonne base pour découvrir les richesses des fonds sous-marins le long de la côte et dans la baie. Les deux centres de plongée de la ville organisent des sorties adaptées à tous les niveaux. Comptez 45 € le baptême, 40 € l'exploration (matériel inclus) et 330 € la formation au niveau 1. Pour les amateurs de snorkeling, des **randonnées palmées** (20-25 €), encadrées par un moniteur qui apporte des éclairages sur l'écosystème, sont également organisées, le long des îlots de la Pietra.

Beluga Diving (☎04 95 60 17 36, 06 82 04 95 10 ; www.beluga-diving.com ; port de plaisance ; ⏲avr à mi-oct)

École de plongée de L'Île-Rousse (☎04 95 60 36 85 ; www.plongee-ilerousse.com ; ⏲mars-nov)

Activités nautiques

Le **Club nautique de L'Île-Rousse** (☎04 95 60 22 55 ; www.cnir.org ; ⏲mi-mars à mi-déc), sur la plage, en face de la gare, propose des séances d'initiation ou de perfectionnement dans plusieurs disciplines, dont la **voile** (catamaran, Optimist et voilier habitable) et la **planche à voile**. Il est également possible de louer un **kayak de mer** ou de participer à une excursion guidée en kayak autour des îlots de la Pietra (2 heures, 30 €).

Où se loger

BON PLAN **Le Grillon** HÔTEL-RESTAURANT €

(☎04 95 60 00 49 ; www.hotel-grillon.net ; 10 av. Paul-Doumer ; s 43-65 €, d 44-67 € selon saison ; ⏲mi-mars à fin oct ; P ❄ 📶). Une aubaine pour les budgets serrés. Ne soyez pas découragé par l'emplacement, au bord de l'artère principale, car la partie hôtel est à l'arrière du bâtiment. Récemment rénovées, les chambres sont décorées de meubles cérusés et équipées de sdb modernes. Certaines possèdent un balcon

L'Île-Rousse (Isula Rossa)

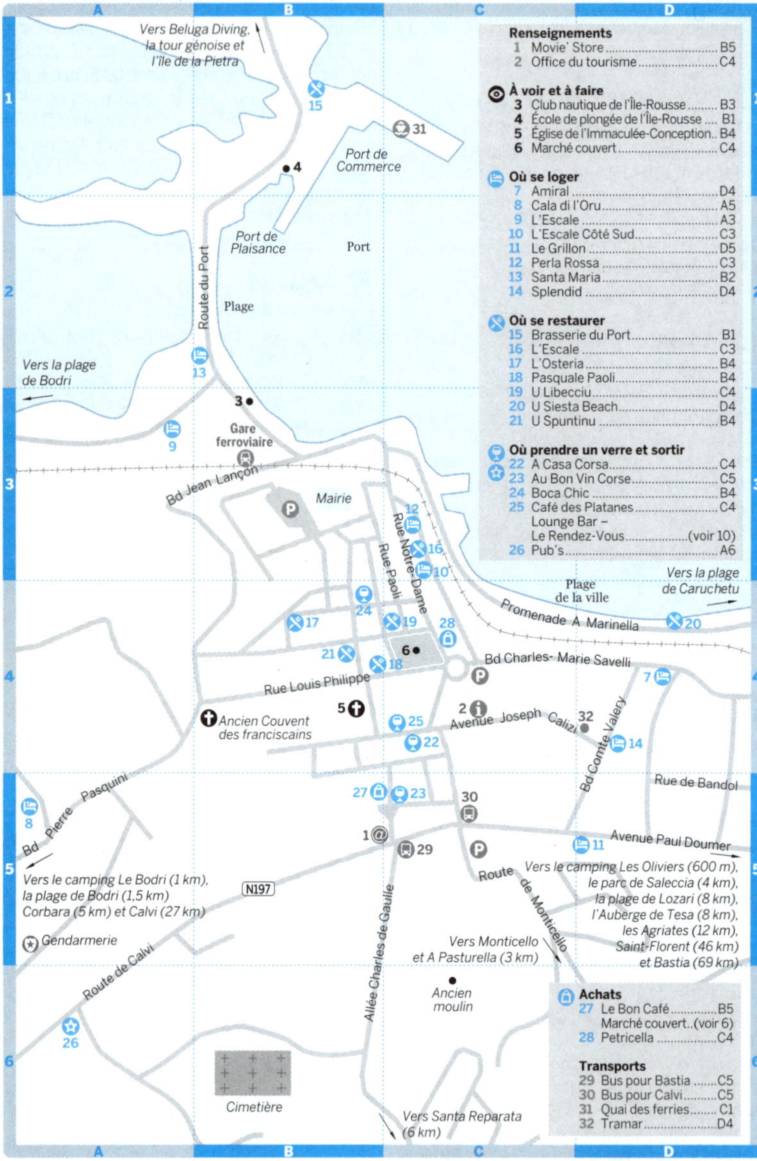

donnant les montagnes. La demi-pension est demandée en août (55 €/pers). À 100 m de la plage.

Cala di L'Oru HÔTEL €€

(☎04 95 60 14 75 ; www.hotel-caladiloru.com ; bd Pierre Pasquini ; d 69-127 € selon confort et saison ; ⏲mars-oct ; P❄🏊📶). Une valeur sûre. Dans un quartier résidentiel très calme, à seulement 600 m du centre-ville, l'établissement est posé au milieu d'un jardin impeccablement entretenu – on a l'impression d'être à la campagne. Les chambres présentent un confort simple, avec un mobilier passe-partout, mais les tableaux colorés dans les parties communes apportent une note de fantaisie. La piscine étincelante est un plus.

Amiral HÔTEL €€

(☎04 95 60 28 05 ; www.hotel-amiral.com ; bd Charles-Marie-Savelli ; d 80-120 € selon confort et saison ; ⏱avr-sept ; P ❄ 📶). À défaut de vous séduire par son architecture (imaginez un cube de béton), ce petit hôtel moderne de 2 étages possède un emplacement de rêve, face à la mer, et à 150 m du centre-ville. Les chambres sont bien tenues et de bon confort, avec balcon. Les plus chères ont vue sur la mer. Agréable terrasse en teck sur le devant, idéale pour siroter un apéritif.

Splendid HÔTEL €€

(☎04 95 60 00 24 ; www.le-splendid-hotel.com ; av. Comte-Valéry ; s/d avec petit-déj 54,50-100/63-110 € selon saison et vue ; ⏱fin mars à fin oct ; P ❄ 🏊 📶). Impossible de ne pas remarquer cette imposante bâtisse rose précédée de palmiers, à 150 m de la place Paoli et 100 m de la plage. Doté d'une jolie piscine entourée d'arbres, le Splendid propose des chambres décorées de beaux carrelages et de touches de couleur, mais seules dix d'entre elles sont climatisées. Le bar et la salle à manger arborent des enduits lumineux dans des teintes pastel. Un bon point pour le buffet petit-déjeuner, copieux, pour l'ambiance, décontractée, et pour les tarifs, pas excessifs pour L'Île-Rousse. Parking payant (5 € jour).

Santa Maria TROIS-ÉTOILES €€

(☎04 95 63 05 05 ; www.hotelsantamaria.com ; route du Port ; s/d 87-330/100-330 € selon confort et saison, petit-déj inclus ; ⏱tte l'année ; P ❄ 🏊 📶). Ce trois-étoiles qui a fait l'objet d'une rénovation récente est très bien situé, en bordure d'une petite plage face aux îles Rousses. La décoration comporte une touche contemporaine bienvenue et les chambres, dotées d'une petite terrasse, sont colorées et bien équipées. La piscine et le Jacuzzi figurent également parmi les atouts de cet établissement.

L'Escale HÔTEL-MOTEL €€

(☎04 95 60 27 08 ; www.hotelilerousse.com ; lotissement des Îles ; d 62-110 € selon saison ; ⏱tte l'année ; P ❄). Dans une rue tranquille à deux pas de la plage et de la base nautique, ce motel loue des chambres claires, avec coin-cuisine. Sur l'arrière, la terrasse jouxte un agréable petit jardin planté de gazon où les enfants trouveront des jeux.

L'Escale Côté Sud HÔTEL DE CHARME €€

(☎04 95 60 27 08 ; www.hotel-cotesud.com ; 22 rue Notre-Dame ; d 85-214 € selon confort et saison, ste 335-664 € ; ⏱tte l'année ; ❄ 📶). Un bel exemple de rénovation, dans un bâtiment de la vieille ville. Au choix, 14 belles chambres, dont 4 avec vue sur la mer, et une magnifique suite au dernier étage, sans doute le plus beau nid d'amour de L'Île-Rousse. La décoration résolument design, dans les tons blancs et gris, confère une ambiance zen à cette adresse. Au rez-de-chaussée, vous pourrez vous détendre au Lounge Bar (voir *Où prendre un verre*).

Perla Rossa HÔTEL DE CHARME €€€

(☎04 95 48 45 30 ; www.hotelperlarossa.com ; 30 rue Notre-Dame ; ste 190-590 € selon saison et confort, petit-déj 15-25 € ; ⏱avr-oct ; ❄ 📶). Installé dans l'une des plus anciennes maisons de la ville, magnifiquement restaurée, ce quatre-étoiles offre 10 suites spacieuses et élégantes. La décoration épurée joue sur la complémentarité des tons clairs et foncés et met en valeur les beaux volumes des pièces voûtées. Emplacement idéal, à quelques pas de la mer et au cœur de la vieille ville. Seul hic : l'absence de parking.

Autres options, deux campings :

Les Oliviers (☎04 95 60 19 92, 06 15 35 00 45 ; www.camping-oliviers.com ; route de Bastia ; adulte/tente/voiture 7/3,50/3,50 € ; ⏱avr-sept). Fleuri et agréable, ce camping accueillant offre de bons emplacements et des équipements variés. À 800 m de la ville en direction de Bastia et à 200 m d'une petite plage de galets.

Le Bodri (☎04 95 60 10 86 ; www.campinglebodri.com ; route de Calvi, lieu-dit Bodri ; adulte/tente/voiture 7/5/4 € ; ⏱mai-sept). Un kilomètre après L'Île-Rousse en direction de Calvi, Le Bodri descend en pente douce parmi les eucalyptus et les pins vers la belle plage de Bodri, à 200 m de là par un sentier. Vaste et bien équipé, il possède une épicerie, une cafétéria et une laverie.

Où se restaurer

L'Escale BRASSERIE €

(☎04 95 60 10 53 ; rue Notre-Dame ; plats 12-29 € ; ⏱tte l'année). Cette affaire familiale remporte un franc succès depuis de nombreuses années grâce à une formule sûre : une carte variée misant avant tout sur les produits de la mer – moules, gambas, poissons – à prix raisonnables, ainsi que des plats simples (salades, pâtes, assiettes composées) et de généreuses coupes glacées.

INTERVIEW

LA PLACE PAOLI, UN TERRAIN DE RÊVE POUR LA PÉTANQUE

Guy Emmanuelli, secrétaire général de l'association Sport Pétanque Île-Rousse Balagne.

"De l'avis de beaucoup de pratiquants, il existe peu d'endroits plus agréables en Corse pour jouer à la pétanque que la place Paoli. Et en retour, il est vrai que cette superbe place doit une grande part de son charme au fait qu'elle est un haut lieu de la pétanque.

L'association permet à ses 115 licenciés de jouer tous les jours de l'année, créant ainsi une animation particulièrement appréciable notamment hors saison. Elle draine les boulistes de nombreux villages environnants : Corbara, Monticello, Pigna, Santa-Reparata, Lama et bien d'autres... Ils jouent sur la cinquantaine de terrains de jeux naturels qui peuvent être tracés sur la place Paoli. Les joueurs de tous les niveaux, connus et inconnus, aussi bien locaux que continentaux peuvent se joindre à eux. Chaque jour, des "mêlées" sont organisées, avec tirage au sort pour former les équipes, qui s'affrontent lors d'un miniconcours que tout un chacun a ainsi une chance de remporter.

Depuis 2005, nous organisons le Challenge National Pascal Paoli, une manifestation sportive et ludique, qui se déroule pendant 3 jours, la 2e quinzaine de septembre. Ce grand concours prisé par les champions de la spécialité l'est aussi par des personnalités du monde du spectacle et du sport qui, chaque année, mettent un point d'honneur à être présents.

Alors, sans hésitation, tous à vos boules pour passer un bon moment !"

L'Osteria BISTROT €€

(04 95 31 90 90 ; plats 12-24 €, menu 25 € ; tte l'année). Nous sommes tombés sous le charme de cette excellente adresse, reprise en 2010 par un jeune couple d'Île-Roussiens. La déco des lieux est inspirée, mêlant l'ancien et le moderne (salle voûtée, pierres apparentes, mobilier au goût du jour, façade peinte en gris), tout comme la cuisine, à l'ardoise, qui se partage entre des plats classiques (veau aux olives) et des compositions plus originales (saint-pierre aux poivrons caramélisés), servies sur de belles assiettes.

U Spuntinu TRADITIONNEL €€

(04 95 60 00 05 ; 1 rue Napoléon ; plats 15-22 €, menus 22-26 € ; lun-sam mi-fév à mi-déc, dim midi en saison). Dans cet établissement familial installé depuis 1974 dans une ruelle de la vieille ville, on déguste une cuisine corse correctement travaillée. Idéale pour les indécis face à la carte, la copieuse assiette corse, spécialité de la maison, fait le tour des saveurs insulaires.

U Libecciu MOULES ET PÂTES €€

(04 95 60 13 82 ; www.ulibecciu.com ; rue Notre-Dame ; plats 10-28 € ; avr-oct). Amateurs de moules et de pâtes fraîches, faites halte dans ce repaire gourmand situé juste derrière le marché couvert, à l'entrée d'une ruelle animée de la vieille ville. Également spécialités de gambas géantes, et pâtisseries maison.

Brasserie du Port BRASSERIE €€

(04 95 60 10 66 ; quai des ferries ; plats 8-20 €, menus midi 16-18 € ; tte l'année). De la grande salle moderne aux baies vitrées ou depuis la vaste terrasse en bois, on bénéficie d'une vue sur l'activité du quai, la baie et la ville, avec les montagnes en arrière-plan. Côté gustatif, n'attendez aucune prouesse, mais la carte variée (poissons, viandes, salades, pâtes et pizzas) permet de caler un petit creux sans malmener son porte-monnaie.

A Siesta Beach PAILLOTE CHIC €€

(04 95 60 28 74 ; www.a-siesta.com ; promenade A Marinella ; plats 13-28 €, formule midi en sem 16 €, menu 25 € ; avr-oct). Quel bonheur de découvrir un mobilier moderne, des nappes immaculées et une belle charpente apparente, qui se prolonge par une terrasse en teck très agréable, dans cette paillote à l'emplacement imprenable, directement sur la plage. La carte explore différents territoires, des viandes aux produits de la mer, en passant par les pâtes.

Pasquale Paoli GASTRONOMIQUE €€€

(04 95 47 67 70 ; www.pasquale-paoli.com ; 2 pl Paoli ; plats 21-40 €, menus 45-80 ; tlj soir juil-août, tlj sept, fermé lun midi, mer et dim soir oct-juin). Une adresse de référence dans toute la Balagne. L'accueil de Dumé Casta et le talent du chef Ange Cananzi vous laisseront un excellent souvenir. Ici, les dizaines de mets, sur la grande ardoise,

sont cuisinés à partir de produits frais choisis chez les meilleurs producteurs. La petite salle blanchie à la chaux, gardée par un buste de Pasquale Paoli, à la hauteur de la réputation du restaurant, mais aux beaux jours on peut s'installer sur la jolie terrasse qui domine la place Paoli.

Où sortir et prendre un verre

Café des Platanes BRASSERIE
(pl Paoli ; tte l'année). L'une des adresses phares de la place Paoli, avec une grande terrasse ombragée.

A Casa Corsa BAR À VIN
(Maison Giansily ; 22 pl Paoli ; Pâques à mi-nov, 8h-24h). Installez-vous autour d'un tonneau devant la boutique ou sur la terrasse abritée par une jolie pergola de style Art nouveau et dégustez un verre de vin corse accompagné d'une planche de charcuterie maison ou de fromages locaux.

Au Bon Vin Corse BAR À VIN
(pl Delanney ; tte l'année). Ce bar à vin convivial offre une bonne sélection de vins corses, notamment un excellent muscat de Patrimonio.

Lounge Bar – Le Rendez-Vous LOUNGE BAR
(22 rue Notre-Dame ; tte l'année). Un lieu très tendance mais accueillant sans ostentation, au rez-de-chaussée de L'Escale Côté Sud (voir Où se loger). Fauteuils blancs, sofas, baies vitrées face à la mer, touches de couleurs... On peut y prendre son petit-déjeuner ou siroter un cocktail.

Boca Chic BAR À TAPAS
(1 rue Dominique-Fioravanti ; tte l'année). Dans une étroite ruelle de la vieille ville. Refaites le monde autour d'un verre de vin corse ou d'un mojito en picorant des tapas.

Pub's BOÎTE DE NUIT
(route de Calvi ; tte l'année). Ce bar-restaurant-discothèque, l'un des lieux les plus animés de la ville les nuits d'été, vous attend à environ 800 m du centre.

Achats

Marché couvert MARCHÉ
(tlj 8h-13h). Chaque matin, des artisans proposent leurs spécialités sous les colonnes de la vieille halle. Étals de poissons également (un seul offre encore la pêche locale), et de fruits et légumes provenant en partie de producteurs locaux.

Petricella BIJOUX
(04 95 60 26 52 ; 2 rue Notre-Dame ; 9h-12h et 14h-19h mars-oct). Dans cette petite caverne d'Ali Baba, vous trouverez des bijoux à tous les prix, à base de coquillages, corail et pierres semi-précieuses venant du monde entier.

Le Bon Café CAFÉ
(04 95 60 02 40 ; pl. Delanney ; lun-sam 9h-12h et 15h-19h). Même si vous n'êtes pas amateur de café, allez faire un tour dans ce magasin étonnant, sorte de musée vivant, où la machine à torréfier qui date de 1928 (l'une des toutes premières) fonctionne encore tous les jours !

Depuis/vers L'Île-Rousse

BATEAU Liaisons saisonnières avec Nice, Marseille et Toulon avec **Corsica Ferries** (www.corsicaferries.com). Marseille et Nice sont desservies toute l'année avec la **SNCM** (www.sncm.fr). Billets en vente à l'agence **Tramar** (04 95 60 08 56 ; av. Calizi). Voir également p. 391.

BUS Liaisons avec Calvi et Bastia avec **Les Beaux Voyages** (04 95 65 11 35), du lundi au samedi.

TRAIN Deux trains par jour à destination de Bastia (2 heures 30), Corte, Vizzavona et Ajaccio (4 heures), et les villages sur le parcours. Train des plages (Tramway de la Balagne) entre L'Île-Rousse et Calvi de fin juin à fin septembre (15 arrêts en route ; 5,50 €). Horaires disponibles à la **gare** (04 95 60 00 50 ; www.ter-sncf.com) et à l'office du tourisme.

DE L'ÎLE-ROUSSE À L'OSTRICONI

En quittant L'Île-Rousse vers l'est, ne manquez pas de faire une halte baignade à la superbe **plage de Lozari**, aux portes de la Balagne. Elle offre une superbe étendue de sable et s'inscrit dans un cadre montagneux et champêtre enchanteur. Les extrémités de la plage conviendront mieux aux non-nageurs et aux enfants que le milieu, qui descend assez rapidement. On peut se garer sur l'un des deux parkings, à chaque extrémité de la plage. La base nautique d'**In Terra Corsa** (04 95 47 69 48 ; www.interracorsa.fr ; avr-oct), installée au milieu de la plage, loue des planches à voile, des catamarans, des kayaks et des pédalos. Elle propose aussi des cours de voile (sur Optimist à partir de 8-9 ans) et de planche à voile, et des excursions en kayak le long de la côte des Agriates. Vous pourrez également louer des VTT.

Où se loger et se restaurer

Les Mouettes HÔTEL €

(☎04 95 60 03 23 ; www.hotel-lozari.com ; Lozari ; d 60-90 € selon saison ; ⏲avr-oct ; 📶). Cet établissement a récemment changé de main, et le nouveau propriétaire entend lui redonner une nouvelle jeunesse, notamment sur le plan de la déco et du mobilier. Cet hôtel est serti dans une splendide propriété d'un hectare plantée de chênes, à 1,5 km de la N197, au bord de la route (peu passante) qui monte à Belgodère. La plage de Lozari n'est qu'à 2 minutes en voiture.

♥ **Auberge de Tesa** AUBERGE €€

(☎04 95 60 09 55 ; www.aubergedetesa.com ; Lozari ; d 60-80 € selon saison, demi-pension 150 €/2 pers ; menu 39 € ; ⏲mi-fév à fin oct ; ❄📶). Vous aurez besoin d'une voiture pour rejoindre cette auberge située au bord d'un cours d'eau, dans un lieu exceptionnellement calme, à 8 km de L'Île-Rousse et à 2,5 km de la belle plage de Lozari. Sobres et élégantes, les chambres sont tout de blanc vêtues et décorées de jolis meubles en rotin. L'auberge se double d'un restaurant réputé, qui valorise les produits locaux (venez avec un gros appétit, car le menu est très copieux !). Pour vous y rendre, parcourez 6 km sur la nationale en direction de l'Ostriconi, puis tournez à droite au panneau indiquant l'auberge, à 2 km. Cartes de crédit non acceptées, demi-pension demandée en août.

LES VILLAGES DE L'ARRIÈRE-PAYS

Changement de décor. Quelques kilomètres de routes sinueuses suffisent pour laisser derrière soi la Balagne côtière et ses rivages dorés et entrer dans un univers radicalement différent : celui de villages-belvédères perchés sur les hauteurs maquisardes, où la vie coule à un rythme serein à l'ombre des platanes et des pierres des maisons ancestrales. Nombreux sont ceux, et on les comprend, qui séjournent sur la côte et font des incursions à la journée vers l'intérieur de la région. Passer quelques nuits dans les villages des hauteurs balanines donnera cependant un autre relief – sans jeu de mots ! – à votre séjour dans la région. D'autant plus que la Balagne abrite certains des plus beaux villages de Corse.

Isolée du reste de l'île par un large massif montagneux, la Balagne intérieure se découpe en petits bassins, souvent tapissés d'oliviers et enfermés par de courtes pointes granitiques où se nichent les hameaux. Les paysages sont splendides et spectaculaires, et les villages particulièrement préservés. L'histoire raconte qu'ils dateraient du IXe siècle, lorsqu'Ugo Colonna et ses compagnons furent envoyés par le pape pour libérer la Corse des Sarrasins. Ils construisirent alors une série de *castra* (châteaux perchés) au sommet des pitons rocheux, en des points stratégiques pour contrôler aussi bien les petites vallées intérieures que le littoral.

Depuis/vers les villages de l'arrière-pays

VOITURE Mieux vaut prévoir son propre véhicule pour partir à la découverte de cette région, car les transports en commun sont rares. Seul le village de Calenzana, point de départ du GR®20, bénéficie de liaisons régulières en saison (voir *Depuis/vers Calvi*, p. 98).

♥ Monticello

Site défensif au Moyen Âge, ce beau village perché à 4 km au-dessus de L'Île-Rousse offre de fabuleux points de vue sur le port de cette ville, la baie et les montagnes des Agriates qui viennent mourir dans la mer – que vous découvrirez avec enchantement au détour de ses ruelles et de ses passages voûtés.

Au départ du village, plusieurs **promenades** faciles s'offrent à vous. Un chemin balisé qui part de la chapelle conduit notamment à Santa Reparata (1 heure 30 aller-retour).

Où se loger et se restaurer

Tre Castelli CHAMBRES D'HÔTES €€

(☎04 95 60 24 27, 06 17 96 16 66 ; route du Reginu ; d 70-85 € selon saison, avec petit-déj ; ⏲mars-fin oct ; P❄). Dans un site qui ravira les amoureux de nature sauvage et de grands espaces, ces 5 chambres impeccablement tenues disposent toutes d'une entrée indépendante et d'une petite terrasse abritée. Certaines bénéficient d'une merveilleuse vue plongeante sur le port et la baie de L'Île-Rousse, dont vous profiterez également depuis la salle du petit-déjeuner. À 1,5 km du rond-point situé à l'entrée de Monticello, en continuant en direction de Belgodère.

A Pasturella HÔTEL-RESTAURANT €€

(☎04 95 60 05 65 ; www.a-pasturella.fr ; pl du Village, Monticello ; s/d 65-98/75-110 € selon saison ; plats 26-45 € ; ⏲tte l'année sf mi-nov à mi-déc ; ❄📶). Au cœur de Monticello, cet hôtel-restaurant accueillant, où est établi aussi le café du village et ses immuables joueurs de cartes, possède 12 chambres claires et élégantes (dont trois avec une grande terrasse), dotées de sdb modernes. Le restaurant, réputé pour sa cuisine insulaire de qualité (et notamment les viandes fermières), mérite amplement le détour. On s'attable dans la salle dallée un peu cossue, ou sur l'agréable terrasse abritée par une pergola en fer forgé où grimpe une vigne, face à un superbe paysage de montagnes. Une valeur sûre.

Santa Reparata di Balagna

Santa Reparata di Balagna, dans l'arrière-pays de L'Île-Rousse, se compose de plusieurs hameaux, implantés dans un cadre enchanteur. On y vient notamment pour admirer les différentes églises et chapelles que compte la commune, dont l'**église paroissiale**, qui mélange style Renaissance (la nef et la façade) et roman (l'abside).

Où se loger et se restaurer

L'Aghjalle FERME-AUBERGE €

(☎04 95 60 31 77 ; route de Muro ; d avec petit-déj 55-65 € ; menu 25 €, soir sur réservation ; Pâques à mi-oct). L'esprit "ferme-auberge" règne sur cette bonne adresse, conviviale, à 2 km de Santa Reparata, sur la D13 en direction de Muro. Les spécialités corses, servies sous une agréable pergola au milieu des champs, varient au gré des saisons car les produits proviennent de l'exploitation familiale. Le menu est très copieux. Également 4 chambres d'hôtes accueillantes situées à 200 m de l'auberge. La plus ancienne est assez petite mais les autres sont vastes, récentes, joliment décorées et toutes différentes. Un bon choix, à 10 minutes de route de L'Île-Rousse. Cartes bancaires non acceptées.

Belgodère

Facilement accessible depuis L'Île-Rousse, ce village domine les oliviers de la vallée du Prato. Outre un arrêt à la terrasse de l'un des cafés de la place, qui proposent toute l'année une petite restauration, une promenade dans ses ruelles endormies s'impose.

Belgodère fut longtemps le fief d'une riche famille d'origine toscane, les Malaspina, dont on peut voir le "château", une grosse bâtisse blanche, à la sortie du village en direction de Speloncato. L'**église** de Belgodère, sur la place principale, mérite le coup d'œil pour son retable baroque. Elle est souvent fermée mais vous pourrez demander aux cafés voisins de vous indiquer la personne qui en possède la clé, ou vous renseigner à l'annexe de la mairie. Autre point d'intérêt, le **fort**, en partie en ruine, domine un magnifique panorama sur les vallées environnantes, parsemées d'oliviers. On y accède par de belles ruelles après être passé sous un porche entre les deux cafés de la grand-place, derrière le monument aux morts.

Où se loger et se restaurer

Le Niobel HÔTEL-RESTAURANT €

(☎04 95 61 34 00 ; www.hotel-niobel-corse.com ; route de Ponte-Leccia ; d 60-80 € ; mars-oct). Cette auberge tranquille est aménagée, contrairement aux apparences, dans une vieille bâtisse (un ancien pensionnat), à 300 m de la grand-place. Vieil escalier en pierre et décoration contemporaine où domine le blanc tandis qu'éclatent çà et là de belles touches de couleur, dont des tableaux du peintre corse Anto, qui vit à Montemaggiore. Les chambres agréables sont plus ou moins spacieuses, certaines offrent une belle vue sur la vallée et disposent d'un balcon.

U Mulinu di Tenda CHAMBRES D'HÔTES €€

(☎06 16 37 38 94 ; www.lemoulindepierrette.fr ; Occhiatana ; d 65-75 € selon saison, avec petit-déj ; Pâques-oct). Cet ancien moulin en contrebas de la D71, à 3 km de Belgodère (vers Occhiatana), date du XVIIIe siècle. Ses nouveaux propriétaires lui ont redonné vie en aménageant trois belles chambres tout confort, avec poutres apparentes, douches à l'italienne et entrée indépendante. Au petit-déjeuner, servi en terrasse, vous aurez l'occasion de goûter à d'excellentes *cuggiole* (une sorte de *canistrelli*).

♥ Speloncato

À 11 km au-dessus de Belgodère par une route sinueuse, Speloncato mérite de figurer au tableau des plus beaux villages de Balagne. Perché à plus de 500 m d'altitude, non loin d'un ancien site romain, le village doit son nom à des **grottes** (*spelunche*) voisines et son charme à ses ruelles, où s'imbriquent des maisons de pierre. Conjuguant le style roman et un chœur baroque de 1755, l'**église Saint-Michel** (également connue sous le nom de Sainte-Marie, ou Santa-Maria-Assumpta) mérite la visite pour ses peintures, ses sculptures, son superbe orgue de facture toscane (1810) et son reliquaire en bois du XVIIe siècle. Le clocher a été ajouté en 1913. Sur la place, l'église Sainte-Catherine fait maintenant office de mairie.

Même si vous êtes de passage, prenez le temps de boire un verre sur l'une des terrasses de la place du village, près de la fontaine, où les parties de cartes vont bon train.

Où se loger et se restaurer

A Spelunca HÔTEL €€
(☎04 95 61 50 38 ; www.hotel-a-spelunca.com ; Speloncato ; d 65-85 € selon saison et vue ; ⏲avr-oct ;). Seul hôtel du village, cette belle bâtisse de 1850 possède 17 chambres au charme rétro, disposées autour d'un bel escalier central. Optez impérativement pour les mansardées, qui ont été rénovées avec soin. Les autres sont vieillottes. L'absence de parking est problématique en saison. Lors de notre passage, les propriétaires, âgés, avaient l'intention de passer la main.

Nessa

Entre Speloncato et Felicito, ce village de caractère s'étage à flanc de montagne. Moins touristique que ses voisins, il mérite qu'on lui consacre une flânerie en suivant ses ruelles bordées de hautes bâtisses.

Où se loger

BON PLAN **Nobili** CHAMBRES D'HÔTES €€
(☎04 95 61 73 07, 04 95 61 71 01 ; Nessa ; d 60 € avec petit-déj ; ⏲avr à mi-oct). À l'entrée du hameau de Nessa, cette maison d'hôtes à la propreté presque clinique est bâtie face à un superbe panorama. Elle loue 6 chambres modernes et spacieuses, avec entrée indépendante. Notre préférée : la chambre-balcon, avec une grande terrasse privative, face au soleil couchant. Le frère de la propriétaire tient une boucherie-charcuterie, ce qui en fait l'endroit idéal pour découvrir toutes les subtilités d'un bon lonzu ou de la coppa...

SUR LES TRACES DES ARTISANS DE BALAGNE

Soucieuses de démontrer que la Balagne a su préserver ses traditions, la chambre des métiers de la Haute-Corse et l'association **Strada di l'Artigiani** (☎04 95 65 13 61, 04 95 60 23 37 ; www.routedesartisans.fr) ont créé une "route des artisans". Serpentant sur les hauteurs entre Calvi et L'Île-Rousse, ce circuit touristique traverse villes et villages à la rencontre de couteliers, d'apiculteurs, d'ébénistes, de relieurs, de luthiers, de vignerons ou encore de céramistes, de potiers et de verriers. Leurs ateliers sont ouverts au public à Lumio, Calenzana, Belgodère, Feliceto, Pigna, Olmi-Cappella, Cateri, etc. Pour plus de détails, procurez-vous la brochure *Strada di l'Artigiani*, disponible dans les offices du tourisme.

Feliceto

Longtemps au cœur de la production locale d'huile d'olive, Feliceto mérite le détour pour admirer le **moulin à huile**, parfaitement préservé, visible à l'entrée du village sur la gauche. C'est l'un des derniers moulins de Balagne, et chaque année son propriétaire-aubergiste presse encore à l'ancienne les olives pour en extraire une huile très fruitée. Un peu plus loin, à côté du bel hôtel Mare e Monti, vous pourrez déguster l'huile et les vins du **domaine Renucci** (☎04 95 61 71 08). Le village est aussi réputé pour sa **verrerie** (☎04 95 61 73 05 ; ⏲sur rdv) où vous découvrirez un travail d'artisan autour de la pâte de verre, du verre bullé et du mélange avec des métaux précieux.

Où se loger et se restaurer

♥ **Mare e Monti** HÔTEL DE CHARME €€
(☎04 95 63 02 00 ; www.hotel-maremonti.com ; Feliceto ; d 79-139 € selon confort et saison, petit-déj 13 € ; ⏲mi-avr à mi-oct ;). Superbe ! Installé dans une maison de maître du XIXe siècle, héritage des émigrants corses d'Amérique du Sud, le Mare e Monti est une adresse de charme. Les chambres sont dotées d'un mobilier en bois cérusé, de jolies tomettes au sol et arborent une petite touche contemporaine bienvenue. Le style corse a été adopté pour les trois dernières, qui s'enorgueillissent de meubles d'époque provenant de la maison d'origine. Un bel endroit pour les amoureux des vieilles pierres ou les hédonistes, qui pourront profiter de l'agréable jardin à l'arrière où s'élève un magnifique cèdre du Liban et d'une jolie terrasse. Le restaurant Sol e Luna (voir plus bas) est installé au bord de la belle piscine de l'hôtel.

Sol e Luna RESTAURANT €€
(☎04 95 44 41 37 ; Feliceto ; plats 10-25 € ; ⏲mi-avr à mi-oct). Ce restaurant, qui s'est installé au sein de l'hôtel Mare e Monti en 2006, vous reçoit au bord de la piscine de l'hôtel ou dans

une salle située juste au-dessus. Un nouveau chef est aux fourneaux depuis 2010, et sa réputation est déjà assurée.

Corbara

Construit en amphithéâtre et réparti sur plusieurs hameaux, Corbara se distingue avant tout par son patrimoine religieux. Outre la petite **chapelle des Sept-Douleurs**, perchée au-dessus du village, l'**église A Nunziata** (collégiale de l'Annonciation, XVII-XVIIIe siècle), classée monument historique, est remarquable par sa belle façade de style baroque. Elle renferme notamment un autel en marbre polychrome du XVIIIe siècle et une très belle chaire en bois sculpté de la même époque. Le **musée du Trésor de la collégiale** (04 95 46 15 53 ; 3 € ; sur rdv), installé dans la sacristie, abrite des chasubliers du XVIIe siècle, des pièces d'orfèvrerie et des vêtements sacerdotaux, œuvres majoritairement d'origine italienne.

À environ 1,5 km de Corbara en direction de Pigna s'élève le monumental **couvent Saint-Dominique** (04 95 60 06 73, 06 03 21 23 87 ; www.stjean-corbara.com) dominé par son haut clocher. Initialement franciscain, il fut rebâti par les dominicains après la Révolution et héberge six frères de la communauté de Saint-Jean. Le couvent conserve de beaux exemples d'art religieux et est ouvert à la visite (appeler pour avoir les horaires). Derrière le couvent, un sentier balisé conduit en 45 minutes environ au **Monte Sant'Angelo**, d'où l'on découvre un panorama sur toute la Balagne.

Dans un autre registre, si les stylets, épées, sabres et autres pistolets anciens vous intéressent, jetez un coup d'œil à la collection relative à l'histoire de la Corse rassemblée par Guy Savelli dans son **musée privé** (04 95 60 06 65 ; pl de l'Église ; entrée libre ; tlj 15h-19h).

Où se loger et se restaurer

BON PLAN **Bar du Passage** BAR-RESTAURANT €€
(04 95 60 28 00 ; plats 10-20 €, menu 29 € ; tte l'année). Une adresse chaleureuse recommandée pour les spécialités de la maison : la soupe d'araignée et les oignons farcis. Outre sa terrasse, le restaurant est doté d'une salle intérieure à l'étage, avec une cheminée et un magnifique parquet ancien.

Le Patio AUBERGE-RESTAURANT €€
(04 95 47 35 31 ; www.location-corbara.com ; d 62-81 €, demi-pension 125-145 € selon saison ; plats 15,50-24 € ; tte l'année ;). En contrebas de la chapelle des Sept-Douleurs, cette auberge dispose de 7 chambres dans deux bâtisses (dont une en pierre sèche) aux allures de maison de poupée. Les chambres sont petites mais pimpantes. Au restaurant, la cuisine respire la Corse du terroir. Desserts maison et petit-déjeuner bio. Seul hic : l'absence de parking (il faut laisser sa voiture en contrebas).

Pigna

Invariablement cité sur la liste des plus beaux villages de Corse, Pigna est un cas à part. Alors que de nombreux villages de l'intérieur des terres périclitent, le bourg s'est donné une nouvelle identité et un nouveau destin grâce à un maire dynamique et à des habitants et artisans motivés.

L'histoire du village ne le différenciait pourtant guère de celle des autres villages perchés de Balagne. L'origine de la construction de Pigna remonterait au IXe siècle, époque à laquelle les "seigneurs" décidèrent de se partager le pouvoir et de bâtir des châteaux sur des sites défensifs stratégiques. Le lieutenant Consalvo fit alors édifier le château de Pigna, détruit vers le milieu du XIVe siècle suite à la révolte des communes (il n'en subsiste aujourd'hui que quelques pierres). Le village connut ensuite un relatif essor jusqu'à la période fastueuse du XIXe siècle, comme en témoignent quelques belles demeures, dont la Casa Musicale. L'histoire, ensuite, semblait inévitable : années 1960, dépeuplement, déclin... C'est alors qu'entrèrent en scène quelques jeunes paysans et artistes résolus à faire revivre Pigna. Sous l'impulsion de Toni Casalonga et d'autres artistes naquit une coopérative d'artisans, la Corsicada. Dès 1973, la jeune maire Bibiane Consalvi décida de restituer au village son cachet d'antan et commença à repaver la place de l'église et les ruelles. La nouvelle de cette rénovation se répandit et de nombreux artisans y élirent domicile. Toute l'année il règne ainsi une vie culturelle et associative dynamique.

À signaler : les voitures doivent être laissées sur un parking payant (2 €) à l'entrée du village.

À voir

Potier, luthier, flûtier, sculpteur, musicien, peintre, chanteur, créateur de boîtes à musique... Pigna est une véritable arche de Noé artistique. En flânant dans les jolies ruelles, vous découvrirez le travail des artisans et pourrez acquérir leurs œuvres : céramiques de **Jacky Quilichini** (04 95 61 77 25 ; ceramica2@orange.fr), gravures d'**Hervé Quilichini** (06 19 48 89 34), magnifiques *cetera* – un instrument de la famille du luth – et clavecins d'**Ugo Casalonga** (04 95 61 77 15), petites boîtes à musique signées **Scatt'à Musica** (04 95 61 77 34 ; www.scattamusica.fr), objets décoratifs en bois de **La Boîte à bois** (06 74 79 78 16). Les créations de certains sont exposées à la **Casa di l'Artigiani** (04 95 61 75 55), tandis que d'excellents produits régionaux sont proposés à la vente à la **Casa Savelli** (04 95 61 80 49).

L'originalité de Pigna, cependant, réside avant tout dans ses festivités musicales. L'ensemble des activités culturelles se déroulent sous l'égide de la fédération **E Voce di u Cumune**, créée en 1978. Elle rassemble plusieurs associations, dont la désormais célèbre **Estivoce** (04 95 61 73 13 ; www.casa-musicale.org), qui organise toute l'année des concerts et un grand festival durant la première quinzaine de juillet. Ces manifestations prennent place dans un magnifique auditorium moderne, qui bénéficie d'une remarquable acoustique. Il accueille des musiciens de Corse et du monde entier de mars à décembre.

Où se loger et se restaurer

Chez Cyril et Tiziana Quilichini CHAMBRE D'HÔTES €
(06 09 97 78 80 ; www.pignahome.com ; d 60-70 € selon saison, avec peti déj ; tte l'année ;). Les Quilichini mettent à disposition une chambre sans prétention, coquette et lumineuse, agrémentée de carrelage ancien, aux abords de la Casa Musicale.

Casa Musicale HÔTEL DE CHARME €€
(04 95 61 77 31 ; www.casa-musicale.org ; d 62-112 € selon saison et confort ; plats 12-23 € ; mi-fév à déc ;). Âme artistique de Pigna, cette auberge est une véritable institution et accueille tous les musiciens qui passent par le village. Idéalement située sur un promontoire qui domine la plaine, avec une superbe vue sur la mer, la bâtisse ancienne abrite 7 chambres simples mais chaleureuses – mention spéciale à la Sulana, qui possède une grande terrasse – et 2 chambres aux équipements plus modernes, dans un bâtiment séparé. Le restaurant mérite le détour pour sa cuisine de qualité mêlant tradition et originalité. Le cadre, où se succèdent une belle terrasse et des petites salles, est intime.

A Merendella CHAMBRES D'HÔTES €€
(04 95 61 80 10 ; www.a-merendella.com ; d avec petit-déj 72-87 € selon saison ; tte l'année). Patricia Guidicelli, dernière descendante des fondateurs du village, loue 5 jolies chambres d'hôtes, de style rustique, agrémentées de mobilier de famille et de carrelage ancien, dans sa maison du centre du village. Trois chambres possèdent des poutres datant du XVe siècle.

U Palazzu HÔTEL DE CHARME €€€
(04 95 47 32 78 ; www.hotel-corse-palazzu.com ; d 140-240 € selon saison, ste 230-280 € ; avr-oct ;). L'option la plus chic de Pigna est installée dans une maison de maître du XVIIIe siècle pleine de cachet, au-dessus de l'église. Les vastes chambres et suites, qui mêlent décoration classique et confort moderne, satisferont les voyageurs les plus exigeants.

A Casarella SNACK €
(04 95 61 78 08 ; en-cas 3,50-4,50 € ; avr-oct). Cette agréable petite terrasse est idyllique pour déjeuner ou prendre un apéritif autour de tapas et d'en-cas. Quelques suggestions du jour sont présentées sur l'ardoise.

U Palazzu RESTAURANT GASTRONOMIQUE €€€
(04 95 35 16 47 ; plats 28-30 €, formule déjeuner 22 €, menu 55 € ; avr-oct). Aménagé dans un ancien moulin à huile impeccablement remis au goût du jour et prolongé d'une magnifique terrasse donnant sur un jardin, le restaurant, juste à côté de l'hôtel éponyme, s'ouvre sur un panorama sublime. Depuis 2007, le chef Jean-Luc Debeuf, récompensé de trois toques au Gault et Millaut, officie aux cuisines. La formule au déjeuner est d'un excellent rapport qualité/prix. Vous pouvez aussi profiter du cadre enchanteur le temps d'un thé, d'un sirop naturel ou d'une bière.

Aregno

Une halte s'impose pour admirer la façade de l'**église de la Trinité**, qui se dresse au milieu du cimetière. Cet édifice du XIIe siècle, dont l'intérieur est fermé au public, est un joyau de l'art pisan, au même titre que l'église de Murato, dans le Nebbio. On retrouve la bichromie des parements, ainsi que les motifs sculptés sur la façade, représentant des animaux et des humains. Remarquez également les deux reptiles enlacés au-dessus de la fenêtre géminée, ainsi que les personnages en ronde bosse, qui animent la façade.

Sant'Antonino

Nid d'aigle perché à 490 m d'altitude sur son piton rocheux qui domine le paysage, Sant'Antonino est classé parmi les "plus beaux villages de France". Victime de son charme, le village, qui semble figurer sur l'itinéraire de tous les bus touristiques, est surfréquenté en haute saison.

L'origine de Sant'Antonino, comme celle de son voisin Pigna, remonte au IXe siècle. En 1358, la révolte des communes entraîne la chute des seigneurs et la victoire des *caporali*, ces chefs de village qui vont se mener des guerres violentes en allant chercher des alliances extérieures. Jusqu'au XIXe siècle, les affrontements entre les clans des villages de Sant'Antonino et de Corbara marquent ainsi l'histoire balanine. Au XIXe siècle, le village est à son apogée. Ses agriculteurs produisent du vin, 14 000 litres d'olive, plusieurs dizaines de tonnes d'amandes et élèvent des centaines de brebis. Les deux guerres mondiales, qui firent chuter sa population à 151 habitants en 1950, faillirent avoir raison de lui jusqu'à ce que le tourisme lui redonne une nouvelle vie estivale.

La circulation des véhicules est interdite à Sant'Antonino. Un parking payant obligatoire (2 €) vous attend en bas du village. Il n'y a ni hôtel ni chambre d'hôtes, mais pléthore de restaurants.

À voir et à faire

Excepté quelques boutiques d'artisanat, Sant'Antonino vaut surtout le détour pour la beauté du site et du village. Il fait bon se promener dans ses venelles labyrinthiques, découvrir les vestiges de fortifications et les maisons incrustées dans la roche, jeter un œil à la petite **chapelle de Sainte-Anne-des-Bergers**, au vieux **four à pain** restauré ou encore à la discrète **chapelle de Lavasina**, sur la minuscule Piazza Savelli, à l'arrière du village.

En saison, il est possible de visiter Sant'Antonino à dos d'âne grâce aux "**Taxis de Sant'Antonino**" (04 95 61 74 98 ; 10 €). Les départs ont théoriquement lieu à 15h30 et 19h30, tous les jours de juin à septembre depuis les abords du parking.

Ne ratez pas l'étape incontournable du village, juste à l'entrée : le **Clos Olivier Antonini** (06 09 58 94 01 ; avr-oct). Avant tout producteur de vin, mais aussi de citrons et d'amandes, Olivier Antonini sert dans sa cave d'excellents jus de citron 100% naturels (2 €) et une spécialité, à partir de la mi-août : un mélange jus de citron et jus de raisin frais.

Où se restaurer

Sant'Antonino compte désormais plus d'une dizaine de restaurants ! Vous aurez donc l'embarras du choix, mais ne vous attendez guère à une cuisine de haute volée.

A Casa Corsa PETITE RESTAURATION €
(04 95 47 34 20 ; petite restauration 5-12 € ; mai-oct). Outre quelques plats sans prétention (salades, charcuterie, omelettes) et des sandwichs, ce petit établissement propose un grand choix de gâteaux et de produits locaux, tous faits maison. La terrasse n'est guère plus grande qu'un mouchoir de poche mais jouit d'une perspective splendide sur la Balagne et les montagnes du Centre.

A Stalla BOUTIQUE ET RESTAURANT €
(04 95 61 33 74 ; plats 8-16 €, menu 18 € ; midi avr-sept, soir également juil-août). Cette accueillante boutique de souvenirs et de produits corses propose un grand choix de salades au déjeuner et, en saison, des plats de pâtes le soir. La belle terrasse ombragée et ses sièges en fer forgé invitent à faire une pause.

La Taverne Corse RESTAURANT €€
(04 95 61 70 15 ; plats 14-22 €, menu 22 € ; mi-avril à mi-oct). Juste au-dessus de l'église, cette "taverne" se partage entre une petite salle chaulée et une agréable tonnelle couverte de vigne vierge. Une bonne option pour déjeuner d'un menu corse ou de grillades.

La Voûte RESTAURANT €€
(04 95 61 74 71 ; plats 10-24 €, menus 15-25 € ; Pâques-fin sept). La Voûte ne désemplit pas pendant la saison estivale. Ce succès serait-il dû à la vue imprenable ? On peut le croire, car la carte ne dévie pas des spécialités habituelles : cannellonis au brocciu, agneau grillé aux herbes du maquis, sardines farcies au brocciu...

I Scalini RESTAURANT €€
(04 95 47 12 92 ; plats 16-23 €, assiette midi 13 € ; mai-sept). Seule adresse de Sant'Antonino dont la carte sorte du sempiternel "menu corse" pour offrir un peu d'originalité, I Scalini – "les petits escaliers" – est installé tout en haut du village. Ses 4 petites terrasses aménagées dans de charmants recoins n'en finissent pas de grimper vers le ciel, offrant une vue époustouflante. La cuisine est légère et influencée par tous les horizons de la Méditerranée.

Cateri

Dominant Algajola depuis les hauteurs, Cateri mérite une halte, le temps d'admirer la belle façade de son **église baroque** et la petite **chapelle romane**, signalée sur le bord de la route. Petite caverne d'Ali Baba pour les gourmands, la **Biscuiterie Salvatori** (04 95 61 73 83 ; tte l'année) est une affaire familiale fondée en 1969, à la réputation jamais ternie. Faites-vous plaisir avec des gourmandises corses de fabrication artisanale, salées et sucrées (*amaretti*, croquants, *cuggiole*, etc.).

Où se loger et se restaurer

U San Dumé – Chez Léon AUBERGE €€
(04 95 61 73 95 ; www.hotel-corse-usandume.com ; d 70-100 € selon saison ; plats 15-25 €, menus 16/28 € ; mi-mars à mi-nov). Cette bâtisse moderne comprenant 9 chambres, bien tenues, agrémentées d'une jolie vue, mais sans charme particulier. Le restaurant affiche une carte alléchante où les spécialités du terroir ont la part belle. Le restaurant est ouvert toute l'année.

Lavatoggio

Séparé de Cateri par seulement 2 km de route sinueuse, Lavatoggio révèle également un beau panorama sur la côte. Le village est avant tout connu des bons vivants pour la ferme-auberge **Chez Edgard** (04 95 61 70 75 ; menu 36 € ; mars-oct, soir uniquement), spécialisée dans les viandes cuisinées et la rôtisserie, comme l'annonce le sanglier en pierre qui vous accueille à l'entrée. Attablé à de grandes tables en bois sur une vaste terrasse dallée, à l'ombre des tilleuls et d'un pin magnifique, on y mange un très copieux menu composé de 3 entrées et une viande, mitonnée ou rôtie dans l'immense âtre.

Avapessa

C'est presque par hasard que les visiteurs tombent sur ce village bâti à flanc de colline, avec en toile de fond la plaine de Regino. Encore peu connu, il réserve de belles surprises, à commencer par une huile d'olive de qualité, et un cadre bucolique du plus bel effet. Les ruelles pavées et plusieurs bâtisses ont été en partie restaurées, tout comme l'église paroissiale.

Où se loger et se restaurer

U Pignottu CAMPING À LA FERME €
(04 95 61 78 75, 06 09 08 43 21 ; adulte/enf/tente/voiture 4,50/2,50/3/3 € ; avr à mi-oct). En contrebas du village, ce camping occupe une parcelle verdoyante et ombragée, très calme, avec un bloc sanitaire en pierre sèche. Les propriétaires, oléiculteurs, proposent des repas à base de légumes du jardin (20 €) et vendent l'huile de leur exploitation.

BON PLAN **Gîte communal** GÎTE D'ÉTAPE €
(04 95 46 27 04 ; dort 20 € ; tte l'année). La commune a rénové avec soin cette agréable maison au centre du village, pour le plus grand bonheur des randonneurs et des visiteurs de passage. La capacité est de 16 couchages, répartis dans trois dortoirs, chacun équipé d'une sdb. Également cuisine commune à disposition.

Muro

Coup de cœur pour ce village parcouru de *strette* (rampes pavées) flanquées de hautes bâtisses patriciennes. L'**église baroque**, avec sa belle façade restaurée, à triple élévation, vaut également le coup d'œil, car elle illustre le thème de l'Annonciation : notez la colombe qui descend sur la Vierge (symbolisée par l'inscription “Ave Maria”) et le Christ, dont la statue figure au-dessus du porche, avec de part et d'autre Pierre et Paul.

Où se loger

Casa Theodora DEMEURE DE CHARME €€€
(04 95 61 78 32 ; www.a-casatheodora.com ; d 140-220 € selon saison et confort, ste 240-270 € selon saison ; avr-oct ;). Un rêve. Dans ce *palazzu* du XVIe siècle merveilleusement restauré par son propriétaire, un artiste plasticien, vous aurez l'impression de remonter le temps. Fresques baroques, trompe-l'œil, piscine intérieure chauffée, salons intimes, chambres et suites à la déco et au mobilier personnalisés... On oublierait presque le monde extérieur. Une adresse à partager en amoureux. Le petit-déjeuner est en sus (15 €).

LE GHJUNSANI

Fini les jolis “villages de crèche” de l'arrière-pays balanin et les langues de maquis qui dévalent vers la mer. Bienvenue dans le Ghjunsani, parfois surnommé le “Tibet de la Corse”, un territoire retranché, enclavé entre de hauts versants, à une altitude moyenne de 900 m. La végétation est composée en grande partie de châtaigniers. Cet écrin mérite vraiment qu'on l'explore. L'atmosphère est plus montagnarde, rude, âpre, authentique.

LES OLIVIERS ET L'HUILE D'OLIVE

Si la culture de l'olivier fut introduite en Corse par les Romains et les Génois, l'olivier sauvage (oléastre) poussait sur l'île à l'état naturel avant leur arrivée. On trouve en Corse de nombreux oliviers multicentenaires, dont certains spécimens peuvent atteindre plus de 20 m de haut. L'absence de gel permet en effet à l'arbre de grandir sans entrave. Ces conditions climatiques favorables sont aussi à l'origine d'une récolte très spécifique : les olives restent sur l'arbre jusqu'à leur pleine maturité et se gorgent des arômes environnants, puis elles sont recueillies par chute naturelle sur des filets suspendus. Le fastidieux travail de mise en place des filets et de ramassage, tous les 4 à 8 jours, permet d'obtenir une huile dorée et très douce. L'huile corse offre une exceptionnelle richesse aromatique, marquée par les fruits secs et les odeurs de maquis. Ce pur jus d'olive est aujourd'hui élaboré en grande partie dans des moulins modernes. Toutefois, vous croiserez encore quelques moulins traditionnels en activité, notamment en Balagne, où certains utilisent un âne pour actionner une meule en pierre. C'est le cas de U Fragnu, à Lunghignano.

La Balagne est la principale région productrice de Corse. Au milieu du XIXe siècle, l'oléiculture représentait 90% des ressources de l'arrondissement de Calvi. Après une période de déclin au lendemain de la Seconde Guerre mondiale – dû à la concurrence d'autres huiles puis aux incendies, comme celui de 1971 qui n'épargna que 500 pieds sur les 35 000 de la région –, l'avenir de cette culture semble refleurir depuis le début des années 1990. Parmi les belles huiles de la production actuelle, on retiendra notamment le **domaine de Marquiliani** (☎ 04 95 56 64 02) d'Anne Amalric, à Aghione, le **moulin de Prunete** (☎ 04 95 38 01 84), à Servione, **Terra Rossa**, à Porto-Vecchio (☎ 04 95 70 04 35 ; www.terrarossa.fr), l'huile de Rogliano d'**Isabelle Orsi** (☎ 04 95 35 46 77) et, la plus connue, Oru di Balagna qui provient de la **coopérative agricole de Corbara** (☎ 04 95 60 30 60). Pour en savoir plus, procurez-vous le *Guide des huiles d'olive* (Éditions du Rouergue, 2002) ou rendez-vous à l'une des foires à l'olivier qui ont lieu chaque année : le troisième week-end de juillet à Cassano ou à Montemaggiore, sur les hauteurs de Calvi, et en mars à Sainte-Lucie-de-Tallano, dans l'Alta Rocca.

Col de Battagglia

De Speloncato, la D63 puis la D963 mènent au col de Battaglia (Bocca di a Battaglia, 1 099 m), qui commande l'un des rares accès au Ghjunsani. Pour vous remettre de cette sinueuse montée, faites une pause au restaurant **A Merendella** (☎ 04 95 46 24 28 ; plats 10-17 €, menus 22-25 € ; ⏲ tte l'année), installé dans un chalet en bois, au col. Il propose une carte de plats simples, de grillades au feu de bois, de salades et de crêpes à la farine de châtaigne maison, à déguster en profitant d'un exceptionnel panorama sur la basse Balagne et le littoral. CB acceptée.

Olmi-Cappella

Face à un panorama montagnard exceptionnel, le petit village d'Olmi-Cappella, réparti en plusieurs hameaux, est le cœur de la microrégion du Ghjunsani. Malgré son isolement, il présente une vitalité surprenante pendant la période estivale, grâce aux Rencontres internationales artistiques de Haute-Corse (voir l'encadré p. 118). Proche à vol d'oiseau des massifs du Monte Padru (2 390 m), du Monte Corona (2 144 m), du Monte Grossu (1 947 m) et du San Parteu (1 689 m), il constitue un point de départ idéal pour de belles promenades.

Renseignements

Office du tourisme (☎ 04 95 47 22 06 ; www.ot-giussani.com ; ⏲ lun-ven 9h-11h45 et 13h30-16h30 mars-fin sept). Outre les informations sur les activités du Ghjunsani, il distribue des petits dépliants avec des itinéraires de promenades balisées.

À voir

Sur les hauteurs du bourg, un sentier mène au **site préhistorique d'Altiani**, composé d'un petit dolmen et de cupules. Ces cavités ont longtemps été considérées comme des lieux de sacrifice, mais il s'agit sans doute de réceptacles où l'on broyait le grain.

À la sortie du hameau de **Pioggiola**, prenez le temps d'admirer la belle **église Sainte-Marie**, dont la façade jaune se dresse, solitaire, face à la montagne.

LE THÉÂTRE S'INVITE DANS LE GHJUNSANI

Conjuguer le théâtre et la lutte contre le dépeuplement des villages, tel est l'un des objectifs des **Rencontres internationales artistiques de Haute-Corse**, qui animent chaque été les villages du Ghjunsani – Olmi-Cappella, Pioggiola, Mausoleo et Vallica. Créées en 1998 à l'initiative du comédien Robin Renucci, fervent partisan de la décentralisation de la culture populaire et originaire de la région, elles se déroulent du 10 juillet au 10 août environ. Les stagiaires, basés à Olmi-Cappella, travaillent dans la journée avec l'aide de professionnels (comédiens, metteurs en scène) pour préparer les spectacles qu'ils présentent le soir dans les villages. Molière, Goldoni, Shakespeare, Ionesco ou encore Culiolo ont ainsi été joués sur les hauteurs de la Balagne dans le cadre de ces rencontres originales. Depuis 2009, ils ont investi La Forge (A Stazzona), un espace scénique destiné prioritairement à la formation (d'où son nom) et qui comprend une salle de théâtre de 300 places. Cette impressionnante construction moderne en bois, fruit des efforts des communes du Ghjunsani, se trouve à Pioggiola. Renseignements auprès de l'**Aria** (Association des rencontres internationales artistiques ; ☎04 95 61 93 18 ; www.ariacorse.org) et du **syndicat mixte du Ghjunsani** (☎04 95 61 30 70).

L'association Saladini (☎04 95 61 34 85, 06 17 94 70 72 ; www.montagne-des-orgues.com ; ⏲avr-oct) propose de découvrir le patrimoine pastoral et musical de la région du Ghjunsani grâce à un itinéraire architectural et musical qui conduit dans les sanctuaires romans et baroques de la région, où vous pourrez entendre des orgues. Téléphonez ou consultez le site de l'association pour connaître le programme.

Dans le village, en contrebas de l'église, la **Biscuiterie Casanova** (☎04 95 61 91 76 ; www.biscuit-corse.com), créée en 1895, fabrique de délicieux biscuits depuis trois générations.

Où se loger et se restaurer

U Chiosu di a Pietra CHAMBRES D'HÔTES €€
(☎04 95 61 91 01 ; www.locations-corses.com ; s/d 50/75 € avec petit-déj ; ⏲tte l'année ; wifi). Une adresse étonnante : vous logerez dans 4 chambres douillettes au charme montagnard dans des maisonnettes de pierre, dans le style des bergeries corses. Chaque chambre dispose d'une entrée indépendante. Le tout dans un site magique, avec une vue exceptionnelle sur tous les *monti* environnants. Cuisine d'été à disposition, au-dessus de la maison. Cartes de crédit non acceptées. À la sortie d'Olmi-Capella en direction de Pioggiola.

U Tribbiu CHAMBRES D'HÔTES €€
(☎04 95 61 90 24 ; www.alloru-tribbiu.com ; d 65-80 € avec petit-déj ; ⏲mi-mars à oct ; wifi). On se sent comme chez soi dans cette belle demeure au charme rustique, agrémentée de mobilier de famille et de quelques tableaux colorés de la propriétaire. Les 5 chambres offrent tout le confort nécessaire (deux d'entre elles disposent d'une sdb privative extérieure) et bénéficient d'une vue sur le mont Padro. En saison, on peut se servir des fruits du jardin.

A Tramula CHAMBRES D'HÔTES €€
(☎04 95 61 93 54 ; www.a-tramula.fr ; hameau de Pioggiola ; d 70 € ; ⏲tte l'année). En face du pôle théâtral A Stazzona (voir l'encadré), à hauteur du croisement de la D63 et de la D963, cette altière construction en pierre, entourée d'un jardin planté de mûriers, renferme des chambres modernes et spacieuses. Le copieux petit-déjeuner est l'occasion de goûter le miel de fleurs sauvages de haute montagne que produit le cordial patron, Jean Giovannetti, et qui est en vente sur place. Si vous n'êtes que de passage, rien ne vous empêche de profiter de l'agréable buvette ouvrant sur le jardin. Paiement en espèces.

L'Aghjola AUBERGE €€
(☎04 95 61 90 48 ; www.aghjola.com ; hameau de Pioggiola ; ch demi-pension 55/60/65 € par pers basse/moyenne/haute saison ; menus 16-30 € ; ⏲mai-sept ; wifi). Cette maison en pierre couverte de lierre possède neuf chambres au confort simple mais acceptable, avec des sdb rénovées. La table d'hôtes propose un *spuntinu* – "repas du berger", composé de charcuteries, fromages et dessert – et des menus du terroir aux vertus roboratives. Ces derniers se marient bien avec l'atmosphère rustique de la salle, où trône une immense table en bois. Originaire d'Italie, le propriétaire propose également des spécialités et des vins italiens moyennant supplément.

A Tornadia AUBERGE €
(☎04 95 61 90 93 ; hameau de Pioggiola ; plats 10-16 € ; ⏲tte l'année). À une cinquantaine de mètres de l'hôtel A Tramula, cette auberge sert une cuisine très ordinaire, qui a baissé en qualité au cours des dernières années, mais la terrasse agréable, ombragée par d'imposants châtaigniers, invite à faire une pause.

L'Osteria RESTAURANT €
(☎04 95 61 92 13 ; Olmi-Cappella ; plats 12-19 € ; ⏲tte l'année). Une petite adresse dotée d'une divine terrasse face aux montagnes où l'on fait un bon repas en savourant des plats simples (pâtes, viandes).

Où prendre un verre

Bar des Amis BAR-CAFÉ
(☎04 95 61 90 96). Le point de ralliement des acteurs en août, mais il reste actif toute l'année. C'est l'endroit ad hoc pour prendre le pouls du village !

Forêt de Tartagine-Melaja

Vous aurez besoin d'un véhicule pour gagner ce site naturel particulièrement agréable pour passer la journée, entre forêts ombragées et rafraîchissantes vasques naturelles. Du hameau de **Pioggiola** (3 km après le col de Battaglia), des paysages impressionnants se succèdent sur 16 km. En chemin, faites un crochet par **Forcili** puis **Mausoléo**, deux villages très reculés, typiquement corses avec leurs quelques maisons austères qui s'étagent sur les pentes d'une colline.

Le décor se fait de plus en plus minéral à mesure que s'étire l'étroite route, sur laquelle vous aurez plus de chances de croiser des bovins que des automobiles, le long d'une corniche à flanc de montagne. Préfigurant la forêt elle-même, les pins font peu à peu leur apparition. La route parvient à la maison forestière (voir plus bas) environ 3,5 km après un premier pont, où de belles **vasques** d'eau invitent à se rafraîchir. Quelques centaines de mètres plus loin, vous pourrez vous baigner dans la rivière, pique-niquer ou vous promener en suivant l'un des sentiers – dont un sentier DFCI (défense contre l'incendie) – qui longent le cours d'eau sous le couvert des pins. La forêt domaniale de Tartagine-Melaja s'étend sur plus de 2 700 ha. Caractérisée par une humidité prononcée, elle est plantée de pins laricios, de pins maritimes et de chênes verts.

Où se loger et se restaurer

Maison forestière de Tartagine GÎTE D'ÉTAPE €
(☎04 95 35 68 73, 06 79 74 80 90 ; 1/2 pers 25/40 €, demi-pension 45 €/pers ; plats 10-15 €, menu 22 € ; ⏲mi-avr à sept). Cette ancienne maison forestière datant du XIXe siècle, entièrement rénovée par la commune d'Olmi-Capella, a ouvert au printemps 2007. Elle loue 10 chambres de 2 lits et 3 lits, toutes avec douche et toilettes. Immaculées, elles offrent un décor d'une sobriété monacale. L'agréable terrasse surplombe le Tartagine qui coule en contrebas en formant de belles piscines naturelles.

GALÉRIA ET LE FILOSORMA

De Calvi à Galéria

Pour vous rendre à Galéria (et à Porto) au départ de Calvi, deux itinéraires s'offrent à vous : par l'intérieur et la D81, le trajet le plus court et le plus rapide, ou par la côte et la D81b, étroite, qui n'en finit pas de tourner, serpentant d'une anse à une autre, au dessus de promontoires abrupts… Quel spectacle étourdissant !

De Calvi, la D81b commence par longer les sublimes paysages de la pointe de la Revellata, dont les eaux turquoise se frangent d'un liseré d'écume au pied des falaises. En continuant, vous pourrez vous rafraîchir et vous restaurer dans la **baie de Nichjaretu**, baignée d'une eau délicieusement turquoise. Dans la **baie de Crovani**, abritée par le cap de Morsetta, **Argentella** est une vaste plage tranquille de petits galets gris, dont le nom vient d'une ancienne mine de plomb argentifère voisine, un temps concession des Britanniques qui en exportaient le minerai. On peut encore observer les vestiges de l'usine.

La D81b serpente ensuite entre des langues de maquis coiffées de batteries d'éoliennes, et peu avant Galéria, franchit un grand pont où elle est rejointe par la D81, qui arrive de Calvi par l'intérieur.

Où se loger et se restaurer

♥ **U Nichjaretu** RESTAURANT DE PLAGE €€
(☎04 95 47 84 36 ; baie de Nichjaretu ; plats 10-25 € ; ⏲mai-sept). Un ancien pailler reconverti en restaurant de plage, dans un endroit sauvage et paradisiaque, au bord de la ravissante baie de Nichjaretu. Prenez place sur la terrasse en teck et lézardez au soleil en sirotant une boisson fraîche. Le rêve !

La Morsetta CAMPING €

(☎04 95 65 25 24/28 ; www.lamorsetta.net ; Argentella ; adulte/tente/voiture 9/5,50/2,50 € en haute saison ; ⊙mai-sept). Doté de sanitaires corrects, d'une épicerie et d'un petit restaurant, ce camping étale ses 5 ha agréables derrière la plage de l'Argentella, à l'ombre des pins et des eucalyptus.

Marina d'Argentella HÔTEL-RESTAURANT €€

(☎04 95 65 25 08 ; www.argentella.com ; Argentella ; d 150-200 € avec demi-pension obligatoire ; ⊙mi-mai-mi-sept). Calme garanti au Marina d'Argentella, installé sur la plage du même nom, dont les chambres sont aménagées dans des bungalows s'étageant un peu en retrait, et qui offre une belle vue sur la baie de Crovani.

Auberge de Ferayola AUBERGE €€

(☎04 95 65 25 25 ; www.ferayola.com ; Argentella ; d 65-114 € selon confort et saison ; ⊙mai-sept). Cette autre adresse vous attend à environ 2 km de là, au bord de la route, dans un beau domaine qui s'élève en terrasses. Les chambres, au décor frais et fleuri, jouxtent une jolie piscine entourée d'arbres.

Galéria

Localité isolée sur cette côte peu fréquentée, Galéria ne présentera sans doute de charme à vos yeux que si, après l'ambiance estivale surchauffée des stations balnéaires de l'île, vous aspirez au calme. Mais vous devrez fouler des galets sur la plage au lieu du sable blond et chercher quelques points de repère dans cette bourgade décentrée. Le vieux village, dominé par l'église et la jolie bâtisse qui abrite la mairie, s'élève derrière des constructions récentes. Cela dit, Galéria, qui est aussi une étape sur le sentier du Mare e Monti®, possède un autre atout sérieux : ses environs sauvages, à commencer par la vallée du Fango.

Renseignements

Syndicat d'initiative de Galéria-Filasorma (☎04 95 62 02 27 ; www.ot-galeria.com ; ⊙lun-ven 9h-12h et 15h-18h, sam 9h-12h et 15h-17h avr à mi-oct). À l'embranchement de la D81 et de la D351. Horaires parfois fluctuants.

À voir et à faire

Plage de la Riciniccia BAIGNADE

Des deux plages de Galéria, celle-ci, à l'entrée nord du bourg, est la plus longue, mais elle est bordée de gravier gris. L'autre plage, de sable cette fois, se trouve près du port.

L'Incantu PLONGÉE ET SNORKELING

(☎04 95 62 03 65 ; www.incantu.com ; route de Calca ; ⊙mi-mars à mi-nov). Installé sur les hauteurs du bourg, à 300 m de l'église, ce centre de plongée réputé organise des baptêmes et des sorties plongée dans le secteur de Galéria (environ 40 €).

Tra Mare e Monti BATEAU ET KAYAK

(☎04 95 65 21 26, 06 20 56 03 06 ; www.tramare-monti.com ; port de Galéria ; ⊙mai-oct). Jouez les explorateurs et louez un bateau sans permis (environ 170 €) ou un kayak pour explorer à votre rythme le golfe de Galéria et la partie maritime de la réserve du Fango (5/7 € l'heure mono/biplace). En saison, le propriétaire de l'hôtel Palazzu organise des promenades en mer dans la réserve de Scandola et des sorties de pêche en mer.

Où se loger et se restaurer

BON PLAN **L'Étape marine** GÎTE D'ÉTAPE €

(☎04 95 62 00 46 ; www.gite-etape-corse.com ; route de Calca ; gîte 20 €, 38 € en demi-pension, camping 8 €/pers ; ⊙mi-mars à fin oct ; ❄). Une excellente adresse pour les randonneurs et les petits budgets. L'Étape marine doit beaucoup à l'accueil de ses jeunes et dynamiques gérants, qui ont su redonner vie à ce gîte composé de 7 dortoirs de 6 couchages chacun, tous peints d'une couleur différente, et d'une double avec sdb. Le site est très calme, verdoyant et ombragé (les campeurs apprécient). Le soir, requinquez-vous avec une cuisine saine et copieuse.

L'Auberge HÔTEL-RESTAURANT €

(☎04 95 62 00 15 ; www.hotel-restaurant-auberge.com ; d 56-84 € selon saison, avec petit-déj ; plats 10-17 € ; ⊙tte l'année ; ❄📶). En plein centre du bourg, un point de chute agréable et bien tenu, avec des chambres très petites mais chaleureuses, équipées de parquet flottant, d'une bonne literie et d'une TV. À signaler toutefois : les WC sont sur le palier ; quant à la douche et au lavabo, ils ont été installés dans un coin de la chambre, juste à côté du lit. Au rez-de-chaussée, le restaurant propose des plats simples, roboratifs et pas chers.

A Martinella CHAMBRES D'HÔTES €€

(☎04 95 62 00 44 ; route du port ; d 65-75 € avec petit-déj ; ⊙avr à mi-oct ; ❄). Les 5 chambres spacieuses et lumineuses de cette maison moderne entourée d'un jardin s'ouvrent sur une terrasse privative ou un balcon. Jolie décoration associant le blanc et le jaune ou le blanc et le bleu, réfrigérateur et grande sdb avec baignoire pour chacune. Un bon rapport qualité/prix, à 100 m de la plage. Cartes de crédit non acceptées.

Palazzu HÔTEL €€
(☎04 95 62 03 61 ; www.hotelpalazzu.com ; route du bord de mer, Galéria ; d 55-130 € selon confort et saison ; ⏲avr-sept ; ❄📶). Ce deux-étoiles dispose de 6 chambres d'une propreté irréprochable. Le décor est apaisant : murs blancs, galets, tons naturels, meubles cérusés et une touche de couleur différente dans chacune. Tenu par une famille, l'hôtel, qui surplombe le golfe, est situé à 200 m de la plage. S'ajoutent à ses charmes une splendide piscine et une belle salle à manger prolongée d'une terrasse en teck où l'on sert une petite restauration.

A Sulana RESTAURANT €€
(☎04 95 62 02 99 ; Galéria ; plats 10-24 € ; ⏲tlj avr-sept). Le poisson frais, grillé au four, est à l'honneur dans ce restaurant de bonne réputation : rouget, mérou, loup, chapon, selon la pêche, ou encore moules, salade de poulpe ou bouillabaisse maison sur commande. À déguster dans une salle aux tons pastel ou sous une plaisante tonnelle couverte de vigne.

L'Artigiana BOUTIQUE-RESTAURANT €
(☎04 95 60 64 11 ; en-cas et plats 5-15 € ; route de Galéria ; ⏲mai-fin sept). Faites halte dans la boutique-restaurant de Lara pour vous approvisionner en produits corses – certains faits maison (confitures, miel, fromages...) – ou pour savourer l'une de ses préparations culinaires à base de courgettes, tomates et aubergines tout droit sorties de son jardin, qui s'élève à flanc de colline juste au-dessus. Au choix, délicieux sandwichs, tartes aux légumes, plateaux de charcuterie et de fromages, ou encore la salade de tomates du jardin. La belle terrasse ombragée, où l'on s'installe à des tables en bois, offre une vue magnifique sur le delta du Fango et le golfe de Galéria. Environ 1 km avant la tour génoise de Galéria, sur la D351.

♥ Le delta et la vallée du Fango

Une merveille naturelle, la vallée du Fango vous attend à la fin du tronçon de 2 km commun à la D81 et à la D351. La réserve de biosphère de la vallée du Fango s'étend sur 23 400 ha, du delta maritime, qui présente une mosaïque de milieux biologiques, aux différents paysages qui s'étagent jusqu'à une altitude de 2 500 m, dans la microrégion appelée Filosorma, composée de quelques villages.

À voir et à faire

Delta du Fango BALADE EN KAYAK
(☎06 22 01 71 89 ; www.delta-du-fangu.com ; location 5 €/pers 1 heure ; ⏲tlj 10h-18h30 juin-sept). Dans les bras d'eau de l'embouchure du Fango, une balade en kayak vous permettra d'observer des tortues cistudes, différents oiseaux d'eau et des plantes aquatiques.

Vasques du Fango BAIGNADE
Les premiers minicanyons et piscines naturelles creusées par le Fango vous attendent à 1 km après Fango, au niveau d'un **pont génois** à l'arche parfaite. Tout simplement sublimes – eau cristalline, rochers pour se sécher, vasques naturelles – ces petites gorges se poursuivent sur des kilomètres et constituent un paradis pour la baignade et le farniente.

Manso et Montestremo VILLAGES
En remontant la vallée du Fango, on arrive à Manso, un village composé de quelques habitations et d'une église, puis à Montestremo, tout au fond de la vallée, où vous aurez l'impression d'être arrivé au bout du monde. De Montestremo, on peut rejoindre le **refuge de Puscaghja** en 5 heures de marche.

Où se loger et se restaurer

A Farera – Chez Zézé HÔTEL €
(☎04 95 62 01 87 ; route de Porto, Fango ; d 50-74 € selon saison, avec petit-déj ; ⏲tte l'année). Situé à environ 4 km de Galéria, face à l'embranchement de la D351 en direction de Manso, cet hôtel peut dépanner les petits budgets, avec des chambres simplissimes qui donnent sur la montagne à l'arrière. On peut se détendre dans le jardin, planté de jeunes palmiers, ou profiter de la jolie terrasse fleurie, à l'ombre d'un grand mûrier. L'hôtel possède un bar et assure un service de restauration.

Casaloha CHAMBRES D'HÔTES €€
(☎04 95 34 46 95, 06 12 88 14 10 ; lacasaloha@gmail.com ; Fango ; d 60-75 € selon saison, avec petit-déj ; ⏲tte l'année ; 📶). Un accueil convivial vous attend chez les Corteggiani, où l'on se met rapidement à l'aise. À hauteur du carrefour du Fango (D351 et D81), cette maison entourée d'un grand jardin planté d'arbres fruitiers dispose de 4 chambres sans fioritures mais confortables, toutes décorées différemment selon des thèmes liés au voyage (ainsi, l'"India" est égayée de couleurs orangées). Celles à l'étage possèdent une terrasse avec vue sur la Paglia Orba.

Ponte Vecchiu RESTAURANT €€

(☎04 95 62 00 66 ; Fango ; plats 13-19 € ; ⏲tlj 15 mai-20 sept). Sur la route de Manso, près du pont génois, le Ponte Vecchiu offre un décor quelconque mais mitonne une savoureuse cuisine traditionnelle, comme le veau de l'exploitation... à la mode corse, que l'on préférera aux pizzas. La terrasse est agréable et l'ambiance rehaussée par un fond de musique corse. Après ces agapes, vous n'avez que quelques dizaines de mètres à faire pour faire trempette dans les vasques du Fango.

Gîte d'étape de Tuarelli GÎTE D'ÉTAPE €

(☎04 95 62 01 75 ; Tuarelli ; camping adulte/enfant/voiture 10/5/5 €, dort 18 €, demi-pension 38 € ; plats 11-17 € ; ⏲mi-avr à mi-oct). Quel cadre splendide ! Ce gîte et restaurant bâti au-dessus du Fango possède une terrasse ombragée par des bosquets de genévriers, des oliviers et des aulnes, d'où un bel escalier en pierre conduit au torrent et à ses vasques. Un lieu idéal pour faire trempette et prendre un verre ou déguster un savoureux plat du jour. Joliment construit de pierre et de bois, le gîte comporte 3 chambres de 8 lits, des sanitaires aménagés dans les rochers et une cuisine ouverte dotée d'un grand four.

A Muvrella SNACK-BAR €

(Manso ; plats 5-13 € ; ⏲mi-avr à mi-oct). Dans ce modeste établissement du hameau de Manso, vous serez aux premières loges pour contempler le panorama sur les sommets qui délimitent la vallée du Fango. Cuisine toute simple, pour caler un petit creux (assiette de charcuterie, de fromage, salade de tomates, etc.). Également accès direct à la rivière, en contrebas.

Gîte d'étape A Funtana GÎTE D'ÉTAPE €

(☎04 95 34 36 03 ; Montestremo ; dort 16 €, demi-pension 38 €, menu 19 € ; ⏲avr à mi-oct). Au fond de la vallée, dans le hameau de Montestremo, ce gîte accroché à flanc de montagne, aménagé dans une maison ancienne impeccablement rénovée, ménage de superbes vues depuis la terrasse. La propreté des 4 chambres (4 lits chacune, avec sdb) est exemplaire. Cuisine traditionnelle et familiale. Du gîte, on peut descendre à la rivière et trouver de belles vasques pour se baigner.

De Galéria à Porto

Après Galéria et la vallée du Fango, la D81 se poursuit vers le **col de Palmarella** puis le **col de la Croix,** d'où part le sentier menant à **Girolata** (voir p. 127). Elle se dirige ensuite vers Porto, annoncé par ses odeurs d'eucalyptus. Elle se termine à flanc de montagne, dans des teintes de roche qui préfigurent les calanques de Piana. Peu avant l'arrivée, ne ratez pas le superbe panorama sur Porto et sa tour carrée.

Du golfe de Porto à Ajaccio

Dans ce chapitre »

Le top des hébergements

- » Ruone (p. 143)
- » Châtelet de Campo (p. 173)
- » Carpe Diem (p. 161)
- » Palazzu U Dom (p. 161)

Le top des restaurants

- » A Merendella (p. 153)
- » Geronimi (p. 143)
- » L'Altru Versu (p. 163)

Pourquoi y aller

L'emploi du terme "grandiose" s'impose d'emblée quand il s'agit de décrire cette exceptionnelle portion du littoral corse, où s'égrènent trois grands golfes : Porto, Sagone et Ajaccio. Au hasard de leurs échancrures, ils dissimulent mille merveilles. Le golfe de Porto est sans doute le plus impressionnant, avec ses deux joyaux naturels : la réserve de Scandola, classée patrimoine mondial de l'humanité par l'Unesco, et les calanques de Piana, un fascinant jardin de pierre façonné au fil des millénaires par l'action conjuguée du vent et de l'eau.

Au pied de sa belle tour carrée, Porto est une bonne base pour explorer cette partie de la côte. En quittant la ville vers l'intérieur des terres, en direction du col de Verghio, vous découvrirez une succession de villages accrochés à la montagne, séparés par une série de sites naturels.

Plus au sud, Cargèse "la grecque" est une étape culturelle sur la route qui conduit au splendide golfe d'Ajaccio et ses merveilles, à commencer par Ajaccio elle-même, la première ville de Corse, ainsi que les îles Sanguinaires. L'arrière-pays du golfe de Sagone vaut également le détour, avec des microrégions et des vallées peu fréquentées, comme le Liamone ou la Cinarca.

Quand partir

Mai-juin Les vallées de l'intérieur se colorent avec l'arrivée du printemps. Explorez le haut Taravo, le Prunelli, le Liamone ou l'arrière-pays de Porto.

Juillet-septembre C'est la période la plus indiquée pour soigner son bronzage sur les plages de sable fin qui émaillent le littoral. Le 15 août, laissez-vous gagner par la ferveur des Fêtes napoléoniennes à Ajaccio.

Décembre-janvier La Corse comme personne ne l'imagine : les skis aux pieds, à Val d'Ese, puis dans un restaurant de montagne pour déguster la bonne charcuterie locale.

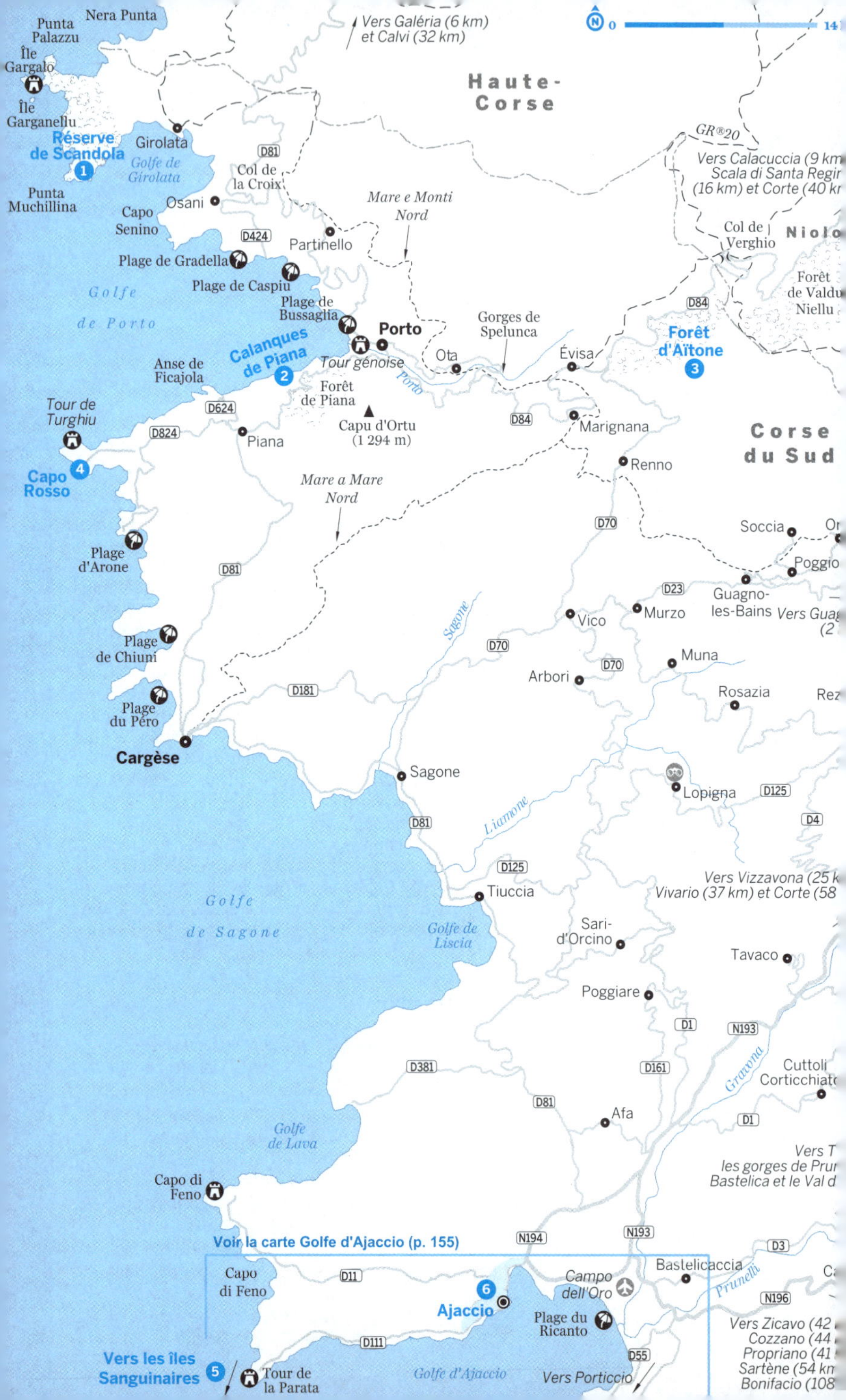

Nera Punta
Punta Palazzu
Île Gargalo
Île Garganellu
Réserve de Scandola
1
Girolata
Golfe de Girolata
Punta Muchillina
Capo Senino
Osani
Col de la Croix
D81
Vers Galéria (6 km) et Calvi (32 km)
Haute-Corse
GR®20
Mare e Monti Nord
Partinello
D424
Plage de Gradella
Plage de Caspiu
Golfe de Porto
Plage de Bussaglia
Porto
Calanques de Piana
2
Tour génoise
Anse de Ficajola
Forêt de Piana
Capu d'Ortu (1 294 m)
Porto
Ota
Gorges de Spelunca
Évisa
D84
Forêt d'Aïtone
3
Col de Verghio
Tour de Turghiu
D624
D824
Piana
Capo Rosso
4
Marignana
Renno
Mare a Mare Nord
D70
Soccia
Poggio
Guagno-les-Bains
D23
Murzo
Vico
Plage d'Arone
D81
Plage de Chiuni
Plage du Péro
Sagone
D70
Muna
Arbori
D181
Rosazia
Cargèse
Sagone
Lopigna
D125
D4
Liamone
D81
D125
Tiuccia
Golfe de Sagone
Golfe de Liscia
Sari-d'Orcino
Tavaco
Poggiare
D1
N193
D381
D161
Gravona
D81
Afa
D1
Golfe de Lava
Capo di Feno
Voir la carte Golfe d'Ajaccio (p. 155)
N194
N193
D3
Capo di Feno
D11
Campo dell'Oro
Bastelicaccia
Prunelli
6
Ajaccio
Plage du Ricanto
N196
D111
D55
Vers les îles Sanguinaires
5
Tour de la Parata
Golfe d'Ajaccio
Vers Porticcio

À ne pas manquer

1. La **réserve de Scandola** (ci-dessous), que l'on découvre le mieux depuis la mer
2. Les très belles **calanques de Piana** (p. 139) au coucher du soleil
3. Une randonnée sous les pins laricios de la **forêt d'Aïtone** (p. 134)
4. Le panorama sur le golfe de Porto depuis **Capo Rosso** (p. 136)
5. Une excursion jusqu'aux **îles Sanguinaires** (p. 165), les sentinelles du golfe d'Ajaccio
6. Les œuvres majeures rassemblées au **palais Fesch** (p. 157), à **Ajaccio**

GOLFE DE PORTO

♥ Réserve de Scandola

Premier joyau du golfe en arrivant du nord, cette réserve naturelle est avant tout accessible par voie maritime, et donc préservée. Nul doute que l'observation de ses superbes paysages depuis l'un des navires qui la rejoignent, notamment depuis Porto, sera l'un des temps forts de votre séjour dans le golfe. Inscrite sur la liste du patrimoine mondial de l'Unesco, Scandola mérite en effet le déplacement tant pour l'observation des espèces végétales et animales – les oiseaux s'y laissent en général observer jusqu'à fin juin – que pour l'étonnant spectacle des grottes et failles de sa géologie d'origine volcanique.

Créée en 1975, la réserve de Scandola occupe 920 ha de terre et quelque 1 000 ha de superficie marine, ponctuée à l'ouest par les îles Gargalo et Garganello. Véritable page d'histoire naturelle, elle doit son exceptionnel milieu écologique à la coexistence sur cette presqu'île d'une grande diversité rocheuse – ses côtes aux teintes cuivrées mêlent coulées volcaniques et microgranites –, d'un climat particulièrement favorable et d'un ensoleillement régulier. La conjonction de ces différents facteurs en fait le refuge privilégié de nombreuses espèces, tant végétales qu'animales. Les scientifiques s'y pressent pour observer balbuzards, cormorans, puffins, algues, coraux et poissons.

Si la protection de la réserve est survenue trop tard pour sauver les dernières colonies de phoques moines ou le cerf de Corse

AVEC DES ENFANTS

LIEUX	ACTIVITÉS	BON À SAVOIR
Porto	Une visite de **l'aquarium** de la Poudrière (p. 128)	Les panneaux de présentation sont très bien faits. Tant mieux, car ce sera à vous de les lire pour répondre aux questions vos enfants !
Cargèse	Une **sortie en mer** (p. 141)	Choisissez une sortie avec un arrêt pour le déjeuner et la baignade.
Sagone	Une initiation à la **voile** à l'UCPA (p. 143)	Propose des stages d'une semaine. Dès 7 ans.
Soccia	Une **balade avec un âne** jusqu'au lac de Creno (p. 153)	N'oubliez pas d'emporter de quoi boire et manger. Chaussez-vous bien et prévoyez un coupe-vent.
Ajaccio	Une balade avec le **petit train** des îles (p. 159)	Une manière originale de découvrir les Sanguinaires.
Ajaccio	Une visite du centre A Cupulatta, spécialisé dans la conservation des **tortues** (p. 161)	Fascination garantie pour les enfants dès 4 ans.

(maintenant réintroduit aux environs de Quenza, dans l'Alta Rocca), Scandola constitue un vivier unique de mérous et de balbuzards pêcheurs. Une variété d'algue calcaire, dure au point de former de véritables "trottoirs" à fleur d'eau, figure par ailleurs au nombre de ses curiosités marines.

La réserve est gérée par le parc naturel régional, dont l'action a été saluée en 1985 par le diplôme du Conseil de l'Europe. Elle a été classée site Biomare en 2003, à savoir parmi les plus riches de la planète en termes de biodiversité. Une partie de sa façade côtière appartient au Conservatoire du littoral. Chasse, pêche, camping, cueillette et mouillage de nuit sont interdits dans la réserve. Le mouillage de jour et de nuit est interdit dans la partie intégrale de la réserve.

Depuis/vers la réserve de Scandola

BATEAU Aucun sentier ne permet de rejoindre la presqu'île de Scandola à pied et aucune route ne dessert la réserve. La voie maritime reste donc le seul accès. De nombreuses compagnies maritimes cabotent entre les déchirures de la côte de la réserve au départ de Calvi, Porto, Cargèse, Sagone ou Ajaccio. Consultez les paragraphes *Sorties en mer* de ces villes pour toute information.

MARCHE Le golfe de Girolata, qui jouxte la réserve, est accessible à pied du col de la Croix en 1 heure 30 (voir la randonnée p. 127).

BUS Les **autocars S.A.S.A.I.B. – Ceccaldi** (☎04 95 51 42 56 ; www.autocarsiledebeaute.com) desservent le col de la Croix en été depuis Porto (1 heure ; 10 € ; départ à 10h de la pharmacie) et Calvi (2 heures 30 ; 17 € ; départ à 15h30 face au Super U). Ils circulent du lundi au samedi de mi-mai à fin juin ainsi que la deuxième quinzaine de septembre, et tous les jours de juillet à mi-septembre.

Girolata

S'il n'est pas intégré au périmètre de la réserve naturelle de Scandola, le golfe de Girolata n'en reste pas moins un site d'exception. Il offre par ailleurs l'avantage d'approcher les paysages de la réserve à pied, voire de séjourner dans leurs environs, le village de Girolata étant accessible depuis le col de la Croix par un sentier. À moins d'avoir recours au bateau, atteindre cette conque marine protégée par un fortin génois vous demandera environ 1 heure 30 de marche depuis le col (voir la randonnée p. 127).

Fermée par la presqu'île de Scandola et le cap Senino, l'anse de Girolata pourrait être un paradis. Son isolement ne suffit malheureusement pas à la protéger totalement. Attirant plaisanciers et amateurs de plages du bout du monde, le site est indiscutablement surfréquenté en juillet et août. Certains trouveront la plage un peu sale en été, ou regretteront l'alignement de bouées blanches prévues pour accepter jusqu'à 100 bateaux, transformant cette belle anse en parking flottant. L'éden, en bref, s'accommode mal de l'afflux de ces plaisanciers randonneurs et autres touristes débarqués le temps d'un déjeuner par les bateaux qui sillonnent la côte... Le mouillage dans la journée est désormais payant (à partir de 2 € pour les bateaux de moins de 6 m). Un Zodiac de la **capitainerie** (☎04 95 50 02 52 ; ⏲tlj 8h-21h fin avr à mi-oct) viendra à votre rencontre.

Le fortin qui coiffe le village, privé, ne se visite pas.

Où se loger

BON PLAN **Le Cormoran voyageur** GÎTE D'ÉTAPE € (☎04 95 20 15 55 ; dort demi-pension 38 €/pers ; ⏲avr-sept). Cette bâtisse de pierre qui ne manque pas de charme vous accueille en bordure de la plage, côté village. Tenue par Joseph Teillet, pêcheur et grande figure de Girolata, et sa compagne Colette, elle dispose d'une vingtaine de lits répartis en 3 chambres relativement confortables. Le gîte n'offre pas de coin cuisine, mais le menu – soupe de poisson, poisson, fromage, dessert – est apprécié. Demi-pension obligatoire. Cartes de crédit non acceptées.

BON PLAN **La Cabane du Berger** CAMPING-GÎTE € (☎04 95 20 16 98 ; plage de Girolata ; camping 10 €, gîte 20 € ; bungalow 40 €/pers, demi-pension camping/dortoir/bungalow 35/40/60 € ; ⏲avr-sept). En plus de sa fonction principale de bar-restaurant (voir *Où se restaurer*) cette adresse fait office de gîte d'étape. L'endroit est populaire même si, selon certains lecteurs, les moustiques se montrent parfois pressants. Les bungalows en planches sont assez rustiques mais le cadre, sur la plage, est agréable.

Où se restaurer

Plusieurs restaurants particulièrement bien situés – en surplomb de la plage et en contrebas du fortin génois – affichent une

RANDONNÉE

DE LA BOCCA DI CROCE (COL DE LA CROIX) À GIROLATA

Départ : col de la Croix (à 22 km de Porto en direction de Galéria)
Durée : 3 heures 30 aller-retour (retour partiel par le même itinéraire)
Dénivelé : 250 m
Difficulté : moyenne

Après avoir garé votre véhicule sur l'aire de stationnement, entamez la descente, régulière, sur le sentier bien visible encadré d'un maquis touffu. Au bout d'une quinzaine de minutes, vous passerez devant une jolie fontaine faite de galets. Un quart d'heure plus tard, vous atteindrez une fourche ; prenez le sentier qui descend sur la gauche jusqu'à la plage de galets et de sable de Tuara. Les courants y apportent parfois des détritus, mais elle est en général assez déserte et agréable pour la baignade. Pour continuer votre chemin, longez la plage jusqu'à son extrémité nord ; vous devinerez, dans le maquis, un premier sentier qui s'échappe vers la gauche et longe la côte, et un autre, à droite, qui gravit la colline. Ce dernier vous mènera en 20 min de montée à la jonction avec le sentier Mare e Monti® (balisage orange).

Vous découvrirez alors un superbe panorama sur le hameau et la baie de Girolata, sur lesquels veille un fortin génois. En toile de fond, au sud-ouest, Capo Senino, auquel répond Punta Mucchilina (en bordure de la réserve de Scandola) au nord-ouest. Des dizaines de voiliers jettent l'ancre dans la baie en saison. De cette éminence, vous n'êtes plus qu'à 30 min de Girolata en descente.

Il est possible de varier partiellement l'itinéraire du retour : retraversez la plage de Girolata et reprenez sur une vingtaine de mètres le sentier par lequel vous êtes arrivé. Puis, au lieu de continuer à monter, empruntez le sentier qui part à droite et suit la côte en corniche jusqu'à l'anse de Tuara.

carte alléchante faisant la part belle aux spécialités de poisson.

Le Bon Espoir SPÉCIALITÉS DE LA MER €
(☎04 95 10 04 55 ; plats 16-28 €, menus à partir de 16 € ; ⏲mi-avr à fin sept). Surplombe Girolata et le gîte Le Cormoran voyageur. Sur cette belle terrasse, on sert notamment le fruit de la pêche du patron – pavé de denti, coulis d'araignée, daurade, friture, langouste – mais aussi quelques viandes, comme le sanglier à la Pietra.

La Cabane du Berger RESTAURANT €
(☎04 95 20 16 98 ; plage de Girolata ; plats 14-20 €, menus à partir de 15 € ; ⏲avr-sept). Sur la plage, c'est un endroit agréable où se retrouvent les randonneurs. Entrecôtes, plats de pâtes, bouillabaisse...

Le Bel Ombra SPÉCIALITÉS DE LA MER €€
(☎04 95 20 15 67 ; www.bel-ombra.com ; plats 20-35 €, menus 15-24 € ; ⏲mi-avr à fin sept). La plus belle terrasse du village, bordée de bougainvilliers, accueillante avec ses sièges en teck. Cette table mitoyenne du Bon Espoir fait la part belle au poisson et à la langouste. Le soir, poissons et viandes sont grillés dans la cheminée du restaurant.

Porto

Aussi fréquentée en été que désertée en hiver, cette petite localité qui semble avoir grandi trop vite constitue une bonne base pour explorer l'arrière-pays et l'exceptionnelle côte sauvage de la réserve de Scandola. Émanation balnéaire du village de montagne d'Ota, perché au-dessus d'elle, Porto doit son attrait à son site, au pied d'une belle tour carrée érigée au XVIe siècle par les Génois pour protéger son superbe golfe des incursions sarrasines.

Orientation

L'un des premiers bâtiments de Porto visibles de la D81 est la pharmacie de la localité, qui se dresse à l'intersection de la route communale qui descend sur 1,5 km jusqu'à la marine. Entre les deux s'étend le quartier baptisé Vaïta, ou Porto le Haut. Porto est ainsi divisée en deux principaux secteurs : Vaïta et la marine. Cette dernière est coupée par la rivière de Porto, qu'enjambe une passerelle piétonne. Les automobilistes qui souhaitent rejoindre la partie sud de la marine doivent emprunter la route communale fléchée "Porto rive gauche", sur la D81 en direction de Piana.

Renseignements

Office du tourisme de Porto (04 95 26 10 55 ; www.porto-tourisme.com ; place de la Marine ; lun-sam 9h-19h juin-sept, lun-sam 9h-18h avr-mai, lun-ven 9h-17h hors saison). Installé en bas de la longue rue qui descend vers la marine. Vous y trouverez notamment un document pratique sur les balades et les randonnées dans le golfe de Porto. Une borne d'information interactive, installée en façade, est accessible 24h/24.

Vous trouverez un **cybercafé** installé au restaurant-bar **Le Moulin** (04 95 26 12 09 ; 8 € l'heure ; en saison tlj 17h-1h), au niveau du pont de Porto.

À voir

Tour génoise PATRIMOINE ARCHITECTURAL
(04 95 26 10 05 ; 2,50 €, billet combiné tour et aquarium (voir ci-dessous) adulte/enfant 6,50/3 € ; tlj 9h-21h juil-août, 11h-19h avr-juin et sept). Postée en sentinelle à l'entrée du port de pêche, cette belle tour carrée érigée en 1549 et restaurée en 1993 domine un superbe panorama. Elle mérite également le détour pour ses petites expositions, l'une consacrée au rôle des tours génoises au cours des siècles passés, l'autre à la bruyère. Dommage qu'elle n'ouvre pas plus tard en juin, pour permettre de profiter des couchers de soleil tardifs. On accède à la tour par des escaliers situés juste à côté du restaurant La Tour génoise. Par temps clair, vous verrez du sommet la tour de Piana, sur la gauche du golfe.

Aquarium de la Poudrière AQUARIUM
(04 95 26 19 24 ; port de Porto ; tarif adulte/enfant 5,50/3 €, billet combiné avec la tour génoise 6,50/3 € ; 8h-19h juin, 8h-22h juil-août, 8h-17h basse saison). Installé dans l'ancienne poudrière qui jouxte l'hôtel Monte Rosso, ce petit aquarium mérite la visite si vous prenez le temps de lire les panneaux explicatifs sur les espèces marines – raies, murènes, dentis, loups et autres tritons – présentées dans l'ordre d'apparition de leur habitat à mesure que l'on descend en profondeur. Outre la belle salle voûtée qui l'héberge, vous pourrez admirer le poisson le plus coloré de Méditerranée – la girelle paon – et découvrir les étonnantes facultés de camouflage du bothus ou encore suivre les merveilleuses arabesques du poulpe. Pour petits et grands…

Activités

Baignade

À l'écart du trafic et des établissements touristiques, la **plage de Porto**, vaste plage de galets, garnie à l'arrière d'arbrisseaux qui ne lui confèrent encore ni charme ni ombre, est un peu désolée. Une alternative à la plage de Porto : les **vasques du Porto**, cristallines et rafraîchissantes, situées juste derrière le parking de l'hôtel Le Moulin. De gros rochers permettent d'étaler sa serviette. Trois belles plages de galets jalonnent la côte au nord de Porto, en direction de Girolata (voir *Environs de Porto*, p. 131).

Plongée et snorkeling

Deux clubs opèrent depuis Porto. Ils possèdent tous deux un kiosque près du port. Reportez-vous au chapitre *Plongée*, p. 30, pour des détails sur les sites de plongée.

Centre de plongée du golfe de Porto (04 95 26 10 29, 06 84 24 49 20 ; www.plongeeporto.com ; le port, rive gauche). Baptême à 45 €, plongée d'exploration 45 € matériel inclus (supplément de 10 € pour les sites éloignés).

Méditerranée Porto Sub (06 14 94 08 44 ; www.plongeecorse.fr ; le port, rive droite). Baptême (50 €) et plongée d'exploration (45 €, matériel inclus). Supplément de 10 € pour les sites éloignés. Également randonnée palmée (à partir de 15 €).

Sorties en mer

Plusieurs compagnies proposent des sorties en mer au départ de Porto, d'avril à octobre. Elles offrent des parcours similaires, à bord de bateaux plus ou moins gros. Le *Mare Nostrum* de Porto Linea et le *Pass'Partout*, plus petits, permettent d'éviter les groupes et de passer à proximité des grottes. Ils sont en revanche moins confortables si la mer secoue un peu. Renseignez-vous sur les conditions météorologiques avant le départ, parfois annulé en raison de vents trop violents.

Porto Linea (renseignements et réservations Hôtel Monte Rosso ; 06 08 16 89 71 ; www.portolinea.com ; marine rive droite). Cabote dans la réserve de Scandola et fait étape à Girolata (45 €). Le *Mare Nostrum*, un petit bateau jaune de 12 places, s'enfonce profondément dans les anfractuosités de la côte. Le soir, le capitaine Jean-Baptiste Rostini longe les calanques en direction de Piana (25 €).

Pass'Partout (renseignements et réservations Anthony Boutique ; 06 85 12 29 15, 06 75 99 13 15 ; marine rive droite). Ce petit bateau rouge et blanc aux airs de chalutier en miniature, dont la capacité n'excède pas 12 passagers, peut également se faufiler dans les anfractuosités de la côte (Scandola et Giolata 42 €, calanques de Piana 26 €).

Nave Va (renseignements et réservations Hôtel Le Cyrnée ; 04 95 26 15 16 ; www.naveva.com ; marine rive droite). Les gros bateaux bleu et blanc de ce prestataire suivent

EXPLORER LE GOLFE DE PORTO HORS DES SENTIERS BATTUS

Lassé des vedettes d'excursion surchargées, qui proposent des "promenades en mer" au pas de charge ? Optez pour la location d'un bateau sans permis, ce qui vous permettra d'explorer le golfe de Porto par vos propres moyens, à votre rythme, à bord d'une embarcation gonflable ou semi-rigide. Vous trouverez de nombreux loueurs sur le port, de part et d'autre de la passerelle, dont les tarifs sont alignés (75/115 € la demi-journée/journée pour un bateau sans permis équipé d'un moteur de 6 CV, essence non incluse). La concurrence se joue sur le modèle – et donc la consommation – du moteur. Les manœuvres sont très faciles, et les prestataires vous feront un brief de sécurité avant le départ. Ils vous remettront une carte avec les plus beaux "spots" du golfe, notamment la "piscine", une zone idyllique pour le snorkeling, près de Capu Rossu. Cette formule peut se révéler plus souple et moins chère pour une famille souhaitant explorer le littoral. Contactez les loueurs suivants :

» **Patrick et Toussaint** (☎06 81 41 70 03, 06 81 33 75 87 ; www.patrickettoussaint.com ; ⏲mai à début oct). Loue également des kayaks, de une à quatre places (à partir de 10 € l'heure, dégressif).

» **Le Goéland** (☎06 81 06 88 08 ; ⏲mai à début oct)

» **Porto Bateaux Locations** (☎06 88 84 49 87 ; www.portobateaulocation.com ; ⏲mai à début oct)

» **Porto Aventure** (☎06 29 05 56 74 ; ⏲mai à début oct)

un itinéraire proche des précédents. La sortie jusqu'à Scandola et Girolata revient à 37/27 € par adulte/enfant. Une balade d'une heure en fin de journée vers les calanques revient à 25 €.

Via Mare (☎06 07 28 72 72, 06 09 51 15 25 ou contact à l'Hôtel du Golfe ; www.viamare-promenades.com). Utilise un bateau hybride. Ses tarifs sont de 37/18,50 € par adulte/enfant pour Scandola et Girolata, 25/12,50 € pour les calanques et 46/23 € pour l'ensemble.

Autre option, si vous préférez plus d'indépendance : la location d'un bateau à moteur sans permis (voir l'encadré ci-dessus).

Randonnée pédestre

La société **Corse Rando** (☎06 82 40 88 01 ; www.corserando.fr ; avr à mi-oct) organise des randonnées pédestres commentées, de différents niveaux, à la découverte de la flore, de la faune, de la géologie, et à la rencontre des habitants.

À l'office du tourisme, procurez-vous également la brochure recensant les randonnées pédestres dans les environs.

VTT

Porto Location (☎04 95 26 10 13 ; Vaïta ; ⏲tte l'année), en face du supermarché Spar, loue en haute saison des VTT en bon état (14/18 € la demi-journée/journée).

Où se loger

Porto compte un grand nombre d'hôtels ouverts en saison (la bourgade "ferme" presque à la fin de l'été). La concurrence est rude entre les établissements et nombreux sont ceux qui affichent des tarifs promotionnels. Faites le tour des offres avant de vous décider. Vous trouverez ci-dessous une sélection des adresses qui nous ont semblé présenter le plus d'intérêt.

Camping Sole E Vista CAMPING €
(☎04 95 26 15 71 ; www.camping-sole-e-vista.com ; Porto ; 8/4/4 € par adulte/tente/voiture en haute saison, bungalows 280-950 €/sem ; ⏲avr-oct). Sur les hauteurs de Porto, près du supermarché Spar, il vous réservera un accueil sympathique. Ses emplacements, isolés les uns des autres, sont agréables et ombragés. Location de vélos et point Internet.

Camping Le Porto CAMPING €
(☎06 85 41 50 74 ; www.camping-le-porto.com ; adulte/tente/voiture 7/3/3 € en haute saison ; ⏲15 juin-15 sept). Bien ombragé, ce camping est installé dans un ancien verger en terrasses, où chaque palier a gardé des arbres d'origine (mandariniers, pommiers, mûriers, abricotiers...). En pleine saison, on se sent un peu à l'étroit. La route, passante en saison, est un peu proche. Surpeuplé comme les autres en haute saison.

Camping Les Oliviers CAMPING €
(☎04 95 26 14 49 ; www.camping-oliviers-porto.com ; adulte/tente/voiture 10/3,50/4 € en haute saison ; ⏲avr à début nov ; 🏊). Imaginez un camping doté de services dignes d'un hôtel trois étoiles : une superbe piscine à plusieurs niveaux avec balnéo, transats et parasols, une salle de fitness, 2 saunas, un hammam,

pizzeria... Le tout, qui plus est, en excellent état, près du pont de Porto. Outre ses emplacements ombragés et son restaurant, il loue également des bungalows en bois tout équipés, pouvant accueillir de 5 à 7 personnes (location à la semaine uniquement).

L'Alivi GÎTE D'ÉTAPE €
(04 95 10 49 33, 06 17 55 90 51 ; www.alivi.fr ; Serriera ; dort 17 €/pers, avec petit-déj 24 €/pers, demi-pension 38 €/pers ; avr-oct). Une bonne surprise attend les petits budgets au cœur du village de Serriera, à 6 km de Porto. Cette maison de village admirablement restaurée possède 4 chambres de 4 lits, impeccablement tenues ; sdb dans chacune. Quelques fresques colorées égaient les murs. Bon accueil.

BON PLAN **Hôtel du Golfe** HÔTEL €
(04 95 26 12 31, 06 30 95 15 20 ; www.hotel-le-golfe-porto.com ; marine rive droite ; d 42-58 € ; mi-mars à début nov). À quelques mètres de l'accès à la tour génoise, cette adresse figure parmi les moins chères de la ville. La déco n'est pas très inspirée, mais les 10 chambres sont spacieuses et 8 disposent d'un balcon avec vue sur la mer. Les tarifs raisonnables, l'emplacement en bas de la marine et l'accueil familial compensent largement le cadre.

Le Maquis HÔTEL €
(04 95 26 12 19 ; www.hotel-lemaquis.com ; croisement D124 et D81 ; d 49-114 € selon saison et confort ; mars-oct ; P). Proche de l'adresse précédente, ce restaurant réputé propose 5 chambres rénovées, aux murs à l'enduit ciré dans des tons sable et ocre, formant un joli contraste avec les meubles en bois foncé et en fer forgé. Elles donnent toutes sur l'arrière, avec vue sur le golfe en arrière-plan d'espaces verdoyants. Les chambres les moins chères partagent les WC sur le palier.

Hôtel Corsica HÔTEL €€
(04 95 26 10 89 ; www.hotel-corsica-porto.com ; d 57-88 € ; studios 69-98 € ; avr-oct ; P). Certainement l'un des meilleurs choix à prix raisonnables, le Corsica vous attend quelques centaines de mètres en amont de la marine, dans un petit coin de verdure rafraîchissant. Ses grandes chambres avec terrasse ou balcon donnent pour nombre d'entre elles juste dans l'axe de la tour de Porto, visible au-delà de l'agréable piscine. Le bel emplacement dans la végétation, la jolie piscine, et le buffet du petit-déjeuner contribuent à son bon rapport qualité/prix.

Le Lonca HÔTEL €€
(04 95 26 16 44 ; www.hotel-lelonca.com ; Vaïta ; d 80-160 € selon saison et confort ; avr-sept ; P). À 500 m sur les hauteurs de la marine, cet établissement propose des chambres fonctionnelles, bien tenues, spacieuses, équipées d'une bonne literie. Les plus chères disposent d'un balcon ou d'une terrasse.

Le Belvédère TROIS-ÉTOILES €€
(04 95 26 12 01 ; www.hotel-le-belvedere.com ; d 55-129 € selon vue, confort et saison ; avr-oct). Quasiment les pieds dans le port, cet hôtel trois étoiles à tarifs raisonnables loue des chambres confortables, modernes, et d'une propreté exemplaire. Les moins chères n'ont pas vue sur le port (elles donnent sur l'arrière, et la vue est bouchée) et sont plus petites, tandis que les "supérieures" sont vastes et disposent d'une terrasse. Il se double d'un restaurant, installé sur une très belle terrasse. L'hôtel ne dispose pas de parking mais d'un garage à motos. Les voitures doivent se garer sur la marine ou rive gauche, de l'autre côté de la passerelle.

Le Colombo HÔTEL €€
(04 95 26 10 14 ; www.hotel-colombo-porto.com ; d 75-125 € selon vue et saison, avec petit-déj ; avr-oct). À défaut du meilleur emplacement de Porto – il est situé en bordure de la D81, en haut du bourg – Le Colombo est une belle bâtisse en pierre pleine de cachet, qui séduit aussi par sa décoration intérieure épurée et son ambiance accueillante. Entièrement enduits de blanc, les murs arborent de magnifiques photos sur toile. Les chambres, agréables et bien agencées (sauf les sdb, au format de timbre-poste), sont de taille variable mais elles possèdent toutes une belle hauteur de plafond. Plusieurs sont dotées d'une grande terrasse, et les plus belles, en angle, sont pourvues de 2 fenêtres. Un joli jardin fleuri et planté d'arbres vous attend en contrebas au pied d'un vieux mur superbe. Pas de parking.

Où se restaurer

BON PLAN **U Pescadore** SPÉCIALITÉS DE LA MER €
(04 95 26 15 19 ; plage de Porto ; plats 9-25 €, menu 18,50 € ; mai-sept). Cette adresse sans prétention a pris ses aises au bord de la plage de galets. Sœur et tante de pêcheurs, la patronne ne vous servira que du poisson de première fraîcheur – poissons du golfe grillés, spaghettis aux fruits de mer, salade du pêcheur – et en portion généreuse. Les tarifs restent très sages, notamment le menu (18,50 € seulement). Les chaises en plastique ne sont pas des plus confortables mais la terrasse est agréable et la cuisine ne démérite pas.

La Mer CUISINE MÉDITERRANÉENNE €€

(04 95 26 11 27 ; marine rive droite ; plats 13-38 €, menus 19-29 € ; mi-mars à fin nov). Une valeur sûre, un peu à l'écart du tohu-bohu de la marine. La Mer bénéficie d'une belle terrasse ombragée d'un mûrier-platane (dommage que les néons, le soir, gâchent un peu l'ambiance), face au golfe et à la tour génoise, illuminée dès la tombée du jour. Les lieux sont accueillants et la qualité de la cuisine est au rendez-vous, avec de savoureuses spécialités de la mer (8 € les 100 g de poisson de pêche locale) et des plats de viande (carré d'agneau en croûte d'herbe, magret de canard à la crème de figues).

Le Sud CUISINE MÉDITERRANÉENNE €€

(04 95 26 14 11 ; marine rive droite ; plats 16-27 €, menu 29 € ; Pâques à sept). Ici, on est d'abord séduit par la belle terrasse en bois exotique, sur 2 niveaux, qui surplombe le port au pied de la tour de Porto, et par la salle lumineuse, aux murs chaulés ocre et orangé. Dans l'assiette, c'est une cuisine méditerranéenne inventive qui vous attend, avec des mets (poissons et viandes) qui glissent sur le palais, comme le veau à la banane ou la dorade au fenouil. Une belle sélection de vins accompagne l'ensemble.

Le Maquis CORSE TRADITIONNEL €€

(04 95 26 12 19 ; croisement D81 et D124 ; plats 21-29 €, menus 22-34 € ; mi-mars à mi-nov). L'une des références culinaires de Porto, cette belle auberge vous attend en haut du bourg. L'accueil et le service sont professionnels et la cuisine, familiale, de qualité, associe des produits corses à un zeste d'imagination. La vue sur le golfe depuis la confortable terrasse ajoute un agrément supplémentaire.

Si vous souhaitez faire vos courses, les supermarchés **Spar** et **Banco** bordent la D81 à proximité de la pharmacie. Une petite boutique d'alimentation est également installée à la marine, où vous trouverez de nombreux restaurants et hôtels-restaurants proposant des menus relativement bon marché.

Où prendre un verre

Le Palmier BAR D'AMBIANCE

(04 95 26 14 48 ; marine rive droite ; tlj 11h30-23h en saison). La petite entrée, qui jouxte le guichet de la tour génoise, dissimule complètement la succession de terrasses de ce bar agréable en soirée, dont la vue sur la mer reste le point fort.

LUMIÈRE DE CORSE

Et si vous profitiez des talents de Robert Candela, photographe de **Porto Photo** (04 95 26 19 71 ; www.portophoto.fr ; route de la Marine ; tlj 9h-12h30 et 15h30-19h mai-sept, mieux vaut téléphoner en basse saison), pour rapporter de votre voyage un beau portrait de vous ou de vos enfants ? Jetez un coup d'œil dans sa boutique aux photos en noir et blanc qu'il réalise in situ, sur les plages ou au bord des rivières des alentours, où vous le croiserez peut-être. Des portraits comme on n'en voit plus beaucoup à l'âge du numérique, où affleure l'émotion et, selon l'artiste, "où la lumière de Corse fait tout".

Le Mini Golf BAR-PIZZERIA

(04 95 26 17 55 ; marine rive gauche ; tlj jusqu'à au moins 23h en saison). Rendez-vous des jeunes et des clubs de plongée, ce bar-pizzeria situé juste après la passerelle depuis la marine est le lieu le plus animé de Porto en soirée. L'endroit idéal pour boire un verre si vous cherchez un peu d'animation.

Depuis/vers Porto

BUS Porto se trouve sur la ligne Ajaccio-Ota des **autocars S.A.S.A.I.B. – Ceccaldi** (04 95 22 41 99 ; www.autocarsiledebeaute.com). Deux bus quotidiens relient la ville à Ajaccio, Tiuccia, Sagone, Cargèse, Piana et Ota de mai à septembre. En été, la compagnie dessert également Calvi via le col de la Croix (sentier vers Girolata). Le départ a théoriquement lieu devant la pharmacie, tous les jours à 10h (16 € jusqu'à Calvi, 9 € jusqu'au col de la Croix).

De juillet à mi-septembre, les **autocars Mordiconi** (04 95 48 00 04) effectuent le trajet Porto-Évisa-Calacuccia-Corte (20 €) du lundi au samedi. Les bus partent du restaurant Le Mini Golf, rive gauche, juste après la passerelle.

Environs de Porto

En allant vers le nord du golfe de Porto, vous trouverez des plages moins fréquentées.

Plage de Bussaglia PLAGE DE GALETS

De Porto, faites 6,5 km sur la D81 et tournez à gauche immédiatement après l'hôtel Eden Park. Cette plage offre un cadre superbe mais ne convient pas aux jeunes enfants car elle descend à pic. Elle est toutefois légèrement moins en dénivelé et mieux protégée côté nord de la crique. Pour vous restaurer, vous trouverez deux paillotes, face à la plage, dont le **Marechiare** (☎04 95 26 10 49 ; pizzas à partir de 8 € ; ⊙mai à mi-sept), qui loue également des **canoës**.

Plage de Caspiu PLAGE DE GRAVIERS

Également accessible par la route, la plage de Caspiu, encadrée de rochers, vaut le détour. Le gravier y est plus fin qu'à la plage de Bussaglia.

Elle abrite deux paillotes :

U Caspiu (☎04 95 27 32 58 ; www.restaurant-u-caspiu.fr ; menus 18,50/26 €, plats 13-24 € ; ⊙mi-mai à sept)

Le Punta Rossa (☎04 95 27 32 87 ; plats 12-24 € ; ⊙mi-mai à sept). Loue également des kayaks (35 € la demi-journée) et des bateaux à moteur sans permis (60/95 € 2 heures/demi-journée).

♥ **Plage de Gradella** PLAGE DE GRAVIERS

À 5 km en contrebas du village d'Osani, la petite plage de Gradella, d'où l'on embrasse Porto et les calanques de Piana, ne manque pas de charme, et dispose de quelques infrastructures de loisirs. Pour explorer les criques sauvages, **François Colonna** (☎06 74 33 21 50), un sympathique étudiant, propose des **bateaux sans permis** (110/160 € demi-journée/journée, essence comprise, de fin juin à mi-sept). Vous pouvez également louer des **kayaks** (10/22/35 € 2 heures/demi-journée/journée) auprès du **restaurant Santa Maria** (☎04 95 27 30 38/31 73 ; plats 10-30 €, menu 22 € ; ⊙juin-sept), légèrement en retrait de la plage, qui prépare et sert avec gentillesse des spécialités de la mer (soupe de poisson, bouillabaisse, gambas, poisson grillé). À 300 m de la plage, l'accueillant **camping E Gradelle** (☎04 95 27 32 01 ; www.corsica-gradelle.fr ; adulte/tente/voiture 7/3,5/3,50 € ; ⊙mai-sept) occupe un superbe site dans une forêt, tout en terrasses, d'où la vue plonge sur la côte accidentée. Le camping possède un bar-restaurant et une épicerie, et l'on peut laver son linge (6 €).

♥ De Porto au col de Verghio

On aurait tort de se cantonner aux magnifiques rivages de la côte occidentale. Une succession de bonnes surprises s'échelonnent en effet le long de la D124, puis de la D84, qui quittent Porto pour s'en aller flirter avec les dénivelés de l'épine dorsale rocheuse de l'île. Cet itinéraire mène au paisible village d'Ota et à ses ponts génois, puis aux superbes paysages des gorges de la Spelunca, à Évisa, à la forêt d'Aïtone et enfin au col de Verghio (Bocca di Verghju), au-delà duquel s'étend le Niolo (Niolu). De là, on peut continuer jusqu'à la forêt du Valdo Niello, Calacuccia, la Scala di Santa Regina et Corte.

OTA

Juché au-dessus de son cimetière, le joli village d'Ota (310 m d'altitude) s'agrippe à la montagne à 5 km en surplomb de la station balnéaire de Porto. Entre ses maisons de pierre règne une ambiance paisible, à l'image des deux palmiers qui font de l'ombre au monument aux morts, face à la mairie. Ota est également apprécié pour ses gîtes bon marché, qui doivent leur existence au passage du sentier Mare e Monti® par la localité.

Félix Ceccaldi, le seul **taxi** de Porto (☎06 85 41 95 89), propose de récupérer les randonneurs qui souhaitent rayonner autour d'Ota.

À voir et à faire

Deux exceptionnels **ponts génois** méritent le coup d'œil à proximité du hameau. Pour les rejoindre, suivez la D124 sur 2 km en direction d'Évisa. Le gracieux pont de Pianella forme une arche parfaite sur la droite, en contrebas de la route. Vous pourrez descendre jusqu'au pont et à la rivière pour vous rafraîchir. Le second ouvrage, quelques centaines de mètres plus loin, est tout aussi étonnant : construit à la confluence de l'Aïtone et de la Tavulella, il enjambe consécutivement les deux cours d'eau d'une double arche de pierre. La buvette qui s'y installe en été dénature malheureusement un peu le paysage. Après ce pont, un sentier part à droite et permet de rejoindre Ota en marchant le long de la rivière pendant 40 minutes.

La très belle **randonnée** vers les ponts génois des gorges de la Spelunca, **Ponte Vecchju** et **Ponte Zaglia**, débute également à proximité (voir la description de la randonnée ci-contre).

Où se loger et se restaurer

BON PLAN **Chez Félix** GÎTE-RESTAURANT €

(gîte ☎04 95 70 68 49, 06 80 87 71 28 ; www.gite-chez-felix.com ; restaurant ☎04 95 26 12 92 ; place de la Fontaine ; dort 17 €, demi-pension en dort 37 €, d 50-60 € ; plats 12-16 €, menu 23 € ; ⊙avr-nov). Chez Félix se décline en un gîte d'étape, dans une imposante demeure en pierre de la rue principale, et un restaurant un peu plus loin, avec une vue sur la vallée. La partie gîte se compose de petites pièces de 4 à 6 lits superposés, avec sdb, très propres. Le restaurant, véritable institution du village, est apprécié de longue date pour son menu de spécialités corses, qui change régulièrement.

RANDONNÉE

DU PONTE VECCHJU AU PONTE ZAGLIA

Départ : entre Porto et Évisa, 2 km après Ota par la D124
Durée : 1 heure aller-retour (retour par le même itinéraire)
Difficulté : facile

Cette superbe excursion dans les majestueuses gorges de la Spelunca vous conduira jusqu'à un pont génois remarquablement préservé. Le sentier débute directement à l'extrémité du double pont, sur la gauche en venant d'Ota. Ancien chemin muletier reliant Ota à Évisa, il suit le très beau défilé de la Spelunca en longeant provisoirement le Porto. Il constitue ainsi un tronçon du sentier Mare e Monti® nord, qui relie Calenzana à Cargèse. Le premier pont génois, le **Ponte Vecchju**, à 300 m environ en aval du début du sentier, est visible en arrivant par la D124.

Le sentier rocailleux s'élève ensuite très progressivement et remonte la vallée par la rive gauche. Il est partiellement ombragé par un couvert végétal de chênes verts. Après une demi-heure de marche, vous atteindrez le **Ponte Zaglia**, magnifique pont génois noyé dans la végétation. Vous pourrez vous rafraîchir dans de multiples vasques.

Vous pouvez également commencer cette balade à Ota (peu après le restaurant Chez Félix), mais ce tronçon n'est pas le plus intéressant.

BON PLAN **Chez Marie – Le Bar des Chasseurs** GÎTE-BAR-RESTAURANT € (☎04 95 26 11 37 ; dort 17 €, demi-pension 36 €, d 42 € ; plats 10-16 € ; ⏲mars-nov). Ce gîte d'étape peut accueillir jusqu'à 28 personnes dans des dortoirs de 6 à 12 couchages (évitez celui de 6 lits, sans fenêtre) et deux chambres doubles (évitez la plus sombre, au format de boîte d'allumettes, bruyante, à côté des toilettes). Au restaurant (belle vue sur la vallée depuis la terrasse ou la véranda), la soupe paysanne, le sanglier, le sauté de veau et les cannellonis au brocciu sont des classiques de la demi-pension. Possibilité d'utiliser une cuisine. Des habitués se retrouvent au bar, où l'on s'exprime souvent en corse.

U Casone CHAMBRES D'HÔTES €€ (☎06 86 61 77 73 ; d avec petit-déj 65 € ; ⏲tte l'année). Bienvenue dans l'univers atypique de Joëlle Chiaroni. Sa jolie demeure en pierre a des airs de maison de poupée, avec plein de bibelots à l'intérieur. Les 2 chambres sont petites, donnent de part et d'autre de la pièce principale, et partagent une sdb (c'est le principal inconvénient), mais l'ambiance singulière du lieu rend le séjour attachant. Possibilité de table d'hôtes (23 €).

U Fragnu RESTAURANT € (☎04 95 26 15 60 ; plats 8,50-18 € ; ⏲avr-sept). Perchée une dizaine de mètres au-dessus de la rue principale, cette adresse sert des pizzas et d'autres plats sans surprise, à des tarifs attractifs. Profitez du superbe panorama sur les environs, et de la très jolie salle voûtée aux pierres apparentes, ornée d'un ancien pressoir ("u fragnu" en corse), restauré avec soin.

L'**épicerie Égé**, installée près de l'église, reste ouverte jusque vers 20h en haute saison. Les randonneurs y trouveront du ravitaillement de base.

Depuis/vers Ota

BUS De mai à septembre, les **autocars S.A.S.A.I.B. – Ceccaldi** (☎04 95 22 41 99 ; www.autocarsiledebeaute.com) relient Ota à Porto, Piana, Cargèse, Sagone, Tiuccia et Ajaccio, 2 fois par jour. Hors saison les liasions se font du lundi au samedi et de juillet à mi-septembre tous les jours. Ils partent de la place de la Fontaine, non loin du gîte Chez Félix.

ÉVISA

Cerné de châtaigneraies, le bourg d'Évisa coule des jours paisibles à 830 m d'altitude, entre les gorges de la Spelunca et la forêt d'Aïtone. Point de rencontre des sentiers Mare a Mare® et Mare e Monti®, ce village agréable et assez important est fréquenté en été par les randonneurs. Évisa est par ailleurs réputé pour ses marrons – il existe même une appellation "marrons d'Évisa" –, auxquels une fête est spécialement dédiée chaque année, mi-novembre. Outre les randonnées, plusieurs itinéraires de balades courtes sont balisés autour du village. Procurez-vous la brochure consacrée au **chemin des Châtaigniers** (voir p. 135), qui relie le bourg aux "cascades" de la forêt d'Aïtone.

Évisa compte une poignée de commerces, rassemblés autour de la place du village, et un supermarché qui accepte les cartes de crédit.

Où se loger et se restaurer

U Poggiu GÎTE D'ÉTAPE €
(04 95 26 21 88, 06 32 42 30 41 ; 16 €/pers, demi-pension 34 € ; avr à mi-oct). Dissimulé près de la poste, dans une ruelle en contrebas du village, le gîte d'étape d'Évisa est apprécié des randonneurs pour son accueil et sa copieuse demi-pension. Il dispose de 39 couchages répartis en chambres de 4 personnes et en dortoirs de 8 et 9 lits, au confort simple mais correct.

La Châtaigneraie HÔTEL-RESTAURANT €
(04 95 26 24 47 ; www.hotel-la-chataigneraie.com ; d 48-65 € selon saison ; plats 9-19 €, menu 22 € ; mi-avr à mi-oct). Mention spéciale pour cette accueillante adresse, repérable à sa façade en granite animée par des volets verts. Non seulement pour ses chambres, des doubles proprettes avec sdb, au décor simple, mais aussi pour sa table. Ouverte le soir seulement, hormis en juillet et août, elle se distingue par d'alléchantes spécialités corses. L'accueil et la salle sont agréables, les vins vendus à prix raisonnable et les cartes de crédit acceptées.

L'Aïtone HÔTEL-RESTAURANT €€
(04 95 26 20 04 ; www.hotel-aitone.com ; d 40-125 € selon confort et saison ; menus 16-23 € ; fév-nov ; P). À la sortie d'Évisa en direction du col de Verghio, cet hôtel possède 32 chambres, pour la plupart dotées d'un balcon avec vue sur les montagnes environnantes. Leur décoration est fade et le mobilier mériterait d'être modernisé (dans la pièce et la sdb) mais le confort est acceptable. Préférez celles du "nouveau" bâtiment. Les tarifs varient selon l'équipement (les moins chères partagent les WC sur le palier), la vue et la saison. Outre le superbe panorama – depuis la terrasse, on voit, de droite à gauche, le village, les montagnes et les châtaigneraies – l'hôtel dispose d'un atout maître : une belle et vaste piscine. Cuisine correcte au restaurant (salle panoramique à l'arrière).

BON PLAN **A Tramula** BAR-RESTAURANT €
(04 95 26 24 39 ; plats 10-18 €, menu 23 € ; tte l'année). Une adresse discrète et sans prétention, dans la rue principale, ouverte à l'année. Parmi les bonnes surprises de la carte, des spécialités qu'on ne retrouve pas ailleurs ; goûtez au *nicci* (des sortes de blinis), aux *intriciate* (trois crêpes avec de la charcuterie, du fromage corse et des légumes), ou à la langue de veau au myrte. Agréable terrasse en balcon à l'arrière.

Plusieurs cafés proposent des en-cas et servent la spécialité d'Évisa – la châtaigne – déclinée sous différente formes : glace, gâteau, crème. Pour un en-cas, préférez l'accueillant **Café moderne** (omelettes et salades 7,50-12 € environ) à la terrasse de la décevante pizzeria U Caracutu.

Achats

Au centre du village, la **boutique Ceccaldi** sent bon la charcuterie et le fromage corses. Les spécialités à base de châtaigne y sont naturellement à l'honneur : terrine de porc à la châtaigne, confiture de châtaigne, châtaigne confite...

FORÊT D'AÏTONE

Les premiers pins laricios de la forêt d'Aïtone se dressent quelques kilomètres au-dessus d'Évisa. Étape rafraîchissante, elle s'étend sur 1 670 ha entre 800 et 2 000 m d'altitude et abrite une série de sentiers de balade. La forêt est réputée de longue date pour ses essences : les Génois s'intéressèrent en effet à son bois au point de faire percer au XVIIe siècle une voie permettant d'acheminer les grumes jusqu'à Sagone, où elles étaient expédiées vers les chantiers navals de Gênes. De nos jours, le pin laricio est majoritaire sur environ 800 ha. Les hêtres, qui témoignent de la relative humidité de la forêt, occupent quelque 200 ha. Des pins maritimes et quelques sapins et mélèzes complètent la liste.

Les **cascades A Madre** sont situées non loin, dans un endroit idyllique à l'ombre des pins, à une dizaine de minutes de marche de la route. Elles sont souvent surfréquentées en été et les accidents impliquant des vacanciers – chutes sur le sol rendu glissant par l'eau, foulures, voire accidents plus graves... – ne sont pas rares. L'Office national des forêts déplore la présence de trop nombreux estivants sur les lieux et "ses conséquences dangereuses en matière d'environnement et de sécurité". La baignade y est donc théoriquement interdite, ce qui n'enlève rien à l'intérêt du site.

Environ 2 km au-dessus de la cascade, le Paisolu d'Aïtone désigne un foyer de ski de fond, qui semble végéter un peu. Quelques centaines de mètres plus loin, le court **sentier de la Sittelle**, fléché par l'ONF, permet de découvrir la forêt au cours d'une agréable balade. Balisé de panneaux représentant l'oiseau endémique de l'île (maintenant un peu effacés), il part à gauche de la route et commence par emprunter la piste dite "des Condamnés", en souvenir des prisonniers mis à contribution pour exploiter la forêt au XIXe siècle. Le **chemin des Châtaigniers** rejoint, quant à lui, Évisa et les cascades en traversant une châtaigneraie. Comptez environ 1 heure 30 de marche pour parcourir cet agréable sentier ponctué d'une douzaine d'arrêts comportant des panneaux explicatifs. Une brochure présentant succinctement les sentiers de la région est disponible à Évisa.

Depuis/vers la forêt d'Aïtone

Aucun transport public ne dessert la forêt d'Aïtone, mais vous pourrez prendre un taxi à Ota. La "cascade" se trouve à 4 km d'Évisa.

COL DE VERGHIO (BOCCA DI VERGHJU)

Six kilomètres au-dessus du Paisolu d'Aïtone, le col de Verghio marque la limite entre la Haute-Corse et la Corse-du-Sud. Vous y serez accueilli par une **statue** moderne du sculpteur Bonardi supposée représenter Jésus dans une pose peu commune, vêtu d'un long manteau, une main tendue en avant, paume vers le ciel.

Le col, à 1 467 m d'altitude, révèle une vue particulièrement dégagée sur la région du Niolo et la forêt d'Aïtone, d'un côté, et la forêt du Valdo Niello, de l'autre. Quelques parcelles de la forêt servent à étudier la longévité du pin laricio. Selon un panneau d'information, certains arbres ont atteint 300 ans d'âge, une hauteur moyenne de 30 m et un volume moyen de bois d'œuvre de 13 m^3.

Divers sentiers de randonnée partent du col. Vous pourrez également y effectuer une balade d'environ 1 heure 30 aller-retour jusqu'aux **bergeries de Radule** (voir la randonnée ci-dessous). Le balisage en partie effacé se confond avec le jaune des lichens, mais des cairns indiquent le sentier, suffisament bien tracé pour qu'il soit impossible de se perdre. Ce bel itinéraire pédestre, qui flirte avec le GR®20 entre forêts et montagnes, correspond à la fin de l'étape 5 du sentier de grande randonnée.

Où se loger et se restaurer

Castel del Verghio HÔTEL-RESTAURANT €€

(04 95 48 00 01 ; bivouac 6 €/pers, gîte 15 €/pers, gîte en demi-pension 42 €/pers, s/d 75/90 €, s/d en demi-pension 100/145 € ; menu 23 € ; mai à fin oct). Occupant une demeure imposante à 1,5 km du col de Verghio face à une station de ski abandonnée, à une vingtaine de kilomètres d'Albertacce, cet hôtel du bout du monde est la seule possibilité d'hébergement dans ce secteur très reculé. Le propriétaire, Jean-Luc Luciani, veille sur cet établissement familial refait entièrement à neuf en 2010. Il dispose aujourd'hui de 29 chambres confortables (canapé cuir, TV, terrasse) à la déco identique. Malheureusement les tarifs de l'hôtel se sont un peu envolés depuis. Dans la salle à manger aux indémodables lustres orange se côtoient randonneurs bivouaquant sur le GR®20 et touristes qui partagent le même menu dans une belle salle de restaurant aux immenses baies vitrées, offrant une vue panoramique sur les montagnes. Mention spéciale pour le bar, lieu convivial, relooké en chalet suisse avec son comptoir et son mobilier en bois et en cuir tressé.

L'aire de bivouac et le gîte (dortoir de 4 à 10 personnes), lui aussi refait à neuf, se trouvent au bord de la route. Machine à laver, sèche-linge et petite épicerie à disposition. Cartes de crédit non acceptées. Les bus Corte-Porto s'arrêtent devant l'hôtel pendant l'été, une fois par jour sauf le dimanche, dans chaque sens (demandez les horaires approximatifs à l'hôtel).

RANDONNÉE

DU COL DE VERGHIO AUX BERGERIES DE RADULE

Départ : col de Verghio, 12 km au-dessus d'Évisa par la D84
Dénivelé : 100 m
Difficulté : facile

Balisé depuis le col de Verghio (1 477 m), derrière la statue qui marque la séparation entre la Haute-Corse et la Corse-du-Sud, un sentier permet de rejoindre en 40 min les bergeries de Radule (1 370 m), sur le tracé du GR®20. Cette superbe balade entre cimes et forêt, balisée en jaune, ne présente guère de difficultés et traverse des paysages extraordinaires. Prenez garde à bien suivre en repartant le sentier balisé en jaune vers le col de Verghio et non le GR®20, balisé en blanc et rouge. Les bergeries se composent de quelques cabanes et enclos de pierres accrochés à la montagne, que l'on distingue à peine dans l'environnement minéral qui les entoure. Un berger y loge l'été et propose une petite restauration.

Une petite **cascade**, à quelques minutes de marche des bergeries, se jette dans un bassin digne du paradis terrestre.

Un stand de produits corses et de boissons s'installe sur le parking du col en été.

Piana

À 68 km d'Ajaccio et à 12 km de Porto, ce village paisible de 500 habitants doit sa notoriété aux superbes *calanche* (calanques, voir p. 139) qui le bordent. Classées d'intérêt mondial par l'Unesco, elles sont l'un des points d'orgue de cette côte. Le village en lui-même est classé parmi les "plus beaux villages de France" et donne accès au majestueux Capo Rosso (voir ci-contre) et à la plage d'Arone.

Histoire

Juché sur un petit plateau à 438 m d'altitude, face au golfe de Porto, Piana a connu une histoire singulière : au XVe siècle, le hameau était sous l'autorité des fougueux seigneurs de Leca, qui régnaient sur un vaste territoire de la côte ouest de l'île. Révoltés contre Gênes, ils furent massacrés avec l'ensemble des défenseurs de la paroisse, à l'exception des femmes et des enfants. Les Génois interdirent ensuite à quiconque de s'installer à Piana. Le hameau ne renaquit de ses cendres qu'à partir de 1690, profitant du déclin de la république de Gênes. L'église Sainte-Marie, dont l'intérieur renferme de belles statues, fut construite par souscription publique entre 1765 et 1772.

Renseignements

Syndicat d'initiative (☎04 95 27 84 42 ; www.otpiana.com ; ⊙lun-ven 8h30-11h30 et 13h30-16h avr-mai, lun-ven 9h-18h, sam-dim 9h-13h juin-sept). À côté de la poste. Informations sur les randonnées aux alentours des calanques. Piana ne possède ni banque ni distributeur.

À voir et à faire

Flâner dans le village pour découvrir son église et ses charmantes ruelles vous prendra peu de temps. Outre les calanques, décrites plus loin, les environs de Piana recèlent de jolis buts de promenade.

Église de Piana ARCHITECTURE BAROQUE

L'église paroissiale de Piana se dresse au milieu du village. De style baroque, elle est dédiée à l'Assomption. Le décor a été restauré au début des années 2000. Notez la belle porte en bois polychrome et les médaillons qui ornent la voûte du chœur.

Marine de Ficajola CRIQUE

De l'église de Piana, prenez la route de la plage d'Arone puis la D624 à droite, après 1 km. Cette dernière, qui descend en lacets serrés dans de superbes paysages de roche rouge sur environ 4 km, offre de beaux points de vue sur les calanques. Vous pourrez laisser votre véhicule pour emprunter un sentier qui rejoint en une dizaine de minutes une crique enchâssée dans la côte : la marine de Ficajola, où s'abritaient naguère les barques des pêcheurs de langouste. La plage, discrète, n'est pas entièrement recouverte de sable. En été, une buvette s'installe à proximité du rivage.

Plage d'Arone BAIGNADE

La D824 dessert cette très belle plage située à 12 km de l'église de Piana. Suivant une crête d'où le golfe se laisse pleinement admirer, elle traverse des paysages sauvages de montagne et de maquis et passe à proximité du Capo Rosso (Capu Rossu).

La longue plage de sable fin d'Arone occupe une place à part dans l'histoire de la Corse. Durant la Seconde Guerre mondiale, c'est sur son rivage que furent débarquées, en 1943, les premières armes destinées aux résistants corses, transportées par le sous-marin *Casabianca*. Il était commandé par le capitaine de vaisseau Jean L'Herminier (1902-1953), qui a donné son nom à plusieurs quais de ports corses.

Quelques bars et restaurants ouvrent aux abords de cette plage en saison. Vous y trouverez également un bon terrain de camping (voir *Où se loger*, ci-dessous).

♥ **Capo Rosso (Capu Rossu)** TOUR GÉNOISE ET BALADE

Surmontée de la **tour de Turghio**, la langue de maquis et de roche aux teintes grises et roses du Capo Rosso s'avance dans la mer entre les golfes de Porto et de Sagone, qu'elle surplombe de ses 300 m. Ce splendide perchoir offre l'occasion d'effectuer l'une des plus belles promenades en bord de mer de la côte corse, au cours de laquelle vous découvrirez un saisissant panorama sur l'anse et la plage d'Arone (voir ci-dessus et la randonnée ci-contre).

Pour rejoindre le cap, prenez la direction de la plage d'Arone (D824) à Piana et parcourez environ 5 km jusqu'à la buvette A Guardiola, qui vous attend dans un virage.

Où se loger

Camping de la plage d'Arone CAMPING €

(☎04 95 20 64 54 ; adulte/voiture/tente 8/4/4 € en haute saison ; ⊙juin-sept). Seul camping de la région, ce beau terrain est situé à 11 km de Piana, peu avant la plage d'Arone. Très fleuri et paisible, il profite d'un beau site et propose une cinquantaine d'emplacements, à l'ombre pour la plupart. La

RANDONNÉE

LA TOUR DU CAPO ROSSO

Accès : de Porto ou Cargèse, prendre la D81 jusqu'à Piana puis la D824 en direction de la plage d'Arone sur 5 km environ
Durée : 2 heures 30 à 3 heures aller-retour
Dénivelé : 300 m
Difficulté : absence d'ombre

Cette balade, qui part à l'assaut d'une tour génoise, est certainement l'une des plus belles du littoral corse. Elle se termine en apothéose par un sublime panorama. De la route, on distingue la silhouette altière de la tour de Turghio qui se détache vers l'ouest, perchée sur le Capo Rosso. Le sentier, flanqué au départ de murets de pierres, descend à travers la végétation maquisante. Au bout d'environ 20 min, vous apercevrez à votre gauche une petite bergerie.

Après avoir contourné par le sud l'épaulement rocheux sur lequel trône la **tour de Turghio**, vous atteindrez une autre bergerie, rénovée. Remarquez les différentes nuances du granite, qui prend alternativement des teintes grises et roses, et un drôle d'éperon rocheux surgissant des flots.

Pour attaquer la montée vers la tour, le sentier bifurque sur la droite. Repérez les cairns jalonnant l'ascension – sans concession –, qui décrit des lacets serrés à proximité du sommet. Vous pouvez compter une demi-heure sans la moindre parcelle d'ombre. La majestueuse tour de Turghio, qui trône sur le Capo Rosso, viendra couronner vos efforts.

Du haut de ce promontoire qui éperonne la mer, révélant un panorama féerique, vous toisez les golfes de Porto et de Sagone. À vos pieds, la falaise plonge à pic dans la mer, 300 m plus bas.

plage est distante de 600 m par la route mais de seulement 200 m par un sentier pédestre.

Giargalo CHAMBRES D'HÔTES €€
(☎04 95 27 82 05 ; www.giargalo.com ; Piana ; d avec petit-déj 56-85 €, demi-pension 52-64 €/pers selon saison ; ⏲tte l'année). Chambre d'hôtes écolo et table d'hôtes bio, Giargalo occupe une bâtisse de pierre grise avec une terrasse, en surplomb du village. Elle possède 5 chambres d'hôtes pimpantes et colorées, aménagées sous les combles, et 3 chambres familiales. La propriétaire propose à ses convives, du petit-déjeuner (copieux buffet) au dîner, des produits maison (pâtes, pain), en provenance du jardin ou issus de producteurs sélectionnés. Reste que certains lecteurs n'ont pas trouvé les prestations affichées à la hauteur de leurs espérances.

Le Scandola HÔTEL €€
(☎04 95 27 80 07 ; www.hotelscandola.com ; d 60-130 €, petit-déj inclus ; ⏲avr-oct ; wifi). Un peu après le Continental, dans le virage sud en arrivant de Sagone, Le Scandola se refait une beauté année après année. Les chambres, lumineuses, disposent de la clim et d'une jolie déco, avec voilages de couleurs vives et touche contemporaine, ainsi que d'une vue époustouflante sur le golfe (toutes les chambres sont orientées vers la mer).

Les Roches rouges HÔTEL-RESTAURANT €€
(☎04 95 27 81 81 ; www.lesrochesrouges.com ; route de Porto ; d jardin/mer 114/129 € avec petit-déj, demi-pension jardin/mer 80/95 €/pers ; ⏲mi-mars à mi-nov). À l'entrée du village en venant de Porto, en contrebas de la route, cet hôtel fondé en 1912 a connu des jours meilleurs, mais il a conservé une part de son charme suranné. La peinture de la façade est certes écaillée, les chambres confortables mais anciennes sont incontestablement surévaluées, mais le lieu, l'atmosphère et la vue compensent ces imperfections. Cette demeure de style offre en effet la plus belle vue qui soit sur le golfe. Si vous ne pouvez y dormir, rattrapez-vous avec un apéritif sur la terrasse à l'heure du coucher du soleil ou un dîner dans la très belle salle de restaurant (voir *Où se restaurer*).

Où se restaurer

BON PLAN **Le Spuntinu** CORSE TRADITIONNEL €
(☎04 95 27 80 02 ; sortie sud de Piana ; plats 8-16 €, menu 19 € ; ⏲tte l'année le midi, midi et soir en saison). Lassé des "menus corses" touristiques et standardisés ? Essayez cette adresse familiale, simple et sans prétention

(haricots à la corse, omelette au brocciu, charcuterie), située à la sortie sud du village. Le tout est servi sur la terrasse, avec une belle vue en prime, ou dans la salle, fraîche et décorée d'anciennes photos de l'île. Les tarifs restent raisonnables malgré l'emplacement. Côté desserts, des lecteurs ont en revanche trouvé décevante la tarte à la châtaigne.

BON PLAN **Le Casanova** SNACK-PIZZERIA € (04 95 27 84 20 ; place du village ; menu 15 €, plats à partir de 9,20 € ; Pâques-oct). Omelettes, pizzas, salades, pâtes... Le Casanova est la bonne adresse pour caler une petite faim sans se ruiner. Outre la terrasse, idéalement située au cœur du village, l'établissement se double d'une jolie petite salle en pierre. Accueil agréable.

La Voûte CORSE TRADITIONNEL €€ (04 95 27 80 46 ; place du village ; menus à partir de 15 € ; tte l'année). La minuscule entrée de ce restaurant du cœur du village dissimule une salle voûtée et une vaste et agréable terrasse, sur l'arrière. La carte n'échappe pas au traditionnel "menu corse", mais elle doit surtout sa réputation à ses poissons de pêche locale (7 € les 100 g) et autres spécialités, comme les pâtes à la langouste.

♥ **Hôtel des Roches rouges** RESTAURANT D'HÔTEL €€ (04 95 27 81 81 ; menus 34 et 42 € ; mi-mars à mi-nov). La salle à elle seule mérite le détour : classée monument historique et superbement décorée, elle s'ouvre sur un sublime panorama sur le golfe. Confortablement installé dans son ambiance délicieusement rétro, vous dégusterez une cuisine raffinée et inventive. Le cadre, le service attentionné et la cuisine conjuguent leurs efforts en un pur moment de bonheur.

Depuis/vers Piana

BUS De mai à septembre, les **autocars S.A.S.A.I.B. – Ceccaldi** (04 95 22 41 99 ; www.autocarsiledebeaute.com) font halte à Piana sur leur trajet entre Ajaccio et Porto. Ils circulent 2 fois par jour, du lundi au samedi hors saison et tous les jours de juillet à mi-septembre.

♥ Calanques (E Calanche)

Sillonnées de courts itinéraires de balades, les *calanche* (calanques) de Piana sont le point d'orgue de la partie de côte s'étendant entre Porto et Ajaccio. Les dernières lumières du couchant, notamment, sont un moment à ne pas rater dans ce cadre d'exception. Classées d'intérêt mondial par l'Unesco, les calanques surplombent de près de 400 m les eaux du golfe de Porto. Cet étonnant jardin de pierre, intégré au parc naturel régional, doit sa formation à l'action conjuguée de l'érosion éolienne et de l'eau qui s'infiltre dans les anfractuosités du granite pour créer les *taffoni*, des cavités sphériques dont les parois semblent avoir été longuement polies.

Ainsi sculptée par l'eau et le vent, la roche a acquis au fil des millénaires les formes les plus étranges. Certains y voient même d'insolites silhouettes d'animaux... Lors d'un voyage en Corse, en 1880, Guy de Maupassant évoqua ces roches "prenant toutes les formes comme un peuple fantastique de contes féériques, pétrifié par quelque pouvoir surnaturel". Les teintes des calanques contribuent au spectacle, surtout au crépuscule, lorsque le soleil déclinant les pare de tons cuivrés qui tranchent avec la couleur mate des rares touffes de végétation.

La D81 commence à serpenter dans les calanques à 1,5 km de Piana en direction de Porto. Elle sinue alors entre les blocs rocheux ocre rouge, dont le relief déchiqueté semble vouloir s'arracher au bleu de la Méditerranée pour gagner celui du ciel.

Le mot "calanche" vient du corse *e calanche*, pluriel de *calanca*. Il se prononce comme le mot français "calanque".

À voir et à faire

Plusieurs **balades et randonnées**, praticables toute l'année, permettent de découvrir le site et ses environs. Le mieux est de partir du stade : hormis celui dit du "château fort" (voir la randonnée ci-contre), tous les sentiers partent de là. Le stade vous attend au niveau du premier panneau "sentiers de randonnées" après les hôtels Capo Rosso et Roches rouges, en venant de Piana.

Le syndicat d'initiative de Piana distribue une brochure et une carte détaillant ces sentiers. En voici quelques-uns :

Sentier muletier. Cette balade de 1 heure environ suit l'ancien tracé du sentier muletier qui reliait Piana à Ota avant la construction de la D81, en 1850. L'un des itinéraires les plus beaux est balisé de points bleus sur fond blanc. Mieux vaut revenir par le même chemin, sous peine de se faufiler entre les bus et les autos aux heures d'affluence.

Forêt de Piana. Un sentier qui se décline en plusieurs variantes, de 1 heure à 3 heures de marche, qui traversent pinèdes et châtaigneraies, en surplomb des calanques.

RANDONNÉE

CALANQUES DE PIANA : BALADE VERS LE CHÂTEAU FORT

Départ : à la Tête du Chien, à 3,5 km de Piana en direction de Porto
Durée : 20-30 min aller
Difficulté : très facile

Un beau point de vue sur le golfe de Porto et les calanques vous attend en suivant ce court sentier qui part de la Tête du Chien, un rocher à la forme caractéristique situé dans un grand virage. La forme de la Tête du Chien est plus visible en venant de Porto, mais le lieu-dit est indiqué par un panneau. Le sentier est grossièrement balisé, cela dit vous ne risquez guère de vous perdre car il est très fréquenté en été.

Vous atteindrez en 20 à 30 min de marche une plate-forme naturelle – le "château fort" – d'où s'ouvre un vaste panorama sur le golfe de Porto et les calanques, très apprécié au coucher du soleil.

Capu d'Ortu. Il débute comme le précédent, avant de gravir un éperon rocheux. Il mène en 6 heures au plateau du Capu d'Ortu (1 294 m).

Château fort. Cette promenade de 40 min environ aller-retour conduit à un promontoire rocheux qui surplombe le golfe de Porto et les calanques. Le sentier est balisé à partir de la Tête du Chien (un bloc rocheux à la forme caractéristique), à 3,5 km de Piana en direction de Porto, sur la D81. Cet itinéraire est décrit ci-dessus.

Si vous souhaitez juste admirer le paysage, préférez la fin de journée et promenez-vous sur la route (en vous garant à un emplacement prévu à cet effet). Vous pourrez boire un verre sur l'agréable terrasse de la boutique-buvette **Les Roches Bleues** (☎04 95 27 81 19), qui ferme malheureusement à 20 h, avant le coucher du soleil estival.

Depuis/vers les calanques

MARCHE Vous pourrez facilement atteindre les calanques à pied depuis Piana.

BUS Les **autocars Ceccaldi**, qui circulent sur la ligne Ajaccio-Porto, peuvent vous déposer au niveau des calanques (demandez au chauffeur avant de monter).

GOLFE DE SAGONE

Cargèse (Carghjese)

Cargèse doit tout son intérêt à son étonnante histoire et à ses deux églises. La ville fut en effet fondée en 1774 pour abriter la communauté grecque exilée en Corse à l'époque génoise. Le charme de la "ville grecque" tient néanmoins davantage au calme des rues et à la blancheur des façades qu'à l'atmosphère des lointains archipels grecs. De fait, l'héritage grec de cette localité de 1 000 habitants, dont les descendants des anciens émigrants sont maintenant indissociables des Corses de souche, n'apparaît plus guère que dans sa belle église de rite byzantin et lors de la célébration de fêtes religieuses orthodoxes.

Les deux églises de cette localité un peu assoupie, bâtie sur un promontoire dominant la mer, méritent assurément une visite. Autres atouts non négligeables de Cargèse : la présence de plusieurs plages splendides au nord et au sud du bourg.

Vous verrez en ville de nombreuses références et affiches de soutien à Yvan Colonna, condamné pour l'assassinat du préfet Érignac ; il était installé dans le village avant les faits.

Orientation

Une partie de Cargèse, celle qui abrite les hôtels et les restaurants, est construite le long de la route nationale. La vieille ville et les églises s'étendent sur la droite en venant de Piana. De là, plusieurs rues descendent vers le petit port de pêche, qui présente peu d'intérêt pour le visiteur hormis ses restaurants.

Renseignements

Office du tourisme (☎04 95 26 41 31 ; www.cargese.net , ⏲mar-ven 9h-19h, lun et sam 9h-13h et 15h-19h juin-sept, lun-sam 9h30-12h et 14h30-18h hors saison). En contrebas de la route principale en direction de la vieille ville.

Accès Internet au snack **Le Studio** (☎04 95 22 63 15 ; ⏲tlj 10h-14h et 16h-22h en saison), presque en face de l'Hôtel de France. Wi-Fi ou Internet sur ordinateurs dédiés.

DAB à la poste.

Cargèse

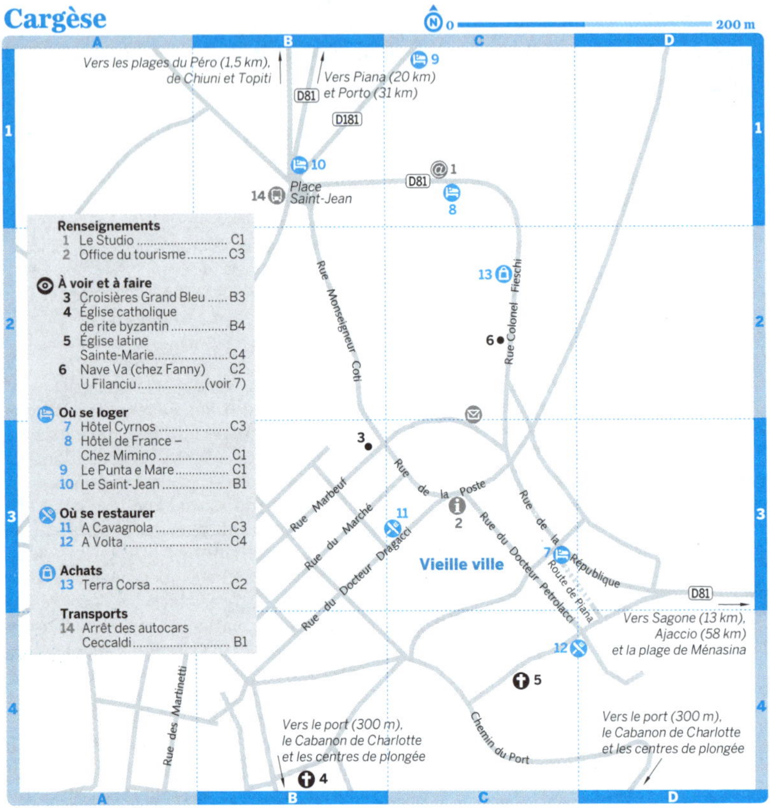

À voir et à faire

Le principal attrait de Cargèse réside dans ses deux églises, qui se font face au centre du village. Elles ont longtemps partagé un seul prêtre, les offices ayant lieu alternativement dans l'une et l'autre, tantôt selon le rite latin, tantôt selon le rite byzantin. Le prêtre qui acceptait de porter cette double casquette a cependant pris sa retraite en 2005 et la ville a du mal à trouver la perle rare acceptant de le remplacer dans les mêmes conditions. À l'heure où nous écrivons ces lignes, un moine du couvent de Vico officie à la demande dans l'église latine, tandis que plusieurs prêtres se relaient dans l'église de rite byzantin, dont un pope qui vient d'Athènes pour Pâques et quelques manifestations annuelles.

Église catholique de rite byzantin — ÉGLISE GRECQUE

Reconnaissable à sa façade blanche, elle est étonnante pour ses icônes – dont certaines furent apportées de Grèce en 1676 –, ses enluminures et son escalier intérieur. L'église actuelle fut érigée à partir de 1852 en remplacement de l'édifice d'origine, situé au même emplacement et devenu trop exigu. La construction dura vingt années, durant lesquelles les fidèles mirent fréquemment la main à la pâte. Comme toutes les églises de rite byzantin, elle se distingue par la richesse de ses ornementations et surtout l'iconostase, cloison de bois peint traditionnelle séparant le sanctuaire de la nef.

Église latine Sainte-Marie — ÉGLISE NÉOCLASSIQUE

L'histoire de cette église du XIXe siècle au décor néoclassique, qui se dresse face à l'autre, débuta en 1817, lorsque les familles non grecques de la ville décidèrent de lancer une souscription afin d'ériger une église de rite latin. Commencés huit ans plus tard, les travaux se poursuivirent jusqu'en 1828. Le toit fut emporté par le vent en 1835 et elle n'avait toujours pas d'aménagements intérieurs en 1845. Son clocher de forme carrée ne fut ajouté qu'en 1847.

Plages

L'agréable **plage du Péro** (Peru), à 1,5 km au nord de Cargèse, se prête au surf mais fait également la joie du public familial grâce à son long ruban de sable. Vous y trouverez des possibilités de location de planches à voile, kayaks de mer et surfs. Les hébergements des abords de la plage sont présentés dans la rubrique *Où se loger* (p. 142).

Les **plages de Chiuni** et de **Topiti** se situent au nord de la précédente ; celle de **Ménasina** à l'entrée sud de la ville.

Sorties en mer

En saison, trois compagnies assurent des sorties en mer depuis le port de Cargèse (comptez 45-50 € par adulte et 30-35 € par enfant) :

Nave Va (☎04 95 28 02 66, 06 17 11 58 02 ; www.naveva.com ; boutique Chez Fanny, rue du Colonel-Fieschi). Propose des sorties en mer à bord du *Renaldo* vers les calanques de Piana, la réserve de Scandola et le Capo Rosso, avec 2 heures d'arrêt à Girolata et 30 min de baignade dans une crique. Le bateau part du port à 9h30 et revient vers 16h30.

Croisières Grand Bleu (☎04 95 26 40 24 ; www.croisieresgrandbleu.com). Organisent également des promenades vers Scandola et Girolata le matin (départ à 8h45, 2 heures d'arrêt à Girolata, retour vers 15h30) et l'après-midi (départ à 15h15, 30-40 min d'arrêt, retour vers 20h30).

U Filanciu (☎07 60 14 03 04 ; www.ufilanciu.fr ; hôtel Cyrnos). Embarcation semi-rigide dernière génération, 12 personnes à bord maximum.

Plongée

Cargèse n'est pas aussi connue que Porto chez les plongeurs, et pourtant, les sites au nord de Cargèse ainsi que ceux qui s'égrènent dans le golfe de Sagone sont grandioses. Consultez le chapitre *Plongée* p. 30 pour plus d'informations sur les sites.

CargèSub (☎06 86 13 38 96 ; www.cargesub.com). Au port. Baptême à 45 €, plongée d'exploration 60 € (matériel inclus).

Explorasub (☎06 11 01 19 54 ; www.explorasub.fr). Au port. Baptême à 55 €, plongée d'exploration 45 € (matériel inclus).

Où se loger

AU BOURG

Ville de passage pour beaucoup de visiteurs, Cargèse ne brille guère par la qualité de son hôtellerie.

BON PLAN **Hôtel Cyrnos** HÔTEL €
(☎04 95 26 49 47, 06 08 42 03 17 ; www.torraccia.com ; rue de la République ; d 38-68 € selon vue et saison ; tte l'année ; @ Wi-Fi). Certainement le meilleur choix en ville, ce petit hôtel accueillant dispose de 9 chambres au confort simple mais dotées d'une déco fraîche et lumineuse et d'une très belle vue pour celles qui donnent côté mer (avec balcon). Un sauna est situé sous le bâtiment. Les propriétaires louent également des "chalets".

Hôtel de France – Chez Mimino HÔTEL-RESTAURANT €
(☎04 95 26 41 07 ; www.hotelrestaurantcorse.com ; rue du Colonel-Fieschi ; d 45-65 € selon vue et saison ; Pâques-oct). Dans un virage le long de la route nationale qui traverse la localité, Chez Mimino est l'adresse type des voyageurs à petit budget. Vous y trouverez 12 chambres avec sdb, réduites au strict minimum côté confort mais propres et bon marché. L'adresse se double d'une terrasse où l'on sert des pizzas et autres plats classiques.

Le Punta e Mare MOTEL-RÉSIDENCE €€
(☎04 95 26 44 33, 06 89 72 41 81 ; www.hotel-puntaemare.com ; route de Paomia ; d 50-85 € selon saison ; mars-déc ; P Wi-Fi). Bon rapport qualité/prix et calme absolu sont au programme de cette adresse située à quelques centaines de mètres de la place Saint-Jean, dans un cadre verdoyant. Le Punta e Mare offre de belles chambres doubles et des petits studios en façade, plus anciens. Côté points faibles, l'accueil laisse parfois à désirer et les cartes de crédit ne sont pas toujours acceptées.

Le Saint Jean HÔTEL-RESTAURANT €€
(☎04 95 26 46 68 ; www.lesaintjean.com ; place Saint-Jean, D81 ; d 66-100 € selon vue et saison ; tte l'année ; P ❄ piscine Wi-Fi). Dans la partie "récente" de Cargèse, en bordure de route, Le Saint Jean propose des chambres fonctionnelles et bien équipées, avec terrasse ; certaines ont vue sur la mer. Les propriétaires louent également des studios à la semaine dans une résidence avec piscine située en direction de la plage du Péro.

PLAGE DU PÉRO

Ta Kladia MOTEL-RÉSIDENCE €€
(☎04 95 26 40 73 ; www.motel-takladia.com ; studio d 60-142 € selon saison et surface ; Pâques-Toussaint ; P Wi-Fi). Ce n'est pas un hasard si le nom de cette petite résidence de vacances signifie "maquis" en grec. Avec ses bâtiments blancs égayés des couleurs

des bougainvilliers, disposés face à la plage, Ta Kladia évoque en effet les îles grecques. L'hébergement se décline en studios pouvant accueillir jusqu'à 4 personnes. Les moins chers sont un peu exigus, les autres très corrects. L'ensemble, simple et fonctionnel mais bien entretenu, est idéal pour profiter de la plage et proposé à un tarif intéressant. Restaurant sur place.

Les Lentisques HÔTEL-RESTAURANT €€
(04 95 26 42 34 ; www.leslentisques.com ; d 80-150 € selon saison, d demi-pension 186-218 € selon saison ; mai-sept ; P). Ce trois-étoiles familial ne manque ni d'atouts ni de charme. Reconnaissable à sa façade ocre qui se dresse à 2 minutes à pied de la plage, cette adresse agréable et fleurie, dotée d'une belle petite piscine, propose 2 types de chambres. Les "confort", avec clim et TV à écran plat, affichent une décoration sobre et épurée ; les "standard" sont nettement plus simples mais restent fraîches et agréables. La cuisine est appréciée pour ses spécialités de bouillabaisse et de pâtes à la langouste. Un petit havre de paix.

Où se restaurer

Un lot de terrasses sans surprises vous attend en bordure de la route principale. Citons quelques adresses qui retiennent davantage l'attention :

BON PLAN **A Cavagnola** SPÉCIALITÉS CORSES €
(06 03 31 14 63 ; rue du Dr-Dragacci ; plats 10-13 € ; tlj midi et soir en saison). Dans la rue qui descend vers le port, au cœur du centre-ville ancien de Cargèse, cette boutique de produits locaux installe en saison quelques tables dehors et sert des assiettes de produits corses, des salades et des pizzas. Bonne alternative aux adresses touristiques de la rue principale, elle offre la possibilité de s'attabler dans le calme des ruelles de la ville.

A Volta CORSE INVENTIF €€
(04 95 26 41 96 ; plats 12-19 € ; tlj midi et soir en saison). Parasols blancs, bois, mobilier en rotin sombre, plantes vertes... Voilà une terrasse qui ne manque pas d'une certaine classe. A Volta offre par ailleurs une vue phénoménale sur le port et l'azur profond de la Méditerranée, en contrebas. Dans une ambiance très "identitaire", on y sert des glaces et un grand choix de salades assez raffinées. La spécialité des lieux est l'assiette brunch servie au déjeuner, avec tartares de bœuf et de poisson, sushis au crabe, œuf cocotte et chutney de figues.

Le Cabanon de Charlotte SPÉCIALITÉS DE LA MER €€
(06 81 23 66 93 ; port de Cargèse ; plats 13-28 €, menu 21 € ; mars-fin nov). Outre l'inévitable "menu corse", ce "cabanon" très nettement amélioré – en fait une belle terrasse avec sièges en teck, sur le port – sert surtout des spécialités de poisson (7,50 € les 100 g de poisson grillé). Le produit phare de la maison est l'assortiment de "tapas de la mer" (saumon, moules sautées, carpaccio de poisson...), original sans être exceptionnel. Quelques viandes, des salades et les arrivages de pêche locale complètent la carte. Des groupes polyphoniques animent les lieux certains soirs en saison.

Achats

Terra Corsa PRODUITS CORSES
(04 95 22 40 21). Le long de la rue principale. Vous y trouverez des produits de qualité. Outre le sourire, on y est accueilli par un panneau disant que "le saucisson d'âne n'est pas de la charcuterie corse", ce qui est bon signe... Vin, charcuterie et fromages, aux côtés de feuilletés au brocciu et de *fiadone* qui se révèlent parfaits pour le déjeuner.

Depuis/vers Cargèse

BUS De mai à septembre, les **autocars S.A.S.A.I.B. – Ceccaldi** (04 95 22 41 99 ; www.autocarsiledebeaute.com) font halte sur la place Saint-Jean de Cargèse sur leur trajet entre Ajaccio et Porto-Ota. Ils circulent 2 fois par jour, du lundi au samedi hors saison et tous les jours de juillet à mi-septembre.

Sagone (Saone)

Reconnaissons-le d'emblée : Sagone n'est pas la localité la plus séduisante de la côte ouest de l'île. Cette ancienne cité romaine transformée en station balnéaire attire cependant chaque année de nombreux vacanciers grâce à sa longue et belle plage de sable fin. Avant tout fréquentée par des familles louant à la semaine, la ville, à l'architecture récente et sans grand charme, profite par ailleurs d'une localisation privilégiée, entre Ajaccio et le golfe de Porto.

Renseignements

Syndicat d'initiative (04 95 28 05 36 ; www.ot-sagone.visite.org ; route de la Plage). Ouvert durant la période estivale.

Activités

Plages et activités nautiques

Certaines **plages** se prêtent au surf, d'autres à la voile ou à la baignade. La plage de Coggia, juste après Sagone en direction d'Ajaccio, est potentiellement dangereuse pour la baignade et non surveillée, mais attire les surfeurs. Pour la baignade, mieux vaut choisir la plage de Sagone proprement dite, juste avant, plus sûre.

Le club de plongée **Sub'Évasion** (☎06 12 17 05 74), en contrebas de l'hôtel Cyrnos, propose un grand choix de sites dans le golfe de Sagone (voir le chapitre *Plongée* p. 30 pour plus de détails).

L'**UCPA** (☎04 95 28 02 21 ; triufontane@ucpa.asso.fr), basée à l'extérieur de la ville en direction de Cargèse mais représentée par un bureau mitoyen du club de plongée, propose des locations de kayaks (à partir de 13 € l'heure), planches à voile et catamarans de sport, ainsi que des stages de planche à voile et de catamaran pour les enfants et les adolescents.

Sorties en mer

Nave Va (☎04 95 28 02 66 ; www.naveva.com) et les **croisières Albellu** (☎04 95 25 84 57 ; www.croisierescorsesalbellu.com) proposent des excursions en mer vers Scandola, via les calanques de Piana, le golfe de Porto et Girolata.

Où se loger et se restaurer

Sagone compte peu d'hôtels. La majorité de ses structures d'hébergement sont des résidences louées à la semaine et réservées bien à l'avance.

Le Sagone Resort CAMPING-PARC DE LOISIRS €
(☎04 95 28 04 15 ; www.camping-sagone.com ; empl/adulte/voiture 7,50/9,25/5,75 € en très haute saison, bungalows d 160-650 €/sem selon saison ; ⏲avr-déc ;). À 1,5 km de la mer en direction de Vico, ce camping dispose d'agréables emplacements, d'une belle piscine, de 2 courts de tennis, d'un bar-restaurant et d'un practice de golf. Un restaurant et un petit supermarché sont installés sur place. Des mobile homes et des bungalows, à partir de 2 personnes, sont proposés à la semaine (et à la nuitée en formule motel hors saison).

♥ **Ruone** MAISON D'HÔTES €€€
(☎04 95 25 62 11 ; www.ruone.fr ; chemin de Petra Nera, Calcatoggio ; d 90-190 € selon confort et saison ; ⏲tte l'année ;). Cette superbe maison d'hôtes ne se trouve pas à Sagone, mais sur la commune de Calcatoggio, à une quinzaine de kilomètres en direction du sud du golfe (suivre la D81). Perdues en pleine nature, dans un parc arboré, les deux maisons se composent de 5 chambres à la décoration recherchée, sobre et contemporaine, avec terrasse privative. Le petit plus : la piscine et, à l'horizon, la mer.

A Stonda PIZZERIA €
(☎04 95 28 01 66 ; plats 10-20 € ; ⏲tte l'année). À la sortie sud de la ville, non loin de l'embranchement vers Vico et face à l'hôtel La Marine, cette grande terrasse doublée d'une petite salle claire est l'une des adresses les plus fréquentées de Sagone grâce à ses plats du jour et à ses bonnes pizzas au feu de bois. Dommage que l'ensemble soit planté juste au bord de la route.

Le Kalliste RESTAURANT €
(☎04 95 28 07 62 ; plats 7-17 € ; ⏲tlj en saison). L'une de ces adresses qui visent à satisfaire tout le monde (et y réussit plutôt bien) avec une carte hétéroclite mêlant pizzas, poisson, pâtes, spécialités corses et glaces... Le cadre, face à la mer, est agréable.

L'Ancura SPÉCIALITÉS DE LA MER €€
(☎04 95 28 04 93 ; plats 18-22 € ; ⏲mai-sept). Dans le quartier du port, à l'entrée nord de Sagone (c'est fléché), L'Ancura vous accueille sur une petite terrasse en bois face aux bateaux amarrés ou sous sa tonnelle ombragée. L'adresse s'est forgé une réputation grâce à ses plats de poisson : "pot-au-feu de la mer", poissons apportés chaque jour par les pêcheurs (7 € les 100 g). La carte la plus originale et le plus beau cadre de Sagone.

Geronimi GLACIER-SALON DE THÉ €€
(☎04 95 28 04 13 ; coupes glacées à partir de 8 € ; ⏲tte l'année). Les gourmands n'y résisteront pas deux minutes : les coupes glacées de chez Geronimi sont légendaires. Tous les parfums sont disponibles, des plus classiques aux plus farfelus (safran corse, tilleul du Niol...). Installez-vous sur la grande terrasse et dégustez... La recette du bonheur !

Depuis/vers Sagone

BUS De mai à septembre, les **autocars S.A.S.A.I.B. – Ceccaldi** (☎04 95 22 41 99 ; www.autocarsiledebeaute.com) font halte à Sagone et à Tiuccia sur leur trajet entre Ajaccio et Ota, 2 fois par jour, du lundi au samedi hors saison et tous les jours de juillet à mi-septembre.

VAUT LE DÉTOUR

ESCAPADE DANS LE CRUZZINI ET LA CINARCA

Envie d'une superbe virée qui vous fera traverser deux régions enclavées comptant parmi les plus sauvages de Corse ? Au départ de Murzo (voir ci-contre), prenez la D4 en direction de **Muna**. La route, en corniche, traverse des paysages spectaculaires, les gorges du Liamone, avant d'arriver en contrebas de ce hameau abandonné. De Muna, la D4 continue à serpenter jusqu'à **Rosazia**. Poursuivez jusqu'à **Salice**, puis **Rezza**, où vous prendrez la D125 pour **Lopigna** et **Arro**. De là, la D1 (direction "Arbori, Vico") rejoint Vico. En chemin, vous pourrez vous baigner dans le Cruzzini, à hauteur du pont de Truja, après Arro. Prévoyez une journée pour couvrir l'intégralité du circuit. Attention, les possibilités de restauration sont peu nombreuses en route. Cette région est encore très peu fréquentée par les touristes.

Le Liamone

Envie de fraîcheur et de grand, grand, grand calme ? Faites une infidélité à la côte et prenez la direction de cette région verdoyante et montagneuse, isolée entre Sagone et le col de Verghio. Également appelé "Les Deux-Sorru", le Liamone doit son nom au cours d'eau qui se jette dans le golfe de Sagone et son charme à ses villages reculés et à ses forêts, qui offrent de belles possibilités de balades et de randonnées. Renno (Rennu) et Vico (Vicu), qui abrite un imposant couvent, sont ses plus importantes localités. Vous trouverez ci-après quelques informations sur les villages du Liamone traversés par le sentier Mare a Mare® nord.

Aucune ligne de bus ne dessert le Liamone au-delà de Vico.

VICO

Passage incontournable d'une visite dans le Liamone, Vico abrita au XVIe siècle la résidence des évêques de Sagone. Aujourd'hui, le village semble quelque peu endormi au bord de la rivière. Au cœur des châtaigniers, dominant la vallée et le bourg, le **couvent Saint-François** (☎04 95 26 83 83) fut fondé sur ce site exceptionnel par des frères mendiants en 1481. Le bâtiment que l'on découvre à présent date du XVIIe siècle. Sa visite, qui inclut l'église et la sacristie, est libre et gratuite.

Où se loger et se restaurer

A Santina CHAMBRES D'HÔTES €€
(☎04 95 26 71 28, 06 87 20 25 31 ; d avec petit-déj 80 € ; ⊙tte l'année ; wifi). Une étape agréable. Les 5 chambres, pimpantes (dont trois avec une vue sur la mer, au loin), occupent une maison récente, tout confort. La propriétaire est aux petits soins pour ses hôtes, et leur mitonne un exquis petit-déjeuner bio. Possibilité de table d'hôtes (30 €).

Casa Murza CHAMBRES D'HÔTES €€
(☎04 95 24 53 83 ; www.casa-murza.com ; hameau de Pieve ; d avec petit-déj 100-120 € selon confort ; ⊙tte l'année ; wifi). Perchée en haut d'une colline surplombant le bourg et la vallée, cette adresse tenue par un artisan luthier et son ami est impeccable. Deux chambres sans défaut sont réservées aux hôtes, à l'étage, dans une belle demeure moderne, aux espaces généreux, entourée de verdure et baignée de lumière. On retrouve ce soin et ce souci du détail côté cuisine, avec une table d'hôtes élaborée avec des produits bio de la région (30 €). Un lieu serein, reposant, et écoresponsable (la maison respecte les engagements du label Haute Qualité environnementale).

Vous trouverez quelques cafés et snacks au centre du bourg, dont le **Café de la Paix** et **A Piazza**, qui proposent une cuisine simple et bon marché.

MURZO

À quelques kilomètres à l'est de Vico, voici un village qui vous apportera tout le dépaysement souhaité, avec ses maisons en granite et sa petite église de style néoclassique. Avant d'arriver à Murzo (en provenance de Vico), vous passerez le Liamone sur le pont de Belfiori ; profitez-en pour faire trempette dans les **vasques** cristallines de la rivière. Juste après le pont, un petit **sentier botanique** de 2 heures (aller-retour), signalé, mène au village de Murzo.

À signaler : fin septembre, Murzo accueille chaque année la fête **Mele in Festa**, une grande foire agricole sur le thème du miel qui attire les apiculteurs en provenance de toute la Corse.

Vous pourrez vous approvisionner en charcuterie fermière de qualité à **L'Acquale** (☎04 95 26 68 03), à 300 m après la sortie du village (signalé).

(Suite du texte en page 153)

Activités

Balades équestres et à dos d'âne »
Canyoning et randonnée aquatique »
Escalade et via ferrata »
Parcs aventure »
VTT et cyclotourisme »
Ski et raquettes »
Randonnée »
Kayak de mer »
Kitesurf »
Planche à voile et funboard »
Voile »
Surf et bodyboard »
Plongée »

JEAN-BERNARD CARILLET

Balades équestres et à dos d'âne

Le tourisme équestre a le vent en poupe en Corse. Les fermes et centres équestres sont disséminés dans la plupart des régions de l'île et proposent une gamme complète de prestations, allant de la balade d'une heure au circuit d'une semaine – l'idéal pour se plonger au cœur de la nature corse, soit sur le littoral, soit dans l'arrière-pays. Ces structures disposent aussi généralement de poneys qui feront la joie des enfants. Vous trouverez les coordonnées de ces centres dans les chapitres régionaux.

Nouvelle mode en pleine expansion, la balade avec un âne. Il s'agit de randonnées pédestres en compagnie d'un âne qui porte vos bagages et, à l'occasion, un enfant fatigué. Certains centres prévoient aussi que la balade se fasse entièrement à dos d'âne pour les enfants. Les formules vont de la balade d'une heure à l'excursion de plusieurs jours, accompagnée ou non.

Canyoning et randonnée aquatique

Le canyoning est en plein essor depuis quelques années grâce aux sites des environs du massif de Bavella – canyons de la Vacca, de la Purcaraccia et de Piscia di Gallo, à la fois ludiques et grisants – et à celui de Fiumicelli. Dans l'arrière-pays de Propriano, le canyon de Baracci est lui aussi réputé. Près de Solenzara, le canyon de Travo peut convenir pour la randonnée aquatique. La vallée du Niolo offre également quelques jolis parcours.

Page précédente Parc aventure (massif de Bavella)
Ci-dessous Canyoning dans le massif de Bavella (canyon de la Vacca)

Escalade et via ferrata

Pour l'escalade, le massif de Bavella est, là encore, incontournable. La vallée du Niolo vaut également le déplacement, surtout dans le secteur de Cuccia et de Calasima, ainsi que dans les vallées de la Restonica et du Prunelli.

Pour éviter les risques et les difficultés techniques de l'escalade, vous pouvez vous tourner vers la via ferrata. Née dans les Dolomites italiennes durant la Première Guerre mondiale afin de permettre aux troupes de franchir facilement les montagnes, cette discipline permet de goûter aux joies de l'escalade grâce à des échelles en fer fixées dans la roche. Pas besoin d'équipement sophistiqué : une paire de baskets, un casque et un baudrier font l'affaire. Une corde accrochée à un gros câble retient les grimpeurs en cas de chute.

Ci-dessus
Randonnée équestre dans la forêt de Valdu Niellu, Niolo

VIVA LA VIA FERRATA

Considérée comme l'une des plus belles de France, la via ferrata di a Manicella, créée en 1997, s'effectue en 3 heures environ et comprend 350 m de parcours câblé (classée difficile). Depuis cette première expérience, d'autres voies ont été équipées : en 2000, le petit village de Chisa a inauguré un beau parcours de 2 heures 30 qui inclut notamment une impressionnante tyrolienne de 65 m. D'Aléria, prenez la N198, tournez à droite 12 km après Ghisonaccia, à Travo, puis longez la rivière éponyme jusqu'au village situé à 14 km de l'embranchement. Depuis 2002, une via ferrata appelée Scaletta prend le même départ que la voie di a Manicella. Comptez 3 heures de grimpée le long des 400 m de câble (classée peu difficile). Le départ se trouve sur la D47, dans les gorges de l'Asco, à 11 km de l'intersection avec la N197. Une voie a également été ouverte au col de Mercujo, dans la vallée du Prunelli.

Faites toujours appel à un prestataire spécialisé.

Parcs aventure

Une dizaine de parcours aventure ont été aménagés ces dernières années dans les forêts de l'île, comportant généralement plusieurs niveaux de difficulté et un nombre plus ou moins grand d'ateliers. Ces parcours sécurisés, accessibles à tous (enfants à partir de 6 ans, voire moins), sont mentionnés dans les chapitres régionaux.

VTT et cyclotourisme

Le cyclotourisme et le VTT font de plus en plus d'adeptes. Sentiers forestiers, petites routes de montagne, chemins sinueux, il y en a pour tous les goûts. Vu les dénivelés, mieux vaut être entraîné. Plusieurs prestataires multisports louent des VTT et proposent des randonnées avec ou sans guide, d'une demi-journée à une semaine. De même, plusieurs organismes basés à Ajaccio organisent des circuits pour les cyclotouristes.

STÉPHANE VICTOR/LPI

LA CORSE À VÉLO

Tout comme la randonnée pédestre, le cyclotourisme constitue un excellent moyen de découvrir la Corse. Malgré sa faible superficie (8 720 km²), l'île offre aux cyclistes une multitude de reliefs et de paysages incomparables : des routes spectaculaires serpentent le long des 1 000 km de côtes accidentées, plongeant entre des pics de granite couronnés de neige jusqu'en juillet. Cela dit, l'attrait de ces paysages paradisiaques ne doit pas occulter des préparatifs minutieux : n'oubliez pas d'emporter quelques pièces de rechange. Il peut en effet se passer plusieurs jours sans que vous croisiez un seul magasin de cycles. Pensez également à vous protéger du très fort ensoleillement et prévoyez de l'eau en grande quantité.

Ski et raquettes

On oublie généralement les sports d'hiver : pourtant, le centre de l'île est régulièrement enneigé, et les promenades en ski de fond ou en raquettes constituent une excellente façon de découvrir des paysages superbes. La forêt de Valdu Niellu, dans la vallée du Niolo, offre notamment de magnifiques pistes de ski de fond. Quand l'enneigement s'y prête, le ski de piste se pratique dans les stations de Vergio, du Val d'Ese et de Ghisoni. Les plus expérimentés pourront aussi pratiquer le ski de randonnée. Plusieurs sociétés spécialisées dans le sport-aventure proposent une large palette d'activités encadrées par des accompagnateurs professionnels. Reportez-vous à l'encadré *Randonnées organisées*, p. 298.

Ci-dessus Sur une crête, sentier du GR®20
Page de droite Cyclotourisme dans le massif de Bavella

Randonnée

Le relief montagnard de la Corse appelle à la découverte à pied. L'île compte des centaines de kilomètres de sentiers balisés. Le GR®, qui traverse l'île du nord-ouest au sud-est, est un mythe pour nombre de randonneurs, marcheurs confirmés ou randonneurs occasionnels. Stupéfiant par ses paysages, éprouvant par ses dénivelés et souvent surprenant par son tracé parfois acrobatique totalisant près de 200 km, il se parcourt en quinze étapes. Parcours de moyenne montagne plus courts que le GR®, les Mare a Mare® et Mare e Monti® présentent l'avantage de faire étape dans les villages de l'intérieur de l'île. Le beau Mare a Mare® sud, créé sur la base d'anciens sentiers de transhumance, relie les abords de Porto-Vecchio à ceux de Propriano. Le parc naturel régional de Corse est également une merveille : il regroupe plus du tiers de la superficie de l'île, dont certains de ses plus beaux joyaux naturels, réserve de Scandola et aiguilles de Bavella en tête.

Kayak de mer

En plein essor, le kayak de mer peut se pratiquer de manière simplement ludique le long de nombreuses plages corses, comme celles du Ricanto (Ajaccio), de Porticcio ou de San Ciprianu (Porto-Vecchio), pour ne citer qu'elles. Toutefois, cette embarcation discrète et maniable, qui permet de se fondre dans le décor naturel, dévoile mieux ses atouts lors de courtes randonnées ou de raids plus longs. Si la visite des criques des Agriates ou le tour des îles depuis Algajola font partie des classiques, on peut également se promener le long de la baie de Santa Manza ou explorer les échancrures de la pointe de Spérone en quelques heures, ainsi que les îles Sanguinaires dans le golfe d'Ajaccio. Les kayakistes chevronnés se lanceront pour une expédition autonome de plusieurs jours, notamment autour du cap Corse, ou entre Calvi et Porto (voire Ajaccio !) – à condition d'être très expérimenté ou accompagné d'un guide. Vous trouverez les coordonnées des organismes qui louent du matériel et proposent des sorties guidées dans les chapitres régionaux de ce livre.

Kitesurf

À l'instar de nombreuses plages du continent, la pratique du kitesurf est réglementée en Corse : la navigation n'est autorisée qu'au-delà de 300 m de la plage, comme pour tous les engins dépassant la vitesse de 5 nœuds. Elle s'adresse avant tout aux kitesurfeurs confirmés. Bien qu'il en soit question depuis 2006, aucune zone réservée au kitesurf n'avait encore été mise en place sur des plages de l'île par les communes du littoral lors de nos recherches. Renseignez-vous auprès de Corsica Kiteboarding (www.corsica-kiteboarding.com) ou de l'association ajaccienne Corsikite (www.corsikite.com) pour connaître les spots accessibles autour de Bonifacio (les plages de Calalonga et de la Tonnara font partie des plus réputés) et d'Ajaccio, et pour savoir la marche à suivre pour déployer votre aile.

Ci-dessous Kayak dans le golfe de Pinarello
Page de droite Planche à voile, plage de Piantarella (Bonifacio)

Planche à voile et funboard

Le vent étant la condition essentielle pour pratiquer la planche à voile, l'île offre quantité de possibilités, quelle que soit l'orientation du vent. Les plages de Calvi, de Marana ou de la Roya (Saint-Florent) devraient convenir aux pratiquants de tous niveaux qui séjournent en Haute-Corse. Les confirmés devront franchir le shortbreak de la longue plage d'Algajola avant de surfer sur ses vagues bien connues des passionnés. Plus au sud, Sagone, Ajaccio et Porticcio possèdent quelques sites, mais c'est en se rapprochant de l'extrême sud que ceux-ci fleurissent à nouveau : autour de Bonifacio, les plages de Figari, de Santa Manza et de Piantarella conviennent à tous les niveaux, et particulièrement aux débutants, ce qui n'est pas le cas des bouches de Bonifacio (accès depuis Piantarella), avec leurs courants forts, ni de la Tonnara, qui réserve aux imprudents les pièges d'un spot de pleine mer et aux confirmés les sensations fortes attendues les jours de vent.

Voile

Des clubs de voile et sites propices à cette activité jalonnent tout le littoral. Ils sont particulièrement concentrés aux deux extrémités de l'île. Les clubs, saisonniers, s'installent en été sur les plages pour louer du matériel (catamarans de sport type Hobie-Cat, dériveurs...) et proposer cours et stages, tant pour les adultes que pour les enfants.

En Haute-Corse, les sites les plus privilégiés sont la plage de la Roya (Saint-Florent), la baie de Calvi et les alentours de Bastia. Sur la côte ouest, les plages de Sagone et surtout celles du Ricanto (Ajaccio) et de la Viva (Porticcio) comptent parmi les plus appréciées. Les sites ne manquent pas dans le sud, avec les golfes du Valinco (Propriano) et de Santa Manza, la pointe de Piantarella (Bonifacio) et les plages des abords de Porto-Vecchio, notamment San Ciprianu. Ghisonaccia et Aléria, sur la côte est, comptent également quelques clubs.

Les adresses des centres nautiques sont répertoriées, site par site, dans les chapitres régionaux.

Surf et Bodyboard

Tout comme les autres côtes de la "grande bleue", celles de Corse ne sont pas particulièrement propices au surf. Cependant, ici et là, quelques jolies déferlantes permettent de se procurer des sensations. La route des Sanguinaires, à proximité d'Ajaccio, mène au spot de Capo di Feno, le plus connu des environs, qui s'adresse à des pratiquants chevronnés. Ceux qui souhaitent surfer sur la vague de Coggia, la première plage en arrivant d'Ajaccio, juste avant Sagone, devront également être expérimentés : la baignade est dangereuse et la plage, parsemée de panneaux de mise en garde, n'est pas surveillée. Le fond se dérobe d'un seul coup et vagues et courants peuvent surprendre. Les débutants trouveront plus loin, à Cargèse, une vague à leur portée et découvriront d'autres spots dans les alentours. Plus au nord, en Haute-Corse, la plage d'Algajola constitue un spot plus sûr encore.

Plongée

Le relief sous-marin des abords des côtes corses n'a rien à envier aux dénivelés qui se dressent au-dessus des flots. La côte découpée du littoral ouest et sud de l'île abrite des dizaines de sites de plongée, exceptionnels pour certains, adaptés à tous les niveaux. Ici, pas de plateau continental, mais des tombants aux formes torturées, des bouquets de corail et des profondeurs qui affolent vite le profondimètre...

Idéal pour ceux qui hésitent à franchir le cap de la plongée avec bouteille, le snorkeling est une excellente introduction à la découverte du milieu sous-marin. Les îles Lavezzi sont particulièrement adaptées à cette pratique, mais toute crique bien abritée fera l'affaire. Avec ses criques profondes, ses clubs professionnels et bien équipés, sa température de l'eau dépassant 20 °C et sa visibilité jusqu'à 25 m en été, la Corse présente des conditions idéales. Pour plus d'informations, voir le chapitre *Plongée* (p. 30).

Ci-dessous
Plongée dans les îles Lavezzi (grande gorgone)

(Suite de la page 144)

Où se restaurer

U Fragnu AUBERGE €

(☎04 95 26 69 26 ; plats 9-18 €, menus 11-18 € ; ⌚avr-nov). Une auberge "typique" jusqu'à la caricature, aménagée dans un ancien moulin à huile. Belle terrasse fleurie et ombragée. Cuisine au feu de bois et carte variée (pâtes, viandes, pizzas). Rien d'extraordinaire côté saveurs, mais les prix sont raisonnables et le cadre mérite une halte.

GUAGNO-LES-BAINS

La D23 qui monte en lacet derrière Vico mène à un pittoresque groupe de bourgs perchés. Guagno-les-Bains est le premier que vous rencontrerez. Les sources chaudes firent de ce village une station thermale très fréquentée au XVIIIe siècle. Actuellement, Guagno-les-Bains cherche à renouer avec la tradition et à attirer une nouvelle clientèle de curistes. L'enthousiasme pour les vertus curatives des eaux minérales n'étant cependant plus guère d'actualité, vous risquez de vous sentir un peu seul...

Où se loger et se restaurer

Auberge des Deux-Sorru AUBERGE €€

(☎04 95 28 35 14 ; www.aubergedesdeuxsorru.com ; Guagno-les-Bains, Poggiolo ; d 55-77 € selon vue et saison ; plats 12-22 € ; ⌚avr-oct ; 📶). Les amoureux de nature et de calme apprécieront cette adresse située 6 km avant Soccia, juste avant la bifurcation vers le village de Guagno-les-Bains. Nichée au milieu des arbres, cette maison récente propose des chambres impeccables, d'un excellent rapport qualité/prix et dotées de sdb étincelantes. Outre un beau panorama, la cuisine maison et les produits du terroir sont à l'honneur au restaurant (magret de canard, civet de sanglier aux baies de myrte...). L'auberge organise des promenades à dos d'âne dans les environs du village.

SOCCIA ET SES ENVIRONS

À 750 m d'altitude, le joli village de Soccia s'étage à flanc de montagne 6,5 km au-dessus de Guagno-les-Bains. Isolé entre montagnes et forêts, c'est un lieu d'escapade depuis le GR®20 et le point de départ de l'agréable randonnée du **lac de Creno**. L'église du village date de 1875 et abrite un triptyque du XVe siècle. Le village ne compte aucun commerce, mais un boulanger passe en camion tous les matins et un épicier plusieurs fois par semaine.

Si Soccia est encore trop animé pour vous, faites quelques kilomètres de plus jusqu'à **Orto.** Caché au fond d'une vallée étroite et abrupte où chaque maison semble surplomber celle qui se trouve en dessous, ce village d'une quarantaine d'habitants est encore plus reculé.

Activités

La belle **randonnée** vers le lac de Creno (voir l'encadré p. 154) est l'une des principales motivations des visiteurs se rendant à Soccia et Orto. En juillet et août, vous pourrez découvrir le lac d'une façon originale en vous y rendant **avec un âne** (☎06 10 78 56 22) en 1 heure 30 aller simple au départ de Soccia. Comptez 30/40 € la demi-journée/journée (possibilité de portage de sacs par les mulets). Cette balade, non accompagnée mais sans difficulté, est accessible aux enfants dès 6 ans.

Les amateurs de sensations fortes seront comblés : il est possible de pratiquer le **canyoning** dans le canyon du Zoicu, à proximité de Vico. Chut... ce site n'est pas encore très connu... Contactez le moniteur de la société **Les Escapades** (☎06 12 89 74 60 ; www.lesescapades.com) ou **Couleur Corse** (☎06 15 05 28 42 ; www.canyon-corse.com). Comptez 45 € la sortie.

Où se loger et se restaurer

U Paese HÔTEL €€

(☎04 95 28 31 92 ; Soccia ; http://hotel.corse.monsite-orange.fr ; s/d 42-46/66-71 € selon saison). Pratiquement le seul hébergement de Soccia hormis quelques chambres d'hôtes, cet hôtel affiche une décoration et un agencement qui rappellent les années 1970 (vous êtes prévenu), mais il peut convenir pour une nuit ou deux. Les tarifs sont dégressifs à partir de 3 jours. Le patron peut aider à organiser des randonnées de 3 heures à 2 jours vers les lacs des environs.

♥ **A Merendella** RESTAURANT €€

(☎04 95 28 34 91 ; route de l'Église, Soccia ; formules de 20 à 34 € ; ⌚avr-oct). Cette table qui décline une version champêtre et rafraîchissante de l'art de vivre mérite à elle seule le détour jusqu'à Soccia. Pour la gentillesse des propriétaires, déjà, mais aussi pour le cadre : A Merendella vous accueille en été dans un petit jardin, à l'ombre des arbres fruitiers, ou sous une petite tonnelle ombragée. Ce décor est idéal pour déguster la cuisine de saison concoctée par le jeune couple qui dirige les lieux, avec l'aide bienvenue du potager et des "bons petits produits des environs". Mention spéciale aux grandes assiettes dégustation. Cartes de crédit non acceptées. Réservation conseillée.

RANDONNÉE

LE LAC DE CRENO

Départ : Soccia (prendre la D70 jusqu'à Vico puis la D23 jusqu'à Soccia)
Durée : 2 heures aller-retour
Dénivelé : 300 m
Difficulté : facile

Gros plan sur un lac glaciaire perché à 1 310 m d'altitude, cerné par la forêt. Ce lac paisible, entouré d'une épaisse forêt de pins laricios, constitue un but de promenade à pied très couru au départ de Soccia. Aller en voiture jusqu'au parking, d'où part le chemin, vous épargnera cependant 3 km de route. Un petit café se tient près de l'aire de stationnement. Le chemin part du parking et remonte du côté sud de la vallée en s'élevant haut au-dessus de la rivière sur les pentes nord du Monte Sant'Eliseo (1 511 m). Comptez environ 1 heure de marche du parking jusqu'au lac. Celui-ci s'étend sur 2,4 ha et reste gelé 3 à 4 mois par an.

Selon la légende, le lac aurait surgi à la suite d'un coup de marteau de Satan ou du coup de pied d'un cheval. L'explication scientifique fait remonter son origine à la dernière période glaciaire...

Il est possible d'aller à pied de Soccia jusqu'au village perché d'Orto, tout proche, puis de continuer jusqu'au lac. Ce circuit implique cependant une marche fastidieuse sur la route entre Soccia et le parking. L'itinéraire Soccia-Orto suit la variante du Mare a Mare® nord (balisage orange). On découvre à l'approche d'Orto de superbes vues sur ce village presque à pic, niché dans une étroite vallée. Juste au-dessus du village, un raidillon balisé en jaune grimpe jusqu'à la crête en traversant une magnifique forêt de châtaigniers. Il rejoint le chemin en provenance du parking de Soccia, jusqu'au magnifique lac de Creno.

Les habitants de la région n'ont de cesse de dissuader les estivants d'effectuer cet itinéraire en sandales. Ils parlent d'expérience : ce sentier rocailleux nécessite d'être bien chaussé.

Le bar **Chez Louis**, lieu de rendez-vous du village en soirée, sert des en-cas.

GUAGNO

Depuis Guagno-les-Bains, 8,5 km de route en lacet serpentent à travers une superbe végétation jusqu'au hameau de Guagno, assoupi à 750 m d'altitude. À 4 ou 5 heures de marche du GR®20, il est avant tout fréquenté par d'occasionnels randonneurs. Plusieurs chemins relient Guagno au sentier de grande randonnée, soit à la hauteur du col de la Bocca a Soglia, soit juste au sud du refuge de Pietra Piana.

Pour la petite histoire, Robert Colonna d'Istria rapporte dans son *Histoire de la Corse* (France-Empire, 1995) qu'un curé de la localité s'illustra au XVIIIe siècle en poursuivant la lutte contre les Génois pendant trois longues années après que Pascal Paoli eut abandonné le combat...

Où se loger et se restaurer

Gîte d'étape de Guagno GÎTE D'ÉTAPE €
(☎04 95 28 33 47 ; dort 13 € environ). Le seul hébergement du village, dirigé par Jean-Claude Lecca, comprend 28 lits répartis dans 2 dortoirs bien tenus, 2 sdb avec douches chaudes et toilettes, et une grande cuisine. Mieux vaut réserver en saison car il n'y a pas toujours quelqu'un à l'accueil.

Les commerces sont très limités à Guagno. Une petite **épicerie**, à côté de l'église, vend des produits alimentaires, des fruits, des légumes, des journaux et fait office de dépôt de pain. Guagno compte également deux **bars**. Celui qui fait face à l'église propose quelques snacks.

GOLFE D'AJACCIO

Ajaccio (Aiacciu)

Première ville de l'île et chef-lieu de la Collectivité territoriale de Corse (CTC), Ajaccio fait quasiment figure de "capitale" de l'île. Historiquement, elle a supplanté Bastia dans ce rôle suite à un décret du plus célèbre de ses fils : Napoléon Bonaparte.

La ville a cependant su préserver son caractère décontracté et sûr de ses atouts, en dépit de cette débauche de titres officiels et honorifiques. Ses détracteurs regretteront la place trop importante qu'elle concède aux voitures, son caractère un peu m'as-tu-vu, les quartiers bruyants qui côtoient sa vieille ville, son port omniprésent et son horizon souvent barré par les silhouettes monumentales des ferries qui la relient au continent, indissociables de son paysage urbain. Ses amoureux ne verront en revanche que son superbe front de mer, son port de pêche coloré, ses majestueuses bâtisses historiques, ses avenues et ses places encadrées de palmiers, ses ruelles ombragées, son ambiance indéniablement charmeuse et la proximité de sites naturels exceptionnels, commes les Sanguinaires. Les amateurs d'art, enfin, y trouveront quelques-uns des musées les plus intéressants de l'île.

Histoire

Si certaines sources font remonter l'origine d'Ajaccio au héros mythique grec Ajax, d'autres assurent que la ville serait issue d'un camp de la légion romaine. Elle doit plus vraisemblablement sa naissance aux Génois, qui la fondèrent en 1492 en y installant des familles précédemment établies au fond du golfe, devenu insalubre. Ajaccio fut même tellement génoise que les Corses y furent interdits de séjour jusqu'en 1553, année où les troupes françaises et Sampiero Corso, assistés du corsaire turc Dragut, s'en emparèrent.

C'est à la suite de cet épisode que la citadelle fut érigée, complétant les bases d'un château construit par les Génois. La ville, reconquise en 1559 par les armées de la république de Gênes, ne s'ouvrit véritablement aux Corses qu'à partir de 1592.

La naissance de Napoléon Bonaparte dans la cité, le 15 août 1769, fut à l'origine d'un subit retournement de son histoire. Suite à un décret de l'empereur, Ajaccio ravit en effet à Bastia sa place de cité-phare de l'île, en 1811.

L'essor d'Ajaccio, aujourd'hui prospère et active, date de cette époque.

Orientation

Ajaccio s'étend le long du golfe du même nom. L'artère principale, le cours Napoléon, relie la place Charles-de-Gaulle (place du Diamant) à la gare. La vieille ville est délimitée par la place Charles-de-Gaulle, la place Foch et la citadelle. La route des Sanguinaires, qui mène à la pointe de la Parata, ceint la ville à l'ouest.

Golfe d'Ajaccio

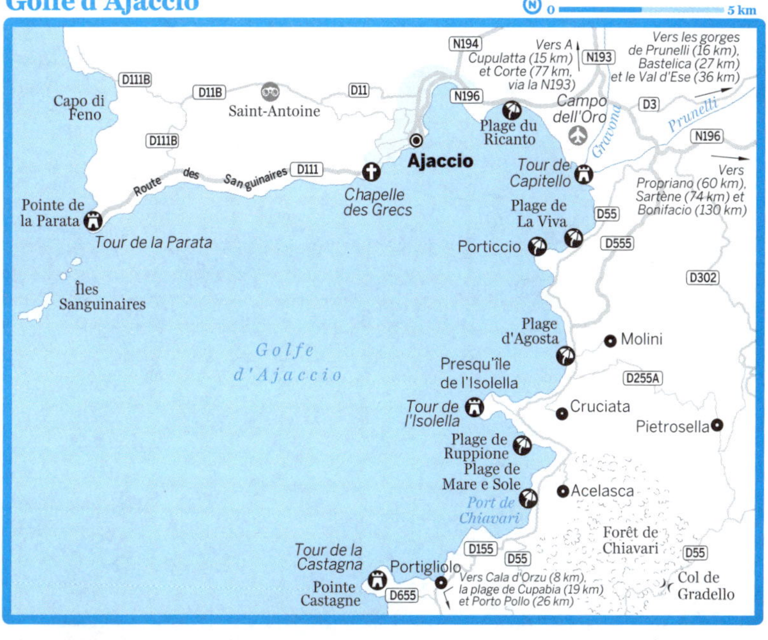

Ajaccio

Renseignements
1 Cyberespace ... D4
2 Le Bistrot du Cours ... C5
3 Maison d'information randonnée ... C5
4 Office du tourisme ... C6

À voir et à faire
5 A L'Eau Plongée ... E2
6 Bibliothèque municipale ... D4
7 Cathédrale ... C6
Chapelle impériale ... (voir 13)
8 Citadelle ... D7
9 Découvertes naturelles ... D6
10 Musée A Bandera ... B5
11 Musée national de la Maison Bonaparte ... C6
Nave Va ... (voir 9)
12 Odyssée Plongée ... D7
13 Palais Fesch ... D4
14 Salon napoléonien (hôtel de ville) ... D6

Où se loger
15 Hôtel du Golfe ... C5
16 Hôtel du Palais ... C2
17 Le Dauphin ... D3
18 Le Kallisté ... C3
19 Le Napoléon ... B5
20 Le San Carlu ... C7
21 Palazzu u Domu ... C6

Où se restaurer
22 20123 ... C6
23 A Nepita ... D3
24 Côté Port ... E2
25 Da Mamma ... C5
26 Grand Café Napoléon ... C5
27 L'Estaminet ... C6
28 Le Bilboq – Chez Jean Jean ... C6
29 Le Spago ... C6
30 Le Trou dans le Mur ... C6
31 Paparazzi ... E2
32 U Pampasgiolu ... C6
33 Vino del Diablo – La Table à Tapas ... E2

Renseignements

Office du tourisme (☎04 95 51 53 03 ; www.ajaccio-tourisme.com ; 3 bd du Roi-Jérôme ; ⏲lun-sam 8h-19h, dim 9h-13h). Une borne d'information interactive est disponible en libre service face au bureau 24h/24.

Accès Internet : **Cyberespace** (rue Versini ; 3,50 €/h ; ⏲lun-sam 9h30-0h30). **Le Bistrot du Cours** (cours Napoléon ; ⏲8h-21h lun-ven, 8h-1h jeu-sam) propose un accès Internet gratuit pendant 20 min avec une consommation (en face de la préfecture).

Maison d'information randonnée (☎04 95 51 79 10 ; www.parc-naturel-corse.com ; 2 rue du Sergent-Casalonga ; ⏲lun-ven 8h15-12h et 14h-17h30). Ce bureau du parc naturel régional de Corse fournit des informations utiles sur les randonnées et les refuges.

Fêtes et festivals

Le calendrier des événements ajacciens débute le 18 mars avec la fête traditionnelle de la ville – la **fête de la Madonuccia** –, célébrée depuis 1656. Durant la première quinzaine de mai, le festival Île Danse accueille performances et autres créations sonores. Fin mai sont organisées les **Régates impériales** dans le golfe d'Ajaccio. Le 2 juin, la **Saint-Érasme** fête les pêcheurs. Cette célébration est suivie d'un **Festival de musique** (avec des rencontres de jazz). La ville fête avec ferveur le 15 août, anniversaire de Napoléon. Durant cette période, les **Journées napoléoniennes** sont l'occasion de défilés, de retraites aux flambeaux, de spectacles son et lumière et autres festivités. En octobre, le **Tour de Corse automobile** passe aux environs du centre-ville. L'hiver est l'occasion de fêter le cinéma (octobre-novembre).

À voir

Palais Fesch MUSÉE DES BEAUX-ARTS
(☎04 95 21 48 17 ; www.musee-fesch.com ; 50-52 rue Fesch ; adulte/enfant 8/5 € ; ⏲lun, mer et sam 10h30-18h, jeu, ven et dim 12h-18h mai-sept, lun, mer et sam 10h-17h, jeu, ven et 3e dim du mois 12h-17h, oct-avr). Construit à l'initiative du cardinal Fesch, oncle de Napoléon, afin de donner un toit à la collection qu'il céda à la ville en 1839, le musée Fesch a rouvert ses portes en juin 2010, après des travaux de rénovation et une restructuration de la muséographie.

Découvrez son exceptionnelle collection de peintures italiennes du XIVe au XIXe siècle, ainsi que la collection napoléonienne et la

LA CITADELLE D'AJACCIO, IMPRENABLE ?

Vus de la mer, les contours anguleux et massifs de la citadelle d'Ajaccio semblent défier le visiteur. Sous l'occupation française, de 1553 à 1559, le maréchal de Termes conçut l'édifice autour d'un château préexistant. Fossé, tours et courtines renforcèrent la protection de cette ville déjà fortifiée depuis 1502. D'autres citadelles corses, telles Corte ou Bonifacio, perdirent progressivement leur rôle défensif et finirent par ouvrir leurs lourdes portes aux touristes. Mais les gardiens de la citadelle d'Ajaccio ne le voyaient pas du même œil et les habitants de la ville ignorèrent longtemps ce que cachaient ces murs épais. En 2001, la réputation redoutable de cet édifice – encore sous autorité militaire – en fit même le coffre-fort du plus gros trésor qu'ait jamais vu l'île : les euros, en petites coupures et piécettes, attendaient ici de remplacer les francs de Corse.

collection des peintures corses. Parmi les chefs-d'œuvre de sa collection, citons *La Vierge à l'Enfant soutenu par un ange sous une guirlande*, de Sandro Botticelli, et le *Portrait de l'homme au gant*, de Titien – il s'agit du pendant de celui qui est conservé au Louvre –, qui côtoient des œuvre signées Véronèse ou Bellini.

La cour carrée qui fait face au musée, où se dresse une statue de Joseph Fesch, mérite également le coup d'œil pour la rigueur de son agencement.

Chapelle impériale MONUMENT HISTORIQUE
Cette chapelle, qui jouxte le palais Fesch, renferme les tombeaux de plusieurs membres de la famille impériale (hormis les cendres de Napoléon, qui reposent aux Invalides, à Paris). Elle était en travaux lors de notre dernière visite.

Bibliothèque municipale BÂTIMENT HISTORIQUE
(04 95 51 13 00 ; www.bibliotheque.ajaccio.fr ; rue du Cardinal-Fesch ; entrée libre ; lun-ven 9h-12h et 14h-17h). Deux lions gardent l'entrée de la très belle bibliothèque municipale, mitoyenne du palais Fesch. Offerts par le cardinal Fesch, ils ont été moulés d'après ceux qui ornent le tombeau du pape Clément XIII, à Saint-Pierre de Rome. Sitôt passé les fauves, les boiseries en noyer massif – classées monument historique –, la table centrale de 18 m de long, les rayonnages surchargés de vieux ouvrages et les échelles de bois de cette impressionnante salle rectangulaire, construite en 1868 sur des plans de l'architecte Caseneuve, séduiront les amateurs de volumes reliés. C'est à Lucien Bonaparte, le frère de l'empereur, que l'on doit son édification, en 1801, afin de donner un écrin idoine aux milliers d'ouvrages entassés dans les combles du palais Fesch. Il y fit placer notamment 12 310 volumes provenant de confiscations effectuées à l'époque révolutionnaire sur les biens d'émigrés et de membres de congrégations religieuses de la région parisienne. Par la suite, la bibliothèque s'enrichit de dons et d'ouvrages de la collection personnelle du cardinal Fesch. À ce jour, elle regroupe près de 40 000 volumes.

Citadelle OUVRAGE MILITAIRE
Indifférente au temps, la muraille de la citadelle, avec ses bastions et sa très photogénique échauguette, domine le golfe et veille sur Ajaccio depuis des siècles. Occupé par l'armée, cet ouvrage militaire n'est malheureusement pas ouvert à la visite.

Musée A Bandera HISTOIRE DE LA CORSE
(04 95 51 07 34 ; www.musee-abandera.fr ; rue du Général-Lévie ; 5 € ; lun-sam 10h-19h, dim 10h-13h juil à mi-sept, lun-sam 10h-17h mi-sept à juin). Dissimulé dans une encoignure de la rue du Général-Lévie, ce musée, dont le nom signifie "le drapeau", présente un panorama de l'histoire de la Corse depuis les origines jusqu'à la Seconde Guerre mondiale, illustré de nombreux documents, objets, diaporamas, etc.

Au fil de cette présentation chronologique, claire et documentée, vous pourrez voir le grappin de la frégate *Sémillante*, qui coula en 1855 face aux îles Lavezzi, emportant avec elle 700 soldats et marins ; admirer de beaux objets de métal de l'époque barbaresque ou vous attarder sur les exemplaires du *Petit Journal* ou de *L'Illustré* de la fin du XIXe siècle relatant l'arrestation de célèbres bandits corses. Le musée s'intéresse également à la place prépondérante de la femme dans la société corse.

Il a été rénové en 2011.

Musée national de la Maison Bonaparte HISTOIRE DES BONAPARTE
(04 95 21 43 89 ; www.musee-maisonbonaparte.fr ; rue Saint-Charles ; tarif plein/réduit 7/5,50 € en haute saison ; 10h30-12h30 et 13h15-18h,

fermé lun). Maison natale de l'empereur, ce musée est signalé par un panneau "Maison Bonaparte" d'un côté et "Strada Malerba" de l'autre. Empruntez la rue du Roi-de-Rome, qui donne dans la rue Saint-Charles.

La maison renferme diverses pièces de mobilier incrustées de pierreries, une crèche en ivoire et ébène rapportée de Syrie et la chambre natale de l'empereur. L'arbre généalogique de la famille Bonaparte et l'acte de naissance du grand homme complètent cette visite que certains jugeront assez décevante. Une tenue correcte est exigée.

Salon napoléonien MUSÉE

(☎04 95 51 52 62 ; www.musee-fesch.com ; hôtel de ville ; tarif plein/réduit 2,30/1,50 € ; ⏱lun-ven 9h-11h45 et 14h-17h45 mi-juin à mi-sept, 9h-11h45 et 14h-16h45 mi-sept à mi-juin). Ce lieu mérite une brève visite. À l'entrée, on vous remettra une notice détaillant les richesses de ses deux salles : sculptures et peintures représentant la famille impériale, mobilier d'époque "retour d'Égypte", lustre en cristal de Bohême pesant 1 tonne et nombreuses médailles.

Cathédrale STYLE VÉNITIEN

La façade ocre de la cathédrale d'Ajaccio, en forme de croix grecque, se dresse dans la vieille ville, au coin des rues Forcioli-Conti et Saint-Charles. De style vénitien, elle fut érigée au cours de la seconde moitié du XVIe siècle. On y verra les fonts baptismaux utilisés lors du baptême de Napoléon ainsi que la *Vierge au Sacré-Cœur* d'Eugène Delacroix (1798-1863).

Chapelle des Grecs ÉDIFICE RELIGIEUX

Sur la route des Sanguinaires, cette petite chapelle du XVIIe siècle vaut surtout pour sa portée historique. C'est en effet ici que les Grecs en exil, réfugiés à Ajaccio au XVIIIe siècle, pratiquaient leur culte.

Parc des Millelli PARC ET DEMEURE HISTORIQUE

(entrée libre dans le parc). À environ 5 km au nord-ouest du centre-ville, ce parc majestueux est un havre de paix, en surplomb du golfe d'Ajaccio. Dans le parc, serti dans une oliveraie, vous pourrez admirer l'ancienne maison de campagne de la famille Bonaparte (l'intérieur ne se visite pas).

Circuits découverte

Avec des enfants, vous pourrez embarquer sur **Le Petit Train des Îles** (☎04 95 51 13 69 ; www.petit-train-ajaccio.com), qui propose 2 circuits commentés, l'un dans la cité impériale (7/3 € adulte/enfant), l'autre aux Sanguinaires (10/4 € adulte/enfant).

Ajaccio Vision (☎06 20 17 50 33 ; www.ajacciovision.fr) propose le même type de prestation, mais à bord d'un autobus à impériale (10/5 € adulte/enfant pour une visite de 1 heure 20).

Plages

Les deux plages les plus proches du centre-ville sont la **plage Saint-François**, qui se déploie immédiatement à l'ouest de la citadelle, et la **plage du Trottel**, un peu plus à l'ouest, en direction des Sanguinaires. D'autres plages et criques plus sauvages vous attendent le long de la route des Sanguinaires (voir p. 166).

Activités

Plongée et snorkeling

Le golfe d'Ajaccio est réputé pour la plongée. Pour plus d'informations sur les sites, reportez-vous au chapitre *Plongée* p. 30. Adressez-vous aux centres de plongée suivants :

E Ragnole (☎04 95 21 53 55 ; www.eragnole.com ; 12 cours Lucien-Bonaparte). Sur la plage du Trottel, en direction des Sanguinaires.

Odyssée Plongée (☎06 62 07 53 51 ; www.odyssee-plongee.fr). Au port Tino Rossi (port de plaisance).

À L'Eau Plongée (☎06 09 60 14 09 ; www.aleauplongee.com). Au port Charles-Ornano. Également randonnée palmée.

LE CARDINAL FESCH, ONCLE DE BONAPARTE

Joseph Fesch (1763-1839), le demi-frère de la mère de Napoléon, joua un rôle non négligeable dans l'histoire de la Corse. Docteur en théologie, archiprêtre de la cathédrale d'Ajaccio puis primat des Gaules, il fut nommé cardinal en 1803 avant de devenir ambassadeur de France au Saint-Siège. S'il fut à l'origine de la venue du pape Pie VII à Paris pour le sacre de l'empereur, il s'opposa plus tard à la politique religieuse de Napoléon et fut disgracié (1812).

Retiré à Rome après la chute de l'Empire, il vouera une véritable passion à l'art et laissera, à sa mort, une collection estimée à près de 16 000 tableaux. Le musée qui porte son nom à Ajaccio en possède un millier.

FAIRE PLOUF DÈS LA SORTIE D'AVION

Les amateurs de farniente et de sable doré trouveront leur bonheur dès la sortie de l'aérogare. La grande **plage du Ricanto** s'étend en effet entre l'aéroport et les quartiers sud-est d'Ajaccio. À quelque 6 km de la ville, elle est desservie par le bus n°1.

Comptez 40-45 € le baptême, et de 35 à 40 € la plongée d'exploration.

Randonnée pédestre

Il existe également d'intéressantes possibilités de randonnée pédestre dans le secteur d'Ajaccio. La promenade du **chemin des crêtes** est décrite p. 166.

Promenades en mer

Deux compagnies maritimes disposent de guichets sur le vieux port et organisent en saison des sorties en mer au départ d'Ajaccio à bord de vedettes touristiques. Elles proposent divers itinéraires, dont les îles Sanguinaires (27/13,50 € adulte/enfant), le sud du Golfe d'Ajaccio, ainsi que la réserve naturelle de Scandola via les calanques, Piana et Girolata (50/35 €).

Nave Va (☎06 17 11 42 40, 04 95 51 31 31 ; www.naveva.com)

Découvertes naturelles (☎06 24 69 48 80, 04 95 22 29 95 ; www.decouvertes-naturelles.net). Assure également en saison un service de navette maritime vers Porticcio, trois fois par jour (8/5 € aller simple/aller-retour).

Le Marie-Madeleine (☎06 33 81 82 55 ; www.peche-mer-corse.com). Matinée pêche à la palangrotte (60/40 € adulte/enfant), et visite des îles Sanguinaires à bord d'une petite embarcation (9 passagers maximum).

Où se loger

Ajaccio compte peu d'hôtels bon marché, mais vous trouverez quelques deux-étoiles abordables (certains offrant un meilleur confort que des trois-étoiles anciens et désuets). Mieux vaut réserver en haute saison.

De nombreux établissements de deux à quatre étoiles bordent la route des Sanguinaires ; leurs prestations ne correspondent pas toujours aux prix pratiqués.

Camping Les Mimosas CAMPING €
(☎04 95 20 99 85 ; www.camping-lesmimosas.com ; route d'Alata ; adulte/voiture/tente 5,80/3/3 € ; avr-oct ; wifi). Ce camping sans grand charme se trouve à 3 km du centre-ville. Relativement ombragé par des eucalyptus, il comprend une petite épicerie. Des chalets et mobile homes avec sdb sont également proposés (à partir de 260 € la semaine en basse saison). Arrêt de bus à 900 m (ligne n°4).

BON PLAN **Hôtel du Palais** HÔTEL €€
(☎04 95 22 73 68 ; www.hoteldupalaisajaccio.com ; 5 av. Beverini-Vico ; s/d 60-75/65-85 € selon saison avec petit-déj ; clim, wifi). Mention spéciale à cette adresse proposant un bon rapport qualité/prix, qui figure parmi les plus accueillantes de la ville. Caché derrière une façade sans charme, l'Hôtel du Palais propose 8 petites chambres confortables avec double vitrage, à la déco contemporaine. Des appartements équipés sont également disponibles, à la semaine uniquement. Pas de parking.

Le Kallisté HÔTEL €€
(☎04 95 51 34 45 ; www.cyrnos.net ; 51 cours Napoléon ; s/d 65-78/81-106 € selon saison, petit-déj inclus ; clim, @, wifi). Dotée de pierres apparentes et de plafonds voûtés en brique, cette adresse bien située et indéniablement au goût du jour offre un bon rapport qualité/prix et pléthore de services : clim, borne Internet gratuite à la réception, Wi-Fi, TV par satellite, ascenseur, location de voitures et de motos, laverie... Les chambres sont claires et impeccables, mais manquent un peu de chaleur dans la décoration, à l'image de l'ensemble. L'hôtel ne dispose pas de parking, mais il peut proposer des places pour les motos et quelques voitures (en supplément). Une borne informatique permet de louer et régler sa chambre par carte bancaire en dehors des heures d'ouverture de la réception (8h-20h), qui est située à quelques mètres de l'entrée de l'hôtel, dans la même rue.

Le Dauphin HÔTEL-RESTAURANT €€
(☎04 95 21 12 94 ; www.ledauphinhotel.com ; 11 bd Sampiero ; s/d 50-65/60-89 € selon saison, petit-déj inclus ; P, clim, wifi). Situé juste en face de l'embarcadère et reconnaissable à sa haute façade ocre, Le Dauphin est particulièrement pratique si vous devez prendre un ferry. Les 40 chambres décorées dans des tons bleus n'ont rien d'exceptionnel, mais sont confortables et bien équipées, et séparées du bruit du boulevard par un double vitrage. Le bar fait office de réception. Quelques places de parking sont disponibles pour les motos et voitures.

Le Marengo HÔTEL €€

(☎04 95 21 43 66 ; www.hotel-marengo.com ; 2 rue Marengo ; d 63-87 € selon confort et saison ; ⊙fermé nov-avr ; ❄📶). Commençons par la mauvaise nouvelle : Le Marengo est situé légèrement à l'écart du centre et fait face à un immeuble sans grâce, qui bouche complètement la vue. Ceci étant dit, l'emplacement, au fond d'une impasse, est très calme, et les 17 chambres, agréables et claires mais sans chichis, occupent une belle maison de caractère, précédée d'une cour fleurie ; que dire de l'accueil, sinon qu'il est à la fois courtois et professionnel ? Seul hic, l'absence de parking – il faudra vous garer sur le boulevard, à 5 minutes à pied. Pour les réservations, appelez avant 19h.

Le Napoléon HÔTEL €€

(☎04 95 51 54 00 ; www.hotel-napoleon-ajaccio.com ; 4 rue Lorenzo-Vero ; s/d 69-111/ 88-123 € selon saison, petit-déj 11 € ; P❄📶). Dans une rue calme à deux pas du cours Napoléon, ce trois-étoiles au confort feutré pratique des tarifs très raisonnables pour Ajaccio. L'accueil est professionnel et efficace – on voit que l'établissement est le point de chute habituel d'une clientèle d'affaires – et les chambres sans défaut et bien équipées, quoique très classiques dans leur décoration (moquette, mobilier d'inspiration Empire). Les sdb ont récemment été modernisées et la literie est de qualité. Le parking (20 places, 10 €) figure également parmi ses atouts. Celles du 7e étage ont en partie la vue sur la ville et le golfe.

Le San Carlu HÔTEL €€

(☎04 95 21 13 84 ; www.hotel-sancarlu.com ; 8 bd Danielle-Casanova ; d 55-170 € selon confort et saison ; ❄📶). Le calme est le premier atout de cet hôtel dont la jolie façade ensoleillée se dresse à proximité de la citadelle. Les chambres sont confortables mais un peu vieillottes dans leur décoration – un rafraîchissement de la déco est prévu. Tarifs très attractifs hors saison, mais exorbitants en haute saison. Pas de parking.

Hôtel du Golfe HÔTEL €€€

(☎04 95 21 47 64 ; www.hoteldugolfe.com ; 5 bd du Roi-Jérôme ; d avec petit-déj 129-294 € selon confort et saison ; ❄@📶). L'hôtel du Golfe a visiblement connu des jours meilleurs mais son principal atout demeure : une superbe vue face au port. Ce paysage de carte postale se paie cependant au prix fort, surtout en haute saison. Demandez à voir plusieurs chambres, car toutes ne disposent pas d'un beau panorama. Les chambres sont confortables mais leur décoration mériterait une cure de rajeunissement.

♥ **Palazzu u Domu** HÔTEL DE CHARME €€€

(☎04 95 50 00 20 ; www.palazzu-domu.com ; 17 rue Bonaparte ; d 130-650 € selon confort et saison ; P❄📶). La seule adresse de luxe du centre-ville. L'emploi de beaux matériaux – ardoise polie, pierre de lave, tadelakt – donne aux lieux, qui déclinent des teintes de beige et de gris, une atmosphère contemporaine, chic et zen. Tout les attributs du confort sont présents dans les chambres et le patio intérieur, ombragé de hauts palmiers, est aussi agréable que relaxant.

♥ **Carpe Diem** MAISON D'HÔTES €€€

(☎04 95 10 96 10 ; www.carpediem-palazzu.com ; Eccica Suarella ; ste 250-430 € selon saison ; ⊙avr-nov ; P❄🏊📶). Cette maison d'hôte princière est installée à l'intérieur des terres, à 15 km à l'est d'Ajaccio, au bourg d'Eccica Suarella. Dans une majestueuse demeure en granite du XVIIIe siècle impeccablement restaurée, elle ne compte que 6 suites luxueuses dont la décoration mêle des éléments classiques et des touches modernes pour créer une atmosphère "rustique chic" – bel assortiment de voilages dans les teintes fuchsia et grège, mobilier ancien, planchers en chêne massif, dallages en ardoise, literie de qualité, poutres, TV à écran plat... La plaisante petite piscine, l'"espace bien-être" (hammam, Jacuzzi), le confortable salon et le jardin où l'on peut prendre les repas complètent les atouts de cette adresse de charme.

VAUT LE DÉTOUR

A CUPULATTA : TORTUES À GOGO

Le plus grand centre européen de conservation des tortues est installé à 21 km d'Ajaccio en direction de Corte. **A Cupulatta** (☎04 95 52 82 34 ; www.acupulatta.com ; lieu-dit Vignola ; adulte/ enf 9,50/5,50 € ; ⊙tlj avr-oct, 9h-19h mi-mai à mi-sept, 10h-17h30 avr à mi-mai et mi-sept à oct) rassemble 170 espèces terrestres et marines en provenance du monde entier, dont certaines espèces en voie de disparition. Ce parc a pour but de protéger et de faire découvrir au grand public ces animaux venus de la nuit des temps.

Où se restaurer

D'un côté la tradition, de l'autre les adresses plus "jeunes", d'un côté le port Ornano, de l'autre le centre-ville et ses indémodables... la scène culinaire ajaccienne, reflet des facettes de la ville, a des atouts pour séduire tous les publics et tous les budgets.

BON PLAN Le Trou dans le Mur BISTROT €
(☎04 95 21 49 22 ; 1 bd du Roi-Jérôme ; plats 7,50-12 €, formule 14,80 € ; midi seulement, tlj mai-oct, mar-dim oct-avr). Cette adresse ressemble à une simple terrasse de café et rien de plus, mais elle ne désemplit pas au déjeuner grâce à une carte de plats simples, bien préparés et bon marché... Spécialités de lasagnes et copieuses salades.

BON PLAN Da Mamma CORSE TRADITIONNEL €
(☎04 95 21 39 44 ; 3 passage Guinghetta ; menus 13-28 € ; fermé dim et lun midi). Au premier abord, cet établissement bien caché dans une minuscule ruelle entre la rue Fesch et le cours Napoléon a des airs d'attrape-touriste mais il ne faut pas s'y fier : la cuisine est très honnête, et les menus, avec leurs prix attractifs, satisferont tous les budgets. Les principales spécialités corses, viandes et poissons, sont déclinées en plusieurs menus, servis soit en salle, soit sur l'agréable terrasse baignée de l'ombre d'un arbre à caoutchouc.

Le Spago CUISINE MÉDITERRANÉENNE €€
(☎04 95 21 15 71 ; 1 rue Emmanuel-Arène ; plats 10-23 € ; fermé sam midi et dim). À la fois dans le centre et un peu à l'écart, cette adresse attire l'œil tout d'abord par son mobilier : des chaises en plastique vert vif qui font penser à des bonbons acidulés. La cuisine propose des standards revisités et s'autorise quelques hardiesses, à l'image du filet mignon aux abricots. Terrasse agréable.

L'Estaminet CUISINE FRANÇAISE €€
(☎04 95 50 10 42 ; 7 rue du Roi-de-Rome ; plats 16-25 €, menus 18,50-25 € ; fermé mar et sam midi hors saison). Bel éclairage tamisé, appliques, miroirs, banquettes rouges, sol en damier noir et blanc et quelques tables en terrasse... Ce "bistrot chic" de la rue du Roi-de-Rome mérite sa bonne réputation acquise grâce à des spécialités préparées avec soin (pavé de rumsteak, tête de veau sauce gribiche, andouillettes grillées), ainsi que des desserts maison. La qualité est au rendez-vous et justifie l'addition.

U Pampasgiolu CORSE MODERNE €€
(☎04 95 50 71 52 ; 15 rue de la Porta ; plats 14-28 €, menu 26-28 € ; mer-lun soir seulement, tlj soir juill-août). "La cuisine corse d'hier et d'aujourd'hui" : tel est le credo de la maison. Outre une alléchante sélection de plats à l'ardoise, tant côté viande que côté poisson, U Pampasgiolu s'est bâti une bonne réputation grâce à ses spécialités de "planches" (petites assiettes sur planches), dont la "planche de la mer", mais certains lecteurs ont jugé la prestation cher payée pour une qualité qu'ils ont trouvé moyenne. L'ensemble est servi dans deux jolies salles voûtées (on se serait passé de l'écran plat dans l'une d'elles).

20123 CORSE TRADITIONNEL €€
(☎04 95 21 50 05 ; www.20123.fr ; 2 rue du Roi-de-Rome ; menu 33 € ; mar-dim, le soir). Dans le genre "corse traditionnel", on ne fait pas mieux que le 20123, restaurant "à thème" dont le décor reconstitue un ancien village corse – sans oublier l'incontournable musique polyphonique en fond sonore, voire en live certains soirs. "Espace culinaire identitaire" (*sic*), le restaurant propose uniquement un copieux menu-carte de spécialités montagnardes, un peu surévalué. On peut trouver l'aspect folklorique des lieux un peu surjoué, mais la formule, indémodable, plaît à un public en quête de dépaysement.

Côté Port CUISINE DU SUD €€
(☎04 95 10 85 75 ; port Charles-Ornano ; plats 10-28 € ; fermé dim). L'une des adresses qui s'alignent face à la marina du port Charles-Ornano, face aux yachts. Côté Port se distingue par sa déco sobre et moderne et sa terrasse qui évite les chaises en plastique. À la carte : viandes, pâtes fraîches, salades-repas, pizzas, desserts maison...

Paparazzi RESTAURANT-LOUNGE €€
(☎04 95 21 04 21 ; port Charles-Ornano ; plats 9-24 € ; tlj midi et soir en saison). Avec ses couleurs vives et son mobilier design, cette adresse aux airs de lounge installée sur le port Ornano mise visiblement sur un public jeune et branché. On y vient avant tout pour les pizzas, les tartares (huit sortes différentes, 19 €) et les pâtes maison (dont de succulents gnocchis), proposées à prix raisonnables.

Vino del Diablo – La Table à Tapas RESTAURANT-BAR À TAPAS €€
(☎04 95 22 70 10 ; www.vinodeldiablo.com ; port Charles-Ornano ; menus 11-13 € ; lun-sam). Encore une adresse branchée et dynamique au port Charles-Ornano, à côté de la capitainerie. Les formules déjeuner présentent un excellent rapport qualité/prix. Le soir, la jeunesse dorée d'Ajaccio vient se régaler de tapas (3-5 €) de qualité et de bruschetta, dans une ambiance surchauffée le week-end.

A Nepita CUISINE DE MARCHÉ €€
(☎04 95 26 75 68 ; 4 rue San-Lazaro ; menus-cartes 25-32 € ; fermé sam midi et dim). Le bouche-à-oreille est favorable à ce restaurant qui occupe le créneau de la cuisine de marché améliorée. Il n'y a que deux menus-cartes, avec un choix limité (c'est l'inconvénient), mais les produits sont frais, sélectionnés avec soin et travaillés avec justesse par un chef ambitieux (c'est l'avantage).

♥ **L'Altru Versu** CORSE GASTRONOMIQUE €€
(☎04 95 50 05 22 ; www.laltruversu.com ; route des Sanguinaires ; plats 22-29 € ; ⊙fermé le midi et dim soir hors saison). Un grand moment de plaisir gustatif. La lecture de la carte confirme la devise de l'établissement : "*un alt' idea di a cucina corsa*" ("une autre idée de la cuisine corse"). Ouverte par deux frères en 2002, cette adresse gastronomique située sur la route des Sanguinaires met un point d'honneur à révéler la qualité des produits corses, travaillés avec virtuosité. La salle agréable, au bord de l'eau, révèle des tables impeccablement dressées, avec l'agrément d'une terrasse aux beaux jours. Excellents desserts également. Il est sage de réserver en saison.

Grand Café Napoléon BRASSERIE GASTRONOMIQUE €€
(☎04 95 21 42 54 ; www.grandcafenapoleon.com ; 10 cours Napoléon ; plat du jour 11 €, menus 28-45 € ; ⊙lun-ven midi et soir, sam midi). Mention spéciale pour cette adresse faisant face à la préfecture et devenue au fil des années une véritable institution. La brasserie dissimule la très jolie salle d'un restaurant gastronomique et ses tables impeccablement dressées, où l'on sert une cuisine raffinée. Autre bonne nouvelle : cette table gastronomique se met à la portée des bourses modestes à l'heure du déjeuner (en semaine seulement).

L'Amuse-Bouche CORSE GASTRONOMIQUE €€€
(☎04 95 52 11 43 ; 3 bd Pugliesi-Conti ; plats 13-24 €, menus 29-48 € ; ⊙fermé dim soir et lun). D'après les connaisseurs, cet établissement n'a qu'un seul défaut : l'absence de terrasse avec vue sur la mer. La salle est petite mais intimiste, le service attentionné, et la cuisine soignée – idéal pour une soirée en amoureux. Dans une rue perpendiculaire à la route des Sanguinaires.

♥ **Le Bilboq – Chez Jean Jean** SPÉCIALITÉS DE LANGOUSTE €€€
(☎04 95 51 35 40 ; 1 rue des Glacis ; plats 50 € environ ; ⊙soir seulement). Une institution à Ajaccio, tenue par Jean Jean et son fils. On vient ici pour la langouste, rien que la langouste, déclinée de multiples façons. Le patron affirme qu'il préfère fermer le restaurant lorsque les casiers des pêcheurs sont restés vides. À déguster pochée, grillée (12 € les 100 g) ou accompagnée de spaghettis (la spécialité de la maison), sur les tables dressées avec soin de la terrasse ombragée et rafraîchissante, au cœur d'une ruelle piétonnière.

☆ Où sortir

La ville n'est pas des plus festives mais elle s'anime les soirs d'été et en fin de semaine. Pour boire un verre en terrasse, dirigez-vous vers le boulevard Lantivy, aux abords du casino, et la place du Général-de-Gaulle, qui regroupe quelques adresses tendance, comme **La Part des Anges** (place du Général-de-Gaulle), ou indémodables, comme **Le Lamparo** (☎04 95 51 47 05 ; bd Lantivy) ou la **Brasserie du Diamant** (☎04 95 21 04 56 ; 3 rue Eugène-Macchini). Autre centre de gravité des soirées ajacciennes : les terrasses du port Charles-Ornano, qui compte de plus en plus d'adresses branchées, notamment le **Vino del Diablo – La Table à Tapas** (☎04 95 22 70 10 ; www.vinodeldiablo.com ; port Charles-Ornano), qui fait office de bar à tapas et de bar à vin (avec animations musicales le week-end), dans un esprit "bodega".

Ajaccio compte plusieurs discothèques au centre-ville, dont **L'Entracte** (bd Pascal-Rossini), **La Place** (place Diamant) ou encore **Le Pacha** (port Charles-Ornano), mais c'est surtout du côté des Sanguinaires (voir ci-contre), dans les paillotes, que l'on fait la fête en été, à l'occasion des soirées "plages". Renseignez-vous sur les adresses à la mode lors de votre passage.

Quelques adresses pour sortir des bars et boîtes traditionnels :

L'Aghja (☎04 95 20 41 15 ; www.aghja.com ; 6 chemin de Biancarello). Dans une rue surplombant le port Charles-Ornano, la salle de spectacle la plus active d'Ajaccio accueille toute l'année des concerts et des représentations de théâtre et de danse. Le programme est disponible sur Internet et auprès de l'office du tourisme.

L'Ariadne Plage (☎04 95 52 09 63 ; www.ariadneplage.com ; route des Sanguinaires ; ⊙en saison). À 2,5 km environ de la sortie de la ville en direction des îles Sanguinaires, cette paillote est l'une des références de la scène festive ajaccienne grâce à ses soirées live (jazz, salsa, zouk, DJ).

Le Scudo (☎06 26 13 48 54 ; www.scudo.fr ; route des Sanguinaires ; ⊙en saison).

Une autre paillote-bar de plage de la route des Sanguinaires, bien connue pour ses soirées et son animation, à environ 5 km du centre-ville.

Au Son des Guitares (☎04 95 51 16 47 ; rue du Roi-de-Rome). Pour une ambiance typiquement corse, essayez ce cabaret qui résonne des refrains de Tino Rossi et de chants polyphoniques.

Achats

Un **marché** s'installe square Campinchi tous les matins, sauf le lundi. Côté produits corses, **U Stazzu** (☎04 95 51 10 80 ; 1 rue Bonaparte ; ⏲lun-sam 9h-12h et 15h-19h) est une valeur sûre. La boutique regorge de *coppa*, *figatelli*, terrines, miel, fromages, confitures, herbes, vins et huiles d'olive. Autre bonne option, tant côté choix que qualité, **A Casa di Minna** (☎04 95 23 32 44 ; www.lamaisondemina.com ; 64 cours Napoléon ; ⏲lun-sam 8h30-19h30) est installée en haut de la rue Fesch, non loin de l'hôtel Kallisté.

Enfin la **boulangerie-pâtisserie Galeani** (☎04 95 21 39 68 ; 3 rue du Cardinal-Fesch ; ⏲mar-sam 6h30-20h, dim 6h30-13h) est réputée à juste titre pour ses *canistrelli*, proposés dans plusieurs parfums : anis, citron, raisin, châtaigne, noix de coco-chocolat (10 €/kg).

Depuis/vers Ajaccio

De plus amples détails figurent dans le chapitre *Transports*, p. 390.

AVION Ajaccio est bien reliée au continent. L'aéroport d'**Ajaccio Campo dell'Oro** (☎04 95 23 56 56 ; www.2a.cci.fr), premier aéroport de l'île, est situé à 8 km au sud-est de la ville. Vous trouverez dans l'aérogare un distributeur de billets, un bar, des boutiques de souvenirs et d'artisanat et une librairie.

BATEAU L'embarquement à bord des ferries a lieu au **terminal maritime et routier** (☎04 95 51 55 45 ; quai Jean-L'Herminier ; ⏲6h30-20h), le grand bâtiment jouxtant la chambre de commerce qui fait également office de gare routière.

Les compagnies desservant Ajaccio sont les suivantes :

Corsica Ferries (☎0825 095 095 ; www.corsicaferries.com). Guichet dans le terminal.

La Méridionale (☎0810 20 13 20, 04 95 11 01 01 ; www.lameridionale.fr). Bureau sur le quai, au nord du terminal.

SNCM (☎3260 ; www.sncm.fr). Bureau en face du terminal maritime et routier et guichet dans le terminal ouvert lors des arrivées et des départs des navires.

BUS Les compagnies de bus desservant Ajaccio ont des guichets dans le terminal maritime et routier (voir ci-dessus).

Eurocorse (☎04 95 21 06 30 ; www.eurocorse.com). Liaison vers Bonifacio via Propriano, Sartène et Porto-Vecchio, 3/j du lundi au samedi hors saison et 4/j tlj, en haute saison. Deux départs par jour du lundi au samedi à destination de Corte et de Bastia, via Vizzavona (correspondance pour Calvi à Ponte-Leccia). Un départ quotidien, du lundi au samedi, vers l'Alta Rocca : Sainte-Lucie-de-Tallano, Levie, Zonza.

Autocars S.A.S.A.I.B. – Ceccaldi (☎04 95 22 41 99 ; www.autocarsiledebeaute.com). Service saisonnier (mai-septembre) pour Porto et Ota, via Sagone, Cargèse et Piana. De Porto, liaison pour Calvi en saison.

Alta Rocca Voyages – Ricci (☎04 95 51 08 19, 04 95 78 86 30 ; www.altarocca-voyages.com). De juillet à mi-septembre, 2/j, tlj, entre Ajaccio et Bavella (16 €) via Olmeto, Propriano, Sartène, Sainte-Lucie-de-Tallano et Zonza. Le reste de l'année, 1/j du lundi au samedi avec Zonza.

Transports Bernardi (☎04 95 20 06 00 ; www.alliancetours.com). Liaison Ajaccio-Bastelica, du lundi au samedi en juillet et août, les lundi, mercredi et vendredi le reste de l'année.

Autocars Casanova (☎04 95 25 40 37 ; www.autocars-casanova.com). Liaison Ajaccio-Porticcio (3 €) 5/j, tlj, en juillet et août, et 2/j du lundi au samedi hors saison.

TRAIN Des trains quittent la **gare d'Ajaccio** (☎04 95 23 11 03) vers Vizzavona, Corte et Bastia 4 fois par jour en semaine et 2 fois par jour le dimanche. Des liaisons existent également avec L'Île-Rousse et Calvi.

Comment circuler

DEPUIS/VERS L'AÉROPORT La ligne n°8 des bus **TCA** relie l'aéroport et le centre-ville, distants de 8 km. Les bus partent du parking situé à l'extrémité de l'aérogare, côté "départs", tous les jours, de 9h à 23h15 (à partir de 8h le dimanche). Le trajet jusqu'au terminal maritime et routier (4,50 € bagages compris, à prendre à bord) dure environ 20 min, mais mieux vaut prévoir un peu plus à cause du trafic dans le centre-ville. Dans l'autre sens, le premier bus pour l'aéroport démarre tous les jours à 6h à la gare routière (dernier départ à 19h25). Les horaires sont disponibles auprès de l'agence TCA et sur son site (voir ci-dessous).

De l'aéroport au centre-ville, la course en **taxi** revient à une vingtaine d'euros hors bagages (un peu plus entre 19h et 7h, ainsi que les dimanches et les jours fériés).

BUS Ajaccio est bien desservie par les bus de la compagnie TCA. Les lignes les plus utiles pour les visiteurs sont la n° 5 (pour les Sanguinaires) et la n °8 (gare routièreaéroport). Le détail des lignes est disponible dans les locaux de la **TCA** (☎04 95 23 29 41 ; www.bus-tca.fr ; 75 cours Napoléon).

VOITURE Toutes les grandes agences de location sont représentées à l'aéroport Campo dell'Oro, sur le parking, en face de l'aérogare. Les plus importantes disposent également d'un bureau au centre-ville où vous pouvez récupérer votre véhicule (utile en cas d'arrivée par bateau).

Îles Sanguinaires et pointe de la Parata

À quelques kilomètres du centre d'Ajaccio, les quatre îles Sanguinaires doivent leur nom à la couleur rougeâtre de leur roche. Cet archipel en miniature ponctue la pointe de Parata, péninsule effilée flanquée d'une **tour génoise**. L'environnement de la pointe de Parata se laisse un peu aller mais les îles, dont Alphonse Daudet fit jadis une description échevelée, méritent le coup d'œil pour leur austère paysage maritime. La plus grande – Mezzu Mare ou Grande Sanguinaire – a été habitée jusqu'en 1985, année où le phare a été automatisé. Aujourd'hui, les îles abritent 150 espèces de plantes et sont un refuge de choix pour les oiseaux marins, ce qui leur vaut d'être protégées. Leur accès est naturellement limité par la géographie : à pied, vous pourrez aller jusqu'au promontoire de la pointe de Parata, qui révèle un beau point de vue sur l'enfilade des îles ; en bateau, vous pourrez débarquer sur la Grande Sanguinaire.

La route des Sanguinaires occupe quant à elle une place à part auprès des fêtards et des bons vivants. Plusieurs adresses s'alignent en effet le long de ses 11 kilomètres, notamment des paillotes en bord de plage, dont la notoriété varie au fil des saisons. Restaurants le jour, certaines se transforment en boîtes de nuit le soir en été, avec de prometteuses "beach parties"...

À voir et à faire

Plages

Une dizaine de plages (Barbicaja, L'Ariadne, Marinella, Scudo, Moorea...), toutes plus séduisantes les unes que les autres, s'égrènent le long de la route des Sanguinaires. La plupart ne sont pas signalées. Pour les repérer, c'est simple : accédez aux paillotes.

Excursions

Par la route, les sociétés **Ajaccio Vision** (☎06 20 17 50 33 ; www.ajacciovision.fr) et **le Petit Train des Îles** (☎04 95 51 13 69 ; www.petit-train-ajaccio.com) organisent des circuits jusqu'à l'extrémité de la pointe de Parata, respectivement en bus et à bord d'un petit train touristique (10/4-5 € par adulte/enfant).

Promenades en mer

Plusieurs compagnies proposent des sorties en mer vers les îles à partir du port Tino-Rossi d'Ajaccio. La sortie, d'environ 3 heures, inclut une heure de visite à pied de la Grande Sanguinaire et un arrêt baignade. Les compagnies disposent de guichets sur le vieux port d'Ajaccio. Comptez 30/15 € par adulte/enfant.

Nave Va (☎06 17 11 42 40, 04 95 51 31 31 ; www.naveva.com)

Découvertes naturelles (☎06 24 69 48 80, 04 95 22 29 95 ; www.decouvertes-naturelles.net). Assure également en saison un service de navette maritime vers Porticcio, trois fois par jour (8/5 € aller simple/aller-retour).

Le Marie-Madeleine (☎06 33 81 82 55 ; www.peche-mer-corse.com). Visite des îles Sanguinaires à bord d'une petite embarcation (9 passagers maximum).

Location de kayaks et de bateaux à moteur sans permis

Si vous voulez explorer les Sanguinaires de manière plus personnelle, à votre rythme et selon vos envies, louez un kayak ou un bateau sans permis auprès de **L'iliade** (☎06 77 97 14 02 ; www.iliade-sanguinaires.com ; route des Sanguinaires ; ⏲juin-sept). Ce loueur, installé à côté de la paillote Le Goéland, à 9 km d'Ajaccio, propose des kayaks mono-, bi- et triplace (de 26 à 50 € la demi-journée) et des bateaux à moteur sans permis à partir de 90 € la demi-journée. De nombreuses criques et plages sont accessibles par ce moyen (prévoyez un masque et un pique-nique).

Plongée et snorkeling

Deux centres de plongée sont installés sur la route des Sanguinaires et proposent des sorties adaptées à tous les niveaux dans le golfe d'Ajaccio. Consultez le chapitre *Plongée* p. 30 pour de plus amples renseignements sur les sites.

Isula Plongée (☎04 95 52 06 39 ; www.isula-plongee.com)

Centre de plongée – Stella di Mare (☎04 95 21 39 65, 06 72 56 16 57 ; www.plongee-en-corse.fr). Organise également des randonnées palmées aux Sanguinaires (25 €).

RANDONNÉE

LE CHEMIN DES CRÊTES

Départ : arrêt de bus Bois-des-Anglais (n°7), à 15 min du centre d'Ajaccio
Durée : 3-4 heures aller (possibilité de retour en bus)
Dénivelé : 300 m
Difficulté : moyenne (praticable toute l'année)

À une encablure d'Ajaccio, cette balade permet de découvrir la nature du nord du golfe. La promenade débute en face de l'arrêt de bus Bois-des-Anglais. Un panneau rappelle les règles de sécurité élémentaires et évoque un fléchage bleu aujourd'hui disparu et remplacé par des pancartes ONF. La route de terre se rétrécit pour entreprendre de larges lacets dans un décor aride faisant la part belle aux cactus et aux aloès. Après environ 40 min de montée, vous atteindrez le chemin dit "des Crêtes". Il domine la ville et la baie d'Ajaccio et offre une perspective originale sur le Monte d'Oro, qui se dessine à l'intérieur des terres au fond de la vallée du Gravona.

En contrebas apparaissent l'ancien et le nouveau cimetières, tandis que le sentier côtoie de larges rochers aux formes érodées et se faufile dans le maquis, frôlant des eucalyptus. Tout au long de cette jolie balade dans les hauteurs, plages et criques se livrent sous vos yeux à un insolent défilé. Après quelque 2 heures de marche, les îles Sanguinaires se profilent distinctement et vous abordez une descente d'une demi-heure jusqu'à la station solaire de Vignola et la route des Sanguinaires, au niveau de l'arrêt du bus n°5 Terre-Sacrée.

Vous pourrez conclure cette charmante balade sur les plages bordées de buvettes et de restaurants, en attendant de rentrer à Ajaccio par le bus n°5 (toutes les 30 min de 7h à 23h20 environ en saison).

Où se loger

Barbicaj'Alta CHAMBRES D'HÔTES €€
(06 10 63 29 69 ; www.barbicaja-alta.com ; chemin des Agaves ; d avec petit-déj 80-130 € selon saison ; tte l'année ; P). Sans doute la plus belle vue que l'on puisse imaginer sur le golfe d'Ajaccio... Certes, le panorama se mérite (il faut grimper une côte particulièrement raide), mais on est transporté par le spectacle, dont on profite depuis la terrasse. Les 2 chambres, la Parata et l'Isolella, sont lumineuses, pimpantes et colorées. La plage de Barbicaja est à 10 minutes à pied, en contrebas.

La route des Sanguinaires est également bordée par plusieurs quatre-étoiles, le **Dolce Vita**, l'**Eden Roc** et le **Palm Beach**.

Où se restaurer et prendre un verre

Une dizaine de paillotes et de restaurants s'alignent le long de la route des Sanguinaires. Chacun a son style et sa personnalité et tous possèdent une terrasse donnant sur la plage. Elles font à la fois office de restaurant et de bar de plage. Voici quelques valeurs sûres, classées dans l'ordre où vous les rencontrerez en partant d'Ajaccio en direction de la pointe :

Le Beau Rivage SPÉCIALITÉS DE LA MER €€
(04 95 21 12 07 ; route des Sanguinaires ; plats 19-23 €, menu 27,50 € ; fermé dim-lun hors saison). À la sortie d'Ajaccio, cette adresse assez chic propose des plats de poisson et de crustacés classiques mais aussi des spécialités plus originales, comme les oursins et la bouillabaisse.

Côté plage CUISINE MÉDITERRANÉENNE €€
(04 95 52 07 78 ; route des Sanguinaires ; plats 17-36 € ; tlj midi et soir en saison). Mention spéciale pour cette adresse qui séduit en premier lieu par son cadre sobre et élégant, à l'image des chemises blanches immaculées du personnel. On sert dans cette belle salle lumineuse une sélection de classiques (viandes et poissons) limitée mais alléchante. Environ 2 km après la sortie d'Ajaccio.

L'Ariadne Plage CUISINE DU MONDE €€
(04 95 52 09 63 ; www.ariadneplage.com ;route des Sanguinaires ; plats 11-24 € ; avr-oct, tlj jusqu'à 2h en saison). L'une des paillotes les plus festives du secteur, avec des soirées musicales animées tous les soirs en été (jazz, salsa, zouk, DJ). Carte hétéroclite : pizzas, plats du jour, cuisine du monde... On y vient surtout pour le cadre et l'ambiance. Environ 2,5 km après la sortie d'Ajaccio.

Le Scudo CUISINE MÉDITERRANÉENNE €€
(☎06 26 13 48 54 ; www.scudo.fr ; route des Sanguinaires ; plats 12-21 € ; ⏲tte l'année). Il règne une ambiance jeune et décontractée dans cette paillote, qui sert une cuisine honnête à des tarifs abordables. Mais Le Scudo est surtout réputé pour ses soirées festives en saison.

La Crique CUISINE MÉDITERRANÉENNE €€
(☎04 95 52 05 79 ; route des Sanguinaires ; plats 16-48 € ; ⏲avr-oct, tlj midi et soir en saison). En bordure de plage, la terrasse en bois entourée de végétation fait oublier les chaises en plastique. Bonnes suggestions à l'ardoise : pâtes aux gambas, poêlée de calamars, salade de poulpe... Environ 5,5 km après la sortie d'Ajaccio.

Le Week-End CUISINE MÉDITERRANÉENNE €€
(☎04 95 52 01 39 ; www.leweekend-plage.com ; route des Sanguinaires ; plats 22-28 €, formule 21 € ; ⏲avr-oct, tlj midi et soir en saison). Vous aurez ici le choix entre une "vraie" salle de restaurant et sa déclinaison en paillote, en contrebas. La première est dotée d'une belle terrasse face à la mer, la seconde d'un cadre tranquille, au milieu d'une plage encadrée de rochers. La carte mise avant tout sur les poissons mais propose aussi quelques viandes. Environ 6 km après la sortie d'Ajaccio.

Depuis/vers la route des Sanguinaires

BUS Le bus n°5 dessert la route des Sanguinaires depuis le centre d'Ajaccio. Il circule toutes les demi-heures environ à partir de 7h.

Capo di Feno

Les amoureux d'espaces sauvages ne manqueront pas de prendre la petite route (D111b) qui, de la route des Sanguinaires (non loin de la paillote Le Week-End), file vers le nord et conduit à Capo di Feno, bordé par deux belles **plages** (également appelées "Grand Capo" et "Petit Capo" ou "Sevani"), séparées par un champ. C'est là que les surfeurs ont leurs habitudes, car les vagues y sont puissantes les jours de coups de vent (la plage est exposée au grand large). La baignade est cependant dangereuse. En été, le **Capo Surf Club** (www.caposurfclub.com) propose des leçons de surf (45 € pour une heure d'initiation) ou de stand-up paddle et des randonnées en kayak de mer.

En saison, on y trouve trois **paillotes**.

Le sud du golfe d'Ajaccio

PORTICCIO ET SES ENVIRONS

Commençons par la mauvaise nouvelle : avec ses locations à la semaine, ses hôtels-clubs, ses établissements de luxe et autres constructions sans charme, Porticcio n'évoque guère la Corse telle qu'on se l'imagine habituellement. Maintenant la bonne nouvelle, qui explique son succès : cette station balnéaire animée est bordée de magnifiques plages de sable fin qui s'étalent sur une dizaine de kilomètres vers le sud, et offre toute la gamme des loisirs nautiques.

RANDONNÉE

DE PARATA AU CAPO DI FENO

Accès : D111 (route des Sanguinaires) ou bus n°5 (arrêt Frati)
Durée : 1 heure 30 aller
Dénivelé : minime
Difficulté : facile (prévoir de l'eau)

Aux abords proches d'Ajaccio, cette balade aisée en balcon au-dessus de la mer ménage de belles perspectives sur les îles Sanguinaires. La promenade débute en face de l'hôtel-motel La Parata, au pied d'une petite forêt d'eucalyptus (ceux qui arrivent de la balade du chemin des Crêtes, voir ci-contre, pourront marcher en direction de Parata jusqu'à l'établissement).

Une fois devant un grand eucalyptus planté au milieu du chemin, l'itinéraire bifurque à gauche et s'élève en effectuant de larges lacets. Les eucalyptus cèdent alors la place aux pins, puis au maquis. Le chemin croise une route bitumée, dépasse une stèle et débouche sur une route de terre, en amont de terrains de tennis, juste en face des îles Sanguinaires. Empruntez-la sur la droite et vous longerez la mer vers le nord. En surplombant cette côte sauvage, avec ses rochers noirs lessivés par les vagues, vous aurez l'occasion de découvrir de superbes vues sur les îles, désormais derrière vous.

Moins de 1 heure de marche plus tard, vous atteindrez deux grandes anses aux eaux cristallines, au pied du Capo di Feno.

Renseignements

Office du tourisme (04 95 25 10 09 ; www.porticcio-corsica.com ; Les Échoppes ; tte l'année). Au centre de la station. Également un **Point information** (04 95 25 01 01), à la pointe sud de la plage de la Viva, ouvert en saison.

Accès Internet Wi-Fi disponible au Point information (voir ci-dessus) et au bar-restaurant Le Colisée, sur la plage de La Viva.

À voir et à faire

Les amateurs de baignade seront comblés, avec une série de belles plages qui se succèdent vers le sud. La **plage de la Viva**, au centre de la station balnéaire, est la plus fréquentée. Au nord de la plage, vous pouvez rejoindre à pied (comptez 10 min) la **tour de Capitellu**, imposante, construite au XVIe siècle. De là, on jouit d'un très beau point de vue sur le golfe d'Ajaccio.

Dans la baie suivante, la **plage d'Agosta**, un peu plus tranquille que la plage de la Viva, incite au farniente. Des criques plus discrètes vous attendent à la **presqu'île de l'Isolella** : Cala Medea, Sainte Barbe et La Stagnola. Cette presqu'île, malheureusement gagnée par de nombreuses constructions, est coiffée d'une superbe **tour génoise**, que l'on peut atteindre en une dizaine de minutes de marche.

Vient ensuite la belle **plage de Ruppione**, au sud de la presqu'île de l'Isolella. Vous pourrez profiter de criques discrètes à l'extrémité nord (suivez la petite allée en pierre), en contrebas du restaurant La Bergerie.

En continuant vers le sud, on arrive sur la plage préférée des Ajacciens, la plage de Mare e Sole, également appelée **plage d'Argent**, avec son beau liseré de sable blanc et fin et ses agréables paillotes.

Les compagnies maritimes **Nave Va** (04 95 25 94 14 ; www.naveva.com), **Découvertes naturelles** (06 24 69 48 80, 04 95 22 29 95 ; www.decouvertes-naturelles.net) ainsi que le **Marie-Madeleine** (06 33 81 82 55 ; www.peche-mer-corse.com) proposent des **sorties en mer** au départ de Porticcio. Leurs itinéraires sont quasiment identiques à ceux proposés depuis Ajaccio (voir p. 160).

Le **centre nautique de Porticcio** (04 95 25 01 06 ; www.le-cnp.fr ; plage de la Viva ; avr-oct) loue des catamarans de sport (35 € de l'heure), des planches à voile (16 €), des kayaks de mer (12 €) et propose des cours.

Plusieurs centres de **plongée** sont installés dans les environs (voir p. 35 pour les descriptifs des sites). Ils sont très bien situés pour la desserte de tous les grands classiques du sud du golfe d'Ajaccio (Isolella, Sette Nave, Castagna, Capi di Muro).

Agosta Plongée (06 20 90 22 30 ; www.agosta-plongee.fr ; plage d'Agosta). Club établi de longue date. 50 € le baptême, plongée exploration de 36 à 47 €.

Corse Plongée (04 95 25 50 08, 06 07 55 67 25 ; www.corseplongee.fr ; presqu'île de l'Isolella)

Maeva Plongée (04 95 25 02 40, 06 23 13 35 39 ; www.maeva-plongee.com ; marines de Porticcio). À l'extrémité sud de la plage de la Viva, à quelques mètres du restaurant Le Colisée.

Côté **randonnée**, Porticcio est le point de départ de deux beaux sentiers : le Mare a Mare® centre et le Mare e Monti® sud. Le sentier Mare a Mare® centre est détaillé, étape par étape, au chapitre *Randonnée*, p. 316.

Où se loger et se restaurer

Porticcio regroupe avant tout des villages de vacances et des établissements haut de gamme. Côté restauration, de multiples snacks et restaurants servent une cuisine sans surprise, notamment aux marines et en bordure de la plage. Tous ou presque possèdent de larges terrasses ouvertes sur la mer et des tables sur la plage.

Camping Benista QUATRE-ÉTOILES €
(04 95 25 19 30 ; www.benista.fr ; empl 2 pers 29 € en saison ; avr à mi-oct ;). Ce camping quatre étoiles équipé d'une piscine, de courts de tennis, d'un snack-pizzeria et d'aires de jeux pour enfants dispose d'emplacements délimités par des haies de troènes, ce qui garantit un peu d'intimité malgré l'affluence estivale. Vous le trouverez à l'entrée de la ville, 2,8 km avant la plage de la Viva (la plus proche du camping).

Hôtel de Porticcio HÔTEL-MOTEL €€
(04 95 25 05 77 ; www.hotelporticcio.com ; s/d 53,50-84/58,50-93 € selon saison ; mai-oct ; P). L'un des rares établissements pratiquant des tarifs raisonnables dans la station, ce deux-étoiles sans surprise est installé près de la plage de la Viva, dans un virage de la route principale. Ses chambres sont sans charme mais claires et bien tenues. Le motel du même nom, non loin, loue des chambres avec kitchenette louées à la semaine.

Le Maquis HÔTEL DE LUXE €€€
(04 95 25 05 55 ; www.lemaquis.com ; d 180-800 € selon confort et saison, ste à partir de 315 € ;

(P ❄ ≋ ᯤ). Pour un hébergement grand luxe, optez pour cet hôtel accueillant (même s'il a choisi un fusil comme emblème !). Installé dans une altière demeure en bordure d'une petite plage, au-delà de l'agitation de la plage de la Viva, il dispose de 2 belles piscines (couverte et en plein air) et de chambres bien équipées et décorées avec goût. La dimension modeste de cet hôtel limitée à 27 chambres et son restaurant gastronomique, L'Arbousier, s'ajoutent à ses atouts.

Le Colisée BAR-RESTAURANT €€
(☎04 95 25 00 43 ; Les Marines ; plats 9-20 € ; ⊙tte l'année). À l'extrémité sud de la plage de la Viva, en face du ponton, cet établissement jeune et branché n'a rien d'un piège à touristes, malgré les apparences – les Ajacciens s'y rendent toute l'année. Il fait à la fois office de bar à cocktail, pizzeria et restaurant, et les tarifs restent sages malgré sa situation exceptionnelle, sur la plage, face aux eaux claires de la baie.

A Pineta PAILLOTE DE LUXE €€
(☎04 95 25 44 08 ; www.apineta-beach.com ; plage de Mare et Sole ; plats 12-30 € ; ⊙avr-oct). Dans le style m'as-tu-vu, cette paillote remporte la palme d'or, avec ses transats, ses boiseries, son ambiance chic savamment distillée, et son lot de "peoples" (ou présentés comme tels) qui la fréquentent en saison. Qu'importe, les spécialités (pizzas, viandes, fruits de mer, pâtes) sont très correctes, et l'emplacement idyllique, à même le sable de la plage d'Argent, face aux reflets scintillants de la Grande Bleue.

La Plage d'Argent PAILLOTE €€
(☎04 95 25 57 54 ; www.laplagedargent.com ; plage de Mare et Sole ; plats 12-22 € ; ⊙mi-fév à déc). Vous trouvez A Pineta surfait ? Changez d'atmosphère dans cette paillote tout en bois, égayée d'éclairages multicolores le soir, qui mise avant tout sur le côté décalé, convivial et festif. Carte éclectique (salades, pizzas, fruits de mer, poissons et viandes), conçue pour contenter tous les goûts et tous les budgets.

♥ **La Bergerie** RESTAURANT €€
(☎04 95 25 40 53 ; Ruppione ; plats 15-28 € ; ⊙juin-sept). Une adresse confidentielle, sans enseigne tapageuse, qu'il faut dénicher au nord de la plage de Ruppione (à 50 m d'une pharmacie). Le cadre est magnifique – prenez vos aises dans le jardin, avec les eaux turquoise de la plage en ligne de mire – et les spécialités goûteuses. Une bonne surprise.

Sur la presqu'île de l'Isolella, vous trouverez deux paillotes sans prétention, **L'Oasis** et **Le Cabanon**.

Depuis/vers Porticcio

BATEAU En saison, les bateaux de la société **Découvertes naturelles** (☎06 24 69 48 80, 04 95 22 29 95 ; www.decouvertes-naturelles.net) assurent 4 navettes quotidiennes entre le vieux port d'Ajaccio et Porticcio (20 min, 5/8 € aller simple/aller-retour). D'Ajaccio, le premier départ a lieu à 8h30 et le dernier vers 18h15.

BUS En juillet et août, les **Autocars Casanova** (☎04 95 25 40 37 ; www.autocars-casanova.com) assurent une navette entre Ajaccio et la plage de Mare e Sole 6 fois par jour, de 9h à 19h environ. En chemin, les bus s'arrêtent à Porticcio et à Isolella. Hors saison touristique, le service se limite à 2 navettes, le matin et le soir (3 €).

BISINAO

Le village de Bisinao, dans l'arrière-pays de Porticcio (20 km au plus court, par des routes sinueuses), peut constituer une bonne base pour rayonner dans l'arrière-pays d'Ajaccio et découvrir toute la partie sud du golfe.

Où se loger et se restaurer

BON PLAN **A Funtana – Chez Dominique** MULTIFORMULE €
(☎04 95 24 21 66, 06 73 55 84 28 ; www.giteafuntana.com ; Bisinao ; dort seul/dort en demi-pension 14 €/43 €, camping 10-12 €/pers, d 62-72 € petit-déj inclus, repas 20 € ; ⊙avr-nov ; ᯤ). Une excellente adresse, en plein centre du village. Au choix : trois chambres de 4 lits avec sdb, très bien entretenues, louées en formule gîte d'étape (location de draps en supplément, 2 € ; demi-pension obligatoire mai-sept), et deux chambres d'hôtes, spacieuses et fonctionnelles, avec entrée indépendante et, en prime, une belle vue sur les collines de l'arrière-pays. Il est également possible de camper dans le jardin-terrasse (les tentes et les matelas sont fournis). Mention spéciale pour la table d'hôtes, copieuse et savoureuse, à base de produits frais.

La petite **épicerie** attenante au gîte prépare de bons plats du jour à midi (comptez 13 €), des sandwichs et peut dépanner les randonneurs en quête de ravitaillement. On peut s'installer sur la terrasse du gîte A Funtana.

PORTIGLIOLO

Envie de prendre les chemins de traverse ? À partir de Porticcio, vous pouvez rejoindre Propriano et le golfe du Valinco par des routes secondaires. Votre trajet empruntera d'abord la D55 jusqu'à Portigliolo, première étape possible, où vous pourrez lézarder sur la **plage**.

Où se restaurer

Chez Mico PAILLOTE €€
(04 95 25 47 69 ; plats 10-19 € ; tte l'année). Bien qu'un peu en perte de vitesse, cette paillote établie depuis plus de 20 ans garde des inconditionnels, séduits par son cadre superbe – terrasse en teck, mobilier imitation osier, pelouse, massifs de fleurs et vue sur la mer – et sa cuisine très correcte pour le prix (pizzas et poisson selon arrivages).

CAPO DI MURO

Environ 8 km après Portigliolo, la D155 croise une route qui mène à Capo di Muro et à **Cala d'Orzu**. Renseignez-vous à l'avance sur l'état de cette voie : le bitume, après 2,5 km, cède en effet la place à 3 km de piste qui pose parfois problème aux véhicules légers. La plage de Cala d'Orzu est entrée dans l'histoire en 1999, lors de l'"affaire des paillotes" (agissant sur ordre du préfet de l'époque, des gendarmes avaient clandestinement tenté de détruire une paillote). Sur la rive nord de la baie, un sentier permet de rejoindre à pied la superbe **tour de Capo di Muro** en 45 minutes environ.

De retour sur la D155, vous rejoindrez la bifurcation pour la **plage de Cupabia** (voir p. 183) au bout de 10 km, puis Serra di Ferro et Porto Pollo (voir p. 183).

Où se restaurer

Sur la plage de Cala d'Orzu, vous trouverez trois paillotes :

Le Lagon Bleu (04 95 27 13 31 ; www.lagon-bleu-corse.com ; plats 9-25 € ; mai-oct). La moins chère des trois paillotes de la Cala d'Orzu. Carte éclectique et cuisine sans prétention.

Chez Francis (04 95 27 10 39 ; www.chez-francis.com ; plats 16-40 € ; mai-oct). Oui, c'est elle, la célèbre paillote que les autorités françaises avaient dans le collimateur et avaient voulu faire sauter... C'est aujourd'hui l'une des plus courues du secteur, mais malheureusement les tarifs se sont envolés (8 € les 100 g de poisson grillé, 16 € les 100 g de langouste, 16 € l'entrecôte-frites).

Chez Eric (04 95 24 58 21 ; plats 13-25 € ; mai-oct). En arrivant sur la plage, à droite. Paillote toute simple, presque les pieds dans l'eau, avec une superbe vue sur la baie. Cuisine très moyenne si l'on en juge par les salades-repas, chères (15-26 €) et ordinaires. Mieux vaut opter pour le poisson grillé, aux tarifs raisonnables (6,50 € les 100 g).

COTI-CHIAVARI

Si vous souhaitez admirer le plus beau coucher de soleil sur le golfe d'Ajaccio, montez jusqu'à Coti-Chiavari (la bifurcation est signalée, à 5 km environ de Portigliolo). Ce village, bâti en belvédère, offre une vue incomparable sur le golfe.

À 7 km de Coti-Chiavari (en descendant vers la plage de Mare e Sole, par la D55), les **ruines d'un pénitencier** (construit en 1855, et fermé en 1906) s'offrent au regard. Il accueillit jusqu'à 800 prisonners. De là, un circuit balisé forme une boucle, via la plage de Mare e Sole (4 heures à pied, 2 heures à VTT) et la magnifique forêt de Coti-Chiavari.

Où se loger et se restaurer

Le Belvédère HÔTEL-RESTAURANT €€
(04 95 27 10 32 ; www.lebelvederedecoti.com ; d 52-60 €/pers en demi-pension selon saison, menu au dîner 26-28 € ; mars à Toussaint). Un établissement bénéficiant d'un cadre exceptionnel, réputé pour ses menus qui font la part belle aux spécialités corses, à savourer impérativement en terrasse. Au couchant, la vue sur le golfe est sensationnelle.

Chez Véro RESTAURANT €€
(06 03 32 42 03 ; plats 11-23 €, menus 16-23 € ; tte l'année). Au centre du bourg, Chez Véro contentera les estomacs vides avec ses plats simples mais copieux (bavette, entrecôte, pâtes). Belle vue depuis la terrasse.

VALLÉE DU PRUNELLI

À quelques kilomètres de la sortie sud d'Ajaccio, peu après l'aéroport, la D3 quitte la route nationale pour monter en serpentant, sur environ 30 kilomètres, vers le bourg de Bastelica. En chemin, elle joue à cache-cache avec le Prunelli. Ce cours d'eau a été assagi depuis la création d'un barrage, en 1965, mais sa vallée révèle virage après virage un tableau de plus en plus saisissant.

Le paysage, marqué à faible altitude par de grosses productions agricoles sous serres, devient réellement beau à partir d'Ocana, village créé au XVIIe siècle qui présente une belle harmonie d'habitat. Il évolue ensuite vers le maquis puis se fait de plus en plus minéral et grandiose à mesure que la route, de plus en plus étroite et sinueuse (attention aux véhicules qui arrivent en face, notamment les bus), prend de l'altitude.

On atteint ainsi Tolla et son lac, le col de Mercujo, Bastelica et enfin, pour les plus courageux, la station d'Ese.

Depuis/vers la vallée du Prunelli

BUS Les **Transports Bernardi** (☎04 95 20 06 00 ; www.alliancetours.com) assurent une liaison Ajaccio-Bastelica via Cauro du lundi au samedi en été et trois fois par semaine le reste de l'année. Contactez le transporteur à l'avance pour une desserte d'Ocana et de la vallée du Prunelli. Comptez 15 € d'Ajaccio à Bastelica.

Tolla et le col de Mercujo

Après environ 25 km sur la D3, vous atteindrez le village de Tolla, qui surplombe le **lac de Tolla**. Encaissé dans le relief et bordé de végétation, ce qui le fait presque ressembler à un fjord, ce vaste et beau plan d'eau artificiel a été créé par EDF (pour avoir une belle vue, continuez la route sur 3 km en direction de Bastelica).

Un **centre nautique** (☎04 95 27 00 48 ; juil-sept), au bord du lac, loue des pédalos (25 €/2 heures) et des kayaks (20 €/2 heures). Vous pourrez faire trempette dans les eaux rafraîchissantes du lac et vous restaurer aux buvettes.

Juste avant Tolla et le lac, le **col de Mercujo** est réputé pour ses voies d'**escalade** et dispose d'une **via ferrata**. Pour toute information sur la pratique de ces deux activités, contactez **Rêves de Cimes** (☎04 95 21 89 01 ; www.revesdecimes.fr ; tlj juil-août).

Au col, le restaurant **Chez Baptiste** (☎04 95 27 00 54 ; plats 10-19 €), fréquenté par les bus de touristes, sert des entrecôtes, cannellonis au brocciu, truites aux amandes et autres classiques des tables corses.

Bastelica

Après Tolla, la route longe les **gorges du Prunelli** – que l'on distingue en contrebas entre les lacets de la route – jusqu'à Bastelica (485 habitants). À 32 km de la route côtière, ce rude bourg de montagne est connu pour la charcuterie issue de ses cochons coureurs (voir l'encadré p. 172) et pour être la patrie de Sampiero Corso, dont une glorieuse statue accueille le visiteur.

Où se loger et se restaurer

Camping à la ferme Minocchi CAMPING €
(☎04 95 28 70 27 ; 6 €/pers environ ; mai-sept). Si vous avez envie de beaucoup de calme et êtes prêt à sacrifier quelques éléments de confort pour l'obtenir, comme l'électricité, ce camping situé à 4 km de Bastelica sur la D27 est ce qu'il vous faut. Un grand terrain herbu, en terrasse, de l'ombre à profusion, des sanitaires simples mais propres, une rivière à proximité et la quiétude... que demander de plus ?

Chez Paul AUBERGE €€
(☎04 95 28 71 59 ; d en demi-pension 50 €/pers, menus 12-26 € ; tte l'année). La bonne adresse de Bastelica, grâce à la charcuterie locale (végétariens s'abstenir) et à la gouaille du patron. Les menus, limités par le choix qu'ils proposent (charcuterie, spécialités au brocciu, terrine de sanglier...) sont servis dans une jolie petite salle, assez pimpante, avec une vue sur la vallée. La partie hébergement se compose de 6 appartements au confort simple mais spacieux et tout équipés. À la sortie du village.

Artemisia HÔTEL DE CHARME €€€
(☎04 95 28 19 13 ; www.hotel-artemisia.com ; d 90-190 € selon confort et saison ; tte l'année ;). Le pari est osé pour ce récent trois-étoiles (il a ouvert ses portes en juin 2010), d'une capacité de 11 chambres, aux airs d'hôtel de charme, que souligne une déco contemporaine et recherchée. L'architecture audacieuse de la bâtisse, aux formes anguleuses, étonne dans ce cadre presque montagnard, mais l'ensemble est bien intégré dans son environnement et le confort est au rendez-vous. Restaurant et salon de thé sur place.

Achats

Bastelica est particulièrement renommé pour sa charcuterie. Les deux producteurs suivants vendent leurs lonzo, coppa et autres salaisons aux particuliers :

L'Aziana (☎04 95 21 62 68). À l'entrée du village, sur la droite de la route.

Les Salaisons Sampiero (☎04 95 27 89 89 ; www.salaisonssampiero.com). L'une des premières usines de charcuterie créées dans la montagne corse, en 1964.

Val d'Ese

De Bastelica, une route sinueuse se poursuit sur 16 km jusqu'à la **station de ski** du Val d'Ese. Outre une décharge, elle croise une bergerie, mais surtout de superbes paysages de montagne. À 1 700 m d'altitude, la station se résume à deux bâtiments et ne compte ni hôtel ni restaurant. Seuls les pylônes des 4 remontées mécaniques,

PORCINS COUREURS

Les porcins que vous pourrez voir en grand nombre s'égailler au bord des routes de l'intérieur de l'île sont des porcs domestiques élevés dans un cadre particulier, désignés sous le terme de "cochons coureurs". Contrairement à une idée reçue, ils ne sont pas issus d'un croisement avec le sanglier, avec lequel ils n'ont de commun que la couleur foncée de la robe, noire ou rousse, ainsi qu'une grande rusticité et une robustesse caractéristique de leur race.

La saveur particulière de leur viande est due à leur alimentation. Livrés à eux-mêmes – ce qui explique leur voracité – ils se nourrissent de glands et de châtaignes, allongés d'un complément à certaines périodes de l'année. Ils sont abattus après avoir grandi 12 et 24 mois, le plus souvent dans des élevages familiaux. On en dénombre environ 45 000 dans toute l'île.

À savoir : la charcuterie ainsi produite est excellente et chère. En été, de nombreuses spécialités prétendument corses sont élaborées à base de viande de porc importée des pays de l'Est, voire de Chine...

qui dépassent çà et là, témoignent en été de l'activité hivernale.

Col de Cricheto

Pour redescendre vers Ajaccio depuis Bastelica, vous pourrez emprunter la D27, qui passe par le col de Cricheto (725 m), où a été aménagé un **sentier découverte** (☎04 95 28 41 36 ; www.cricheto.com ; col de Cricheto ; adulte/enfant 5,40/2,70 € ; ⏲avr-oct) d'une longueur de 3,5 km, qui vous dévoilera toutes les richesses du maquis. Il est possible d'effectuer cette balade à bord d'un petit train touristique.

HAUT TARAVO

Reconnaissons-le : il est des jours d'été où l'on a désespérément envie de quitter la côte corse, sa chaleur et ses foules. Des jours où l'on a soif de fraîcheur et de calme, où l'on a envie de respirer l'air du maquis à pleins poumons... C'est par un jour comme celui-là qu'il faut mettre le cap sur le haut Taravo et ses villages discrets et rustiques.

Sauvage, luxuriante et discrète, cette vallée qui s'insinue jusqu'au cœur de l'île est parcourue d'un réseau de routes secondaires peu fréquentées, qui conviennent parfaitement pour un périple en voiture. Son principal accès est la D83, qui s'enfonce en serpentant vers les hauteurs de l'île depuis la N196 aux environs du col de Saint-Georges, à une quinzaine de kilomètres d'Ajaccio en direction de Propriano. Apprécié des amateurs d'écotourisme, le Taravo est par ailleurs un sanctuaire de la *cucina corsa* et l'on y trouve d'agréables gîtes et chambres d'hôtes. Quelques sentiers, dont le Mare a Mare® centre, traversent la région.

À voir et à faire

Depuis le **col de Saint-Georges** (746 m), où est produite l'eau du même nom (voir l'encadré p. 175, l'une des plus célèbres de l'île, en partie grâce à sa bouteille dessinée par Philippe Starck, la D83 mène à **Sainte-Marie-Sicche** et **Campo** puis se poursuit sur une trentaine de kilomètres jusqu'à **Zicavo**, qui se déploie à flanc de montagne, à 750 m d'altitude. Au bout de la vallée, le village le plus important du Haut-Taravo est le fief d'une grande famille, les Abbatuccci, dont plusieurs membres ont connu un destin national aux côtés des deux Napoléon. La rue principale est bordée d'imposantes maisons en granite gris. Plusieurs sentiers intercommunaux passent à Zicavo et offrent d'intéressantes possibilités de **randonnée pédestre**. Du village, on accède également facilement au **plateau du Coscione**, aux portes du GR®20 (voir p. 310). **Cozzano**, quelques kilomètres après Zicavo, présente une ambiance similaire. Dans ces deux villages, vous croiserez certainement des randonneurs descendus du GR®20, qui passe non loin.

Pour prolonger l'expérience, empruntez les petites routes (D28, D128) de l'ouest de Cozzano. Elles se dirigent vers une série de hameaux d'atmosphère avant tout fréquentés par les randonneurs parcourant le sentier Mare a Mare® centre : **Tasso**, **Sampolo**, **Ciamanacce**, **Palneca**, **Giovicacce, Guitera-les-Bains**, **Quasquara**.

Si vous poursuivez votre route vers le sud depuis Zicavo, la très belle et isolée

D69 permet de rejoindre l'Alta Rocca, par le col de la Vaccia.

Où se loger et se restaurer

COL DE SAINT-GEORGES

Auberge du col de Saint-Georges AUBERGE ET GÎTE €€
(04 95 25 70 06 ; www.auberge-corse.fr ; d 70 €, nuitée/demi-pension en gîte 15/43 € ; plats 12-25 €, menu 30 € ; avr-sept ou oct). En bordure de la N196, très passante en saison, cette adresse ne mise pas sur le charme mais peut s'avérer pratique. Heureusement, les 7 chambres, au confort acceptable, donnent sur l'arrière. Le restaurant a bonne presse grâce à ses spécialités régionales : escargots, sauté de veau aux olives, *figatelli* en saison... Un gîte destiné aux randonneurs du Mare a Mare® centre, qui apprécient en saison la belle cheminée de l'auberge, est aménagé de l'autre côté de la route.

AMPAZA

Capanelli CHAMBRES D'HÔTES €€
(06 03 85 67 65 ; d avec petit-déj 65-70 € ; avr-oct ; P). Une maison toute neuve, perdue à la sortie du hameau d'Ampaza (en direction de Zigliara), dans un site très calme, face à la vallée, plein sud. Les 4 chambres n'ont pas de cachet particulier mais elles sont modernes, lumineuses et spacieuses (25 m²).

CAMPO

Châtelet de Campo MAISON D'HÔTES €€€
(04 95 53 74 18 ; www.chatelet-de-campo.com ; Campo ; d avec petit-déj 95-150 € selon confort et saison ; tte l'année ; P). Environ 6 km après avoir quitté la N196 en direction de Zicavo, un peu après Santa-Maria-Sicche, le village de Campo peut se féliciter de posséder une bien belle adresse. Coup de cœur assuré, en effet, pour cette maison d'hôtes aménagée dans une "maison d'Américains", de style Art nouveau, en granite. Les 4 chambres (dont une suite, avec terrasse), avec parquet, mobilier ancien, cheminée et literie de rêve, sont élégantes et douillettes. Le plaisir se prolonge sur la terrasse ou dans la piscine, en contemplant les sommets dans le lointain. Bon accueil des jeunes propriétaires, qui connaissent bien les sentiers du secteur. Deux ou trois nuits minimum selon la saison.

U Carabonu RESTAURANT €
(plats 9-16 € ; mai-oct). Cette séduisante bâtisse en pierre dans la rue principale donne envie de s'arrêter pour déguster une cuisine simple mais que l'on dit réussie (grillades, charcuterie, salades, sandwichs). Animations musicales certains soirs en saison.

QUASQUARA

BON PLAN **L'Aghja** GÎTE D'ÉTAPE €
(04 95 53 61 21, 06 19 57 28 53 ; couchage extérieur 10 €, nuitée 23 €, 45 €/pers en demi-pension, repas 23 € ; tte l'année). Ce gîte accueillant, à l'ambiance décontractée (des soirées musicales sont régulièrement organisées en saison), dispose de 3 chambres bien entretenues de 5 ou 6 lits, de sanitaires communs et d'une salle basse de plafond offrant une jolie vue sur la vallée et les collines entourant le village. À signaler, la formule "couchage extérieur" : on dort dans des lits aménagés sur la terrasse. Cuisine et machine à laver à disposition.

ZEVACO

U Taravu FERME-AUBERGE €€
(04 95 24 46 06 ; plats 12-16 €, menus 19-29 € ; fermé oct-nov). Porcelet, veau, agneau, légumes... Ici, les produits que vous trouvez dans votre assiette sont issus de l'exploitation de M. Andreucci, le propriétaire, et la qualité est garantie. Faites-vous plaisir avec les desserts maison à la châtaigne. La salle, rustique, décorée de quelques outils agricoles, est agréable. Au bord de la route principale.

GUITERA

Chez Paul-Antoine Lanfranchi GÎTE D'ÉTAPE-AUBERGE €
(04 95 24 44 40, 06 84 22 40 47 ; www.chez-paul-antoine.com ; camping 8 €, nuitée/demi-pension 18/40 €, menus 18-25 € ; tte l'année ;). Chez les Lanfranchi, on "charcute" en famille, dans les règles de l'art. Et le résultat – *coppa*, *figatelli*, *prisuttu*, terrines maison parfumées aux herbes du maquis – est à la hauteur. Les repas sont servis sous une tonnelle, à l'ombre d'un mûrier et d'un platane, ou dans une salle au décor campagnard. La partie gîte d'étape comprend 28 places, réparties dans des chambres de 4 à 10 couchages, plutôt compactes mais agréables grâce à leurs touches rustiques (parquet, pierre apparente). Possibilité de planter la tente dans le jardin. Le propriétaire peut dépanner en déposant ses clients à Guitera-les-Bains, à l'endroit où s'arrête le bus circulant entre Zicavo et Ajaccio. Accueil sympathique. Réservation recommandée.

ZICAVO

Camping de Pajana CAMPING €
(☎06 76 05 93 42 ; route de Cozzano ; camping 5 €/pers, chalets 250 €/sem ; ⏲mai-sept). À 1 km du village en direction de Cozzano. Cadre sauvage, mais infrastructures particulièrement rustiques (pas d'électricité, mais c'est en projet). N'attendez pas un service quatre-étoiles, mais juste un emplacement où passer la nuit, sur un grand terrain ombragé de vieux châtaigniers. Le propriétaire distille des huiles essentielles.

Le Paradis CHAMBRES D'HÔTES €€
(☎04 95 24 41 20 ; www.zicavo-paradis.com ; d 60 € avec petit-déj, table d'hôtes 20 € ; ⏲tte l'année ; ❄📶). Une valeur sûre dans le haut Taravo. Les 5 chambres d'hôtes proposées par Mme Pirany, la volubile propriétaire, ancienne institutrice, sont modernes, fonctionnelles et lumineuses, mais sans aucun élément décoratif. Elles occupent un bâtiment récemment ajouté à l'habitation principale, avec entrée indépendante. Deux d'entre elles possèdent une terrasse. Calme et fleurie, la propriété est un havre de paix où Mme Pirany, aidée de sa fille, soigne sa table d'hôtes qui fait la part belle aux produits de saison et à la charcuterie de son fils.

A Casella CHAMBRES D'HÔTES €€
(☎04 95 24 44 03 ; http://acasella.e-monsite.com ; d 70 € ; ⏲avr-oct ; 📶). Tenue par un couple corso-allemand, A Casella ne comprend qu'une seule chambre, avec entrée indépendante, propreté exemplaire et confort soigné. La maison, un bâtiment moderne repérable à ses volets bleus, se trouve à l'entrée du village en venant d'Ajaccio, au bord de la route principale.

Hôtel du Tourisme HÔTEL €€
(☎04 95 24 40 06 ; www.tourisme-zicavo.com ; d 55 €, demi-pension 100 €/2 pers ; menus 15-20 € ; ⏲tte l'année ; 📶). Dans cet hôtel familial de 14 chambres, au cœur du village, le mobilier n'est vraiment plus de première jeunesse et le confort est minimaliste, mais les chambres sont correctes et la terrasse ménage une vue spectaculaire sur les vallées. Également deux pièces-dortoirs de 16 places en tout, avec sdb modernes et fonctionnelles.

A Funtana – Chez Blanche AUBERGE €€
(☎04 95 23 49 40 ; d avec douche ext 50 €, 90 € en demi-pension, plats 8-18 €, menus 15-20 € ; ⏲tte l'année ; 📶). Au milieu du village, derrière la fontaine, cette auberge d'allure moderne comprend 5 chambres à l'agencement quelque peu surprenant : les douches sont sur le palier, tandis que les toilettes ont été installées dans un coin de la chambre, sans séparation avec le reste de la pièce... Tant pis pour l'intimité. Cuisine familiale sans prétention (pâtes, omelettes, entrecôtes) au restaurant.

Bergeries de Bassetta AUBERGE DE MONTAGNE €€
(☎06 27 25 95 33 ; dortoir 38,50 € en demi-pension, chalet 42,50 € en demi-pension ; plats 11 €, menu 22 € ; ⏲mi-avr à oct). Le cadre bucolique de cet établissement bien connu des randonneurs (il se trouve en lisière du plateau du Coscione, à 1h30 du GR®20, voir p. 310), également accessible par une route secondaire depuis Zicavo, est son principal atout. La salle rustique, décorée de photos anciennes, fait bonne impression, et la cuisine fait la part belle aux produits locaux. Côté hébergement : un gîte de 17 places, dans lequel l'espace est compté, une ancienne bergerie (pour 6 personnes) et des petits chalets en bois, pouvant accueillir 5 personnes. De Zicavo, prendre la D69 vers le sud puis la D428 (comptez 15 km).

Le Pacific Sud PIZZERIA €
(☎04 95 24 41 37 ; plats 7-20 €, menus 15-19 € ; ⏲mar-oct). Pourquoi ce nom ici ? Mystère... D'autant plus que la carte n'a rien de dépaysant : la maison est spécialisée dans les pizzas au feu de bois, servies en été sur une petite terrasse. Attenant, et appartenant au même propriétaire, **A Traversa** est un bar à vin où vous pourrez déguster des crus corses ainsi qu'une assiette de charcuterie ou de fromage.

À l'**épicerie du village** (☎04 95 24 45 32 ; ⏲lun-sam 8h-12h30 et 16h-19h avr-oct), les randonneurs trouveront tout le ravitaillement nécessaire, ainsi que des renseignements sur la région.

COZZANO

BON PLAN **A Filetta** AUBERGE €
(☎04 95 24 45 61 ; www.auberge-afiletta.com ; route de Guitera ; d 45 €, s/d en demi-pension 60/80 € ; plats 6-18 € environ, menus 15-25 € ; ⏲mi-avr à sept ; P ✖). Cette "auberge" de village – qui se présente plutôt comme un pavillon moderne – se distingue par ses prix, constants même en haute saison (une exception en Corse) et son ambiance familiale sans chichis. Certaines de ses 8 chambres, propres et

L'EAU DE SAINT-GEORGES

En vente un peu partout dans l'île, l'eau de Saint-Georges provient d'une source située à 1 km environ du col Saint-Georges, sur la route d'Ajaccio. L'exploitation a démarré en 1980 à l'initiative de deux particuliers, MM. Livrelli et Colonna d'Ornano, qui, à l'époque, étaient bien les seuls à croire à leur entreprise. Après des débuts difficiles, l'eau de Saint-Georges se vend aujourd'hui à plus de 16 millions de bouteilles chaque année, en Corse mais aussi dans quelques points de vente parisiens et dans le Sud. L'usine emploie actuellement 25 personnes. Il est possible de visiter les installations en réservant.

Pour en savoir plus, consultez le site www.eauxstgeorges.fr.

fraîches, donnent sur la vallée, et la petite piscine hors sol invite à piquer une tête pendant les fortes chaleurs. Côté cuisine, on se contentera de plats simples à des tarifs sages (pizzas, omelettes, steak haché...). Le Mare a Mare® centre passe juste à côté de la propriété. Dommage que les chambres, auxquelles on accède par le restaurant, manquent un peu d'intimité.

Bella Vista GÎTE D'ÉTAPE €

(☎04 95 24 41 59 ; www.gitecozzanohebergementcorse.com ; camping 7 €/pers, dort 14 €/pers, d 39 € ; ⏲avr à mi-oct). La bâtisse, ici aussi, n'a rien de très typique mais le cadre est flatteur : le gîte, à flanc de colline, offre une superbe vue panoramique sur la vallée. Côté hébergement, il se décline en 5 chambrées de 6 lits avec sanitaires communs, 3 chambres doubles au confort rudimentaire et une petite aire de camping. Cuisine commune à disposition, et repas sur commande (17,50 € le dîner, à base de produits maison). Baptiste Pantalacci, le propriétaire et ancien gardien du refuge d'Usciolu, sur le GR®20, pourra vous renseigner sur les possibilités de randonnée dans les environs.

Vous trouverez du petit ravitaillement dans les snack-bars de Cozzano.

ℹ Depuis/vers le haut Taravo

BUS Au départ d'Ajaccio, les **Autocars Santoni** (☎04 95 22 64 44) desservent certains villages du haut Taravo, dont Cozzano et Zicavo, une fois par jour, du lundi au samedi. Possibilité de correspondance pour Porto-Vecchio à Santa-Maria-Sicché.

Sud de la Corse

Dans ce chapitre »

Le top des hébergements

- A Pignata (p. 235)
- Bergeries de Piscia (p. 199)
- Chambres d'hôtes Cavallo Morto (p. 206)
- Chambres d'hôtes A Littariccia (p. 219)

Le top des restaurants

- La Poudrière (p. 207)
- Kissing Pigs (p. 208)
- Le Gregale (p. 212)
- Auberge Santa Barbara (p. 194)
- Le Moulin Farellacci (p. 186)

Pourquoi y aller

Une ville perchée sur des falaises de calcaire au fond d'un goulet (Bonifacio), une cité de pierre sombre semblant tout droit sortie d'un film de cape et d'épée (Sartène), des plages aux allures tropicales (Rondinara, Palombaggia, Santa Giulia), des aiguilles de granite dressées à plus de 1 600 m dans le ciel méditerranéen (Bavella), des villages de montagne où le temps semble s'être arrêté (Alta Rocca), des villes balnéaires (Porto-Vecchio, Propriano)... Le sud de l'île réserve de nombreuses (bonnes) surprises.

Cette région offre un bel éventail d'activités, de la randonnée pédestre aux balades à cheval, sans oublier le canyoning, l'escalade ou les parcs aventure. Côté mer, les baies ventées proches de Bonifacio sont idéales pour s'initier au kitesurf, le golfe de Valinco, l'archipel des Lavezzi et les îles Cerbicales dévoilent toutes leurs richesses sous-marines aux amateurs de plongée, et les côtes rocheuses se découvrent à merveille en kayak.

Les amateurs d'histoire ancienne se régalent sur les sites archéologiques de Filitosa et de Levie.

Le tableau est idyllique, sauf en pleine saison : les localités du bord de mer sont saturées et les tarifs crèvent les plafonds. Il faut alors trouver les plages et les calanques restées secrètes, emprunter des sentiers de randonnée moins fréquentés, explorer les villages et les vallées de l'arrière-pays.

Quand partir

Pâques
Les cérémonies du Catenacciu, à Sartène, sont uniques en Corse. Le soir du Vendredi saint, l'Enchaîné, un pénitent, parcourt la ville en réinterprétant le chemin de croix du Christ.

Juin
Explorez le massif de Bavella, enveloppé d'un silence majestueux, avant les arrivées massives d'estivants. Au programme : canyoning, escalade et randonnée.

Septembre
Les plages de Porto-Vecchio et de Bonifacio retrouvent toute leur quiétude après les foules estivales. Profitez-en pour découvrir le littoral en kayak ou vous initier au kitesurf ou à la planche à voile.

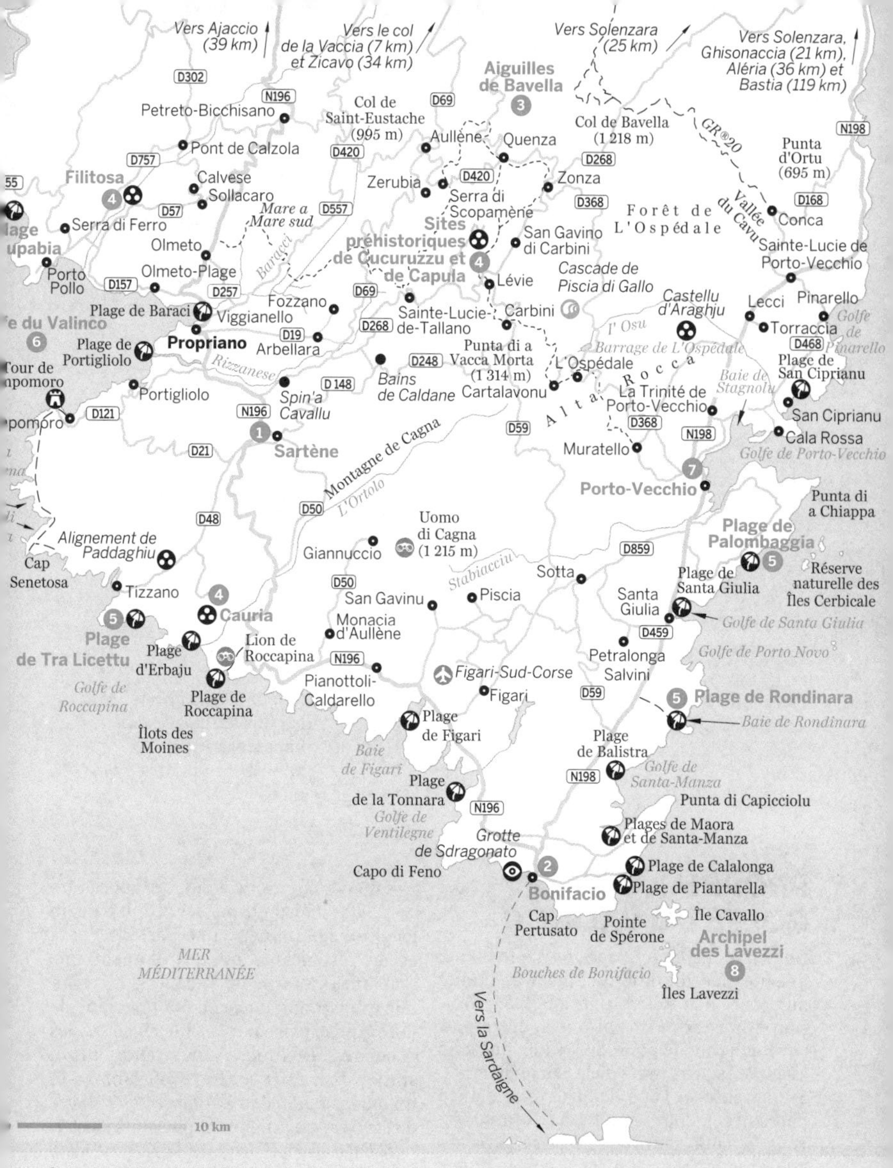

À ne pas manquer

1 Se perdre dans les ruelles pavées de **Sartène** (p. 190), "la plus corse des villes corses"

2 Admirer **Bonifacio** (p. 199), perchée sur un promontoire de calcaire

3 S'émerveiller devant la beauté des **aiguilles de Bavella** (p. 228)

4 Remonter le temps sur les sites de **Filitosa** (p. 185), de **Cucuruzzu** (p. 234) ou de **Cauria** (p. 195)

5 Soigner son bronzage sur les plages de **Rondinara** (p. 212), **Palombaggia** (p. 219), **Cupabia** (p. 183) ou de **Tra Licettu** (p. 196)

6 Découvrir les coins secrets du **golfe du Valinco** en kayak de mer (p. 179)

7 Faire la fête jusqu'au bout de la nuit au Via Notte à **Porto-Vecchio** (p. 217)

8 Plonger dans les eaux turquoise de l'**archipel des Lavezzi** (p. 209)

LIEUX	ACTIVITÉS	BON À SAVOIR
Propriano	Une découverte des éléments marins dans le **jardin des mers** du centre nautique Valinco (ci-contre)	Le plan d'eau de Propriano, au fond du golfe, est très sécurisant pour les enfants.
Propriano	Une **balade avec un âne** à Asinu di a Figuccia (ci-contre)	Vous pouvez prévoir une balade d'une journée avec votre enfant (dès 2 ans).
Propriano	Un parcours découverte réservé aux enfants dans le **parc aventure** Baracci Natura (p. 180)	Pour jouer les Indiana Jones, dès 6 ans.
Sartène	Une rencontre avec chèvres, cochons et chevaux dans le **domaine d'Olva** (p. 192)	Venez de bonne heure, la traite des chèvres a lieu à 10h30 ! Des promenades à poney sont proposées.
Sartène	Une balade à **poney** dans le domaine de Croccano (p. 192)	Il est possible de loger sur place, dans l'une des 3 chambres d'hôtes.
Tizzano	Une initiation au **poney** dans le centre équestre Cavadda di Santu Pultru (p. 196)	Dès 5 ans.
Golfe de Pinarello	Une balade en **kayak** jusqu'à la tour génoise de l'île Pinarello (p. 223)	Balade sans difficulté, sur un plan d'eau calme, encadrée par une animatrice à bord de kayaks bi- ou triplace.

PROPRIANO ET LE GOLFE DU VALINCO

Une ribambelle de plages de sable blanc, une poignée de stations balnéaires à taille humaine, des loisirs nautiques à profusion et un cadre exceptionnel, entre mer et montagne : le golfe du Valinco incarne à merveille les atouts de la Corse littorale. Si d'aventure vous trouvez l'ambiance balnéaire trop étouffante, rassurez-vous : côté culture, l'arrière-pays du golfe rassemble des sites archéologiques de première importance, dont le célèbre Filitosa.

Propriano (Pruprià)

Propriano serait-elle un décor de cinéma ? On pourrait le croire en se promenant dans la ville : derrière un premier plan balnéaire, en front de mer, Propriano aligne en effet des rues et un environnement sans charme, qui semble laissé à l'abandon.

On se contentera donc des abords du port, qui concentrent les atouts de la localité, notamment une série de bars et de restaurants qui lui donnent une ambiance d'éternelles vacances. La clientèle qui y prend place en été témoigne de la revanche prise par la ville au cours des dernières décennies : aujourd'hui port et station balnéaire actifs, Propriano resta un modeste hameau à l'ombre des villages de l'arrière-pays pendant plusieurs siècles.

Nichée au fond du golfe, la ville est idéalement située pour explorer le Sartenais et le littoral du Valinco.

Orientation

Toute l'activité se concentre le long de l'avenue Napoléon-III, qui longe le port et le bord de mer, et la rue du Général-de-Gaulle, qui file vers Sartène, en direction du sud-est. Venant du nord, on entre dans Propriano par la rue du 9-Septembre (grande corniche), qui débouche à l'intersection des deux rues précédentes.

Renseignements

Office du tourisme (☎04 95 76 01 49 ; www.oti-sartenaisvalinco.com ; ⏰Ouvert toute l'année sauf entre Noël et 1er jan ; oct-mai lun-ven 9h-12h et 14h-18h, sam 9h-12h, juin-sept tlj 9h-20 sauf dim 9h-12h). À la marina.

Valinco numérique (☎04 95 21 92 88 ; 10 rue Général de Gaulle ; ⏰lun-sam 9h30-12h et 15h-19h). Ce magasin photo propose un **accès Internet**.

Activités

Plages

Les plages de Propriano – la **plage du Corsaire** (également appelée plage de Puraja) et la **plage du Lido** –, ne sont pas les plus spectaculaires du golfe mais feront largement l'affaire pour barboter ou lézarder sur le sable. En continuant sur la D319, au-delà de la plage du Corsaire, on rejoint la **plage de Capu Laurosu**. La plus belle portion de sable s'étend de part et d'autre de l'hôtel Le Lido. La **plage de Portigliolo**, à 7 km au sud (voir p. 188), est plus impressionnante.

Sports nautiques

Le plan d'eau très calme de Propriano, au fond du golfe, est idéal pour l'apprentissage de la voile et de la planche à voile. Le **Centre nautique Valinco** (☎06 12 54 99 28 ; www.centre-nautique-valinco.com ; port de plaisance ; ⏰mi-mai à sept) loue des planches à voile et des dériveurs (à partir de 17 €/h), des catamarans (à partir de 20 €/h), des paddle boards (à partir de 12 €/h) et des kayaks de mer (simple/double, à partir de 12/15 €/h). Les tarifs sont dégressifs. Le club propose aussi un "jardin des mers", initiation à la mer pour les enfants dès 4 ans.

Sorties en mer

Plusieurs prestataires, qui disposent de guichets sur le port en été, organisent des sorties en bateau pour découvrir le golfe et les magnifiques baies qui entaillent la côte, vers le sud, inaccessibles en voiture.

Découvertes naturelles À LA JOURNÉE
(☎04 95 76 16 78 ; www.promenades-en-mer.org ; port de plaisance ; ⏰mai-sept). Découvertes naturelles propose deux très belles sorties à la journée au départ de Propriano. Une en direction des calanques de Piana et de la réserve naturelle de Scandola (55/38,5 € adulte/enfant) avec un arrêt à Girolata. Une autre en direction de Tizzano (45 €), au cours de laquelle vous pourrez découvrir les criques et les anses inaccessibles de cette partie du littoral. Un arrêt de 3 heures est prévu dans la splendide crique de Tivella, baignée par des eaux turquoise. De Tivella, il est possible de participer à une randonnée de deux heures accompagnée par un guide naturaliste jusqu'à la tour génoise de Senetosa.

Promenade en mer Valinco CATAMARANS ET VEDETTES
(☎06 12 54 99 28 ; www.promenade-en-mer-à-propriano.com ; port de plaisance ; ⏰mai à mi-oct) organise une sortie "pique-nique convivial" (3 heures 30, 39/19 € adulte/enfant) à bord d'un catamaran d'une capacité de 12 personnes, avec arrêts snorkeling. Prévoyez le pique-nique. Ce prestataire offre également des excursions à bord d'une vedette à moteur, dans la journée (20/11 € pour 1 heure 30) ou pour le lever ou le coucher du soleil (24/12 €, 1 heure 45) avec possibilité de pauses baignades aquaphoniques. Grâce à l'immersion de sonars sous l'eau, on peut entendre les sonorités de la mer par les pores de la peau.

Si vous préférez organiser vous-même votre sortie, plusieurs prestataires louent des bateaux à moteur sur le port.

Plongée

Le golfe du Valinco bénéficie d'une excellente réputation en matière de plongée sous-marine, autant pour les débutants que pour les confirmés. Reportez-vous au chapitre *Plongée* (p. 30) pour plus de renseignements sur les sites. À Propriano, contactez le centre **U Levante – Plongée Évasion** (☎04 95 76 23 83, 06 22 44 75 99 ; www.plonger-en-corse.com ; port de plaisance). Comptez 48 € pour un baptême, de 28 à 45 € la plongée d'exploration (le tarif varie en fonction de l'équipement du plongeur et de la distance des sites ; possibilité de forfait de 3, 5 ou 10 plongées à prix réduit) et 330 € pour la formation au niveau 1.

Balades à cheval

Situé en face de l'aéroport, après 500 m de pistes, le seul centre équestre de Propriano, **L'Hacienda** (☎06 22 15 56 85 ; simone.rocca@wanaodo.fr ; Villa Toviciola ; ⏰tte l'année) propose des cours et des stages pour tous niveaux et tous âges. De juin à septembre, le centre organise des promenades à cheval tarifées de 20 € à 30€/heure en fonction du nombre de participants.

Balades avec un âne

Les enfants adorent ! Les balades avec un âne dans le maquis, en suivant les anciens sentiers muletiers, connaissent un succès

Propriano

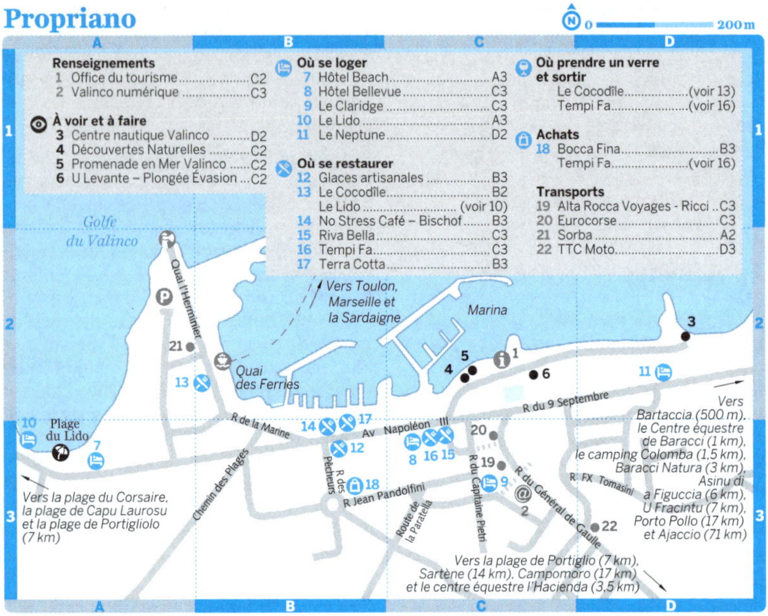

croissant en Corse. Les parents marchent à côté de l'animal, tandis que les enfants sont sur son dos.

Dissimulée dans un virage de la D257 environ 2,5 km avant Olmeto, la très sympathique structure baptisée **Asinu di a Figuccia** (☎06 03 28 92 00, 06 03 28 81 85 ; Olmeto ; ⏲Pâques et juil-août) organise des balades accompagnées moyennant 100 € par animal pour la journée ou 20 € l'heure. Sur réservation.

Parcours aventure et canyon du Baracci

Le parcours aventure **Baracci Natura** (☎06 20 95 45 34 ; www.baraccinatura.fr ; route de Baracci ; 15-22 € ; ⏲tte l'année sur rdv) a été aménagé dans une forêt de chênes-lièges, à 3 km de Propriano, sur la route de Baracci. Trois circuits de difficulté croissante sont proposés. Au programme : tyroliennes, ponts népalais, plates-formes et autres ateliers qui vous donneront le frisson.

Plus loin dans la vallée, il est possible de pratiquer le **canyoning** (35 €, matériel fourni) dans le canyon du Baracci. Le parcours est agréable, court (comptez deux heures dans le canyon), avec une tyrolienne de 25 m, des sauts et 3 toboggans. L'un des atouts du canyon est d'être facile d'accès (5 min de marche seulement depuis la route, et 10 min pour la sortie). Enfin, une **via ferrata** d'une heure et demie (30 €, matériel fourni) est accessible dès 10 ans. Contactez **Baracci Natura** (voir ci-dessus) ou **Olivier Chapon-Seigneur** (☎06 12 41 19 74 ; ochaponghm@free.fr ; ⏲mai-oct), qui assurent l'encadrement.

Où se loger

Camping Colomba CAMPING €

(☎04 95 76 06 42 ; www.camping-colomba.com ; route de Baracci ; adulte/enfant/tente/voiture 8,50/4,50/3,50-4,50/3,50 € ; ⏲avr-sept ; 🏊). Le meilleur camping des environs immédiats de Propriano est installé à 1 km du centre-ville, sur la route de Baracci. Dans un domaine calme, aéré et ombragé, il propose des infrastructures bien entretenues, un restaurant, une épicerie et une piscine. La plage la plus proche, celle du Valinco, est malheureusement l'une des moins agréables du secteur (risque de courants). Location de bungalows équipés à la semaine. Réduction de - 30% en dehors de la haute saison sur les tarifs du camping.

BON PLAN **U Fracintu** AUBERGE-GÎTE D'ÉTAPE €

(☎04 95 76 15 05 ; www.gite-hotel-valinco.fr ; Borgu ; dort 40 € en demi-pension, d/tr 55/70 € ; ⏲mai-oct). Cette auberge-gîte d'étape à l'ambiance conviviale, isolée au milieu du maquis, est un bon point de chute pour les voyageurs à petit budget. Les chambres sont petites et sans charme particulier, mais le cadre est agréable malgré les séquelles encore visibles d'un incendie à proximité. De plus, cette grande demeure blanche offre de belles perspectives sur le golfe du Valinco. Repas 20 € vin compris, et formules demi-pension à 49 € par personne (30 € pour les moins de 12 ans). À 7 km de Propriano, vers l'intérieur des terres.

Hôtel Bellevue SUR LE PORT €€
(☎04 95 76 01 86 ; www.hotels-propriano.com ; port de Plaisance ; s/d 44-88/48-108 € ; 📶). Voyez-vous cette façade rose saumon agrémentée de volets bleu foncé sur le front de mer ? C'est le Bellevue. Les couloirs, aux tons bleutés, conduisent à des chambres sans réel charme mais correctes, repeintes de couleurs pastel. Mieux vaut opter pour celles donnant sur le port (plus chères) car celles situées à l'arrière n'ont aucune vue. Réception au bar, au rez-de-chaussée. Les tarifs de la haute saison incluent le petit-déjeuner.

Hôtel Beach BORD DE MER €€
(☎0495761774;http://beach.hotel.pagesperso-orange.fr ; av. Napoléon-III ; d/t/q 54-92/64-102/74-135 € selon saison ; ⏲avr-oct ; P 📶). Ce deux-étoiles à l'architecture impersonnelle vaut surtout pour sa situation, en bordure immédiate de la plage, et pour l'exposition des chambres (14 d'entre elles, sur les 17 que compte l'établissement, ont un balcon qui ouvre sur la mer). Cet atout ferait (presque) oublier la déco et l'intérieur, de style motel. Le jardinet est agréable pour prendre le petit-déjeuner.

Le Claridge HÔTEL €€
(☎04 95 76 05 54 ; www.hotels-propriano.com ; rue Bonaparte ; s/d 45-120/49-148 € selon saison ; ⏲avr-oct ; P ❄ 📶). Situé quelques rues en arrière du front de mer, Le Claridge ne brille pas par la vue : une bonne partie des chambres donnent sur un parking. Il compte cependant parmi les bons choix de Propriano grâce à ses chambres avec balcon, impeccables, auxquelles des rideaux et couvre-lits colorés donnent une touche pimpante. Les tarifs incluent le petit-déjeuner en juillet et août.

Le Neptune HÔTEL €€
(☎04 95 76 10 20 ; www.hotels-propriano.com ; 39 rue du 9 Septembre ; s/d 50-130/60-170 € selon confort et saison ; P 📶). Le dernier-né des hôtels du centre-ville a vu le jour en 2008 et dispose de chambres modernes, plutôt petites et avenantes, orientées côté rue ou côté golfe. La clientèle bénéficie d'un accès gratuit aux installations bien-être de l'hôtel : hammam, jacuzzi, salle de fitness. Belle terrasse avec vue dégagée sur le golfe à l'arrière pour les petits-déjeuners. Tarifs stratosphériques en très haute saison.

Hôtel Bellevue HÔTEL-RESTAURANT €€€
(☎04 95 76 01 99 ; www.bartaccia.com ; route de la corniche ; d/t/q 135-308/160-341/185-373 € en demi-pension selon saison ; ⏲mai-sept ; P ❄ 🏊 📶). À 900 mètres de Propriano et à 200 mètres de la mer, cet ancien complexe touristique transformé en hôtel est situé dans un havre de verdure de 2 ha. Le restaurant et la réception ont fait peau neuve et d'importants travaux sont prévus dans les chambres pour la saison 2012. Ses chambres avec vue sur le golfe de Valinco, sa piscine érigée en lieu de vie avec ses summer-beds, son jacuzzi-bar et son ambiance décontractée font du Bartaccia une vraie alternative hédoniste aux établissements du centre-ville. Seul hic, la demi-pension est obligatoire.

Le Lido HÔTEL €€€
(☎04 95 76 06 37 ; www.le-lido.com ; av. Napoléon III ; d 120-225 € selon confort et saison ; ⏲mai-sept ; P ❄ 📶). Cet établissement bénéficie d'un emplacement exceptionnel, sur un socle rocheux entre la plage du Lido et la plage du Corsaire, à deux pas du centre-ville. Disposées autour d'un patio, les chambres aux teintes claires n'ont rien d'exceptionnel vu les tarifs proposés, mais on paye aussi le cadre. Certaines ont des terrasses qui donnent directement sur la plage (évitez si vous tenez à votre intimité). L'établissement est plus connu pour son restaurant qui s'enorgueillit d'une recette de langouste qui fait sa réputation depuis 1932 (voir *Où se restaurer*).

Où se restaurer

Propriano est nettement mieux lotie en restaurants qu'en hôtels. La plupart sont situés sur le port. À côté des adresses établies de longue date, de belles terrasses récentes – qui semblent toutes avoir le même décorateur, qui copie qui ? – poussent comme des champignons.

La Glacière GLACES CORSES €
(☎06 84 78 26 38 ; 33 av. Napoléon-III ; ⏲mars-juin). Une halte tout indiquée pour les amateurs de glaces aux parfums inédits ; essayez la glace à la châtaigne, à la myrte ou, pourquoi pas, au brocciu. Possibilité de commander à l'avance des gâteaux glacés ou des vacherins.

Tempi Fa BAR À TAPAS €
(04 95 76 06 52 ; www.tempi-fa.com ; 7 av. Napoléon-III ; tapas 6 €, menus 12,50-22,50 €, assiettes 9-20 € ; mars-déc). Une adresse branchée, qui fait à la fois office d'épicerie fine, de bar à vin, de bar à tapas et de restaurant. L'intérieur est aménagé comme une rue d'un village corse. Faites-vous plaisir avec une assiette de fromage ou de charcuterie, ou des *piattini* (tapas corses), face au front de mer.

Le Cocodîle RESTAURANT-PIZZERIA €
(04 95 73 27 85 ; quai L'Herminier ; plats 7-24,50 €, menus 15,50-17,50€ ; tlj midi et soir en saison, fermé lun hors saison). Isolé près du quai des ferries, le Cocodîle se démarque par la déco gris clair et prune de sa belle salle aux airs de lounge, qui lui vaut d'être fréquentée par une clientèle assez jeune. Outre les inévitables pizzas, la carte fait la part belle aux viandes : filet de bœuf aux morilles, carré d'agneau en croûte de persillade et jus d'herbes du maquis. La situation, un peu à l'écart de l'animation du port, est appréciée par certains et regrettée par d'autres. Animations musicales certains soirs en haute saison.

Riva Bella CUISINE MÉDITERRANÉENNE €€
(04 95 76 30 58 ; 11 av. Napoléon-III ; plats 15-28 €, menus 17-19 € ; tlj midi et soir mars-oct). La belle terrasse face au port n'est pas l'unique atout du Riva Bella : cette bonne adresse se distingue également par sa cuisine méditerranéenne, fraîche, goûteuse et bien présentée. À la carte : linguine aux gambas, *conchiglioni* gratinés au chèvre, mérou simplement rehaussé d'un filet d'huile d'olive et de graines de fenouil… L'ambiance est plus gastronomique le soir. La formule plat-dessert reste très économique mais le service, en revanche, pourrait être plus souriant. Plus surprenant, le restaurant s'est aussi mué récemment en sushi bar.

No Stress Café – Bischof PIZZERIA-GRILL €€
(04 95 51 27 78 ; 59 av. Napoléon-III ; plats 8-25,80 €, menus 18,90-24,20 € ; tlj midi et soir en saison). Pour goûter d'excellentes viandes (et aussi des pizzas, salades, pâtes) dans un cadre contemporain et aéré, installez-vous dans la salle design ou sur l'agréable terrasse de cet établissement animé en bordure du port. La pièce du boucher nous a laissé un excellent souvenir. Service plutôt efficace vu la fréquentation ; les frères Bischof veillent au grain. Accueil souriant.

Terra Cotta CUISINE DE LA MER €€
(04 95 74 23 80 ; 31 av. Napoléon-III ; plats 10-27 €, menus 32-44 € ; lun-sam). L'une des adresses les plus raffinées du port dont la qualité de la cuisine justifie la différence de prix avec les établissements voisins. Terra Cotta se décline en une minuscule salle et une élégante terrasse en bois sombre éclairée par des lampes marocaines. Les spécialités de poisson et de fruits de mer ont fait la réputation des lieux, à l'image de l'alléchant croquant de denti à la citronnelle. Également de très bons desserts, mention spéciale pour le service distingué et souriant.

Le Lido GASTRONOMIQUE €€€
(04 95 76 06 37 ; www.le-lido.com ; av. Napoléon-III ; menu 75 € ; mai-sept le soir). Avec sa salle à la décoration blanche et sa belle terrasse face aux lumières du golfe qui brillent le soir, le restaurant de l'hôtel Le Lido a tous les attributs de l'adresse romantique. Outre une spécialité de langouste préparée selon la même recette depuis 1932, vous pourrez notamment y déguster une soupe de poissons de roche, des huîtres de l'étang de Diane, des ravioles de langouste et quelques viandes sélectionnées.

Où prendre un verre

Les terrasses du port sont bien sûr idéales pour prendre un verre en soirée, notamment **Le Cocodîle** et le bar à vin/bar à tapas **Tempi Fa**. Signalons également **Bartaccia**, avec sa déco branchée, ses tapas, sa piscine et ses cocktails. Retrouvez toutes les infos pratiques de ces établissements dans les rubriques *Où se loger* et *Où se restaurer*.

Achats

Bocca Fina ÉPICERIE FINE
(04 95 76 28 10 ; 11 rue des Pêcheurs ; lun-sam 9h-12h30 et 15h30-19h30). Dans cette épicerie fine, on vous accueille avec le sourire et d'alléchantes odeurs. Vous y trouverez une belle sélection de produits : charcuterie, biscuits, fromages, vins, confitures, vinaigres…

Tempi Fa ÉPICERIE FINE
(04 95 06 16 52 ; www.tempi-fa.com ; 7 av. Napoléon III ; tapas 6 €, assiettes à partir de 9 € ; mars-déc). Une jolie boutique de produits corses rigoureusement sélectionnés.

Depuis/vers Propriano

BATEAU Des ferries desservent Marseille ainsi que Porto Torres en Sardaigne. Achetez vos billets à l'agence maritime **Sorba** (04 95 76 04 36 ; quai L'Herminier ; lun-jeu 8h-11h30 et 14h-17h30, ven 8h-11h30 et 14h-16h30, également sam 8h-11h30 juil-août). Reportez-vous aussi au chapitre *Transports*, p. 390.

BUS Alta Rocca Voyages – Ricci (☎04 95 76 25 59 ; www.altarocca-voyages.com ; rue du Général-de-Gaulle) assure d'avril à septembre 4 services (3 tlj et 1 du lun au sam) entre Ajaccio et Zonza via Olmeto ou Porto-Pollo, Propriano, Sartène et Sainte-Lucie-de-Tallano. Le reste de l'année, deux services par jour sont assurés du lundi au samedi via Olmeto ou Porto-Pollo.

Eurocorse (☎04 95 76 13 50 ; www.eurocorse.com) effectue 3 services du lundi au samedi hors saison entre Ajaccio et Bonifacio via Olmeto, Propriano, Sartène et Porto-Vecchio. En juillet-août, 4 services sont assurés du lundi au samedi et 2 le dimanche.

Comment circuler

MOTO, SCOOTER ET VTT TTC Moto (☎04 95 76 15 32 ; www.ttcmoto.fr ; 25 rue du Général-de-Gaulle ; ⏲lun-sam 9h-12h et 15h-19h). Location de VTT (18 €/j) et de scooters (42-60 €/j selon la cylindrée). Tarifs dégressifs.

Le nord du golfe de Valinco

PORTO-POLLO ET SES ENVIRONS

À 18 km de Propriano, cette station balnéaire à visage humain est une base idéale pour rayonner dans le nord du golfe du Valinco. Rien ne manque : les plages, un centre nautique, quelques bons restaurants et des petites routes qui permettent de jolies échappées dans les collines environnantes. Sans oublier la proximité du site archéologique de Filitosa.

Le village de Serra-di-Ferro, à 4 km de Porto-Pollo, vaut le détour pour la vue magnifique qu'il réserve sur le golfe. De là, faites quelques kilomètres vers le nord puis prenez la D155A sur la gauche. La récompense, magnifique, s'appelle la **plage de Cupabia**. Cette belle étendue de sable a gardé son aspect sauvage car elle ne compte pas d'infrastructures, hormis une buvette et un camping en été. La **plage de Taravo**, plus proche, s'étend à l'est de Porto-Pollo.

Vous ne trouverez ni banque ni distributeur automatique à Porto-Pollo. Le plus proche est à Propriano.

Renseignements

Centre névralgique du village, le bar **Les Oliviers** (☎04 95 74 01 67 ; Porto-Pollo ; ⏲tlj avr-oct) et sa grande terrasse avec vue sur le golfe est aussi un café Internet et dispose d'une zone Wi-Fi pour les consommateurs.

Activités

La localité est une bonne base pour s'initier à la planche à voile et à la voile, car ses eaux sont assez calmes et protégées. Le **centre nautique** (☎06 09 40 37 65 ; Porto-Pollo ; ⏲mai-sept), qui s'installe en été sur la plage, en face du supermarché Spar, propose des cours et locations (catamarans de sport/planches à voile à partir de 40/16 € l'heure). Vous pourrez également louer un kayak de mer pour découvrir au ras de l'eau les criques des environs (à partir de 10 €/heure et 35 €/jour) ; comptez 2 heures de navigation jusqu'à la plage de Cupabia. Autre option, cette fois motorisée : louer un bateau à moteur sans permis – l'idéal pour pousser l'exploration du golfe un petit peu plus à l'ouest. Comptez 30/55 € la demi-journée/journée. Avec ce type d'embarcation, vous rejoindrez la plage de Cupabia en 1 heure environ.

La **ferme équestre Fil di Rosa** (☎04 95 74 08 08 ; route de serra di ferro), à Olmeto Plage, organise des promenades à cheval de 1 à 3 heures (22 €/h) et des promenades sur la plage (18 €). Poney pour les enfants à partir de 4 ans.

Pour les randonneurs, Porto-Pollo est une village-étape du sentier **Mare e Monti® sud**, qui rejoint Porticcio et Propriano.

Les plus beaux sites de plongée du golfe sont accessibles en quelques minutes depuis

MI VACHE, MI-TIGRE

Elle jouit d'une certaine notoriété, vous croiserez peut-être son pelage tigré et son faux air de zébu dans les enclos de la basse vallée du Taravo autour de Porto-Pollo. Fruit de l'obstination de Jacques Abbatucci, la vache-tigre, élevée dans la **ferme Fil di Rosa** (☎ 06 45 59 26 07 ; www.vachetigre.com ; Serra-di-Ferro) est issue d'une souche bovine corse qu'il est parvenu à remettre au goût du jour après maintes prospections et sélections. Rustique, cette vache à la robe étonnante n'hésite pas à s'attaquer aux essences du maquis pour se nourrir. L'élevage, certifié "agriculture biologique" jouit d'une très belle réputation dans les restaurants et les boucheries de l'île. Il donne, dans l'assiette, une viande rosée d'une saveur incomparable que vous pourrrez goûter au restaurant **Le Frère** à Pont de Calzola.

Porto-Pollo (voir le chapitre consacré à la plongée p. 30). Installé dans des bâtiments modernes sur le port, **Porto-Pollo Plongée** (☎06 85 41 93 94 ; www.portopollo-plongee.fr ; avr-oct) est une structure professionnelle qui propose des baptêmes (45 €), des plongées d'exploration et des formations. Bien placé pour les sites phares (Cathédrales, Les Aiguilles, La Vallée des mérous), il assure également des sorties **snorkeling**, guidées ou en solo, en juillet-août (20 €) et des plongées au Nitrox.

Tex Racing (☎04 95 26 48 30 ; www.tex-racing.com), non loin de l'hôtel Kallisté, loue des **VTT** (à partir de 16 €/j), des motos et des scooters (à partir de 58 €/j).

Où se loger et se restaurer

Camping U Caseddu CAMPING €
(☎04 95 74 01 80 ; empl/adulte/voiture/moto 9/6/3/3 € ; avr-oct). Certains emplacements de ce camping standard, situé à l'entrée de Porto-Pollo, manquent un peu d'ombre. Malgré une certaine promiscuité, il remporte un certain succès car il est installé juste au bord de la plage.

Camping U Turracconu CAMPING €
(☎04 95 74 00 57 ; www.turracconu.com ; Serra-di-Ferro ; adulte/empl avec voiture 9/8 € ; avr-oct ;). Perché sur les hauteurs de Serra di Ferro, à 4,5 km de Porto-Pollo, ce beau terrain séduit ceux qui préfèrent la vue, le calme et la beauté du site aux plaisirs balnéaires, remplacés ici par une coquette piscine. U Turracconu n'est pas le plus luxueux des campings, mais vous y trouverez de l'ombre à profusion et la brise rafraîchissante qui y souffle est particulièrement agréable par grande chaleur.

Hôtel Kallisté HÔTEL €€
(☎04 95 74 02 38 ; www.lekalliste.fr ; d 65-130 € selon saison, menus 20 € ; avr-oct ; P). Ce bâtiment moderne et sans charme loue des chambres fonctionnelles et assez quelconques, mais tenues avec un soin méticuleux. Surtout, le Kallisté réserve un très bon accueil à ses hôtes. Toutes les chambres sont au même prix mais les prestations varient (terrasse, clim ou TV). Petits-déjeuners copieux.

Les Eucalyptus HÔTEL €€
(☎04 95 74 01 52 ; www.hoteleucalyptus.com ; d/t/q 60-135/93-148/109-172 € selon confort et saison ; mai à sept ; P). Son secret ? La vue ! La façade de cet hôtel s'ouvre en effet sur un panorama qui embrasse tout le golfe. Repris depuis 2009 par le fils de l'ancien propriétaire, l'établissement a subi un sérieux lifting et arbore aujourd'hui une façade blanche immaculée. Les chambres se parent d'une déco identique, sobre et contemporaine et sont très bien équipées : clim, TV, sanitaires impeccables, terrasse privative avec vue sur mer et parasol. Pour les voyageurs à petit budget, les 3 chambres donnant sur l'arrière sont un peu moins chères. Plage de l'autre côté de la route à 50 mètres. Petit-déjeuner inclus en juillet-août. Tennis.

Le Golfe QUATRE-ÉTOILES €€€
(☎04 95 74 01 66 ; www.hotel-porto-pollo.com ; d 140-380 € selon confort et saison ; avr-déc ; P@). Ouvert en 2008, cet établissement de 14 chambres et 4 suites (à partir de 290 €) doit avant tout ses 4 étoiles (mais les vaut-il vraiment ?) à son emplacement sur le port et au décor des lieux – sobre, design et innovant – qui fait oublier quelques choix architecturaux étonnants. Les chambres à la déco contemporaine (mobilier en bois sombre, sdb à l'italienne, belle literie, jolies terrasses...) sont particulièrement agréables et soignées.

Quant au restaurant, baptisé **La Cantine du golfe** (plats 9-35 €, menus 14,90-27 €), rien n'y a été négligé pour donner au lieu un look branché : chaises en Plexiglas, jeux de lumières, ambiance New Age... La cuisine, très correcte, mise sur les retours de pêche et les produits frais, sans oublier les pizzas.

Ajoutons deux adresses situées dans les environs de Serra-di-Ferro, à 4,5 km au-dessus de Porto-Pollo :

U San Petru SPÉCIALITÉS CORSES €
(☎04 95 26 45 32, 06 19 94 79 95 ; Serra di Ferro ; plats 9-18 €, menu 20/25 € ; fermé dim hors saison). Au-delà de la cuisine – spécialités habituelles des auberges corses et grillades au feu de bois –, cette adresse où le menu est écrit en langue corse est appréciée pour ses soirées animées par les guitares et chants polyphoniques, les mercredi et vendredi en juillet et août.

A Cala di Cupabia CAMPING EN BORD DE PLAGE €
(☎04 95 74 04 38 ; plage de Cupabia ; empl/adulte/tente/voiture/moto 3/8/3/3/2 € ; avril-oct). À 4 km de Serra-di-Ferro, le lieu est véritablement paradisiaque. Un grand champ à l'ombre d'immenses peupliers, seulement séparé de la superbe plage de Cupabia et de ses eaux translucides par un petit cordon dunaire... Résultat, le soir et le matin, la plage vous appartient. Seul bémol, l'isolement implique un générateur électrique bruyant dont il vaut mieux se tenir éloigner et des horaires spécifiques

pour les douches (souvent froides). Les sanitaires sont d'ailleurs un peu décatis. Laverie et épicerie sur place en saison. Restaurant très correct. Accueil familial sympathique.

Depuis/vers Porto-Pollo

BUS Alta Rocca Voyages – Ricci (04 95 51 08 19, 04 95 78 86 30 ; www.altarocca-voyages.com) assure une liaison avec Ajaccio et Zonza, tlj en juillet-août, du lundi au samedi de septembre à juin.

FILITOSA ET SES ENVIRONS

Renseignements

Un petit et accueillant **syndicat d'initiative** (04 95 74 07 64 ; 13h-19h mai-oct) se trouve à 500 m du site préhistorique de Filitosa à côté d'une boutique de poterie en continuant la route.

De Filitosa, il est possible de rejoindre facilement les hameaux de **Calvese** et de **Sollacaro**, perchés sur les replis de la montagne face à un joli panorama sur le golfe du Valinco.

À voir

Site préhistorique de Filitosa VESTIGES

(04 95 74 00 91 ; www.filitosa.fr ; 6 € ; 8h-20h avr-oct). Particulièrement bien mis en scène grâce à une série de bornes sonores, ce site préhistorique mérite la visite, que l'on soit passionné ou non par l'histoire ancienne. Sa particularité est de concentrer des vestiges dont l'histoire s'étale sur une très longue période : du néolithique ancien (VIe millénaire avant notre ère) à l'occupation romaine. Le plus connu des sites préhistoriques corses, Filitosa, n'a cependant pas encore livré tous ses mystères. Le site fut découvert en 1946 par le propriétaire du terrain, Charles-Antoine Cesari, dont la famille gère l'accueil.

La fin de matinée est le meilleur moment pour voir les **statues de l'époque mégalithique** qui constituent le point fort du site et remontent à environ 1800 av. J.-C. La signification de ces monolithes de 2 à 3 m de haut, taillés dans le granite, polis et sculptés pour figurer des visages humains ou des armes, reste obscure. S'agit-il de symboles phalliques supposés fertiliser la terre, de représentations de chevaliers locaux (les Paladini) ou encore de monuments destinés à conjurer la menace des envahisseurs torréens ? Nul ne peut apporter de réponse. L'arrivée des Torréens à l'apogée de la culture mégalithique semble cependant faire l'unanimité. Mieux armé et plus avancé que les communautés insulaires, ce "peuple de la mer" aurait chassé les créateurs des

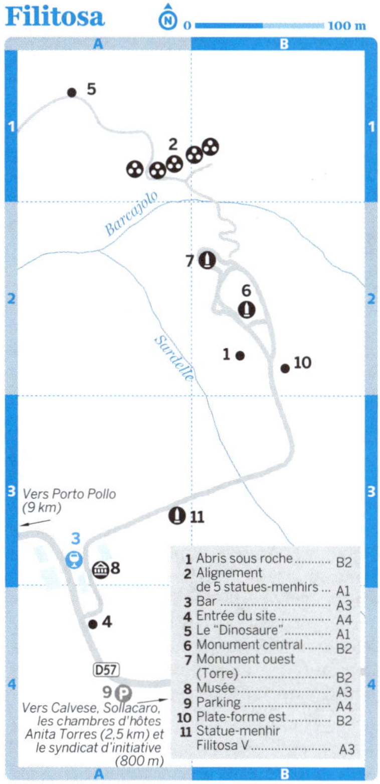

statues-menhirs de Filitosa vers 1500 av. J.-C. (voir l'encadré p. 186). Détruisant ou enterrant face contre terre un grand nombre de leurs œuvres, ils les remplacèrent par des constructions circulaires au rôle tout aussi mystérieux, les *torre*, dont on voit des exemples au centre et à l'ouest du site.

Après avoir acquitté le droit d'entrée, vous dépasserez le petit musée (mieux vaut le visiter en sortant) pour rejoindre la statue-menhir Filitosa V. Reconnaissable à sa tête rectangulaire, elle est la plus volumineuse et la mieux "armée" de Corse. Remarquez les représentations d'épée et de poignard, très nettes, qui l'ornent.

Continuez le chemin jusqu'au **monument central** (*torre*) et ses 6 petites statues, parmi lesquelles Filitosa IX, dont le visage est considéré comme un chef-d'œuvre d'art mégalithique. Le monument ouest, où un amoncellement de pierres forme la cavité d'un *torre*, se dresse quelques mètres plus loin, avant que le sentier ne descende pour atteindre le clou de la visite : 5 statues-menhirs alignées en arc de cercle au pied d'un **olivier** de 1 200 ans. Derrière elles s'étend une petite carrière de granite qui aurait fourni son matériau aux sculpteurs et un rocher dont la forme évoque la tête d'un dinosaure. Un petit guide bien réalisé est en vente à l'entrée (5 €).

Consacrez quelques minutes au **musée** avant de quitter le site. Il renferme d'autres statues-menhirs, des céramiques, des outils de pierre et quelques informations sur les Torréens-Shardanes.

Où se loger et se restaurer

Les campings et les hôtels les plus proches se trouvent à Porto-Pollo, mais il existe quelques options très intéressantes autour de Filitosa, loin des foules. Pour les rejoindre, continuez la route après le village.

Chambres d'hôtes

Anita Torres CHAMBRES D'HÔTES €€

(04 95 74 29 48, 06 62 43 13 69 ; Sollacaro ; d 70 € avec petit-déj). Quelle vue ! Trois kilomètres après Filitosa, Anita Torres loue 3 chambres fraîches et pimpantes au milieu d'une propriété fleurie qui bénéficie d'un panorama superbe sur le golfe du Valinco. Accueil charmant, jardin où l'on peut se détendre ou prendre l'apéritif, cuisine à disposition, pain et confitures maison au petit-déjeuner. Une excellente adresse.

Le Moulin Farellacci CUISINE CORSE €€

(04 95 74 62 28 ; http://lemoulinfarellacci.free.fr ; Calvese ; plats 10-25 €, menu 38 € ; soir juin à mi-sept). Mention spéciale à cet ancien moulin à huile restauré où l'on sert une cuisine qui mérite le déplacement. La carte affiche des plats qui sonnent comme autant de promesses : terrine de sanglier aux pistaches et sa confiture d'oignons, roulés de pâtes fraîches aux herbes, tripettes, crème brûlée à la châtaigne... Le festin est souvent accompagné de chants et d'accords de guitare. Pensez à réserver. Le moulin est situé au milieu du village de Calvese, 6 km après Filitosa.

U Paese CUISINE FAMILIALE €

(04 95 25 97 91, Sollacaro ; fermé le lundi midi en saison, le lundi et le mardi en basse saison, menu 12,50 €, carte le soir). Au-dessus du village de Calvese, la D57 arrive sur la D302. En prenant cette dernière vers la droite, vous accéderez en 700 m au village de Sollacaro, où ce restaurant sert une honnête cuisine familiale. Agréable terrasse sur la place du village.

En prenant la D302 sur la gauche, vous parviendrez à deux adresses :

Mulinu di Calzola AUBERGE €€

(04 95 24 32 14 ; www.umulinu.net ; Pont-de-Calzola ; d 72-99 € selon saison, menu demi-pension 23 € ; avr-oct). Cette auberge discrète est aménagée dans un ancien moulin à huile en pierre. Le cadre est attrayant, en bord du Taravo, dans un jardin verdoyant qui exhale d'agréables senteurs, et les chambres sont impeccables, à défaut d'être originales par leur décoration. Il est possible de se baigner dans de superbes vasques à proximité. Cuisine corse servie en salle ou sur une agréable terrasse au bord de l'eau.

Le Frère AUBERGE-CAMPING €€

(04 95 24 36 30 ; Pont-de-Calzola ; plats 17-22 menus 29, 34 € ; juin à mi-sept). Situé peu après l'adresse précédente, ce restaurant propose une cuisine corse traditionnelle simple qui ravira les amateurs de produits de qualité et de bons vins.

MYSTÉRIEUX PEUPLES DE LA MER

Qui étaient les Torréens, ce peuple "venu de la mer" qui chassa les populations insulaires de Filitosa, détruisit leurs statues et édifia ses *torre* à leur emplacement ? Leur trace, ô combien faible, ne se retrouve guère que dans les eaux de la mer Cyrénaïque et dans la lointaine Égypte.

Selon Roger Grosjean, l'autorité archéologique de Filitosa, il pourrait en effet s'agir des Shardanes, c'est-à-dire de l'un de ces peuples que les historiens désignent sous l'énigmatique appellation de "peuples de la mer" et qui eurent maille à partir avec le pharaon Ramsès III. Vraisemblablement originaires d'Anatolie, de Crète ou des côtes de la mer Égée, les "peuples de la mer" commencèrent à faire parler d'eux vers 1200 av. J.-C. Alliés des Libyens, ils forgèrent alors le projet de s'attaquer à la prospère civilisation de la vallée du Nil. Mal leur en prit : Ramsès III, pourtant déclinant, parvint à bloquer leur avancée et à couler leur flotte au cours d'un combat que retracent les hiéroglyphes gravés sur un mur du temple de Médinet-Habou. Suite à cette défaite, les Shardanes se seraient repliés en Sardaigne – et peut-être en Corse, comme Filitosa le laisse penser – avant de disparaître dans la nuit des temps...

La viande, du veau tigré bio, est issue de l'élevage du frère du tenancier. Sur la carte des vins, vous ne trouverez que les vins du domaine Comte Abbatucci (onze cuvées et trois couleurs), que l'on retrouve dans de nombreux restaurants étoilés, et dont la vigne est cultivée en biodynamie par un autre frère. Bref, c'est toute une fratrie qui vous accueille sous la tonnelle, dans un cadre champêtre à l'orée d'un bois de chêne-liège. Réservation recommandée.

Le restaurant fait aussi office de cave de dégustation pour les vins du **domaine Comte Abbatucci** (www.domaine-abbatucci.com ⏲9h-12h et 15h-19h30h, juin à mi-sept) qui sont en vente sur place. Comptant parmi les plus anciens vignobles de l'île, certains de ces vins sont élaborés à partir de cépages corses rarissimes, conservés sur une parcelle du domaine. Jouxtant le restaurant Le Frère, le **domaine de Kiesale** (☎04 95 24 36 30 ; adulte/tente/voiture 5,50/3-5/3 € ⏲mai-sept), aire naturelle de camping de 3 ha au confort rustique propose une trentaine d'emplacements. Possibilité également de louer des gîtes à la semaine.

Achats

Moulin de Sardelle HUILE D'OLIVE
(☎04 95 74 03 83). Vous trouverez ce moulin à la sortie du village de Filitosa et pourrez y acheter de l'huile d'olive AOC de Corse.

OLMETO

Cerné de collines où règnent chênes et oliviers centenaires, le bourg d'Olmeto (1 200 habitants) s'accroche à flanc de montagne à 340 m d'altitude. Il doit sa célébrité à Colomba, l'héroïne de Prosper Mérimée : une plaque orne la façade de la maison où s'éteignit en 1861 Colomba Carabelli-Bartoli, alors âgée de 96 ans, qui inspira le célèbre roman. Olmeto, qui domine le golfe du Valinco, constitue une agréable escapade lorsqu'on étouffe sur la côte. Dommage que le bourg soit traversé par la route nationale menant à Ajaccio, très fréquentée.

Renseignements

Un petit **office du tourisme** (☎04 95 74 65 87 ; www.oti-sartenaisvalinco.com ; Olmeto ; ⏲lun-sam 9h-12h30 et 15h-18h30 juil-août, variable le reste de l'année) accueille le public au centre du bourg.

Où se loger et se restaurer

Hôtel Santa Maria HÔTEL €€
(☎04 95 74 65 59 ; www.hotel-restaurant-santa-maria.com ; pl. de l'Église ; d/t 46-112/61-155 € selon saison, en août demi-pension obligatoire ; ⏲jan-oct ; ❄ P). Cet établissement en vieilles pierres jouit d'une vue magnifique sur le golfe du Valinco. Il possède 12 chambres climatisées, égayées de couleurs pimpantes, avec de petites sdb. Marie Buresi, la maîtresse des lieux, propose une bonne cuisine locale dans le restaurant du rez-de-chaussée, **Chez Mimi** (plats 10-36 €, menus 29 €), qui occupe un ancien moulin à huile du XVIIe siècle. Au menu : sanglier ou veau en sauce, courgette farcie au brocciu, côte d'agneau, et des desserts maison. Terrasse très agréable à l'ombre des mûriers platanes.

BON PLAN **L'Aiglon** BELLE DEMEURE €€
(☎04 95 74 66 04 ; www.hotel-aiglon.fr ; Cours Balisoni ; d 52-62 € petit-déj inclus selon confort ; wifi). Le temps semble s'être figé dans cette demeure bourgeoise en granite datant du XIXe siècle, mais les chambres sont très correctes pour le prix. Celles du bâtiment d'origine ont un petit quelque chose de plus que celles de l'aile récente grâce à leur mobilier ancien, à leur carrelage patiné et à leur belle hauteur sous plafond, mais elles disposent de sdb communes. Au bord de la route principale, mais le double vitrage est efficace (demandez les chambres donnant sur l'arrière, si vous redoutez le bruit). Garage pour les motos ou vélos, bar au rez-de-chaussée et pas d'augmentation des tarifs en haute saison !

Chez Antoine CUISINE DU TERROIR €
(☎06 13 52 13 14 ; N196 ; plats 10,50-16 €, menu enfant 7 € ; ⏲tte l'année). Bien que situé dans le centre du bourg, son emplacement au bord de la très passante N196 laisse à désirer. Cependant, la cuisine de terroir, simple mais fraîche, et la qualité des ingrédients, sauvent l'honneur (sanglier, tripes, sauté de veau, lasagnes, assiette de charcuterie).

Depuis/vers Olmeto

BUS En juillet et en août, **Eurocorse** (☎04 95 76 13 50 ; www.eurocorse.net) effectue 4 liaisons quotidiennes du lundi au samedi et deux liaisons le dimanche entre Ajaccio et Bonifacio via Olmeto, Propriano, Sartène et Porto-Vecchio. Hors saison touristique, 3 services quotidiens sont assurés du lundi au samedi.

OLMETO-PLAGE

Version balnéaire d'Olmeto, Olmeto-Plage s'étend le long de la rive nord du golfe, en face de Propriano. Plus qu'un village en soi, le nom désigne une suite de plages miniatures séparées par des rochers, entre lesquels les enfants peuvent s'amuser dans des vasques. L'ensemble, assez récent et sans réel charme, s'étend au bord de la D157, assez passante, qui mène en une dizaine de kilomètres à Propriano.

Où se loger et se restaurer

Hôtel Abbartello HÔTEL DE CHARME €€

(☎04 95 74 04 73 ; www.hotelabbartello.com ; d 95-190 € ; avr-oct ;). L'Abbartello a été entièrement rénové et se positionne désormais dans le créneau du trois-étoiles de charme, avec 13 chambres orientées vers la mer. Location, également, de studios à la semaine. L'hôtel accueille aussi une pizzeria les pieds dans l'eau et un restaurant. Le tout au-dessus d'une petite crique où il est bien sûr possible de se baigner.

Plusieurs restaurants en terrasse fréquentés en été sont installés en bordure de la route, au-dessus des petites plages d'Olmeto-Plage. **La Crique** (☎04 95 74 04 57) et **Una Stonda** (☎04 95 74 07 53) ont de belles terrasses et proposent des pizzas et plats (9-22 €) et de nombreuses formules.

Depuis/vers Olmeto-Plage

BUS Alta Rocca Voyages – Ricci (☎04 95 51 08 19, 04 95 78 86 30 ; www.altarocca-voyages.com) assure une liaison quotidienne avec Ajaccio du lundi au samedi de juin à mi-septembre. Quelques liaisons hebdomadaires sont proposées hors saison touristique.

Le sud du golfe de Valinco

PLAGE DE PORTIGLIOLO

Vous cherchiez une plage de rêve au sud du golfe ? La voici. À 7 km de Propriano, la plage de Portigliolo, longue de près de 4 km, est l'une des plus belles et des plus étendues du golfe. Même au plus fort de la saison, on peut sans trop de difficulté poser sa serviette sans se faire piétiner. Pour avoir une belle vue, montez jusqu'à Belvédère-Campomoro, d'où l'on a un panorama fantastique sur le golfe et la côte sauvage.

Activités

Le centre nautique **Club Vela e Ventu** (☎06 09 52 24 20 ; plage de Portigliolo ; juin-sept) loue des planches à voile (16 € l'heure), des Optimist, des catamarans de sport (à partir de 35 €), des kayaks de mer (simple/double 12/16 €) et des stand-up paddle (12 € l'heure). En plus de la simple location, le club propose des cours d'initiation et de perfectionnement.

Si vous préférez les escapades à bord d'un bateau à moteur, **Locanautic** (☎06 09 52 24 20, 06 72 41 38 97 ; www.locanautic.com ; plage de Portigliolo ; Pâques-sept) dispose d'une petite flotte de bateaux sans permis (69/98 € par demi-journée/journée). On vous remettra une carte plastifiée indiquant les plus beaux coins du golfe. À la journée, vous pouvez espérer vous rendre jusqu'à la crique de Conca.

Où se loger

Village Lecci e Murta BUNGALOWS

(☎04 95 76 02 67 ; www.camping-lecciemurta.com ; bungalows 400-1500 €/sem selon saison et confort ; mars-oct ;). Les services de cette structure installée dans un parc de 5 ha où dominent les fragrances du maquis, à seulement 300 m de la plage, n'ont rien à envier à ceux de nombreux hôtels : restaurant, épicerie, tennis et surtout une piscine paradisiaque, composée de deux bassins étincelants entourés d'une terrasse en teck et de rocailles.

CAMPOMORO

Frère jumeau de Porto-Pollo, à l'exact opposé sur la rive nord du golfe, Campomoro conclut une langue de maquis en partie protégé qui s'avance dans la mer. Les deux villages drainent la même clientèle, essentiellement familiale en saison, et se ressemblent à bien des égards : maisonnettes en bord de mer, terrains de camping à l'entrée du village, et des plages à n'en plus finir. Campomoro compte cependant moins d'infrastructures que Porto-Pollo (et des possibilités d'hébergement assez décevantes), mais présente davantage de charme grâce à son site naturel plus préservé.

Renseignements

Vous trouverez un petit **office du tourisme**, ouvert en saison dans le bâtiment de la mairie, mais ni banque ni distributeur automatique.

En été, la circulation automobile dans Campomoro s'apparente à une partie de Rubik's Cube...

À voir

La superbe **tour génoise** (entrée 3,5 € ; avr-oct, horaires variables), accessible par un sentier, est la principale attraction de Campomoro. Fortifiée par un mur d'enceinte en forme d'étoile, cette tour datant de 1586, restaurée en 1986, est considérée comme l'une des plus importantes de l'île. On y accède par un sentier botanique et pédagogique, parsemé de panneaux explicatifs, situé au bout de la route goudronnée.

RANDONNÉE

CAMPOMORO, LA BOUCLE DE MANNA MULINA

Départ : tour de Campomoro
Durée : 6-7 heures aller-retour
Balisage : bornes du Conservatoire du littoral
Dénivelé : 200 m
Difficulté : Peu de zones ombragées, se protéger du soleil. À éviter par temps brumeux.

Cette randonnée côtière permet de découvrir cette bande littorale sauvage, propriété du Conservatoire du littoral, entre Campomoro et le cap Senetosa. La randonnée peut commencer par une visite de la tour de Campomoro (ci-contre). Pour la rejoindre, suivez les panneaux à l'extrémité de la route goudronnée après le Bar-restaurant des Amis (p. 190). En sortant de la tour, redescendez par un sentier vers le large. Devant l'anse des Génois et la Punta di Cala Genovese à l'extrémité de la pointe de Campomoro, vous découvrirez de très belles formes oniriques découpées par la mer et le vent dans un granite tantôt clair, tantôt rose pâle ou jaunâtre. Longez ensuite le littoral vers le sud. Commence alors une longue succession de pelouses littorales, de pointes rocheuses (I scoddi Longhi, Punta di Scalonu, Puntonu), d'îlots et de tafoni sculptés par la mer et le vent. Suivez le balisage jusqu'à la Cala d'Agulia, magnifique plage protégée dans une calanque, peu avant la punta d'Eccica. Laissez le "sentier des douaniers" filer au sud vers le cap de Senetosa et longez le ruisseau qui se jette dans la mer en traversant la plage. Il s'enfonce dans un maquis épais qui vous procurera un peu d'ombre et de fraîcheur. Peu après avoir traversé le ruisseau, vous trouverez une fontaine. À partir de là, le sentier grimpe jusqu'au sommet de Manna Mulina (180 m) d'où l'on jouit d'une magnifique vue en balcon sur le littoral. Le sentier serpente ensuite dans les collines, rattrape le sentier de Canuseddu, puis celui des Pozzi, avant de revenir au pied de la tour de Campomoro d'ou l'on peut rejoindre la route goudronnée.

Activités

Plusieurs **sentiers de randonnée** sillonnent le secteur ; il est même possible de rallier Tizzano (voir p. 196) en suivant le littoral.

Vous passerez sans doute beaucoup de temps à lézarder sur la plage de sable fin, qui s'étire sur 1 km. À moins que la **plongée** ne vous tente : deux centres de plongée ont pignon sur rue à Campomoro. Ils ont l'avantage d'être proches des plus beaux sites du golfe, à la sortie de celui-ci :

Campomoro Plongée Plaisir (06 09 95 44 43 ; www.campomoro-plongee.com). Dans une ruelle, en retrait du quai. Comptez 50 € pour un baptême.

Torra Plongée (06 83 58 81 81 ; www.torra-plongee.com ; avr-nov). Sur le quai. Baptême 50 €, nombreuses formules dégressives en fonction du nombre de plongée et du niveau. Le club propose aussi une randonnée palmée accompagné ou non (10/18 €), une manière ludique de découvrir les fonds sous-marins, avec planche/carte, palmes, masque, tuba et shorty. Il est prudent de réserver en juillet et août.

Laissez-vous également tenter par une excursion guidée en **kayak** à la découverte des petits coins secrets du golfe, inaccessibles par voie terrestre. C'est une approche respectueuse de l'environnement, que l'on peut réaliser en famille (aucune difficulté).

Sud Kayak (06 14 11 68 82 ; www.sudkayak.com ; avr-oct, 10-19h), sur la plage, propose une balade découverte d'environ 3 heures (30 €/pers, incluant une collation). Il n'est pas rare que des dauphins passent à proximité des embarcations ! Également location simple.

Où se loger et se restaurer

La Vallée CAMPING €
(04 95 74 21 20 ; www.campomoro-lavallee.com ; adulte/tente/voiture 8/4,50/4,50 € ; mai-sept). À l'entrée de Campomoro, vous y trouverez un terrain fleuri de 3,5 ha planté d'oliviers, des espaces gazonnés et des sanitaires corrects. Possibilité de louer à la semaine des chalets en bois récents.

Le Ressac HÔTEL-RESTAURANT €€
(04 95 74 22 25 ; www.hotel-ressac.fr ; d 65-120 € selon confort hors saison, d en demi-pension 105-152 € selon confort et saison, plats 17 à

22 €, menu 19,28 € ; ⏲avr-sept). Le bâtiment moderne n'a guère de cachet et les chambres, certes fonctionnelles et à la propreté irréprochable, sont surévaluées. Le site, dans une rue en retrait du front de mer, offre en revanche l'avantage du calme. La demi-pension servie dans la salle de restaurant rustique, avec pierres et poutres apparentes, est obligatoire en saison.

Hôtel Campomoro HÔTEL €€
(☎04 95 74 20 89 ; www.hotelcampomoro.com ; d 75-90 € selon saison, d en demi-pension 134-144 € selon saison ; ⏲fin mai-fin sept). Au bout du village, un peu avant le sentier qui mène à la tour génoise. Petit hôtel d'une vingtaine de chambres, sans prétention mais bien situé face à la mer. La demi-pension est privilégiée en haute saison.

La Mouette RESTAURANT €
(☎04 95 74 22 26 ; plats 7-14 € ; ⏲mai-sept). Adresse incontournable de Campomoro, sur le quai. Rien d'extraordinaire à la carte (salades, quelques poissons), mais de quoi assouvir une petite faim en regardant les bateaux qui dodelinent dans la baie. Cartes de crédit non acceptées.

U Spuntinu RESTAURANT €
(☎06 12 32 00 86 ; plats 9-24 €, menu 19 € ; ⏲avr-oct). Un établissement jeune et dynamique, qui a le vent en poupe. La carte s'appuie sur des produits frais et des préparations originales au wok ou des braseros (barbecue de table) de viande ou de poisson. La pêche du jour est à 6,10 € seulement les 100 g.

L'ENCHAÎNÉ DE SARTÈNE

Le soir du Vendredi saint, Sartène est le théâtre de l'une des plus anciennes traditions religieuses de l'île : la procession du Catenacciu. Dissimulé sous un habit rouge, l'Enchaîné parcourt la ville en réinterprétant le chemin de croix du Christ. Pieds nus, portant une lourde croix de bois, des chaînes attachées aux chevilles, il est suivi d'un pénitent blanc, de huit pénitents noirs, de membres du clergé, de notables et d'une foule de curieux. Anonyme, l'Enchaîné a souvent dû postuler des années à l'avance pour avoir l'honneur de prendre la place du martyr et d'expier un péché dont l'assistance ne connaîtra pas la teneur. Les chaînes et la croix du Catenacciu sont visibles dans l'église Sainte-Marie.

Bar-restaurant des Amis CUISINE DE LA MER €€
(☎04 95 74 23 50, 06 20 48 29 36 ; www.hotelcampomoro.com ; plats 9-25 €, menus 15, 28 ou menu langouste à 58 € ; ⏲mai-sept). Le restaurant de l'hôtel Campomoro a fait d'importants travaux et s'est élevé d'un niveau, perdant au passage un peu son ambiance retour de pêche pour une atmosphère plus lounge et contemporaine, surtout à l'étage. L'établissement est toujours apprécié pour ses poissons proposés à petits prix, sa bouillabaisse et ses spécialités à base de langouste. Le tout se déguste face à la plage, les tables au bord de l'eau sont bien sûr les plus prisées. Cartes de crédit acceptées.

SARTENAIS

Tellement proche mais pourtant si éloigné de la côte, le Sartenais respire une atmosphère résolument différente de celle de la Corse estivale et littorale. À bien des égards, la région fait figure de gardienne de la mémoire et des traditions insulaires. Tandis que Sartène perpétue avec ferveur des traditions dont l'origine remonte au Moyen Âge, les sites préhistoriques au sud de la ville témoignent du mode de vie des premiers habitants de l'île.

♥ Sartène (Sartè)

“Son aspect respire la haine et la vengeance”, écrivait Paul Valéry au sujet de Sartène. Et pour cause : cette ombrageuse cité, qui semble surveiller d'un œil sévère la vallée du Rizzanese depuis ses hauts murs de granite, a l'air à première vue austère. La vieille ville est lovée autour de sa place centrale, vers laquelle convergent d'étroites ruelles pavées et pentues bordées de hautes maisons brunes aux volets qui semblent perpétuellement clos, des passages voûtés... Ajoutons au tableau les sonorités à la fois chantantes et rocailleuses de la langue corse, bien vivante dans ce bastion de la corsitude. Un vrai décor de film de cape et d'épée, où l'on croit distinguer le fantôme de Colomba au détour d'un escalier de pierre.

Sartène est cependant particulièrement accueillante pour les visiteurs. Au point que les estivants sont nombreux à venir en saison s'immerger dans cette ambiance ô combien différente de Propriano, enlevant une partie de son cachet à la cité, transformée en carte postale. Un conseil : visitez la ville hors saison, par exemple à l'occasion des cérémonies du Catenacciu (voir l'encadré ci-contre).

Sartène est remarquablement bien placée pour ceux qui veulent rayonner dans tout le Sud corse, de l'Alta Rocca au Valinco en passant par Tizzano, et compte des infrastructures de qualité à des tarifs plus abordables que sur la côte.

Histoire

Bastion de grandes familles de notables qui n'aimaient guère que l'on s'intéresse à leurs affaires, Sartène est peu loquace sur son passé. L'histoire se rappelle cependant qu'elle fit l'objet de nombreux raids barbaresques aux XVe et XVIe siècles et que des pirates venus d'Alger emmenèrent 400 de ses habitants en esclavage en 1583.

Le danger n'est pourtant pas toujours arrivé par l'extérieur, tant s'en faut. La ville tient en effet une place de choix dans l'histoire de l'une des plus célèbres traditions corses : la vendetta. Outre les retombées de la vendetta de Colomba Carabelli – on raconte qu'un curé protagoniste de l'affaire serait resté cloîtré 9 années dans sa maison du Borgo par peur de représailles ! –, une célèbre rivalité opposa durant la première moitié du XIXe siècle deux familles sartenaises, l'une du quartier du Borgo, l'autre de Santa Anna, et fit des ruelles du bourg le théâtre d'une véritable guerre civile. Le calme ne revint dans la cité qu'après la signature d'un traité de paix dans l'église Sainte-Marie.

Peut-être est-ce cet attachement aux valeurs les plus profondes de l'île qui fit dire à Mérimée que Sartène était “la plus corse des villes corses”. La citation fait maintenant la fierté de la ville, qui accueille les visiteurs par ces mots. Longtemps isolée et introvertie, Sartène se positionne comme la gardienne des traditions insulaires. Depuis le Moyen Âge, la procession du Catenacciu est suivie avec ferveur (voir l'encadré ci-contre). La religion est ici, peut-être plus qu'ailleurs, un sujet sensible. En 2004, un attentat (dénoncé par nombre de Sartenais comme étant un acte isolé) a pris pour cible un membre de la communauté musulmane locale.

Orientation

Toute la vie sartenaise s'organise autour de la place de la Libération (aussi appelée place Porta). De là descendent le cours Sœur-Amélie et le cours du Général-de-Gaulle, les artères principales. Le vieux quartier de Santa-Anna s'étend au nord. La circulation automobile suit un itinéraire à sens unique passant par la place.

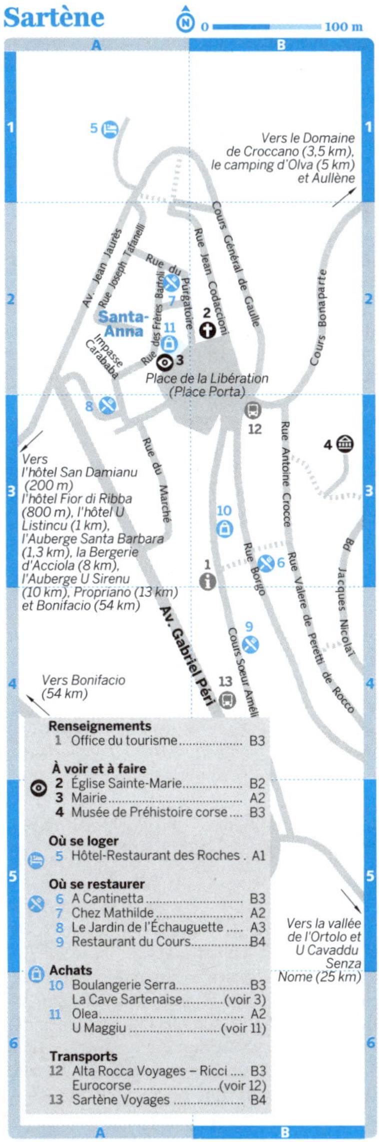

Renseignements
1 Office du tourisme B3

À voir et à faire
2 Église Sainte-Marie B2
3 Mairie A2
4 Musée de Préhistoire corse B3

Où se loger
5 Hôtel-Restaurant des Roches . A1

Où se restaurer
6 A Cantinetta B3
7 Chez Mathilde A2
8 Le Jardin de l'Échauguette A3
9 Restaurant du Cours B4

Achats
10 Boulangerie Serra B3
La Cave Sartenaise .... (voir 3)
11 Olea A2
U Maggiu .... (voir 11)

Transports
12 Alta Rocca Voyages – Ricci B3
Eurocorse .... (voir 12)
13 Sartène Voyages B4

Renseignements

Office du tourisme (☎04 95 77 15 40 ; www.oti-sartenaisvalinco.com ; cours Sœur-Amélie ; ⌚lun-sam 9h30-19h30 juil-août, lun-sam 9h-12h30 et 14h-18h30 juin et sept, lun-ven 9h-12h et 14h-18h hors saison).
Non loin de la place de la Libération. L'office de tourisme propose un audioguide (3,5 €/2 heures) couvrant tout le secteur de la vieille ville autour de la place Porta.

À voir

La vieille ville PROMENADE

Dédale d'escaliers et de ruelles, dont certaines sont si étroites qu'un homme y passe à peine, la vieille ville est un labyrinthe de pierre. L'une des vertus de ses venelles – ô combien appréciable en été ! – est d'accorder un peu d'ombre, en attendant la tombée du jour lorsqu'elles restituent la chaleur accumulée dans le granite pendant les heures chaudes.

L'**église Sainte-Marie** dresse son clocher au-dessus de la place de la Libération (place Porta). Érigée sur les ruines d'une précédente construction qui s'écroula peu de temps après son inauguration, elle fut bâtie à partir de 1766. Outre un superbe maître-autel en marbre polychrome provenant du couvent Saint-François et des toiles représentant le chemin de croix, réalisées sur place en 1843 par un artiste de passage, elle contient les chaînes et la croix utilisées au cours de la procession du Catenacci.

Jouxtant l'église Sainte-Marie, le bâtiment qui abrite maintenant la mairie servait au XVIe siècle de **palais** aux lieutenants génois. Classé monument historique, il renferme des toiles anonymes italiennes malheureusement peu mises en valeur. En passant sous le porche qui s'ouvre sous cet ancien palais, vous accéderez à la perle du vieux Sartène, le quartier de Santa-Anna, et à ses ruelles. Essayez de trouver l'impasse Carababa, que l'on croirait préparée pour une reconstitution historique !

Musée de Préhistoire corse MUSÉE ARCHÉOLOGIQUE

(04 95 77 01 09 ; rue Croce ; tarif plein/réduit 4/2,5 € ; 10h-18h juil-août, 9h-12h et 13h30-17h le reste de l'année). Construit dans une ancienne maison d'arrêt surplombant la ville, le musée rassemble des éléments de fouilles (du Néolithique au Moyen Âge) trouvés sur les sites archéologiques du Sartenais. À voir, une belle collection d'ossement de faune endémique de l'île (loutre, tortue d'Hermann, cerf), des outils en pierres taillées, des œuvres d'art caractéristiques du mégalithisme insulaire, des vases funéraires de l'âge du bronze, de magnifiques parures en pâte de verre trouvées dans les sépultures de l'âge du fer et de belles assiettes d'époque médiévale. Ces vestiges choisis parmi la riche collection du musée (plus de 250 000 pièces) sont aussi le témoignage d'échanges précoces, dès le 6e millénaire av. J.-C., avec d'autres populations du bassin méditerranéen.

Activités

Domaine d'Olva PARC ANIMALIER

(06 11 75 29 64 ; www.parc-animalier-corse.com ; adulte/4-18 ans/- 4 ans 7/5 €/gratuit ; tlj 10h-18h en saison) Ne ratez pas ce beau parc animalier et ferme pédagogique situé à environ 3,5 km de Sartène en direction du camping du même nom (la route part de la place de la Libération). Il fait la joie des enfants avec ses poneys, chevaux, ânes, poules et autres animaux qui s'y égayent dans un décor digne d'un tournage de film. Succès assuré, également, pour les démonstrations de traite des chèvres, le matin à 10h30. Les activités incluent une promenade botanique dans les plantes du maquis et des baptêmes à poney. Il est possible d'apporter son pique-nique et de le manger dans le très beau cadre vallonné du parc.

Promenades équestres

Au **Domaine de Croccano** (04 95 77 11 37 ; www.corsenature.com ; D148, route de Granace). Claudine et Christian Perrier proposent des promenades à cheval dans le maquis (23 € l'heure) dans les environs de Sartène et des balades à dos de poney dans la propriété pour les enfants de 2 à 12 ans accompagnés de leurs parents (7 € les 15 min). Le domaine, qui comprend également 3 chambres d'hôtes (voir ci-contre), est situé à 3,5 km de Sartène sur la route de Granace.

Toujours dans le registre équestre, le **centre Cavadda di Santu Pultru** (voir p. 196), à 10 km de Sartène sur la route de Tizzano, propose des prestations intéressantes (sortie à cheval sur les plages ou aux abords du site de Cauria) et il est ouvert toute l'année.

Où se loger

Camping d'Olva CAMPING €

(04 95 77 11 58 ; www.camping-olva.com ; route de la Castagna ; adulte/empl/voiture ou moto 5,5-8/3-3,5/2-3,5 € selon saison ; avr-oct ;). À 4,5 km de Sartène, sur la D69 en direction d'Aullène, juste après le domaine d'Olva, ce camping loue surtout des maisons préfabriquées, à la semaine, mais il est possible de planter sa tente sur les 7 ha de cette propriété plantée d'eucalyptus.

BON PLAN U Listincu HÔTEL €

(04 95 77 17 51 ; fax 04 95 77 71 50 ; route de Propriano ; s/d 52-68/55-72 € ; avr-sept ; P). À 1 km de Sartène en venant de Propriano, dans un virage de la nationale, cet établissement discret est une bonne solution de repli lorsque tout est complet. Le bâtiment moderne et les chambres,

ordinaires et fonctionnelles, n'en font pas un champion d'originalité, mais l'arrière du bâtiment réserve une belle vue sur la vallée du Rizzanese et les tarifs sont raisonnables. Évitez les chambres du devant, qui donnent sur le parking et la nationale.

Hôtel-Restaurant des Roches HÔTEL-RESTAURANT €€
(04 95 77 07 61 ; www.sartenehotel.fr ; rue Jean-Jaurès ; s/d 61-92/72-113 € selon vue et saison, demi-pension possible ; P ❄ wifi). Le seul hôtel du centre-ville est également l'un des meilleurs du coin, mais il est souvent pris d'assaut. Les chambres, claires et confortables, présentent un bon rapport qualité/prix et sont dotées de sdb impeccables. Elles sont majoritairement climatisées et certaines possèdent une loggia orientée vers le golfe du Valinco. En revanche, les moins chères donnent sur le parking. Deux chambres sont accessibles aux handicapés. La grande salle de restaurant est impersonnelle, mais elle offre une belle vue sur l'Incudine et le golfe du Valinco.

Hôtel Fior di Ribba HÔTEL FAMILIAL €€
(04 95 77 01 80 ; www.hotelfiordiribba.com ; route de Propriano ; d 65-124 € selon saison ; mars à fin oct ; P ❄ piscine wifi). Tarifs très raisonnables et belle petite piscine permettant de se rafraîchir tout en comtemplant un exceptionnel panorama sur la vieille ville : tels sont les atouts de cet hôtel familial et accueillant qui loue des chambres confortables mais sans prétention. Côté points faibles, citons la décoration assez quelconque et le bruit de la route, qui reste présent malgré le double vitrage. À 800 m du centre-ville en direction de Propriano. Des studios, près de la piscine, sont loués à la semaine. Wi-Fi payant (2 €/jour).

Domaine de Croccano CHAMBRES D'HÔTES €€
(04 95 77 11 37 ; www.corsenature.com ; D148, route de Granace ; d 77-88 € selon saison avec petit-déj ; jan-nov ; wifi). Imaginez une propriété de 10 ha plantée de chênes-lièges et d'oliviers dont le calme est à peine troublé par le hennissement d'un cheval, au milieu de laquelle se dresse une jolie demeure traditionnelle en pierre... Elle abrite 3 chambres d'hôtes au charme rétro, avec pierres apparentes et mobilier ancien. Le petit-déjeuner se prend en terrasse, avec vue sur le golfe du Valinco. Les propriétaires proposent des activités équestres. En juillet-août, location à la semaine uniquement. Pour vous y rendre, prenez la direction d'Olva près de la place de la Libération, puis la route de Granace, à droite (à 3,5 km de Sartène).

Hôtel San Damianu HÔTEL €€€
(04 95 70 55 41 ; www.sandamianu.fr ; d 104-180 € selon saison ; avr-oct ; ❄ piscine wifi). L'établissement le plus chic de Sartène est une petite prouesse architecturale : il a fallu aménager de belles chambres et une piscine, sur différents niveaux, sur un terrain pentu à deux pas de la vieille ville. Fleuri, l'hôtel se démarque du classicisme de ses concurrents par ses chambres lumineuses, avec balcon, qui s'ouvrent sur un beau panorama, mais aussi par sa décoration sans âme. Le restaurant panoramique (menu à 26 €) offre une belle vue sur le golfe de Valinco. Mention spéciale, également, à la belle petite piscine. Accès handicapés. Wi-Fi payant (9 €/jour).

Où se restaurer

A Cantinetta SPÉCIALITÉS CORSES €
(04 95 77 08 75 ; rue Borgo ; assiettes 7-12 € ; tlj 10h-20h avr-oct). Ne vous attendez pas à un restaurant traditionnel : cette minuscule "cantine", située dans une cave fondée en 1902, ne compte que quelques tables. Vous serez gentiment accueilli par Marie-Dominique Bartoli, spécialiste des polyphonies corses, qui vous proposera de déguster une assiette de charcuterie ou de fromage, de goûter à son excellent vin de myrte ou à ses liqueurs et de conclure par un gâteau à la châtaigne. Une adresse simple et revigorante, à l'écart de la foule des rues piétonnes du centre-ville. Ouvert non-stop jusqu'à 20h.

BON PLAN **Restaurant du Cours** CUISINE FAMILIALE €
(04 95 77 19 07 ; cours Sœur-Amélie ; plats 6-15 €, menus 15-24 € ; tlj le soir, fermé mer hors saison). Cette petite salle voûtée du centre-ville doit sa réputation à ses tarifs minimalistes (les pizzas commencent à 6 €) et à sa cuisine familiale. Outre les classiques corses, la carte propose des pâtes préparées de 9 façons différentes et n'hésite pas à préciser que le bruccio est remplacé par de la brousse dans les préparations entre juin et octobre.

Le Jardin de l'Échauguette CUISINE CORSE €€
(06 20 40 71 49 ; pl. de la Vardiola ; menus 20-28 € ; mi-avr-sept, tlj midi et soir). Il fait bon s'installer sur les sièges en teck de cette terrasse ombragée flanquée d'une échauguette, dans un angle calme de la vieille ville. L'adresse est certes touristique, mais l'accueil et la cuisine, très honorable, justifient son succès. Spécialité de la maison : la daube de veau à la sartenaise et polenta.

VAUT LE DÉTOUR

LA VALLÉE DE L'ORTOLO

Rares sont les touristes qui se hasardent dans la vallée de l'Ortolo. Cette vallée secrète, accessible par l'étroite et sinueuse D50 à la sortie de Sartène (direction Mola), vous fera découvrir un univers étonnant, très peu urbanisé, entre montagnes, vignes, forêts et champs. La route passe par le hameau de Mola et dévale vers le fond de la vallée, avant de rejoindre le **domaine Saparale** (04 95 77 15 52 ; www.saparale.com ; sur rendez-vous), un domaine viticole réputé, puis le charmant camping à la ferme **U Cavaddu Senza Nome** (04 20 03 48 21, 06 10 39 14 29 ; http://ucavaddu.fr ; Ranfonu, Ortolo ; camping 17-21 € pour 2 pers ; fév-nov), tenu par un couple germano-autrichien qui propose de beaux emplacements boisés au milieu de gros blocs de granite. Sur place miel, fruits et légumes de saison et œufs frais sont en vente directe. Les enfants s'amuseront au milieu des animaux de la ferme qui circulent dans la propriété. De là, il suffit de continuer sur 2,5 km et de rejoindre la "civilisation" au pont de l'Ortolo, sur la N196.

Chez Mathilde CUISINE CORSE €€

(06 20 99 54 39 ; rue des Frères-Bartoli ; menu 14-19 €, brunch 23 €, ; fermé lun soir et mar soir). On regrette un peu l'époque ou ce restaurant né d'amours insulaires entre la Corse et l'île de la Réunion proposait encore à la carte des plats créoles. La dernière adresse des ruelles de la vieille ville ne sert aujourd'hui plus qu'une cuisine corse sans prétention : filet de sole au bruccio, veau corse à la broche. Pas de carte, mais de nombreuses formules : plat du jour, brunch, assiettes de charcuterie et de fromage, sandwichs. Jolies petites salles voûtées et bon accueil.

Auberge Santa Barbara CORSE MODERNE €€€

(04 95 77 09 06 ; www.santabarbara.fr ; plats 23-50 €, menu 34 € ; Pâques-mi-oct, fermé lun en basse saison, lun midi juil-août). Réputée de longue date pour sa cuisine qui mêle tradition et inventivité, l'auberge Santa Barbara vous accueille dans un espace contemporain, sobre et lumineux ou sur une jolie terrasse en bois. En cuisine, Gisèle Lovichi concocte de savoureuses spécialités, légères et impeccablement présentées : tripettes à la sartenaise, pigeon rôti aux myrthes, gambas soufflées... Une cuisine simple et goûteuse. Le repas, sans fausse note, se conclut par un des nombreux desserts (dont un flan à la châtaigne délicieusement onctueux). À 400 m en contrebas de la route nationale (embranchement un peu en dessous de l'hôtel Fior di Ribba).

Ajoutons deux adresses situées à quelques kilomètres de la ville, sur la route de Bonifacio :

BON PLAN **Bergerie d'Acciola** PRODUITS RÉGIONAUX €

(04 95 77 14 00 ; route landaise de Bonifacio, Acciola ; plats 8-16 € ; tlj midi et soir juin-sept). À 8 km de Sartène en direction de Bonifacio, cette boutique de produits régionaux installée en bordure de la route se double d'une belle et conviviale terrasse couverte, à l'arrière du bâtiment. Sur de solides tables en bois, face à un beau panorama, on sert des plats où le fromage est à l'honneur (salades, assiettes composées, tartes salées, cheesecake au fromage frais de brebis), des grillades et des galettes à la farine de châtaigne. Assiettes de fromage et de charcuterie à toute heure.

Auberge U Sirenu RUSTIQUE €€

(04 95 77 21 85 ; www.aubergeusirenu.moonfruit.com ; route de Bonifacio, Orasi ; plats 14-28 €, menus 18-19,50 € ; tlj midi et soir, sur réservation en décembre). À 10 km de Sartène sur la route de Bonifacio, cette auberge installée dans une maison récente cultive un look rustique et une ambiance "retour de chasse". Les viandes grillées et le gibier ont fait la réputation des lieux (autant dire que les végétariens ne seront pas à la fête...). Piscine à disposition pour les clients.

Achats

Quelques bonnes adresses pour remplir son panier à provisions :

La Cave Sartenaise (04 95 77 12 01 ; place de la Libération ; avr-oct). Bon choix de vins, fromages et charcuterie. Sous l'hôtel de ville.

U Maggiu (04 95 77 21 36 ; avr à mi-oct). Sans doute la façade la plus photographiée de la vieille ville. *Canistrelli*, confitures, miel, liqueurs, etc.

Olea (☎04 95 77 12 01 ; ⏲avr-sept). Entre les deux adresses précédentes. Bon choix d'huiles d'olive en provenance de plusieurs régions de l'île, que l'on peut goûter.

Boulangerie Serra (☎04 95 77 12 01 ; 11 cours Sœur-Amélie ; ⏲mar-dim, 7h-12h30 et 16h-19h). Marre de vous casser les dents sur les *canistrelli* ? Goutez plutôt les tendres *biscotti* de la maison Serra vendus par sac de 200/400/800 grammes et dont la recette remonte à l'arrière-grand-mère.

Depuis/vers Sartène

BUS **Alta Rocca Voyages – Ricci** (☎04 95 51 08 19, 04 95 76 25 59 ; www.altarocca-voyages.com ; rue du Général-de-Gaulle) assure 3 services quotidiens entre Ajaccio et Zonza via Olmeto, Propriano, Sartène et Sainte-Lucie-de-Tallano. Les départs ont lieu tous les jours en juillet et août et du lundi au samedi en dehors de la haute saison. Les bus s'arrêtent place de la Libération.

En juillet et en août, **Eurocorse** (☎04 95 77 18 41, 04 95 76 13 50 ; www.eurocorse.net) effectue 4 liaisons quotidiennes entre Ajaccio et Bonifacio via Olmeto, Propriano, Sartène et Porto-Vecchio (seules 2 fonctionnent le dimanche). Hors saison touristique, 3 services quotidiens sont assurés du lundi au samedi. Les bus d'Eurocorse s'arrêtent à l'agence de voyages **Sartène Voyages** (rue Gabriel-Péri).

Sites préhistoriques du Sartenais

Au sud de Sartène, les sites de Cauria et de Paddaghiu, libres de toute exploitation touristique, comptent parmi les plus réputés de Corse. On sait peu de chose des dolmens et des menhirs de l'île. Si les préhistoriens s'accordent pour penser que les dolmens faisaient office de sépultures, les menhirs gardent tout leur mystère. S'agit-il de représentations de divinités, de défunts ou d'ennemis sculptés dans le but de conjurer leur puissance ?

L'hétérogénéité de ces réalisations de pierre complique encore la tâche : certaines sont de simples et grossiers blocs dressés, d'autres représentent des visages humains ou des armes. D'autres, à connotation phallique – comme à Filitosa –, seraient enfin des symboles de la fécondité de la terre nourricière.

Que l'on soit ou non passionné de préhistoire, la visite de ces sites est intéressante pour l'atmosphère sereine particulière qui s'en dégage, à plus forte raison si vous profitez de la lumière apaisante de la fin de journée pour les découvrir.

CAURIA

À une quinzaine de kilomètres de Sartène, le beau plateau désert de Cauria regroupe 3 curiosités mégalithiques classées monuments historiques : les alignements de menhirs de Stantari et de Renaghju et le dolmen de Funtanaccia. Aucun droit d'entrée n'est requis pour accéder à ces sites situés en plein maquis. Quelques panneaux explicatifs ont été posés sur place – espérons qu'ils résisteront au temps ! – et un itinéraire a été tracé (mais le balisage est insuffisant). Depuis l'alignement de menhirs de Stantari, un sentier rejoint Renaghju puis le dolmen de Funtanaccia avant de revenir à Stantari. Comptez en tout une heure de visite.

Si le dolmen (il pèserait plus de 15 tonnes et était jadis appelé "la forge du diable") est incontestablement le clou du site, les menhirs méritent que l'on s'y attarde un peu. Parmi les 9 menhirs de Stantari, le quatrième en partant de la gauche représente une épée ; sur ses 2 voisins de droite, un visage de pierre est statufié bouche ouverte, comme figé en un cri muet. Renaghju, plus anarchique et plus grand, fait penser à une forêt de pierre car les menhirs se dressent entre les arbres au pied d'un petit bois, que certains disent sacré.

Pour vous y rendre depuis Sartène, parcourez 2 km en direction de Bonifacio puis prenez la D48, qui descend en lacets sur la droite. Le site mégalithique de Cauria est indiqué à 8 km, sur la gauche. Une fois sur le parking (à l'ombre des arbres), descendez le chemin de terre sur environ 500 m.

ALIGNEMENT DE PADDAGHIU

Avec près de 260 menhirs, debout ou couchés, l'alignement de Paddaghiu (Palaggiu) est le plus grand rassemblement de statues mégalithiques de Méditerranée. Quatre alignements de 4 à 8 menhirs debout, dont certains sculptés, constituent le principal attrait de ce site entouré d'un enclos, entre maquis et vignes. Malheureusement, le site n'est pas très bien mis en valeur et, qui plus est, il est mal signalé.

Pour le rejoindre en voiture de Cauria, revenez sur la D48 et empruntez-la en direction de Tizzano. L'entrée se trouve sur la droite, à 1,3 km d'un bâtiment de dégustation du domaine viticole Mosconi (le domaine se trouve 1 km avant, sur la gauche). Du parking, un chemin de terre de 1,2 km mène à l'alignement (entrée libre). Comptez 20 minutes de marche.

CES TRÈS CHÈRES BERGERIES

Ces bergeries massives en pierres plantées au bord d'une eau turquoise, à l'embouchure de l'Ortolo, vantent souvent la Corse sur les dépliants touristiques. Elles ne font pourtant pas parler d'elles que dans les pages tourisme des magazines. Propriété de Paul Canarelli, fils d'un ancien maire de Figari, qui possède aussi la discothèque Via Notte et l'hôtel Cala Rossa près de Porto-Vecchio, les bergeries du **domaine de Murtoli** (☎04 95 71 69 24 ; www.murtoli.com ; 280-2 500/1 250-23 500 € nuitée/semaine selon saison et bergerie ; ⊙tte l'année) sont au centre d'un imbroglio juridique digne de *L'Enquête corse* de Pétillon. Il oppose le propriétaire de Murtoli à une ancienne mannequin corse, mariée à un Italien fortuné, qui a racheté l'une des bergeries du domaine en 2001. Il faut dire que le domaine de Murtoli égrène les superlatifs et peut-être aussi les jalousies. Souvent en tête des classements des hôtels les plus luxueux du monde : ses 2 000 ha seulement accessibles par un simple chemin de terre, ses 8 km de littoral, sa ferme, ses deux restaurants, dont un dans une grotte, en font un petit paradis pour ses résidents. La décoration de ses onze bergeries mêlant le rustique et le très chic dans un environnement exceptionnel est particulièrement réussie. Certains y voient, un domaine réservé à une jet-set fortunée, d'autres un exemple de rénovation respectueuse de l'environnement participant au développement de la Corse. Une partie de la réponse est peut-être déjà dans le prix de la nuitée.

♥ Tizzano

Le bout du monde, c'est ici. Le hic, c'est que cela commence à se savoir (le nombre grandissant de villas dans les alentours l'atteste), et que la marine de Tizzano, au terminus de la D48, devient peu à peu un endroit à la mode, même si le nombre encore modéré d'infrastructures limite la fréquentation du village à des seuils acceptables. En s'éloignant un petit peu du “centre” (à pied ou en bateau), on retrouve vite une atmosphère sauvage.

Activités

Outre le farniente sur la plage de Tizzano, appelée **Cala di l'Avena**, vous pourrez rejoindre le cadre encore plus isolé de la plage de **Tra Licettu**, accessible par une piste cabossée, à environ 6 km au sud-est (la piste n'est pas indiquée ; renseignez-vous sur place ou munissez-vous d'une carte détaillée du secteur). Elle n'est plus vraiment secrète depuis qu'un magazine lui a consacré un article voilà quelques années mais elle garde tout son charme sauvage. De l'autre côté de Tizzano, la plage de **Cala du Barcaju**, plus petite et située dans une calanque, est plus abritée. Pour y accéder : longez le port jusqu'au bout de la route goudronnée, puis suivez la piste sur 3 km. Garez-vous sur le parking sauvage situé juste avant que la piste ne croise un ruisseau.

La **plongée** est restée confidentielle à Tizzano, et c'est tant mieux. Les sites, près du Cap Senetosa, ne sont fréquentés que par le centre de plongée local, **Altramanera** (☎06 19 86 67 55, 06 62 84 87 06 ; www.plongee-tizzano.com ; ⊙mai-oct). Pour plus de renseignements sur les sites de plongée du secteur, reportez-vous au chapitre *Plongée*, p. 30.

En été, vous pourrez louer des **kayaks de mer** sur la plage, face à l'hôtel Lilium Maris, et rejoindre, si vous êtes motivé, la crique de Cala di Conca et la **Cala di Tivella** (vers l'ouest), ou la **plage d'Erbaju** et la **plage d'Argent** (vers l'est), inaccessibles par la route. **Stintu Marinu** (☎04 95 77 00 26, 06 10 61 35 10 ; sur le port ; www.stintu-marinu.com) loue des bateaux à moteur avec et sans permis en période estivale.

À terre, l'un des meilleurs moyens de découvrir les étendues sauvages du sud-ouest est de faire une **balade à cheval**. Adressez-vous au centre équestre **Cavadda di Santu Pultru** (☎06 88 70 42 05 ; www.randochevalcorse.fr ; route de Tizzano), situé sur la D48 près du carrefour pour Cauria, 6 km environ avant Tizzano. Emmanuel Lucchini, son sympathique propriétaire, organise des sorties accompagnées dans le maquis, en passant par le site préhistorique de Cauria (40 € les 2 heures), des chevauchées sur la plage, des randonnées de plusieurs jours et des initiations au poney (dès 5 ans). Ce centre, bien tenu, est ouvert toute l'année.

Pour les randonneurs, un sentier côtier relie Tizzano à Campomoro. Méfiez-vous car il est mal indiqué jusqu'à Senetosa. Renseignez-vous sur place.

Où se loger et se restaurer

Camping l'Avena CAMPING €
(☎04 95 77 02 18 ; www.camping-corse.info ; Tizzano ; empl 14-28 € pour 2 pers selon période, bungalow 27-77 € selon période ; ⏲juin-sept). Une route de 1 km, qui quitte la route principale 900 m avant Tizzano, mène à ce grand camping installé à 600 m de la plage. Il loue avant tout des bungalows en toile qui le font ressembler à un village d'Indiens mais il est également possible de planter sa tente sur son beau site fleuri et ombragé. Les services incluent des aires de jeux pour enfants et un restaurant.

Hôtel du Golfe HÔTEL BORD DE MER €€
(☎04 95 22 02 51 ; www.hoteldugolfetizzano.com ; d 80-145 € selon saison ; ⏲mai-oct ; P ❄). L'endroit, les pieds dans l'eau, est superbe et l'architecture des lieux plutôt réussie, à peine gâché par la décoration assez banale des chambres. Reste que le confort est au rendez-vous, avec clim, TV et téléphone, et un balcon pour profiter du clapotis de l'eau en contrebas. À deux pas du port, excellent accueil et accessible aux handicapés.

Lilium Maris HÔTEL €€€
(☎04 95 77 12 20 ; www.lilium-maris.com ; d 75-165 € ; ⏲avr-oct ; P ❄). Les tarifs sont élevés mais il faut tenir compte du confort des lieux et de l'emplacement en bord de plage. Le bâtiment moderne manque un peu de cachet vu de l'extérieur et certaines parties communes mériteraient d'être mieux entretenues, mais les chambres, à la dominante de tons blancs avec des touches de matériaux naturels, disposent d'une excellente literie et sont bien équipées. A noter, certaines chambres donnant sur le parking, les moins chères, sont petites et peu lumineuses et l'accueil est parfois distant. Quant à la paillotte située au pied de l'hôtel, mieux vaut l'éviter et s'en tenir aux restaurants situés au-dessus du port de Tizzano.

♥ **Chez Antoine – The Beach** SPÉCIALITÉS DE POISSON €€
(☎04 95 77 07 25 ; plats 12-30 € environ ; ⏲tlj midi et soir mai-sept). En quelques années, Chez Antoine est passé du statut d'adresse confidentielle à celui de restaurant à la mode, ce qui a fait grimper les prix. Reste que le cadre – une spacieuse terrasse en pierre donnant sur une petite plage – est toujours aussi agréable et les spécialités de poisson (6,50-7,50 € les 100 g), toujours aussi délicieuses. Du restaurant, on peut admirer, le soir venu, les poissons du port dans une eau éclairée multicolore. Sous la terrasse, au niveau de la plage, les propriétaires, les deux fils du fameux Antoine, ont récemment ajouté un lounge-bar, **The Beach**, avec son mobilier en gros bambous et ses voiles en lin. Tout au bout de Tizzano, au-dessus du minuscule port.

DE ROCCAPINA À BONIFACIO

Au sud de Sartène, le rocher de Roccapina marque le début des 37 km de la N196 qui relient le sud de l'île à Bonifacio. Bordant un littoral sauvage protégé dans le cadre de la réserve nationale des Bouches de Bonifacio, cet "extrême sud" de la Corse recèle des paysages particulièrement beaux. Le décor, de plus en plus minéral, oscille entre roche claire et langues de maquis se découpant au-dessus de criques aux eaux turquoise et cristallines. Vers l'intérieur des terres se détache la silhouette de l'**Uomo di Cagna**, coiffé par un énorme rocher.

La côte compte peu d'hébergements mais de bonnes possibilités d'activités. Quelques belles chambres d'hôtes sont installées sur les hauteurs.

Roccapina

À 20 km de Sartène, le site de Roccapina désigne avant tout une curiosité géologique : une sculpture naturelle en forme de lion, née de l'érosion, juchée dans le roc. Le fauve se laisse observer un peu après l'auberge Coralli en direction de Bonifacio, dans un virage au niveau d'une buvette, en regardant vers la mer. On distingue deux énormes blocs rocheux, au sommet d'une crête que couronne une tour génoise, qui dessinent la forme d'un lion allongé, tandis que quelques rochers dressés font office de crinière.

Profitez-en pour descendre jusqu'à la **plage de Roccapina**, accessible par 2,5 km de piste cahoteuse, généralement praticable en voiture légère à condition d'aller doucement (gare au bas de caisse !), qui commence à hauteur de l'auberge Coralli. Cette belle anse mérite le détour pour son cadre sauvage et ses eaux scintillantes.

Où se loger et se restaurer

Hôtel Coralli AUBERGE €€
(☎04 95 77 05 94 ; www.hotel-coralli-roccapina.com ; route de Bonifacio ; d 43-76 € selon saison, demi-pension 91-124 € en double, plats 16-20 € ; ⏲avr-oct). En bordure de la N196, au niveau de l'embranchement vers la plage de

Roccapina, cette auberge offre des chambres rénovées, situées sur l'arrière du bâtiment, et donc en retrait de la route. Le principal atout de l'auberge est la proximité de la piste vers la plage. Restaurant de spécialités corses ouvert le soir, sur réservation uniquement. Séjour d'une semaine, demi-pension obligatoire de mi-juillet à mi-septembre.

Ferme de Minora RESTAURANT-BERGERIE €
(☎04 95 73 41 15 ; www.ferme-minora.com ; Serragia ; plats 9-15 € ; ⏲tlj midi et soir, mai-sept). Située en bord de route, 2 km avant Roccapina, suffisamment à l'écart pour être au calme, cette adresse familiale propose des spécialités corses dans un cadre agréable, sous une jolie tonnelle fleurie avec un étonnant mobilier en teck. Le restaurant est adossé à une bergerie artisanale où l'on peut acheter d'excellents fromages de brebis AOC, du miel, et de la confiture. Accueil souriant.

Pianattoli-Caldarello et ses environs

Le bourg de Pianottoli-Caldarello, à l'intérieur des terres, traversé par la N196, n'a pas grand intérêt, mais la partie littorale cache quelques plages discrètes et sauvages, loin des hauts lieux touristiques surpeuplés (même en haute saison), notamment la **plage de Chevanu**, dans l'anse du même nom, la **plage de Capineru** et la **plage de la Tour**, accessibles par des routes secondaires qui traversent le maquis (prendre la D122 qui descend au petit port de plaisance, puis bifurquer à droite). Au bout de la plage de la Tour se profile la **tour génoise de Caldarello**.

L'idéal, pour découvrir ce littoral encore préservé, est de suivre le **sentier des Bruzzi**, une randonnée pédestre facile de 1 heure 30, en boucle. Le sentier, fléché, serpente à travers le maquis puis longe le littoral, découvrant de magnifiques panoramas. À hauteur du camping Kévano Plage (en venant du bourg), prenez à droite sur environ 1,5 km, jusqu'à un petit parking, où commence le sentier.

Où se loger et se restaurer

Vous trouverez plusieurs chambres d'hôtes au bourg, ainsi que deux campings près de l'anse de Chevanu, dont le **camping Kévano Plage** (☎04 95 71 83 22 ; www.campingkevano.com ; 9-14 €/pers selon saison ; ⏲avr-oct), bien tenu et ombragé, à 400 m de la plage de Chevanu.

Chez Mika PAILLOTE-PIZZERIA €
(☎06 17 11 04 81 ; plats 11-13 € ; ⏲avr-sept). Une paillote plantée en plein maquis (de Pianottoli, passez le hameau de Caldarello puis suivez le fléchage). Tenue par un rondelet et truculent personnage qui n'hésite pas à plaisanter avec ses clients, elle sert de copieuses pizzas à des tarifs très raisonnables, dont une pantagruélique cinq fromages, et des spécialités maison comme les encornets façon Giacomo.

BON PLAN **Chez Robert et Sylvie** CHAMBRES D'HÔTES €
(☎06 15 90 28 67 ; d 40-120 €, semaine 350-750 € suivant chambre et saison ; ⏲tte l'année). À la sortie de Caldarello, en direction du port face à de magnifiques rochers, un sympathique couple a aménagé trois mini-appartements avec sdb et wc privatifs : l'un dans le bâtiment principal, l'autre dans l'ancien poulailler et le troisième dans le moulin à huile de cette ancienne ferme en pierre. Terrasses privatives et cuisine d'été avec barbecue commun à tous les résidents. Situé à 800 mètres du port et 1 km des plages.

Figari et ses environs

Indissociable de l'aéroport du sud de la Corse dans l'esprit de nombreux visiteurs, la région de Figari est en fait synonyme d'un environnement préservé où le maquis le dispute au vignoble, l'AOC Figari. Elle comblera ceux qui ont envie de solitude et de repos, entrecoupé de baignades sur les plages des environs (Figari, Tonnara, Roccapina) et d'escapades à Bonifacio ou dans le Sartenais, tout proches.

À voir et à faire

Plusieurs caves viticoles disposent de boutiques au centre du bourg, dont le **Domaine de Murta** (☎04 95 71 00 34), directement au domicile des propriétaires, apprécié pour ses vins bio (à partir de 7 € la bouteille).

Pour les sportifs, **Fun Eole Figari** (☎06 11 48 13 92 ; www.eolefigari.com) propose des stages de planche à voile et de kitesurf, ainsi que des randonnées en kayak à destination de criques inaccessibles à pied.

Où se loger et se restaurer

Plusieurs chambres d'hôtes à la personnalité affirmée sont installées autour du hameau de Poggiale. Il s'atteint par la D22, qui quitte la N196 environ 2 km à l'est de Pianottoli-Caldarello et 3 km à l'ouest de la route vers l'aéroport.

Gîte rural Sheranée CHAMBRES D'HÔTES €€€
(☎06 82 58 17 32 ; www.sheranee.com ; hameau de Vallicella ; gîte 650-1 700 €/sem, ch d/tr 75/95 €). Sheranée c'est "Chez Renée", du nom de la propriétaire des lieux, qui loue 5 chambres d'une propreté exemplaire, avec entrée indépendante et une petite touche de décoration bienvenue, dans une maison moderne située en pleine nature. Pour vous y rendre, rejoignez Poggiale et continuez la D22 sur 3 km puis prenez à gauche en direction des bergeries de Piscia (fléchées). Vous parviendrez à Sheranée en 600 m. Clair, au calme et gay friendly.

♥ **Bergeries de Piscia** FERME-AUBERGE CHIC €€€
(☎04 95 71 06 71, 04 95 21 48 45 ; http://corse-chambres-hotes.com ; d avec petit-déj 100-180 €, repas 38 € ; ⏱mai-oct ; ≋). Des bergeries, certes, mais originales et bordées du plus beau panorama qui soit ! Isolées sur les contreforts montagneux, les bergeries de Piscia séduisent d'abord par leur cadre. Les chambres, ne sont pas en reste, surtout les plus récentes, avec murs blancs et un soin particulier apporté aux boiseries et matériaux. Le restaurant, dans une grande pièce rustique ornée de multiples bibelots et d'une immense cheminée, sert une cuisine traditionnelle. Quant aux enfants, ils se réjouiront de la présence de nombreux animaux sur place. Pour vous y rendre, rejoignez Poggiale et continuez la D22 sur 3 km, puis prenez à gauche (des panneaux indiquent la direction), sur 5 km, une route de plus en plus semée de nids-de-poule à mesure que l'on monte.

Pozzo di Mastri AUBERGE €€€
(☎04 95 71 02 65 ; www.pozzodimastri.com ; Figari ; menu 40 € ; ⏱mai-oct ; ❄≋). Mieux vaut arriver avec l'estomac dans les talons lorsqu'on s'attable dans cette ferme-auberge, réputée pour ses viandes grillées et ses légumes du jardin. La grande salle de style rustique, avec poutres, immense cheminée surmontée d'une crèche et mobilier en bois, a un certain cachet, l'extérieur offre de spacieuses tables où l'on déguste une cuisine corse certes soignée mais limitée à un menu unique. Vins, café et digestif compris. À 800 m à droite avant le village de Figari en venant de Porto-Vecchio. Possibilité de loger sur place (120-220 € selon saison) dans de confortables chambres double donnant sur la piscine.

Plage de la Tonnara

Cette belle plage de sable remporte un franc succès en saison, tant auprès des familles que des sportifs. Assez ventée, c'est en effet l'un des meilleurs spots de planche à voile et de kitesurf du sud de l'île.

Accessible en 15 minutes de marche depuis la plage de la Tonnara en suivant le littoral (vers le sud), la **plage de Stagnolu** a les faveurs des naturistes et des gays.

Si vous êtes tenté par des leçons d'initiation au kitesurf, contactez **Corsica Kiteboarding** (☎06 75 01 50 04 ; www.corsica-kiteboarding.com), club réputé qui s'installe sur le spot dit "du pont", au niveau d'un petit pont sur la route nationale, 2 km à l'ouest de la plage.

L'embranchement vers la plage de la Tonnara quitte la N196 environ 7 km avant Bonifacio.

Où se restaurer

Le Goéland Beach RESTAURANT €
(☎04 95 73 02 51 ; plats 9-25 €, menus 25 € ; ⏱mars-nov, tlj midi et soir en saison). Une adresse sans prétention mais conviviale et bien située, avec une grande salle doublée d'une terrasse, face à la mer. La carte, éclectique, devrait satisfaire tous les goûts proposant un large choix de plats, des pizzas à la langouste en passant par les poissons et les pâtes. Sans oublier un bel assortiment de cocktails. Le service est parfois un peu lent les jours d'affluence. Animations par un DJ une fois par semaine en saison.

Chez Marco CUISINE DE LA MER €€€
(☎06 24 56 94 76 ; www.chezmarco-tonnara.com ; menus 60-90 € ; ⏱avr-oct, tlj midi et soir en saison). Vu les tarifs, consultez au préalable le solde de votre compte en banque... Heureusement, la qualité, le cadre et le service sont au rendez-vous. Les menus, complets, sont axés sur les poissons (chapon, rouget, corb, sar, denti...) ou la langouste et la bouillabaisse. La salle décline une ambiance maritime à l'aide de casiers et de filets accrochés au plafond mais, au soleil couchant, rien ne remplace la superbe terrasse les pieds dans l'eau.

♥ BONIFACIO (BUNIFAZIU)

Dressée sur sa falaise de calcaire, Bonifacio est un pur bijou. Le problème, c'est que tout le monde le sait... À l'extrême sud de l'île, la plus célèbre ville de Corse doit beaucoup de sa beauté à l'extraordinaire site marin sur lequel elle est bâtie : imaginez un fjord qui s'enfonce dans des falaises de pierre blanche sculptées par le vent et la mer. Imaginez encore, juchée sur celles-ci, une citadelle aux ruelles étroites et pentues dominant de près de 70 m les eaux turquoise des Bouches de Bonifacio. La proximité des côtes sardes, à seulement 12 km, ajoute encore à la magie des lieux.

Avec une telle carte de visite, il ne faut pas s'étonner que la ville soit totalement saturée en haute saison. Victime de son succès, Bonifacio se négocie au plus offrant : les tarifs de certaines prestations, notamment hôtelières, vont jusqu'à tripler en août.

Histoire

La découverte de la Dame de Bonifacio (voir p. 232), ou plutôt des ossements de cette jeune femme qui vivait il y a 8 500 ans aux abords de l'actuelle cité, atteste d'un peuplement dès le néolithique. Quelques millénaires plus près de nous, le site fut sans doute actif dans l'Antiquité. La fondation de la ville est vraisemblablement l'œuvre du marquis de Toscane, Boniface, qui lui aurait donné son nom en l'an 828. L'histoire rapporte que c'est en profitant d'une journée où tous les habitants étaient réunis à l'occasion d'un mariage que les Génois s'en emparèrent en 1187. La puissante République y installa par la suite ses colons, que de nombreux avantages financiers ne tardèrent pas à convaincre de rester sur place. Fidèle à son habitude, Gênes chassa alors la population insulaire de la ville.

La colonie génoise de Bonifacio dut par deux fois protéger ses murs. La première remonte à 1420, quand l'Aragonais Alphonse V assiégea la cité durant 5 mois au motif que le pape Boniface VIII avait cédé la Corse à l'Espagne. Selon la légende, c'est alors que fut taillé l'escalier du roi d'Aragon, lequel finit par se retirer lorsqu'une escadre génoise fut dépêchée au secours de la colonie.

Le second siège de la ville eut lieu en 1553. Suite à l'alliance des troupes françaises avec les partisans de Sampiero Corso et le corsaire turc Dragut, il visait à libérer l'île de l'occupation génoise. La trahison de l'un de ses habitants obligea la ville à rendre les armes après 18 jours de siège et de résistance acharnée. Elle fut rendue aux Génois en 1559, comme l'ensemble de l'île, par le traité de Cateau-Cambrésis. Aujourd'hui encore, la langue parlée par la population est issue du génois du XIIe siècle.

Orientation

Bonifacio se divise en deux quartiers principaux : la marine, à l'extrémité du goulet, et la citadelle (aussi appelée Vieille Ville ou Haute Ville), perchée sur la falaise. On entre dans la citadelle par la très belle porte de Gênes (réservée aux piétons), en haut de la montée Saint-Roch, et la porte de France (ouverte aux véhicules), qui surplombe le port des ferries.

Renseignements

Office du tourisme (☎04 95 73 11 88 ; www.bonifacio.fr ; 2 rue Fred-Scamaroni ; ⏲tlj 9h-20h juil-août, tlj 9h-19h mai-juin et sept, lun-ven 9h-12h et 14h-18h oct-avr). Accès internet gratuit limité à un quart d'heure. Une annexe s'installe sur le port en saison.

Boniboom.com (quai Comparetti) propose un **accès Internet** jusqu'à minuit en saison.

Capitainerie (☎04 95 73 10 07 ; sur le port ; ⏲7h-21h30 juil-août, 7h-21h juin, 8h-12h et 14h-18h le reste de l'année)

Hôpital de Bonifacio (☎04 95 73 95 73 ; sur le port). Au début de la route de Santa Manza, en plein centre-ville. Service d'urgence ouvert tous les jours, 24h/24.

Société Générale (☎04 95 73 00 89 ; 38 rue Saint-Érasme ; ⏲lun-ven 8h15-12h et 14h-16h50). La seule banque de Bonifacio est dissimulée dans un angle du port. Distributeur de billets. Vous trouverez également un distributeur automatique à La Poste, dans la citadelle.

Marché Le mardi aux abords de l'église Saint-Dominique. Vêtements et produits locaux.

À voir

L'office du tourisme édite un "pass culturel", en vente dans ses bureaux, qui donne accès au bastion de l'Étendard et à l'escalier du roi d'Aragon pour 3,5 €. Il propose aussi un audioguide pour la haute ville (5 €) et organise des visites thématiques en saison.

Citadelle et haute ville VIEILLE VILLE

Mieux vaut rejoindre à pied la haute ville et sa citadelle, points forts de la visite de Bonifacio pour leur atmosphère et le panorama qu'elles révèlent. Les conditions de circulation et de stationnement (payant) y sont en effet très difficiles.

Deux escaliers mènent du port à la citadelle bâtie par les Génois. La **montée Saint-Roch** – qui débute sous le nom de montée Rastello – relie la rue Saint-Érasme à la porte de Gênes, en passant devant la petite **chapelle Saint-Roch**, édifiée à l'endroit où mourut la dernière victime de la

Bonifacio

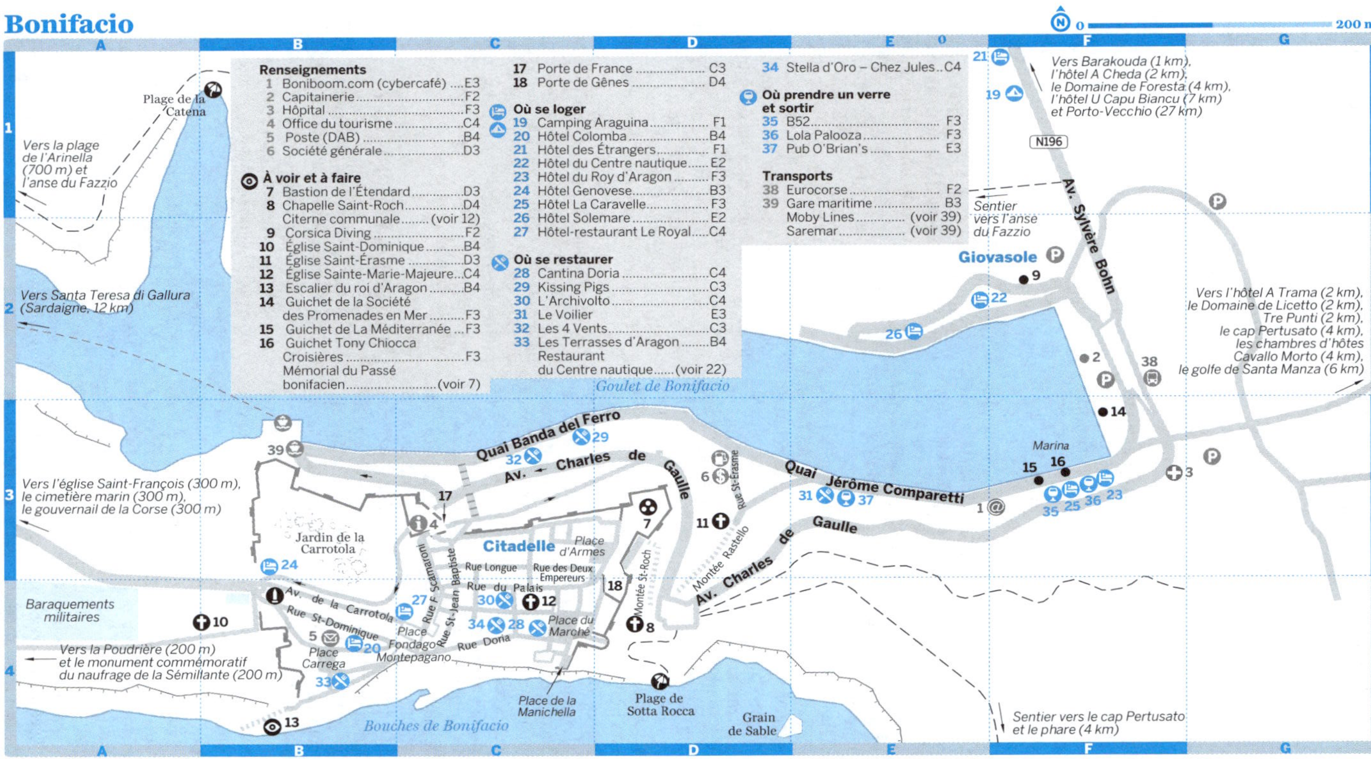
Renseignements
1 Boniboom.com (cybercafé) E3
2 Capitainerie....F2
3 Hôpital....F3
4 Office du tourisme....C4
5 Poste (DAB)....B4
6 Société générale....D3
À voir et à faire
7 Bastion de l'Étendard....D3
8 Chapelle Saint-Roch....D4
Citerne communale....(voir 12)
9 Corsica Diving....F2
10 Église Saint-Dominique....B4
11 Église Saint-Érasme....D3
12 Église Sainte-Marie-Majeure....C4
13 Escalier du roi d'Aragon....B4
14 Guichet de la Société des Promenades en Mer....F3
15 Guichet de La Méditerranée....F3
16 Guichet Tony Chiocca Croisières....F3
Mémorial du Passé bonifacien....(voir 7)
17 Porte de France....C3
18 Porte de Gênes....D4
Où se loger
19 Camping Araguina....F1
20 Hôtel Colomba....B4
21 Hôtel des Étrangers....F1
22 Hôtel du Centre nautique....E2
23 Hôtel du Roy d'Aragon....F3
24 Hôtel Genovese....B3
25 Hôtel La Caravelle....F3
26 Hôtel Solemare....E2
27 Hôtel-restaurant Le Royal....C4
Où se restaurer
28 Cantina Doria....C4
29 Kissing Pigs....C3
30 L'Archivolto....C4
31 Le Voilier....E3
32 Les 4 Vents....C3
33 Les Terrasses d'Aragon....B4
Restaurant du Centre nautique....(voir 22)
34 Stella d'Oro – Chez Jules....C4
Où prendre un verre et sortir
35 B52....F3
36 Lola Palooza....F3
37 Pub O'Brian's....E3
Transports
38 Eurocorse....F2
39 Gare maritime....B3
Moby Lines....(voir 39)
Saremar....(voir 39)
0 200 m
Plage de la Catena
Vers la plage de l'Arinella (700 m) et l'anse du Fazzio
Vers Santa Teresa di Gallura (Sardaigne, 12 km)
Vers l'église Saint-François (300 m), le cimetière marin (300 m), le gouvernail de la Corse (300 m)
Baraquements militaires
Vers la Poudrière (200 m) et le monument commémoratif du naufrage de la Sémillante (200 m)
Vers Barakouda (1 km), l'hôtel A Cheda (2 km), le Domaine de Foresta (4 km), l'hôtel U Capu Biancu (7 km) et Porto-Vecchio (27 km)
N196
Av. Sylvère Bohn
Sentier vers l'anse du Fazzio
Giovasole
Vers l'hôtel A Trama (2 km), le Domaine de Licetto (2 km), Tre Punti (2 km), le cap Pertusato (4 km), les chambres d'hôtes Cavallo Morto (4 km), le golfe de Santa Manza (6 km)
Goulet de Bonifacio
Quai Banda del Ferro
Av. Charles de Gaulle
Quai Jérôme Comparetti
Marina
Jardin de la Carrotola
Citadelle
Place d'Armes
Rue Longue
Rue des Deux Empereurs
Rue du Palais
Place du Marché
Rue F. Scamaroni
Rue St-Jean Baptiste
Av. de la Carrotola
Rue St-Dominique
Place Fondago
Rue Doria
Place Carrega
Montepagano
Montée St-Roch
Rue St-Érasme
Montée Rastello
Place de la Manichella
Plage de Sotta Rocca
Grain de Sable
Bouches de Bonifacio
Sentier vers le cap Pertusato et le phare (4 km)

À SAVOIR

À proximité de l'office du tourisme débute un **chemin de ronde**, qui suit les anciennes fortifications, le long du goulet de Bonifacio. Il offre de splendides vues sur le goulet et les plages de la Catena et de l'Arinella.

grande peste de 1528. Au pied de la montée Saint-Roch, l'**église Saint-Érasme**, bâtie au XIIIe siècle, est dédiée au saint patron des pêcheurs. Le second escalier mène à la porte de France depuis le quai Banda-del-Ferro, non loin du quai des ferries.

Aménagée en pont-levis dans les dernières années du XVIe siècle, la **porte de Gênes** resta l'unique accès à la citadelle jusqu'au percement de la porte de France, en 1854. À sa droite, le **bastion de l'Étendard** (adultes 2,50 ; 9h-19h avr-oct) révèle des fortifications érigées après le siège de 1553. Il abrite le **mémorial du Passé bonifacien**, qui remporte un franc succès grâce à sa scénographie relatant divers épisodes de l'histoire de la ville. Au sud du bastion, la **place du Marché** et la **place de la Manichella** offrent de beaux points de vue sur les bouches de Bonifacio.

Rue principale de la citadelle à l'époque génoise, la **rue des Deux-Empereurs** doit son nom au fait que Charles Quint et Napoléon Ier ont séjourné dans la ville : le premier alors qu'il se rendait à Alger en 1541, le second en 1793. Seules des plaques commémoratives témoignent de ces impériaux passages (n°4 et n°7 de la rue) ; les maisons ne se visitent pas.

L'**église Sainte-Marie-Majeure**, édifice le plus ancien de Bonifacio, fut bâtie par les Pisans et achevée au XIVe siècle. Si de nombreux remaniements lui ont fait peu à peu perdre son style d'origine, elle a gardé sa principale caractéristique : la loggia, sous les arcades de laquelle se réunissaient naguère les notables de la ville.

En face, l'ancienne **citerne communale** servait autrefois à stocker les eaux de pluie recueillies par les nombreux aqueducs qui courent au-dessus des ruelles de la haute ville. Nombre d'ornementations de pierre de la citadelle contribuaient à résoudre l'épineux problème de l'adduction d'eau de la ville, longtemps assurée par des norias de mulets.

L'**escalier du roi d'Aragon** (adultes 2,50 € ; tlj 9h-19h avr-oct) témoigne à sa manière de la même préoccupation. La légende se plaît à raconter que ses 187 marches – qui descendent du coin sud-ouest de la citadelle au niveau des flots, une soixantaine de mètres en contrebas – auraient été creusées en une seule nuit par les troupes du roi d'Aragon au cours du siège de 1420. Plus vraisemblablement, cette impressionnante cicatrice dans la falaise fut taillée pour accéder à une source découverte par des moines franciscains.

À l'ouest de la citadelle, l'**église Saint-Dominique** est l'un des rares édifices religieux de style gothique en Corse. Outre un maître-autel en marbre polychrome du milieu du XVIIIe siècle, elle abrite les châsses portées en procession dans la ville lors de diverses cérémonies religieuses.

En continuant vers l'ouest, on traverse un plateau caillouteux, appelé le Bosco, sur lequel se dressent deux anciens **moulins à vent**. À l'extrémité du Bosco, on rejoint l'**église Saint-François** et le cimetière marin, avec ses impressionnants alignements de caveaux immaculés. Devant le cimetière s'étend une esplanade, qui se termine par des fortifications, d'où l'on découvre un beau panorama sur les côtes sardes, à une dizaine de kilomètres, et le phare de la Madonetta. Au même endroit, un **souterrain** (2,50 € ; jusqu'à 18h en saison), creusé de main d'homme durant la Seconde Guerre mondiale, mène au Gouvernail de la Corse, un rocher qui surplombe les flots d'une dizaine de mètres et dont la forme évoque l'étambot d'un navire (voir encadré p. 207). En revenant vers le centre-ville par la partie sud du Bosco, vous passerez devant le **monument commémoratif du naufrage de la *Sémillante***, encadré de deux canons, orienté face au large.

ULYSSE À BONIFACIO ?

Ulysse a-t-il mené bataille face à Bonifacio ? Certains avancent que l'épisode de l'*Odyssée* où le héros d'Homère a maille à partir avec les Lestrygons – un peuple de géants anthropophages – pourrait avoir eu lieu à l'entrée du célèbre goulet. Ils s'appuient notamment sur la description géographique des lieux : un "port bien connu des marins : une double falaise, à pic et sans coupure, se dresse tout autour, et deux caps allongés qui se font vis-à-vis au-devant de l'entrée en étranglent la bouche".

VAUT LE DÉTOUR

TRE PUNTI ET LE FAZZIO, DEUX PETITS PARADIS AUX PORTES DE BONIFACIO

Même à Bonifacio, il est possible d'échapper aux foules estivales en profitant de coins restés encore secrets, moyennant quelques efforts... La calanque de **Tre Punti** est accessible par la route qui mène au phare de Pertusato. Dans un virage en surplomb d'un vallon, guettez le panneau "Réserve naturelle des Bouches de Bonifacio – Zone de non-prélèvement de Tre Punti". Garez votre véhicule et prenez le sentier qui descend en 10 minutes au bord de mer. Quel éblouissement ! Au pied des falaises, cette calanque est idéale pour le snorkeling ou un pique-nique, un peu moins pour le farniente car il n'y a presque pas d'ombre et pas de sable (juste du calcaire). Pour la remontée, comptez 15 minutes de marche.

Autre option : l'**anse du Fazzio**, à l'ouest de Bonifacio. Prenez le chemin des Génois, qui débute 100 m avant le camping L'Araguina, sur la gauche. Au bout de 30 minutes, vous rejoindrez une bifurcation, signalée "Boucle littorale du Fazzio", qui vous mènera à travers le maquis puis le long des falaises jusqu'à cette magnifique anse aux airs de petites Caraïbes (comptez une demi-heure de marche depuis la bifurcation). La petite plage est idéale pour la baignade, mais n'oubliez pas de prendre de l'eau car il n'y a aucune infrastructure.

Activités

Plages

Un chemin très escarpé mène du bas de la montée Saint-Roch à la **plage de Sotta Rocca**, qui se niche au pied des falaises, face au rocher du Grain de sable et à des fonds marins turquoise d'une éclatante limpidité. Méfiez-vous des marées au pied des falaises. C'est une plage de galets.

Les petites **plages de la Catena** et **de l'Arinella** s'étendent au fond des étroites criques du même nom, sur la rive nord du goulet. Un sentier y mène depuis l'avenue Sylvère-Bohn. Toutes deux ont malheureusement tendance à récupérer les détritus du goulet...

Mieux vaut prendre une voiture pour se rendre sur les belles plages des environs : **Piantarella** (p. 210), **Calalonga** (p. 211), **Santa Manza**, **Rondinara** (p. 212). Vous pouvez également dénicher **Tre Punti**, un lieu idyllique à l'est de Bonifacio, accessible à pied uniquement (voir l'encadré p. 203).

Sorties en mer

Beauté du site marin oblige, plusieurs compagnies organisent des promenades en mer d'avril à octobre, au départ de Bonifacio, à bord de vedettes. Deux itinéraires principaux sont proposés. Le premier, d'une durée d'une heure, inclut le goulet et le **phare de la Madonetta**, la **grotte du Sdragonato** et la **calanque du Fazzio**. Au retour, les vedettes passent devant la vieille ville, la plage de Sotta Rocca et le rocher du Grain de Sable, avant de rentrer au port. Le second met le cap sur les **îles Lavezzi**. Les vedettes d'une dizaine de mètres font la navette vers les îles, permettant ainsi de débarquer et de rester sur place pendant la journée (pensez à vous munir d'eau et de nourriture car vous ne trouverez rien sur place). Comptez environ 30 minutes pour rejoindre les Lavezzi et près de 1 heure pour le circuit du retour, qui passe aux abords de l'île Cavallo, du cap de Spérone, de la grotte du Sdragonato, des calanques et des falaises. Les départs ont en général lieu toutes les 30 minutes au plus fort de la saison.

Malgré le côté extrêmement touristique de cette prestation, il serait dommage de se priver de cet excellent moyen de découvrir les abords du goulet de Bonifacio. La haute ville, perchée sur son promontoire de calcaire, est plus belle encore vue de la mer, et nombre des curiosités du littoral – escalier du roi d'Aragon, Gouvernail de la Corse, Grain de sable, grotte du Sdragonato – se laissent mieux admirer du pont d'un bateau.

La **Société des Promenades en mer de Bonifacio** (☎04 95 10 97 50 ; www.ginacroisiere.com, www.rocca-croisières.com, www.vedettes-thalassa.com ; circuit grottes-falaises 17,5 €, circuit Lavezzi 35 €, vision sous-marine 22,5 € ; ⏲mars-oct), installée au bout du port derrière un imposant comptoir en bois, regroupe plusieurs compagnies proposant toutes les mêmes tarifs et les mêmes prestations qui incluent une place de parking à proximité du port. Le long du quai Comparetti, deux entreprises indépendantes, **La Méditerranée** (☎06 22 17 87 29 ; circuit grottes-falaises

15 €, circuit Lavezzi 20 €) et **Tony Chiocca Croisières** (☎06 01 35 75 87 ; circuit grottes-falaises 15 €, circuit Lavezzi 20 € ⊙mars-déc) proposent des prestations quasi identiques sur des embarcations plus petites et moins clinquantes. Pas de place de parking (le parking municipal coûte 7 €/jour), moins de rotations, mais des prix beaucoup plus doux.

Pour une sortie en mer un peu moins stéréotypée (mais nettement plus onéreuse), optez pour **L'Autre Croisière** (☎06 17 62 31 06, 04 95 10 97 56 ; www.rocca-croisieres.com ; adulte/enfant 95 € repas compris ; ⊙mai-oct). L'originalité du programme est de faire une sortie à la journée incluant un repas (avec les fameuses pâtes à la langouste, ce qui explique en partie le prix élevé de la croisière) et une escale baignade à proximité de la plage de Spérone.

Plongée

Tous les plongeurs rêvent de découvrir les richesses sous-marines des îles Lavezzi, réputées pour leur population de mérous et de barracudas. Contactez le centre de plongée **Barakouda** (☎04 95 73 13 02 ; www.barakouda.fr ; route de Porto-Vecchio), à 2 km du centre de Bonifacio sur la route de Porto-Vecchio (sites des Lavezzi uniquement), ou **Corsica Diving** (☎06 15 05 20 61 ; www.plongee-corse-bonifacio.com ; quai Senola). Comptez entre 32 et 55 € la plongée. Pour plus de détails, reportez-vous au chapitre *Plongée*, p. 30.

Où se loger

Curieusement, l'offre hôtelière n'est pas très étoffée à Bonifacio et le rapport qualité/prix s'avère peu intéressant en haute saison. Il est par ailleurs impératif de réserver. Si vous disposez d'une voiture, n'hésitez pas à vous loger en dehors de la ville.

Si vous arrivez en saison et n'avez rien réservé, sachez que l'office du tourisme de la haute ville affiche une liste des disponibilités des hôtels pour le soir même. Elle peut cependant être trompeuse car seuls les hôtels ayant appelé pour communiquer leurs disponibilités sont cités.

Petits budgets

Camping Araguina CAMPING €
(☎04 95 73 02 96 ; www.campingaraguina.fr ; av. Sylvère-Bohn ; adulte/tente/voiture 6,30-6,60/2,70/2,70 € ; ⊙avr-oct). Les emplacements sont un peu tassés et l'ensemble manque d'intimité, mais le camping offre l'avantage de se trouver à quelques centaines de mètres seulement du port. Assez ombragé, il dispose de sanitaires corrects, d'un snack, d'une laverie et loue des chalets et des bungalows en saison.

Pour davantage de calme, optez pour le Camping des Îles, sur la route de Piantarella, à 4 km de la ville (voir p. 211).

BON PLAN **Hôtel des Étrangers** HÔTEL €
(☎04 95 73 01 09 ; fax 04 95 73 16 97 ; www.hoteldesetrangers.fr ; av. Sylvère-Bohn ; d 40-80 € selon saison ; ⊙avr-oct ; P ❄ ᯤ). Des chambres au confort simple, du mobilier banal, un emplacement en bord de route à l'entrée de la ville... et pourtant l'une des adresses les plus attachantes de Bonifacio. Et pour cause : cet hôtel où l'on vous accueille avec bonne humeur est le seul de la ville à proposer des tarifs raisonnables pour ses chambres très correctes, fraîches, carrelées, avec quelques touches colorées, une literie de qualité et la clim pour les plus chères. Celles de l'avant sont insonorisées. Parking gratuit et box fermé pour motos. Bon rapport qualité/prix donc, en toute saison, même si on sent poindre une petite fièvre inflationniste. Réservez bien à l'avance.

Certaines chambres de l'hôtel Le Royal (ci-dessous) s'adaptent aux voyageurs à petit budget, hormis au plus fort de la saison.

Catégorie moyenne

Les tarifs de tous les établissements de cette catégorie situés en centre-ville sont surévalués en saison touristique, dès le mois de juin. Pour un meilleur rapport qualité/prix, optez pour ceux situés aux environs de la ville, en fin de liste.

Hôtel-restaurant Le Royal HÔTEL-RESTAURANT €€
(☎04 95 73 00 51 ; www.hotel-leroyal.com ; 8 rue Fred-Scamaroni ; s 40-100 €, d 50-115 € selon saison ; P ❄). Le Royal bénéficie d'une situation idéale si vous tenez absolument à être dans la haute ville. Service minimum pour le cadre et la déco mais les chambres offrent un confort correct, et les tarifs restent raisonnables, sauf en août. Les plus chères bénéficient d'une vue sur le port. Quelques places de parking à 500 m. Réception derrière le bar, au rez-de-chaussée. Ouvert toute l'année. Pas d'accès Wi-Fi.

Hôtel du Roy d'Aragon AVEC VUE €€
(☎04 95 73 03 99 ; www.royaragon.com ; 13 quai Comparetti ; d 55-160 € selon orientation et saison ; P ❄ ᯤ). Surévalué comme ses concurrents, cet hôtel est cependant l'un des seuls du port à garder quelques options à tarifs raisonnables. Les chambres présentent une décoration minimale (un coup de peinture blanche), sont inégales par la taille et la vue et manquent de personnalité, mais sont propres et plutôt agréables. Celles du

dernier étage donnant sur le port, avec terrasse, ont une vue imprenable.

Hôtel Colomba HÔTEL DE CHARME €€ (04 95 73 73 44 ; www.hotel-bonifacio-corse.fr ; rue Simon Varsi ; d 80-165 € ; mi-fév à mi-déc ; P). Au cœur de la haute ville, mais dans une rue calme, cet établissement possède un certain cachet, avec 10 chambres toutes différentes, au confort intimiste, meublées avec goût, et d'une propreté irréprochable. Le petit-déjeuner (10 €) est servi dans une petite salle voûtée. Un bon point de chute.

Deux adresses situées sur le quai nord, qui se refait une beauté depuis quelques années et d'où l'on a, au réveil, la plus belle vue sur le port et la citadelle :

Hôtel Solemare MODERNE €€ (04 95 73 01 06 ; www.hotel-solemare.com ; quai Nord ; d 95-195 € selon saison ; avr-oct ; P). La belle piscine et les chambres rénovées compensent l'architecture sans aucun charme de cet ensemble moderne. Les chambres les plus récemment refaites (série 500) se distinguent par leur belle déco contemporaine – teintes beiges, noires et touches de couleur, et sdb avec vasques design.

Hôtel du Centre nautique HÔTEL €€€ (04 95 73 02 11 ; www.centre-nautique.com ; quai Nord ; d 75-200 € selon vue et saison ; avr-oct ; P). Le bâtiment, siège de l'ancienne capitainerie, est élégant. Le hall d'accueil aussi, avec des boiseries, des tableaux et divers objets qui évoquent le monde de la mer. Les chambres ? Aménagées en duplex, elles sont certes confortables et originales par leur décoration qui évoque une cabine de bateau, mais leur escalier en colimaçon est peu pratique avec des bagages. Les familles apprécieront cependant la possibilité de faire dormir un enfant au niveau inférieur. Les plus proches de la réception sont bruyantes à certaines heures.

Hôtel La Caravelle TROIS-ÉTOILES €€€ (04 95 73 00 03 ; www.hotelrestaurant-lacaravelle-bonifacio.com ; 35-37 quai Comparetti ; d/ste

INTERVIEW

"SANS AOC, ON PEUT VENDRE N'IMPORTE QUOI SOUS LE NOM DE CHARCUTERIE CORSE"

Longtemps secrétaire général du Syndicat de défense et de promotion de la charcuterie corse, Noël Ferricelli, restaurateur à Bonifacio et expert en charcuteries de qualité, milite pour la reconnaissance d'une appellation d'origine contrôlée (AOC) pour la charcuterie corse.

Comment reconnaître la bonne charcuterie corse ? C'est très difficile pour le profane, notamment parce qu'il y en a de moins en moins... La qualité de la charcuterie corse dépend de la race des porcs, de leur alimentation, de l'âge des bêtes lors de l'abattage – le porc corse a une croissance lente et ne doit pas être abattu avant au moins 18 mois –, de l'affinage. On reconnaît la vraie charcuterie à son aspect très rustique. Deux saucissons traditionnels ne se ressemblent jamais. Et il faut se méfier de l'étiquetage, qui ne fait pas foi. Le plus sûr reste de connaître un producteur. Enfin, il faut faire la différence entre les produits affinés (jambon, saucisson...) et les produits de saison comme le figatellu, qui se consomment principalement frais, donc durant les mois d'hiver.

Est-il toujours possible de faire de la vraie charcuterie de montagne ? Bien sûr, et j'espère qu'il y en aura de plus en plus. Beaucoup dénoncent les normes européennes et affirment qu'elles sont contraires à la tradition. C'est faux pour la majorité d'entre elles. On peut faire de la bonne charcuterie traditionnelle en respectant ces règles d'hygiène. Il est heureusement possible d'être corse et de vivre avec son temps...
Au passage, rappelons que le saucisson d'âne n'a jamais été une tradition corse et que le sanglier n'était charcuté que ponctuellement, en mélange avec de la viande de porc.

La production en vente en Corse est-elle globalement satisfaisante ? Soyons clairs : 85% de ce qui est vendu, sans jeu de mot, c'est de la cochonnerie ! La logique est bien sûr économique : la demande de charcuterie corse étant importante, beaucoup sont tentés d'importer des bêtes et de la viande. C'est pourquoi nous continuons à militer pour l'obtention d'une appellation d'origine contrôlée. Sans AOC, on peut importer et vendre n'importe quoi sous le nom de charcuterie corse. Pour cela, il faudrait que tous les acteurs de la filière parviennent à se regrouper.

80-225/160-300 € selon confort et saison ; avr à mi-oct ;). Ce trois-étoiles confortable, installé sur le port, est un peu cher, surtout pour les chambres standard dont certaines ont une décevante vue sur la cour, quant à celle qui ont vue sur le port, elles sont réputées bruyantes du fait de la présence d'une discothèque jouxtant l'hôtel. Les suites, en revanche, sont pimpantes et colorées celles qui sont situées dans les étages supérieurs possèdent une vue superbe. Restaurant chic avec terrasse et pianiste certains soirs, au rez-de-chaussée.

Quatre adresses, situées en dehors de la ville, seront utiles si vous recherchez plus de calme, un meilleur rapport qualité/prix ou si tout est complet :

BON PLAN Domaine de Licetto CHAMBRES ET STUDIOS €€
(04 95 73 03 59, 04 95 73 19 48 ; www.licetto.com ; route du Phare ; d 55-100 € ;). Une bonne surprise, isolée au milieu du maquis dans un domaine de 25 ha, à quelques minutes du centre-ville en direction du phare de Pertusato. Les 7 chambres, de plain-pied, soignées, dans un décor d'hacienda mexicaine, sont décorées dans un esprit contemporain et zen, avec du mobilier récent. Également 8 studios équipés, plus anciens, loués à la semaine ou à la nuitée, selon disponibilité. Un bon rapport qualité/prix. Paiement en espèces ou par chèque. Il est prudent de réserver.

Domaine de Foresta HÔTEL €€
(04 95 73 08 04 ; http://foresta.monsite.orange.fr ; route de Santa Manza ; s/d 72-95/87-112 € avec petit-déj ; avr-oct ;). Le terme de "domaine" est un peu trop valorisant pour ce bâtiment moderne de couleur rose qui cultive des airs vaguement pompéiens (colonnes, statues...) au milieu d'une propriété arborée à 4 km de Bonifacio. Ses 6 chambres offrent cependant un bon rapport qualité/prix et son emplacement (à mi-chemin entre Bonifacio et les plages) est pratique. La piscine et le calme contribuent par ailleurs à faire de cette adresse une étape agréable. Pour vous y rendre, prenez la route de Porto-Vecchio sur 3 km puis tournez à droite vers Santa Manza. Foresta est situé 300 m plus loin sur la gauche.

Hôtel A Trama HÔTEL €€€
(04 95 73 17 17 ; www.a-trama.com ; route de Santa Manza ; d 93-198 € ; avr-oct ;). Calme et repos garantis dans ce petit complexe moderne avec jardin et piscine, sur la route de Santa Manza, à 2 km de Bonifacio. Les chambres, en rez-de-jardin, présentent un confort très honorable (TV, clim, terrasse individuelle), mais la déco ne ferait pas la "une" d'un magazine. L'accueil n'est pas toujours à la hauteur des trois étoiles affichées. Restaurant apprécié localement (menu 36 €).

Cavallo Morto CHAMBRES D'HÔTES €€€
(04 95 73 05 41, 06 09 36 35 50 ; www.cavallomorto.com ; Cavallo Morto ; s/d 70-100/85-150 € ; mai-oct). Fabienne Maestracci, oléicultrice et agricultrice de son état, également auteur d'ouvrages sur la Corse, vous fera visiter son exploitation de 15 ha, qu'elle bichonne soigneusement. Cette belle maison de famille du XVIIe siècle, restée dans son jus, comprend 4 chambres sans fioritures mais impeccablement tenues. Le calme est assuré dans cette propriété, à l'écart de la route principale, à 4 km de Bonifacio (prendre direction Porto-Vecchio, puis à droite). Les petits-déjeuners se prennent dans le jardin, à l'ombre d'un mûrier. Vente d'huile d'olive maison.

Catégorie supérieure

Hôtel Genovese DESIGN €€€
(04 95 73 12 34 ; www.hotel-genovese.com ; quartier de la Citadelle ; d 140-610 € selon vue et saison, ste 190-420 € ; mars-oct ;). Posé à l'entrée de la haute ville, le Genovese décline une ambiance zen et sobre placée sous le signe du design : tons clairs, lignes épurées, superbe piscine avec terrasse en teck... Sans oublier une vue imprenable sur le port ou la vieille ville pour les chambres les mieux orientées. La seule escale "tendance" de Bonifacio ne compte que 15 chambres. Envie de faire une folie ? C'est le lieu ou jamais...

A Cheda QUATRE-ÉTOILES €€€
(04 95 73 03 82 ; www.acheda-hotel.com ; Cavallo Morto ; d 116-516 € selon saison, ste 187-822 € ;). Situé à la sortie de la ville, cet établissement quatre étoiles se situe à mi-chemin entre l'hôtel et la maison d'hôtes de charme. Les 16 chambres de plain-pied diffèrent par la taille et le confort mais sont toutes chaleureuses et intimistes, avec une décoration originale à base de bois flottés, de tons ocre et de beaux matériaux. Elles occupent une propriété plantée d'arbustes et de massifs floraux, au bord d'une superbe piscine entourée d'un caillebotis de cèdre. Restaurant apprécié. À l'entrée de Bonifacio en venant de Porto-Vecchio.

SCULPTURES DE CALCAIRE

Quelques fantasmagories nées de la conjonction des vents, de la mer et du calcaire jalonnent les abords du goulet de Bonifacio.

L'**à-pic de la Haute Ville**, qui se laisse découvrir du bas de la montée Saint-Roch ou de la mer, n'est pas le moins surprenant : les flots ont érodé la falaise haute de près de 70 m, et les maisons semblent vouloir faire bloc pour s'accrocher à un rempart qui fait mine de se dérober chaque jour davantage. En portant votre regard sur la gauche, du bas de la montée Saint-Roch, vous découvrirez également, à quelques dizaines de mètres du rivage, un étonnant morceau de falaise qui semble avoir été oublié par l'érosion : le **Grain de sable**.

Le **Gouvernail de la Corse** doit son nom à sa forme qui évoque l'étambot d'un navire. Vous ne verrez ce petit rocher situé au ras des flots, à la sortie est du goulet, que depuis la mer. L'imagination aidant, on en viendrait presque à croire, à le regarder, que la Corse est un gigantesque bateau dirigé depuis ce gouvernail de calcaire. Légèrement à l'ouest du goulet, la **grotte du Sdragonato** ("petit dragon") est connue pour l'échancrure de sa voûte, dont les contours évoquent la forme de l'île. Les rayons du soleil qui pénètrent dans la grotte par ce puits de lumière naturelle éclairent les algues qui tapissent les fonds marins, donnant à l'eau une couleur verte presque fluorescente.

Ces curiosités (et quelques autres, comme le phare de la Madonetta ou l'escalier du roi d'Aragon, qui forme une longue cicatrice rectiligne dans la falaise) figurent au programme des multiples compagnies qui proposent en été des sorties en mer depuis les quais de Bonifacio.

Dans les environs, signalons également les hôtels **U Capu Biancu** (p. 212) et **Marina di Cavu** (p. 211).

Où se restaurer

Bonifacio ne manque pas de restaurants touristiques, ouverts en saison, proposant des moules "à la bonifacienne" et autres "spécialités". La ville, heureusement, compte aussi son lot de bonnes tables à tous les prix.

QUARTIER DE LA CITADELLE

BON PLAN **Cantina Doria** CANTINE CORSE €

(04 95 73 50 49 ; 27 rue Doria ; plats 8-12 €, menus 13-17 € ; avr-sept, tlj midi et soir en haute saison, fermé mar hors saison). Mention spéciale à cette version corse des bodegas espagnoles, décorée d'ustensiles au plafond et de photos anciennes. On y sert dans la bonne humeur des plats corses bien préparés, à des tarifs très sages : rôti de porc à la Pietra et aux châtaignes, soupe corse, salades, plats du jour à l'ardoise, crème renversée au cédrat… L'ensemble se déguste dans une petite salle, assis sur des bancs de bois, ou sur une terrasse installée dans la ruelle. Une adresse attachante.

La Poudrière PRODUITS FERMIERS €

(04 95 73 01 45 ; quartier Saint-François ; plats 9-15 € ; tlj mai-sept). À l'écart des flots touristiques (près de l'église Saint-François), cet établissement installé dans une ancienne poudrière se fait volontairement discret. Toutes les préparations sont à base de produits fermiers. Assiette de fromages, salade, tarte à la tomate et au chèvre, tartine au chèvre, miel et fruits (addictive !), citronnade maison… Bon choix de vins de la région. Terrasse avec vue sur la mer.

L'Archivolto CORSE MODERNE €€

(04 95 73 17 58 ; 2 rue Archivolto ; plats 13-18 € ; avr-sept, fermé dim hors saison, fermé le midi en haute saison). Ici, tout est maison, insiste la patronne. Les suggestions à l'ardoise changent souvent mais le filet de veau corse au jus de romarin et les lasagnes chèvre aubergine restent des valeurs sûres. L'ensemble, qui marie épices et saveurs, se déguste sur l'agréable terrasse donnant dans une ruelle de la haute ville ou dans une petite salle remplie de bric-à-brac (ici, on fait aussi dans la brocante) où se côtoient anciens jeux d'enfants, tentures, bibelots, tableaux et argenterie.

Les Terrasses d'Aragon SPÉCIALITÉS DE POISSON €€

(04 95 73 51 07 ; 21 rue Simon-Varsi ; plats 12-23 € ; tlj midi et soir, avr-oct). La principale carte de visite de cet établissement est son emplacement, quasiment à l'aplomb de la falaise. Plusieurs menus à dominante de poisson sont proposés (menu bouillabaisse à 40 €) et la carte, outre les poissons, propose des fruits de mer et des plats de pâtes (à la

boutargue, au pistou, aux palourdes). L'ensemble est servi dans une jolie salle dont la vue est malheureusement gâchée par de petites fenêtres, ou sur la terrasse attenante, située dans le passage (très fréquenté) conduisant aux escaliers du roi d'Aragon.

Stella d'Oro – Chez Jules CUISINE INVENTIVE €€
(☎04 95 73 03 63 ; 7 rue Doria ; plats 16,50-65 €, menu 25 € ; ⏲tlj midi et soir avr-sept). L'atmosphère des lieux est un peu surannée mais la cuisine de qualité fait de cette adresse, installée dans un vieux moulin à huile, l'une des valeurs sûres de la citadelle. À côté des spécialités de la maison – aubergines et moules à la bonifacienne, spaghettis à la langouste – la carte propose quelques alléchantes (mais onéreuses !) suggestions, comme le dos de bar rôti ou l'épaule d'agneau confite. En dessert, nous avons craqué pour le délice au brocciu frais, très bien présenté, et fondant à souhait.

SUR LE PORT

♥ **Kissing Pigs** SPÉCIALITÉS CORSES €
(☎04 95 73 56 09 ; quai Banda del Ferro ; plats 10-18 €, menus 13-19 € ; ⏲fermé mer et dim hors saison, mer et dim midi de mi-juillet à mi-sept). Quelle belle surprise que ce petit restaurant au nom curieux ! Les Ferricelli proposent, au bord du quai, une cuisine simple et goûteuse : excellente charcuterie faite par le patron, salades, assiettes composées, tarte au myrte et même un énigmatique "saucisson au chocolat"... Ici, la charcuterie est vraiment corse, les fromages sont affinés et les produits frais. Le vin, choisi en fonction des papilles et des cépages, peut être servi au verre. Le tout avec sourire et bonne humeur. Que demander de plus ?

Les 4 Vents PRODUITS RÉGIONAUX €€
(☎04 95 73 07 50 ; 29 quai Banda-del-Ferro ; plats 13-30 € ; ⏲fermé lun-mar). Un peu à l'écart de l'animation du quai, cette adresse appréciée propose une carte réduite mais mise sur la qualité des produits : poissons de la pêche locale, tarte aux herbes et au brocciu, marmite du pêcheur façon bouillabaisse, tagliatelles à la boutargue... Jolie salle et bon rapport qualité/prix.

Restaurant du Centre nautique CUISINE DE LA MER €€
(☎04 95 73 02 11 ; www.centre-nautique.com ; port de plaisance ; plats 12-40 €, menu 25 € ; ⏲fermé mar). Cet établissement chic sans pour autant être trop guindé cultive son atmosphère "yacht-club" à l'écart des terrasses du port, auquel il fait face depuis le quai nord. La salle avec boiseries et matériaux naturels ne manque pas d'allure et la cuisine est à la hauteur du cadre, proposant des spécialités de poissons, de fruits de mer et de pâtes. La carte dépend des arrivages.

Le Voilier CUISINE FUSION €€€
(☎04 95 73 07 06 ; 81 quai Comparetti ; plats 25-55 €, menu autour de 30 € ; ⏲fév-oct). Atmosphère résolument chic pour cette adresse du port où l'on est accueilli dans une salle sobre, avec mobilier en bois sombre et teintes douces. Les tarifs sont élevés mais la cuisine, à base de produits de qualité travaillés en s'inspirant d'autres horizons, est en rapport. Également d'excellentes pâtisseries.

À L'EXTÉRIEUR DU CENTRE-VILLE

♥ **Domaine de Licetto** CORSE TRADITIONNEL €€€
(☎04 95 73 19 48, 04 95 73 03 59 ; www.licetto.com ; route du Phare ; menu 37 € ; ⏲avr-oct, le soir seulement, fermé dim). Ce restaurant a la réputation de rassasier les plus gros appétits (ce que nous confirmons !) grâce à un pantagruélique menu corse (entrée, 2 plats, plateau de fromages, dessert, apéritif et digestif...). Jouez les aventuriers du goût en goûtant le *casgiu merzu* ("fromage pourri"), proposé de juillet à octobre. Sur réservation 24 heures à l'avance : langouste grillée, pâtes à l'araignée de mer, bouillabaisse, agneau de lait au four...

Où prendre un verre

La vie nocturne de Bonifacio n'est pas aussi animée que celle de Porto-Vecchio en saison. Faites un tour sur le port, où se trouvent la plupart des bars. Quelques pistes :

B52 (quai Jérôme-Comparetti). Un bar branché, point de convergence habituel des fêtards.

Lola Palooza (quai Jérôme-Comparetti). Pas loin du précédent, récemment ouvert et tout aussi branché.

Pub O'Brian's (quai Jérôme-Comparetti). Sombre comme un vrai pub irlandais, il propose, chose rare en Corse, 6 bières pression.

Depuis/vers Bonifacio

AVION **L'aéroport de Figari-Sud Corse** (☎04 95 71 10 10 ; www.2a.cci.fr) est situé à 21 km au nord de Bonifacio, près du village de Figari. Vols pour Paris, Marseille, Nice et Lyon. Voir p. 390 pour plus de renseignements.

BATEAU Bonifacio est la principale porte d'accès à la Sardaigne, à 12 km de là seulement (1 heure de traversée jusqu'à Santa Teresa di Gallura). Deux sociétés effectuent la traversée. Les billets (16 à 20 € environ l'aller) sont en vente à la gare maritime. Voir également le chapitre *Transports*, p. 390.

Saremar (☎04 95 73 00 96). Deux ou trois liaisons par jour selon la saison.

Moby Lines (☎04 95 73 00 29 ; www.mobylines.it). Jusqu'à 4 rotations quotidiennes entre avril et septembre.

BUS Eurocorse (☎04 95 70 13 83 ; www.eurocorse.net) relie Porto-Vecchio, Roccapina, Sartène, Propriano, Olmeto et Ajaccio (en saison 4 départs/j du lundi au samedi, deux le dimanche). Davantage de destinations, dont Bastia et l'Alta Rocca, sont desservies depuis Porto-Vecchio.

Comment circuler

VOITURE Cul-de-sac routier, Bonifacio est un piège pour les véhicules. Mieux vaut donc laisser votre voiture au parking (certains hôtels en possèdent) et circuler à pied.

DESSERTE DE L'AÉROPORT En taxi, comptez 45-50 € environ.

ENVIRONS DE BONIFACIO

Les environs immédiats de Bonifacio recèlent plusieurs trésors naturels où les prestations touristiques sont limitées, et aussi quelques plages qui ne sont pas (encore ?) trop fréquentées.

Archipel des Lavezzi

Paradis protégé entre ciel et mer, l'archipel des Lavezzi regroupe une petite dizaine d'îles. La beauté de leurs paysages doit beaucoup à leur palette de couleurs, qui alterne les turquoise et bleu outremer des fonds marins avec les teintes claires du granite. Érodés par le vent et la mer, certains de ces blocs rocheux évoquent par leur forme les écailles d'un étrange monstre marin. D'autres, polis et arrondis, ont des reliefs plus sensuels.

L'île Lavezzi, la plus accessible et le point le plus méridional de la Corse, donne son nom à l'archipel. Les gardiens du sémaphore sont les seuls habitants de cet îlot de 65 ha, exceptionnel par la pureté de ses fonds marins et la splendeur du site. De nombreuses vedettes la desservent en saison au départ de Bonifacio (prévoyez de l'eau et de la nourriture car vous ne trouverez rien sur place). Reportez-vous p. 203. Il est également possible de rejoindre les Lavezzi en kayak au départ de la plage de Piantarella (voir p. 210).

LA PETITE HISTOIRE

LA TRISTE FIN DE LA SÉMILLANTE

L'alignement de tombes du cimetière de l'Achiarino, sur l'île Lavezzi, rappelle la tragique nuit du 15 février 1855. Embarquant à son bord plus de 350 hommes d'équipage et 400 militaires de l'armée de terre, la *Sémillante* avait quitté la veille les quais de Toulon. Cinglant vers Sébastopol – où elle amenait des renforts pour la guerre de Crimée (1854-1856) –, la frégate de trois mâts s'engagea de nuit dans les Bouches de Bonifacio, alors très mal balisées. Surprise par un coup de vent, elle fit naufrage devant l'île Lavezzi avec ses 773 passagers. Seul le capitaine, identifié grâce à ses bas, put recevoir une sépulture à son nom. Les autres victimes de la tragédie furent enterrées anonymement dans le paisible cimetière de l'île Lavezzi. Dans ses *Lettres de mon moulin*, Alphonse Daudet livre un récit de ce naufrage, qui reste à ce jour l'une des plus importantes catastrophes maritimes de la Méditerranée.

Outre de superbes petites criques propices à la baignade, l'île abrite un cimetière où sont enterrés les malheureux qui périrent à bord de *La Sémillante* (voir l'encadré ci-dessus), une chapelle paléochrétienne sculptée dans la roche et le mûrier endémique, seul arbre de l'île. Au nord-est des îles Lavezzi, l'île Cavallo, presque deux fois plus grande, est un paradis protégé pour les milliardaires de la jet-set qui y ont fait construire de luxueuses villas fermées au citoyen lambda.

Les îles Lavezzi sont incluses dans le périmètre de la réserve nationale des bouches de Bonifacio, qui participe, avec le parc national de l'archipel de la Maddalena, en Sardaigne, à un projet de parc marin transfrontalier. Si vous avez vos palmes, masque et tuba, vous devriez pouvoir découvrir l'espace protégé au cours d'une balade aquatique avec un accompagnateur du parc marin (gratuit) depuis les Lavezzi.

RANDONNÉE

DE BONIFACIO AU PHARE DE PERTUSATO

Départ : à Bonifacio, dans la rue qui mène à la haute ville, dans le virage, sur la gauche
Durée : 2 heures 30 aller-retour
Dénivelé : minime
Balisage : bornes indicatives au départ
Difficulté : pas de zones ombragées ; les enfants devront être étroitement surveillés, car le chemin est proche des falaises

À l'écart du tumulte touristique de la vivante Bonifacio, cette balade côtière épouse les contours des falaises à l'est de la ville. Le chemin forme un excellent belvédère pour observer les spectaculaires Bouches de Bonifacio.

L'itinéraire débute sur une rampe dallée qui grimpe rapidement jusqu'au sommet de la falaise. Suivez le sentier qui longe celle-ci, vers le sud-est. Sur votre gauche, s'étend un maquis ras ; sur votre droite, l'à-pic plonge vers la mer, révélant çà et là de très beaux panoramas sur les falaises crayeuses. Au bout d'une petite demi-heure, vous déboucherez sur la D260, qui mène au sémaphore et au phare. Suivez cette petite route qui s'écarte momentanément du bord de la falaise.

Après avoir dépassé quelques bâtiments, la route décrit un grand lacet puis remonte jusqu'à un sémaphore que vous atteindrez au bout de 45 minutes. Elle suit ensuite une longue échancrure en forme d'épingle à cheveux puis rejoint le phare de Pertusato. Cinquante mètres avant le phare, un chemin descend jusqu'à une crique ourlée de sable blanc et jusqu'à l'îlot Saint-Antoine.

À l'aller, vous apprécierez le modelé des falaises calcaires mangées par la mer. Sur le chemin du retour, vous aurez le loisir d'admirer la vieille ville de Bonifacio, en équilibre précaire sur son promontoire, avec, au sud, des perspectives sur la Sardaigne.

Évitez les heures les plus chaudes de la journée, compte tenu de l'absence d'ombre et de point d'eau.

Cap Pertusato (pointe Saint-Antoine)

Reconnaissable à sa forme de navire en train de sombrer, le cap Pertusato est un agréable lieu de promenade à partir de Bonifacio. L'itinéraire qui y mène en longeant les falaises crayeuses en haut de la montée Saint-Roch est décrit ci-dessus. Vous pourrez également parcourir en voiture les 4 km qui le séparent de la ville en prenant la D58, au coin de l'hôpital.

Décrire le panorama qui s'offre du cap sur les falaises, les fonds marins, les îles Lavezzi et la citadelle de Bonifacio relève de la gageure. Sachez simplement que le cap est le meilleur endroit pour avoir un aperçu féerique de la ville à partir du large sans poser le pied sur le pont d'un bateau…

Pointe de Spérone

Lieu de prédilection de célébrités internationales, la pointe de Spérone est sous haute surveillance. Le terrain de golf (www.sperone.com) qui la surplombe, réalisé en amenant sur place la terre fertile nécessaire à la pousse du gazon impeccable, est l'un des plus réputés d'Europe du Sud. Pour les simples mortels, la **plage du Petit Spérone** fera l'affaire. De la plage du Petit Spérone, un sentier mène en 10 minutes à la **plage du Grand Spérone**, tout aussi idyllique.

Plage de Piantarella

À environ 5 km à l'est de Bonifacio, la plage de Piantarella est un bon spot pour les adeptes de **planche à voile** et de **kayak de mer**. Le plan d'eau, peu profond et plat par vent d'est, est par ailleurs idéal pour les débutants. En kayak, vous pourrez naviguer jusqu'à l'**île de Piana**, surnommée "les petites Caraïbes", ourlée de sable fin, en face de la plage de Piantarella, ou jusqu'à Spérone et Pertusato, voire pousser jusqu'à l'île Lavezzi si la mer est calme.

Contactez les prestataires suivants :

Bonifacio Windsurf (☎04 95 73 52 04 ; www.bonifacio-windsurf.com ; ⏲mai-sept). Location kayak, planche à voile, paddle (à partir de 10/25/10 € l'heure). Cours collectifs à partir de 140 € (7 heures) et leçons particulières

(60 € l'heure). Cours enfants à partir de 6 ans (140 € les 6 heures). Dissimulé derrière les rochers en direction de Spérone.

Club de voile de Bonifacio (☎06 83 17 37 17 ; www.ecole-windsurf.com ; ⏲mai-sept). Location planche à voile et kayak. Club de voile (catamaran à partir de 32 € l'heure, stages à 130 € les 5 séances de 1 heure 30). Activités pour enfants : jardin des mers pour les 4-6 ans, Optimist, petits catamarans (dès 7 ans). Sortie en mer aux Lavezzi à bord d'un catamaran de croisière de 8 m.

Bonif Kayak (☎06 27 11 30 73 ; www.bonifacio-kayak.com ; ⏲mai à mi-oct). Spécialité : des balades en kayak guidées par une naturaliste avec pause pique-nique (45 €), jusqu'aux Lavezzi par temps calme (compter 45 minutes), ou jusqu'aux falaises de Bonifacio, avec une halte sur la plage du Petit Spérone. Départs du golfe de Santa Manza en cas de vent d'ouest. Kiosque au bout de la plage, en allant vers Petit Spérone. Également location simple de kayak et paddle.

Où se loger et se restaurer

Camping des Îles TROIS-ÉTOILES €
(☎04 95 73 11 89 ; www.camping-desiles.com ; route de Piantarella ; adulte/tente/voiture 5,50-8,50/3-4,50/3-4,50 € ; ⏲avr à mi-oct ; s). À 5,5 km de Bonifacio et 1 km avant la plage de Piantarella, ce camping trois étoiles bénéficie, sur près de 8 ha, d'un bel environnement fleuri et d'équipements dignes de certains hôtels (minigolf, jolie piscine, tennis, épicerie, laverie, aire de jeux). Certains emplacements manquent un peu d'ombre mais le cadre est le plus agréable aux abords immédiats de Bonifacio. Location de chalets et bungalows.

Chez Momo PIZZERIA €
(pizzas 8-10 € ; ⏲juin-oct). Une sympathique pizzeria-buvette, sur la plage.

Plage de Calalonga

Restée sauvage (notamment parce qu'elle est bordée par un terrain militaire), la petite plage de Calalonga est généralement moins bondée en saison que les autres plages des environs car elle demeure plus difficile d'accès : la D58/258, qui y mène en 6 km vers l'est depuis Bonifacio, finit en effet par une piste posant parfois problème aux véhicules.

Où se loger

Marina di Cavu HÔTEL DE LUXE €€€
(☎04 95 73 14 13 ; www.hotelmarinadicavu.com ; d 160-280 €/pers en demi-pension ; ❄ ≋ 📶). Estampillé "Châteaux et hôtels de France", ce beau quatre-étoiles se distingue par son emplacement privilégié face aux îles (certaines chambres disposent de terrasses qui donnent dessus), sa bonne table et sa très belle piscine.

Golfe de Santa Manza

À 7 km à l'est de Bonifacio, le petit golfe de Santa Manza se décline en une suite de jolies petites plages assez isolées. En saison, il vit au rythme des résidences hôtelières installées dans ses environs. Hors période estivale, sa principale activité se résume à celle des loups de mer et dorades qui sont élevés dans ses eaux.

Régulièrement venté et offrant des conditions de pratique idéales, le golfe est un paradis pour les amateurs de planche à voile et de kitesurf, notamment les plages de Maora et de Santa Manza, au terminus de la D58. Quelques petites criques propices à la baignade se trouvent un peu avant la **plage de Santa Manza** (suivre la D58). La **plage de Maora**, mal entretenue, est assez régulièrement envahie par des détritus.

L'immense **plage de Balistra**, sur la rive nord du golfe de Santa Manza, est encore plus sauvage, et pour cause : elle n'est accessible que par une piste très cahoteuse de 2,5 km qui part de la N198 (suivre la direction de Porto-Vecchio). Elle est également très prisée des amateurs de kitesurf et des véliplanchistes. Une paillote est installée sur la plage en été.

Activités

Corsica Kiteboarding KITESURF
(☎06 75 01 50 04 ; www.corsica-kiteboarding.com ; ⏲avr-oct) Une école de kitesurf itinérante, qui propose des stages sur plusieurs plages du Sud corse.

Pouss Vague LOCATION DE BATEAUX
(☎06 07 94 25 82 ; www.poussevague.com). Pour découvrir le golfe (et ses sites inaccessibles par la route) à votre rythme, vous pouvez louer un bateau à moteur de 6 CV (sans permis) pour 90/115 € la demi-journée/journée. Kayaks à partir de 8 € l'heure.

Ranch San Diego BALADES ÉQUESTRES
(☎04 95 73 01 67, 06 26 95 42 83 ; www.leranchsandiego.com). Sorties équestres de l'heure, à la demi-journée, à la journée et baignades avec les chevaux. Sur la route de Santa Manza.

Où se loger et se restaurer

Hôtel du golfe HÔTEL-RESTAURANT €€
(04 95 73 05 91 ; www.hoteldugolfe-bonifacio.com ; Santa Manza ; s/d 88-135/133-171 € en demi-pension ; plats 9-20 €, menus 15-24 € ; mai à mi-oct ;). Le seul hébergement à des prix accessibles dans le golfe. L'établissement propose 8 chambres de tailles différentes à la décoration sommaire mais bien tenues. La plupart ont vue sur le port de Santa Manza et sur une exploitation ostréicole à l'abandon. La cuisine familiale très portée sur la cuisine de la mer (loup grillé du golfe de Santa Manza, soupe de poisson maison, calamar), n'est pas à négliger. Desserts maison. Demi-pension obligatoire.

U Capu Biancu QUATRE-ÉTOILES €€€
(04 95 73 05 58 ; www.ucapubiancu.com ; domaine de Pozzoniello, route de Canetto ; d 195- 490 € selon confort et saison, ste 400-1 280 € ; mai à mi-oct ;). Ce quatre-étoiles "rustique chic" isolé dans le maquis joue la carte de l'atmosphère décontractée tout en offrant un service impeccable. Certes, les couleurs vives qui ornent les chambres, assez petites, ne sont plus vraiment tendance, mais la piscine à débordement, le cadre sauvage, les 2 restaurants, un bar design et la petite plage privée dans une calanque en font un lieu idéal pour se ressourcer. Depuis Bonifacio, prenez sur 5 km la route de Porto-Vecchio puis obliquez à droite (c'est indiqué). La route alterne piste et bitume sur 5 km.

La Cabane du Pêcheur PRODUITS DE LA MER €
(04 95 73 06 27 ; www.lacabanedupecheur.org ; Santa Manza ; plats 13-38 € ; midi et soir, mai-sept). L'intitulé ne ment pas, dans cette maisonnette en bois, qu'il faut se donner la peine de trouver (de la plage de Maora, continuez sur la rive sud du golfe, en suivant la D58), Pierre-Louis vous propose de déguster les produits de la pêche familiale à la fraîcheur garantie : salade de raie, salade de poulpe, poissons grillés issus de la pêche du jour, langouste... Cour ombragée avec vue sur le golfe.

Maora Beach PAILLOTE €€
(04 95 73 11 93 ; www.casarina-village.com ; plage de Maora ; plats 8-45 € ; tlj midi et soir fin avr-déb oct). Cette paillote bénéficie d'un emplacement idéal, sur la plage de Maora, directement face à la mer et mise sur son emplacement. De belles banquettes aux coussins colorés et moelleux, au milieu d'un jardin de plantes exotiques, invitent au farniente et à la rêverie, tout en se désaltérant d'une Pietra ou d'un jus de fruit. Dommage que la cuisine ne soit pas à la hauteur et les prix à la hausse. Une adresse convenable pour prendre l'apéritif, avant d'aller se régaler au Gregale, à 2 minutes de là (voir ci-dessous).

Le Gregale RESTAURANT DE POISSON €€
(04 95 73 51 46 ; plage de Maora ; poisson 6 €/100 g ; juin-sept, le soir). L'adresse des connaisseurs, légèrement en retrait de la plage de Maora. Dans cette affaire familiale où s'affairent le père, la mère et les deux fils (pêcheurs), on se délecte de spécialités de poissons ultrafrais, qui vous sont présentés avant cuisson (à la plancha). Également langoustes (14 € les 100 g). Cartes de crédit non acceptées.

DE BONIFACIO À PORTO-VECCHIO

À l'écart de la N196, la ligne droite de plus de 25 km qui relie Bonifacio et Porto-Vecchio, le littoral de cette partie de l'île est ponctué de magnifiques échancrures et de plages paradisiaques. Notamment celle de Rondinara, qui ne déparerait en rien sous des cieux plus exotiques. Plus au nord encore se trouve l'incontournable plage de Palombaggia (voir p. 219), qui est sans doute l'une des plages les plus connues de Corse, à juste titre.

Plage de Rondinara

Son charme ? Une anse quasi parfaite fermée par deux presqu'îles couvertes de langues de maquis, qui s'avancent l'une vers l'autre. Entre les deux, un liseré de sable blanc et des eaux cristallines, turquoise, peu profondes. L'image est tellement idyllique que la baie de Rondinara est l'une des plus photographiées de Corse. En été, il faut ajouter au tableau la silhouette des yachts mouillés dans la baie et les couleurs de l'arc-en-ciel des parasols et serviettes de bain. Car Rondinara est superbe, et cela se sait. D'autant plus qu'elle est située entre deux villes fréquentées.

Hormis la location de pédalos, les services se limitent à un camping et à un restaurant (voir ci-dessous).

Pour vous y rendre depuis Bonifacio, suivez la route de Porto-Vecchio sur 13 km puis prenez une petite route sur la droite, en direction de Suartone, sur 7 km. Au niveau de la plage, un parking est aménagé (payant uniquement en saison 2/3,50 € par moto/voiture).

Où se loger et se restaurer

Camping Rondinara CAMPING €
(04 95 70 43 15 ; www.rondinara.fr ; adulte/tente/voiture 5,90-7,60/3-3,90/3-3,80 € ; mi-mai à sept ;). Fleuri, bien entretenu et agréable, ce camping est installé 400 m avant la plage de Rondinara. Il bénéficie d'équipements dignes d'un bon hôtel et d'une belle piscine. Location de chalets à la semaine.

Restaurant de la plage PAILLOTE-RESTAURANT €
(04 95 70 07 08 ; plats 6-22 € ; mai-sept). L'unique paillote-restaurant de Rondinara, en bordure de la plage propose crêpes, salades, entrecôtes ou brochettes de poisson... la carte satisfait tous les goûts et la cuisine est très correcte compte tenu du lieu et des prix.

PORTO-VECCHIO ET SES PLAGES

Porto-Vecchio (Portivecchju)

Que de changements en moins de trois siècles. Au XVIIIe siècle, Porto-Vecchio comptait tout juste 300 habitants. Aujourd'hui troisième ville de Corse, l'ancienne "cité du sel" s'est trouvé une nouvelle vocation avec le tourisme estival qui lui donne un petit air de Saint-Tropez. Cet essor s'est traduit par un développement un peu tentaculaire – la ville est bardée de ronds-points et de centres commerciaux, et la fièvre immobilière s'est emparée du secteur – mais le centre historique garde un charme indéniable. Plus qu'aux vestiges somme toute relativement modestes de sa citadelle, Porto-Vecchio (11 000 habitants en hiver, 88 000 résidents en été) doit son succès aux belles plages qui s'étendent de part et d'autre de son golfe. Elle est aussi devenue un lieu de villégiature prisé des célébrités françaises et étrangères.

Bien sûr, vous n'échapperez pas aux embouteillages en juillet-août. Ni aux prix irréalistes en haute saison. La solution ? Venir, autant que possible, en avant-saison ou en septembre, lorsque Porto-Vecchio retrouve une certaine sérénité.

Histoire

Désireuse de s'implanter sur la côte orientale de l'île, la république de Gênes jeta son dévolu sur Porto-Vecchio au XVe siècle. Au fond d'un golfe profond, ce site, certainement fréquenté dès l'Antiquité, offrait le meilleur abri entre les places fortes de Bonifacio et de Bastia. Les Génois s'installèrent sur les hauteurs du golfe, où ils créèrent la ville haute, bientôt cernée d'épais remparts. Cette tentative d'éloignement d'un littoral insalubre ne s'avéra guère payante : le paludisme, endémique le long de cette côte, décima les premiers colons.

Quelques années plus tard, une seconde tentative de peuplement – par des Corses recrutés de force, cette fois – ne rencontra pas davantage de succès. Laissée quasiment à l'abandon, Porto-Vecchio réapparut dans l'histoire en 1564, lorsque Sampiero Corso choisit la ville comme base d'une nouvelle tentative de reconquête de l'île. Assiégé, il dut capituler quelques mois plus tard.

Porto-Vecchio ne connut un véritable essor qu'après la transformation en salines des marais alentour, qui s'accompagna d'une disparition du paludisme. Forte de sa nouvelle salubrité, la "cité du sel" repartit alors sur une nouvelle base. La beauté des plages qui s'effilochent de part et d'autre de son golfe contribua par la suite à la propulser sur le devant de la scène touristique.

Orientation

Porto-Vecchio est divisée en deux parties : la ville haute, avec ses quelques ruelles et les vestiges de sa citadelle ; et la marina, d'architecture plus moderne, que longe l'avenue Georges-Pompidou. La rue de Cavasina, qui part du premier rond-point au nord du port de plaisance, relie les deux en 400 m environ.

Renseignements

Office du tourisme (04 95 70 09 58 ; www.destination-sudcorse.com ; rue du Général-Leclerc ; 9h-20h avr-sept, variable le reste de l'année). L'office du tourisme propose un jeu de piste patrimonial pour les 8-12 ans dans la ville haute.

Cybernet (04 95 10 24 45 ; 8 rue du Colonel-Quenza ; 9-20h lun-dim avr-sept, variable le reste de l'année). Point Internet à partir de 1,5 €/15 min.

À voir

Citadelle CENTRE HISTORIQUE
Quelques vestiges de la citadelle bâtie par les Génois rappellent que Porto-Vecchio fut jadis une ville fortifiée. Si la **porte génoise** et le **bastion de France** sont fermés au public, la charmante rue Borgo, bordée de maisons anciennes, laisse deviner une partie de son riche passé. Épicentre de la ville haute, la place de la République, flanquée de terrasses de cafés, est dominée par l'**église Saint-Jean-Baptiste** (XIXe siècle).

Porto-Vecchio

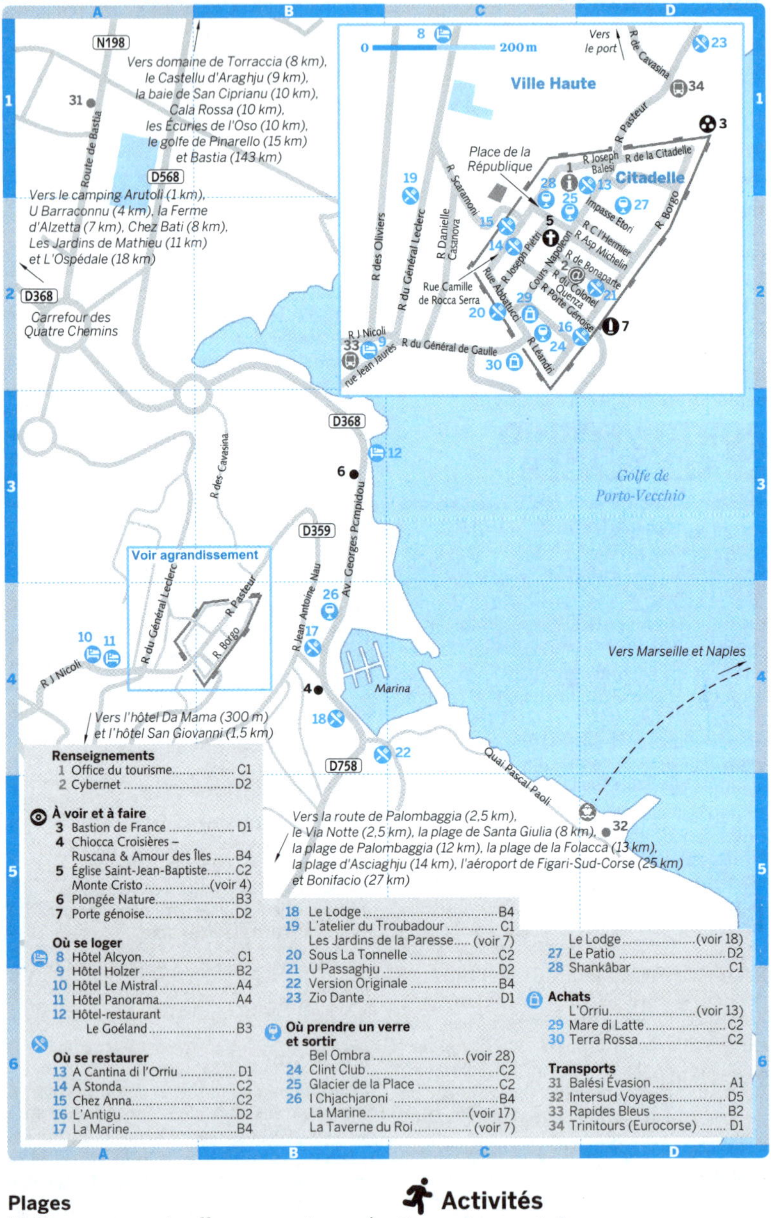

Plages

Malheureusement, elles ne sont pas à proximité immédiate de la ville ; il faut aller soit vers le nord (voir p. 221), soit vers **Palombaggia** (voir p. 219), **Santa Giulia** (voir p. 221) ou **Rondinara** (voir p. 212), au sud.

Activités

Excursions en bateau

Des excursions en bateau sont possibles au départ de Porto-Vecchio. À bord de grosses vedettes, vous longerez la réserve des îles Cerbicale et les plages du sud de la ville avant d'atteindre les îles Lavezzi et Cavallo, le golfe de Spérone, puis Bonifacio (si la météo le permet). Le tarif inclut le pique-nique et un arrêt baignade dans une anse superbe. Comptez environ 65/40 € par adulte/enfant.

Chiocca Croisières – Ruscana & Amour des îles (04 95 70 33 67, 06 87 46 59 47 ; www.croisieres-ruscana.com ; avr-oct). À proximité de la capitainerie.

Plongée

Installé à la marina de Porto-Vecchio, le centre **Plongée Nature** (06 64 43 26 04, 06 19 26 26 51 ; www.plongee-nature.com), bien tenu, propose des sorties plongée aux îles Cerbicale et sur l'épave de *La Pinella*, pour tous les niveaux. Comptez 55 € le baptême, et à partir de 40 € pour une exploration. On citera également :

Dolfinu Biancu (06 21 46 71 49, 04 95 72 01 33 ; www.dolfinu-biancu.fr ; plage de La Folacca-Asciaghju ; juin-sept). Géré par Michel Rossi. Sur réservation.

Hippocampe (/fax 04 95 70 56 54 ; www.hippocampe.de ; La Chiappa). Sur la plage du club naturiste La Chiappa, au sud du golfe de Porto-Vecchio.

Kalliste PLongée (04 95 70 44 59, 06 09 84 91 51; www.corsicadiving.com ; plage de Palombaggia). À 13 km environ du centre de Porto-Vecchio, sur la plage de Palombaggia.

Oxygène (04 95 70 10 21, 06 09 69 58 62 ; www.oxygene-plongee.com ; Santa Giulia). Sur le port de Santa Giulia

Reportez-vous à la section *Plongée* p. 30 pour des renseignements détaillés sur les sites.

Où se loger

Outre la liste ci-dessous, vous trouverez des hébergements, du camping à l'hôtel de luxe, dans les environs de la ville, notamment sur la route de Palombaggia (voir p. 219).

Petits budgets

Camping Arutoli CAMPING €

(04 95 70 12 73 ; www.arutoli.com ; route de l'Ospédale ; adulte/tente/voiture 5,85-6,65/2,75-3,50/2,75-3,35 € ; avr-oct ;). Le camping le plus proche du centre-ville est installé au tout début de la route montant à l'Ospédale, près de l'un des nombreux ronds-points qui ceinturent la ville. Emplacements ombragés, dans une forêt de chênes. Restaurant, aires de jeux, piscine. Location de bungalows à la semaine.

BON PLAN **Hôtel Panorama** HÔTEL €

(04 95 70 07 96 ; fax 04 95 70 46 78 ; 12 rue Jean-Nicoli ; d 50-68 € selon saison ; mai-sept ; P @). Bon accueil, propreté, bonne literie et vue sur le port de plaisance pour les chambres sur l'avant. Les chambres plus chères disposent d'une toute petite sdb ; les autres partagent les sanitaires sur le palier. Les chambres 8 et 9, au dernier étage, mansardées, offrent une belle vue sur les marais salants. À deux minutes à pied de la vieille ville. Parking gratuit (quelques places seulement).

Hôtel Da Mama HÔTEL €€

(04 95 70 56 64 ; www.damama.com ; rue du Maréchal-Juin ; d 54-98 € ; avr-oct ; P). Certes, le Da Mama est un peu excentré, à environ 800 m du centre-ville, au bord de la route principale (direction Bonifacio), et la déco est franchement banale, mais les chambres présentent un confort acceptable, avec des sdb en bon état. Demandez une chambre avec balcon (pas de supplément). Bonnes confitures maison au petit-déjeuner. Sans prétention, mais d'un bon rapport qualité/prix.

Quelques adresses à l'extérieur de Porto-Vecchio (vers l'intérieur des terres) :

Chambres d'hôtes U Barraconnu CHAMBRES D'HÔTES €€

(06 15 08 53 71 ; route de l'Ospédale ; d avec petit-déj 70-115 € selon saison ; tte l'année). Une adresse rafraîchissante, à la campagne, en lisière de forêt (suivre la direction de l'Ospédale). Les 5 chambres, de bon confort, occupent une ancienne ferme soigneusement restaurée. Le centre de Porto-Vecchio est à environ 5 km.

La Ferme d'Alzetta CAMPING À LA FERME €

(04 95 70 02 32 ; www.fermedalzetta.com ; Muratello ; adulte/enfant (selon l'âge) 8/3-5 € ; juin-sept). Une aire naturelle de camping, au confort simple, qui vaut pour sa tranquillité et son cadre, ombragé, dans une exploitation agricole, à la sortie du village de Muratello. On peut acheter les légumes et fruits bio de la propriété, et les enfants seront ravis de découvrir les activités de la ferme.

Chez Bati CHAMBRES D'HÔTES €€

(06 18 40 22 65 ; www.chezbati.com ; d 61-109 € selon saison petit-déj inclus ; fév-nov ; P). À 8 km de Porto-Vecchio, indiquée au-dessus du village de Muratello, cette maison récente dissimule d'agréables chambres d'hôtes, à la propreté exemplaire. Table d'hôtes le soir (29 €).

Catégorie moyenne

Hôtel Le Mistral HÔTEL €€

(04 95 70 08 53 ; www.lemistral.eu ; rue Jean-Nicoli ; s 46-120 €, d 60-145 selon saison ; mars-oct ;). À deux minutes du centre-ville, ce deux-étoiles occupant une demeure sans caractère offre l'un des meilleurs rapports qualité/prix de la ville (hormis en août, où les prix crèvent les plafonds comme ailleurs !). À défaut d'une décoration très actuelle, les chambres sont climatisées et disposent de sdb rutilantes. Quelques places de parking gratuites.

Hôtel Holzer MOTEL €€

(04 95 70 05 93 ; www.hotel-holzer.com ; rue Jean-Jaurès ; s/d 40-89/50-150 € selon saison ; tte l'année ;). Ultra-central, rénové en 2010 avec des chambres aux tons crème, cet hôtel pratique des tarifs raisonnables (sauf en haute saison) et peut dépanner pour une nuit ou deux, avec des chambres compactes, de style motel. Quelques places de parking payantes (10 € pour les voitures).

Hôtel Alcyon HÔTEL €€

(04 95 70 50 50 ; www.hotel-alcyon.com ; d 85-280 € selon confort et saison ; tte l'année ;). Entièrement refait dans un style assez contemporain, l'Alcyon apporte une touche de modernité à l'hôtellerie de milieu de gamme de la ville, même si les chambres sont petites et impersonnelles. Celles qui se situent à l'arrière ont une vue bouchée ; mieux vaut opter pour celles qui donnent sur la rue.

Hôtel Le Goéland HÔTEL-RESTAURANT €€€

(04 95 70 14 15 ; www.hotelgoeland.com ; La Marine ; d en demi-pension 160-390 €, ste 260-430 € selon confort et saison ; mars-nov ;). Le Goéland est à la fois en ville et les pieds dans l'eau et dispose d'une belle terrasse gazonnée léchant les flots. Les chambres, rénovées au cours des dernières années, présentent une déco chaleureuse et originale, à base de tons grèges et de matériaux naturels : rotin, jonc de mer, galets, bois cérusés. Mieux vaut opter pour les "côté mer", car les "côté pins" ont une vue bouchée par un bâtiment. Jolie salle de restaurant, lumineuse, face à la mer. Ambiance décontractée et accueil chaleureux. La demi-pension est vivement souhaitée en dehors de la basse saison.

Hôtel San Giovanni HÔTEL €€€

(04 95 70 22 25 ; www.hotel-san-giovanni.com ; route d'Arca ; s/d 65-110/70-127 € selon saison ; mars à mi-nov ;). Le San Giovanni est à 2 km du centre mais il mérite le détour pour son cadre : massifs floraux colorés, rocailles, bassins, palmiers, jets d'eau... Un véritable jardin botanique de 3 ha, auquel s'ajoutent une belle piscine, des jeux d'extérieur et un court de tennis. Étonnament, les chambres, en rez-de-jardin avec terrasse pour la plupart, paraissent banales. Idéal avec des enfants.

Dans l'arrière-pays de Porto-Vecchio :

Les Jardins de Mathieu CHAMBRES D'HÔTES €€€

(04 95 26 78 41, 06 83 50 62 08 ; www.lesjardinsdemathieu.net ; Pascialella de Muratello ; d 120-230 € selon saison petit-déj inclus ; tte l'année ;). En plein maquis, sur les hauteurs de Porto-Vecchio (à 12 km), vous vous prélasserez autour de la petite piscine, en contemplant le panorama sur le golfe au loin. Les 4 chambres, spacieuses, avec accès indépendant, sont aménagées dans des bâtiments en pierre imitant l'architecture des bergeries. Déco épurée à l'intérieur. Possibilité de table d'hôtes (35 €).

Où se restaurer

Existe-t-il des recoins de la ville haute qui n'accueillent pas des tables de restaurants en saison ? Vous aurez l'embarras du choix. Les établissements de la rue Borgo se doublent d'une terrasse panoramique sur la marina et le golfe, qu'ils font payer cher.

VILLE HAUTE

A Cantina di l'Orriu SPÉCIALITÉS CORSES €€

(04 95 25 95 89 ; www.orriu.com ; cours Napoléon ; plats 10-28 € ; mai-sept). C'était un bar à vin réputé, c'est devenu un restaurant, avec une plus grande capacité d'accueil grâce à l'adjonction d'une terrasse dans la ruelle à côté. Spécialités corses servies dans les règles de l'art : assiette de charcuterie fermière, "Piattu di u Pastore" (assiette de fromages), cabri de lait grillé au myrte, raviolis maison, salades... et, bien sûr, une belle sélection de vins au verre (à partir de 3,50 €).

Les Jardins de la Paresse TERRASSE AVEC VUE €€

(04 95 70 38 26 ; porte génoise ; plats 8-20 €, menu 18-38 € ; fermé dim midi). Seul réel atout des lieux : le cadre. Accrochée à flanc de falaise juste après la porte génoise, cette adresse touristique profite d'une vue sublime sur le golfe et offre

3 terrasses ombragées par des mandariniers et de la vigne vierge. Carte éclectique et cuisine sans aucune prétention, à des prix qui ont tendance à prendre de l'embonpoint au fil des ans.

Chez Anna PÂTES À L'ITALIENNE €€
(☎04 95 70 19 97 ; rue Camille-de-Rocca-Serra ; plats 15,50-21,50 € ; ⏲soir seulement, mars à mi-oct). À l'écart des adresses de la touristique rue Borgo, Chez Anna se démarque par une salle déclinant des teintes de blanc et de gris, sobre et plutôt design. Spécialités de pâtes à l'italienne, notamment les légers et délicieux *dollari* ; ces médaillons de pâte fraîche cuisinés à la viande et aux légumes, gratinés au four avec de la crème et du parmesan, font la réputation de Chez Anna depuis 1969.

L'Antigu PRODUITS RÉGIONAUX €€
(☎04 95 70 39 33 ; 51 rue Borgo ; plats 19-24 €, menus 18-23 € ; ⏲fermé dim midi). Une valeur sûre dans cette rue où les restaurants sont au coude à coude. Cuisine correcte utilisant les produits de l'île : pigeon fermier mariné au myrthe, poitrine de porc noir braisée, poisson grillé (7 € les 100 g). Desserts succulents, notamment les terrines de poires Williams pochées à la vanille avec pain d'épice, brocciu et glace au miel corse. Cadre sobre et terrasse panoramique.

L'atelier du troubadour CORSE INVENTIF €€
(☎04 95 70 08 62 ; 13 rue du Général-Leclerc ; plats 9,5-19,5 €, menus 30-90 € ; ⏲lun-sam). Dans cette imposante maison de maître un peu à l'écart du centre-ville, cette ancienne table gastronomique opère une mutation en douceur. Dans un décor mêlant touche industrielle et contemporaine, on y goûte désormais une cuisine méditerranéenne présentée sur une grande ardoise : *linguini* aux sèches façon thaï, todanu à la bastiaise. La carte fait la part belle aux viandes, poissons à la plancha et aux pâtes. Pêche du jour un peu onéreuse (9€ les 100 g) mais belle carte des vins.

Autres suggestions :

♥ **Zio Dante** CUISINE TOSCANE €
(☎04 95 72 08 77 ; 10 rue Pasteur ; plats 9-18 €, menus 16-18 € environ ; ⏲fermé jeu). Le spécialiste de la *cucina toscana* (cuisine toscane) est également apprécié pour ses pizzas et son ambiance moins touristique que beaucoup d'autres. Presque deux ambiances : à l'extérieur, tables et chaises en plastique, et un intérieur beaucoup plus raffiné avec napperons et chaises en tissu.

Sous la Tonnelle CORSE CONTEMPORAIN €€
(☎04 95 70 02 17 ; rue Abbatucci ; plats 13-28 € ; ⏲fermé dim et lun en basse saison). Cuisine corse contemporaine, présentée sur l'ardoise. Alléchant. Goûtez aux *petti morti* (farine de maïs gratinée au four et sa daube de veau aux olives et aux cèpes) et aux *sciaccie* de pommes de terre et son échine de porc au thym et à l'ail.

U Passaghju CORSE INVENTIF €€
(☎04 95 20 15 66 ; 16 rue Borgu ; plats 11-25, menus 14,5-26,5 € ; ⏲avr-nov). Cuisine corse avec une touche de créativité : stuffatu de sanglier, brochette de bœuf cuite au bois de myrthe. En dessert, la catalane à la framboise nous a laissé un bon souvenir. Petite salle à l'étage. Bon rapport qualité/prix pour Porto Vecchio.

SUR LE PORT

Version Originale SALADES €
(☎04 95 70 38 75 ; port de plaisance ; plats 5,50-11,20 € ; ⏲avr-oct, fermé dim). Ambiance jeune et branchée pour cette adresse où l'on sert des salades et des assiettes composées. Elles sont joliment présentées et les prix serrés. À déguster sur une terrasse face au port de plaisance, sur des chaises en métal multicolore.

La Marine PIZZERIA-GRILL €€
(☎04 95 70 08 33 ; quai Pascal-Paoli ; plats 16-26 € ; ⏲tlj en saison, fermé jan). Deux salles et deux ambiances : l'une assez chic, avec du mobilier en bois, l'autre plus tendance avec tabourets colorés et néons de couleur. La carte, éclectique, va des sushis aux viandes en passant par les pizzas. L'une des rares adresses du port qui reste ouverte hors saison.

Le Lodge CAFÉ-RESTAURANT €€
(☎04 95 22 47 93 ; quai Pascal-Paoli ; plats 10-26 € ; ⏲tlj midi et soir en saison). Une grande terrasse en bois face au port avec de confortables coussins colorés et deux imposants palmiers..., voilà une adresse qui sent la décontraction chic. S'y ajoute une touche branchée avec l'appellation – "restaurant, salon, cocktail-bar" – et la déco, à la limite du baroque New Age, de la salle. Côté restauration : brochettes, pâtes, salades, poissons et viandes à la plancha.

☆ Où sortir et prendre un verre

La place de l'Église concentre quelques options intéressantes. En été, les terrasses s'étalent au point que, si les choses continuent à ce rythme, il y aura un jour des tables et des buveurs jusque dans la sacristie. Le **Glacier de la Place** (☎04 95 70 21 42), véritable institution, affiche une carte de près de 130 bières, de dizaines d'alcools et d'une quarantaine de parfums de glaces (à partir de 3,10 €). Plusieurs terrasses assez "tendance", notamment le **Shankâbar** (☎04 95 70 06 53), le **Bel Ombra** (☎04 95 70 52 21 ; place de la République) ou **Le patio** (☎04 95 10 73 41 ; impasse Ettori), situés sur une placette entourée de maison, en pierre, font office d'avant-boîte. À deux pas de là, le **Clint Club** (☎04 95 70 19 19 ; 3 rue Jérôme-Landri) est la seule discothèque de la ville haute, parfaite pour ceux qui n'auront déjà plus envie de prendre leur voiture.

Le port est un autre quartier de choix pour regarder s'étirer la soirée. On y trouve quelques adresses et terrasses branchées rivalisant d'effets de décoration et de cocktails aux noms exotiques, notamment **Le Lodge** (☎04 95 22 47 93) et **La Marine** (☎04 95 70 08 33).

Toutes ces adresses font cependant office de préambule avant de rejoindre la boîte de Porto-Vecchio : **Via Notte** (☎04 95 72 02 12 ; www.vianotte.com ; route de Porra ; ⏲juin-sept) connaît chaque soir en été un succès démentiel. Musique variée, piscine. En plein air, à la sortie de la ville, en direction de Bonifacio. Pour les amateurs de soirées plus traditionnelles, c'est à la **La Taverne du Roi** (☎04 95 70 41 31 ; www.latavernedûroi.com ; porte génoise) qu'il faut se rendre. Ce bar-cabaret, dans la porte génoise, abrite des soirées chants et guitares, à partir de 22h en été. Dans un genre encore different, le théâtre de la compagnie **I Chjachjaroni** (☎04 95 72 02 57 ; www.ichjachjaroni.com ; usine à liège du port) propose de nombreux spectacles en soirée, principalement pour enfants, dans une ancienne usine à liège située sur le port. Les mardi, mercredi et jeudi en juillet et août.

Achats

L'Orriu ÉPICERIE FINE
(☎04 95 70 26 21 ; 5 cours Napoléon ; ⏲mai-sept). Une épicerie fine qui ne triche pas avec la qualité (ni avec l'origine) des produits qu'elle commercialise. Jambons, fromages, gâteaux, confitures, liqueurs, terrines, coutellerie corse... Une caverne d'Ali Baba.

Terra Rossa AUTOUR DE L'OLIVE
(☎04 95 70 04 35 ; www.terrarossa.fr ; 18 rue du Général-de-Gaulle ; ⏲tte l'année). Une très belle boutique consacrée à l'olive dans tous ses états : plats et objets en bois d'olivier, huiles AOC de variété et de typicité différentes : chaque bouteille précise le producteur et sa région d'origine.

Mare di Latte STYLISTE CORSE
(☎04 95 24 77 23 ; www.maredilatte.com ; 4 cours Napoléon ; ⏲tte l'année). Stéphanie de Pedretti, qui a créé sa griffe, Mare di Latte propose des créations plutôt bohèmes chics (écharpes, sacs à main, robes).

Depuis/vers Porto-Vecchio

AVION L'**aéroport de Figari-Sud-Corse** est à 25 km de Porto-Vecchio. Pour plus de détails sur la desserte aérienne, voir p. 390.

BATEAU La **SNCM** (www.sncm.fr) assure un service entre Marseille et Porto-Vecchio 3 fois par semaine (jusqu'à 4 en été).

Vous pouvez acheter vos billets à l'agence **Intersud Voyages** (☎04 95 70 06 03 ; quai Pascal-Paoli ; ⏲lun-sam 8h30-11h45 et 14h30-18h). Voir Transports p. 390 pour plus d'informations.

BUS Les **Rapides Bleus** (☎04 95 70 10 36 ; rue Jean-Jaurès) effectuent la liaison Porto-Vecchio-Bastia (2/j sauf dim et jours fériés en hiver) via Solenzara, Ghisonaccia, Aléria et Moriani (20 €, 3 heures).

Balési Évasion (☎04 95 70 15 55 ; www.balesievasion.com ; route de Bastia) dessert Ajaccio (1/j lun-sam en juil-août, 1/j lun et ven en hiver) en passant par l'Alta Rocca : l'Ospédale, Zonza, Bavella, Aullène (20 € pour Ajaccio).

Eurocorse, représenté en ville par l'agence **Trinitours** (☎04 95 71 24 64 ; rue Pasteur), dessert Ajaccio (2/j lun-sam, 1/j dim et jours fériés en haute saison ; 1/j lun-sam en basse saison) par le littoral via Sartène et Propriano. Eurocorse dessert également Bonifacio. Vous pouvez aussi acheter vos billets directement auprès du conducteur.

Les Rapides Bleus et Eurocorse assurent des navettes vers les plages de Palombaggia et Santa Giulia en été (9 € l'aller-retour pour Santa Giulia/Palombaggia). Renseignez-vous sur les horaires et l'itinéraire exact à l'office du tourisme.

Comment circuler

DEPUIS/VERS L'AÉROPORT La course en taxi depuis/vers l'aéroport coûte environ 40 €.

Sud de Porto-Vecchio

Cette portion de littoral abrite quelques-unes des étendues de sable blanc les plus paradisiaques de Corse, depuis la plage de Palombaggia au golfe de Santa-Manza (voir p. 219) en passant par la baie de Rondinara (voir p. 212). En chemin, les abords de la ville offrent de bonnes possibilités d'activités. Autant d'atouts ne pouvaient hélas pas passer inaperçus : ces édens sont souvent surfréquentés au cœur de la saison touristique.

Les plages de Palombaggia et de Santa Giulia sont desservies en haute saison par des navettes de bus (voir ci-contre). Renseignez-vous à l'office du tourisme.

SECTEUR DE LA PLAGE DE PALOMBAGGIA

C'est quasiment devenu un mythe, au point que certains sont (presque) déçus en la voyant tellement on leur avait vanté sa beauté. Mais ne boudons pas notre plaisir : Palombaggia, qui s'étire sur près de 3 km, est une plage de rêve. Son long ruban de sable bordé de pins, qui se déploie en face de la réserve naturelle des îles Cerbicale, en fait la plage la plus courue du sud de la Corse en haute saison. Autant vous prévenir : elle est bondée en été.

De très nombreux hôtels, restaurants, campings et prestataires d'activités sont disséminés le long des 11 km de route qui séparent la plage de la ville (l'embranchement quitte la N198 au niveau d'un rond-point à la sortie sud de Porto-Vecchio). Vous trouverez également des restaurants sur la plage.

Palombaggia se prolonge par la **plage de la Folacca** puis par celle d'**Asciaghju**, tout aussi photogéniques.

Envie d'une plage secrète ? Cap sur la **plage de Cateraggio**, qui offre une belle étendue de sable fin. Elle se mérite : elle n'est accessible qu'à pied, par un sentier (non indiqué) qui part à proximité du Ranch Campo. Comptez 20 minutes de marche.

Activités

Les îles Cerbicale et les magnifiques sites de **plongée** qui les entourent sont facilement accessibles depuis Palombaggia. Reportez-vous au chapitre *Plongée* (p. 30) pour plus d'informations sur les sites. Contactez les centres de plongée suivants :

Dolfinu Biancu (☎04 95 72 01 33, 06 21 46 71 49 ; www.dolfinu-biancu.fr ; plage de la Folacca).

Hippocampe (☎04 95 70 56 54 ; www.hippocampe.de ; La Chiappa). Sur la plage du club naturiste La Chiappa, mais ouvert aux non-membres.

Kallisté Plongée (☎04 95 70 44 59, 06 09 84 91 51 , www.corsicadiving.com ; plage de Palombaggia)

Plongée Nature. À Porto-Vecchio (voir p. 215).

Le **Ranch Campo** (☎04 95 70 13 27 ; www.ranchcampo.com), 1 km avant la plage, propose des **balades équestres** de 2 heures sur la plage le matin, avec baignade (40 €) et une balade le soir (20 €, débutants acceptés), sur la plage de Cateraggio ou la plage de Palombaggia. Poney dès 2 ans.

Où se loger

De nombreuses adresses, de la plus simple à la plus chic, se succèdent le long de la route menant à la plage. Des restaurants ouvrent sur celle-ci en été.

Camping U Pirellu CAMPING €
(☎04 95 70 23 44 ; www.u-pirellu.com ; route de Palombaggia ; adulte/tente/voiture 6-9,50/3-4,5/3-4 € ; ⊙avr-oct ; 🏊). Seulement 3 km avant la plage, ce camping est doté de toutes les commodités : restaurant, épicerie, courts de tennis et piscine à débordement. Les emplacements, délimités par des haies et des murets de pierre, sont assez ombragés. Location de chalets à la semaine (ou pour deux nuits minimum hors saison).

Chambres d'hôtes A Littariccia CHAMBRES D'HÔTES €€
(☎04 95 70 41 33 ; www.littariccia.com ; route de Palombaggia ; d avec petit-déj 65-210 € selon saison et chambre ; 🏊). Une agréable maison d'hôtes, où il fait bon se détendre, de préférence au bord de la piscine, en contemplant la plage de Palombaggia à l'horizon. Les chambres sont de ravissants cocons décorés de tissus lumineux. À 400 m de la route côtière, accessible par une piste carrossable en direction de Piccovaggia (suivez les panneaux).

Les Bergeries de Palombaggia HÔTEL €€€
(☎04 95 70 03 23 ; www.hotel-bergeries-palombaggia.com ; d 165-595 € selon confort et saison ; ⊙avr-nov ; ❄🏊📶). Un havre de paix, chic et zen, composé de plusieurs bâtiments en pierre évoquant d'anciennes bergeries et d'une splendide piscine à débordement d'où l'on embrasse un panorama époustouflant sur Palombaggia. À savoir : les chambres les moins chères n'ont pas de vue. Service de restauration sur place.

Ranch Campo CHAMBRES D'HÔTES €€
(☎04 95 70 13 27 ; www.ranchcampo.com ; d 60-300 € selon confort et saison ; 🏊). Ce centre équestre, doté d'une piscine et situé 1 km avant la plage, propose aussi des chambres d'hôtes et des minivillas. Hormis les moins chères, toutes les chambres sont situées dans des bungalows construits en pierre de pays. Une adresse atypique, dont l'atmosphère évoque celle des haciendas.

Environs de Porto-Vecchio

Où se loger
1 Camping U Pirellu A3
2 Casa Del Mar A3
3 Chambres d'hôtes A Littariccia A3
4 E Casette A3
5 Grand Hôtel de Cala Rossa B2
6 Hôtel Alivi A4
7 Hôtel Caranella B2
8 Hôtel Moby Dick A4
9 Le Pinarello B1
Les Bergeries de Palombaggia ..... (voir 3)
10 Motel des Amandiers B1
11 Ranch Campo A3

Où se restaurer
12 37°2 ..... A2
13 Le Figuier A2
Le Rouf ..... (voir 10)
14 Pizzeria-grill Costa Marina A4
15 Playa Baggia A4
Ranch'o Plage ..... (voir 12)
Tamaricciu ..... (voir 15)

À voir et à faire
16 A Tyroliana A1
17 Casteddu d'Araghju A2
18 Centre équestre d'Araggio A2
19 Club Nautique Santa Giulia A4
20 Dolfinu Biancu A4
21 Domaine de Torracia A1
22 École de voile de Pinarello B2
23 Écuries de l'Oso A2
24 Hippocampe B3
25 Kallisté Plongée A4
26 Lolly Loops B2
Multi Services Plaisance ..... (voir 19)
Oxygène ..... (voir 19)
Ranch Campo ..... (voir 11)
27 Sportsica B2

Où sortir
28 Via Notte A4

Pour les possibilités d'équitation, voir *Activités* p 219.

E Casette
MAISON D'HÔTES €€€

(04 95 70 13 66 ; www.casette.com ; route de Palombaggia ; d et ste 120-650 € selon confort et saison ; avr-sept ;). Cet établissement caché dans le maquis mise avant tout sur l'intimité. Les chambres et suites sont spacieuses et se caractérisent par leur décoration contemporaine et colorée. La piscine, grande comme un timbre-poste, invite à se rafraîchir en savourant le panorama sur le golfe. À savoir : pas d'accès direct à la plage, pas de vue sur la mer depuis les chambres, et pas de service de restauration.

Casa Del Mar
PALACE €€€

(04 95 72 34 34 ; www.casadelmar.fr ; route de Palombaggia ; d et ste 380-2 500 € selon confort et saison ; avr-oct ;). Une bâtisse à l'architecture avant-gardiste qui se fond harmonieusement dans l'environnement, une déco très design, un cadre somptueux en bord de mer, un service irréprochable, un restaurant gastronomique, un spa avec une cabine de massage dans les arbres... Ce palace est l'adresse de tous les superlatifs. Seule fausse note : les chambres côté nord n'ont pas une belle vue.

Où se restaurer

Pizzeria-Grill Costa Marina
RESTAURANT €

(04 95 70 36 57 ; route de Palombaggia ; plats 10-25 € ; soir avr à mi-oct). Cet établissement renommé, en surplomb de la route de Palombaggia, vers le sud, offre de belles perspectives sur le bord de mer, à quelques centaines de mètres. Spécialités de grillades (thon, espadon, bœuf) au feu de bois, joliment présentées, de pâtes (excellentes), et pizzas appétissantes. Un bon point également pour le mobilier en teck et le service, dynamique et efficace.

Playa Baggia
PAILLOTE €

(06 23 43 27 63 ; sud de la plage de Palombaggia ; plats 10-26 € ; juil-août tlj midi). Une paillote sur la plage, à côté du Tamaricciu. Spécialités de poissons, plats de pâtes et salades. Rapport qualité/prix correct vu le site. Animations certains soirs.

Tamaricciu PAILLOTE BRANCHÉE €€
(☎04 95 70 49 89 ; www.tamaricciu.com ; sud de la plage de Palombaggia ; plats 15-32 € ; ⏲mi-avr à mi-oct, tous les midis, midi et soir en juil-août). Mitoyen de l'adresse précédente, le Tamaricciu est l'une des paillotes les plus sélectes et branchées de la plage, installée les pieds dans l'eau. Mobilier en teck, service constant, cuisine soignée.

SECTEUR DE SANTA GIULIA

Avant tout fréquentée par les clients de deux grands villages-vacances, la belle **plage de Santa Giulia** n'est pas très adaptée aux voyageurs indépendants et il est difficile de s'y garer en saison. La baie, dans laquelle les débutants se sentiront en sécurité, se prête cependant à merveille à la pratique de la **voile** et du **kayak**.

Le **Club nautique Santa Giulia** (☎04 95 70 58 62, 06 22 74 49 53 ; www.club-nautique.fr ; plage de Santa Giulia ; ⏲mai à mi-oct) loue des planches à voile (à partir de 18 € l'heure), des catamarans (à partir de 35 €), des canoës, (11 €) et propose des cours collectifs et particuliers.

♥Autre option, moins sportive : louer un petit bateau à moteur de 6 CV (sans permis) et découvrir la baie à sa guise, en profitant des criques et des plages inaccessibles par la route. Contactez **Multi Services Plaisance** (☎04 95 70 29 13, 06 10 83 59 25 ; www.multiservicesplaisance.com ; marina de Santa Giulia ; ⏲mai-sept) et prévoyez environ 125 € la journée.

Le centre de plongée **Oxygène** (☎04 95 70 10 21, 06 09 69 58 62 ; www.oxygene-plongee.com) effectue des sorties plongée dans le secteur des îles Cerbicale. Reportez-vous au chapitre *Plongée* (p. 30) pour plus d'informations sur les sites de plongée.

Où se loger et se restaurer

♥ **Hôtel Alivi** HÔTEL DE CHARME €€€
(☎04 95 52 01 68 ; www.santa-giulia.fr ; d 137-364 € avec petit-déj ; ⏲avr-oct ; P ❄ 🏊 📶). Un hôtel de charme auquel nous ne trouvons que des qualités : intimiste (10 chambres seulement, dont deux avec vue sur la mer), bien situé sur les hauteurs, avec un service personnalisé. Sans oublier une belle piscine ronde, des produits bio au petit-déjeuner et un confort irréprochable.

L'Hôte Antique CHAMBRES D'HÔTES €€
(☎04 95 71 20 17, 06 22 24 85 73 ; www.lhote-antique.com ; Petralonga Salvini ; d 75-105 € avec petit-déj selon saison ; ❄📶). Cette agréable maison d'hôtes est située dans le hameau de Petralonga Salvini, d'où l'on découvre un large panorama sur Porto-Vecchio, Rondinara, Santa Giulia et Bonifacio. Accueil enjoué et bon rapport qualité/prix distinguent cette adresse où vous trouverez 5 chambres spacieuses, bien équipées et dotées d'une bonne literie et de jolis carrelages. La 4 et la 6 ont une belle vue sur la mer. Depuis Bonifacio, prenez la route vers Petralonga Salvini (elle quitte la N198 sur la gauche 4,5 km après l'embranchement vers Suartone et Rondinara) et montez sur 3,5 km.

Hôtel Moby Dick HÔTEL AU BORD DE L'EAU €€€
(☎04 95 70 70 00 ; www.sud-corse.com ; baie de Santa Giulia ; d 76-265, demi-pension obligatoire en juil-août ; ⏲avr-oct ; ❄📶). Avec son mythique ponton qui s'enfonce dans des eaux turquoise, cet hôtel qui fit la gloire du Club Med dans les années 1970 a subi un relooking complet en 2011. Parfaitement intégré avec son bardage en bois, il allie aujourd'hui confort et modernisme dans un esprit zen et épuré. Ses 44 chambres spacieuses sont dotées d'un balcon. Évitez, si possible, les chambres donnant sur l'étang d'où se dégage parfois une odeur nauséabonde. Location également de pavillons en bois à proximité de l'hôtel à la semaine.

Nord de Porto-Vecchio

Les golfes et les plages qui s'étendent au nord de Porto-Vecchio sont moins glamour que leurs homologues du sud mais on ne s'en plaindra pas, d'autant plus que le cadre est tout aussi attrayant. La D46 vous conduira à Cala Rossa et à la baie de Saint-Cyprien (San Ciprianu). Plus au nord, la très belle presqu'île de Pinarello (Pinareddu), ponctuée d'une tour génoise, est cernée de superbes rubans de sable.

PLAGE DE CALA ROSSA ET SES ENVIRONS

Plus petite et moins impressionnante que certaines de ses voisines – mais là réside son charme – Cala Rossa est la plage la plus huppée des environs. Elle frange une très jolie baie, l'**anse de Tramulimacchia**. La route qui longe la plage (après les restaurants 37°2 et Ranch'o Plage) se termine en cul-de-sac au bout d'une péninsule, la **pointe de Benedettu**, où se trouve une autre plage moins connue, la **plage de Benedettu.**

Renseignements

Office du tourisme (☎04 95 70 09 58 ; www.lecci-sudcorse.com ; RN 198, Lecci ;

9-20h tlj juin-sept, 9-13h et 16-20h le reste de l'année). Au centre de Lecci, en bord de route.

Où se loger et se restaurer

Hôtel Caranella HÔTEL-RÉSIDENCE €€
(04 95 71 60 94 ; www.caranella.com ; route de Cala Rossa ; d 75-365 € selon confort et saison ;). Seule adresse à prix raisonnables, cet hôtel-résidence avec piscine propose des chambres gaies, de plain-pied, ouvrant sur un jardin verdoyant. La plage est à 2 minutes à pied. La demi-pension (au restaurant Ranch'o Plage) est obligatoire en juillet et en août. Loue aussi des studios à la semaine.

Grand Hôtel de Cala Rossa HÔTEL DE LUXE €€€
(04 95 71 61 51 ; www.hotel-calarossa.com ; Cala Rossa ; d 240-900 € avec petit-déj selon confort et saison ; avr-déc ;). Une adresse de luxe au style classique, affiliée au réseau Relais & Châteaux. Le Cala Rossa dispose de 40 chambres qui respirent les couleurs de la Méditerranée, d'un spa et de tout le confort d'un palace, dans une magnifique pinède qui débouche sur une plage privative. Évitez les chambres côté nord, car elles n'ont aucune vue particulière ; les autres donnent sur la pinède. Restaurant gastronomique.

Le Figuier CUISINE MÉDITERRANÉENNE €
(04 95 72 08 78 ; route de Cala Rossa ; plats 10-25 € ; mai-sept). On ne s'attend pas à trouver une aussi bonne adresse au bord d'un rond-point. Protégé de la route par un décor de rocaille, Le Figuier est réputé pour ses délicieuses pizzas, ses carpaccios aux compositions originales (à la mozzarella, au gingembre, au roquefort), ses grillades et ses salades. Terrasse et salle voûtée en pierre agrémentée de plantes, dans un style tropical. Carte de crédit non acceptée.

37°2 RESTAURANT DE PLAGE €
(04 95 71 70 24 ; plage de Cala Rossa ; plats 9-27 € ; mai-sept). Voila une adresse "de plage" qui ne manque pas d'allure. Le décor est réussi – terrasse en bois façon cérusé, meubles en teck, lampes marocaines – et la carte sait aussi bien être sage (pizzas au feu de bois) que recherchée (tournedos de lotte, carré d'agneau, lasagnes de légumes). À retenir.

Ranch'o Plage PAILLOTE CHIC €€
(04 95 71 62 67 ; www.restaurant-rancho-plage.com ; plage de Cala Rossa ; plats 13-32,50 €, menus 17-34 € ; mai-sept). Cette paillote chic, dont la terrasse surplombe directement la plage, a ses inconditionnels dans la région de Porto-Vecchio. Spécialités de poissons (8,50 € les 100 g) et de langouste.

SAINT-CYPRIEN (SAN CIPRIANU) ET SES ENVIRONS

Ici encore, le sable, les activités nautiques et l'équitation sont à l'honneur.

Les Écuries de l'Oso (04 95 70 69 81 ; route de Saint-Cyprien), sur la route menant à la baie, organisent des promenades à cheval dans les environs (25 € pour 1 heure 30), comprenant pour certaines une baignade avec les chevaux (50 €, pour cavaliers confirmés).

Pour les activités nautiques, adressez-vous à **Lolly Loops** (06 14 67 91 55 ; plage de Saint-Cyprien), qui loue des Hobie Cat, des planches à voile et des kayaks.

À 3 km de la N198 vers l'intérieur des terres, non loin de Saint-Cyprien, le site préhistorique de **Casteddu d'Araghju** (entrée libre), moins visité que ceux de Cucuruzzu et de Capula dans l'Alta Rocca, est pourtant mieux conservé. L'entrée en bon état laisse deviner l'importance du monument datant du IIe millénaire av. J.-C. Un couloir d'une dizaine de mètres pavé d'énormes dalles de pierre mène à l'intérieur des ruines de l'édifice, qui comprend plusieurs salles. Du haut des murs épais, on découvre une vue magnifique sur le golfe de Porto-Vecchio et la montagne. Du village d'Araghju, comptez environ 25 minutes de marche pour y parvenir. Prévoyez de l'eau et une bonne paire de chaussures. Une buvette, dans le village, permet de se rafraîchir après la visite.

Le sympathique **centre équestre d'Araggio** (06 14 58 66 25 ; route de Gialla) organise des balades équestres jusqu'au Casteddu d'Araghju (2 heures, 38 €) et dans la vallée de l'Oso, avec baignade dans les vasques naturelles (3 heures 30, 50 €).

♥ PINARELLO (PINAREDDU) ET SES ENVIRONS

Personne ne contredira le fait que Pinarello est un redoutable piège pour les automobilistes en été. Mais qu'importe : l'attraction de cette presqu'île aux belles plages bordées de pins est trop forte... Conséquence de cet afflux, un parking payant municipal est maintenant ouvert de juin à septembre au centre de Pinarello.

Renseignements

Office du tourisme (04 95 71 48 99 ; www.zonza-saintelucie.com ; mairie annexe juin-sept 8h-19h30h lun-sam, dim 9h-12h30, oct-mai 8h-12h et 13h30-17h30, fermé mer a-m). Sympathique accueil dans la mairie de Sainte-Lucie de Porto-Vecchio où vous trouverez aussi beaucoup d'infos sur l'Alta

Rocca. Sainte-Lucie de Porto-Vecchio est en effet rattaché administrativement à la commune de Zonza .

À voir et à faire

L'**école de voile de Pinarello** (04 95 20 81 42 ; plage de Pinarello) loue des catamarans, des dériveurs, des planches à voile et des kayaks, et assure des cours (initiation et perfectionnement) de voile et de kitesurf.

Sportsica (06 24 26 51 83 ; sport.sica@orange.fr) propose une intéressante excursion guidée en kayak : à bord d'un kayak (simple, double ou, pour les familles, un quattro), vous longerez la côte jusqu'à l'île de Pinarello, où un arrêt est prévu, incluant une dégustation de produits corses. Plusieurs pauses snorkeling et baignade émaillent le parcours. La sortie dure 3 heures et coûte 30 €. À faire en famille ou entre amis. Location de pédalos et de stand-up paddle.

Chiocca croisières – Ruscana (04 95 70 33 67 ; www.croisieres-ruscana.com) propose en saison des sorties en mer, aux Cerbicale et aux Lavezzi depuis Pinarello.

Si par hasard vous vous lassiez du sable blanc et de la mer turquoise, rejoignez le village de Lecci, sur la N198 peu avant Sainte-Lucie, où se trouve le **domaine de Torraccia** (04 95 71 43 50 ; tlj 8h-20h juil-août, lun-sam 8h-12h et 14h-18h hors saison). Les propriétaires de ce domaine de 43 ha produisent des vins doux, des eaux-de-vie de marc, des olives et de l'huile, mais surtout l'un des meilleurs vins de Corse (Domaine de Torracia et cuvée prestige L'Orriu). Dégustation et vente sont proposées tout au long de l'année (évitez la période des vendanges).

Où se loger et se restaurer

BON PLAN **Motel des Amandiers** HÔTEL €
(04 95 71 43 64 ; d 52-68 € ; mai-sept). Quelle surprise de trouver ici une adresse proposant de tels tarifs, surtout en été ! Dans une propriété verdoyante située à l'arrière du restaurant Le Rouf (voir ci-dessous), à 100 m de la plage, cet hôtel dispose de 7 chambres à la décoration et à l'agencement simples mais très corrects pour le prix demandé. Les places sont rares en haute saison car les lieux sont fréquentés par des habitués. Tarifs dégressifs à partir de trois nuits

Le Pinarello HÔTEL DE LUXE €€€
(04 95 71 44 39 ; www.lepinarello.com ; d 266-551 € selon saison, ste 415-763 € ; mi-avr à oct ; P). Charme et sobriété, cet hôtel de luxe est une réussite en matière de rénovation. Toutes les chambres ont une terrasse donnant sur la mer mais les 7 suites, aménagées dans un bâtiment de l'autre côté de la route, ne bénéficient que d'une vue partielle sur la mer. Un soin particulier a été apporté à la qualité des tissus et aux jeux des couleurs, alternant tonalités chaudes et nuances plus virginales. L'établissement s'est doté d'un espace fitness en 2010. Plage au pied de l'hôtel.

Le Rouf SPÉCIALITÉS DE POISSON €€
(04 95 71 50 48 ; plats 19-39 €, menu 14 € ; mai-sept). Une adresse à la mode où l'on aperçoit parfois quelques têtes connues du show-biz ou de la politique, à ne pas confondre avec la pizzeria située justé à côté. Tarifs élevés : poisson (11 € les 100 g), langouste (21 € les 100 g), mais pêche locale et terrasse idyllique.

♥ VALLÉE DU CAVU

Dans cette vallée encore sauvage, pas trop fréquentée en saison, on pourra se baigner dans de magnifiques **vasques**. De Sainte-Lucie de Porto-Vecchio, prenez la direction de Taglio Rosso, puis remontez la vallée en suivant la route forestière. À vous de trouver votre petit coin de paradis...

Cette vallée boisée peut se découvrir à VTT. **Sportsica** (06 24 26 51 83 ; sport.sica@orange.fr) propose des balades guidées, faciles, dans la forêt de San Martinu, avec des arrêts baignade dans le Cavu. La sortie dure 3 heures et coûte 20 €. Des VTT enfants sont disponibles. Possibilité de combiner la pratique du kayak et du VTT.

Aménagé au bord du Cavu, à 2 km de Taglio Rosso (suivre la route forestière), le parc aventure **A Tyroliana** (06 18 40 45 39 ; mi-juin à mi-sept) comprend 4 parcours (à partir de 10 €) réunissant une soixantaine d'ateliers, au milieu des pins maritimes

ALTA ROCCA

Changement de décor. Surplombant les plages du sud de l'île, l'Alta Rocca, univers singulier en équilibre entre le Sartenais et la région de Porto-Vecchio, révèle à ceux qui en doutaient encore la nature montagnarde de la Corse. Cette accueillante région a tout pour plaire, surtout aux passionnés de loisirs sportifs : les possibilités d'équitation et de canyoning sont nombreuses et quasiment tous les villages sont traversés par des sentiers de randonnée. Les autres seront séduits par la nature généreuse qu'offre cette région située à l'extrémité de l'épine dorsale montagneuse de l'île. D'immenses

À SAVOIR

Les services sont limités dans l'Alta Rocca. Les stations-service sont rares (Aullène, Levie, Sainte-Lucie de Tallano) et leurs horaires d'ouverture sont aléatoires. De même, il n'existe qu'un seul distributeur de billets dans la région, à la poste de San Gavino di Carbini, entre Levie et Zonza.

L'Alta Rocca, par ailleurs, semble facilement accessible. Ne vous y fiez pas : que l'on parte de Sartène ou de Porto-Vecchio, les routes d'accès sont longues et sinueuses.

forêts de pins laricios, de châtaigniers et de chênes verts recouvrent les plateaux et les collines, tandis que des montagnes de granite animent l'horizon. En point d'orgue, le fabuleux massif de Bavella et ses aiguilles taillées en lames de couteaux est à couper le souffle. Au point que cette forteresse de granite est devenue emblématique du sud de la Corse.

Les villages de l'Alta Rocca et leurs altières maisons de granite, discrètement blottis au milieu de ce décor extraordinaire, méritent également une visite prolongée. Aux abords de Levie, on découvrira des vestiges mégalithiques qui comptent parmi les plus importants de l'île et apportent à la région une note culturelle bienvenue.

Renseignements

Le petit **office du tourisme de Zonza** (04 95 78 56 33 ; Zonza ; juin-sept, lun-sam 9-18h30) est au milieu du village. Consultez également le site www.alta-rocca.com.

Depuis/vers l'Alta Rocca

BUS Pour une région montagneuse isolée, l'Alta Rocca est plutôt bien desservie par les transports en commun.

Alta Rocca Voyages – Ricci (04 95 51 08 19, 04 95 78 86 30 ; www.altarocca-voyages.com). De juillet à mi-septembre, 2 départs quotidiens tlj, entre Ajaccio et Zonza via Olmeto, Propriano, Sartène et Sainte-Lucie-de-Tallano. Le reste de l'année, une liaison du lundi au samedi avec Zonza. En juillet-août, ce service se prolonge jusqu'au col de Bavella.

Balési Évasion (04 95 70 15 55 ; www.balesievasion.com). Ligne Ajaccio-Porto-Vecchio via Aullène, Serra di Scopamène, Sorbollano, Quenza, Zonza et l'Ospédale. En juillet-août : du lundi au samedi avec en plus la desserte du col de Bavella. Hors saison : les lundi et vendredi uniquement.

Eurocorse (04 95 21 06 30 ; www.eurocorse.com). Ligne Ajaccio-Zonza via Olmeto, Propriano, Sartène, Sainte-Lucie-de-Tallano et Levie. Du lundi au samedi.

L'Ospédale

Fraîcheur garantie à l'Ospédale. Longtemps, les habitants de Porto-Vecchio fuyaient en été la chaleur de la côte et venaient se réfugier dans ce paisible hameau perché à 800 m d'altitude. L'influence de Porto-Vecchio et de la côte, nettement visibles par temps clair, à une vingtaine de kilomètres, se fait encore sentir, mais l'Ospédale garde son cachet de village d'altitude, avec ses sobres maisons de granite et la proximité immédiate de sa superbe forêt, l'une des plus belles de Corse du Sud. Une bonne base pour ceux qui hésitent entre mer et montagne.

À voir et à faire

La route qui mène au hameau de **Cartalavonu**, sur la gauche lorsque l'on va en direction de Zonza, peu après être entré sous le couvert végétal, est idéale pour découvrir la **forêt de l'Ospédale**, composée de majestueux pins laricios. Suivez-la sur 2 km environ pour arriver au **sentier des Rochers**, ou sentier des Taffoni. Bien balisé par l'ONF (balisage jaune), ce chemin pédestre est un parcours facile, sans réel dénivelé, entre les arbres et les taffoni, cavités creusées dans la roche par l'érosion. En une demi-heure, vous atteindrez un petit plateau herbeux parsemé de rochers, traversé par le sentier Mare a Mare® sud, qui offre un beau panorama. D'autres sentiers sont indiqués depuis le même point de départ. Cartalavonu constituant la première étape du sentier Mare a Mare® sud, vous pourrez facilement vous lancer pour quelques heures de marche sur le sentier depuis le gîte si le cœur vous en dit. Il est par exemple possible de monter jusqu'à la **Punta di a Vacca Morta** (1 314 m), d'où l'on découvre un panorama extraordinaire sur le golfe de Porto-Vecchio et le lac de l'Ospédale. Comptez 2 heures aller-retour.

D'autres possibilités d'activités vous attendent sur la route principale en direction de Zonza. Mention spéciale au **parc aventure Xtrem Sud** (04 95 70 01 20 ; www.xtremsud.com ; forêt de l'Ospédale ; juin à mi-sept) et à son superbe parcours aménagé dans le décor magique de la forêt de l'Ospédale (juste avant le barrage de l'Ospédale en venant du village). Comptez 22/18 € la demi-journée adulte/enfant (3 niveaux de difficultés et 100 ateliers). Un "baby parc" est spécialement réservé aux enfants de 3 à 8 ans (12 €). Le site comprend également une via ferrata (2 niveaux), incluse dans le prix d'entrée du parc aventure. Les animateurs proposent enfin des activités d'escalade et de **canyoning**, à Piscia di Gallo (55 €) ou à Bavella (45/50 € suivant la descente).

Vous arriverez ensuite à hauteur du **lac de l'Ospédale**, dont le barrage interdit toute baignade et canotage, avant d'arriver à la belle balade menant à la cascade de Piscia di Gallo (voir la randonnée ci-dessous). Elle est malheureusement très fréquentée en été.

Où se loger et se restaurer

Le Refuge GÎTE-RESTAURANT €
(04 95 70 00 39 ; Cartalavonu ; gîte 38 € en demi-pension, d 70 € avec petit-déj ; plats 15-18 € ; mai-oct). Ce gîte-restaurant installé dans une maison en pierre et en bois, au milieu des pins laricios de la forêt de l'Ospédale, au bout d'une piste, est une bonne base pour découvrir les trésors des environs (sentier des Rochers, Punta di a Vacca Morta, Mare a Mare® sud). La partie gîte d'étape comprend des dortoirs de 6 places, avec sdb, qui mériteraient d'être modernisés. Pour plus d'intimité, optez pour l'une des 4 chambres doubles, dépouillées mais correctes. Le restaurant propose une cuisine familiale sans prétention. Soirées guitare certains soirs en juillet et août. Par la route, continuez 1 km au-dessus de l'Ospédale puis prenez à gauche vers Cartalavonu sur 3 km.

U Spitaghju CHAMBRES D'HÔTES €€
(04 95 26 77 53, 06 12 51 01 25 ; nadetdom@wanadoo.fr ; l'Ospédale ; s/d 65-75/75-85 € selon vue avec petit-déj ;). Une jolie maison en granite en bordure de la route principale, trois chambres confortables décorées dans des tons ocre et jaune, des meubles de famille, un salon avec TV et un jardin fleuri où trône une terrasse perchée d'où

RANDONNÉE

CASCADE DE PISCIA DI GALLO ("PISSE DE COQ")

Départ : 7 km après le barrage de l'Ospédale, à environ 32 km de Porto-Vecchio (impossible à rater en été car de nombreuses voitures y stationnent, parking payant au cœur de la saison). Vous y accédez par la D368, entre Porto-Vecchio et Zonza
Durée : 1 heure 30 aller-retour ; retour par le même itinéraire
Dénivelé : 80 m
Difficulté : passage très escarpé en fin de parcours

À la découverte d'une curiosité naturelle nichée dans les hauteurs de l'arrière-pays de Porto-Vecchio, en plein cœur du magnifique massif boisé de l'Ospédale.

Garez votre véhicule sur l'imposante aire de stationnement au bord de la D368, dépassez la buvette La Cascade et rejoignez le sentier. La première partie du parcours longe d'abord un ruisseau puis rejoint au milieu d'une superbe forêt de pins maritimes, une piste forestière qui descend en pente douce. Vous traverserez ensuite deux ruisseaux à gué, avant d'entamer une remontée qui vous conduira sur un petit plateau dénudé. À ce stade, la côte devient visible vers l'ouest. Le sentier se poursuit sur une crête en surplomb d'un canyon encaissé sur la droite, où coule un torrent – celui-là même qui jaillit en cascade en aval. On passe alors un petit col, d'où l'on embrasse une vaste perspective sur la côte et le golfe de Porto-Vecchio. Le sentier descend ensuite à travers le maquis, dominé par des arbousiers et de la bruyère, et serpente au milieu de gros blocs rocheux. Le bruit de la chute d'eau devient nettement perceptible. Un belvédère a été aménagé, d'où l'on contemple une partie de la chute d'eau. Les randonneurs chevronnés peuvent éventuellement poursuivre la descente dans un couloir rocheux très abrupt, en s'aidant d'une main courante jusqu'à un petit ressaut. De là, on jouit du spectacle de l'eau qui se fracasse sur une avancée rocheuse et se scinde en deux gerbes. Attention : ce dernier tronçon est fortement déconseillé avec des enfants ou en cas de pluie (risques de glissade). À défaut de pouvoir se baigner au pied de la cascade, on peut, à la remontée, sur le petit plateau, à hauteur d'un pin, prendre une piste qui descend sur la gauche. Elle mène au ruisseau en contrebas, où des vasques invitent à la baignade.

l'on embrasse un vaste panorama sur la côte : tous les atouts d'un séjour agréable sont réunis dans cette adresse chaleureuse. Sans oublier, insistent les propriétaires, la promesse d'un excellent sommeil grâce à l'altitude (850 m) !

U Funtanonu CUISINE FAMILIALE €€
(☎04 95 70 47 11 ; l'Ospédale ; plats 15-26 € ; ⏲avr-sept). Coup de cœur pour cette auberge chic et accueillante qui occupe une belle maison en pierre au centre du village de l'Ospédale. La terrasse ombragée d'une abondante glycine est séduisante, tout comme la salle intérieure avec son mobilier en bois, ses poutres et ses belles nappes blanches. Même impression côté cuisine : familiale, simple et de qualité (terrine de sanglier au myrte, civet de sanglier, ravioli au brocciu).

Achats

Faites provision de fromages, de coppa et de miel de l'Ospédale (en particulier le miel de printemps, très recherché) à la **maison Valli** (☎06 21 14 25 61 ; route de l'Ospédale). Pensez à appeler pour vous assurer de la disponibilité des produits.

Zonza

Zonza (à prononcer "tsonsz" !) doit à la proximité des aiguilles de Bavella, dont la haute silhouette se découpe en toile de fond au-dessus de ses toits, d'être le village le plus actif de l'Alta Rocca. En 1953, ce bourg de montagne de 2 000 habitants accueillit l'exil forcé de Mohammed V (avant qu'il ne préfère les rivages de L'Île-Rousse, au climat moins rigoureux). En ce début de XXIe siècle, il est avant tout fréquenté par les randonneurs et traversé par les véhicules se rendant vers les célèbres aiguilles. Son emplacement exceptionnel, à la confluence de quatre routes, au milieu des montagnes et des forêts de pins, de châtaigniers et de chênes verts, allié à des infrastructures diversifiées, en font une base idéale pour rayonner dans l'Alta Rocca.

Renseignements

Point information (☎04 95 78 56 33 ; ⏲ juin-sept, lun-sam 9-18h30). Au centre du village dans une petite cabane en bois.

Où se loger

Camping municipal CAMPING €
(☎04 95 78 62 74 ; adulte/enfant 6/3 € ; ⏲juin-sept). Un havre de paix en pleine forêt, à quelque 3 km du bourg (sur la D368 en direction de Porto-Vecchio). Très ombragé par d'immenses pins. Les équipements se limitent à un bloc sanitaire, très simple, et à des branchements électriques. Le camion du boulanger passe le matin.

Camping La Rivière CAMPING €
(☎04 95 78 68 31 ; adulte/enfant 6/3 € ; ⏲mai-sept). À environ 2 km de Zonza en direction de Quenza. Rudimentaire, mais calme et ombragé, et proche d'un cours d'eau (le Rizzanese) dans lequel on peut faire trempette.

Le Pré aux Biches YOURTE MONGOLE €
(☎06 27 52 48 03 ; www.lepreauxbiches.com ; d/qua avec sdb 50/80 €, petit-déj 5-10 € ; ⏲mai-oct). Après 2 kilomètres de piste cabossée (embranchement en face de l'hôtel Clair de Lune), on découvre l'adresse la plus originale de l'Alta Rocca. Accueilli par Nicole, vous logerez dans une grande et confortable yourte mongole, au milieu d'une prairie entourée de pins laricios, à 20 minutes à pied du village. Depuis le campement, les eaux limpides du Rizzanezze ne sont qu'à 15 minutes à pied, les repas se prennent sur une grande table en bois à l'extérieur. Difficile d'être plus près de la nature ! Pour ceux qui aiment la tranquillité absolue, c'est l'idéal. Blocs sanitaires avec sdb privative. Possibilité de demi-pension (24 €).

L'Incudine HÔTEL €€
(☎04 95 78 67 71 ; www.hotel-incudine.com ; d 56-74 €, d en demi-pension 60-70 €/pers selon saison ; ⏲mi-avr à mi-oct ; Wi-Fi P). Réception à la décoration évoquant les intérieurs marocains, salle de restaurant étonnamment contemporaine pour une auberge de montagne, chambres aux murs passés à la chaux teintée de couleurs chatoyantes... voilà une adresse qui a su se mettre au goût du jour. Celles du dernier étage, un peu petites, sont mansardées.

Hôtel Clair de Lune HÔTEL €€
(Chiar di Luna ; ☎04 95 78 56 79 ; www.hotelclairdelune.com ; route de Levie ; d 54-76 € selon confort et saison ; ⏲avr-oct ; ❄). Du jaune, du vert, du bleu... En contrebas du village, le Clair de Lune se distingue par les couleurs vives qui habillent les murs des chambres et des parties communes. Les chambres au dernier étage sont mansardées, avec des sdb carrelées en bleu, et certaines possèdent une terrasse. Bon confort général (clim pour les plus chères, TV, téléphone). Préférez les chambres du

devant, plus claires, qui donnent sur la vallée du Rizzanezze. Le petit-déjeuner, copieux, est servi dans une véranda inondée de lumière. Les clients bénéficient d'une réduction de 10% pour les activités de Corsica Madness (voir *Activités*, dans Col de Bavella, p. 228). Demi-pension possible (25 €/ personne).

Hôtel L'Aiglon HÔTEL €€
(☎04 95 78 67 79 ; www.aiglonhotel.com ; d 53-70 € selon confort et saison ; ⏲avr-oct). Douillettement installées dans une maison de famille rénovée, les 12 chambres de L'Aiglon (dont deux mansardées) vous séduiront si vous aimez le charme rétro. La déco, originale (mobilier Napoléon III, couvre-lits colorés, têtes de lit en tissu...), fait oublier l'absence de vue et l'exiguïté des chambres. Les moins chères ont des toilettes communes. La demi-pension est privilégiée en juillet-août (restaurant sur place, formules 15,50-23 €).

Aux bords du temps CHAMBRES D'HÔTES €€€
(☎ 06 25 09 60 99 ; www.auxbordsdutemps.fr ; d 90 110 € avec petit-déj ; ⏲ tte l'année). En plein centre-ville, ces 7 chambres d'hôtes sont réparties dans 2 bâtiments. Cinq sont installées dans une jolie petite maison bicentenaire en pierres, entièrement rénovées et aménagées en 2010, et les deux autres, avec jardinet privatif, dans une ancienne bergerie, le Caseddu, situées dans une petite rue en contrebas du village. Toutes sont très agréablement décorées : autour de murs blancs, les matériaux nobles se mêlent au confort moderne : douche à l'italienne ou baignoire multi-jets, lit en fer forgé ou lit rond, mosaïque, vasques... Salle de petit-déjeuner dans la maison principale, bibliothèque fournie d'ouvrages sur la Corse à disposition des hôtes.

Hôtel Le Tourisme HÔTEL €€€
(☎04 95 78 67 72 ; www.hoteldutourisme.fr ; s/d avec petit-déj 79-109/89-159 € ; ⏲avr-oct ; ❄🏊📶). Sa botte secrète, c'est sa très belle piscine chauffée entourée d'un deck en bois, face à la vallée. Sa seule vue est déjà un plaisir... Pour le reste, cet établissement de bon confort aménagé dans un ancien relais de diligence propose des chambres lumineuses et bien tenues, avec la clim. Certaines sont orientées côté vallée, avec une vue magnifique. Salle à manger-véranda, claire et agréable, pour les petits-déjeuners. De nouvelles chambres, aux couleurs vives, occupent une annexe, juste en face.

VAUT LE DÉTOUR

L'HIPPODROME DE VISEO

Tous les dimanches, de début juillet à fin août, Zonza vit à l'heure des courses de chevaux. L'**hippodrome de Viseo** (www.hippodrome-zonza.fr), en pleine forêt, à 2 km du bourg en direction de Bavella, est le plus haut champ de courses d'Europe (950 m), et certainement pas le moins animé, quand on voit les foules qu'il attire les jours de course. Les paris vont bon train autour des courses de plat (trot attelé, galop). Le calendrier est disponible sur le site Internet.

À l'extérieur du village :

Le Mouflon d'Or MINIVILLAS AVEC VUE €€
(☎04 95 78 72 72 ; www.lemouflondor.com ; route de Levie ; d 70 €, 30 € par pers supp, semaine 520-1160 € ; P❄🏊📶). Imaginez 24 minivillas avec terrasse privative (loués à la semaine de mi-juillet à fin août), construites en pierre et en bois, disséminées dans un parc boisé de 11 ha, avec une piscine de 25 mètres et deux courts de tennis. Certes, la déco n'a rien d'exceptionnel, mais les intérieurs sont spacieux, pratiques, et entièrement équipés. Demandez ceux qui sont situés derrière la piscine, pour profiter du panorama. Le centre du bourg est à 700 m. L'imposant bâtiment central, n'abrite, lui, aujourd'hui aucun logement, il fut le lieu de villégiature du sultan marocain Mohammed V lors de son exil à Zonza en 1953.

Chambres d'hôtes de Cavanello MAISON D'HÔTES €€
(☎04 95 78 66 82, 06 09 50 05 01 ; www.locationzonza.com ; hameau de Cavanello ; d 74-84 € avec petit-dèj ; 🏊📶). La famille Bornéa, également propriétaire du Mouflon d'Or, est fier de ces 9 chambres aménagées dans deux maisons modernes, de plain-pied, au milieu d'un magnifique domaine, isolé dans la nature à 2 km de Zonza. Les chambres, avec entrée indépendante, sont fonctionnelles et accueillantes. Plusieurs chambres bénéficient d'une vue sur les aiguilles, l'Incudine ou le plateau du Coscione. Les petits plus : la piscine en demi-lune, avec balnéo incorporée, et la terrasse en teck, d'où l'on jouit d'une vue imprenable sur les aiguilles de Bavella et les forêts avoisinantes.

Où se restaurer

L'Aiglon CUISINE CORSE €
(☎04 95 78 67 79 ; www.aiglonhotel.com ; plats 9-17,50 €, menus 15,50-23 € ; ⏲avr-oct). Le restaurant de l'hôtel L'Aiglon se distingue par ses bonnes assiettes d'assortiments de spécialités (gigot de cochon à la crème de figues, tomates au chèvre, polenta de châtaigne au four) ou de plats plus traditionnels (agneau, entrecôte...). De bons desserts également. Une cuisine corse originale, servie en terrasse ou dans la salle chaleureuse, décorée de livres anciens, photos, tableaux et autres objets.

Auberge du Sanglier CUISINE CORSE €
(☎04 95 78 67 18 ; plats 9-24 €, menu 24 € ; ⏲mi-mars à mi-nov). On est accueilli par une tête de sanglier dans cette véritable institution locale, en plein centre du bourg. L'animal figure à la carte, cuisiné aux châtaignes (la spécialité de la maison). Superbe terrasse en bois d'où l'on profite d'une vue époustouflante sur les massifs de l'Alta Rocca. Cuisine correcte, sans plus (on vient surtout pour le panorama).

Le Randonneur RESTAURANT-PIZZERIA €
(☎04 95 78 69 97 ; plats 8-15 € ; ⏲avr-oct). Une adresse sans prétention mais toujours animée en saison, grâce à une grande terrasse et à des tarifs raisonnables. Bon choix de pizzas, salades et plats classiques, comme le carré d'agneau, l'entrecôte ou le magret de canard au miel.

♥ L'Eterninsula BRASSERIE CORSE €
(☎04 95 27 44 71 ; www.leternisula.com ; sandwich 5 €, brunch zonzais 19 € ; ⏲tlj midi et soir mars-nov). Tenue par un couple anglo-corse et située face à l'hôtel Le Tourisme dans une imposante maison en pierre, l'Eternisula propose des formules originales de petite restauration : brunch, sandwich à composer soi-même, salades, tartines salées, petit-déjeuner... L'espace est divisé en deux : une partie épicerie-restauration et une partie salon avec d'agréables canapés club, où l'on peut prendre un thé ou un café.

Restaurant de L'Incudine CUISINE DU TERROIR €€
(☎04 95 78 67 71 ; plats 12-24 €, menus 16-23 € ; ⏲avr-oct). Une cuisine appréciée localement qui accorde un peu plus d'attention au contenu de l'assiette que d'autres adresses du village. Service en terrasse ou dans une salle avenante à la décoration contemporaine. La grande cheminée est utilisée pour les grillades, l'une des spécialités de la maison.

Achats

U Muntagnolu PRODUITS CORSES
(☎04 95 78 54 10 ; ⏲mai à mi-oct) est une bonne adresse pour faire ses emplettes. Tous les produits corses sont représentés, des *canistrelli* à la charcuterie locale en passant par les vins et les confitures maison.

♥ Col et aiguilles de Bavella

Avec les tours génoises, les falaises de Bonifacio et les calanques de Piana, le col de Bavella (1 218 m) est l'un des sites les plus spectaculaires de l'île. Surplombé par les aiguilles de Bavella, pointes de granite acérées sculptées par les intempéries et culminant à plus de 1 600 m, dont la couleur vire de l'ocre au doré selon la course du soleil, le col a indéniablement de l'allure. Derrière ces aiguilles de pierre, aussi appelées "cornes d'Asinao", se profile le Monte Incudine (2 134 m), que le GR®20 relie au col.

Un décor aussi exceptionnel attire les foules. En saison, c'est peu dire que l'on se bouscule au col de Bavella. Familles montées de Porto-Vecchio ou de Sartène pour admirer l'époustouflant panorama sur le massif de Bavella, marcheurs d'un jour en balade sur l'un des nombreux parcours qui sillonnent le secteur, passionnés d'escalade ou de canyoning et randonneurs fourbus se côtoient dans une joyeuse cacophonie.

Au-delà du paysage, le col et ses environs offrent l'occasion de pratiquer de nombreuses activités. Si vous êtes en voiture et cherchez à éviter un peu la foule, redescendez par la D268 jusqu'à Solenzara par le **col de Larone** (voir p. 257). C'est l'une des plus belles routes de Corse !

Outre le panorama, vous pourrez admirer au col la statue de **Notre-Dame-des-Neiges**, décorée d'ex-voto. Chaque 5 août, elle fait l'objet de l'un des pèlerinages les plus importants de l'île.

Les responsables du parc naturel régional de Corse ont entrepris une réflexion sur les moyens permettant de faire face à l'engorgement estival du col. Première étape : la mise en place d'un parking payant au col (3 €) l'été pour éviter le stationnement anarchique. À suivre...

Activités

Canyoning

Les environs de Bavella sont réputés pour la pratique du canyoning. Le **canyon de la Vacca** et le **canyon de la Purcaraccia**, les plus réputés, réservent des sensations fortes dans un cadre extraordinaire : saut dans des piscines naturelles, toboggans, nage et descentes en rappel. Ils ne présentent pas de difficultés techniques majeures et conviennent à tous, d'autant plus que l'on peut contourner certains passages. La principale difficulté tient à la marche d'approche (de 30 minutes à une heure) et à la marche de sortie, qui peut se révéler éprouvante après plusieurs heures passées dans le canyon ; par exemple, la marche de sortie du canyon de la Vacca est d'environ 1 heure, sur un sentier escarpé.

Pour les amateurs de sensations encore plus fortes, le **canyon de Piscia di Gallu** passe pour le plus spectaculaire ; très court mais dense, il se finit par un rappel de 65 m, dans une cascade verticale. La marche d'accès n'est que de 20 minutes environ (30 minutes pour la sortie, très raide). À noter : il n'y a pas d'échappatoire dans ce canyon (impossible de revenir en arrière)...

Le **canyon de Pulischellu** demande moins d'efforts (20 minutes de marche d'approche, et sortie immédiate) et ne comporte que des petits sauts et des toboggans ; il est idéal pour les familles.

Les sorties s'effectuent à la demi-journée ou à la journée, et coûtent de 45 à 60 € par personne environ (voir *Prestataires*, p. 230) selon le canyon.

Escalade

Le massif de Bavella est très prisé des grimpeurs novices et confirmés. Des falaises-écoles ont été aménagées. Parfaitement adaptées à l'initiation, elles s'élèvent de 40 à 90 m. Les voies plus techniques sont situées en amont du massif, entre la Punta di l'Acellu et la Punta di u Pargulu (accès par la variante alpine du GR®). Le niveau de difficulté oscille entre 3 et 8a, et bon nombre de voies sont cotées 4 ou 5, ce qui les met à la portée d'un grimpeur moyen. En allant vers le sud-est en direction du refuge di Paliri par le GR®20, on rencontre d'autres possibilités, notamment sur la Punta Tafunata di Paliri, reconnaissable au trou percé au sommet, au pied de laquelle se blottit le refuge di Paliri.

Parc aventure

Le parc aventure **Corsica Madness** (☎06 13 22 95 06, 04 95 78 61 76 ; www.corsicamadness.com ; 15-25 € ; ⌚fin juin à mi-sept) a été aménagé à 2 km du col de Bavella (en direction de Zonza). Le cadre est époustouflant, avec les aiguilles de Bavella en toile de fond. Le site comprend 3 parcours différents, pour tous les niveaux (dont un équipé d'une tyrolienne de 120 m !), et a la particularité d'inclure quelques tronçons en via ferrata.

Randonnée pédestre

Outre le GR®20, qui traverse le massif de Bavella et le col, de nombreux sentiers

RANDONNÉE

U CUMPULEDDU – LE TROU DE LA BOMBE

Départ : parking payant du col de Bavella
Durée : 2 heures 30 aller-retour
Dénivelé : environ 160 m
Difficulté : facile

C'est une marche facile à travers la forêt de pins laricios jusqu'à une curiosité naturelle, le "Trou de la Bombe", une cavité de 8 m de diamètre percée dans une barre rocheuse.

Plusieurs chemins d'accès sont possibles. Nous indiquons l'un des moins fréquentés (du moins sur sa partie initiale). Garez votre voiture sur le parking payant, et marchez jusqu'à son extrémité. Prenez la piste forestière qui s'ouvre sur la droite ; assez plate, elle longe la D268 avant de bifurquer à gauche au bout de 20 minutes environ. Quelques minutes plus tard, on rejoint un croisement (en fait, on rattrape le sentier principal). Continuez à droite. Le sentier mène à un petit col, d'où l'on aperçoit le Trou de la Bombe à travers les pins, puis redescend légèrement ; veillez ensuite à prendre à droite (suivez le balisage par les cairns) pour accéder au fameux trou. Attention ! Il est déconseillé de monter jusqu'au trou proprement dit, car les passages sont escarpés.

Au retour, plutôt que de revenir intégralement sur vos pas, redescendez jusqu'au panneau en bois signalant "Cumpuleddu 15 minutes ; Bavella par Alturaghja", accessible en 15 minutes environ, et suivez la direction de Bavella par Alturaghja. Environ 20 minutes plus tard, vous parviendrez à une patte d'oie ; prenez à droite. Vous passerez à hauteur de la chapelle Santa-Maria, avant de rejoindre Bavella.

Faites cette balade tôt le matin (vers 8h), avant l'arrivée des touristes.

RANDONNÉE

LES VASQUES DU POLISCHELLU ET DE LA PURCARACCIA

Départ : à 12 km après le col de Bavella (par la D268 Bavella-Solenzara)
Durée : 2 heures aller-retour pour la Purcaraccia
Dénivelé : environ 200 m
Difficulté : moyenne ; chaussures de marche impératives

Une découverte de jolies cascades, avec possibilité de baignade dans de magnifiques piscines naturelles.

L'itinéraire débute au niveau d'un virage en épingle à cheveux. Garez votre voiture près du muret en pierre et prenez le petit sentier qui part dans le sous-bois, au milieu du virage. Le début du parcours est facile. Ensuite, on pénètre dans la vallée de la Purcaraccia, que l'on surplombe sur une corniche (attention, le sentier est étroit, et certains passages peuvent être dangereux, surtout en cas de pluie). Continuez sur cette corniche (ne descendez pas vers le ruisseau) jusqu'à ce que vous arriviez à une paroi verticale (le balisage – des cairns – est par endroits confus), visible sur la droite, au pied de laquelle coule la Purcaraccia. Traversez le lit de la rivière pour rejoindre l'autre rive, passez sous un énorme rocher (en forme de grotte) et marchez 5 minutes le long du ruisseau ; vous débouchez alors sur une superbe vasque, au pied d'une petite cascade. Vous pouvez la contourner par la droite et grimper jusqu'à une deuxième vasque au pied d'une grande paroi où rebondissent deux belles cascades.

Sachez que cette randonnée ne doit être effectuée que par temps sec. Prévoir de bonnes chaussures de marche.

balisés permettent de faire des balades plus faciles. La plus connue est celle du Trou de la Bombe (voir la randonnée p. 229), mais celle des piscines naturelles de Pulischellu et de Purcaraccia (voir la randonnée ci-dessus) est également très appréciée.

Dans un registre plus sportif et panoramique, vous pourrez faire une boucle dans les aiguilles en empruntant la variante alpine du GR®. Comptez 5 à 6 heures et consultez bien la météo avant de vous lancer dans cette randonnée qui s'adresse à des marcheurs motivés et équipés de bonnes chaussures. Informations à l'étape 14 du GR®20, p. 311.

Prestataires

Les prestataires suivants encadrent les activités à Bavella :

Aqa-Canyon (☎06 20 61 76 81, 04 95 78 58 25 ; www.aqa-canyon.com ; Levie). Canyoning.

Alte Cime (☎06 11 01 63 16 ; www.altecime.fr ; Zonza). VTT. Local commun avec Corsica Madness.

Corsica Madness (☎06 13 22 95 06, 04 95 78 61 76 ; www.corsicamadness.com ; Zonza). Canyoning, escalade, randonnée. Petit local dans le centre de Zonza.

Didier Micheli (☎06 16 90 08 37 ; www.canyonencorse.fr ; Ghisoni). Canyoning et escalade.

Corse Montagne (☎06 17 92 11 05 ; www.corse-montagne.com ; Sainte-Lucie-de-Tallano). Canyoning et escalade.

Jean-Paul Quilici (☎04 95 78 64 33, 06 16 41 18 53 ; www.jpquilicimontagne.com). Canyoning, escalade, randonnée.

Olivier Chapon-Seigneur (☎06 12 41 19 74 ; ochaponghm@free.fr). Canyoning.

Xtrem Sud (☎04 95 72 12 31 ; www.xtremsud.com ; forêt de l'Ospédale). Canyoning et escalade.

Où se loger et se restaurer

Les Aiguilles de Bavella RESTAURANT-GÎTE €
(☎04 95 72 01 88 ; dort 17 €, 34 € en demi-pension ; plats 8-14 €, menus 14,80 et 22 €). Une cuisine familiale qui semble avoir les faveurs de la clientèle de passage, ainsi que des crêpes et des salades. Le gîte de randonnée, sous le restaurant, se compose de minuscules box de 4 lits, fonctionnels et propres. Cuisine équipée.

Auberge du Col de Bavella RESTAURANT-GÎTE D'ÉTAPE €
(☎04 95 72 09 87 ; www.auberge-bavella.com ; dort 15 €, 32 € en demi-pension ; plats 8-21 €, menus 15-22 € ; ⌚avr-oct). Cette adresse accueillante, ouverte en 1936, est appréciée pour sa cuisine corse consistante et bien préparée (terrine de sansonnet,

ragoût de haricots à la panzetta, ragoût de cochon sauvage à la polenta de maïs). Les carnivores se feront plaisir avec l'énorme côte de bœuf à la moelle (45 € pour deux), excellente. Grande salle rustique, avec poutres au plafond et terrasse, bondée en été. Avec un peu de chance, vous tomberez sur une soirée guitare et chants corses en été. Le gîte d'étape, au sous-sol, est assez rudimentaire. Il se compose de chambres de 6 lits avec sanitaires communs et d'une cuisine équipée. À 300 m du col en direction de Solenzara.

Le Refuge RESTAURANT €

(☎04 95 72 08 84 ; plats 9-20 €, menus 15 et 20 € ; ⏲mai-sept). À quelques mètres de l'auberge du col de Bavella. Petite salle au décor d'auberge de campagne (mobilier en bois, cheminée, murs blancs) et carte hétéroclite où dominent les salades, viandes et pizzas.

Quenza

À quelques kilomètres de Zonza par la D420, le joli village de Quenza vit dans l'ombre de son voisin et s'en porte plutôt bien. Agréable et isolé, il présente quelques intéressantes possibilités d'hébergement et de restauration. La proximité du hameau de Jallicu et du plateau du Coscione en fait une villégiature idéale pour partir explorer ces lieux encore très sauvages.

À voir et à faire

La petite **chapelle Santa-Maria** (vers le XIe siècle), construite pas les Pisans, située en bas du village, mérite le coup d'œil.

N'hésitez pas à monter au hameau de **Jallicu**, perdu à près de 1 200 m d'altitude. Pour vous ressourcer dans ce site magnifique, faites une **balade à cheval** en compagnie de Pierrot, au départ du relais équestre Chez Pierrot (voir p. 232). Comptez 40 € la balade jusqu'à la rivière (2 heures).

Du relais équestre, la route continue à monter sur 6,6 km, jusqu'au centre d'accueil de Bucchinera, "porte d'entrée" du **plateau du Coscione**, l'un des sites naturels les plus spectaculaires et les plus isolés de Corse, et un haut lieu du pastoralisme insulaire. Ce vaste plateau vallonné, couvert de pozzines alternant avec des chaos rocheux (voir p. 310), a des airs de steppe mongole. En été, il se prête à merveille à la **randonnée pédestre** (voir l'encadré ci-dessous) et aux balades à cheval (adressez-vous au Relais équestre Chez Pierrot). En hiver, il est prisé des amateurs de ski de fond et de raquettes.

Où se loger et se restaurer

♥ **Corse Odyssée** GÎTE €

(☎04 95 78 64 05 ; www.gite-corse-odyssee.com ; s/d 55/60 €/pers en demi-pension ; ⏲avr-sept ; wifi). La maîtresse des lieux a créé ses chambres en pensant aux voyages que les Corses ont naguère entrepris de par le vaste

RANDONNÉE

LE PLATEAU DU COSCIONE DEPUIS BUCCHINERA

Départ : 9 ou 12 km après le col selon l'option choisie (par la D268 Bavella-Solenzara)
Durée : 3 heures aller-retour
Dénivelé : environ 110 m
Difficulté : facile ; chaussures de marche impératives. Balade à n'entreprendre que par temps clair

La nature à l'état pur : cette balade vous permettra de découvrir un site unique, recouvert de pelouses, parsemé de chaos granitiques et parcouru de ruisseaux et pozzines, au milieu des troupeaux de bovins, de chevaux et de cochons sauvages.

Il n'y a pas de balisage ; suivez la piste 4x4 qui part du centre de ski de fond. Le parcours ne pose pas de difficulté, dans un paysage dégagé. De part et d'autre, des troupeaux paissent dans les pâturages ; le plateau est recouvert d'un tapis vert sur lequel des ruisselets forment des entrelacs, avec çà et là des chaos rocheux qui émergent. La piste passe au pied du Castellu d'Ornucciu, à droite. Continuez jusqu'à ce que vous arriviez à hauteur de deux piliers en béton (dont l'un s'est effondré). Poursuivez en montant à flanc de colline ; la sente contourne la colline pour aller jusqu'au sommet de la crête, signalé par les ruines d'un mur et une petite structure métallique rouillée. Le panorama est splendide sur les ondulations du plateau et les grands sommets du centre de l'île. Retour par le même itinéraire.

monde : Afrique, Amériques, Vietnam... Situées en mezzanine, elles sont un peu petites, mais coquettes. Chaque chambre possède sa propre douche et un lavabo, mais les toilettes sont en commun, sur le palier. Mention spéciale à l'accueil, familial et chaleureux, et aux repas, cuisinés avec soin (porc aux pruneaux, feuilleté de brick au thon, tagines, crêpes au brocciu, selon le marché et l'humeur du chef). Le dîner est ouvert aux clients extérieurs (25 €), uniquement sur réservation. Panier pique-nique sur demande.

Au hameau de Jallicu :

Chez Pierrot GÎTE-RELAIS ÉQUESTRE €

(☎04 95 78 63 21 ; http://chezpierrot.over-blog.com ; hameau de Jallicu ; dort 43 €/pers en demi-pension, d 57,50 €/pers en demi-pension, table d'hôtes 23 € ; ⏲tte l'année). L'adresse du bout du monde ! Tout là-haut, à 6 km au nord-ouest de Quenza, sur le plateau de Jallicu... Pierrot, véritable légende vivante de l'île, est indissociable de cette auberge de montagne appréciée pour son calme absolu, ses nuits étoilées, son côté très "retour aux sources" et ses copieux menus. Éleveur de chevaux, Il loue 5 studios équipés dans une bâtisse en pierre, dotés d'une bonne literie et de carrelage ancien, sobres mais avenants. Pour les voyageurs à petit budget, trois dortoirs de 4, 6 et 8 places, rudimentaires et compacts, sont aussi disponibles. Le gîte dispose également d'une table d'hôtes, sur réservation, dans une pièce conviviale avec poutres apparentes, cheminée crépitante, bancs en bois et plats à l'image du lieu : tripettes, haricots à la corse, soupe, charcuterie. Des randonnées à cheval sont organisées au départ du gîte (voir *À voir et à faire* p. 231).

Funtana Bianca FERME-AUBERGE €

(☎04 95 25 44 40 ; www.funtana-bianca.fr ; hameau de Jallicu ; d 60 €, petit-déj 5 € ; plats 12-23 € ; ⏲juin-oct, week-ends hors saison). Située à 1 298 m d'altitude, cette ferme-auberge, 600 mètres après Chez Pierrot, est l'une des plus isolées de toute l'île. Les chambres petites mais impeccables, sont installées dans de petites bergeries en pierre sèche. Quant à la cuisine (côte de bœuf, agneau...), elle se savoure en terrasse ou dans une belle salle rustique avec une grande cheminée. Cartes de crédit non acceptées.

Achats

Magnani MIEL

(☎04 95 78 72 78 ; Quenza). Le miel de chez Magnani passe pour l'un des meilleurs de la région. La miellerie se trouve à l'entrée de Quenza en venant de Sorbollano, en face de la chapelle Santa-Maria. Spécialités de miel (AOC) toutes fleurs, de miel de châtaignier et de miellat. Téléphonez pour prendre rendez-vous.

Serra di Scopamène

Ce village discret est avant tout fréquenté par les randonneurs qui suivent le Mare a Mare® sud (voir p. 318). Le village s'étire tout en longueur, à flanc de colline, et ménage des vues sublimes sur la vallée du Rizzanese.

À voir et à faire

Alta Rocc'anes (☎06 83 40 70 48) propose des promenades à dos d'âne pour les enfants au départ du camping, sorties à l'heure ou à la journée.

Vous pourrez aussi vous balader sur le très agréable **Sentier du patrimoine** de Serra di Scopamène (une petite heure de marche) balisé par des cairns. Prétexte à une évocation d'une histoire villageoise marquée par la présence du châtaigner, il permet de découvrir le patrimoine du village, bâti en pierre sèche : séchoir à châtaignes, moulin, lavoir. Dépliant disponible auprès de la mairie, départ du centre du village.

LA PETITE HISTOIRE

8 500 ANS ET PLUS TOUTES SES DENTS

Plus ancien vestige humain mis au jour par les archéologues en Corse, la Dame de Bonifacio, découverte en 1972 par François Lanfranchi dans le goulet de Bonifacio, foulait le sol de l'île il y a environ 8 500 ans. On la connaît cependant fort bien grâce aux scientifiques. Les panneaux explicatifs du musée de l'Alta Rocca de Levie nous apprennent en effet que la doyenne des Corses était de petite taille (1,54 m), qu'elle mourut vers 30-35 ans et qu'elle n'était pas en bonne santé : elle était en effet atteinte d'une dysmorphie qui rendait sa marche difficile, de troubles de la croissance, de plusieurs fractures et surtout d'une lésion de la première molaire droite, certainement responsable de son décès.

Où se loger et se restaurer

Camping de Serra di Scopamène CAMPING MUNICIPAL €
(04 95 78 72 20 ; 6,5 €/pers ; juil-août). Vous serez au frais dans cette grande châtaigneraie en terrasse située au-dessus du village. Asinerie et promenade avec des ânes sur place. Commerce au village.

BON PLAN **Gîte d'étape Le Scopos** GÎTE D'ÉTAPE €
(04 95 78 64 90, 06 62 81 52 47 ; www.gite-corse-scopos.com ; dort 39 € en demi-pension ; mi-mars à mi-nov). L'un des meilleurs gîtes d'étape de Corse-du-Sud, impeccablement tenu par Annie. Dortoirs très propres, spacieux et lumineux, avec une vue superbe sur la vallée. Confitures maison au petit-déjeuner et plats du terroir au dîner (porc à la châtaigne, poulet au thym sauvage).

Chambres d'hôtes U Rughjonu CHAMBRES ET TABLES D'HÔTES €
(04 95 78 73 64, 06 85 33 44 88 ; www.chambres-dhotes-alta-rocca-corse.com ; Zerubia ; d avec petit-déj 55 € ; janv-nov). Une prestation très correcte, dans une belle maison ancienne en pierre de taille, au hameau de Zerubia, à 2 km de Serra di Scopamène. Les 5 chambres possèdent une entrée indépendante. Table d'hôtes possible sur réservation (20 €), à base de produits artisanaux.

Le Ranch CHAMBRES ET TABLES D'HÔTES €€
(04 95 78 64 61, 06 24 13 82 22 ; www.myspace.com/le_ranch ; Sorbollano ; d avec petit-déj 60-75 € selon saison ; tte l'année ; wifi). Dans une demeure située au pied du Mare a Mare® sud, Pascale Mariani loue trois chambres, simples mais bien tenues, équipées de douches à l'italienne. Aux beaux jours, le petit-déjeuner est servi dans le jardin, sous un cerisier. Table d'hôtes excellente (25 €), à base de produits de la région et de légumes du jardin (porc farci aux figatelli, canard à la clémentine corse, courgettes au brocciu *passu*, pancake à la châtaigne).

Aullène (Auddè)

Aullène qui fut le théâtre d'un gigantesque incendie en 2009 dont les séquelles sont encore visibles est à la croisée de quatre routes ("Auddè" signifie "carrefour"). Parmi elles, la superbe D420, qui file vers Petreto-Bicchisano et Ajaccio, et la D69, qui monte jusqu'à Zicavo (dans le haut Taravo). Cette dernière passe par le **col de la Vaccia** (1 193 m), où vous pourrez faire une halte rafraîchissante (voir ci-dessous).

Où se loger et se restaurer

Auberge du Col de la Vaccia AUBERGE €€
(06 84 75 70 27, 06 72 55 54 05 ; col de la Vaccia ; d 60 € avec petit-déj, menus 20-30 € environ ; mi-avr à mi-oct). Au col de la Vaccia, sans doute l'une des auberges les plus isolées de Corse. Elle loue 4 vastes chambres, lumineuses et fraîches. Une seule s'ouvre sur la vallée que vous pourrez contempler à loisir depuis la terrasse du restaurant. A 11 km d'Aullène par la D69.

Chambres d'hôtes San Laurenzu CHAMBRES D'HÔTES €€
(04 95 78 63 12 ; s/d 60/65 € avec petit-déj, demi-pension 55 € par pers ; avr-oct ; P wifi). À Aullène même, elle se repère facilement à sa façade jaune soleil, dans la rue principale. Vous y trouverez des chambres impeccables, claires et accueillantes. Les petits-déjeuners sont servis dans une salle, de l'autre côté de la route, à la superbe charpente et ouverte sur la vallée. La mère du propriétaire, Mireille Chiaroni, fin cordon bleu, exerce, elle, à la **ferme-auberge Le Chalet** (04 95 78 63 12 ; rue de la Poste ; plats 9-21 €, menu 23 € ; avr-oct), cinquante mètres plus loin dans la même rue (possibilité de demi-pension). Cuisine familiale et goûteuse (terrine de sanglier ou de lapin, entrecôte, daube de porc aux châtaignes).

Biscuiterie artisanale Sabidini BISCUITS
(06 89 06 10 84 ; http://aullene.free.fr/sabidini ; Casa Rosalinda). Bernard et Isabelle réalisent des petites merveilles de bouche sucrées et salées : *frappi*, *sciaccia* (chaussons au brocciu sucré cuit sur la pierre), *canistrelli* (à la poudre de noisette, au zeste d'orange et même au vin blanc !), *ambrucciata*, beignets au brocciu... Quelques tables sont disposées en terrasse, pour une dégustation immédiate. Atelier-boutique à la sortie du village en direction du col de la Vaccia.

Levie (Livia)

Levie invite à une promenade culturelle et à une plongée dans l'histoire. Ce village paisible abrite l'un des plus intéressants musées de l'île et des sites archéologiques bien mis en valeur s'étendent à quelques kilomètres. Traversé par le sentier Mare a Mare® sud, Levie ne voit donc pas seulement passer des randonneurs. Le village compte de bonnes infrastructures, ce qui en fait une option intéressante si tout est complet à Zonza.

À voir

Musée de l'Alta Rocca HISTOIRE CORSE

(☎04 95 78 00 78 ; quartier Prato ; adulte 4 €, -18 ans gratuit ; ⏲tlj 9h-18h juin-sept, lun-sam 10-17h oct-mai). Rénové, agrandi, modernisé et rouvert en 2007, cet intéressant musée offre une promenade à travers l'histoire, du neuvième millénaire avant notre ère au XVIe siècle. La star des lieux est la Dame de Bonifacio, le plus ancien vestige humain de Corse, datée d'environ 6570 av. J.-C. Les panneaux explicatifs sont étonnamment précis à son sujet (voir l'encadré p. 232). Outre la vénérable ancêtre, le musée présente des informations sur la géologie et la préhistoire de l'île, mais aussi sur ses premiers habitants : outils, armes, alimentation, habitats, parures. On peut aussi y voir le squelette de la Dame de Capula, plus "jeune" que sa célèbre consœur, puisqu'elle vivait vers 50 av. J.-C.

L'ensemble est remarquablement bien présenté, dans un espace moderne et soigné, et mérite incontestablement la visite.

♥ Cucuruzzu et Capula SITES ARCHÉOLOGIQUES

Le *pianu* (commune) de Levie recèle deux étonnants sites archéologiques : les *castelli* (châteaux) de **Cucuruzzu** et de **Capula** (☎04 95 78 48 21 ; tarif plein/réduit 5,50/3 € avec audioguide ; ⏲9h-18h avr-mai et oct, 9h-19h juin et sept, 9h-20h juil-août). Découvert en 1963, le site de Cucuruzzu est un exemple intéressant d'architecture monumentale de l'âge du bronze. Aménagé dans un chaos granitique, cet ensemble révèle l'implantation d'un véritable village organisé dont l'activité, à l'origine fondée sur l'élevage et l'agriculture, évolua à l'âge du bronze récent (1200 à 900 av. J.-C.) pour s'ouvrir à la meunerie, à la poterie et au tissage. À l'intérieur du *castellu*, on remarque des cavités qui étaient destinées aux activités artisanales.

Plus récent, le *castellu* de Capula, accessible en une vingtaine de minutes depuis Cucuruzzu fut habité jusqu'au Moyen Âge. Admirez l'appareillage qui forme le mur d'enceinte ainsi que la statue-menhir plantée au pied de celui-ci. On peut monter sur le *castellu* en suivant une rampe.

Outre un beau point de vue sur les aiguilles de Bavella, ces *castelli* méritent le détour pour leur excellente mise en valeur. L'audioguide que l'on vous remettra à l'entrée parvient en effet à transformer la visite de sites peu parlants en un passionnant voyage spatio-temporel.

Les sites archéologiques sont fléchés à droite sur la D268, à 3,5 km du village de Levie en direction de Sainte-Lucie-de-Tallano. Il reste alors 4 km à parcourir sur une petite route jusqu'à l'entrée du site. Prévoyez de l'eau et de bonnes chaussures. À l'entrée, vous devrez laisser une pièce d'identité en caution pour l'audioguide. Comptez environ 2 heures pour la visite, qui totalise 3 km de marche (non accessible aux poussettes).

Activités

Levie est traversé par le sentier **Mare a Mare® sud** (voir le descriptif p. 325). Si vous avez envie de marcher, élancez-vous sur ce sentier en suivant les panneaux, au milieu du village.

Où se loger et se restaurer

Camping d'Ora CAMPING €

(☎04 95 78 48 17, 04 95 78 43 11 ; http://campingora.pagesperso-orange.fr ; San Gavinu di Carbini ; adulte/tente/voiture 3/3/3 € ; ⏲juin-sept). Beaucoup d'ombre et de fraîcheur dans ce camping accueillant, magnifiquement situé dans le hameau de San Gavinu di Carbini, environ 4 km avant Levie sur la route de Zonza.

BON PLAN **Gîte d'étape de Levie** GÎTE D'ÉTAPE €

(☎04 95 78 46 41 ; dort 39 €/pers en demi-pension ; ⏲avr-oct). Située à 100 m de la gendarmerie, légèrement à l'écart du bourg, cette maison de granite un peu impersonnelle dispose d'une vingtaine de lits en chambres de 4, avec salle d'eau (mais les toilettes dans le couloir). Cuisine familiale et panier-repas sur demande (7 €).

Chambres d'hôtes Aravina CHAMBRES D'HÔTES €€

(☎04 95 72 21 63, 06 33 87 04 14 ; domi.jy@wanadoo.fr ; route du Pianu ; d 85 € avec petit-déj, 70 €/pers en demi-pension ; wifi). Le silence absolu, la fraîcheur de l'altitude, une demeure en granite impeccablement restaurée, les aiguilles de Bavella à l'horizon... Les 4 belles chambres, toutes différentes, sont vastes, décorées d'enduits et de teintures colorés. Toutes (sauf la "Rétro") offrent une vue sur le massif de Bavella. Table d'hôtes (30 €), à base de produits de l'exploitation. Vente de miel (possibilité de visiter les ruches sur la propriété) et de charcuterie (élevage de porc Nustrale). Sur la route des sites archéologiques de Cucuruzzu et de Capula, 3 km avant de les atteindre.

A Pignata FERME-AUBERGE €€€
(04 95 78 41 90 ; www.apignata.com ; route du Pianu ; d en demi-pension 85-140€/pers selon confort et saison ; menu 40 € ; mars-oct ;). Réputée de longue date pour sa cuisine, cette adresse familiale gérée avec professionnalisme, sur la route du site de Cucuruzzu, se distingue maintenant également par son hôtellerie. Hormis les moins chères, plus standard, ses chambres affichent en effet une décoration mêlant éléments naturels et matériaux contemporains. Le résultat, dans des teintes de gris, de beige et de chocolat, est réussi, moderne et chaleureux. Les plus belles chambres sont attribuées en priorité aux séjours d'une semaine. Le plus : une belle piscine intérieure chauffée, bordée d'un deck en bois (réservée aux clients des chambres). Quant au menu unique, gargantuesque, il est élaboré à partir de produits choisis avec soin. Il se déguste soit dans une grande salle avec poutres apparentes, tables en chêne massif et photos de famille accrochées aux murs, soit sur la terrasse couverte, avec les sommets de l'Alta Rocca en toile de fond. Une chambre accessible aux handicapés. Réservation impérative.

La Pergola BAR-RESTAURANT €
(04 95 78 41 62 ; rue de Sorba ; plats 9-18 €, menu 14-18 € ; avr-oct). On peut facilement passer devant cet établissement de la rue principale sans voir sa terrasse microscopique, protégée du soleil par une treille en vigne vierge, qui précède une salle tout aussi minuscule qui contient à peine 4 tables… Format timbre-poste, donc, mais ambiance conviviale garantie dans cette "guinguette" familiale sur laquelle veille Jean-Paul Maestrati. La cuisine est à l'image des lieux : franche et simple (gigot d'agneau, carpaccio de betterave à l'orange, assiette de charcuterie…). Une bonne adresse de village.

Auberge U n'Antru Versu PIZZERIA-GRILL €
(04 95 78 31 47 ; www.aubergeunantruversu.com ; San-Gavinu-di-Carbini ; plats 8-15 € ; avr-oct). Une pizzeria-grill sans prétention à découvrir au hameau de San-Gavinu-di-Carbini (entre Levie et Zonza), dans une maison en pierre, au bord de la route. Petite terrasse, ou salle accueillante, avec un joli mobilier. Pizzas très correctes. Possibilité de chambres d'hôtes.

Achats

Ferme I Frassedi PRODUITS DU TERROIR
(06 12 34 21 71). Hmm, la délicieuse tomme corse, et le non moins délicieux fromage de chèvre (de mars à septembre) et de brebis, produits directement sur place ! Jean Viti et sa femme travaillent également la charcuterie (de novembre à avril). Sur la route des sites archéologiques de Cucuruzzu et Capula, à 1 km avant le parking. Téléphonez au préalable.

Atelier du Lotus COUTELLERIE CORSE
(04 95 74 05 13 ; www.couteaulotus.canalblog.com). Créé par Franck Thomas il y a plus de 25 ans, cet atelier-boutique de coutellerie, où exercent aujourd'hui plusieurs artisans talentueux, est l'un des meilleurs de l'île. Tous les couteaux, certains avec de magnifiques lames en acier damassé, sont faits sur place. Si vous ne vous contentez pas de répliques, un arrêt s'impose ici où vous pourrez acquérir un "vrai" couteau corse. Comptez au minimum 150 €. Possibilité de couteaux sur mesure sans limite de prix et de matériaux. Au bourg.

Carbini

Au départ de Levie, la D59 dévale vers une vallée avant de descendre en lacets jusqu'au village de Carbini qui, même en haute saison, reste à l'écart des voies de circulation et des animations principales de la région.

Outre pour son côté discret, il mérite le détour pour son **église Saint-Jean-Baptiste** (XIIe siècle), de style roman, flanquée d'un imposant **campanile** d'une trentaine de mètres de hauteur. La partie supérieure de la façade est décorée de petites arcatures qui reposent sur des corniches, autour de l'édifice.

Ce modeste bourg de quelques centaines d'âmes abrita au XIVe siècle Giovanni Martini, fondateur de la secte des Giovannali. Les membres prêchant la pauvreté et condamnant les fastes de l'Église, s'attirèrent les foudres de la hiérarchie catholique. Excommuniés, jugés hérétiques, accusés de se livrer aux pires débauches, ils furent réduits au silence.

De Carbini, la D59 rejoint la côte vers le sud.

Sainte-Lucie-de-Tallano (Santa Lucia di Tallà)

Sainte-Lucie-de-Tallano (450 habitants) serait sans nul doute un candidat sérieux si le titre de plus beau village de Corse devait être décerné. Perché à 450 m d'altitude, le bourg doit son charme à ses maisons de granite aux toits de tuile rouge orangé serrées les unes contre les autres, qui se détachent sur le vert profond des forêts et du maquis environnants. Pour la petite histoire, c'est ici qu'ont été tournées certaines scènes de l'adaptation cinématographique de la bande dessinée *L'Enquête corse* de Pétillon (pour les besoins du film, le village a été rebaptisé Rossignoli).

Fête

Fin mars se tient la grande fête de l'huile d'olive, **A Festa di L'Oliu Novu**. Elle rassemble plus de 80 exposants et artisans, en provenance de toute l'île.

À voir

Un **moulin à huile** (2 € ; été lun-sam 9h-12h et 15h-18h) du début du XIXe siècle, restauré avec soin, témoigne de l'importance de l'olivier dans l'histoire du village. On y accède en 200 m par la rue qui part près du bar-tabac Ortoli, sur la place. Le bourg est par ailleurs célèbre pour son gisement – actuellement inexploité – de **diorite orbiculaire**. Cette roche éruptive rare, reconnaissable à ses alvéoles grises, est visible aux pieds de la statue du monument aux morts sur la place principale. L'**église Sainte-Lucie** (XVIIe siècle) vaut également le coup d'œil, tout comme le **couvent Saint-François**, de style Renaissance, à 1,5 km du centre du bourg par la D268.

La rue du Borgo mène à une **tour fortifiée**, percée de meurtrières et équipée de mâchicoulis. On suppose qu'elle a été édifiée au XVe siècle pour servir de refuge aux habitants en cas de danger. Des mâchicoulis, on jetait de l'huile sur les assaillants.

Pour vous rafraîchir, rejoignez le très joli hameau de **Zoza** (signalé), à environ 4 km de Sainte-Lucie, adossé à un amphithéâtre montagneux. Le Rizzanese coule en contrebas du village (accès signalés), mais nous n'avons pas trouvé l'eau très propre lors de notre passage.

Où se loger et se restaurer

BON PLAN **U Fragnonu** GÎTE D'ÉTAPE €
(04 95 78 82 56 ; www.alta-roc.fr ; dort 40 € en demi-pension ; avr à mi-oct). À 300 m de la place principale, en direction du hameau de Zoza, ce superbe gîte occupe un ancien moulin à huile. Tenu par les sympathiques Palma et Carlos (moniteur de canyoning et d'escalade), il comprend 8 chambres de 4 lits, avec sdb, fonctionnelles et très propres. Une salle commune vaste et plaisante ajoute à l'agrément du lieu. Repas copieux.

Chambres d'hôtes Palazzo MAISON D'HÔTES €€
(04 95 78 82 40, 06 79 07 93 77 ; upalazzu@orange.fr ; d/tr 80/98 € avec petit-déj ; mi-avr à oct ; @). Cette belle maison de maître, au centre du village, loue 5 chambres douillettes, toutes décorées différemment avec de jolis tissus, des couleurs pastel, du mobilier ancien (dont un lit à baldaquin dans 2 chambres). Deux d'entre elles ménagent de belles perspectives sur la vallée du Rizzanese. Demandez au propriétaire de vous montrer le moulin à huile, dans les parties les plus anciennes de la maison. Jardin ensoleillé, idéal pour savourer son petit-déjeuner.

Restaurant Santa Lucia CUISINE CORSE €€
(04 95 78 81 28 ; plats 13-16 €, menus 18-24 € ; fév-nov). Son agréable terrasse ombragée, sur la place de la mairie, est le centre névralgique du village. Cuisine de spécialités corses (lapin au vin de myrte, civet de sanglier aux cèpes) de qualité honnête, sans plus. Le choix est limité dans les deux menus.

Chez Dumé AUBERGE €
(04 95 78 80 67 ; plats 7,50-15 € ; mai-oct). Pergola fleurie et terrasse d'où l'on peut observer les joueurs de pétanque, sur la place principale. Cuisine familiale, sans chichi et sans prétention. Également quelques chambres en location.

Achats

L'huile d'olive occupe une place à part dans l'histoire du village, comme en témoigne son beau moulin restauré. Plusieurs producteurs profitent de cette manne et commercialisent de l'huile, avec des olives qui ne proviennent pas toujours de Sainte-Lucie-de-Tallano.

Nepita HUILE D'OLIVE
(04 95 78 40 32, 06 87 87 04 28 ; www.nepita.fr ; Poggio-di-Tallano). Au hameau voisin de Poggio-di-Tallano. L'huile est d'excellente qualité, bio, et bénéficiant du label AOC. À Sainte-Lucie-de-Tallano, elle est en vente à l'épicerie libre-service sur la place centrale, sous l'étiquette "Poggio di Tallano". Comptez 20 € le litre.

Est de la Corse

Dans ce chapitre »

Le top des hébergements

- » La Diligence (p. 245)
- » U Vecchju Mulinu (p. 248)
- » La Solenzara (p. 256)
- » U Saltu (p. 256)

Le top des restaurants

- » Aux Coquillages de Diane (p. 252)
- » A Mandria de Sébastien (p. 256)
- » La Ferme d'Urbino (p. 254)

Pourquoi y aller

L'est de l'île, moins bien loti en merveilles naturelles que d'autres régions, est doté d'une image peu flatteuse. En effet, les paysages de grandes plaines agricoles, entre Moriani et Solenzara, n'ont rien de grandiose. La plaine orientale, longtemps à l'abandon, a été un foyer de paludisme jusqu'au milieu du siècle dernier. La N198, qui la traverse comme une flèche, n'incite guère à s'arrêter...

Mais il suffit de faire quelques kilomètres vers l'intérieur des terres pour découvrir les admirables paysages de son arrière-pays. Les quatre microrégions qui le composent (Casinca, Castagniccia, Fiumorbu et Morianincu) sont encore méconnues. Gardiennes des traditions et de la langue corse, elles présentent une beauté et une atmosphère qui n'a rien à envier à des terroirs reconnus comme les plus beaux de l'île. On y découvrira par ailleurs une vraie société montagnarde développée autour de la châtaigne, qui fit jadis leur richesse. Quelques étapes culturelles, et surtout un patrimoine religieux aussi beau qu'original, témoignent de ces glorieuses heures passées. Noyées dans la végétation entre 600 et 1 000 m d'altitude, ces microrégions sont accessibles par des routes longues et sinueuses qui les préservent de la fréquentation anarchique en période estivale.

Quand partir

Mai-juin
Les routes sinueuses des microrégions de l'arrière-pays (Castagniccia, Morianincu, Rustinu, Fiumorbu) sont désertes à cette saison, et les villages sublimés par la lumière printanière.

Juillet
Les longues plages de Moriani ou de la Costa Serena sont propices au farniente et aux activités nautiques. Fin juillet, la foire agricole du col de Prato attire près de 8 000 visiteurs.

Août-septembre
La Fiera di a Nuciola (fête de la Noisette), fin août à Cervione, mérite le détour pour son ambiance rurale. En septembre, la saison est idéale pour emprunter les sentiers qui sillonnent les forêts de la Castagniccia.

À ne pas manquer

1 L'**église Saint-Jean-Baptiste** (p. 245), une splendeur baroque perdue au fond de la Castagniccia, dans le village de **La Porta**

2 Le village de **Penta-di-Casinca** (p. 240), l'un des trésors de la Casinca

3 L'indispensable étape dans la **maison natale de Pascal Paoli** (p. 246), le "père de la patrie", à **Morosaglia**

4 Les crustacés de l'**étang de Diane** (p. 251) et de l'**étang d'Urbino** (p. 252)

5 Les panoramas depuis le village de **Cervione** (p. 242), et son patrimoine

6 L'ascension du **Monte San Petrone** (p. 244), pour profiter d'une superbe vue

7 Le **musée archéologique Jérôme-Carcopino** (p. 251), et le site antique d'**Aléria**

CASINCA

Aux portes de Bastia et face à la plaine orientale, la minuscule Casinca a su garder son côté sauvage, entre mer et montagne. Ses gros bourgs aux hautes maisons de schiste sombre, adossés aux collines, semblent surgir comme par enchantement des forêts de châtaigniers et d'oliviers. Oubliée des dépliants touristiques, la Casinca a pourtant l'avantage d'être facilement accessible. De Torra, sur la N198, une boucle d'une vingtaine de kilomètres traverse une série de villages de caractère, dotés d'un remarquable patrimoine architectural, de belles églises baroques et de chapelles romanes. Avec, en toile de fond, la silhouette du Monte Sant'Angela (1 218 m) et la mer Tyrrhénienne.

Si ce type d'atmosphère et de paysage vous convient, il est facile de prolonger l'itinéraire en le couplant avec les villages du Morianincu, au sud, ou de la Castagniccia, à l'ouest. Munissez-vous alors d'une bonne carte routière, car vous ne fréquenterez que d'étroites routes secondaires.

Comment circuler

BUS Les **Autobus de la Casinca** (☎04 95 36 74 13) effectuent la liaison Bastia-Vescovato-Venzolasca (4/j lun-sam matin, 4,80 €, 45 minutes).

Vescovato et ses environs

À quelques kilomètres de la côte par la D237, l'ancienne place forte de **Vescovato** (2 300 habitants) apparaît au détour d'un virage, au milieu des forêts. Le bourg, qui tire son nom de *vescovo* (évêque), fut au XVe siècle la résidence de l'évêché, avant que ce dernier ne soit transféré à Bastia. Laissez votre voiture à l'entrée du village pour découvrir à pied les ruelles et les escaliers où s'alignent de hautes maisons, adossées à la montagne. Au sommet du bourg, une large place bordée de platanes et de cafés mène à l'**église San-Martino**, de style baroque, bâtie sur une terrasse. On y accède par un souterrain d'époque médiévale qui débouche sur un parvis qui surplombe les toits des maisons alentour. Demandez les clés à la mairie si vous souhaitez visiter l'intérieur.

Venzolasca (1 500 habitants), quelques kilomètres plus loin, possède avec l'**église Sainte-Lucie** un bel exemple d'architecture baroque. Si les édifices religieux vous intéressent, renseignez-vous sur les ruines d'un couvent et d'une ancienne chapelle, visibles dans les environs du village.

Où se loger et se restaurer

Les adresses ci-dessous sont situées entre les abords de la côte, la N198 et la route qui relie Venzolasca à Vescovato. Outre ces adresses, des bars-restaurants sont installés sur la place principale de Vescovato.

Domaine de Valle MAISON D'HÔTES €€
(☎04 95 38 93 03 ; domaine.valle@wanadoo.fr ; Querciolo ; d avec petit-déj 65-70 € selon saison ; janv-nov ;). Cette maison d'hôtes située à la sortie de Querciolo en direction d'Aléria (à 3 km au sud de Torra, le village d'où part la route menant à Vescovato) est l'un des meilleurs choix des environs. Cet ancien relais de diligence se dresse au milieu d'une propriété arborée suffisamment loin de la route pour que son bruit soit très largement atténué. Quant aux 4 chambres, elles sont accueillantes et claires, avec de beaux carrelages et des sanitaires impeccables. L'huile d'olive produite sur le domaine est excellente, tout comme la confiture de clémentines. Plage à 4 km et restaurants à proximité.

BON PLAN **A Stella Serena** MAISON D'HÔTES €
(☎/fax 04 95 36 65 29, 06 23 86 22 26 ; Torra ; s/d 40/50 € avec petit-déj). Jacques et Sharon, un couple franco-californien installé de longue date en Corse, vous ouvrent les portes de leur maison récente à la déco aussi atypique que ses propriétaires : un joyeux bric-à-brac mêlant livres, chapeaux, sculptures... Les 2 chambres assez petites, dont une avec entrée privative, partagent des sanitaires à côté du salon (ce qui n'est pas la panacée question intimité). Le cadre n'a rien d'exceptionnel mais les tarifs sont avantageux, la convivialité réelle et l'emplacement pratique, à 6 km de la côte, 10 minutes de l'aéroport et 5 min de la gare de Casamozza (les propriétaires peuvent venir vous chercher). Mention spéciale aux confitures maison faites avec les fruits du jardin.

Maison de la vigne CHAMBRES ET TABLE D'HÔTES €€
(☎04 95 34 36 68, 06 23 21 33 14 ; www.vacancesavenzolascaencorse.fr ; Venzolasca ; d 45-75 € avec petit-déj). Dans un virage de la D37 (direction Venzolasca) situé à 1,5 km après le croisement avec la RN 198, ces deux demeures récentes aux boiseries rouges, reliées par des caillebotis en bois, disposent de trois chambres au cachet différent (mansardée, avec balcon et entrée indépendante, avec sauna) où domine le bois et les couleurs vives. L'extérieur, une forêt de chênes-liège et de châtaigniers envahie par les oiseaux – la maison est aussi un refuge Ligue pour

AVEC DES ENFANTS

LIEUX	ACTIVITÉS	BON À SAVOIR
Moriani-Plage	Une initiation au **poney** dans les écuries de la Costa Verde (p. 248)	Dès 3 ans. Sur réservation.
Aléria	Un **stage équestre** avec le centre de tourisme équestre de Bravone (p. 251)	De très belles promenades dans le maquis ou sur la plage sont également possibles pour les enfants dès 7 ans avec leurs parents.
Solenzara	Un **parcours baby** dans le parc aventure de la Solenzara (p. 255) ou dans le Forest Parc (p. 257)	Dès 3 ou 5 ans.

la protection des oiseaux – est parsemé de petites mares permettant de recycler les eaux usées. Dommage que la proximité de la route rende l'adresse un peu bruyante. La maîtresse de maison fabrique de délicieux "produits confiturés", que vous pourrez déguster au petit-déjeuner dans une grande salle donnant sur le littoral. Possibilité de louer un gîte à la semaine à Venzolasca (350 à 500 € suivant la saison). Table d'hôtes et panier pique-nique sur demande.

Chez Mathieu PAILLOTE €€
(Vescovato ; plats 9-25 € ; ⏲mai-sept). Certes, la plage n'est pas la plus belle de Corse, les chaises en plastique en rebuteront certains, mais cette petite paillote campée face à la mer depuis 45 ans est une bonne adresse. Sur la carte de Mathieu, des pizzas mais surtout de très bonnes spécialités de la mer : gambas à la Mathieu flambées au safran et au cognac, espadon sauce aux câpres... Au bout de la route de la plage (6 km) depuis le rond-point qui mène à Vescovato.

L'Ortu RESTAURANT BIO €
(☎04 95 36 64 69 ; route de Venzolasca, Vescovato ; plats 6-20 €, menu 20 € ; ⏲mer-dim midi et soir, Pâques à fin sept). Précurseur de la cuisine bio sur l'île, L'Ortu vous accueille dans une maison aux airs de chalet plantée dans la végétation à la sortie de Vescovato. On y redécouvre le goût du potager et des choses simples : carottes, salades, galettes de céréales, pâtes, fromages, côte de veau, etc. La formule est originale, le cadre champêtre agréable, la cuisine correcte et l'accueil familial. Il est prudent de réserver.

U Fragnu FERME-AUBERGE €€
(☎04 95 36 62 33 ; Venzolasca ; menu 40 € ; ⏲ts les soirs juil-août, jeu-sam soir et dim midi sept et mi-nov à juin). À l'entrée nord du village de Venzolasca, à un virage de la route, cette ferme-auberge installée dans une demeure traditionnelle est réputée pour sa cuisine corse de qualité. Soupe corse, beignets de courgettes et sauté de veau se dégustent dans la salle, autour du pressoir à olives, ou sur la terrasse qui surplombe les champs. Menu fixe, sur réservation uniquement.

♥ Penta-di-Casinca

Classé "site pittoresque" en 1973, ce qui fait la fierté de ses habitants, Penta-di-Casinca compte parmi les villages de Corse les plus beaux et les plus étonnants. Perché sur une colline tapissée d'oliviers et de châtaigniers, il est en effet bâti le long d'une ruelle unique, parallèlement à la côte sur laquelle il révèle un superbe panorama.

Outre son atmosphère particulière et ses belles maison en lauze de schiste vert, notez l'architecture de son église baroque et les inscriptions qui figurent sur le porche du cimetière, à l'écart du village : en entrant, *Oghie a me* ("Aujourd'hui à moi"), en sortant, *Dumane a te* ("Demain à toi").

De Penta-di-Casinca, il est possible de rejoindre la N198 par la D206, en passant par **Castellare-di-Casinca**, où se trouve la **chapelle Saint-Pancrace**, dotée d'une admirable abside.

Il n'existe pas de possibilité d'hébergement à Penta-di-Casinca.

Où se restaurer

BON PLAN **A Teppa** PIZZERIA-GRILL €
(☎06 74 52 47 75 ; plats 8-16 € ; ⏲juin-sept). Ce restaurant mérite le détour pour l'accueil chaleureux du patron et sa

connaissance de la région. Dissimulée face à la mairie, en contrebas, cette belle petite terrasse révèle par ailleurs un sublime panorama qui laisse le regard s'évader jusqu'à la côte. La carte mise sur les pizzas au feu de bois, salades et plats simples (entrecôtes, brochettes). Petite mais bonne sélection de vins corses.

U fornu CUISINE CORSE € (☎06 46 08 41 55 ; plats 7,5-12,5 €, menu 20 € ; mai-sept midi et soir). Autour de quelques tonneaux perchés sur une terrasse d'où l'on observe une magnifique vue sur les villages de la Casinca et sur la mer, on déguste une cuisine corse traditionnelle faisant la part belle à la charcuterie et aux viandes grillés (entrecôte, pièce de rumsteack de 400 g, panzetta) dans un four à bois. Vente directe de charcuterie à des prix compétitifs. Pas de cartes bleues. En contrebas du village, prendre la rue principale puis à gauche.

Le café de la rue principale, repaire des habitués près de l'église, ouvre toute l'année.

Loreto-di-Casinca

Littéralement posé sur un éperon à 630 m d'altitude, sous un bloc rocheux, le village de Loreto-di-Casinca (180 habitants) est particulièrement impressionnant. Ses toits de lauzes irrégulières et sa place encadrée de platanes ajoutent à son charme et, par temps clair, la vue porte jusqu'à l'île d'Elbe, voire jusqu'à l'Italie.

Une route secondaire permet de rejoindre La Porta, en Castagniccia, depuis Loreto-di-Casinca.

Où se loger et se restaurer

BON PLAN **Villa Paradincu** CHAMBRES D'HÔTES € (☎04 95 36 00 06 ; d avec petit-déj 50 €). Un chemin en terre mène à cette maison d'hôtes située 800 m avant Loretto en venant de Vescovato. Une vaste maison en pierre, isolée face aux montagnes, abrite des chambres propres, vastes et confortables. Une cuisine et un salon sont à disposition.

U Rataghju CUISINE CORSE €€ (☎04 95 36 30 66 ; menu 25 € ; sur réservation). Accueil tout en gentillesse pour ce restaurant qui vous reçoit dans le superbe décor d'un ancien séchoir à châtaignes. On vous y expliquera tout sur les châtaignes autour d'un copieux menu : charcuterie, ragoûts de viande, beignets au brocciu. Une deuxième salle, plus conventionnelle, a été aménagée de l'autre côté de la ruelle, et bénéficie d'une vue dégagée sur la plaine. Pour vous y rendre, suivez les panneaux au fil des ruelles en descendant dans le village.

Vous trouverez également des bars-restaurants sur la place principale, ainsi qu'une pizzeria, **Indé Tittinu** (☎04 95 36 10 31 ; pizzas 9-15 €).

CASTAGNICCIA

Parcourue de mille cours d'eau, de collines et de montagnes, sillonnée d'un réseau de routes qui forment d'interminables lacets, la Castagniccia est un monde à part. Boisée et sereine, cette belle région qui doit son nom aux innombrables châtaigniers qui y furent plantés à l'époque génoise est tapissée d'un épais manteau végétal d'où émergent des villages aux maisons de pierres sèches coiffées de toits de lauzes.

Ici et là, la région laisse entrevoir des vestiges de sa richesse d'autrefois, notamment de belles églises dotées d'étonnants clochers et campaniles, qui lui apportent une note d'exubérance. L'art roman est également représenté par une vingtaine de chapelles, construites entre les IXe et XIIIe siècles.

Au XIXe siècle, avec plus de 50 000 habitants, la Castagniccia était la région la plus peuplée et la plus prospère de l'île. Elle subit ensuite l'exode de ses populations, à la fin de la Première Guerre mondiale. Aujourd'hui, ses villages dépeuplés semblent perdus dans l'immensité verte. Le potentiel en matière d'écotourisme est immense, mais les réalisations sont encore limitées. Raison de plus pour s'y aventurer...

Il n'est pas toujours facile de se repérer dans le dédale de villages et de routes de la région. Nous vous proposons donc ici

> Munissez-vous d'une bonne carte routière pour découvrir cette Corse secrète et prenez vos précautions : vous ne trouverez ni banques ni stations-service en chemin. Les possibilités d'hébergement restent par ailleurs limitées (mieux vaut réserver en saison).
>
> Sur Internet, vous trouverez quelques informations utiles sur le site www.castagniccia.fr.

LA PETITE HISTOIRE

LA CHÂTAIGNE, MANNE DE TOUTE UNE RÉGION

Si des châtaigniers étaient présents sur l'île avant l'arrivée des Génois, l'essor de la culture des châtaignes débuta sous leur impulsion, à la fin du Moyen Âge. L'arbre colonisa la Castagniccia (de *castagnu*, châtaigne) jusqu'à en faire sa terre d'élection. Son fruit, transformé en farine, devint ainsi l'un des éléments principaux de l'alimentation (notamment pour fabriquer la *pulenta*), faisant la richesse des villages de la région. Exportée sur le continent, la châtaigne servit même de monnaie d'échange, devenant ainsi la base de l'économie locale. On alla jusqu'à parler de "civilisation du châtaignier".

Le déclin de la châtaigne débuta après la Première Guerre mondiale. Le dépeuplement, les maladies de l'encre et du chancre, le non-renouvellement des plants et le porc coureur, qui déterre les racines et ravine les sols, portèrent des coups fatals à cette production dont les techniques n'évoluèrent guère d'un siècle à l'autre.

La production corse, qui s'élevait à 150 000 tonnes dans les années 1880, tomba à 2 000 tonnes en 1992 puis à 1 200 tonnes en 2004.

un itinéraire de découverte, de la côte à Morosaglia, en passant par les principaux villages de Castagniccia. Cet itinéraire emprunte des routes sinueuses mais révèle de très beaux panoramas sur la région. Nous avons choisi de traiter ici la corniche de la Castagniccia et le village de Cervione (qui relèvent officiellement de la Costa Verde) car ils s'inscrivent logiquement dans cet itinéraire.

Corniche de la Castagniccia

Depuis San Nicolao, sur les hauteurs de Moriani-Plage, la D330, une magnifique route en corniche, longe sur 5 km des contreforts montagneux et ménage des points de vue spectaculaires sur la côte. Peu après avoir quitté San Nicolao, juste avant un tunnel, faites halte à la **cascade de l'Ucelluline**, un superbe site naturel où l'on peut se baigner (accès par un petit sentier escarpé, sur la droite). Chacun trouvera son petit paradis cristallin, mais la prudence reste de mise : si les premières vasques sont faciles d'accès, les passages suivants peuvent être glissants et plus faciles à monter qu'à descendre.

La D330 passe ensuite à **Santa Maria Poggio** avant de déboucher sur **Valle di Campoloro** et Cervione.

Cervione

Village d'atmosphère – son ambiance tranquille évoque presque un décor de cinéma – Cervione est une très agréable surprise. Agencé en amphithéâtre à plus de 300 m d'altitude, ce bourg entouré de châtaigniers et d'oliviers a su préserver le visage serein de ses ruelles pavées et pentues, de ses passages voûtés et de ses panoramas sur la plaine. Sa belle cathédrale témoigne pour sa part d'un passé d'une grande richesse : Cervione a en effet été une villégiature estivale à l'époque romaine, une capitale sous le roi Théodore de Neuhoff, puis la résidence des évêques d'Aléria à partir de 1578.

À voir

Cathédrale Saint-Érasme ART BAROQUE
Cette remarquable cathédrale, dont le majestueux campanile se dresse au centre du bourg, date du XVIIIe siècle.

Musée ethnographique de l'Adecec PATRIMOINE
(04 95 38 12 83 ; www.adecec.net ; place du Musée ; adulte/enfant 3/2 € ; mi-juin à mi-sept lun-sam 9h-12h et 14h-19h, mi-sept à mi-juin lun-sam 9h-12h et 14h-18h). Au pied de la cathédrale, aménagé dans l'ancienne demeure de l'évêque d'Aléria, ce lieu de mémoire du patrimoine insulaire présente un panorama des métiers et des traditions corses au fil de 14 salles d'exposition.

Chapelle Sainte-Christine STYLE ROMAN
Une chapelle isolée en pleine nature à 2,5 km environ du centre de la localité (prenez la direction de Prunete, puis suivez le fléchage "Cappella Santa Cristina"). Ses fresques représentant des scènes bibliques, aux coloris bien conservés, sont exceptionnelles (les clés sont en principe sur la porte).

Où se loger et se restaurer

Des bars et des restaurants sont installés en ville et les proches environs sont parsemés de chambres d'hôtes.

BON PLAN **Villa A Suera** CHAMBRES D'HÔTES €
(04 95 38 17 41 ; rubechi.eliane@gmail.com ; Sant'Andrea di Cotone ; d avec sdb 48 € petit-déj inclus ; P). Particulièrement bon marché ces 3 chambres offrent l'un des meilleurs rapports qualité/prix des environs. Lambrissées, assez spacieuses et orientées côté mer, elles disposent d'une terrasse panoramique ombragée par deux énormes pins maritimes et même d'une piscine. Possibilité de table d'hôtes sur demande. La maison, moderne et sans charme particulier, vous attend à 4 km de Cervione, à la sortie du village de Sant'Andrea di Cotone, en direction de San Giulianu.

BON PLAN **U Casone** CUISINE CORSE €
(04 95 38 10 47 ; plats 5-19 €, menus 12,50-21 € ; fermé lun midi en saison, lun tte la journée hors saison). À l'ombre d'un imposant tilleul, on savoure ici une cuisine simple mais généreuse à des prix très raisonnables. Spécialités de grillades de viandes corses au feu de bois et de terrines maison. Bonne sélection de vins corses et bon accueil. Derrière la voûte, non loin de l'église.

Aux 3 Fourchettes CUISINE FAMILIALE €
(04 95 38 14 86 ; place de l'Église ; plats 8-13 €, menus 15 €). Difficile de faire plus central : Aux 3 Fourchettes est littéralement tassé sous une aile de l'église. Cuisine familiale sans prétention à base de produits régionaux : charcuterie, gratin de riz aux courgettes, entrecôtes, cannellonis. Le tout est servi sur l'agréable terrasse ombragée ou dans la salle voûtée qui décline un décor type "retour de chasse".

De Cervione à Piedicroce

Ce bel itinéraire, long de 35 km, serpente dans un univers boisé et reposant, ponctué de petits villages. De Cervione, la D71 rejoint **Sant'Andrea di Cotone** en 4 km, puis poursuit son chemin à flanc de montagne jusqu'à **Valle-d'Alesani**, 12 km plus loin, via **Ortale**. Le parcours est rythmé par d'interminables virages et d'extraordinaires panoramas. Environ 8 km plus loin, vous arriverez au **col d'Arcarotta** (819 m), où se tient un **marché** de produits régionaux tous les dimanches en saison.

Peu avant le col, vous pourrez vous ménager un rendez-vous avec l'histoire en empruntant la D17, qui mène à l'ancien **couvent Saint-François-d'Alesani**. Blotti au cœur d'un vallon, le couvent révèle un joli cloître livré aux herbes folles. Ses murs en décrépitude ne laissent guère imaginer l'étonnant épisode dont il fut le théâtre : en 1736, après 7 ans de guerre contre l'occupant génois, Théodore Ier, baron de Neuhoff, y fut proclamé premier roi de Corse et couronné pour seulement 9 mois de règne (voir p. 341). Les portes du couvent, souvent ouvertes, ne respectent pas d'horaires fixes.

Après le col d'Arcarotta, la D71 se poursuit sur une dizaine de kilomètres jusqu'à Piedicroce. Elle croise au passage le village de **Carcheto**, remarquable pour ses jolies maisons en pierres sèches. Ne manquez pas la visite de l'**église Sainte-Marguerite** (XVIe siècle), d'une émouvante simplicité, dotée d'un monumental clocher ajouré. De la place de l'église, une petite route descend à une cascade, où il est possible de se baigner au milieu d'une nature luxuriante.

Où se loger et se restaurer

BON PLAN **Gîte d'étape de Valle-d'Alesani** GÎTE D'ÉTAPE €
(06 32 95 39 30 ; Valle-d'Alesani ; dort 28 € avec petit-déj, 44 € en demi-pension ; avr-nov). L'une des rares possibilités d'hébergement des environs, ce gîte d'étape repérable à sa façade jaune tournesol, en plein centre du village de Valle-d'Alesani, est une excellente surprise. Ses chambres de 4 lits avec sanitaires, impeccables et fonctionnelles, n'ont rien à envier en termes de confort à de nombreux hôtels. Le gérant, ancien du restaurant San Petru, est aux petits soins pour ses clients et la demi-pension est possible en partenariat avec le restaurant.

Restaurant San Petru CUISINE DU TERROIR €
(04 95 35 94 74 ; Valle-d'Alesani ; menu 16 € ; avr-déc). Environ 200 m après l'adresse précédente, le San Petru doit sa bonne réputation à ses spécialités à base de produits locaux : boudin à la châtaigne, salade de confit de porc aux châtaignes, beignets de fromage, carpaccio de museau…

Auberge des Deux Vallées CUISINE DU TERROIR €
(04 95 35 91 20 ; col d'Arcarotta ; plats 8,50-15,80 €, menus 16,80-26 € ; fermé mer mi-juin à mi-sept, week-end sur réservation hors saison). L'auberge du col d'Arcarotta a connu des hauts et des bas au fil des dernières années mais il a changé de gérance. On y sert une cuisine de terroir – *buglidicci* (beignets de fromage frais), rôti de porc

farci au *figatellu*, gigot d'agneau rôti au miel de châtaignier, mousse ou moelleux à la châtaigne – dans un décor de style rustique qui évoque une cabane de trappeur. Belle vue sur le Monte San Petrone depuis la terrasse panoramique.

Piedicroce et ses environs

Bourg assez actif bâti à flanc de montagne, au pied du Monte San Petrone, Piedicroce est un carrefour important en Castagniccia. Il peut servir de base pour rayonner dans la région et présente une belle église.

Renseignements

Un petit **office du tourisme** (☎04 95 33 38 21 ; ⌚lun-ven 9h-12h et 14h-18h) se cache dans le centre de Piedicroce. Suivre le fléchage.

À voir

Église Saint-Pierre-et-Saint-Paul STYLE BAROQUE

Au centre du village, cette très belle église classée monument historique se distingue par sa façade baroque colorée, chef-d'œuvre du XVIIe siècle admirablement restauré. À l'intérieur, son buffet d'orgues, le plus ancien de l'île, mérite le coup d'œil.

Couvent d'Orezza RUINES

Les ruines du couvent d'Orezza vous attendent à 1 km de Piedicroce en direction de Campana. Fondé en 1485 par des franciscains, il fut détruit par les soldats allemands en 1943. Le campanile, enserré de lierre, est toujours debout.

Eaux d'Orezza SITE D'EMBOUTEILLAGE

(☎04 95 39 10 00 ; www.orezza.fr ; ⌚boutique, juin-sept, 9-19h). De Piedicroce, une route passe à **Stazzona** et descend jusqu'au site des Eaux d'Orezza. Cette ancienne station thermale jadis réputée pour ses eaux ferrugineuses est maintenant le site d'embouteillage de la plus célèbre eau gazeuse corse. L'atelier se visite sur demande préalable mais il est possible de se promener librement autour (la balade décrite p. 247 passe par les sources). De là, il est possible de rejoindre le village de Valle-d'Orezza, réputé pour son artisanat (travail du bois). Boutique et vente d'eau sur place en saison.

VILLAGES

Un itinéraire intéressant depuis Piedicroce consiste à emprunter la D506 puis à bifurquer à droite sur la D46, qui dessert les villages de **Piazzole**, **Monacia d'Orezza** – où se trouve une église dotée d'un campanile – et enfin **Parata**. Dernier village desservi par la route, Parata présente également une très belle église baroque.

Ne ratez pas non plus **Verdèse**, magnifique hameau perdu dans un repli de la montagne et entouré d'un océan de verdure, où le temps semble s'être arrêté. Le village, indiqué sur la droite après Campana, s'atteint en quelques kilomètres d'une route noyée sous les frondaisons des châtaigniers.

Il est enfin possible de rejoindre le Morianincu (voir p. 248) depuis Piedicroce, par la superbe mais interminable D146.

Activités

Des **randonnées pédestres** sont possibles autour de Piedicroce mais nombre de sentiers ne sont malheureusement pas très fiables, faute d'entretien et de fréquentation. Procurez-vous la brochure *Sentiers de pays Castagniccia*, en principe disponible dans certains restaurants et structures d'hébergement de la région, et renseignez-vous sur l'état des sentiers. Un itinéraire de balade est décrit p. 247. C'est une randonnée idéale pour découvrir une forêt de châtaigniers centenaires et de jolis petits villages à flanc de montagne. Attention : le sentier monte et redescend plusieurs fois la montagne ; mieux vaut donc être bien chaussé.

L'ascension du **Monte San Petrone** (1 787 m), le point culminant de la Castagniccia, visible à des kilomètres à la ronde, est un must pour les marcheurs. Deux voies d'accès sont possibles : l'une au départ du hameau de Campodonico, à quelques kilomètres au nord de Piedicroce, l'autre depuis le col de Prato (voir p. 246). L'itinéraire au départ du col de Prato est considéré comme le plus facile. Il est également plus ombragé et traverse une superbe hêtraie. Du sommet, la vue est à couper le souffle. Comptez de 5 à 6 heures aller-retour.

Où se loger et se restaurer

La première adresse de cette liste est installée à Piedicroce, les suivantes dans les environs proches.

BON PLAN **Le Refuge** HÔTEL-RESTAURANT €

(☎04 95 35 82 65 ; www.hotel-corse-le-refuge.fr ; Piedicroce ; s/d 44-47/47-60 € selon vue ; menus 17-30 € ; ⌚avr-oct). Cet hôtel-restaurant moderne est l'une des adresses les plus actives de la Castagniccia. Dans une demeure moderne et fonctionnelle, au centre du bourg, vous y trouverez des chambres au confort simple mais agréables, claires et lumineuses. Préférez celles avec vue sur la vallée : le réveil en sera d'autant

LA PETITE HISTOIRE

L'EAU D'OREZZA

Les bienfaits de l'eau d'Orezza sont connus de longue date. L'histoire rapporte que Pascal Paoli venait faire une cure annuelle à Orezza, tout comme la bonne société de Bastia ou d'Ajaccio en quête de fraîcheur. Au début du siècle dernier, la source fut classée parmi les eaux "ferrugineuses et gazeuses de France".

Déclarée d'utilité publique en 1866, l'eau fut mise en bouteilles et commercialisée dans toute l'île, mais aussi sur le continent. Un établissement thermal, avec salles de massage, douches et bains, vit même le jour en 1896. Bien que concurrencée par les stations du continent, Orezza connut dès lors un important développement.

L'année 1934 marque un tournant dans cette belle réussite. Un violent orage, qui détruisit les canalisations, fut en effet à l'origine de l'abandon des installations. Par la suite, les occupants nazis, conscients des vertus curatives de cette eau, installèrent une petite usine d'embouteillage. La concession changea de mains à plusieurs reprises après guerre, mais la petite bouteille à capsule verte continua de se vendre jusqu'en 1995, année où la production s'arrêta faute de repreneur. La source fut finalement rachetée par le conseil général de Haute-Corse qui, après rénovation complète, inaugura une nouvelle exploitation en juillet 2000. N'hésitez pas à goûter l'eau d'Orezza, vendue dans de jolies bouteilles aux étiquettes bleues. Elle rivalise allègrement avec les meilleures eaux gazeuses.

plus magique ! Le restaurant sert des menus de cuisine traditionnelle sur une terrasse panoramique. Cartes de crédit acceptées.

Les Prairies CAMPING €

(☎04 95 36 95 90 ; Rumitoriu ; camping 7/3,50 € adulte/enfant ; ⌚juin-sept). À mi-chemin entre Piedicroce (11 km) et la côte (13 km) sur la D506, ce camping au confort sommaire comblera les amoureux de la nature. Accueillis par Jean-pierre et Marie, les campeurs s'installent sous d'immenses châtaigniers, dans une grande propriété verdoyante, et disposent d'un bloc sanitaire bien entretenu. Certains emplacements ont une magnifique vue sur le Monte San Petrone. Il est possible de pêcher ou de se baigner dans le Fiumalto, tout proche. Pas de table d'hôtes mais une pizzeria à 3 km.

♥ BON PLAN **La Diligence** CHAMBRES D'HÔTES €€

(☎04 95 34 26 33 ; sophie.le-villain@wanadoo.fr ; d 50-59 € avec petit-déj ; ⌚avr-oct). Beauté du cadre, accueil tout en gentillesse, tarifs très raisonnables... Sophie et Dominique Pancrazi ont aménagé 5 chambres, dont 2 mansardées, dans un ancien relais muletier du village de Verdèse, à quelques kilomètres de Piedicroce (à droite après Campana). Elles sont toutes différentes mais proches par leur style : poutres apparentes, mobilier ancien, cheminée, peintures à la cire, parquet et placards muraux. Bonne table d'hôtes, proposée 5 soirs par semaine (23 € tout compris), en terrasse ou dans une jolie salle colorée.

La Porta

L'**église Saint-Jean-Baptiste** et son étonnant **campanile** justifient à eux seuls une visite de La Porta. L'église, dotée d'une magnifique façade ocre et blanc, est considérée comme l'un des plus beaux édifices baroques de Corse. Elle fut construite entre 1648 et 1680. Son orgue artisanal de 1780, destiné initialement au couvent Saint-Antoine-de-Casabianca, fut offert à l'église pendant la Révolution par le commissaire Salicetti, chargé de la destruction du couvent. Son puissant campanile, haut de 45 m, se dresse sur sa gauche.

Où se restaurer

Chez Élisabeth – L'Ampugnani RESTAURANT €

(☎04 95 39 22 00 ; rue principale ; plats 7,5-19 €, menus 14,5-25 € ; ⌚fermé jan-fév, ouvert midi seulement hors saison). Ce restaurant est une valeur sûre où l'on vient déguster les beignets au fromage, spécialité de la maison, mais aussi le traditionnel sauté de veau et autres plats familiaux, proposés à petit prix et servis en toute simplicité. Accueil souriant.

Vous trouverez également des possibilités de petite restauration au centre du bourg. La boutique **Casi di Cornu** (☎04 95 39 23 91 ; www.gites-corse-stoppianova.com ; Stoppia Nova), installée à environ 5 km de La Porta, à Stoppia Nova, vend des produits régionaux.

Morosaglia et ses environs

Gros bourg au charme rustique posé dans la montagne entre Ponte-Leccia et La Porta, Morosaglia est avant tout célèbre pour être le lieu de naissance de Pascal Paoli, celui que ses concitoyens appellent très respectueusement *Babbu di a Patria* ("le père de la patrie"). L'une de ses constructions grises dominant une vallée abrupte, avec en toile de fond les sommets du centre corse, est en effet sa maison natale.

À voir et à faire

Maison natale de Pascal Paoli MUSÉE
(☎04 95 61 04 97 ; adulte/12-18 ans 2/1 € ; tlj 8h-12h et 13h-17h oct à mi-mai, 9h-12h et 13h-18h mi-mai à fin sept, fermé dim nov-mars). Sa visite est la principale raison qui attire les touristes dans le bourg. Ce joli petit musée départemental comprend 4 salles qui présentent des peintures, des livres, des lettres et des habits d'époque. La dépouille de Paoli, rapatriée d'Angleterre où il mourut en exil en 1807, repose dans la chapelle qui jouxte le musée (voir l'encadré p. 342).

Col de Prato ACCÈS DE RANDONNÉE
De La Porta, on atteint Morosaglia en passant par ce col (985 m), point de départ de la randonnée pour le Monte San Petrone (voir p. 244). Il est également possible de rejoindre le Rustinu (voir ci-dessous) ou le Boziu (voir p. 278) par la D15, une route étroite et spectaculaire, très peu fréquentée.

Où se loger et se restaurer

A Curbaghja APPARTEMENTS €
(☎04 95 61 11 39 ; appartement 50 € pour 2 pers, groupe de 12 à 17 pers 100 €/sem/pers ; Pâques-oct). Indiquée à la sortie du village en direction de Ponte-Leccia par un simple panneau "chambres à louer", cette adresse se compose de deux appartements très spacieux, entièrement équipés, aménagés dans une demeure de caractère datant du XVIIe siècle. Ils sont loués à la semaine en juillet-août et à la nuitée hors saison.

Chambre d'hôtes Petri CHAMBRE D'HÔTES €€
(☎04 95 48 43 27 ; psantori@aol.com ; Gavignano-Borgo ; d 70 € avec petit-déj). L'accueil tout en gentillesse et le calme absolu de Borgo, à 6 km de Morosaglia en direction de San Lorenzo, font la différence. Les époux Petri louent une chambre, petite mais douillette, avec plafond lambrissé, parquet et tapisserie à fleurs, dans une jolie maison en pierre du XVe siècle. La vue sur les collines et l'agréable terrasse ajoutent au charme.

Osteria di U Cunventu CUISINE DU TERROIR €
(☎04 95 47 11 79 ; route principale ; plats 10-22 € ; fermé mar). Le chef de ce petit restaurant blanc aux airs de chalet est apprécié localement pour le tour de main avec lequel il concocte une cuisine de terroir : beignets de fromage frais, gambas grillées flambées à l'eau-de-vie corse, aiguillette de poulet façon oncle sam, mustelle de L'Île-Rousse aux petits légumes... Le choix est limité – une série de suggestions à l'ardoise – et la salle assez quelconque, mais la vue et la qualité sont au rendez-vous.

Quelques bars-restaurants occupent le centre de Morosaglia.

Le Rustinu

Discret et méconnu, le Rustinu coule des jours paisibles au nord de la Castagniccia, entre Morosaglia et la vallée du Golo (où passe la N193, l'axe Bastia-Corte). Dénuée de localité d'importance, la région compte seulement quelques villages et hameaux perdus au milieu du relief montagneux et est moins verte que la Castagniccia méridionale. Les dénivelés sont en revanche tout aussi prononcés et les routes aussi tortueuses !

À voir

Outre l'atmosphère de bout du monde qui caractérise le Rustinu, son principal attrait tient à son patrimoine religieux. De Morosaglia, on rejoint assez facilement **Valle di Rustinu**, où s'élèvent les ruines de l'**église Santa Maria** (Xe siècle) et de son baptistère (XIIe siècle), à l'écart du village. Le site, en pleine nature, est particulièrement émouvant.

De Valle di Rustinu, la route sinue jusqu'à **Pastoreccia**, où l'on peut admirer les superbes fresques du XVe siècle qui tapissent l'intérieur de la **chapelle San Tumasgiu**, avec son toit en lauzes, à l'écart du village, en surplomb de la vallée du Golo.

On peut ensuite rejoindre La Porta (voir p. 245) en faisant une longue boucle sur une route en corniche qui passe par Bisinchi, Campile et **Ortiporio**, village doté d'une très belle église, dont la façade est incurvée vers l'intérieur.

Où se loger et se restaurer

BON PLAN **U Penta Rossa** HÔTEL-RESTAURANT €€
(☎04 95 38 21 32 ; Ortiporio ; d 63 € avec petit-déj juil-août, 53 € hors saison ; menus 17,50-25 € restaurant jeu-mar hors saison).

RANDONNÉE

AU CŒUR DE LA CASTAGNICCIA

Départ : au centre du village de Piedicroce
Durée : 6 heures aller-retour
Difficulté : moyenne
Dénivelé : important

Attention : le sentier monte et redescend plusieurs fois la montagne ; mieux vaut être bien chaussé.

Du centre du village, suivez le balisage orange. Descendez environ 200 m sur la route, puis empruntez un petit chemin à gauche du cimetière, dans le virage. Le sentier qui oblique légèrement vers la droite conduit jusqu'au village de Stazzona, que l'on traverse en passant devant la fontaine et sous le clocher. À la sortie du village, un petit panneau indique la direction des eaux d'Orezza sur la droite. Une fois au petit cimetière, continuez tout droit et passez devant la tombe d'Antoine Luigi (ne pas tourner vers la route). En bas de la descente dans le bois, ne ratez pas le sentier à gauche, et longez la rivière. Rejoignez ensuite la route jusqu'à la source des eaux d'Orezza, que l'on peut goûter.

Le sentier repart 100 m au-dessus des sources vers le village de Rapaggio. La montée dans les bois (45 min) mène à un cimetière que l'on contourne par la droite. Le chemin le plus large conduit à l'église de Rapaggio. Admirez son extraordinaire architecture en pierres sèches. Traversez le village, et prenez la direction de Poggio. Vous atteindrez ce village en suivant le balisage, sur la route. Cette partie d'asphalte est moins agréable, mais la circulation est très faible. Là encore, il faut traverser le village, et passer une petite barrière après la dernière maison.

Le chemin grimpe ensuite dans la forêt jusqu'au col d'Arcarotta, en passant devant la jolie chapelle San-Giorghju. Au sommet, le sentier se scinde en deux. Prenez à droite et descendez jusqu'à l'auberge des Deux Vallées.

Le sentier repart à 100 m de l'auberge sur la droite de la route, en direction de Carpineto et de ses belles demeures. Après le village, il descend jusqu'à la rivière, qu'il traverse. Vous croiserez alors un panneau indiquant deux itinéraires possibles. Remontez sur la gauche jusqu'au village de Carcheto (dont la belle église est classée). L'arrivée dans le village n'est pas bien balisée : vous devrez passer par-dessus une barrière, longer une tour du XIIIe siècle et ressortir par un portail en bois. Ne suivez pas l'itinéraire et le premier sentier qui descend vers la droite, mais grimpez dans le village et prenez plus haut le chemin en direction de la cascade. Dans le sous-bois, vous croiserez une petite fontaine pour remplir votre gourde. L'eau de la cascade est très fraîche, mais n'hésitez pas à vous tremper.

Pour repartir, prenez le chemin dans le sous-bois de l'autre côté du bassin, en passant la rivière. À partir de là, le chemin est balisé dans l'autre sens. Après quelques centaines de mètres, vous franchirez une barrière. Au bout de la ligne droite, engagez-vous sur le chemin de droite, par l'ouverture du grillage, puis remontez jusqu'au village de Piedipartino.

Dans le village, après l'église, le sentier descend sur la droite en direction de Piedicroce. Une fois passé le cimetière, une nouvelle bifurcation indique plusieurs directions. Continuez sur la gauche vers Piedicroce. Au passage de la rivière dans le fond de la vallée, une petite piscine vous attend sous le pont. Remontez vers Piedicroce en suivant le balisage orange. Vous arriverez au niveau de l'hôtel Le Refuge.

U Penta Rossa, dans le village d'Ortiporio, est plus connu pour son restaurant que pour ses chambres, simples et ordinaires, qui peuvent néanmoins dépanner. Le menu à 17 € présente un excellent rapport qualité/prix, avec des *buglidicci* (beignets au fromage frais de brebis), du sanglier, des cannellonis au brocciu et la coupe Penta Rossa, un savoureux dessert maison à base de châtaigne préparé par la patronne. L'accueil familial et la vue sur les collines font oublier le décor sans charme.

U Vecchju Mulinu GÎTE AVEC PISCINE €€€
(04 95 28 91 87 ; www.vecchju-mulinu.fr ; gîte 260-490 € la sem selon la saison, gîte de charme 509-1 050 € ; hameau de Fornoli ; mi-avr à mi-nov ;). Installée dans un ancien moulin, dont il subsiste quelques vestiges, cette adresse propose 3 gîtes (pour 2 à 4 personnes), dont un de charme, très soignés et dotés de sdb spacieuses et lumineuses. L'ensemble s'intègre dans la verdure et une rivière coule en contrebas. Nombreux sont cependant ceux qui préfèrent se baigner dans la belle piscine chauffée. Bon accueil de Colette Routa, la propriétaire. U Vecchju Mulinu vous attend au hameau de Fornoli, à 4 km d'Ortiporio.

COSTA VERDE

Entourée par la Casinca au nord, la Castagniccia à l'ouest et la Costa Serena au sud, la “Costa Verde” est encore une quasi-inconnue qui cherche à se faire de la pub. Sa façade maritime plutôt décevante, dont l'épicentre est Moriani-Plage, ne doit pas faire oublier les beaux villages de son arrière-pays, à découvrir avec l'aide d'une bonne carte routière...

Moriani-Plage

Cette station balnéaire moderne et un peu artificielle ponctuée d'une zone pavillonnaire et de boutiques sans grand charme, qui s'étire le long de la N198, concentre néanmoins des services utiles : banques, office du tourisme et stations-service. Et des plages, bien sûr : la ville s'enorgueillit d'être bordée de 17 kilomètres de sable fin...

Renseignements

L'**office du tourisme de la Costa Verde** (04 95 38 41 73 ; www.costaverde-corsica.com ; N198 ; lun-sam 9h-13h et 15h-20h, dim 9h-13h en saison ; lun-ven 9h-13h et 14h-19h hors saison), est situé dans un ancien chaix à vin le long de la nationale. Accès Wi-Fi gratuit.

Activités

Une douzaine de **plages** bordent Moriani. Si vous êtes lassé du sable, vous pourrez découvrir la région autrement grâce au centre équestre **Les Écuries de la Costa Verde** (04 95 30 64 39, 06 14 55 89 01 ; Moriani-Plage ; http://ecuriescostaverde.free.fr ; mai-sept). Situé à l'entrée de Moriani-Plage, il organise des balades à cheval dans les villages du Morianincu (30 € les 2 heures, 40 € la demi-journée, le matin pour les cavaliers confirmés, l'après-midi pour les débutants). Les enfants peuvent faire des stages à partir de 7 ans et des balades dès 10 ans. Initiation au poney pour les tout-petits à partir de 3 ans. Sur réservation.

Où se loger et se restaurer

Merendella CAMPING €
(04 95 38 53 47 ; www.merendella.com ; Moriani-Plage ; adulte/voiture/tente 7,45-8,85/3,10-3,50/3,20-3,60 €, bungalows 334-492 €/sem selon saison ; avr-oct). Un excellent quatre-étoiles installé dans un grand parc de 6 ha en bord de plage, avec de vastes emplacements ombragés.

Casa Corsa – Chambres d'hôtes Doumens MAISON D'HÔTES €€
(04 95 38 01 40, 06 25 89 89 32 ; www.casa-corsa.com ; Casa Corsa, Acqua Nera Prunete ; s/d/tr 59/66/120 € avec petit-déj). Cette jolie maison moderne aux airs de mas provençal, abrite 5 chambres coquettes à la décoration chaleureuse. Tout ici respire l'harmonie, jusqu'aux transats installés dans le grand jardin. Les petits-déjeuners sont servis sous une treille de vigne, dans la cuisine d'été. Qu'elle semble loin la N198, pourtant à 100 m seulement ! Plage de Prunete à 500 m. À 6 km au sud de Moriani-Plage.

U Lampione RESTAURANT €€
(04 95 59 08 87 ; route du Village, Moriani-Plage ; plats 8-28 €, plat du jour 13 €, menu 20 € ; fermé dim hors saison). À 400 m du carrefour principal sur la route qui mène à San Nicolao, cette adresse discrète a plus de charme que nombre de restaurants du bord de mer. Coup de cœur pour la pergola, abondamment ombragée de vigne vierge, et la salle, elle aussi accueillante, avec des tons grenat et de jolis meubles en bois. Cuisine simple mais bien préparée.

Depuis/vers Moriani-Plage

BUS Les bus des sociétés **Rapides Bleus Corsicatours** (04 95 31 03 79, 04 95 70 10 36) et **Transports Tiberi** (04 95 57 81 73) relient Moriani-Plage à Aléria, Porto-Vecchio, Solenzara et Bastia.

Villages du Morianincu

L'arrière-pays de Moriani, le Morianincu, offre un changement d'univers radical : quittant l'ambiance un peu fade de la côte, on s'enfonce (le mot n'est pas trop fort) dans les replis pentus et verdoyants des collines pour rejoindre, au prix d'innombrables virages sur des routes étroites, une

RANDONNÉE

LE SENTIER BOTANIQUE DE SAN GIOVANNI DI MORIANI

Départ : église paroissiale de San Giovanni di Moriani, à 10 km de Moriani-Plage
Durée : 3 h 30 aller-retour
Balisage : orange
Difficulté : faible
Dénivelé : 300 m

Préférez le printemps ou l'automne qui correspondent à la période de floraison de nombreuses essences méditerranéennes. Partir de préférence tôt le matin ou tard dans l'après-midi avec de l'eau. Prévoir de bonnes chaussures de marche.

L'itinéraire, qui alterne petite portion de route et sentier, est un excellent moyen de découvrir les richesses botaniques de la Corse. Avec pour point de départ la magnifique église de San Giovanni di Moriani et son clocher classé, ce sentier, parsemé de nombreux panneaux explicatifs (une cinquantaine en tout), nous éclaire sur l'identité, les vertus médicinales et les usages culinaires des arbres, arbustes et plantes herbacés rencontrés sur en chemin. Depuis l'église, le sentier grimpe jusqu'au hameau de Cioti où il est possible d'acheter du fromage à la fromagerie "I Cucchi", située au bord du sentier. Après la traversée de la route de Casone, où se trouve une table d'orientation, il prend la direction de la chapelle romane San Mamilianu (du Xe siècle) où une aire de pique-nique et un refuge ont été aménagés. Le retour se fait par un sentier passant par Castellu Vechju (fouilles archéologiques à 300 m), le hameau de Serrale et la chapelle Saint-Laurent pour retrouver la place de l'église paroissiale. Il est possible d'écourter l'itinéraire en rejoignant le hameau de Serrale depuis celui de Cioti par la route. Un dépliant fort instructif recense toutes les espèces rencontrées et un descriptif de l'itinéraire est disponible à l'office du tourisme de Costa Verde à Moriani-Plage.

série de magnifiques villages perchés. La récompense est au rendez-vous, avec des points de vue à couper le souffle !

De Moriani-Plage, suivez la D34 qui monte en sinuant jusqu'à **San-Nicolao**, un très beau village-terrasse dont l'**église baroque**, à l'écart des habitations, au milieu des tilleuls, mérite le coup d'œil. De là, vous pouvez rejoindre **Santa-Lucia-di-Moriani** et ses maisons austères aux toits de schiste, qui semblent posées en équilibre sur une crête en forme d'amphithéâtre. Prenez ensuite la direction de **San-Giovanni-di-Moriani**, autre village ménageant des vues sublimes sur les collines boisées du Morianincu et la plaine orientale. Le **campanile** en pierre grise de l'église Saint-Jean (ou San-Giovanni), classé monument historique, culmine à 33 m et rivalise avec celui de La Porta en Castagniccia (p. 245). Montez ensuite jusqu'à **Santa Reparata di Moriani**, un village situé au bout d'un cul-de-sac, sur le sentier Mare a Mare® nord, où se trouve un gîte d'étape (voir *Où se loger et se restaurer*). Pour retrouver la vie trépidante du littoral, redescendez en direction de San Nicolao puis continuez en direction de Cervione en suivant la corniche de la Castagniccia.

Activités

Le Morianincu est un paradis pour la **randonnée pédestre**. Traversé par le sentier Mare a Mare® nord (Moriani-Cargèse), il est sillonné de plusieurs itinéraires qui relient les villages entre eux. Procurez-vous la brochure *Balades en Costa Verde* à l'office du tourisme de Moriani-Plage qui décrit une vingtaine de boucles dont celle du sentier botanique au départ de l'église San Giovanni. Les sentiers sont également propices à la **randonnée équestre**.

Où se loger et se restaurer

Gîte d'étape Luna Piena GÎTE D'ÉTAPE €
(04 95 38 59 48 ; Santa Reparata di Moriani ; dort 12 €, 32 € en demi-pension, menus 15-30 € ; avr-oct). L'endroit se mérite (comptez une demi-heure de montée en voiture depuis Moriani-Plage) mais la récompense est une superbe demeure en pierre entourée de châtaigniers. Elle possède 19 couchages répartis en chambres de 2 ou 4 lits, avec sdb commune, et cuisine équipée. Des menus, à déguster dans une avec cheminée, sont également proposés. Se renseigner sur place pour randonner dans les environs.

Le Belvédère d'E Catarelle HÔTEL-RESTAURANT €€€
(☎04 95 38 51 64, 06 81 84 58 33 ; www.corsica-catarelle.com ; San Giovanni di Moriani ; d 70-150 € selon confort et saison, demi-pension 95-110 €/pers selon saison, menu 25 € ; P). L'accueillante Maddy, la propriétaire, est un personnage. Auteur d'un livre de recettes corses et chevalier de l'Ordre national du mérite, elle s'est fait un nom grâce à ses spécialités traditionnelles : *buglidicci* (beignets de fromage frais), cannellonis au brocciu, omelette au brocciu, sauté de veau, fiadone, flan à la châtaigne. Rien de bien original mais dans l'assiette, le tour de main fait toute la différence... La terrasse réserve un beau panorama et les 10 chambres sont lumineuses, personnalisées et intimistes. Motards et gays bienvenus.

COSTA SERENA ET CÔTE DES NACRES

Belle opération de marketing touristique : la “plaine orientale”, région à la réputation peu enviée auprès des touristes, a été rebaptisée “Costa Serena” entre Aléria et Ghisonaccia et “côte des Nacres” autour de Solenzara. C'est déjà plus glamour sur le plan sémantique.

Dans les faits, la physionomie de l'ex-plaine orientale reste inchangée : étirée sur plus de 80 km, la seule véritable plaine de l'île, fertile qui plus est, garde sa vocation agricole et est traversée comme une flèche par la N198, qui relie Bastia et Porto-Vecchio. Inhabitée jusqu'à la dernière guerre pour cause de paludisme, elle a pris son essor dans les années 1960 lorsque des rapatriés d'Algérie, soutenus par l'État français, y plantèrent des vignes et utilisèrent des techniques d'exploitation moderne. L'État encouragea la création de coopératives vinicoles et construisit des barrages pour améliorer l'irrigation. Aujourd'hui, la production s'est diversifiée vers les agrumes, la clémentine, le cédrat et le kiwi.

Sur le plan touristique, cette plaine considérée comme monotone et souvent délaissée par les visiteurs mérite cependant quelques arrêts, notamment au site antique d'Aléria et pour ses longues plages de sable fin. Les infrastructures de cette partie de côte pratiquent par ailleurs des tarifs honnêtes, même en haute saison (rien à voir avec le Sud).

Ne négligez pas non plus les hauteurs de cette côte, notamment le Fiumorbu, à l'ouest de Ghisonaccia (voir l'encadré p. 253) et la vallée du Travo (voir l'encadré p. 255).

Aléria

Avouons-le d'emblée : il est difficile d'avoir le coup de foudre pour Aléria. L'ancienne capitale de la Corse antique (appelée alors Alalia) est aujourd'hui une localité sans grand charme qui sert essentiellement d'étape entre Bastia et Porto-Vecchio. La proximité immédiate des plages, à 3 km, ne change pas grand-chose à l'impression d'ensemble. Faut-il pour autant bannir la ville des itinéraires touristiques ? Non. Son site antique, qui inclut des ruines et un musée, mérite une visite.

Renseignements

L'**office du tourisme** (☎04 95 57 01 51 ; www.corsica-costaserena.com ; ⏲lun-ven 9h-19h, sam 9h-12h30 et 15h-19h juil-août, lun-ven 9h-12h et 14h-18h hors saison) est installé au centre-ville.

À voir

Site antique VESTIGES ROMAINS
Principal intérêt touristique de la ville, le site antique d'Aléria inclut le Musée archéologique et les ruines romaines. L'ensemble,

LE PREMIER COUP DE FORCE DU MILIEU INDÉPENDANTISTE

L'événement fit grand bruit. Le 21 août 1975, Edmond Simeoni, leader du mouvement autonomiste, se barricade avec le commando qu'il dirige dans la cave d'un viticulteur d'Aléria. La gendarmerie donne l'assaut. Le bilan est lourd : deux gendarmes mobiles sont tués.

Le leader autonomiste, à l'origine de ce coup de force, souhaitait dénoncer l'injustice que, selon lui, son peuple subissait. En investissant la cave d'un viticulteur de la plaine orientale, il s'attaquait à la politique de l'État français qui, par ses aides financières aux rapatriés d'Algérie installés sur ces terres fertiles depuis les années 1960, “dépossédait” les Corses. Pour la première fois, un événement stigmatisait le combat des nationalistes contre l'“envahisseur”, que ce soit le “colon” – comme étaient appelés les pieds-noirs – ou l'État français.

L'ÉTANG DE DIANE

L'étang de Diane, au nord d'Aléria, doit à sa superficie (600 ha) et à sa profondeur (jusqu'à 11 m) d'avoir été utilisé dès l'Antiquité comme port naturel. Mais c'est sa production ostréicole qui fit sa renommée. Ses huîtres étaient à l'époque surtout expédiées à Rome. Leur chair, extraite des coquilles, était conservée dans des amphores, soit avec du sel, soit avec de l'huile d'olive et du vinaigre. La production fut importante au point qu'il est encore possible de voir une petite île constituée par les coquilles jetées au fond de l'étang. L'ostréiculture et la pisciculture sont toujours pratiquées et vous pouvez faire provision de moules, d'huîtres ou de langoustes.

qui reste très modeste comparé à d'autres sites antiques des îles de la Méditerranée, est indiqué à environ 1,5 km de l'entrée sud de la ville. Quelques bars-restaurants sont installés à proximité.

Musée archéologique Jérôme-Carcopino OBJETS ANTIQUES
(04 95 57 00 92 ; fort de Matra ; 2 € ; tlj 8h-12h et 14h-19h mi-mai à fin sept, tlj 9h-12h et 13h-18h oct à mi-mai) est installé dans le magnifique **fort de Matra**, bâtisse d'aspect mauresque faisant face à une petite église, construite en 1484 par les Génois. Nommé en l'honneur de Jérôme Carcopino (1881-1970), académicien et historien de la Rome antique, il se compose de 4 salles qui renferment des objets provenant du site d'Alalia (l'Aléria antique) et témoignent de son passé étrusque, phocéen et romain. Le billet d'entrée donne également accès aux **ruines**, situées à 300 m au sud-ouest du fort. Elles comportent les vestiges d'un forum, d'un capitole, de temples et d'une partie du centre de la ville romaine.

Activités

La **plage de Padulone**, à 3 km du centre-ville, fera l'affaire pour les amateurs de baignade, même si elle n'est pas la plus belle de l'île, loin s'en faut. Les amoureux de la petite reine pourront la rejoindre par une piste cyclable depuis le centre-ville. L'**étang de Diane**, au nord de la ville, vaut également le détour pour son cadre naturel. Dépourvu d'urbanisation et bordé de vignes, il est réputé pour sa production ostréicole. Vous pourrez y acheter des huîtres, des moules et de la boutargue (œufs de mulet séchés).

Le **Centre de tourisme équestre de Bravone** (04 95 38 91 90 ; Bravone), à 10 km au nord d'Aléria sur la N198, propose des promenades de 1 ou 3 heures (20 € l'heure) dans le maquis et sur la plage, ainsi que des stages équestres. Les enfants sont acceptés à partir de 7 ans.

Le Tavignano, qui traverse Aléria et va se jeter dans la mer, se prête parfaitement à 4 kilomètres de descente en **kayak**. Contactez le **Club nautique d'Aléria** (06 14 23 50 93 ; route de la plage, Aléria ; juin-sept) qui loue des kayaks monoplaces (8/35 € par heure/journée) et biplaces (12/50 € par heure/journée). Les tarifs sont dégressifs.

Où se loger

Bonne surprise : Aléria possède des hébergements variés pratiquant des tarifs bon marché, comparé à d'autres régions de l'île.

Camping Marina d'Aléria QUATRE-ÉTOILES €
(04 95 57 01 42 ; www.marina-aleria.com ; plage de Padulone ; forfait 2 pers 18,60-40,30 € selon saison ; fin avr-fin oct ;). Ce camping quatre étoiles, ombragé, moderne et bien équipé, propose un excellent confort mais peu d'intimité. Il est installé en bordure de la plage de Padulone, à 3 kilomètres d'Aléria par une route bordée d'un océan de vigne. Des bungalows à la semaine sont également proposés.

Hôtel Les Orangers HÔTEL €
(04 95 57 00 31 ; fax 04 95 57 05 55 ; www.hotel-aleria-lesorangers.com ; route de la plage ; d 45-72 €, petit-déj 7,50 € ; P). Une option à prendre en compte si votre budget est limité ou si tout est complet. Vous y trouverez des chambres impersonnelles mais correctes, dont certaines climatisées. À 100 m de la N198 en direction de la plage de Padulone, il offre par ailleurs l'avantage d'être un peu éloigné du bruit de la nationale.

Hôtel L'Empereur HÔTEL-RESTAURANT €€
(04 95 57 02 13 ; www.hotel-empereur.com ; N198 ; s/d 42-61/49-94 € selon saison avec petit-déj ; P). Les atouts de cette adresse qui offre l'un des meilleurs rapports qualité/prix d'Aléria ne se laissent guère deviner de l'extérieur. L'agréable surprise tient à l'agencement des lieux : une grande cour intérieure qui isole du bruit de la route et abrite une jolie piscine autour de laquelle

s'organisent les chambres. Celles-ci sont confortables, bien équipées et pourvues d'une bonne literie.

Hôtel Atrachjata HÔTEL €€
(☎04 95 57 03 93 ; www.hotel-atrachjata.net ; N198 ; d standard/confort/luxe 49-89/65-119/79-139 € selon saison, petit-déj 8 €/pers ; P ❄ 📶). Situé en bord de route mais bien insonorisé, cet établissement récent repérable à sa façade jaune soleil se dresse juste à côté de l'office du tourisme. Il loue des chambres moquettées et climatisées, impeccables et confortables, mais manquant d'originalité dans leur décoration.

Où se restaurer

Outre les bars-restaurants qui bordent la N198 et le front de mer, citons deux adresses :

Le Bounty RESTAURANT DE PLAGE €
(☎04 95 57 00 50 ; plage de Padulone ; plats 8-25 €, menu 16 € ; ⏲mai-sept). Avec sa tour crénelée coiffée d'un drapeau de pirate qui lui donne des airs de Disneyland, on aurait pu s'attendre au pire. Dans les faits, cette adresse située les pieds dans l'eau sur la plage de Padulone se révèle plutôt agréable côté salle et sans surprise côté cuisine (pizzas, viandes, poissons et plats habituels). On vient avant tout pour le spectacle des vaguelettes qui s'écrasent à ses pieds.

Aux Coquillages de Diane SPÉCIALITÉS DE POISSON €€
(☎04 95 57 04 55 ; www.auxcoquillagesdediana.fr ; étang de Diane ; plats 13-22 € ; ⏲tlj midi et soir juin-sept, tlj déj et ven-sam soir oct-mai, fermé jan). Installé sur un ponton flottant aménagé au bord de l'étang de Diane, ce restaurant tout en bois, percé de hublots et doté d'une terrasse, est l'endroit rêvé pour déguster des spécialités de poissons (espadon, filets de rougets, daurade). Sans oublier, bien sûr, les huîtres et moules en provenance directe de l'étang. Les tarifs sont un peu surévalués mais le cadre justifie les quelques euros supplémentaires.

Achats

Domaine Mavela DISTILLERIE ARTISANALE
(☎04 95 56 63 15 ; www.domaine-mavela.com ; U Licettu ; ⏲avr-sept). Indiqué à environ 5 km au nord d'Aléria en direction de Bastia, il présente un très grand choix de liqueurs dans une cave voûtée de 700 m². La famille Venturini gère ce domaine spécialisé dans les liqueurs depuis une vingtaine d'années. Prunes, myrtes, châtaignes, cédrats... tous les fruits sont issus de la culture locale. Le domaine produit également l'unique whisky corse, le P&M et, depuis 2008, un vin cuit baptisé Cap Mavella. Le magasin possède l'une des plus belles caves à vin de toute l'île et vend les meilleurs crus corses à prix raisonnables. Il propose également des confitures, de la charcuterie, du miel et des fromages locaux.

Depuis/vers Aléria

BUS Les Rapides Bleus Corsicatours
(☎04 95 31 03 79, 04 95 70 10 36). Liaison Bastia–Porto-Vecchio via Aléria, deux fois par jour du lundi au samedi de mi-septembre à mi-juin, et tous les jours de mi-juin à mi-septembre. Comptez environ 12 € entre Aléria et Bastia.

Autocars cortenais (☎04 95 46 02 12 ; www.autocars-cortenais.com). Liaison quotidienne Aléria-Corte (11 €) hors vacances scolaires. Circule les mardi, jeudi et samedi de mi-juillet à fin août.

Transports Tiberi (☎04 95 57 81 73). Liaison Solenzara-Bastia via Aléria une fois par jour du lundi au samedi.

Ghisonaccia

À mi-distance entre Bastia et Bonifacio, Ghisonaccia séduit peu les visiteurs, qui la traversent le plus souvent sans s'arrêter. La ville essaie cependant d'améliorer son image de marque, cantonnée à celle d'une station balnéaire sans charme le long de la nationale.

Rendons-lui justice : s'il est vrai que le centre-ville, avec son urbanisme moderne et passe-partout, n'a rien de très séduisant, la "route de la mer" le relie en quelques kilomètres à un long et beau ruban de sable. Les abords des **plages** – Vignale et Pinia – sont avant tout occupés par des campings, des restaurants et des villages de vacances.

Étang d'Urbino PLAN D'EAU
À 5 km en direction d'Aléria, ce plan d'eau de 750 ha apporte une touche sauvage au paysage agricole domestiqué de la Costa Serena. Les curieux pourront observer la levée des coquillages, leur nettoyage et leur calibrage sur le ponton. Et tout un chacun pourra les déguster à la Ferme d'Urbino (voir *Où se loger et se restaurer*).

Renseignements

L'**office du tourisme** (☎04 95 56 12 38 ; www.corsica-costaserena.com ; ⏲lun-sam 9h-12h30 et 14h-20h, dim 9h-12h juil-août, lun-ven 9h-12h30 et 14h-17h30 hors saison) est installé route de Ghisoni (D344), à deux pas du centre-ville.

Activités

Sur la plage de Vignale, **Fun Orizonte** (☎06 13 04 30 95 ; www.fun-orizonte.fr ; ⊙mi-avr à mi-oct) loue des voiliers et des planches à voile (15-30 € l'heure) ainsi que des kayaks (à partir de 15 € l'heure). En kayak, on peut gagner l'embouchure du Fiumorbu et remonter le fleuve.

Où se loger et se restaurer

Casa Maria Cicilia HÔTEL-RESTAURANT €€€
(☎04 95 56 00 41 ; www.casamariacicilia.com ; d 59-154 €, suite 109-199 € selon saison et confort, petit-déj 8,90 € ; ❄@📶). Ne vous laissez pas décourager par l'architecture extérieure, très géométrique, de cet établissement installé en face de l'office du tourisme – l'un des rares du centre-ville. À l'intérieur, vous découvrirez des chambres confortables, au design sobre et épuré (mobilier en bois de style exotique, carrelage ancien, TV à écran plat, couvre-lits crème...). S'y ajoute tout le confort d'un trois-étoiles – clim, double vitrage, Wi-Fi – et un petit patio ombragé. Le restaurant de l'hôtel, **L'Ancura** (plats 8-26 €, menus 28-34 €) sert une cuisine honorable tournée vers les spécialités de la mer et la viande d'origine charolaise.

VAUT LE DÉTOUR

ESCAPADE DANS LE FIUMORBU

Tenté par une petite infidélité à la côte ? Dirigez-vous vers le Fiumorbu, l'une de ces microrégions dont la Corse a le secret. Enclavée à l'ouest de Ghisonaccia, elle se prête à merveille à un circuit d'une journée en voiture, voire plus si vous voulez profiter de ses hébergements. Ses villages, bâtis sur des promontoires, révèlent d'incomparables panoramas sur la plaine, les étangs et la mer. De Ghisonaccia, prenez la D145 et laissez-vous porter par les méandres des routes de montagne. Vous traverserez **Pietrapola**, connu pour ses sources thermales, et traversé par la rivière Abatescu, **San-Gavinu-di-Fiumorbu**, adossé à la montagne, **Isolacciu-di-Fiumorbu**, le plus haut village de la région, à 700 m d'altitude, et **Prunelli-di-Fiumorbu**, un superbe village-belvédère où se trouve un modeste musée consacré à l'histoire locale.

Où se loger et se restaurer

Caffè Buttéa (☎04 95 56 74 75 ; Prunelli-di-Fiumorbu ; plats 9-15 €). Alors que les jeunes ont souvent tendance à fuir les villages de l'intérieur de l'île, cet agréable bistrot est au contraire tenu par un jeune couple dynamique. Le patron concocte une carte de 5 entrées et plats corses qui changent régulièrement, au gré des saisons et de son inspiration, et sont servis dans la petite salle ou sur l'agréable terrasse.

Gîte d'étape de Serra-di-Fiumorbu (☎04 95 56 75 48, 06 81 04 69 49 ; Serra-di-Fiumorbu ; dort 13 €/pers, 35 € en demi-pension ; ⊙avr-oct). Localisé à la fin de la première étape du sentier Mare a Mare® centre, ce gîte accueille avant tout des randonneurs. Il est installé dans une ancienne école et propose un hébergement correct dans des chambres de 4, 5 et 9 lits (18 places au total). Le village ne compte pas d'épicerie mais le gîte comprend une cuisine, et la responsable, Mme Giudicelli, propose dîners et paniers-repas (4,50 €). Sur réservation.

Gîte d'étape de Catastaju – San-Gavinu-di-Fiumorbu (☎04 95 56 70 14, 04 95 56 74 97, 06 79 74 81 58 ; dort 15 €/pers, 35 € en demi-pension, douche 2 €, plats 5-18 € ; ⊙avr-oct). Concluant la deuxième étape du sentier Mare a Mare® centre et situé à 3 heures de marche du GR®20, ce gîte est aménagé dans une ancienne centrale hydraulique au milieu d'un décor de rêve : totalement isolé en pleine forêt, à 3 km du village de San Gavinu, il surplombe la rivière Abatescu, dans laquelle on peut faire trempette. L'hébergement consiste en des lits répartis dans des box pouvant accueillir 4, 5 ou 10 personnes, séparés par des cloisons à hauteur d'homme et dotés de sanitaires simples mais fonctionnels. Outre le cadre, les principaux atouts des lieux sont les bons repas corses – tarte aux herbes, soupe, "gâteau du pauvre" à la confiture d'orange – et le chaleureux accueil de Mme Paoli, qui prépare également des paniers-repas sur demande (7,50 €).

Le centre-ville de Ghisonaccia ayant peu d'intérêt pour les visiteurs, nombre d'adresses sont installées dans les environs proches :

Camping Arinella Bianca QUATRE-ÉTOILES €€
(☎04 95 56 04 78 ; www.arinellabianca.com ; route de la Mer, Ghisonaccia ; forfait 2 pers 22-37 € ; ⏲avr à mi-oct ;). Ce magnifique quatre-étoiles occupe un bel emplacement en bord de plage, à 4,5 km du centre de Ghisonaccia. Il dispose de divers bungalows, de mobile homes, d'une superbe piscine, d'une épicerie et d'un restaurant. Pour vous y rendre, prenez la route de la mer, puis tournez à droite au rond-point du supermarché Spar.

Chambres d'hôtes Annonciade Prieur MAISON D'HÔTES €€
(☎06 24 29 58 84 ; ☎/fax 04 95 57 43 83 ; www.taglio-di-sacramento.com ; Villa le Cèdre bleu, Vix-Ventiseri ; d 70-85/85/95-110 € avec petit-déj en basse/moyenne/haute saison, tr 100/120/140 € ; ⏲tte l'année, sur rés oct-avr ;). Une propriété fleurie, une piscine impeccable, des transats pour la détente et 3 chambres avec clim, TV et entrée indépendante aménagées dans une construction moderne : tous les ingrédients du succès sont ici réunis. Ajoutons que l'accueil est agréable, la déco réussie (tons pastel, voilages, peintures au pochoir...) et que les propriétaires, passionnés par leur région, vous renseigneront utilement. Environ 5 km au sud de Ghisonaccia, à droite après le lieu-dit Mignataja.

BON PLAN **La Ferme d'Urbino** SPÉCIALITÉS DE POISSON €
(☎04 95 57 30 89 ; étang d'Urbino ; plats 9-20 €, menus 11-22 € ; ⏲avr-sept). Directement installé sur les berges de l'étang du même nom, ce restaurant doit sa réputation à ses excellentes huîtres, moules, crevettes et autres fritures et poissons grillés. Pas d'esbroufe dans le décor ou la cuisine : on vient ici pour un repas à la bonne franquette en profitant de la vue sur l'étang. Les abords laissent un peu à désirer (on est sur le site même de production des coquillages) mais le rapport qualité/prix est excellent. Réservation conseillée.

Où prendre un verre et sortir

A Tribberia – Pasquale Paoli BAR À BIÈRE
(☎04 95 56 37 23 ; Casamozza ; ⏲mar-dim jusqu'à 22h environ). Envie d'une bière blanche à l'arbouse ? D'une blonde au miel de Corse ? D'une stout parfumée à la clémentine corse ? Ces bières originales peuvent être dégustées dans ce pub-brasserie situé à 3 km au sud de Ghisonaccia, en bordure de la N198. Commandez un Mezzu (25 cl), une Pinta (50 cl), un carafon (1 l), voire une Funtana (2 l)... Concerts tous les vendredis.

Depuis/vers Ghisonaccia

BUS Les Rapides Bleus Corsicatours (☎04 95 31 03 79, 04 95 70 10 36). Liaison Bastia–Porto-Vecchio via Ghisonaccia, deux fois par jour du lundi au samedi de mi-septembre à mi-juin, et tous les jours de mi-juin à mi-septembre.

Transports Tiberi (☎04 95 57 81 73). Liaison quotidienne du lundi au samedi entre Bastia et Solenzara, via Ghisonaccia.

Solenzara

Solenzara est l'archétype de la station balnéaire récente. L'absence de charme architectural est compensé par de longues plages de sable fin, au nord et au sud de la localité, et une marina au bord de laquelle il est agréable de boire un verre.

Traversée par la N198, comme toutes les localités de la côte est, la ville est par ailleurs le point de départ de la très belle route menant au col de Bavella (voir p. 228) et à l'Alta Rocca.

Renseignements

L'**office du tourisme** (☎04 95 57 43 75 ; www.cotedesnacres.com ; ⏲tlj 9h-20h juil-août, tlj 9h-12h et 14h-19h juin et sept, lun-ven 9h-12h et 14h-18h hors saison) est implanté au centre du bourg.

Comment circuler

NAVETTE Des navettes montent le lundi et le jeudi vers les piscines naturelles de Punte Grossu et le vendredi vers Bavella. Renseignez-vous à l'office du tourisme.

À voir et à faire

Plages

La plage la plus proche est celle de **Scaffa Rossa**, juste après le pont de la Solenzara, vers le nord. Au sud, l'**anse de Canella** est la plus réputée, mais les **plages de Favona, Tarco** et **Fautea** valent également le détour.

Activités nautiques

En saison, **Corse Pneu'marine** (☎04 95 57 10 94, 06 12 16 43 33) s'installe sur la plage de Favone et loue des bateaux sans permis (semi-rigide à partir de 120 € la journée), avec lesquels vous pourrez par exemple

VAUT LE DÉTOUR

ESCAPADE DANS LA VALLÉE DU TRAVO

La discrète vallée du Travo, qui se termine en cul-de-sac, vous fera basculer sans transition dans un univers intimiste et sauvage, loin des foules de la côte. Elle est accessible par une route étroite (la D645), perpendiculaire à la N198, entre Ghisonaccia et Solenzara. En partie en corniche, la route longe le Travo jusqu'au village de **Chisà**, à environ 15 km de la N198. Vous pourrez vous baigner dans de jolies **vasques** juste après le pont à l'entrée du village (accès par le portail gris). Un autre lieu superbe pour faire trempette vous attend un peu plus loin : du pont, parcourez 1,4 km en direction de la N198 et repérez un grand pin sur la gauche, une vingtaine de mètres avant une petite aire de stationnement. Juste avant l'arbre, à hauteur d'un poteau électrique en bois, un sentier descend dans le maquis jusqu'au Travo, dans un site escarpé, avec de belles dalles rocheuses pour pique-niquer, et des vasques cristallines.

Chisà est également réputé pour sa **via ferrata**. Un parcours, baptisé U Calanconi, a été aménagé au départ du gîte de Bocca Bé. Assez sportif, il dure environ 4 heures. Comptez 15 € plus 10 € pour la location du matériel (renseignements à la mairie de Chisà ☎04 95 57 31 11, ou directement au gîte d'étape).

Séduit par le site ? Vous pourrez loger à la **pension-restaurant U Chisà** à l'entrée du village (☎04 95 57 31 06 ; Chisà ; d sdb commune 25 € ; menu 15 € ; ⌚juil-août), un établissement au confort rudimentaire dont les 5 chambres à la déco vieillotte (tapisserie avec d'énormes motifs floraux) et sdb sur le palier, peuvent dépanner. Restaurant de spécialités corses.

L'excellent **gîte d'étape Bocca Bè** (☎04 95 56 36 61 ; 45 €/pers en demi-pension ; Chisà) est une option plus moderne. Bien conçu, d'une capacité de 16 places, il est situé en pleine nature, face au site de la via ferrata d'U Calanconi.

rejoindre en 45 minutes environ les plages de Fautea ou de la presqu'île de Pinarello, au nord de Porto-Vecchio.

Acqua Vanua (☎06 12 85 66 39, 06 03 60 87 29 ; www.acquavanua.com ; plage de Favone), installé aussi sur la plage de Favone en saison, mise sur l'exotisme en louant des pirogues polynésiennes à balancier. En louant une pirogue à la journée (80 €/4 pers), vous pourrez rejoindre l'anse de Fautea ou si une demi-journée vous suffit (50 €/4 pers) vous pourrez pagayer jusqu'à celle de Canella.

Au départ de Solenzara, **Bordemer** (☎06 83 54 37 15 ; www.bordemer-croisieres.fr ; port de plaisance) organise des matinées de pêche côtière (60 €) et des sorties à la journée vers le sud de l'île à bord de voiliers de 11 mètres (95/70 € adulte/– 12 ans).

Les abords de Solenzara ne sont pas les plus propices à la **plongée**. Vous trouverez néanmoins quelques sites dignes d'intérêt dans le secteur de l'anse de Favone. Le centre **Favone plongée** (☎06 74 64 52 72 ; www.favone-plongee.com) propose des baptêmes (46/190 € 1/3 plongées) et des explorations.

Ranch José BALADE ÉQUESTRE
(☎06 22 62 91 18 ; Pielza). Le ranch, à 5 km au nord de Solenzara, propose des prestations variées : balade au clair de lune de 2 heures (40 €), sorties bord de plage (30 €, 1 heure 30), galop sur la plage pour cavaliers confirmés (de 19h à 20h, 25 €), balades dans le maquis pour les débutants (20 €, 1 heure), baignade à cru avec les chevaux, le matin (30 €). Des itinéraires permettent également de partir dans le maquis, en petite montagne, et de revenir par le bord de mer (demi-journée/journée 40/80 €).

Parc de la Solenzara PARC AVENTURE
(☎06 11 19 59 68 ; www.corse-canyoning-parc.com ; ⌚juin-sept). À la sortie nord de Solenzara, en face du restaurant A Mandria, ce parc aventure se décline en 4 parcours différents, dont un "parcours baby" à partir de 3 ans (6 €). Les plus sportifs apprécieront la tyrolienne de 120 m qui enjambe la Solenzara. Comptez de 15 à 22 € selon le parcours. Le site est implanté dans une forêt d'eucalyptus, malheureusement au bord de la route.

Où se loger

Les 3 terrasses HÔTEL €
(☎04 95 57 40 44 ; www.hotel-les3terrasses.com ; d 49-62 €, d 162 € en demi-pension en août ; ❄📶). Ne vous fiez pas aux trois étoiles qui ornent la façade : plus que le confort, simple mais

suffisant, ce sont les prix, raisonnables en dehors du mois d'août, qui attirent ici les visiteurs. Accueil au bar du rez-de-chaussée.

Hôtel Orsoni HÔTEL €€
(04 95 57 40 25 ; www.hotelorsoni.com ; route principale ; d 68-81 € avec petit-déj selon confort, d en demi-pension 136-140 € en août ; avr à fin oct). Petit hôtel familial propre et bien tenu. La sympathique propriétaire veille au grain sur ses chambres, réduites au minimum côté confort, un peu bruyantes, mais avenantes. Les moins chères partagent des sanitaires sur le palier, les autres disposent de sdb au format timbre-poste. La demi-pension, favorisée en août, est servie dans le petit restaurant ouvert au rez-de-chaussée par la fille de la propriétaire, **Casa Corsa** (menus à partir de 20 € ; juin-sept). Un jardinet et un garage à motos et vélos complètent les services de cette adresse sans prétention mais agréable.

La Solenzara HÔTEL DE CHARME €€€
(04 95 57 42 18 ; www.lasolenzara.com ; route principale ; d sans/avec petit-déj 80-100/110-130 € selon vue et saison ; mi-mars à oct ; P). Coup de cœur pour cette belle demeure de style génois du XVIIIe siècle. Les palmiers et les bougainvilliers qui ornent la façade sont de bon augure, et cette bonne impression se confirme dans les belles chambres, toutes différentes, climatisées pour la plupart. La décoration donne aux lieux une vraie atmosphère de vacances que ne démentent pas la piscine à débordement, l'accès direct à la mer (plage et port de plaisance à 300 m) et la dernière nouveauté : un espace bien-être mêlant spa, massages et soin. Bon accueil et tarifs raisonnables s'ajoutent au charme des lieux.

U Saltu GÎTE D'ÉTAPE-RESTAURANT €
(04 95 56 32 70, 06 73 37 14 87 ; Solaro ; nuitée 20 €, menu corse 20 €). Très calme, ce gîte d'étape agréable et accueillant, situé dans le village de Solaro, à environ 10 km au nord-est de Solenzara, propose des chambres à 4 lits et quelques doubles, à des tarifs très avantageux. Les sanitaires, communs, sont d'une propreté exemplaire, et le cadre vaut son pesant d'or : le matin, en ouvrant les volets, on a une vue panoramique sur la plaine orientale. Repas sur réservation et bon petit-déjeuner (5,50 €), servi dans une salle en pierre ou sur la terrasse ombragée.

Où se restaurer

La scène culinaire de Solenzara fait la part belle aux pizzerias et aux fast-foods. Pour le reste, voici quelques suggestions :

La Fonderie CORSE MODERNE €€
(04 95 57 42 47 ; port de plaisance ; plats 9-25 € ; tlj en saison, jeu-sam soir uniquement hors saison). Aux habituels sauté de veau et cannellonis au brocciu, cette adresse située en retrait du port préfère une cuisine corse rehaussée d'une touche d'originalité : filet de dorade au jus de crustacés, filet mignon de porc au miel du maquis, gâteau d'aubergines au brocciu... Le tout servi sur de jolies assiettes, avec une présentation soignée. Le cadre, en retrait du port, est agréable.

A Mandria de Sébastien SPÉCIALITÉS CORSES €€
(04 95 57 41 95 ; plats 12-20 € environ, menus 28-30 € ; fév-déc, fermé dim soir et lun hors saison). On est accueilli dans cette adresse qui rencontre un réel succès par un panneau précisant plusieurs "bonnes" raisons de passer son chemin : vouloir payer par carte de crédit (pas acceptée), être pressé, de mauvaise humeur, etc. Si vous ne remplissez aucune de ces conditions, vous vous attablerez dans cette bergerie où l'on fait griller au feu de bois des viandes et du *figatellu*, servis avec des haricots à la corse et autres spécialités insulaires. La pergola, dans un jardin gazonné à l'arrière, permet d'échapper au bruit de la route. À la sortie nord de Solenzara, en face du parc aventure.

Glacier du Port GLACES ET PLATS €
(04 95 57 42 21 ; port de plaisance ; plats 9-15 € ; avr-sept). Outre un grand choix de glaces – on l'avait deviné ! – cette adresse propose des salades, pizzas et plats du jour. L'emplacement, en face de la marina (et donc loin de la route !) est l'un de ses principaux atouts. En saison, trouver une place libre relève de l'exploit.

A Buttega di A Mandria PRODUITS CORSES
(04 95 31 59 35 ; route principale ; mar-dim avr-oct). Ouvert par le propriétaire de A Mandria de Sébastien, cette boutique de produits corses et bar à vin vous accueille au centre de Solenzara.

Dans les environs de Solenzara :

U Veniqui SPÉCIALITÉS CORSES
(04 95 73 22 72 ; www.veniqui.com ; plats 10,5-18 €, pizzas 7,5-12,5 € ; plage de Favone ; mar-dim avr-oct). Pas étonnant que les Italiens apprécient l'endroit, réputé pour ses pizzas généreuses cuites au feu de bois et à la pâte fine comme du papier à cigarette. On avoue un faible pour la Veniqui à base de poire, mozzarella, gorgonzola et jambon corse. Le restaurant propose aussi une

cuisine corse traditionnelle dans un cadre agréable, en retrait de la route nationale face à la plage de Favone. Accueil familial et piscine à disposition des clients.

Depuis/vers Solenzara

BUS Les Rapides Bleus Corsicatours (04 95 31 03 79, 04 95 70 10 36). Liaison Bastia–Porto-Vecchio via Solenzara, deux fois par jour du lundi au samedi de mi-septembre à mi-juin, et tous les jours de mi-juin à mi-septembre. Comptez environ 15 € pour Solenzara-Bastia, et environ 8 € pour Solenzara–Porto-Vecchio.

Transports Tiberi (04 95 57 81 73). Liaison quotidienne du lundi au samedi entre Bastia et Solenzara (16 €).

De Solenzara à Bavella

C'est l'une des plus belles routes de Corse : depuis Solenzara, la D268 décrit d'interminables lacets sur une trentaine de kilomètres jusqu'au col et aux aiguilles de Bavella, dans un paysage somptueux et sauvage. Les dix premiers kilomètres suivent le cours de la Solenzara, dans une vallée encaissée, où de magnifiques **vasques** attendent les amateurs de baignade. Après le Ponte Grosso, la route s'écarte du cours de la rivière et continue sa montée progressive jusqu'au **col de Larone** (608 m), au milieu d'immenses pinèdes et de chaos rocheux. Puis apparaît le massif de Bavella, magique...

Activités

Forest Parc PARC AVENTURE
(06 25 97 27 95, 06 16 18 00 58 ; www.corsica-forest.com ; 17/14 € adulte/- 16 ans ; mai-sept). Ce superbe parc a été aménagé à 7 km de Solenzara, juste après le camping U Rosumarinu. Dans un cadre enchanteur, avec la rivière en contrebas, il comprend 25 ateliers (tyroliennes, ponts de singe, filets-araignées, sauts de Tarzan...) dont une tyrolienne de 250 m, particulièrement appréciée. Un petit cours d'initiation est proposé avant le grand départ et un "baby parc" est accessible aux enfants dès 5 ans (6 €). Le site a aussi été équipé d'une **via ferrata**, appelée A Buccarona, très spectaculaire, classée assez difficile (17/14 € adulte/12-16 ans). Notez que la pratique de la via ferrata est impossible pour des questions techniques aux personnes pesant moins de 45 kg. La même équipe propose également des sorties canyoning dans le secteur de Bavella (40-50 €).

Corsica Canyon CANYONING
(06 22 91 61 44 ; www.corsicacanyon.com ; tte l'année). Installée en bord de route dans une petite bâtisse à 15 km de Solenzara, l'équipe Corsica Canyon propose des sorties sur les trois canyons phare du massif de Bavella : Pulischellu, Purcaraccia et Vacca. Comptez 45 € par personne.

Où se loger

BON PLAN **Camping U Rosumarinu** CADRE IDYLLIQUE €
(04 95 57 47 66 ; www.urosumarinu.fr ; adulte/voiture/tente 6-6,50/3-3,50/3,50-5,50 € selon saison ; avr-oct). On devrait décerner à ce camping la palme du plus bel emplacement de Corse ! Il profite en effet d'un cadre grandiose, à 7 km de Solenzara, au bord de la rivière et de ses magnifiques vasques (avec des petites plages !), et à quelques minutes à pied du parcours aventure (voir page précédente). Nombreux sont ceux qui ont été tellement séduits par le site qu'ils reviennent chaque année y planter leur tente ou garer leur camping-car. Pizzeria et snack. Il est prudent de réserver au cœur de la saison.

U Ponte Grossu BORD DE RIVIÈRE €
(06 34 29 29 64 ; www.upontegrossu.com ; adulte/voiture/tente 5,50-6/3-3,50/3,50-4 € selon saison ; mai-sept). Une bonne alternative à l'adresse précédente si celle-ci s'avère complète (à 3 km en direction de Bavella). Situé lui aussi au bord de la rivière, ce camping a récemment changé de propriétaire et propose enfin des prestations correctes, avec notamment un bloc sanitaire entièrement refait à neuf. Certains emplacements, notamment ceux en bord de rivière, manquent cependant d'ombre. Snack et base de canyoning sur place.

A Pinzutella FERME-AUBERGE €€
(04 95 57 41 18, 06 14 82 85 56 ; http://apinzutella.wifeo.com ; gîtes 280-860 €/sem, plat du jour 15 €, menus 24-29 € ; avr-sept). Impossible de ne pas être séduit par le cadre, en plein milieu des pâturages, avec les aiguilles de Bavella en arrière-plan. Le décor de la salle, moderne et carrelée, est moins plaisant mais la terrasse compense avec sa vue superbe. La cuisine devrait achever de vous convaincre : croustillant au chèvre, cabri rôti, feuilleté aux herbes, cassolette de foie de cabri, etc. Les fromages, légumes et quelques autres produits viennent directement de la ferme. Sur la route de Bavella, à 5 km de Solenzara.

Montagnes du Centre

Dans ce chapitre »

Le top des hébergements

- » A Casetta di u Banditu (p. 286)
- » Hôtel du Nord (p. 264)
- » Casa Giafferi (p. 281)
- » Casa di Lucia (p. 279)

Le top des restaurants

- » Terra Corsa (p. 267)
- » Pâtisserie Casanova (p. 265)
- » Auberge U Cintu – Chez Jojo (p. 274)
- » Auberge U Fragnu (p. 280)
- » A Cantina di Matteu (p. 281)

Pourquoi y aller

Le centre géographique de l'île est aussi son âme et son cœur sauvage. Un enchevêtrement de sommets aux parois abruptes ; une série de vallées encaissées ; un univers verdoyant, dominé par des forêts de pins laricios et de feuillus ; des torrents impétueux et des rivières cristallines dans lesquelles il fait bon faire trempette ; une seule route principale, la N193, et de multiples routes secondaires, étroites, qui serpentent de manière interminable ; des villages discrets au cachet certain ; une seule ville d'importance, Corte, bastion de l'identité insulaire : voilà le centre de la Corse.

Rien à voir avec les ambiances du littoral, les plages bondées, les bouchons et la frénésie commerciale qui s'empare des stations en haute saison. Ici, on respire, on vit au rythme de la nature. L'ère du pastoralisme n'est pas si loin. Le tourisme se fait plus discret qu'ailleurs. On pourrait presque parler d'écotourisme, avec des infrastructures à échelle humaine et des activités de pleine nature qui sont l'occasion de se ressourcer au milieu de paysages somptueux : canyoning ou autres sports en eau vive, randonnée équestre ou pédestre, balade d'arbre en arbre, baignades dans des vasques idylliques, escalade à la belle saison, ski et raquettes en hiver... Sans oublier quelques perles en matière de patrimoine, religieux notamment, dans la région du Boziu.

Quand partir

Mi-janvier à fin février En hiver, les pistes forestières de la forêt de Valdu Niellu se prêtent à merveille à la pratique du ski de fond et des raquettes. La période la plus favorable va de mi-janvier à fin février.

Début mai Ne manquez pas la Fiera di u Casgiu, une grande foire au fromage qui rassemble tous les producteurs de l'île à Venaco, la principale localité (660 habitants) de la région du Venacais.

Début septembre À Casamaccioli se déroule le 8 septembre l'une des plus grandes foires centenaires de l'île, lors de la fête de la Santa di u Niolu.

CORTE (CORTI)

On dirait une pierre précieuse sertie dans un écrin montagneux. Plantée au débouché de plusieurs vallées et entourée de cimes dentelées, Corte (6 700 habitants) est dans un cadre naturel de toute beauté. Cœur battant de la nation corse et gardienne de l'identité insulaire, la cité cultive le souvenir de Pascal Paoli (voir l'encadré p. 342), le héros du pays. Pour autant, elle ne vit pas recroquevillée sur son passé. On a plaisir à découvrir une ville universitaire (la seule de l'île), accueillante et animée. En s'enfonçant dans la ville haute (vieille ville), fièrement campée sur son promontoire rocheux et dominée par sa vertigineuse citadelle, on découvre un univers intimiste peuplé de petits trésors : des boutiques d'artisanat, des demeures anciennes aux façades patinées, des maisons en schiste noir qui s'égrènent le long de venelles pentues, des rampes pavées de galets de granite, des passages secrets, des points de vue sur les vallées avoisinantes... En contrebas, le cours Paoli, l'artère animée de la ville, a fait l'objet de rénovations importantes, et ses immeubles anciens retrouvent progressivement leurs couleurs vives d'origine.

Corte est idéalement placée pour visiter le Centre corse. Les splendides vallées du Tavignano et de la Restonica commencent aux portes de la ville, et les hameaux perdus du Boziu ne sont qu'à quelques kilomètres.

Histoire

Place forte dès le IXe siècle, investie par les Génois au XIIIe siècle, Corte fut conquise en 1419 par un seigneur insulaire attaché à la cour d'Aragon, Vincentello d'Istria, vice-roi de Corse de 1421 à 1434 (date de sa décapitation à Gênes). Il fit construire sur le promontoire rocheux un fortin, surnommé le Nid d'aigle. Seule ville fortifiée de l'intérieur de l'île, à mi-chemin sur la route reliant Bastia à Ajaccio, Corte fut le théâtre de toutes les batailles menées contre l'occupation génoise. De 1755 à 1769, Pascal Paoli y installa le premier gouvernement indépendant corse et fit voter au couvent d'Orezza (en Castagniccia) l'une des premières constitutions démocratiques du monde. Une première université fut créée en 1765, quatre ans avant que Paoli ne soit battu par les Français. Corte, ensuite, devint une ville de garnison. Elle accueillit même la Légion étrangère à son départ d'Afrique du Nord, en 1962. La ville dut attendre 1981 pour que soit créée une nouvelle université, revendiquée depuis 20 ans.

Orientation

Corte se parcourt facilement à pied. Le cours Paoli, principale artère, la sépare en deux. À l'ouest, des escaliers mènent à la ville haute et à la citadelle. À l'est, la ville basse et les nouveaux quartiers s'étendent vers la vallée. L'avenue Jean-Nicoli, qui longe l'université de Corte, rejoint le cours Paoli. La gare SNCF se trouve à environ 800 m du centre.

Renseignements

Office du tourisme Centre-Corse (☎04 95 46 26 70 ; www.centru-corsica.com ; ⏲variable). À l'entrée de la citadelle, à côté de la caserne Padoue. Bonne documentation sur l'ensemble du Centre corse, dont un intéressant parcours historique audioguidé.

Accès Internet Le **Café du Cours** (☎04 95 46 00 33 ; cours Paoli ; 7 €/heure ; ⏲tlj 7h30-1h30) propose un accès Internet dans une salle à l'arrière du bar. Également **consigne** gratuite pour les sacs à dos. **Vidéo Games** (☎04 95 47 32 86 ; av. du Président-Pierucci ; 4 €/heure ; ⏲lun-sam 8h-2h, dim 16h-1h).

À voir

À l'office du tourisme, demandez la brochure *Suivre la voix du père de la patrie, Pascal Paoli*, qui comporte, au recto, le plan de Corte, avec un itinéraire patrimonial, et, au verso, la carte du Centre corse. En complément, demandez l'audioguide (7 € la demi-journée) ; comptez 2 heures pour effectuer la visite de la ville, une journée pour celle de la région.

Signalons aussi que la société **Altipiani** (voir *Activités*, p. 262) propose une approche ludique de Corte sous la forme d'une chasse au trésor, au cours de laquelle vous devrez résoudre des énigmes qui vous permettront de découvrir des aspects méconnus de la ville (2 heures, 10 €).

Citadelle VIEILLE VILLE

Vision impressionnante que celle de la citadelle, perchée à une centaine de mètres de hauteur, arborant, telle une figure de proue, un nid d'aigle qui semble posé en équilibre à l'extrémité du piton. Au sud se trouve le vieux château, auquel on accède par un escalier taillé dans le marbre de la Restonica. Joliment restauré, ce bâtiment – qui ressemble plutôt à un fortin – fut construit en 1419 et agrandi par les Français aux XVIIIe et XIXe siècles. Vauban y fit élever de puissants remparts. Du chemin de ronde, la vue est admirable.

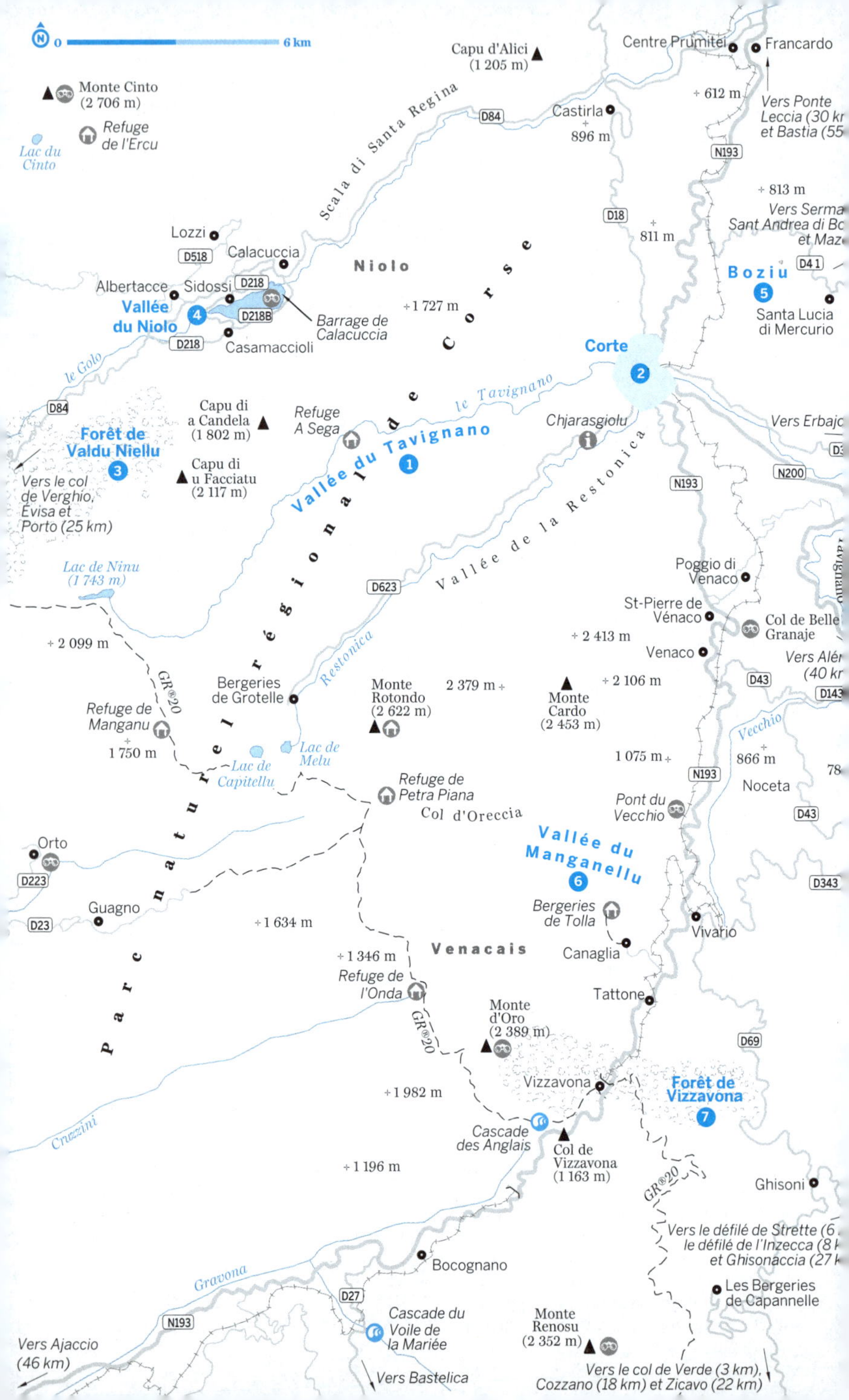

0
6 km
Monte Cinto
(2 706 m)
Refuge
de l'Ercu
Lac du
Cinto
Capu d'Alici
(1 205 m)
Centre Prumitel
Francardo
612 m
Vers Ponte
Leccia (30 km
et Bastia (55
Scala di Santa Regina
D84
Castirla
896 m
N193
813 m
Vers Serma
Sant Andrea di Bo
et Maz
D18
811 m
Lozzi
D518
Calacuccia
Niolo
Boziu
D41
5
Santa Lucia
di Mercurio
Albertacce
Sidossi
D218
Vallée
du Niolo
4
D218B
Barrage de
Calacuccia
1 727 m
D218
Casamaccioli
Corte
2
le Golo
le Tavignano
D84
Capu di
a Candela
(1 802 m)
Refuge
A Sega
Chjarasgiolu
Vers Erbajo
Forêt de
Valdu Niellu
3
Vallée du Tavignano
1
Capu di
u Facciatu
(2 117 m)
N193
N200
Vers le col
de Verghio,
Évisa et
Porto (25 km)
Vallée de la Restonica
Parc naturel régional de Corse
Lac de Ninu
(1 743 m)
D623
Poggio di
Venaco
St-Pierre de
Vénaco
Col de Belle
Granaje
2 099 m
2 413 m
Venaco
Vers Alé
(40 k
GR®20
Bergeries
de Grotelle
Restonica
Monte
Rotondo
(2 622 m)
2 379 m
2 106 m
Monte
Cardo
(2 453 m)
D43
D143
Refuge de
Manganu
1 750 m
Lac de
Capitellu
Lac de
Melu
Vecchio
866 m
1 075 m
N193
Noceta
Refuge de
Petra Piana
Col d'Oreccia
Pont du
Vecchio
D43
Vallée du
Manganellu
6
Orto
D223
D343
Guagno
D23
1 634 m
Bergeries
de Tolla
Vivario
Venacais
Canaglia
1 346 m
Refuge de
l'Onda
Tattone
GR®20
Monte
d'Oro
(2 389 m)
D69
Vizzavona
Forêt de
Vizzavona
7
1 982 m
Cruzzini
Cascade
des Anglais
Col de
Vizzavona
(1 163 m)
1 196 m
GR®20
Ghisoni
Vers le défilé de Strette (6
le défilé de l'Inzecca (8
et Ghisonaccia (27
Bocognano
Gravona
Les Bergeries
de Capannelle
D27
N193
Cascade du
Voile de
la Mariée
Monte
Renosu
(2 352 m)
Vers Ajaccio
(46 km)
Vers Bastelica
Vers le col de Verde (3 km),
Cozzano (18 km) et Zicavo (22 km)

Passé l'entrée, on accède à deux grandes bâtisses qui se font face : les casernes Serrurier et Padoue. Construites sous Louis-Philippe, elles furent utilisées à diverses fins, notamment en tant que centre pénitencier, puis caserne pour la Légion étrangère de 1962 à 1983. Aujourd'hui, la caserne Serrurier héberge le musée de la Corse.

Si seul le panorama vous intéresse, grimpez l'escalier qui mène au belvédère (accès gratuit) à l'extérieur des remparts (suivez le fléchage). Vous découvrirez l'arrière-plan montagneux, une partie de la vieille ville et le confluent des trois rivières en contrebas : le Tavignanu, la Restonica et l'Orta.

Musée de la Corse — HISTOIRE RÉGIONALE

Dans le cadre magnifique de la citadelle, le musée de la Corse (musée régional d'Anthropologie ; ☎04 95 45 25 45 ; www.musee-corse.com ; Citadelle ; tarif plein/réduit 5,30/3 € ; ⏲ mar-sam 10h-17h nov-mars, mar-dim 10h-18h avr-21 juin, tlj 10h-20h 22 juin-20-sept, mar-dim 10h-18h 21 sept-oct), très bien conçu, mérite qu'on lui consacre quelques heures pour ses riches collections évoquant la Corse d'hier et d'aujourd'hui. Au 1er étage, la galerie Doazan, du nom du prêtre qui rassembla entre 1951 et 1978 près de 3 000 objets de la Corse traditionnelle, propose un inventaire de l'artisanat et des savoir-faire (tissage, pastoralisme, vie agraire, patrimoine) à travers la découverte de la Corse rurale. Le 2e étage aborde des domaines plus contemporains : l'industrialisation de la Corse, le renouveau des confréries, le tourisme, les entreprises familiales (Mattei, en l'occurrence). Le rez-de-chaussée est réservé aux expositions temporaires (entrée comprise dans le billet général). Vous pourrez louer un audioguide à la réception (1,50 €).

Palazzu Naziunale (Palais national) — BÂTIMENT HISTORIQUE

Juste sur votre gauche avant de pénétrer dans la citadelle, la grande bâtisse rectangulaire de l'ancien palais du lieutenant génois abrita le premier et unique gouvernement indépendant de la Corse, dirigé par Pascal Paoli. Ce dernier en fit sa résidence, mais aussi le siège de l'université, dont le palais abrite encore quelques services, ainsi qu'une bibliothèque. Le palais est souvent fermé durant l'été.

Place Gaffory — PLACE HISTORIQUE

Au cœur de la ville haute, au beau milieu de cette jolie place trône la **statue** du général Jean-Pierre Gaffory (1704-1753), chef du gouvernement national corse avant Pascal Paoli. Derrière, repérable au cadran solaire sur sa façade, la maison familiale de ce héros de la résistance anti-génoise porte encore les impacts des balles tirées par les Génois contre les patriotes corses. Sur le socle supportant le bronze de Gaffory, notez les bas-reliefs illustrant les hauts faits du général et de son épouse, la courageuse Faustina, qui refusa de céder aux pressions des Génois.

Église de l'Annonciation — ÉDIFICE RELIGIEUX

De l'autre côté de la place Gaffory se dresse cette église surmontée d'un impressionnant campanile. Construite au milieu du XVe siècle, puis transformée et agrandie au XVIIe siècle, elle est l'un des édifices les plus anciens de la ville. L'intérieur comporte une belle chaire en bois.

Chapelle Sainte-Croix — ÉDIFICE RELIGIEUX

De la place Gaffory, la rue du Colonel-Feracci mène à cette discrète chapelle du XVIIe siècle d'où part, chaque Jeudi saint au soir, la procession de pénitents qui réalisent une procession en forme d'escargot, la *granitula*. La façade est modeste, mais l'intérieur abrite un retable baroque et un petit orgue à l'italienne.

Place Paoli — PLACE HISTORIQUE

Le *Babbu di a Patria* possède une place qui porte son nom, au centre de laquelle s'élève sa statue. Bordée de terrasses de café et de restaurants, c'est le cœur battant de Corte. De la place Paoli, une rampe pittoresque, appelée Scoliscia, mène rapidement à l'autre place célèbre de la ville, la place Gaffory.

À ne pas manquer

1. Randonner dans la **vallée du Tavignano** (p. 270), accessible uniquement à pied
2. Flâner dans les venelles de la ville haute de **Corte** (ci-dessous)
3. Se balader d'arbre en arbre dans le **parc aventure de la forêt de Valdu Niellu** (p. 272)
4. Parcourir à cheval les hauteurs de la **vallée du Niolo** (p. 271)
5. Admirer les églises romanes du **Boziu** (p. 278)
6. Se baigner dans les vasques du **Manganellu** (p. 282)
7. Se rafraîchir dans la Cascade des Anglais, au cœur de la **forêt de Vizzavona** (p. 283)

Corte (Corti)

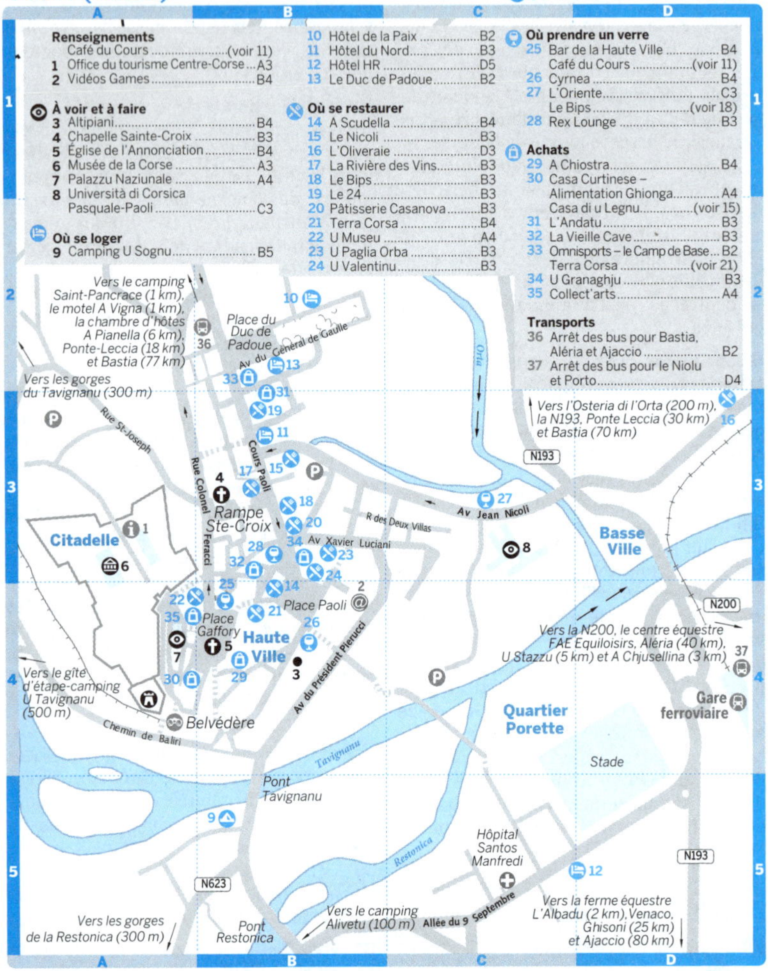

Università di Corsica Pasquale-Paoli UNIVERSITÉ CORSE

Réclamée dans les années 1960 par les nationalistes, accordée par l'État en 1975, l'université Pasquale-Paoli a ouvert ses portes en octobre 1981, soit presque deux siècles après la création de la première université de la Corse indépendante (1765-1768). Le campus accueille aujourd'hui plus de 4 000 étudiants (sciences humaines, biologie, langues, sciences économiques...) et ambitionne de devenir un pôle de référence en matière de recherches sur l'environnement, les nouvelles technologies de l'information et de la communication et l'identité méditerranéenne. Le principal bâtiment se trouve avenue Jean-Nicoli, à l'entrée de la ville basse. La taille modeste de Corte pose certains problèmes aux étudiants, comme la pénurie de logements (ils logent souvent dans les hôtels de la ville) et de transports publics.

Activités

Altipiani (06 86 16 67 91 ; www.altipiani-corse.com ; 5 rue du Pr-Santiaggi), dont les bureaux sont à deux pas de la place Paoli, organise des sorties **canyoning** (39/53 € selon circuit) dans plusieurs canyons du Centre corse, ainsi que des **randonnées**

dans la vallée de la Restonica ou du Tavignano (100/160 € demi-journée/journée par groupe) et des sorties **escalade** dans la vallée de la Restonica (90/150 € demi-journée/journée). Cette société loue également des **VTT** (19 € la journée) – un bon moyen, pour les plus sportifs, de circuler sans encombre dans la vallée de la Restonica. Sur place, petite boutique spécialisée dans le matériel de canyoning, de camping et d'escalade.

Randonnées et nature (☎06 26 58 12 37 ; www.randonneesetnature.fr ; 25 € jour/personne ; ⏲mai-oct) propose en saison des excursions à la journée de niveau et de durée variables suivant les jours de la semaine dans les vallées de la Restonica, du Tavignano et autour de Corte.

La ville, traversée par le **Mare a Mare® nord** (voir p. 318), est également une étape pour les randonneurs.

Randonnée équestre

L'Albadu, une ferme équestre (voir p. 263), propose différentes formules de randonnées à cheval pour découvrir les environs de Corte (25 € pour 1 heure 30) et la vallée du Tavignano et ses piscines naturelles (60/80 € la demi-journée/journée, avec pique-nique, adultes uniquement). Si vous êtes avec des enfants, adressez-vous au centre équestre **FAE Equiloisirs** (☎04 95 61 09 88 ; www.equiloisirs-fae.com ; pont de Papineschi ; balade 1/2 heure 20/40 €, journée 80 € ; ⏲tte l'année), l'un des plus importants de Corse, qui organise des balades en baby-poney à partir de 4 ans (5 €/15 min) ou à cheval à partir de 6 ans, accompagnées d'un moniteur, dans le secteur du Boziu. Des randonnées équestres de 6 jours dans différentes régions de Corse sont également possibles. À 5 km de Corte par la N200 en direction d'Aléria, puis la D214 à gauche vers Sermano.

Où se loger

Camping Alivetu CAMPING €
(☎04 95 46 11 09 ; www.camping-alivetu.com ; allée du 9-Septembre ; adulte/enfant/voiture/tente 8,30-8,80/4,10-4,40/4/4 € ; ⏲avr à mi-oct ; wifi). Cadre idéal et très calme, à l'ombre des oliviers (pour les premiers arrivés), au sud du pont sur la Restonica et à 900 m environ de la gare SNCF. Autre avantage : l'accès direct aux piscines naturelles de la rivière, en contrebas. Le camping loue aussi à la semaine d'agréables bungalows en bois climatisés avec sdb, kitchenette et véranda. Hors saison, les bungalows se

AVEC DES ENFANTS

LIEUX	ACTIVITÉS	BON À SAVOIR
Corte	Du **baby-poney** au centre équestre FAE Equiloisirs (p. 263)	Prévoyez des chaussures fermées pour les enfants.
Vallée de la Restonica	Une **baignade** dans l'une des multiples vasques (p. 267)	En saison, venez tôt le matin pour éviter l'affluence. N'oubliez pas votre pique-nique !
Vallée du Niolo	Une **promenade en âne** jusqu'au lac de Nino (p. 273)	L'occasion d'observer des pins laricios pluricentenaires.
Vallée de l'Asco	Une promenade le long d'une **via ferrata** ou une **tyrolienne** dans le parc Asco Vallée Aventure (p. 276)	La via ferrata A Zitellina s'adresse aux enfants de 4 à 8 ans.
Le Venacais	Une sortie **canyoning** (p. 280)	Certains canyons, faciles, conviennent aux familles, et ont l'avantage d'être très peu fréquentés.
Ghisoni	Une **promenade** "sur la trace des bergers" (p. 285)	Pensez à emporter une polaire et un coupe-vent, même en été.

louent pour 3, 4, 5 ou 6 nuits. Laverie et aire de jeux pour enfants.

Camping U Sognu PROCHE DU CENTRE €
(04 95 46 09 07 ; adulte/enfant/voiture/tente 6,50/3/2,50/2,50 € ; mars-oct). Principal atout : la proximité du centre-ville, facilement accessible à pied, et la vue imprenable sur la citadelle. En revanche, l'ombre procurée par de jeunes oliviers est un peu insuffisante. Une petite pizzeria ouvre en saison. Les sanitaires, implantés dans le bâtiment d'une ancienne fermette, sont un peu anciens mais propres.

Camping Saint-Pancrace CAMPING À LA FERME €
(04 95 46 09 22, 06 22 73 74 86 ; www.campingsaintpancrace.fr ; place Saint-Pancrace ; adulte/voiture/tente 6/3/3 € ; avr-sept). Une aire naturelle de camping très tranquille, implantée au sein d'une exploitation agricole fromagère, à l'écart du centre. Vente de produits régionaux : fromage, confiture, miel, etc. Snack sur place dans une belle maison en pierre.

Gîte d'étape-camping U Tavignanu GÎTE D'ÉTAPE-CAMPING €
(04 95 46 16 85 ; chemin de Baliri ; camping adulte/enfant/tente 6/4/2 €, dort avec petit-déj 19 €, demi-pension 38 €/pers ; avril à mi-sept). Le calme est le maître mot de ce gîte d'étape situé à l'écart du centre, non loin du Tavignano. Il n'est d'ailleurs pas accessible en voiture car avant tout destiné aux randonneurs. Vous y trouverez des petites chambres de 4 et de 5 lits très convenables et des emplacements de camping ombragés, dans une ambiance rustique et 100% corse. Pour vous y rendre, prenez le chemin de Baliri au niveau du pont sur le Tavignano jusqu'à une passerelle étroite que vous traverserez (une voiture peut y passer), puis poursuivez une dizaine de minutes sur le sentier.

L'Albadu À LA FERME €
(04 95 46 24 55 ; www.hebergement-albadu.fr ; ancienne route d'Ajaccio ; demi-pension 48/38 € par pers en chambre/dortoir, camping pers/tente/voiture 5/2,5/2,5 € ; à l'année). Cette ferme équestre (voir p. 263) accueillante, à l'ambiance sans chichi et gentiment anarchique, se situe en pleine campagne, sur l'ancienne route d'Ajaccio (la route du Calvaire), à 2 km de Corte. Au choix : 5 chambres avec lavabo et douche (sanitaires communs), petites et quelconques, mais avec vue sur les montagnes ; une aire de camping (qui n'offre pas beaucoup d'ombre) ; et un dortoir de 10 lits superposés, plutôt exigu. Cuisine à base de produits de la ferme, simple et copieuse. Table d'hôtes ouverte aussi aux clients extérieurs, au tarif de 16 €.

BON PLAN **Hôtel HR** RÉSIDENCE UNIVERSITAIRE €
(04 95 45 11 11 ; www.hotel-hr.com ; 6 allée du 9-Septembre ; s/d sdb ext 35/40 €, d avec sdb 50-60 €, ch 4 pers 90 € ; avr à mi-sept ; P). Cette résidence universitaire de 135 chambres est utilisée comme hôtel en période estivale. Les bâtiments n'ont aucun charme et les installations ne sont plus de première fraîcheur (notamment les cages d'escalier) mais les chambres sont fonctionnelles et propres, et les tarifs imbattables. La bonne surprise : jardin-patio à l'arrière, avec une piscine, et des nombreux services (petit-déjeuner, salle de fitness et sauna, accès Wi-Fi, laverie, garage fermé pour les vélos et les motos). À 150 m de la gare.

Hôtel de la Paix AU CALME €€
(04 95 46 06 72 ; www.hoteldelapaix-corte.fr ; av. du Général-de-Gaulle ; s 40-75 €, d 45-75 € selon confort et saison ; tte l'année ;). Dans un bâtiment des années 1960 dont la façade rosée se dresse au fond d'une rue calme, l'Hôtel de la Paix offre un rapport qualité/prix honorable, même en haute saison. Certes, les chambres ne remporteront pas la palme du design, mais leur côté fonctionnel et l'ambiance paisible du lieu jouent en leur faveur. Les plus chères possèdent un balcon. Parking pour motos et vélos. Cartes de crédit non acceptées.

Hôtel du Nord CENTRAL €€
(04 95 46 00 68 ; www.hoteldunord-corte.com ; 22 cours Paoli ; s 61-107 €, d 72-107 €, petit-déj 1 € ; tte l'année ; @). Au cœur de la cité, l'Hôtel du Nord, dans une imposante bâtisse de caractère entièrement rénovée, combine avec bonheur l'ancien et le moderne. Passée la porte en bois de l'entrée, un vieil escalier doté d'une jolie rampe en fer forgé mène aux 16 chambres, spacieuses, accueillantes et bien équipées (TV satellite, écran plat, Wi-Fi gratuit, clim). Celles donnant sur la rue sont équipées du double vitrage. Les "côté campagne" ont une jolie vue.

Motel A Vigna HÔTEL €€
(04 95 46 02 19 ; tcampana@wanadoo.fr ; chemin de Saint-Pancrace ; d 48-58 € selon saison ; avr-sept ; P). Dans cette établissement atypique, vous logerez dans une petite résidence composée de 16 studios tout équipés, dans une propriété calme et verdoyante, à environ 1 km du centre-ville. Les chambres, vastes et fonctionnelles, se doublent d'une

terrasse ou d'un balcon. Hors saison touristique, des étudiants occupent les lieux. Une option abordable, idéale pour les familles.

A Pianella – Chez Paul et Sylvie CHAMBRES D'HÔTES €€
(☎06 07 16 86 37 ; www.apianella.fr ; Castirla ; d/t 73/95 € avec petit-déj ; tte l'année ;). Dans leur belle maison ocre, à 6 km de Corte (accès par la D18, en direction de Castirla), Sylvie et Paul (figure locale et connu pour être un rescapé d'une émission de télé-réalité), ont joué sur les couleurs lumineuses ainsi que sur l'association de boiseries anciennes et d'éléments modernes pour égayer leurs 5 chambres. En prime, de belles sdb et une vue sur la vallée du Golo. Les espaces à vivre, vastes et confortables, comprennent une salle à manger dotée d'une cheminée, une belle terrasse à l'étage, un spacieux coin repas prolongé d'une terrasse au rez-de-chaussée, ainsi qu'un bain bouillonnant. Les repas sont préparés à la demande (28 €, boissons comprises).

A Chjusellina FERME AUBERGE €€€
(☎04 95 47 13 83 ; www.achjusellina.com ; lieu-dit Avantu ; d/t/q avec petit-déj 95/120/145 € ; tte l'année ;).
À 3 km du centre-ville sur la route d'Aléria, cette adresse a l'avantage d'offrir un peu plus de calme que les autres et de miser sur le confort de ses hôtes. Au sein d'une exploitation agricole que l'on peut visiter, cette bâtisse grise récente et en retrait de la route possède de vastes chambres carrelées à la déco épurée et bien équipées : clim, TV, terrasse privative, lit extra-large. Sa salle à manger où l'on déguste en priorité les produits de la ferme Leonelli (terrine au *figatellu*, beignets au fromage, sauté de veau) donne sur une jolie piscine. La table d'hôtes (25 €) est aussi ouverte aux clients extérieurs. Vente sur place de produits de la ferme. N'accepte pas les cartes de crédit, et est accessible aux handicapés.

Osteria di l'Orta – Casa Guelfucci CHAMBRES D'HÔTES €€€
(☎04 95 61 06 41 ; www.osteria-di-l-orta.com ; 2 av. Pont de l'Orta ; d avec petit-déj 88 €, d 145 € pour 2 pers en demi-pension juil-août ; tte l'année ;). Cette imposante maison de maître, près du pont de l'Orta, se remarque grâce à sa jolie façade couverte d'un enduit bleu. Tenue par un jeune couple, Antoine et Marina, elle se compose de 3 chambres et de 2 suites plus onéreuses, claires et spacieuses, dotées de beaux parquets et de sdb impeccables. À l'étage, un salon avec TV et lecteur de DVD est mis à disposition des hôtes. Côté table d'hôtes (ouverte aux clients extérieurs, sur réservation ; 25 €), l'Osteria propose un menu différent par jour, réalisé à partir de produits locaux, que l'on savoure dans une salle moderne, aux larges baies vitrées.

Le Duc de Padoue TROIS-ÉTOILES €€€
(☎04 95 46 01 37 ; www.ducdepadoue.com ; place Padoue ; s 65-102 €, d 75-123 € ;). Ce trois-étoiles occupe 2 étages dans un bâtiment ancien, au centre-ville. Les parties communes de l'immeuble sont vieillottes, mais la partie "hôtel", avec 11 chambres, a été impeccablement restaurée et modernisée, avec du mobilier contemporain, des couleurs dans l'air du temps (dominante ficelle et blanc), une literie de qualité, du parquet stratifié et de bons équipements (Wi-Fi, TV satellite, clim). Les chambres de devant ouvrent sur la place ; à l'arrière, elles ont vue sur la campagne... et le parking.

Où se restaurer

Pâtisserie Casanova PÂTISSERIES
(☎04 95 46 00 79 ; 6 cours Paoli ; tte l'année lun-sam 7h-19h30, dim 7h-12h30). Les Casanova régalent les gourmands depuis 1887. *Canistrelli*, macarons, *amaretti* (sorte de macaron), *migliacci*, *fiadone*, *falculella* (présentés sur des feuilles de châtaignier), tartes aux herbes... on en gémit encore de plaisir. Tout est réalisé à partir de produits bio. Installez-vous au salon de thé, à l'arrière, et régalez-vous d'une assiette gourmande.

BON PLAN **Le Bip's** CUISINE FAMILIALE €
(☎04 95 46 06 26 ; 14 cours Paoli ; plats 5-23 € ; tte l'année). Des plats de pâtes bien garnis et des salades à moins de 10 € ? Au Bip's, c'est possible. Dans cette salle voûtée, tout en pierre, au sous-sol, on se régale d'une tambouille familiale toute simple. Terrasse sans charme à l'arrière, donnant sur un parking.

U Valentinu PIZZERIA €
(☎04 95 61 19 65 ; 1 place Paoli ; plats 7-14 € ; tlj). À première vue, cet établissement idéalement situé sur la place Paoli a tout d'un attrape-touristes, mais les Cortenais amateurs de pizzas y ont aussi leurs habitudes. Outre les "classiques", U Valentinu prépare de bonnes déclinaisons locales : au *figatellu*, aux herbes du maquis, au brocciu... U Valentinu sert aussi des plats de pâtes.

La Rivière des Vins RESTO-BAR À VIN €
(☎04 95 46 37 04 ; 5 rampe Sainte-Croix ; plats 9-15 €, menus 10-15 € ; tte l'année, fermé dim midi). Une adresse pour carnivores : ce petit restaurant-bar à vin concocte des grillades

de viande au feu de bois, que l'on savoure dans la petite salle ou attablé à de grandes tables rustiques à l'extérieur, et propose un "plateau gourmand" réunissant les grands classiques du terroir corse (omelette au brocciu, charcuterie, fromage, terrine de sanglier, *figatellu*). Le lieu s'anime souvent en soirée lorsque quelques musiciens parmi les habitués se saisissent de leur guitare.

BON PLAN **A Scudella** RESTAURANT €
(☎04 95 46 25 31 ; 2 place Paoli ; plats 9-15 €, menus 12-22 € ; ⏲fermé dim). A Scudella se distingue par une cuisine sans esbroufe et joliment présentée. Les cuisiniers coiffés de leurs toques préparent les plats devant vous dans une charmante salle voûtée. Les plats varient au gré des saisons et du marché et les prix doux n'empêchent pas une certaine recherche, comme en témoignent le mignon de porc aux figues et aux raisins, la brochette de mozzarella fondue ou, en dessert, la mousse au chocolat blanc sur coulis de fruits rouges.

U Museu CUISINE CORSE €
(☎04 95 61 08 36 ; rampe Ribanelle ; plats 8-19 €, menus 13-17 € ; ⏲tlj juil-sept, lun-sam avr-juin et oct). Ne pas s'attendre à la moindre prouesse culinaire dans cette adresse très touristique (du *figatellu* en été ? Bizarre !), mais à un décor agréable, sous de grandes tonnelles aérées et bordées de verdure. Carte généreuse (tripettes, truite, lasagnes, penne, salades, crêpes...) et tarifs très raisonnables.

U Paglia Orba CUISINE CORSE €€
(☎04 95 61 07 89 ; 5 av. Xavier-Luciani ; plats 12-18 €, menu 15 € ; ⏲tte l'année sauf vac. de Noël, fermé dim). Certes, la terrasse surplombant la rue et la salle d'allure très conventionnelle n'incitent pas à s'arrêter, mais la carte alléchante et le bon rapport qualité/prix donnent entière satisfaction. Faites votre choix entre les salades composées, le gratin d'aubergines aux châtaignes, les oignons farcis au brocciu ou le sauté de veau au miel et petites *storzapretti* (variété de pâtes faites maison).

L'Oliveraie CORSE TRADITIONNEL €€
(☎04 95 46 06 32 ; route d'Erbajola ; plats 10-20 €, menus 12-25 € ; ⏲tlj tte l'année sauf lun soir nov-avr, fermé vac de Noël). Ce restaurant traditionnel met en valeur les produits du terroir, notamment la châtaigne : rôti de porc aux châtaignes, gambas à la châtaigne, tarte à la châtaigne, mais aussi calamars farcis au brocciu... Le style de cuisine ? Familial et sans chichi. À l'écart du centre-ville, sur la route d'Erbajola.

♥ **Terra Corsa** CORSE TRADITIONNEL €€
(☎04 95 61 08 00 ; 3 rue Sauveur-Casanova ; plats 13-19 € ; ⏲mars-oct). Dans leur antre gourmand (voir ci-contre), les Cesari proposent quelques plats réalisés à partir des produits fermiers de leur exploitation : assiette de charcuterie artisanale (13 €), agneau de lait déglacé au muscat (14,50 €) ou veau aux châtaignes confites au miel (14,50 €), à déguster sur une agréable terrasse à deux pas de la place Paoli. Un petit bonheur.

Le 24 CUISINE INVENTIVE €€€
(☎04 95 46 02 90 ; 24 cours Paoli ; plats 13-24 €, menus 18-24 € ; ⏲fermé mi-fév à début mars). On vient au 24 autant pour apprécier le décor qui marie le rustique et le contemporain que pour savourer une cuisine imaginative, de Corse et d'ailleurs, qui varie selon les saisons. Choisis à l'ardoise, les *penne rigate* au *prisuttu* et cœur d'artichaut ont laissé un bon souvenir, tout comme le tiramisu aux *canistrelli*.

Le Nicoli RÔTISSERIE CORSE €€€
(☎04 95 33 27 17 ; av. Jean Nicoli ; plats 15-19,5 € ⏲tte l'année). Dans cette salle voutée en pierre à la décoration contemporaine, l'imposante rôtisserie située derrière le comptoir laisse présager une carte s'appuyant uniquement sur des spécialités de viandes rôties à la broche. Pourtant le Nicoli propose aussi une cuisine d'inspiration méditerranéenne raffinée : risotto crémeux à l'artichaut, wok de gambas et légumes, millefeuille de rouget et ses légumes craquants... À noter une très belle carte des vins incluant d'excellents crus corses et du continent.

U Stazzu FERME-AUBERGE €€€
(☎04 95 46 31 84, 06 23 01 62 08 ; N200 ; menu 28 € ; ⏲tte l'année, sur réservation). Une ferme-auberge réputée, à 5 km à l'est de Corte, en direction du Boziu (suivez la N200 ; à l'intersection avec la D214 pour Bustanico, continuez sur 300 m et prenez la piste à droite). Marie-Rose Guglielmi n'a pas son pareil pour cuisiner les *storzapretti* (sortes de raviolis au brocciu ; à commander la veille) ou les plats de viande, avec du veau de la ferme. La salle à manger n'a rien de traditionnel, mais le plaisir est dans l'assiette.

Où prendre un verre

Population étudiante oblige, la vie nocturne cortenaise est bien plus dynamique en hiver qu'en été.

Quelques bars agréables bordent le cours et la place Paoli, en particulier le **Café du Cours** (☎04 95 46 00 33 ; http://

VAUT LE DÉTOUR

LES VASQUES DE RIVIÈRES

Pour les amateurs de farniente et de bronzette, il existe d'étonnantes possibilités de baignade dans les vasques des rivières. Ces superbes piscines naturelles, creusées par des torrents pendant des millions d'années au cœur d'une nature somptueuse, offrent un havre de fraîcheur inespéré en été. Le petit effort qu'il faut consentir pour y accéder renforce leur attrait. Ces sites figurent parmi les meilleurs du centre de la Corse :

» **Vallée de la Restonica** (p. 268)

» **Vallée du Tavignano** (p. 270)

» **Gorges de l'Asco** (p. 275), au niveau du parc Asco Vallée Aventure et du pont génois d'Asco, et **vallée de la Tassineta** (p. 276), encore moins connue, en remontant la vallée à partir de la Maison du mouflon (p. 275).

» **Cascades des Anglais** et le **Voile de la Mariée** (p. 283)

» **Gorges du Manganellu**. Accessibles à partir de Canaglia (voir p. 282). Nettement moins connues que les autres sites. Superbes vasques et petites cascades, dans un décor sublime. Pour être tranquille, marchez 30 min ou plus vers l'amont. En poussant jusqu'aux bergeries de Tolla (environ 1 heure 30 de marche depuis Canaglia), vous pourrez vous restaurer après avoir fait trempette.

» **Pont de Noceta**. Au départ de Venaco (voir p. 280). Encore moins connues et tout aussi idylliques. Apportez votre brocciu pour pique-niquer sur les berges après le bain.

» **Pont du Vecchio**. Près de Vivario (voir p. 282). Accès facile à la rivière, dont les eaux limpides invitent à la baignade. Minicascades, bassins aux allures de Jacuzzi géants, petits promontoires servant de plongeoir, ombre à profusion sur les berges – un vrai bonheur !

» **Vasques du Fiumorbu**. Près de Ghisoni (voir p. 285). Reculées et très peu connues. Accessibles lors de sorties guidées.

cafeducours.free.fr ; 22 cours Paoli), incontournable, le **Bip's** (voir p. 265), inoxydable, et le **Rex Lounge** (☎04 95 46 08 76 ; 1 cours Paoli), très branché. Tous disposent d'une terrasse, agréable aux beaux jours.

Pour vous imprégner de l'ambiance de la vieille ville, installez-vous au **Bar de la Haute Ville** (place Gaffory), au pied de la statue du général Gaffory. Des musiciens corses s'y produisent le soir en saison plusieurs fois par semaine. Au **Cyrnea** (rue du Professeur-Santiaggi), petit bar local sans prétention où se retrouvent les vieux Cortenais, on sirote le pastis Dami le moins cher de Corse : 0,80 € ! **L'Oriente** (☎04 95 61 11 ; 77 av. Jean-Nicoli), une institution cortenaise, en face de l'université, est le bastion de la population estudiantine hors saison, et l'endroit pour tout savoir sur les fêtes étudiantes.

Achats

Omnisport – le Camp de base ÉQUIPEMENT
(☎04 95 46 09 35 ; 28 cours Paoli). Si vous avez besoin de matériel pour partir en randonnée.

U Granaghju PRODUITS CORSES
(☎04 95 46 20 28 ; 2 cours Paoli ; ⏲avr-oct). Boutique de produits corses bien approvisionnée. Très centrale, mais très touristique.

L'Andatu PRODUITS CORSES
(☎04 95 46 11 98 ; impasse du Cours). Cette épicerie corse est une caverne d'Ali Baba : charcuterie, vin, fromage et terrines. Elle est située quelques mètres en retrait du cours Paoli, dans une impasse.

Terra Corsa PRODUITS CORSES
(☎04 95 61 08 00 ; rue Sauveur Casanova ; ⏲mars-oct). Une sympathique échoppe gourmande, dans la montée menant à la ville haute. Les charcuteries artisanales de la famille Cesari ont bonne réputation, mais les plus belles pièces sont souvent réservées d'une année sur l'autre. Terra Corsa propose également à la vente des confitures, des terrines et des liqueurs.

La Vieille Cave CAVISTE
(☎04 95 46 33 79 ; 2 ruelle de la Fontaine ; ⏲tte l'année, fermé dim en hiver). Amateurs de vin, ne manquez pas cet authentique caviste

qui propose la plupart des vins corses, ainsi que des liqueurs artisanales de châtaigne, cédrat, myrte, orange ou mandarine.

A Chiostra ATELIER DE POTERIE
(☎04 95 46 19 53 ; 4 rue Chiostra ; ⏰tlj 9h-19h mai-oct, fermé nov-déc, sur rdv jan-mars). Au départ de la place Gaffory, dans la vieille ville, un pittoresque parcours fléché mène à cet étonnant atelier de poterie où œuvre en famille un trio d'artisans : le père, le fils et la fille. Les nombreuses pièces (cendrier, vase, plat, bougeoir, tasse...), sobres et élégantes, dont certaines aux superbes tons turquoise, sont exposées à la vente dans une belle cave multicentenaire.

Casa di u Legnu JOUETS
(☎04 95 47 05 52 ; place Gaffory). Michel Andrei fabrique des jouets, des jeux et des ustensiles réalisés à partir de bois locaux – de belles idées cadeaux, à tous les prix. Sa femme possède une boutique de tissage près de la place Paoli.

Casa Curtinese – Alimentation Ghionga ÉPICERIE
(près de la place Gaffory ; ⏰tte l'année). Cette épicerie restée dans son jus est sans doute la plus photographiée du Centre corse, avec sa devanture et son intérieur débordant de produits corses en tout genre.

Collect'arts GALERIE
(☎04 20 03 74 32 ; www.collect-arts.com ; 3 rue de l'Ancien-Collège ; ⏰tte l'année). Cette petite galerie, située près de la place Gaffory et tenue par des férus d'histoire corse, présente une sélection de toiles et de créations (couteaux, bijoux) réalisées par des artistes peintres et des créateurs locaux.

Depuis/vers Corte

BUS Eurocorse (☎04 95 21 06 30). Desserte biquotidienne de Bastia (11,50 €) et Ajaccio (12 €) tous les jours sauf le dimanche et les jours fériés. Correspondance à Ponte-Leccia en direction de Calvi une fois par jour (lun-sam juil-août, lun-ven sept-juin). L'arrêt de bus se trouve devant la brasserie Le Majestic (19ter cours Paoli).

Autocars cortenais (☎04 95 46 22 89, 04 95 46 02 12). Desserte de Bastia 3 fois par semaine (lun, mer, ven, 1 heure 30, 10 €) via Ponte-Leccia. L'arrêt de bus se trouve devant la brasserie Le Majestic (19ter cours Paoli). En juillet et en août, service pour Aléria 3 fois par semaine (mar, jeu et sam, 1 heure, départ de la gare SNCF, 10 €).

Autocars Mordiconi (☎04 95 48 00 04). De juillet à mi-septembre, une liaison quotidienne du lundi au samedi entre Corte et Porto via Calacuccia, Vergio et Évisa (21 €, départ de la gare SNCF).

TRAIN De la **gare SNCF** (☎04 95 46 00 97), plusieurs trains partent chaque jour vers Ajaccio (2 heures, 11,50 €) et Bastia (1 heure 45, 10,10 €), et s'arrêtent dans de nombreuses petites gares intermédiaires (dont Vizzavona, dans le sens Corte-Ajaccio). Des trains desservent également Vizzavona (5,60 €). L'Île-Rousse et Calvi sont également accessibles en train, en changeant à Ponte-Leccia. Comptez 18 € pour transporter un vélo quelle que soit la destination.

VALLÉE DE LA RESTONICA

Véritable bijou du Centre corse, la vallée de la Restonica commence aux portes de Corte. Bondissant entre les montagnes couleur vert-de-gris, le torrent, qui prend sa source dans le lac de Melu (1 711 m) et rejoint le Tavignanu au pied de la citadelle de Corte, a creusé sur son passage de magnifiques vasques propices à la baignade dans un cadre naturel grandiose.

Malheureusement, ce petit paradis est trop facile d'accès (la vallée est desservie par une étroite route goudronnée), ce qui provoque des embouteillages et une surfréquentation en période estivale, avec la garantie de se retrouver avec plusieurs centaines d'estivants qui ont la même idée que vous : faire trempette dans la rivière ou se dégourdir les jambes sur les hauteurs. En revanche, hors saison, la vallée reprend son aspect sauvage.

De Corte, la D623 serpente dans les gorges jusqu'aux bergeries de Grotelle, soit une quinzaine de kilomètres. À mesure que l'on monte, les versants rocailleux de cette vallée glaciaire où se dressent de vieux pins laricios se font toujours plus impressionnants.

Renseignements

Le **point d'information de la vallée de la Restonica** (☎04 95 46 33 92 ; lieu-dit Chjarasgiolu ; ⏰7h-19h mi-juin à mi-sept) est installé à 4 km de Corte (les horaires peuvent fluctuer d'une saison à l'autre).

À voir et à faire

Baignade dans les vasques
Le torrent zigzague le long de la vallée au milieu de gros éboulis rocheux qui forment autant de piscines naturelles, dont les eaux cristallines et rafraîchissantes invitent à la baignade. Les endroits les plus adaptés

L'affluence dans la vallée de la Restonica impose en été le respect de quelques règles. Il est notamment interdit de se garer n'importe où le long des gorges, à plus forte raison sur les aires qui permettent à 2 véhicules de se croiser. La circulation des caravanes et camping-cars est interdite au-delà du lieu-dit Tuani, à 7 km de Corte. Les parkings de Grotelle et de Lamaghjosu sont payants en saison (5 €). Lorsqu'ils sont saturés, ce qui est fréquent l'après-midi de juin à septembre, des agents chargés de réguler les flux de voitures vous demanderont d'attendre en aval. Mieux vaut en tout état de cause partir très tôt le matin pour éviter les engorgements sur cette route étroite et sinueuse. Sinon, en passant, renseignez-vous au point d'information.

Il est également interdit de faire du feu, de bivouaquer, de pratiquer le camping sauvage et de jeter des déchets aux abords de la rivière, qui alimente en eau potable la ville de Corte.

pour faire trempette se situent entre l'auberge La Restonica et le point d'information (au niveau d'une petite chapelle où vous attendent de belles piscines naturelles) et sur les trois derniers kilomètres de route avant les bergeries. N'oubliez pas votre pique-nique !

Randonnée pédestre

Un grand nombre de randonnées pédestres, de 30 minutes à plusieurs heures de marche, sont balisées tout le long de la route. La majorité des visiteurs viennent dans les gorges pour monter au **lac de Melu** (1 711 m ; environ 1 heure de marche dans le sens de la montée) et au **lac de Capitellu** (1 930 m ; environ 45 minutes supplémentaires). Le sentier est balisé en jaune depuis le parking des bergeries de Grotelle (1 370 m). Attention ! Il s'agit d'une véritable randonnée : certains passages, situés juste avant l'arrivée au lac de Melu, escarpés, sont équipés d'échelles en fer et de mains courantes, et quelques tronçons sur dalles peuvent être très glissants. Du lac de Melu au lac de Capitellu, la montée est abrupte, au milieu de la rocaille. N'entreprenez pas ces randonnées sans un équipement adéquat (chaussures de marche, casquette, protection solaire, eau) et évitez les heures les plus chaudes. Méfiez-vous également de la neige, qui peut perdurer jusqu'en mai.

Escalade

Quatre sites d'escalade jalonnent la route entre Corte et le sentier menant aux bergeries d'Alzu, sur le versant est de la vallée.

Où se loger et se restaurer

Les adresses ci-après sont présentées dans l'ordre où vous les rencontrerez en venant de Corte. La dernière de la liste est ainsi la plus proche du début du sentier vers les lacs.

Les Jardins de la Glacière HÔTEL €€

(04 95 45 27 00 ; www.lesjardinsdelaglaciere.com ; s 60-85 €, d 65-95 € ; avr-déc ; P). Aux portes de la vallée, cet établissement, situé au bord de la rivière, possède 16 chambres confortables. Demandez une chambre côté rivière ; les autres donnent sur la route et, pour certaines, ont une vue bouchée par le talus. Le jardin, avec piscine et pelouse, est vraiment magnifique et débouche directement sur de belles vasques propices à la baignade, à l'abri des regards.

Hôtel La Restonica HÔTEL €€

(04 95 45 25 25 ; www.hotelrestonica.com ; d 60-95 € avec petit-déj ; tte l'année ;). La maison de pierre, située à quelques mètres d'une cascade et d'un bassin naturel, comprend 7 chambres au confort rétro et au mobilier sombre. La grande cheminée, les fauteuils en cuir dans le salon-bar, l'abondance des boiseries sombres donnent un air de club britannique à cet établissement. Son principal atout est sans doute la piscine de 13,50 m sur 9 m. Sur la gauche de la route, à moins de 2 km du centre de Corte.

Auberge La Restonica RESTAURANT €€

(04 95 46 09 58 ; www.aubergerestonica.com ; plats 10-25 €, menu midi lun-ven 17 €, menus 23-26 € ; Pâques-oct). Installée dans le même bâtiment que l'hôtel précédent, cette auberge a bonne presse, avec un menu du terroir et une carte qui semblent ne pas avoir évolué depuis des temps immémoriaux (filet mignon de porc et sa sauce au myrte, civet de sanglier, truite aux herbes du maquis). Une petite restauration est servie (tlj 10h-18h mi-juin à fin août) sur la terrasse qui borde la piscine, accessible à tous.

Hôtel Dominique Colonna TROIS-ÉTOILES €€€

(04 95 45 25 65 ; www.dominique-colonna.com ; d 70-215 € selon saison et confort ; mi-mars à mi-nov ; P). Des photos sépia dans le hall ayant pour thème le foot, des chambres portant toutes un nom de joueur... Explication : ce trois-étoiles doit son nom au père de l'actuel propriétaire,

ancien joueur de football professionnel. Propreté irréprochable, bon confort (clim, Wi-Fi, TV, écran plat dans les supérieures, terrasse ou balcon, petite piscine chauffée), mais déco passe-partout. La plupart des chambres donnent sur la rivière. Possibilité de prendre le petit-déjeuner dans le jardin, devant la rivière, aux beaux jours. Service professionnel. Dans la même propriété que l'auberge de la Restonica, juste en face (il appartient à la même famille).

Hôtel Arena – Le Refuge HÔTEL €€
(☎04 95 46 09 13 ; www.hotel-arena-lerefuge.com ; s 75-98 €, d 85-110 € ; ⏲avr-oct ; ❄📶). Distante de 800 m du précédent établissement, cette construction moderne, sans charme mais bien agencée, est également positionnée entre la route et la rivière. Elle offre un confort digne d'un trois-étoiles (clim, TV, téléphone, minibar, Wi-Fi), et des chambres fraîches et lumineuses. La plupart ont vue sur la rivière, certaines disposent d'un balcon.

Camping Tuani CAMPING €
(☎04 95 46 11 65 ; Tuani ; adulte/voiture/tente 7,5/3,5/3,50 € ; ⏲avr-sept). Quel contraste entre, d'une part, l'aspect grandiose du site, ombragé de majestueux pins laricios, et, d'autre part, l'impression de promiscuité en pleine saison, lorsque les tentes et les véhicules sont presque à touche-touche. Les sanitaires, corrects, sont en nombre insuffisant. Hors saison, ce camping retrouve sa sérénité. Bar et pizzeria. À 6 km de Corte et 5 km avant les bergeries de Grotelle.

Chez César – Relais des Lacs CUISINE CORSE €
(☎06 86 06 51 71 ; plats 9-15 €, menus 19-25 € ; ⏲12h-16h, bar jusqu'à 20h, avr-sept). Ce restaurant occupe un chalet en bois qui ne déparerait pas dans l'Ouest canadien, presque au bout des gorges, 3,5 km après le camping Tuani. La terrasse, très agréable avec des tables elles aussi en bois, surplombe le torrent. On savoure des plats corses honnêtement préparés, et plus particulièrement des viandes grillées au feu de bois à des prix acceptables.

Bergeries de Grotelle – La Table du Berger RESTAURATION-GÎTE €
(Grotelle ; plats 5-14 €, dort 7 € ; ⏲juin-sept). Terminus de la route goudronnée ! Dans un cadre sublime, ces bergeries traditionnelles ont su habilement tirer parti de leur emplacement stratégique. Une petite restauration est assurée (sandwichs, omelette, assiette de charcuterie et bien sûr fromage). Une halte idéale après être monté aux lacs de Melu et de Capitellu. Possibilité de couchage (7 €), dans des conditions très simples. Dommage que le plaisir soit en grande partie gâché par la surfréquentation touristique en été.

ℹ Depuis/vers la vallée de la Restonica

BUS En saison (de mi-juillet à mi-août, en principe, selon les crédits votés par la mairie), les minibus de la société **Rinieri** (☎04 95 46 02 12 ; www.autocars-cortenais.com), à Corte, font la navette entre le point d'information de la Restonica et les bergeries de Grotelle (adulte/enfant 4/2 € l'aller-retour, 4 navettes à la montée le matin, 4 navettes à la descente l'après-midi, départ toutes les heures).

VALLÉE DU TAVIGNANO

Coup de cœur pour cette vallée, d'une époustouflante beauté, et qu'une particularité distingue de toutes les autres : elle n'est accessible qu'à pied. Tranquillité garantie ! Au départ de la citadelle de Corte, un sentier, en partie empierré, suit le cours du Tavignano. Le balisage, orange, correspond à celui du Mare a Mare® nord. Le paysage est spectaculaire : par endroits, la vallée se resserre et fait plutôt penser à des gorges. Tout au long du parcours, on trouve quantité de vasques étincelantes. Attention, il n'y a aucune infrastructure avant le refuge A Sega (voir ci-dessous), soyez donc prévoyant.

Le dénivelé est relativement faible pendant les premiers kilomètres, mais la chaleur est oppressante en plein été, car aucun vent ne souffle. Au bout de 2 heures de marche environ, vous arriverez à la **passerelle de Rossolino**, un endroit idyllique pour la baignade.

Si vous en avez le courage (comptez 3 heures de marche depuis la passerelle), poussez jusqu'au refuge A Sega. De là, on peut rejoindre le **lac de Nino** en 5 heures, **Calacuccia** dans la vallée du Niolo en 4 heures (voir p. 271) et la **vallée de la Restonica** (à hauteur du pont de Frasseta) par le plateau d'Alzu en 3 heures 30.

Pas envie de parcourir la vallée à pied ? Contactez le centre équestre L'Albadu (voir p. 263), à Corte, qui organise des **balades à cheval** le long du Tavignano.

🛏 Où se loger

A Sega GÎTE ET CAMPING €
(☎06 10 71 77 26 ; camping 5 €, 36,50 € en demi-pension, dort 10 €, 39,50 € en demi-pension ; ⏲mai-oct). Un excellent gîte de

36 couchages (en chambres de 4 à 8 lits), à 1 192 m d'altitude. Confortable, moderne et bien aménagé, au bord de la rivière, ce gîte est accessible en 5 heures 30 depuis Corte. Du gîte, de nombreuses randonnées en étoile sont possibles (les propriétaires vous renseigneront). À signaler : A Sega accepte les réservations en direct, sauf pour les nuitées simples en dortoir, pour lesquelles il faut réserver par l'intermédiaire du parc naturel régional de Corse (voir p. 310). Possibilité de demander des paniers pique-nique (12 €, panier composé de produits corses), et dîner corse à 19,50 € (soupe corse, pâtes, lentilles au *figatellu*), mais pas de ravitaillement. Autres prestations intéressantes : location de tentes (10 €, avec 2 matelas gonflables).

VALLÉE DU NIOLO

Si Corte est l'âme de la Corse, c'est dans la vallée du Niolo (Niolu en corse) que bat le cœur de l'île. Longtemps resté enclavé, ce secteur conserve une atmosphère de territoire ultime, loin des fracas du monde moderne. Le pastoralisme y joue encore un rôle éminent et cette terre de bergers produit un fromage d'excellente réputation.

L'accès au Niolo est spectaculaire. Depuis le hameau de **Castirla**, la porte d'entrée du Niolo, à une quinzaine de kilomètres au nord-ouest de Corte, la route, étroite, se faufile au milieu de profondes gorges de granite, le long du lit du Golo, appelées **Scala di Santa Regina**. De part et d'autre du lit de la vallée, de vertigineuses parois atteignant 500 m accentuent cette impression de sauvagerie. Par endroits, la route est construite en corniche sur des accotements renforcés d'arches de soutènement. Ce paysage entièrement minéral est l'un des plus étonnants de l'île, tant par ses couleurs que par son écrasante âpreté. Les pylônes électriques qui suivent le lit du Golo sont la seule ombre à ce somptueux tableau de pierre. La vue depuis la route est magnifique.

Renseignements

Office du tourisme (04 95 47 12 62 ; www.office-tourisme-niolu.com ; av. de Valdu-Niellu, Calacuccia ; 9h-19h en saison, lun-ven 9h-12h et 14h-18h hors saison). Vous pourrez vous procurer la brochure *Niolu Les Randonnées*, un descriptif de 5 randonnées dans les environs (d'une durée de 1 heure 30 à 6-7 heures A/R), accompagné d'un plan de la région (1 €).

Association d'animations sportives et culturelles du Niolu (AS Niolu ; 04 95 48 05 22, 06 22 50 70 29 ; www.asniolu.com ; route de Cuccia, Calacuccia ; 9h-12h et 14h-17h). Bureau 1 km avant le village en venant de la Scala di Santa Regina, à côté de la caserne des pompiers. Organise différentes activités de pleine nature (voir la rubrique *Activités*).

À voir

VILLAGES DU NIOLO

Après le splendide défilé de la Scala di Santa Regina, on arrive dans le cœur du Niolo, composé d'une vaste cuvette, avec un lac (non propice à la baignade) et une poignée de bourgs, dont **Corscia**, un village perché, et **Calacuccia**, la "capitale" du Niolo, d'où l'on peut rejoindre le hameau de **Lozzi**. Vers l'ouest, on arrive rapidement à **Albertacce** puis, en bifurquant vers la rive sud du lac, à **Casamaccioli**, où se déroule le 8 septembre une des plus grandes foires centenaires de l'île, la fête de la Santa. D'Albertacce, une route secondaire monte jusqu'à **Calasima**, le plus haut village de Corse, à 1 100 m. Le cadre est surnaturel : où que porte le regard, il bute sur des murailles de granite. Les cimes du massif du Monte Cinto (2 706 m) et l'arête effilée de la Paglia Orba surplombent la vallée. Vous remarquerez également les Cinq Moines, une série de 5 pics en dents de scie.

Musée archéologique du Niolu MUSÉE
(06 23 90 01 97, 04 95 47 13 51 ; Albertacce ; juin-sept, lun-ven 10h-12h30 et 15h30-18h30). Les collections de vestiges archéologiques présentées dans ce petit musée datent principalement du néolithique et proviennent de sites de la haute vallée du Niolo ou de régions voisines (obsidienne, silex, roches volcaniques taillées, tessons de poteries cardiales, statues-menhirs).

Forêt de Valdu Niellu PROMENADE
Après Albertacce, on retrouve des paysages plus verdoyants. La D84 file vers le sud-ouest et monte jusqu'au **col de Verghio** (voir p. 275) après avoir traversé l'immense forêt de Valdu Niellu, la plus vaste de Corse, composée en grande partie de majestueux pins laricios, de bouleaux et de hêtres. En chemin, vous passerez devant la **maison forestière de Popaghja**, point de départ de plusieurs randonnées, dont celle qui mène au lac de Nino. Au-delà du col, la route redescend vers Évisa (voir p. 133) et la côte ouest.

Facilement accessibles à pied au départ de la D84 (voir *Randonnée pédestre* ci-dessous) nichées dans un magnifique cadre montagneux, les **Bergeries de Radule** (plats 9-12 € ; ⏲fin juin à fin sept) proposent une petite restauration (brocciu en début de saison, fromage de chèvre et de brebis, crêpes au lait de chèvre, *migliacci*), à dévorer confortablement installé sur la terrasse ombragée – le paradis.

Activités

Avec sa nature vierge et son environnement spectaculaire, le Niolo est un formidable terrain d'aventure.

Baignade

À la sortie d'Albertacce (en direction du col de Verghio), au niveau du pont génois appelé **Ponte Altu**, vous pourrez vous rafraîchir dans les superbes vasques émeraude du Golo.

Si vous êtes à la recherche de vasques encore plus sauvages, baignez-vous dans les eaux du **Viru** (voir *Randonnée pédestre* ci-dessous).

Randonnée pédestre

Les villages du Niolo sont une base idéale pour partir à l'assaut des grands sommets environnants (Monte Cinto, Paglia Orba), mais il existe également des balades plus faciles. Quelques possibilités :

Le Monte Cintu (8 heures A/R). Depuis Lozzi ou depuis le refuge de l'Ercu (accès en taxi 4x4).

Paglia Orba (6 heures A/R). Depuis Calasima.

Sentier A Scala di Santa Regina (1 heure 45). Voie de circulation ancestrale, depuis le pont de l'Accia jusqu'au village de Corscia. À 10 minutes environ du pont de l'Accia, vous emprunterez une section magnifique du sentier, composée de 17 lacets superposés, appelée "la Scala (l'escalier) di Santa Regina".

Lac de Ninu (5 heures A/R). Depuis la maison forestière de Poppaghja, sur la D84, dans la forêt du Valdu Niellu. Randonnée magnifique, jusqu'aux tourbières près du lac.

Circuit archéologique d'Albertacce (2 heures 30 A/R). Balade facile sur les hauteurs d'Albertacce. À voir : vestiges archéologiques (abris sous roche, tour de guet, statues-menhirs), pont génois et moulin de Muricciolu, tour de guet du néolithique.

Sentier de Radule (1 heure 30 A/R ou boucle). Départ du parking situé au virage appelé "Fer à Cheval", sur la D84, à 2,5 km avant l'hôtel Castel di Verghio. Accès aux bergeries de Radule en 30 minutes (petite restauration et vente de fromage frais en saison) et aux cascades de Radule 15 minutes plus tard.

Bergeries de Ballone (1 heure 30 A/R). Départ du terminus de la route goudronnée qui traverse Calasima. Le sentier remonte la vallée du Viru (possibilité de baignades dans les vasques).

Ces circuits sont balisés mais vous pouvez également faire appel aux guides de l'AS Niolu (voir *Renseignements*), qui facturent de 170 à 220 € la journée (tarif forfaitaire).

Escalade

Les moniteurs de l'AS Niolu (voir *Renseignements* p. 271) peuvent vous encadrer dans des parcours d'escalade sur les sites de Cuccia et de Calasima (environ 25 voies, en initiation ou en perfectionnement, 160 € la demi-journée).

Canyoning

Pour les débutants, le canyoning se pratique dans le **canyon de Ruda** (50 €/pers, demi-journée) ou le **canyon de Frascaghju** (35€/pers, demi-journée), d'avril à mi-octobre. Ces canyons comportent des vasques, des sauts, des toboggans et des rappels. L'accès est facile (20 minutes de marche pour Ruda, accès direct pour Frascaghju).

Pour les confirmés uniquement, le **canyon de Falcunaghja**, très aérien, est un "must". Pratiqué à la journée (100 €/pers), en groupe de 4 personnes maximum, il offre 17 rappels, de 30 à 80 m.

Contactez l'AS Niolu (voir *Renseignements* p. 271).

Parc aventure

(☎04 95 48 05 22, 06 22 50 70 29 ; route de Verghio ; adultes/enfants 15/13 € ; ⏲juin-sept). L'AS Niolu a équipé un parc aventure dans la forêt de Valdu Niellu, à environ

A SANTA DI U NIOLU

Chaque année, autour du 8 septembre, ont lieu à Casamaccioli les festivités célébrant la Vierge. Appelée A Santa di u Niolu, cette commémoration religieuse dure trois jours et attire des milliers de pèlerins en provenance de toute l'île. La messe a lieu le 8 septembre au matin, suivie de la *granitula* (procession). Elle s'est doublée d'une importante foire commerciale et artisanale, et des activités culturelles sont venues enrichir la manifestation, avec la présence de groupes polyphoniques renommés et les *Chjam'è rispondi* (improvisation de poètes). À ne pas manquer !

7 km d'Albertacce en direction du col de Verghio. Le cadre est somptueux : la progression se fait au milieu de pins laricios pluricentenaires. Les 4 parcours d'arbre en arbre totalisent 26 ateliers. Un parcours a été spécialement aménagé pour les 4-7 ans.

Ski de fond et raquettes

En hiver, les pistes forestières de la forêt de Valdu Niellu se prêtent à merveille à la pratique du ski de fond et des raquettes. La période la plus favorable va de mi-janvier à fin février. Comptez 170 € la journée, matériel inclus.

Contactez l'AS Niolu (voir *Renseignements* p. 271).

Randonnée équestre

Pour les amateurs de randonnée équestre, le **Ranch U Niolu A Cavallu** (☎06 11 05 79 04, 06 23 67 92 90 ; www.ranchunioluacavallu.com ; route de Verghio, Albertacce), installé en pleine forêt à 5 km environ d'Albertacce (direction de Verghio), organise de superbes balades de 2 heures, 4 heures ou plus, à la demande (minimum 2 personnes). Quelques exemples de sorties régulièrement proposées : la forêt de Valdu Niellu avec baignade dans les piscines naturelles du Golo (2 heures, 32 €), montée au village de bergers de Tillerga (4 heures, 60 €), randonnée archéologique avec baignade en rivière (une journée, 100 €, pique-nique inclus), montée au lac de Ninu et galop sur les pelouses du lac (une journée, 100 €). À savoir : le centre peut assurer l'hébergement sur place (en chambres, 30 €) et la restauration, pour ses clients uniquement. Des randonnées de plusieurs jours sont également proposées, notamment une superbe sortie de deux jours incluant le lac de Nino, les bergeries de Vaccaghja et le lac de Creno.

Balade en âne

Une façon sympathique de randonner à pied aux côtés d'un compagnon qui se charge du portage. La formule permet aussi aux enfants d'accompagner à dos d'âne des parents randonneurs. **La Promenâne** (☎06 15 29 45 64 / 06 25 70 70 71 ; www.randonnee-ane-corse.com ; 36 rue Canali ; Albertacce ; ⏲mi-juin à fin sept) loue des ânes pour de courtes balades ou des randonnées d'une journée ou plus (lac de Ninu, bergeries de Radule, GR®20, Mare a Mare®, col de Verghio). Comptez 35/60 € la demi-journée/journée. La veille du départ, le propriétaire vous fera un "brief" d'environ 45 minutes.

Où se loger

Camping Acqua Viva CAMPING €

(☎04 95 48 00 08 ; www.acquaviva-fr.com ; Calacuccia ; adulte/tente/voiture 6/3-6/3 € ; ⏲mai-sept). Ce camping occupe un vaste terrain découvert, en face de l'hôtel du même nom. Quel bonheur de se lever le matin avec une vue panoramique sur les hauts sommets de l'île, et le lac à une encablure ! La réception est installée dans un ancien séchoir à châtaignes. Mention très bien pour les sanitaires, impeccables. S'il n'y a personne, accueil du camping au bar de l'hôtel.

L'Arimone CAMPING ET CHAMBRES D'HÔTES €

(☎04 95 48 05 51 ; Lozzi ; adulte/voiture/tente 6/3/3 €, d 42 € ; ⏲juin-sept). À 4 km de Calacuccia, au bout de la route du Monte Cinto, un terrain agréable qui jouit d'une vue à 360° sur les massifs environnants. Des saules ou des pins laricios ombragent la plupart des emplacements. Le bâtiment principal comprend aussi 8 chambres fraîches et propres, mais assez exiguës et sans charme particulier.

Camping Monte Cintu CAMPING €

(☎04 95 48 04 45 ; www.camping-montecintu.com ; route du Cintu, Lozzi ; adulte/voiture/tente 6/3/3 € ; ⏲mi-mai à mi-sept). À côté du précédent, ce camping bien aménagé, qui s'étage sur plusieurs niveaux, offre de superbes emplacements nichés au milieu des rochers. Petite restauration et Lavomatic.

Gîte d'étape de Casamaccioli GÎTE D'ÉTAPE €

(☎04 95 48 03 31 ; Casamaccioli ; dort 13 € ; ⏲avr-oct). Aménagé dans les anciennes classes de l'école communale, au-dessus de l'église, ce gîte d'étape constitue une halte agréable et originale pour les voyageurs à petit budget. Il possède 12 lits, répartis dans des box de 4 lits, carrelés et propres. Les réservations se font à la mairie du village (lun-ven 9h-12h).

BON PLAN **Gîte d'étape d'Albertacce** GÎTE D'ÉTAPE €

(☎04 95 48 05 60, 06 24 24 24 90 ; Albertacce ; dort 17 €, demi-pension 38 €, petit-déj 6 € ; ⏲avr à mi-oct). Valeur sûre pour les randonneurs et les petits budgets, cette belle maison de village en pierre, au bord de la route principale, compte une vingtaine de lits en dortoirs de 4 à 8 places, une salle commune, une cuisine et des sanitaires très propres. Possibilité de petit-déjeuner et de demi-pension en saison. À 2,5 km de la sortie de Calacuccia en direction du sud (à hauteur de la bifurcation pour Calasima).

Couvent Saint-François HÔTEL €
(☎04 95 48 00 11 ; Calacuccia ; dort été/hiver 18/20 €, d 50 €, studio 2/4 pers 60/100 € ; ⊙fermé mi-déc à mi-jan). Cet ancien couvent transformé en hôtel propose 3 types d'hébergement : des lits en dortoirs de 6 ou 8 places, propres ; 12 chambres, claires et bien tenues, avec sdb et, pour la plupart, vue sur le lac ; et 2 studios équipés. Bel emplacement, au calme, à la sortie sud de Calacuccia, en surplomb de la route. Aucun service de restauration n'étant assuré, il faut marcher jusqu'au village ou préparer ses repas dans la cuisine commune. Accueil discret. À la réservation, une caution "hygiène-propreté" est demandée (15-40 €) ainsi que le règlement de la nuitée ou de 30% du séjour. Paiement dès l'arrivée. Cartes de crédit acceptées.

BON PLAN **Hôtel des Touristes et gîte d'étape** HÔTEL-GÎTE €€
(☎04 95 48 00 04 ; www.hotel-des-touristes.com ; Calacuccia ; s 38-54 €, d 46-64 € selon confort ; ⊙mai à mi-oct). Dans cette vaste demeure en granite datant de 1925, au bord de la route principale, le confort et l'équipement varient selon le type de chambres : les moins chères, très convenables, avec lavabo (douche et WC sur le palier), sont louées en formule "gîte d'étape-hôtel", à 20 € par personne ; les autres possèdent une douche privative (toilettes sur le palier) ou une sdb privée. L'idéal est de visiter plusieurs chambres, car certaines paraissent plus modernes que d'autres. Également un "gîte d'étape randonneur" (20 €/pers), à 400 m de l'hôtel, dans des bungalows. Le petit-déjeuner est servi dans une belle salle.

♥ **Casa Balduina** AUBERGE €€
(☎04 95 48 08 57, 06 20 53 65 18 ; www.casabalduina.com ; Calacuccia ; d 62-79 € ; ⊙jan-oct ; wifi). Jeanne Quilichini, l'une des (fortes) personnalités de la vallée, accueille ses hôtes dans une jolie maison restaurée aux airs de mas provençal, précédée d'une tonnelle abondamment fleurie, juste en face du couvent... Les 7 chambres, 4 côté jardin et 3 côté lac, pimpantes et gaies, dans des tons pastel, s'agrémentent de meubles cérusés et de carrelage à l'ancienne et sont joliment décorées. Petit-déjeuner à 8 € par personne. Cartes de crédit acceptées.

Hôtel Acqua Viva HÔTEL €€
(☎04 95 48 06 90 ; www.acquaviva-fr.com ; Calacuccia ; d 58-77 € ; ⊙tte l'année ; wifi). Installé devant la station-service du bourg, ce deux-étoiles ne réserve aucune mauvaise surprise. Chambres doubles soignées et fonctionnelles, avec sdb, balcon, TV et téléphone. Motards et cyclistes disposent de garages gratuits.

BON PLAN **Casa Vanella** MAISON D'HÔTES €€€
(☎04 95 48 69 33, 06 15 75 16 37 ; www.vallecime.com ; Casamaccioli ; d 85-110 € avec petit-déj, demi-pension 140-165 € ; ⊙tte l'année ; wifi). Plantée sur une petite butte face au village de Casamaccioli, cette demeure récente à l'esprit écolo (tri sélectif, panneaux solaires), agrémentée d'une terrasse sous une tonnelle en fer forgé, possède 5 chambres, avec vue sur la Paglia Orba et le Monte Cinto. Les dynamiques propriétaires, accompagnateurs de moyenne montagne, sont incollables sur la randonnée en Corse et peuvent organiser tout type de sortie en montagne.

Où se restaurer

Le Corsica CUISINE CORSE €
(☎04 95 48 01 31 ; Calacuccia ; plats 9-14 €, menus 16-23 € ; ⊙avr-oct). Adresse sans prétention, ce restaurant tranquille et intime, aux murs peints en jaune, à 1 km du centre de Calacuccia, est célèbre pour son *tianu* de haricots blancs au petit salé, la spécialité de la maison. Laissez-vous également tenter par la crêpe à la farine de châtaigne et au brocciu, ou le *stufatu* de veau corse aux olives.

Restaurant du Lac CUISINE CORSE €
(☎04 95 48 02 73 ; route de Sidossi, Calacuccia ; plats 12-20 €, menus 16-22 € ; ⊙mai-sept). En bordure du lac, régalez-vous de veau corse de montagne (*manzu*), cuisiné de différentes façons : grillade, *stufatu*, etc., puis d'un fromage du Niolo. Les végétariens ne sont pas oubliés, avec une assiette à 16 €. Seuls regrets : les chaises en plastique sur la terrasse et l'absence de vue, malgré le nom qui laisse supposer une proximité immédiate du plan d'eau. À 2 km de Calacuccia.

BON PLAN **Auberge U Cintu – Chez Jojo** CORSE TRADITIONNEL €
(☎04 95 48 06 87 ; Albertacce ; plats 10-15 € ; ⊙tte l'année). Dans cette modeste auberge située dans le centre d'Albertacce, on se sent vraiment comme à la maison. Attablé dans la petite salle accueillante, vous vous régalerez d'une cuisine corse familiale (beignet au brocciu, *fiadone*, charcuterie maison en hiver), à la bonne franquette, sous l'œil attentionné de Jojo. Aux beaux jours, on peut s'installer sur la terrasse, face aux montagnes. Hors saison, il arrive que des habitants se réunissent ici pour

entonner des chants corses. Lors de notre passage, la location de chambres au dessus du restaurant était à l'étude pour 2012.

U Valdoniellu CUISINE RÉGIONALE €
(☎04 95 48 06 92 ; Calacuccia ; plats 13-22 €, menu corse 18 € ; ⏲avr-oct). Une bâtisse moderne, dans un virage, agrémentée d'une terrasse, qui offre une carte étoffée : feuilleté au brocciu et aux légumes, truite au brocciu et à la menthe, souris d'agneau, civet de sanglier.

Chez Jacqueline CUISINE FAMILIALE €€
(☎04 95 47 42 04 ; Pont-de-Castirla ; menus 17-25 € ; ⏲midi et soir en saison, midi hors saison). L'emplacement, en bord de route, et sans vue particulière, est d'une désespérante banalité, mais la terrasse, ombragée de vigne vierge, convient pour déguster une cuisine familiale, honnête et sans surprise (cannellonis, lasagnes, beignets au brocciu...). Pas de carte, menus uniquement. À l'entrée du défilé de la Santa Regina, à 6 km de la N193.

Achats

Sucré Salé PRODUITS CORSES
(☎04 95 46 15 66 ; Calacuccia ; ⏲avr-nov). La propriétaire de ce magasin de produits corses raffinés (dont beaucoup sont bio) s'adresse aux gourmets les plus exigeants. Foie gras local en saison, sélection d'huiles d'olive et de vins, miel d'arbousier, crème de noisette au cédrat confit ou aux châtaignes confites, *gustinella* (pâte de noisette au miel), marrons glacés corses... À côté de l'office du tourisme.

Représentations surréalistes d'objets familiers, les sculptures de Gérard Acquaviva en pierre et en bois, exposées dans sa petite boutique, juste à côté, méritent le coup d'œil.

Depuis/vers la vallée du Niolo

BUS En juillet-août (éventuellement jusqu'au 30 sept), les **bus Mordiconi** (☎04 95 48 00 04) assurent la liaison Corte-Porto via Évisa, Verghio et Calacuccia. Les départs ont lieu tous les jours, sauf le dimanche, à 9h en direction de Porto (16 €) et à 15h45 vers Corte (9 €). L'arrêt se trouve devant l'Hôtel des Touristes, au centre du village de Calacuccia, où l'on pourra vous renseigner.

Col de Verghio

Pour une description de ce col (1 477 m), qui marque la frontière entre la Haute-Corse et la Corse-du-Sud, reportez-vous p. 135.

VALLÉE DE L'ASCO

Autre bijou du Centre corse, la vallée de l'Asco forme une longue entaille d'une trentaine de kilomètres au nord de Corte. Dominée par des crêtes rocheuses, dont le Monte Cinto, elle n'a rien à envier aux paysages spectaculaires de la vallée de la Restonica. Plus sauvage, plus austère, sans doute plus envoûtante, elle présente également l'avantage d'être moins fréquentée. Cette vallée reculée est aussi un sanctuaire pour plusieurs espèces, dont le mouflon, le gypaète et la sittelle. L'accès est facile : il suffit de suivre la D47, à quelques kilomètres au nord de Ponte-Leccia. On trouvera de nombreuses vasques pour se baigner dans des eaux calmes et peu profondes tout au long de la vallée.

À voir et à faire

San Francescu di Caccia ANCIEN COUVENT
Commencez votre découverte de la vallée par un petit détour par ce couvent, entre les villages de Moltifao et de Castifao, à quelques kilomètres au nord de la vallée de l'Asco (faites 5 km sur la D47, jusqu'à l'embranchement). Ce monument du XVIe siècle, poignant, est en ruine, sauf la façade, bien conservée. On bénéficie d'un beau panorama sur les deux villages et les sommets de l'Asco.

Village des Tortues CENTRE D'ÉLEVAGE
(☎04 95 47 85 03 ; route d'Asco ; adulte/enfant 5/2 € ; ⏲juin-fin août, tlj horaires variables). Revenez dans la vallée de l'Asco, et suivez la D47. En face du camping A Tizarella, à 7 km de Ponte-Leccia, un centre d'élevage et de soins consacré à la tortue d'Hermann, dernière tortue terrestre en France, qui ne survit plus qu'en Corse et dans le massif des Maures (Var).

Asco VILLAGE
La route serpente jusqu'à ce village réputé pour son miel, aux qualités gustatives exceptionnelles. En contrebas d'Asco, à 1 km du centre du village par une route goudronnée pentue, vous découvrirez un remarquable **pont génois** en dos d'âne enjambant la rivière. À pied, de l'église, prendre le chemin à gauche qui serpente et longe la rivière. Profitez-en pour faire trempette dans les eaux cristallines.

Maison du mouflon et de la nature ÉCOMUSÉE
(☎04 95 47 82 07 ; www.eco-musee-corse.com ; Asco ; ⏲tlj sauf lun et ven 10h-12h et 13h-17h juin-sept). Pour y accéder, suivre la D47 qui

continue de monter jusqu'à ce centre, situé 1,5 km en aval du camping Monte Cinto. En pleine forêt, il propose des informations et des expositions sur la faune et la flore de la vallée avec, bien entendu, une thématique sur le mouflon, le grand seigneur de l'Asco.

Vallée de la Tassineta PROMENADE À PIED

À hauteur de la Maison du mouflon, n'hésitez pas à suivre pendant une vingtaine de minutes le sentier qui remonte cette vallée dotée de superbes **vasques** aux eaux transparentes, très peu fréquentées.

Haut Asco STATION DE SKI

La route traverse de splendides paysages de gorges avant de finir sa course au milieu de forêts de pins laricios centenaires. Terminus : cette station de ski située sur le tracé du GR®20, à plus de 1 400 m d'altitude, désaffectée depuis 1992 à la suite d'intempéries, qui détonne un peu dans ce paysage exceptionnel. Elle reste néanmoins très fréquentée par les randonneurs du GR®20 et sert de base aux randonneurs.

Activités

À 11 km de la N197, l'équipe d'In Terra Corsa, basée à Ponte-Leccia, a aménagé un parc de loisirs dédié aux activités de montagne, le **Parc Asco Vallée Aventure** (04 95 47 69 48 ; www.interracorsa.fr ; route de Calvi, Ponte-Leccia ; jan-nov). Il est équipé de 5 **via ferrata** (22/32 € la demi-journée/journée, avec location de matériel et instructions), de 5 niveaux de difficulté différents. La via ferrata A Zitellina est destinée aux enfants de 4 à 8 ans dotés d'une certaine adresse et n'ayant pas peur du vide. La via ferrata A Manicella, très aérienne, est l'une des plus célèbres de Corse.

Vous trouverez également un remarquable **parcours aventure** (3 heures, 22 €), de 50 ateliers (2 niveaux), ainsi qu'un site de "**tyrotrekking**" (mêmes tarifs que la via ferrata), unique en Corse, qui se compose uniquement de tyroliennes sur un parcours de 2 km ; la plus longue mesure près de 300 m, la plus haute est à 180 m du sol !

In Terra Corsa propose aussi des sorties **canyoning** dans la vallée de l'Asco, à la demi-journée (38 €) ou à la journée (65 €), pour tous les niveaux. Le plus facile, le Stranciacone, convient aux débutants et s'apparente plus à une randonnée aquatique. Le Logoniellu est le plus sportif. Possibilité aussi de location de **VTT** ou de sorties de **rafting** sur le Golo.

Autres activités possibles, avec des enfants : une chasse au trésor dans la forêt (15 €), et un sentier botanique (5 €).

Ceux qui préfèrent le farniente se baigneront dans les **vasques** de la rivière, à l'entrée du site. Apportez votre pique-nique !

Il est conseillé de réserver auprès d'In Terra Corsa (voir plus haut) au moins un jour à l'avance. Le rendez-vous pour toutes les activités se fait au siège de la société, à l'entrée de la vallée de l'Asco dans de tous nouveaux locaux au bord de route.

La station de haut Asco sert de point de départ à de nombreuses **randonnées pédestres**, dont la montée au Monte Cinto (7 heures aller-retour) ou au cirque de la Solitude (4 heures aller-retour). Les moins endurants se contenteront d'aller jusqu'à la passerelle du Monte Cinto (2 heures aller-retour).

Où se loger et se restaurer

Les établissements dans la vallée de l'Asco restent assez bon marché, ils sont listés dans l'ordre où vous les rencontrerez entre Ponte-Leccia et le haut Asco.

Ascosa ECOLODGE DESIGN €€

(04 95 47 69 48 ; www.ascosa.net ; route de Calvi, Ponte-Leccia ; d 70-80 € avec petit-déj ; avr-oct ;). Attenant aux locaux d'In Terra Corsa à la sortie de Ponte-Leccia, cet ecolodge ouvert en 2011, a été bâti selon les règles de construction éco-responsable. Le résultat peut laisser perplexe, tant il s'apparente à un hangar depuis la route. Mais côté jardin, le décor, avec ses oliviers plantés au milieu d'une belle pelouse et ses terrasses privatives avec vue sur les vignes, est agréable. Dans les 6 chambres, l'ambiance est minimaliste et industrielle, de belles vasques en pierre font office de lavabo, de rares touches colorées et des matériaux naturels égayent un peu un espace design épuré. Petite restauration sur place, baignade possible dans des piscines naturelles à proximité. A noter, 10% de réduction sur les activités d'In Terra Corsa, cartes bancaires acceptées. Accessible aux handicapés.

La Ventulella CHAMBRES D'HÔTES €€

(04 95 48 14 09, 06 17 02 27 29 ; christine.colle022@orange.fr ; Moltifao ; d 65-70 € selon confort avec petit-déj ; avr-oct ;). Située au-dessus du village de Moltifao, juste avant le couvent San Francescu di Caccia, cette imposante demeure des années 1940 ne manque pas de charme. Depuis son immense terrasse, on observe un paysage aux airs de Toscane englobant le village de

RANDONNÉE

VALLÉE DU PINARA

Départ : 1 km en contrebas du village d'Asco, au niveau du pont génois
Durée : 2 heures aller, comptez 1 heure 30 supplémentaire pour le retour
Difficulté : facile

Cette vallée permettait autrefois de rejoindre le Niolo depuis Asco. Descendre à gauche à la sortie du village d'Asco jusqu'au pont génois (où l'on peut garer sa voiture). Traverser le pont et emprunter le chemin muletier indiquant Asciu-Corscia (balisage orange). Après la Funtana di Misaidi où l'on peut faire provision d'eau, on passe à gué sur l'autre rive du torrent, avant de dépasser des ruines de bergeries entourées de genévriers thurifères et de traverser une châtaigneraie. Nouveau passage à gué sur l'autre rive, puis vous atteignez une grotte et, selon la saison, une cascade. Le parcours traverse encore plusieurs fois le ruisseau à gué. À la bifurcation, prenez à gauche pour parvenir aux bergeries de Cabane, un lieu idéal pour pique-niquer. Les plus courageux pourront continuer jusqu'au col de Serra Piana (1 846 m), en sachant que le tracé n'est pas toujours facile à repérer.

Moltifao, les 7 ha d'oliviers, d'amandiers et de chênes de la propriété, et, au loin, les aiguilles de Popolasca. Les 4 chambres offrent des prestations variées : certaines avec de belles terrasses, d'autres avec les WC à l'extérieur. Toutes ont une belle décoration rustique avec de beaux meubles de famille. Table d'hôtes (25 €) sur réservation. Tarifs dégressifs à partir de la 3e nuit, gîte à partir de 350 € la semaine.

Chambre d'hôtes de Harold Corsini
CHAMBRES D'HÔTES €€

(04 95 32 68 34, 06 86 58 07 63 ; http://hotescorse.e-monsite.com ; route d'Asco ; d 70-80 € avec petit-déj ; table d'hôtes 25 € ; tte l'année ;). Ces jeunes propriétaires accueillants proposent une suite familiale, dotée d'une superbe sdb, à l'étage de leur maison, décorée dans un style design, ainsi que quatre chambres doubles au rez-de-chaussée, qui se partagent une sdb. Des travaux sont prévus pour des sdb indépendantes. Jolie terrasse extérieure et four à pizza pour les beaux jours. Repas (sur réservation) à base de produits du jardin, et liqueurs maison. Sur la gauche en venant de Ponte-Leccia, juste après le camping E Canicce, la maison se trouve en retrait de la D47.

Camping A Tizarella
CAMPING €

(04 95 47 83 92, 06 83 88 76 66 ; www.camping-tizarella.com ; route d'Asco ; adulte/voiture/tente 5,50/3/2,50-3,50 € ; mars-oct ;). Un havre de paix en bord de rivière (baignade possible), avec beaucoup d'ombre, juste en face du village des Tortues. Pizzeria en saison pour caler les petites faims (pizzas, salades, pâtes, viandes).

Camping E Canicce
CAMPING €

(04 95 35 16 75 ; www.campingecanicce.com ; route d'Asco ; forfait 2 pers 15 € ; avr-oct). Autre camping bien situé, au bord de l'Asco. Également location de mobile homes et de maison en pierre à la semaine (à partir de 300 €/sem). Baignade dans l'Asco possible depuis le camping, snack sur place.

L'Acropole
CHAMBRES ET TABLE D'HÔTES €€

(04 95 47 83 53 ; www.acropole-asco.com ; Asco ; d/ste 65/80 € avec petit-déj, ch confort 75 € avec petit-déj ; plats 9-15 €, menu 25 € ; mi-mars à début oct ;). Reprise en 2008 par le fils de la propriétaire, cette table et chambres d'hôtes dans le centre d'Asco propose 2 chambres standard, 2 chambres confort de 35 m² et une suite, avec une belle vue sur la vallée et les massifs environnants. Les chambres ont fait l'objet d'une rénovation, comme la façade. On peut se rafraîchir dans une petite piscine bordée d'une terrasse herbue. Côté restaurant, on mise sur la cuisine corse traditionnelle, comme les beignets de fromage de chèvre frais et, le soir, sur les grillades de viande. Assiettes copieuses. Accueil sympathique et agréable terrasse.

E Cime
AUBERGE €€

(04 95 47 81 84, 06 83 42 10 78 ; www.e-cime.com ; Asco ; d/t/q 70/85/100 €, d/t/q en demi-pension 120/155/200 € ; plats 9-18 € ; mars-oct ;). Dominant le village et offrant un panorama somptueux sur les vallées de l'Asco et de Pinnera, et sur le Capo Bianco, cette auberge installée dans une demeure moderne dispose de chambres spacieuses, à la décoration sobre et élégante,

bien équipées, avec une vaste sdb et une terrasse panoramique privative. Le restaurant propose des plats traditionnels, des grillades et des pizzas cuites au feu de bois (à partir de 9 €). En dessert, ne manquez pas le flan maison à la châtaigne, divin. Service de restauration rapide au déjeuner. Les propriétaires sont une mine d'informations sur la vallée. La grande salle à manger est ornée de superbes photos anciennes évoquant la vie pastorale d'Asco. Vente de miel AOC de la vallée et de confitures artisanales. Cartes de crédit non acceptées.

Camping Monte Cinto CAMPING €
(☎04 95 47 86 08 ; www.campingmontecinto-asco.com ; Asco ; adulte/voiture/tente 4,50/2,50/3 € ; ⏲juin-sept). Hmm... les délicieuses senteurs de la pinède ! Ce camping est magnifiquement situé dans une forêt à 4 km en aval de la station de ski de haut Asco, à 1 050 m d'altitude, au bord de la rivière. Hors saison, on se croirait au bout du monde, bercé par les cloches des vaches et le bruit de la rivière qui offre de petites "plages" où se baigner. Service de petit-déjeuner, petite restauration et mini-épicerie.

Chalet Haut-Asco GÎTE D'ÉTAPE €
(☎04 95 47 81 08 ; Haut-Asco ; s/d 65-70/90-95 €, demi-pension 65-80 €/pers, gîte 12 €, 35 € en demi-pension ; plats 9-20 €, menu 18 € ; ⏲mai à mi-oct). Ce bâtiment impersonnel s'inscrit mal dans un cadre aussi beau, mais la rénovation a commencé : la moitié de l'intérieur a été refaite en 2009, y compris le gîte, équipé de sanitaires flambant neufs, et la salle à manger. Quant à la façade grise, son habillage façon chalet est toujours à l'étude. Le "chalet" n'en est pas moins une manne pour les randonneurs du GR®20 ou ceux qui viennent pour des balades à la journée. Au choix : des box de 6 et 8 couchages, ou des chambres, avec sdb modernes et TV pour celles qui ont été rénovées. Côté restaurant, le copieux "menu randonneur" à 18 € requinquera le soir les plus fourbus. Bon choix de ravitaillement. On peut emporter son pique-nique (10 €). Cartes de crédit acceptées à partir de 15 €.

Refuge d'Asco Stagnu REFUGE €
(haut-Asco ; dort 10 €, bivouac 5 € ; ⏲mai-oct). Le refuge du PNRC, en face du Chalet Haut-Asco. Pour plus de renseignements, reportez-vous à l'étape 3 du GR®20 p. 296.

Achats

Miellerie d'Asco VENTE DE MIEL
(☎04 95 47 80 49 ; Asco ; ⏲tte l'année). À l'entrée du village d'Asco. Vente de miel de la vallée, réputé pour sa qualité gustative exceptionnelle, et de gâteau à la châtaigne ou au miel. Spécialité de miel de genévrier, d'asphodèle et de bruyère (6 € les 500 g).

Depuis/vers la vallée de l'Asco

De mi-juin à mi-septembre, les **autocars Grisoni** (☎04 95 38 20 74, 07 60 65 03 20) desservent Ponte-Leccia depuis le haut Asco (15 €) avec un arrêt à Asco deux fois par jour, une fois par jour dans le sens Ponte-Leccia vers le haut Asco.

♥ LE BOZIU

Si vous êtes lassé des foules qui se pressent dans la vallée de la Restonica, accordez-vous une journée hors du temps et faites une escapade dans le Boziu (Bozio), région méconnue, aux allures mystérieuses et impénétrables, qui commence aux portes de Corte. Vous y découvrirez des villages assoupis que relient entre eux des sentiers pédestres, de profondes vallées boisées, des cimes altières, des points de vue sublimes, des routes minuscules et sinueuses et des chapelles magnifiques... Cette terre ancestrale, pétrie de traditions et de culture, est aussi un des berceaux de la *paghjella* (chant polyphonique). Les monts du Boziu sont traversés par l'itinéraire du Mare a Mare® nord.

À voir

Plusieurs voies d'accès sont possibles au départ de Corte sur des routes étroites et peu fréquentées. Nous suggérons de suivre la N193 vers le nord, puis de bifurquer après 5 km à droite sur la D41 en direction de **Tralonca**, qui abrite les **chapelles San-Lurenzu** et **Santa-Maria** ainsi que les vestiges archéologiques d'un village médiéval. Continuez vers **Santa-Lucia-di-Mercurio**, puis **Sermano**. La superbe **chapelle romane San-Nicolao** renferme des fresques d'une poignante sensibilité, datées du XVe siècle (demandez les clés au gîte d'étape de Sermano). Poursuivez jusqu'à **Bustanico**, où s'élève une belle église de pierre. De là, faites un crochet d'une dizaine de kilomètres vers le nord, jusqu'à **Carticasi** et **Cambia**, aux limites du Boziu et de la Castagniccia. À Cambia, suivez la D39 en direction de San Lorenzo et tournez à droite au panneau "chapelle du XIIIe siècle, San-Quilico". Isolée au milieu d'une petite forêt, cette chapelle en schiste clair, de style roman, est ornée de superbes sculptures extérieures et de jolies fresques représentant la Trinité et l'archange Gabriel pesant les âmes (demandez les clés à la dernière maison du hameau).

Revenez à Bustanico. Cette fois, prenez la direction d'**Alando**, à 2,5 km, où se trouve le **couvent San-Francescu-di-u-Boziu**. C'est à Alando qu'eut lieu en 1358 la première révolte anti-féodale de l'île, prélude à l'organisation de l'administation corse. Continuez jusqu'à **Favallelo**, à 3 km, pour admirer les remarquables fresques de la **chapelle Santa-Maria-Assunta**, juste devant la mairie. Poursuivez sur 1 km puis prenez à gauche la D339. Vous rejoindrez **Sant-Andrea-di-Boziu** au bout de 9 km environ et sa magnifique église en cours de restauration. Son clocher, véritable phare du Boziu, visible depuis Corte, culmine à 37 m de hauteur.

Si vous aimez aussi l'art contemporain, faites un saut en direction du village voisin de **Mazzola** pour visiter la **galerie de peintures** (☎04 95 35 90 84, 06 18 04 15 43) de Jean-Charles Fabiani, qui expose des artistes de réputation nationale et internationale. Ce peintre tient également une chambre d'hôtes, la Casa di Lucia (voir p. 279).

Au hameau de **Piedilacorte** se dresse une très belle église, classée monument historique, qui semble toiser les vallées environnantes.

Cap ensuite sur **Erbajola**, où la **chapelle San-Martinu**, un émouvant petit bâtiment au toit de lauzes, est accessible par un chemin empierré en 15 minutes de marche. Ce sentier conduit également à **Casella**, un ancien village en ruine envahi par le maquis. Sa chapelle est toujours debout.

D'Erbajola, suivez la direction de **Foccichia** (6 km) et d'**Altiani** (8 km), avant de reprendre la N200 (Aléria-Corte) en direction de Corte, 8 km après Altiani. Au carrefour de la N200 et de la route d'Altiani, vous apercevrez un **pont génois**. Corte n'est plus qu'à une vingtaine de kilomètres.

Où se loger et se restaurer

La région reste relativement isolée, ainsi, rejoindre Corte le soir pour aller dîner peut s'avérer relativement compliqué. La plupart des hébergements sont fléchés depuis la D39 qui relie Corte au Boziu. Néanmoins, si vous souhaitez prolonger votre séjour dans le Boziu, voici quelques adresses :

U San Fiurenzu GÎTE D'ÉTAPE €
(☎04 95 48 68 08 ; Sermano ; dort 15 €, demi-pension 35 €/pers ; ⏲avr-oct). Un bon gîte, moderne et propre, avec 3 chambres de 4 lits. Cuisine sans façons (repas 20 €). Agréable terrasse avec vue panoramique.

A Casa Aperta CHAMBRES D'HÔTES €€
(☎04 95 61 09 21/06 80 58 31 50 ; www.a-casa-aperta.com ; plaine du Féo, Favalello ; s/d/t 65/70/80 € ; ⏲avr-oct ;). Une adresse située à l'entrée du Boziu qui à l'énorme avantage de n'être qu'à 9 km de Corte. La demeure moderne, en pleine nature, rassemble 5 chambres spacieuses aux murs blancs, dispersées sur trois étages. Le petit-déjeuner est servi dans une grande pièce à vivre ou sur la terrasse au rez-de-chaussée. Belle piscine avec vue sur le Monte d'Oro. Une excellente base pour visiter le Boziu et Corte.

Altu Pratu HÔTEL ET FERME-AUBERGE €€
(☎04 95 48 80 07 ; www.altupratu.com, www.hotel-armonia-corte.com ; Erbajola ; d hôtel 76-106 € avec petit-déj, d 120 € pour 2 pers en demi-pension ; table d'hôtes 23 € ; ⏲mi-avr à mi-oct ;). Un petit complexe associant un hôtel de 10 chambres, de plain-pied, attenantes, avec terrasse, séparé d'une ferme-auberge par un mini-terrain de foot ! Vue superbe sur le Monte d'Oro et le Monte Renoso. La cuisine a bonne réputation, les soirées souvent animées au son des guitares et la piscine est un plus. Repas du soir sur réservation.

Casa Capellini CHAMBRES D'HÔTES €€€
(☎04 95 48 69 33 ; www.casacapellini.com ; Sant Andrea di Boziu ; d 90-130 € avec petit-déj , d 145-160 € en demi-pension ; ⏲avr-oct ;). Cette imposante maison couleur saumon magnifiquement décorée, qui se trouve dans le plus central des 4 hameaux formant Sant-Andrea-di-Boziu, offre des prestations de qualité, 5 chambres confortables (dont deux avec terrasse) et des repas copieux (28 €). Belle vue depuis les chambres, sur la vallée, le vieux village ou l'église.

Casa di Lucia MAISON D'HÔTES DE CHARME €€€
(☎04 95 35 90 84, 06 18 04 15 43 ; www.casa-di-lucia.com ; Mazzola ; d 77-145 € avec petit-déj selon confort et saison ; repas 25 €/pers ; ⏲tte l'année ;). Sant-Andrea-di-Boziu et Mazzola, cette demeure du XVIe siècle abrite trois suites équipées d'une kitchenette, une galerie de peintures et l'atelier du maître des lieux, Jean-Charles Fabiani. Les chambres, carrelées et lumineuses, allient mobilier ancien et moderne, et leurs murs blancs s'ornent d'œuvres d'art et de tissus aux couleurs gaies. Elles possèdent une terrasse privative offrant une belle vue sur

les environs. La table d'hôtes est ouverte à tous, midi et soir. La galerie se veut "café d'ambiance", un lieu convivial pour discuter autour d'un verre. Des soirées littéraires, philosophiques et musicales ont également lieu, ainsi que des stages de peinture. Cartes de crédit acceptées.

Auberge U Fragnu SPÉCIALITÉS CORSES **€**
(☎06 12 23 76 11 ; Alando ; plats 10-15 € ; ⊙sur réservation). On vient de loin pour se délecter des spécialités corses traditionnelles dans cet ancien moulin à huile, au cachet inimitable, situé à côté du couvent d'Alando. Xavier Bernardi ressuscite de vieilles recettes corses, avec brio et générosité. Les jours d'ouverture n'étant pas fixés, mieux vaut appeler pour réserver.

DE CORTE À VIZZAVONA

De Corte, la N193 suit son cours en direction d'Ajaccio en traversant les paysages superbes du centre de l'île, dominés par les silhouettes imposantes du Monte d'Oro et du Monte Rotondo. Partout, des forêts tapissent les flancs des montagnes ; elles deviennent de plus en plus denses au fur et à mesure que l'on s'approche de Vizzavona.

Immédiatement au sud de Corte, la microrégion du Venacais comporte de bonnes infrastructures et réserve de belles surprises aux amateurs de baignade dans les vasques.

Cette région a l'avantage d'être bien desservie par la micheline des Chemins de fer de la Corse, qui serpente au milieu d'un cadre spectaculaire ; une expérience à vivre absolument.

Depuis/vers Vizzavona, Vivario et Venaco

Les principales localités du centre de l'île sont plutôt bien desservies, par les bus et les trains.

BUS Les bus **Eurocorse** (☎04 95 21 06 30 ; www.eurocorse.com) assurent 2 fois par jour (sauf le dimanche et les jours fériés) la liaison Ajaccio-Vizzavona-Vivario-Venaco-Corte-Ponte-Leccia-Bastia (dans les deux sens). Comptez 10 € pour le trajet Ajaccio-Vizzavona (1 heure environ), et 16 € pour le trajet Bastia-Vizzavona.

TRAIN Les **Chemins de fer de la Corse** (☎04 95 23 11 03 ; www.ter-sncf.com/corse) assurent 4 liaisons quotidiennes entre Ajaccio, Vizzavona, Tattone, Savaggio, Vivario, Venaco, Corte, Ponte-Leccia et Bastia (dans les deux sens). Le trajet Ajaccio-Vizzavona dure 1 heure 10, Bastia-Vizzavona 2 heures 45 environ. Les arrêts de Tattone et Savaggio sont facultatifs. Pour l'Île-Rousse et Calvi, il faut changer à Ponte-Leccia.

Le Venacais

Entre Corte et Vizzavona, le Venacais est une région sauvage et tranquille, piquetée de quelques villages et hameaux au milieu de forêts profondes. À 600 m d'altitude, **Venaco** (660 habitants), la principale localité, surplombe la vallée du Tavignano. Réputé pour les truites de ses torrents et les fromages de ses brebis, ce bourg naguère actif semble quelque peu assoupi, à peine troublé par le passage de la route nationale et des michelines. La gare se situe tout en bas du village, à 600 m de la route nationale. De Venaco, on peut rayonner dans les environs et visiter les villages de **Saint-Pierre-de-Venaco** et de **Poggio-di-Venaco**. Si vous êtes dans le secteur au début du mois de mai, ne manquez pas la Fiera di u Casgiu, une grande foire au fromage qui rassemble à Venaco les producteurs de l'île.

Activités

À l'entrée de Venaco en venant d'Ajaccio, la D143 descend dans la vallée et mène au **pont de Noceta** (voir l'encadré p. 267), à 5 km, où vous pourrez vous baigner dans le Vecchio, que domine un superbe paysage de montagne. Cette route permet de découvrir un beau point de vue sur le village.

Le secteur est sillonné par de nombreux sentiers de randonnée, malheureusement insuffisamment entretenus et balisés.

La société **Altipiani** (☎06 86 16 67 91 ; www.altipiani-corse.com ; Corte) propose du **canyoning** dans le Vecchio et le Verghjellu. Pour les débutants, le canyon du haut Verghjellu est tout indiqué (39 € la demi-journée). Gros avantage par rapport au secteur de Bavella : ces canyons sont très peu connus, et donc peu fréquentés.

Où se loger et se restaurer

VENACO

U Frascone HÔTEL **€€**
(☎04 95 47 00 85 ; www.ufrascone.com ; Venaco ; s 46-61 €, d 53-70 € ; ⊙tte l'année ; 📶). À l'entrée sud de Venaco, cette maison de village rénovée par un jeune couple dispose de 12 chambres, spacieuses pour la plupart, à la déco personnalisée : noir et blanc, rustique, sobre, ou dans des tons plus acidulés. Celles qui sont situées en angle sont particulièrement agréables

avec leurs 2 fenêtres. C'est calme malgré la route passante, et la plupart des chambres donnent sur l'arrière, avec de jolies perspectives sur le Venacais. Bonne literie et terrasse. Demi-pension possible avec le bar de la Place, tenu par la même famille.

Bar-restaurant de la Place RESTAURANT €
(☎04 95 47 01 30 ; Venaco ; plats 9-20 €, menu 18 €). Carte variée et prix sages. En plein centre du village, au bord de la route principale.

A Cantina di Matteu SPÉCIALITÉS CORSES €
(☎04 95 47 36 70 ; N193 ; plats 8-14 € ; tte l'année). Matteu Leonelli et son épouse vendent des produits corses de la région, rigoureusement sélectionnés (dont le délicieux fromage de chez Loefgen), dans leur petite boutique au centre de Venaco, au bord de la route principale. Ils préparent également des assiettes de charcuterie, de fromage ou de tomates, servies sur le trottoir, avec un verre de vin corse. En hiver, c'est ici qu'il faut venir déguster le *figatellu* grillé !

Camping-auberge de la ferme de Peridundellu CAMPING-AUBERGE €
(☎04 95 47 09 89 ; http://campingvenaco.monsite.wanadoo.fr ; Venaco ; adulte/voiture/tente 5/2,50/2,50 € ; Pâques à mi-sept). On ne pouvait rêver plus beau cadre : ce petit terrain de camping familial, bâti sur un promontoire, domine une vallée, avec le Monte d'Oro et le Monte Cardo en toile de fond. Sanitaires bien entretenus, laverie automatique (5 €) et réfrigérateurs. Le soir, menu complet à 15 €, sur réservation, à base de produits fermiers régionaux (civet de lapin au myrte, aubergines farcies et spécialités à base de brocciu en saison). Pas de piscine pour se rafraîchir, mais les vasques du Vecchio ne sont qu'à 10 minutes à pied. Les enfants pourront jouer avec les moutons qui batifolent dans l'exploitation.

Paesotel e Caselle RÉSIDENCE HÔTELIÈRE €€€
(☎04 95 47 39 00 ; www.e-caselle.com ; lieu-dit Polveroso, Venaco ; s/d 64-84/92-136 €, s/d demi-pension 97-123/161-203 €, selon saison ; menu dégustation 34 € ; avr-oct ;). Dans un cadre exceptionnel, le Paesotel consiste en une série de bâtiments et de pavillons en pierre installés dans un vaste parc planté de pins laricios, au bord du Vecchio, juste après le pont de Noceta, à 5 km de Venaco. La plupart des chambres ont été rénovées récemment (sauf celles des pavillons). Les plus agréables ont droit à un jardin privatif, à quelques mètres de la piscine et de la rivière qui coule en contrebas. Le restaurant possède un joli jardin orné d'un bassin où flottent des nénuphars. Dommage que l'aménagement des espaces communs, comme le bar et la salle à manger, bas de plafond, et les murs de pierre grise fassent plus années 1970 que *Côté Sud*.

POGGIO-DI-VENACO

BON PLAN **Gîte d'étape de Poggio-di-Venaco** GÎTE MUNICIPAL €
(☎04 95 47 07 45 ; Poggio-di-Venaco ; dort 12 €, d 30-35 € ; tte l'année). Aubaine pour les randonneurs ou les voyageurs à petit budget, ce gîte géré par la mairie, en plein centre du village, se compose de 2 dortoirs de 8 lits, un peu compacts mais propres, carrelés et modernes, et de 6 chambres doubles (dont 4 avec sdb), très bien tenues. Cuisine équipée à disposition. Possibilité de prendre un petit-déjeuner au bar, au-dessus du gîte.

Auberge Casa Mathea AUBERGE-RESTAURANT €
(☎04 95 47 05 27 ; www.auberge-casamathea-corse.com ; studio 43,5-63/57,75-75,60 € basse/haute saison ; plats 7-21 €, menus 17,50 € ; tlj le soir en saison, mar-sam le soir hors saison). Cette auberge de village est un bon point de chute, avec 5 studios équipés, fonctionnels, modernes et spacieux (de 25 à 70 m²), loués à la nuitée ou à la semaine. Au restaurant, ouvert le soir uniquement, vous pourrez commander des pizzas cuites au feu de bois dans un ancien four à pain, ou des spécialités corses classiques (escalope de veau, filet de saint-pierre au myrte). Vente de charcuterie de montagne, de fromage de brebis et de vin d'orange maison. Au centre du village.

Casa Giafferi MAISON D'HÔTES €€
(☎04 95 46 04 33 ; www.casagiafferri.fr ; d avec petit-déj 84 € ; tte l'année ;). Une adresse atypique, comme la propriétaire, Annette Luciani, une Venacaise qui a longtemps vécu aux États-Unis, à la sensibilité d'esthète, comme en témoigne la galerie de peintures dans les parties communes. La maison est immense – 14 chambres, toutes différentes, la plupart très colorées (rose, fauve, bleue...), sont à disposition ! Spécialité de la maison : les stages de cuisine corse, le week-end. Table d'hôtes (21 €), repas servis sur la terrasse, avec vue sur la vallée, et salle de jeux pour les enfants. En direction de la gare de Poggio-di-Venaco.

SAINT-PIERRE-DE-VENACO

Chez Antoinette et Charles Hiver CHAMBRES D'HÔTES €€
(☎04 95 47 07 29, 06 03 92 60 83 ; http://antoinette.charles.free.fr ; d 60 € avec petit-déj ; table

d'hôtes 19 € ; ⏲avr-sept). Cette belle maison de pierre à l'écart du village comprend 4 chambres doubles, simplement aménagées. Perchée sur les hauteurs, la maison est entourée d'un jardin très agréable. Côté ambiance, c'est plutôt à la bonne franquette et convivial – les repas du soir (deux fois par semaine, sur réservation) se prennent en commun dans une grande salle avec cheminée, autour d'une grande table. Le patron, Charles Hiver, se fera un plaisir de vous renseigner sur les balades dans les environs. Les motards sont bien reçus. Notez que l'accueil se fait à partir de 17h seulement.

Vivario

Cerné de montagnes, resserré autour de son église, ce joli bourg (515 habitants), dont les toits de tuiles se détachent sur le vert des forêts environnantes, mérite le coup d'œil. L'une des curiosités de Vivario est le **pont du Vecchio**, qui enjambe la rivière du même nom, à 3 km au nord du village. Cet ouvrage d'art en forme de viaduc possède un manteau métallique, œuvre de Gustave Eiffel. L'ensemble est doublé d'un pont moderne en béton, assez disgracieux (et dont l'unique intérêt semble être d'éviter un virage). Le site est réputé pour ses **vasques** (voir l'encadré p. 267). Vivario compte quelques bars, des restaurants, 2 épiceries et une poste. La gare se trouve à 500 m environ, au nord du village.

Où se loger et se restaurer

U Campanile HÔTEL-RESTAURANT €€
(☎04 95 47 22 00, 06 19 53 56 54 ; www.hotel-restaurant-ucampanile.com ; d 45-60 €, en demi-pension 80 €/pers juil-août ; menu 20 € ; ⏲tte l'année; Wp). Belle maison de village située à côté de l'église, au bord de la route principale (peu passante la nuit). Karine, la maîtresse de maison, loue 5 chambres avec poutres au plafond et petites sdb. Les lieux dégagent tout le charme d'une résidence de campagne : un salon doté d'une belle cheminée et une terrasse fleurie de gros massifs d'hortensias et de rosiers. Savoureuses spécialités corses à petits prix (aubergines à la vivaraise, *tianu* de veau, soupe corse).

Achats

♥ **Bergerie Loefgen** FROMAGES
(☎04 95 47 23 62 ; bergerie d'Arca). Le fromage de brebis fermier au lait cru de chez Loefgen passe pour la "Rolls" des fromages de Corse – il a d'ailleurs été primé 9 fois d'affilée lors de concours. Harry est d'origine allemande, mais a été "adopté" par un berger du cru qui lui a transmis tous ses secrets. L'endroit se mérite : il faut marcher une vingtaine de minutes le long d'un sentier, depuis le hameau de Muracciole (pas de panneau ; départ de l'église). Sinon, demandez "du Loefgen" dans les boutiques de produits corses de la région. Brocciu et fromage frais de décembre à juillet, fromage affiné de fin janvier à fin août. Également confitures artisanales. Venir l'après-midi de préférence.

Canaglia, Savaggio et Tattone

Des hameaux du bout du monde, noyés dans une abondante végétation, bien connus des randonneurs (le GR®20 et une variante du Mare a Mare® nord passent à proximité)... et des passionnés de train, puisque le *trinichellu* (train de la Corse) dessert Savaggio et Tattone (faire signe au conducteur), sur la ligne Bastia-Vizzavona-Ajaccio.

Où se loger et se restaurer

Bar-camping du Soleil CAMPING €
(☎04 95 47 21 16 ; Tattone ; pers/voiture/tente 5,50/2/2-4 € ; ⏲mi-avr à mi-oct). Site agréable, à 100 m de la gare de Tattone, avec pizzeria en saison et ravitaillement pour randonneurs.

Camping-gîte de Savaggio CAMPING-GÎTE €
(☎04 95 47 22 14 ; adulte/voiture/tente 5/2/2 €, dort 11 €, 32 € en demi-pension ; plats 8-12 €, menu 15 € ; ⏲mai-sept). Juste en contrebas de la gare de Savaggio, cette structure discrète dispose d'un gîte d'une vingtaine de places, confortable, orné de quelques peintures murales, avec sanitaires (propres) à l'extérieur, et d'une aire de camping sur un terrain légèrement pentu. Bons petits plats corses (sur commande) mitonnés par la sympathique mamma-propriétaire.

♥ Gorges du Manganellu

Depuis Canaglia, on accède facilement aux gorges du Manganellu en suivant le sentier du Mare a Mare® nord, très facile car bien matérialisé, sur une piste forestière. Notre conseil : marchez jusqu'aux **bergeries de Tolla** (comptez 1 heure 30 de marche environ). Vous trouverez de magnifiques vasques pour faire trempette le long du parcours (voir l'encadré p. 267). En été, les bergeries proposent un service de restauration (fromage, charcuterie, omelette) dans un cadre exceptionnellement bucolique – un grand moment de bonheur !

Vizzavona

Ouf, un peu de fraîcheur ! Protégé par un épais couvert végétal, en altitude, le secteur de Vizzavona offre un répit à ceux qui veulent échapper à la chaleur oppressante de la côte. Respirez à pleins poumons : la forêt est ici omniprésente. Sur 1 633 ha, elle se compose essentiellement de hêtres et de pins laricios (certains seraient pluricentenaires !). Vous aurez l'embarras du choix pour la découvrir, tant les sentiers pédestres qui la sillonnent sont nombreux. Redoutée au XIXe siècle car des bandits avaient l'habitude d'y rançonner les voyageurs, la magnifique forêt de Vizzavona est redevenue un havre de paix.

Dominé par le Monte d'Oro (2 389 m), cinquième sommet de l'île, le hameau de Vizzavona est bien connu des nombreux randonneurs qui choisissent d'y commencer ou d'y finir leur escapade sur le GR®20. Autour de la gare, une poignée de maisons et d'hôtels forme une minuscule localité de quelques dizaines d'habitants, aussi insolite que pittoresque, à 700 m de la route nationale. Le **col de Vizzavona** (1 163 m) est à 3 km au sud.

Activités

Randonnée pédestre

La forêt de Vizzavona est sillonnée de nombreux sentiers balisés. Un intéressant panneau descriptif (avec plan), face à la gare de Vizzavona, recense les principales randonnées du secteur. Leur durée est très variable : de quelques heures à l'ascension du Monte d'Oro (9 h aller-retour). Il existe aussi un sentier archéologique au départ de la gare jusqu'à l'abri Southwell, preuve d'une occupation humaine depuis le Néolithique.

Cascades des Anglais PROMENADE À PIED

L'une des balades les plus courues. À 2,5 km de l'embranchement vers la gare en direction d'Ajaccio, le court sentier menant aux cascades est indiqué sur la droite. Une piste forestière sans difficulté, balisée en vert par l'ONF, descend dans la superbe forêt de pins et de hêtres. Après une quinzaine de minutes de marche, on arrive à une buvette (ouverte en été), au niveau de l'intersection du GR®20. Les cascades vous attendent sur ce dernier, vers la gauche (vous atteindrez la gare de Vizzavona en 30 min de marche en empruntant le GR®20 vers la droite). Ne vous attendez pas à découvrir des cataractes en été, mais plutôt de modestes vasques remplies d'eau claire, parfaites pour une petite baignade. Accessibles à tous, ces piscines naturelles (qui doivent leur nom aux Britanniques qui venaient jadis en nombre à Vizzavona et que l'eau froide n'effrayait pas...) se succèdent sur 15 minutes de montée. Chacun pourra y trouver son coin de paradis, sauf au cœur de l'été, lorsqu'il y a foule.

Cascade du Voile de la Mariée PROMENADE À PIED

Continuez sur la nationale jusqu'au village de Bocognano. La route du Voile de la Mariée, facile d'accès, part de la N193 à la sortie du village, à gauche en venant de Corte. Dépassant un pont de chemin de fer, cette route étroite atteint un second pont – immanquable avec ses rambardes en fer – 3,5 km après avoir quitté la route nationale. Là, une petite échelle en bois, sur la gauche, permet de franchir la clôture et de s'engager sur le sentier qui monte en sous-bois. Grossièrement balisé de morceaux de ficelle noués aux arbres, il atteint en une dizaine de minutes de progression, parfois difficile, une haute et large cascade. Impressionnante en hiver par son débit, elle est plus décevante en été mais elle permet de se rafraîchir.

Parc Aventure

Vizzavona Parc Aventure PARCOURS EN FORÊT

(☎04 95 37 28 41, 06 03 56 24 33 ; www.corsica-natura.fr ; col de Vizzavona ; adultes/enfants 22/18 € ; ⏲9h-19h juil-août, 10h-18h juin et sept). Aménagé par la société Corsica Natura, au col de Vizzavona, il séduira les amateurs de balade d'arbre en arbre, parmi les hêtres et les pins laricios de la forêt de Vizzavona. Treize parcours ont été équipés, correspondant à 5 niveaux de difficulté progressive. Au programme : tyroliennes (dont une de plus de 100 m), sauts de Tarzan, ponts de singe, filets... De quoi jouer les aventuriers en toute sécurité dans un cadre somptueux. Les enfants sont les bienvenus : 4 parcours sont spécialement destinés aux 4-6 ans (taille minimale : 1 mètre), qui doivent être accompagnés par un adulte.

VTT

Il est possible de louer des VTT sur le site du Vizzavona Parc Aventure, moyennant

20 €/jour. On peut également participer à des randonnées à VTT avec encadrement (20/35 € la demi-journée/journée, minimum 6 pers) – une formule idéale pour découvrir tous les trésors de la forêts de Vizzavona.

Canyoning

À proximité du village de Bocognano (à environ 8 km au sud-ouest du col de Vizzavona, en direction d'Ajaccio), on peut pratiquer le canyoning dans le **canyon de la Richiusa**, réputé l'un des plus ludiques de Corse, avec des petits rappels, des sauts et des toboggans. Seul problème : la marche d'approche prend une heure. La descente proprement dite fait environ 3 heures.

Vizzavona Parc Aventure (voir *Parc Aventure* ci-dessus) organise des sorties encadrées dans ce canyon (45 € la journée).

Où se loger et se restaurer

VIZZAVONA-GARE

Restaurant du Chef de Gare – L'Altagna RESTAU-GRILL €

(04 95 47 24 41 ; plats 9-14 €, menus 13-18 € ; avr-oct). Attenant à la gare, L'Altagna sert de tout, à tous les prix : salades, omelettes, entrecôtes, pâtes, desserts, petits-déjeuners. Service à toute heure. Parfait pour se rassasier après une randonnée.

Épicerie Rosy RAVITAILLEMENT ET MATÉRIEL

(04 95 47 24 41 ; avr-oct). Dans le restaurant du Chef de gare (entrée côté gare). Une caverne d'Ali Baba pour les randonneurs en quête de "*ravito*" : spécialités corses, repas lyophilisés, pain, boissons fraîches, alimentation générale, recharges de gaz, piles ou petite pharmacie.

Bar-restaurant de la Gare – Le Refuge ÉTABLISSEMENT FAMILIAL €

(04 95 47 22 20 ; dort en demi-pension obligatoire 35 € ; plats 6-13 €, menu 12 € ; mai-oct). En face de la gare, cette modeste structure familiale se compose d'un restaurant, de 2 dortoirs de 6 lits, de 3 chambres de 4 lits, simples et propres, avec sanitaires communs (en nombre insuffisant) et d'un dortoir de 16-18 lits, équipé de 2 douches. Cuisine sans chichi (omelettes, pâtes, viandes, sandwichs), et ravitaillement (charcuterie, fromage, biscuits). Machine à laver (5 €) et sèche-linge (3 €).

Il est possible de prendre une douche chaude à la gare (2,5 €), et même de bivouaquer (une nuit), sur une aire improvisée à gauche de la gare, en attendant qu'un véritable camping voie le jour (tente 5 €, adulte 1,5 €). Adressez-vous à l'épicerie Rosy.

Hôtel-gîte I Laricci CHAMBRES-GÎTE €€

(04 95 47 21 12 ; www.ilaricci.com ; s/d 63/84 €, 69/95 € en demi-pension, dort 35 € en demi-pension ; menu 19 € ; mai-sept). Cette imposante bâtisse datant de 1904, sur 3 niveaux, abrite 12 chambres spacieuses, avec parquets de bois et une belle hauteur sous plafond. Le hic : les sanitaires sont sur le palier (sauf 2 chambres, louées avec un supplément de 6 €), et les matelas sont un peu mous. À l'arrière, l'ancien logement des palefreniers a été aménagé en gîte, avec des dortoirs de 5 places, avenants, mais sans cuisine équipée. Le propriétaire connaît bien le Maroc et a décoré la salle à manger de tapis berbères et de lustres de Marrakech. Au dîner (menu unique), on savoure des spécialités de l'île et d'ailleurs (veau corse, poulet basquaise). À midi, assiette corse, brick à l'œuf ou tajine à 12 € (sur commande), et sandwichs (4-6 €). Également thé à la menthe, servi dans de l'argenterie, comme là-bas ! Cartes de crédit acceptées.

Casa Alta CHAMBRE D'HÔTES €€

(04 95 47 21 09, 06 75 27 13 11 ; www.casa-alta.fr ; d 60-90 € avec petit-déj selon saison ; fév-déc ;). Cette belle demeure en pierre, entourée d'immenses pins laricios, en surplomb de la N193, en face de la bifurcation pour la gare de Vizzavona (à 400 m en contrebas) a été entièrement rénovée par ses nouveaux propriétaires en 2008. Elle offre 5 chambres, hautes de plafond, équipées de sdb, dont 2 pouvant accueillir 4 pers. Mobilier de style ancien, tableaux de marqueterie, mélodieux carillons, rayonnages de livres et vieux outils d'ébénisterie se détachent sur des murs blancs. Un supplément de spécialités corses est proposé au petit-déjeuner (7,50 €), de même qu'un panier pique-nique (12 €, uniquement pour les hôtes). Service de blanchisserie (10 €).

U Castellu HOTEL €€€

(04 95 30 53 00 ; www.hotel-ucastellu.fr ; d/t 70-150/90-150 € ; ttte l'année ; P). Au bord de la N193, cette adresse de charme propose 10 chambres dans une belle demeure du début du siècle, admirablement restaurée. Sa terrasse donnant sur la forêt, sa déco soignée, ses chambres spacieuses, ainsi que ses soirées chants et guitares corses l'été, en font une halte des plus sympathiques.

COL DE VIZZAVONA

Monte d'Oro HÔTEL-RESTAURANT €€

(04 95 47 21 06 ; www.monte-oro.com ; d avec sdb commune 50 €, d 74-80 €, d 137-168 € en demi-pension ; plats 9-27 €, menu 22 € ; mai-sept ; @).

Dans la maison principale, couverte de vigne vierge, on a l'impression d'être plongé dans un roman d'Agatha Christie tant le lieu compte de coins et de recoins, de bibelots et de meubles en tout genre. Chambres au charme désuet, avec sdb commune, ou plus modernes, avec sdb, dans deux autres bâtiments. Le restaurant propose des plats très classiques, préparés pour la plupart avec des produits bio (soupe corse, agneau aux cèpes, tiramisu à la châtaigne). Mais nous avons trouvé le veau corse aux olives décevant. Cartes de crédit acceptées.

Monte d'Oro GÎTE-RELAIS €
(☎04 95 47 21 06 ; www.monte-oro.com ; dort gîte 17 €, 39 € en demi-pension, dort refuge 12 € ; ⊙mai-sept). Le Monte d'Oro, version petits budgets. À 50 m de l'hôtel, au bord de la nationale, vous aurez le choix entre des chambres de 2 lits individuels et 2 lits superposés, très agréables, avec sdb commune (formule gîte), et des boîtes d'allumettes de 3 lits dans un bâtiment en béton, à l'arrière, spartiate, ressemblant à une casemate (formule refuge, à éviter). Navette gratuite sur simple appel depuis la gare, à 3 km. Machine à laver (7 € avec séchage) et location de draps (5 €). Coin cuisine et snack-bar au gîte (sandwichs, assiettes corses).

VERS LA PLAINE ORIENTALE

Des montagnes du centre de la Corse, plusieurs routes dévalent vers la côte. La plus rapide, au départ de Corte, est la N200, qui suit la vallée du Tavignano jusqu'à Aléria.

Bien plus spectaculaire (mais bien plus longue et sinueuse !), la D69, dont l'embranchement se trouve à environ 2 km au sud de Vivario, descend à Ghisoni, après 19 km d'interminables lacets dans un paysage forestier de toute beauté, avec le mont Kyrie Eleison (1 260 m) en toile de fond. Ce secteur, assez enclavé, est l'un des plus sauvages de Corse.

Ghisoni

En déambulant dans les rues bordées de belles maisons en pierre de taille, on devine aisément ce que Ghisoni fut avant-guerre, lorsque la localité vivait principalement de la farine de châtaigne et de l'exploitation forestière, notamment du pin laricio. Le village sort de sa torpeur en été lorsque reviennent les enfants du pays, exilés à Bastia, à Ajaccio ou sur le continent.

Aucune ligne de bus ne dessert Ghisoni.

Activités

Bonne nouvelle pour les amateurs de **randonnée pédestre** : Ghisoni est une bonne base pour partir à l'assaut du lac Bastani et monter jusqu'au sommet du Monte Renoso, le "belvédère de la Corse" (voir la description de la randonnée p. 286).

Les environs de Ghisoni comptent également une **station de ski**, active de janvier à mars. On y pratique le ski de piste (3 téléskis), le ski de randonnée et la raquette.

L'ancien responsable du centre UCPA de Ghisoni (aujourd'hui fermé) a créé une structure loisirs, **Capinera** (☎04 95 57 30 83, 06 87 85 71 93 ; ⊙juin à fin sept). Au programme : des randonnées-baignades (à partir de 7 ans) dans des vallons secrets des environs de Ghisoni, les mardi et jeudi, ainsi que des circuits pédestres thématiques accessibles aux familles (notamment le circuit "Sur la trace des bergers", consacré au pastoralisme, d'une durée de 4 heures et le "Paysages insolites", centré sur les pozzi d'Ese, d'une durée de 4 heures 30). Également randonnées à la journée sur les lignes de crête surplombant le village. Comptez 35/25 € par adulte/enfant, pique-nique inclus.

Où se loger et se restaurer

U Pianu GÎTE D'ÉTAPE €
(☎04 95 36 10 77 ; Ghisoni ; dort 12 €, ch 3/4 pers 55/70 €, d 40 €, demi-pension 23 € ; ⊙tte l'année). Ce gîte, situé dans un bâtiment de la mairie possède 2 dortoirs (14 et 5 lits) et des chambres d'une capacité de 2, 3 ou 4 pers (sanitaires communs pour les chambres également).
Quelques commerces bordent l'artère principale du bourg, ainsi qu'une épicerie, un bar et un restaurant, A Stazzona, réputé pour ses pizzas. D'autres adresses se situent à quelques kilomètres du bourg (voir p. 286).

Environs de Ghisoni

De Ghisoni, la D69 poursuit son cours plein sud vers le col de Verde, qui constitue la fin de l'étape 11 du GR®20 (reportez-vous p. 306). Pour rejoindre la plaine orientale, suivez la D344, qui longe la vallée du Fiumorbu et traverse des paysages impressionnants, dont le **défilé des Strette** et le **défilé de l'Inzecca**, deux tranchées de granite, avant d'obliquer en direction de Ghisonaccia.

En chemin, faites halte au **parc Indian Forest** (☎04 95 30 66 73, 06 08 24 67 87 ; www.indian-forest-corse.fr ; adulte/enfant 20/12 € ; ⊙tlj

RANDONNÉE

LAC BASTANI ET MONTE RENOSO

Départ : bergeries de Capanelle (première route à droite 6 km après le village de Ghisoni sur 15 km en direction de la station de ski Campu di Neve)
Durée : 2 heures 30 aller-retour
Difficulté : moyenne

Un paysage alpin rehaussé d'un lac d'altitude, offrant une magnifique vue. L'un des rares sommets de plus de 2 000 m facilement accessibles. Le dénivelé est de 420 m jusqu'au lac et 260 m de plus jusqu'au sommet.

Garez votre voiture à côté du refuge U Fugone. Le sentier démarre à 1 670 m, au pied des bergeries de Capanelle, au même endroit que le GR®20. Un panneau en bois vous indique le départ. Il faut ensuite grimper au milieu des aulnes nains et des sorbiers des oiseleurs. Vous remarquerez aussi quelques belles fleurs pourpres en clochettes, des digitales. De magnifiques hêtres, aux troncs violacés et déformés, bordent le début du chemin. Après 45 min de montée, vous traversez un premier plateau herbeux où coule le ruisseau du Pizzolo.

Le paysage est lunaire, parsemé de gros blocs de pierre. Une deuxième ascension plus douce vous attend pendant 20 minutes avant de traverser un deuxième plateau. Au printemps, le sol est parfois recouvert de crocus. Enfin, encore un petit effort : une dernière côte se dresse devant vous. Dix minutes de montée avant d'atteindre le lac Bastani, à 2 089 m. Au loin, par beau temps, on aperçoit la côte. Les plus courageux pourront monter jusqu'au sommet du Monte Renoso (2 352 m). Cela vaut le détour pour admirer la Corse du Sud, d'autant qu'il s'agit d'une montagne facile à gravir pour cette altitude. Comptez environ un quart d'heure pour parvenir à la crête et ensuite 30 minutes jusqu'au sommet. Prenez un coupe-vent, car des bourrasques assez fraîches balaient parfois la montagne, même en été. Vous redescendrez ensuite par le même chemin.

10h-18h Pâques et juin-sept), à 4 km de Ghisoni. Deux parcours d'arbre en arbre dans une pinède sont proposés : celui pour les adultes comporte 30 ateliers, une tyrolienne de 250 m et passe plusieurs fois au-dessus de la rivière : le parcours enfants compte une dizaine d'ateliers.

Où se loger et se restaurer

A Casetta di u Banditu CABANE EN BOIS €€€
(04 95 56 63 32, 06 09 40 66 21 ; www.casettadiubanditu.com ; Salastraco ; d 100-160 € tarifs dégressifs dès 2 jours, petit-déj inclus ; tte l'année ;). Le bout du monde, c'est ici, dans cette étonnante cabane en bois de 25 m² surplombant un ruisseau aux eaux cristallines (possibilité de pêcher la truite), dans un hameau perdu, entre Ghisoni (à 15 km) et Ghisonaccia (à 20 km). Ressourcez-vous dans ce petit nid douillet dans lequel le confort n'est pas sacrifié (Wi-Fi, cuisine équipée). Vous aimez les produits du terroir ? Vous êtes à bonne enseigne : les propriétaires, fromagers, vous proposeront des dégustations de leur gamme (brocciu, tommette et petit brebis ; voir leur site www.fiore-di-muntagna.com). Tarifs un peu élevés, mais dépaysement garanti.

A Vecchia Mina RESTAURANT-GRILL €€
(04 95 57 63 42 ; route de Ghisoni ; plats 10-15 €, menu 18 € ; mai-sept). Juste à côté du parc Indian Forest, ce restaurant prépare des viandes grillées et une spécialité : la brick de volaille à la tomme corse. De la terrasse, vous n'aurez que quelques pas à faire pour vous rafraîchir dans les vasques de la rivière.

U Sampolu FERME-AUBERGE €€
(04 95 57 60 18 ; route de Ghisoni ; plats 8-13 €, menus 18-22 € ; mi-mai à fin sept). Au menu, des spécialités du terroir corse : soupe corse, beignets de poireaux, sauté de veau corse, aubergines paysannes... Produits en provenance de la ferme. Cadre assez banal.

Ferme-auberge l'Inzecca PRODUITS DE LA FERME €€
(04 95 56 62 62 ; route de Ghisoni ; plats 10-14 €, menu 25 € ; juin-sept). À 4 km plus en aval de la ferme-auberge U Sampolu, au bord de la route. Même registre traditionnel : beignets de poireaux, veau aux olives, charcuterie maison... issus en grande partie de l'exploitation agricole familiale. Cadre rustique.

Randonnée

Dans ce chapitre »

Île montagneuse par excellence, la Corse ne se découvre pas de meilleure façon qu'en marchant. L'omniprésence du relief incite à délaisser la voiture au profit de l'un des multiples sentiers qui tissent une toile serrée sur l'île, du littoral aux recoins les plus intimes de l'intérieur.

Ce dense réseau de sentiers permet en outre de se familiariser avec le patrimoine naturel et culturel de l'"autre Corse", celle de l'intérieur, plus secrète, loin de l'effervescence des stations balnéaires. Par ailleurs, et c'est peut-être sa plus fameuse carte de visite, l'éventail des possibilités s'avère incroyablement riche. De la randonnée "sportive" de 15 jours à la tranquille balade côtière de quelques heures, il y en a pour tous les goûts et tous les niveaux.

Loin d'offrir un inventaire exhaustif, ce chapitre se veut incitatif, en présentant un maximum d'éléments – techniques, pratiques, voire culturels – pour choisir au mieux vos randonnées. Tous les parcours décrits ont été testés. Nous avons retenu le GR®20, incontournable, dont l'exceptionnelle réputation est en tout point justifiée, ainsi que les sentiers Mare a Mare® centre et Mare a Mare® sud, de niveaux intermédiaires et aux profils variés. Nous avons détaillé les ressources (hébergement et restauration notamment) utiles pour le GR®20, le Mare a Mare® centre et le Mare a Mare® sud.

Par ailleurs, des **balades familiales**, accessibles à tous et d'une durée de quelques heures sont décrites dans le cours des chapitres régionaux.

LE GR®20

Créé en 1972, ce sentier balisé est devenu une institution. Il relie Calenzana, en Balagne, à Conca, dans l'arrière-pays de Porto-Vecchio, et attire chaque année plus de 12 000 courageux venus de toute l'Europe se frotter à ses dénivelés. Le parcours suit grossièrement une diagonale orientée nord-ouest/sud-est, correspondant à la ligne de partage des eaux, sur environ 200 km, que l'on fractionne généralement en 15 étapes d'une durée moyenne de 5 à 8 heures. En plein cœur du parc naturel régional de Corse (ou PNRC), il traverse les magnifiques paysages sauvages de l'intérieur de l'île, perché à une altitude moyenne de 1 000 à 2 000 m avec un point culminant à 2 225 m. La diversité des milieux rencontrés en fait un parcours d'exception :

GR®20 (nord)

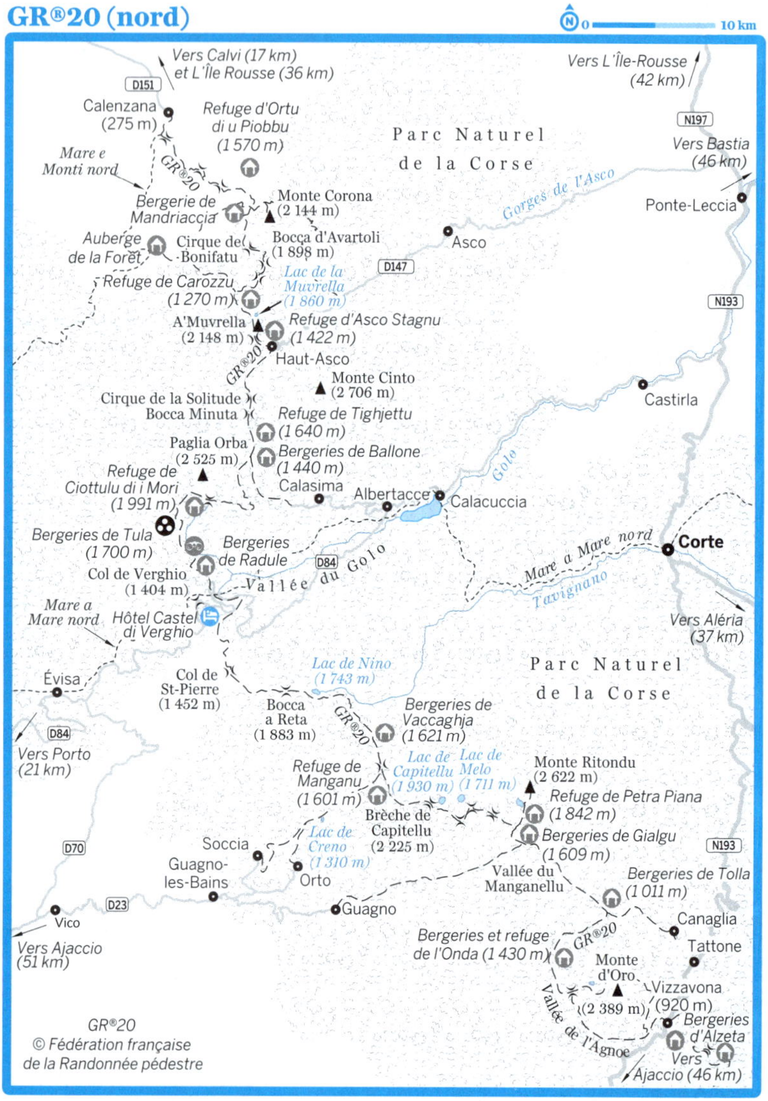

forêts de hêtres ou de pins laricios, paysages granitiques lunaires, crêtes ventées, torrents, lacs glaciaires, maquis, sommets enneigés, tourbières, plateaux, névés... Les amoureux de la nature seront comblés. Ceux de la tranquillité également : il ne croise que trois hameaux (Haut-Asco, Vizzavona et Bavella). Des refuges et des bergeries jalonnent l'itinéraire.

Ne vous laissez pas abuser par la faiblesse – relative – de l'altitude. Le GR®20 est un parcours de montagne qui nécessite un véritable engagement physique, et ne doit pas être pris à la légère. Les dénivelés sont sans concession (environ 10 000 m de dénivelé positif au total, avec des étapes pouvant comporter 800 m de montée), le sentier est rocailleux et parfois escarpé, les conditions climatiques peuvent être difficiles, et il faut être muni d'un équipement suffisant pour être autonome pendant plusieurs jours. Une bonne condition

GR®20 (sud)

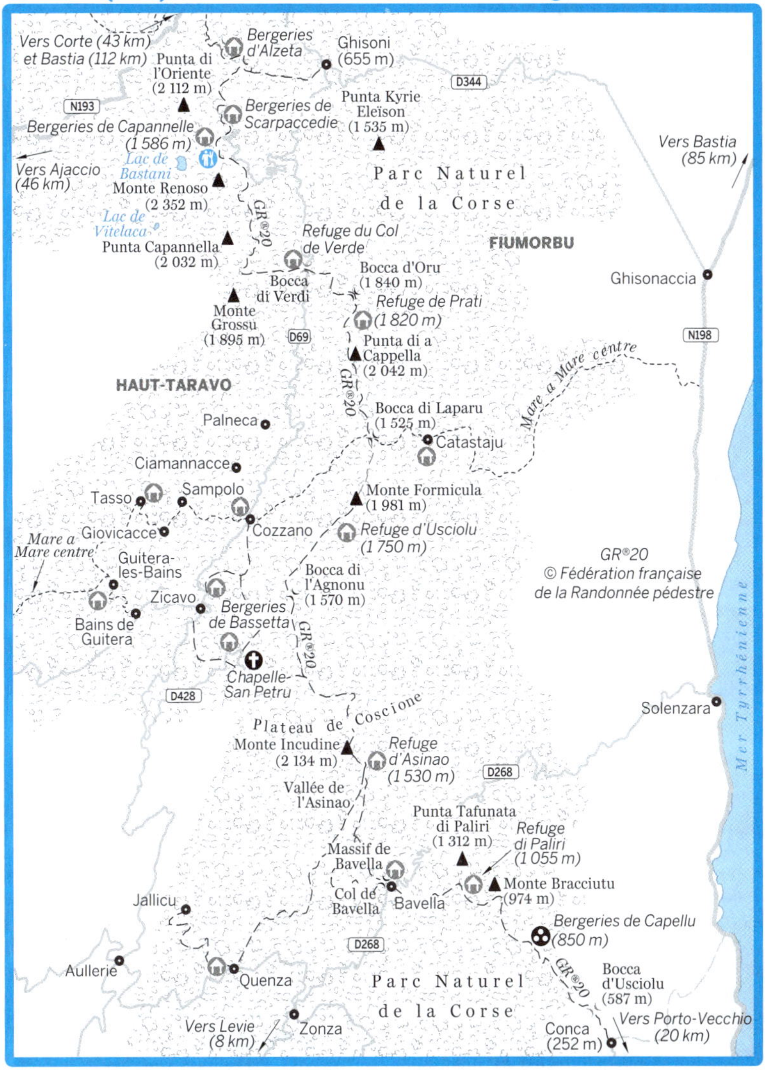

physique et une sérieuse motivation sont indispensables pour aborder ce sentier.

Reste qu'il existe des solutions pour vivre le GR® différemment. Pensez à exploiter les ressources "périphériques" du parcours (villages reliés au GR® permettant un décrochage, possibilités de demi-étape, ravitaillement et repas dans les refuges, nuitées dans les quelques hôtels du parcours, etc.). Nous donnons des détails sur les principales "liaisons villages" à la suite du descriptif des étapes concernées. Lisez également attentivement les encadrés de ce chapitre, et notamment celui intitulé *Bien vivre le GR®20*, p. 295.

Temps et distances

Les temps indiqués dans la description des étapes correspondent à des temps de marche effectifs. Autrement dit, ils ne tiennent pas compte des pauses et sont valables pour des

NE MARCHEZ PAS SANS...

» des chaussures de randonnée de bonne qualité et "rodées"
» au moins un bâton de randonnée
» une carte précise
» une paire de baskets et/ou de tongs (pour les douches)
» un sac à dos confortable, ajusté à votre morphologie
» une trousse médicale
» un coupe-vent et une cape de pluie
» un couvre-chef pour se protéger du soleil et de la pluie
» des lunettes de soleil et un short
» un nécessaire de toilette (savon, serviette)
» des vêtements de rechange (sous-vêtements, tee-shirts, chaussettes)
» de la crème solaire
» un pantalon pour protéger les jambes de la végétation arbustive
» une couverture de survie
» une veste polaire
» une lampe de poche
» un peu de nourriture (plats lyophilisés, aliments énergétiques)
» un couteau multifonction
» une gourde et une réserve d'eau (au moins 2 l)
» un sac de couchage
» une tente pour bivouaquer, au cas où les refuges seraient bondés
» un téléphone portable (secours et météo)
» du papier hygiénique
» du fil de pêche et une aiguille solide (petite réparation de sac)
» des gants ou mitaines en cuir (utiles pour certains passages)

marcheurs moyens. Modulez-les selon le poids de votre sac (15 kg en moyenne), votre condition physique, votre entraînement, vos centres d'intérêt (botanique, photographie, sieste, etc.) et la durée prévue de vos arrêts. Ainsi, une étape estimée à 6 heures peut facilement prendre 2 à 3 heures de plus. Gardez ce fait en tête lors de la planification de votre étape.

Les distances kilométriques sont mentionnées à titre indicatif. En montagne, seuls les dénivelés constituent un repère efficace. On estime qu'un marcheur moyen monte 250 à 300 m à l'heure.

Période

La meilleure période pour effectuer le GR® s'étend entre mai et octobre. Des portions du sentier restent en partie enneigées jusqu'au mois de juin, rendant certains passages délicats. Juillet et août sont très fréquentés. L'avant-saison (juin) et l'après-saison (septembre) sont idéales (le choix entre les senteurs printanières et les couleurs de l'automne est difficile à faire !). Par ailleurs, on notera que de mi-août à fin septembre des orages, parfois violents, sont à craindre, généralement dans l'après-midi.

Hébergement et ravitaillement

Vous trouverez différents types d'hébergement au fil du GR®20. Les plus courants sont les refuges gérés par le PNRC. Ouverts toute l'année, ils ne sont gardés que de mai/juin à septembre/octobre (les dates d'ouverture et de fermeture peuvent varier légèrement d'une année à l'autre). Le ravitaillement et la restauration étant assurés par les gardiens, il est important de vérifier auprès du PNRC les dates exactes d'ouverture et de fermeture pour des randonnées en début ou en fin de saison ; le poids de votre sac en dépend ! À côté du refuge se trouve une aire de bivouac où s'installent les campeurs.

En 2011, le tarif de la nuitée dans les refuges gérés par le PNRC se montait à 11 € (6 € pour les campeurs). Le paiement s'effectue auprès du gardien, de préférence en espèces compte tenu de la somme. Une salle commune équipée (tables, bancs, réchauds à gaz, ustensiles de cuisine, cheminée ou poêle l'hiver) est à disposition. Attenant, un dortoir est doté de bat-flanc avec housses et matelas. Un point d'eau est aménagé à l'extérieur, ainsi que des WC (souvent en nombre insuffisant) et des douches (rarement chaudes). L'aire de bivouac dispose de réchauds à gaz avec parfois quelques ustensiles, les casseroles faisant cependant défaut dans bien des cas.

Depuis mai 2009, il est possible de réserver une nuitée en refuge sur le site du parc naturel régional de Corse (www.parc-corse.org), en réglant par carte bancaire. Sinon, les premiers arrivés sont les premiers servis... Sachant que la capacité est limitée (de 20 à 50 places environ), partez tôt le matin et prenez une tente en cas de besoin. Le confort et la tenue des gîtes du PNRC dépendent étroitement des gardiens mais aussi de ses occupants. À certaines étapes, généralement celles qui sont accessibles par la route, des structures privées complètent l'offre du PNRC. Il s'agit soit de refuges ou de gîtes proposant des petits dortoirs et des repas (comptez en général 30-35 € par personne pour la demi-pension en dortoir), soit d'auberges ou d'hôtels. Les prestations sont en général plus élaborées que celles des refuges du PNRC, mais les tarifs sont parfois excessifs. La possibilité d'y réserver sa nuit constitue un avantage de poids.

Les possibilités de restauration et de ravitaillement n'ont cessé de s'améliorer dans les refuges du GR®20 au fil des dernières années. Désormais, la plupart des gardiens de refuges proposent aux randonneurs des produits locaux (fromage, charcuterie corse...), des boissons (vin, bière...) et autres denrées (boîtes de conserve, pâtes, miel, chocolat...). Cette prestation relève directement des gardiens gérant les refuges, indépendamment du PNRC, et dépend toujours de l'approvisionnement, qui reste irrégulier compte tenu des difficultés d'accès. Autre bonne nouvelle : les gardiens proposent souvent des plats chauds (soupe corse, pâtes au pesto, ragoût de sanglier aux pâtes, omelette au brocciu, etc.) pour le dîner (10-15 € environ). Il n'est donc plus nécessaire comme par le passé, de charger son sac à dos de nourriture. Et, même si la sécurité requiert un minimum d'autonomie, 2 ou 3 plats lyophilisés et des barres de céréales rempliront pour un poids minime cette fonction capitale (voir l'encadré ci-contre).

Sachez également que des possibilités d'hébergement et de restauration s'offrent à vous dans les villages des vallées, accessibles, en 2 à 4 heures de marche, par des sentiers balisés depuis le GR®, désignés sous le terme de "liaison village". Cette solution implique souvent 1 demi-journée à 1 journée supplémentaire, mais, programmée, elle peut constituer une judicieuse "escale" pour se ressourcer (dormir dans un vrai lit, prendre un bain chaud, manger dans un restaurant) et permet de découvrir de superbes petits villages accrochés à flanc de montagne. Tous bénéficient de logements confortables et de commerces bien approvisionnés. Sur présentation d'une carte de crédit et d'une pièce d'identité, vous pourrez théoriquement retirer de l'argent dans les bureaux de poste. Parmi les localités en contrebas du GR®, certaines peuvent être ralliées en transport en commun et donc constituer des points d'entrée ou de sortie.

Questions d'argent

Le budget du gehériste dépendra du poids de son sac ! Les partisans de l'autonomie quasi totale auront un budget allégé, car ils dormiront au bivouac et auront une solide logistique programmant chaque repas. Cependant, la lourdeur de leur sac risque de nuire au plaisir de la randonnée. Les autres dormiront dans les refuges, achèteront leur ravitaillement à chaque étape et profiteront des plats préparés par les gardiens. Ils auront à porter un sac de 8 à 12 kg tout au plus mais, de fait, auront un budget plus important à envisager. À chacun son GR®, nous conseillerons donc de prévoir 20-35 €/jour suivant les cas. Le paiement par carte bancaire n'étant possible que dans certains des refuges, gîtes et hôtels privés qui jalonnent le parcours, prévoyez des espèces. Si le GR®20 croise quelques hameaux (Haut-Asco, Vizzavona et Bavella), il n'existe pas de distributeur sur le parcours. Un chéquier sera utile dans bien des cas.

Météo

Les gardiens de refuges seront bien souvent vos meilleurs informateurs. Certains afficheront un bulletin météo, d'autres placarderont un “Partez tôt, orages dans l'après-midi”. Les serveurs téléphoniques accessibles depuis un portable donnent également de précieux renseignements. Ils restent cependant uniquement indicatifs tant les conditions météorologiques sont variables sur un même secteur. En toute saison, vous aurez à faire face à de grandes amplitudes thermiques en fonction de l'altitude, du vent et du soleil. Prévoyez un équipement en conséquence. Voir aussi *Climat* et l'encadré *Météo France* p. 385.

Faune et flore

Un descriptif des principales composantes de la faune et de la flore corses figure p. 369.

Eau

Beaucoup n'hésitent pas à boire l'eau des ruisseaux au cours de leurs randonnées. Elle n'offre cependant aucune garantie, à plus forte raison dans une région comme la Corse où la libre circulation du bétail est de règle. Prévoyez donc, par précaution, des cachets stérilisants.

Informations et documentation

Contactez la maison d'information du PNRC à Ajaccio, qui vous fournira tous les renseignements et les documents utiles. Pour les coordonnées, voir l'encadré p. 313. Vous trouverez également des informations utiles sur l'excellent site du parc : www.parc-naturel-corse.com.

À travers la montagne corse (FFRP) est un guide de référence sur le GR®20 ; *Balades nature en Corse* (Dakota Éditions) décrit 26 randonnées de tous niveaux.

Cartes et balisage

Le balisage se compose de deux traits horizontaux, rouge et blanc, apposés sur des troncs d'arbres ou des blocs rocheux. Des cairns (monticules de pierre) sont également utilisés dans certains passages où le balisage à la peinture ne serait pas visible. Le sentier étant régulièrement entretenu par les agents du parc, l'orientation ne devrait pas poser problème. L'emploi d'une carte est recommandé, ne serait-ce que pour donner un nom aux vallées et aux villages que l'on croise. Les cartes IGN au 1/25 000 (Top 25, série bleue) sont bien conçues, précises et largement distribuées. Il faut cependant compter 6 ou 7 cartes pour la totalité du GR®.

Les sentiers reliant le GR®20 aux villages situés en contrebas sont généralement balisés en jaune. Attendez-vous cependant à un balisage confus ou insuffisant sur les moins fréquentés. Il est donc recommandé, pour ces derniers, de se munir de cartes au 1/25 000.

Réglementation

Il est strictement interdit de faire du feu sur l'ensemble du parcours et de pratiquer le camping sauvage. Le camping est autorisé aux emplacements spécialement prévus à proximité des refuges. Des écriteaux vous rappelleront cette interdiction dans plusieurs endroits stratégiques. Respectez le patrimoine botanique et abstenez-vous de cueillir des fleurs : plusieurs espèces sont protégées. Emportez vos détritus et jetez-les en fin de journée dans les poubelles des refuges.

ÉTAPE 1

Calenzana (275 m) – Bonifato (536 m)

Balisage : orange
Difficulté : difficile
Durée moyenne : 4 heures
Point culminant : 581 m

Cette première journée de marche, à fort dénivelé, confronte d'emblée aux rudes conditions du GR®20, qui peuvent paraître “violentes” physiquement et moralement. Une longue ascension, à découvert et sans point d'eau, conduit à franchir une succession de lignes de crête, pratiquement sans aucune descente en guise de répit. Pour ceux qui veulent une première journée plus douce, nous conseillons de court-circuiter l'étape 1 et de partir de l'Auberge de la Forêt à Bonifato, accessible par la route (D251) en taxi depuis Calvi (20 km) et de rejoindre directement en 2 heures le refuge de Carozzu (refuge de la 2e étape). Voir le descriptif de cet accès parallèle à la fin de la 2e étape.

Descriptif de la randonnée

La randonnée démarre en serpentant jusqu'au sommet du village, avant que le chemin ne grimpe ferme à travers les fougères en dévoilant de belles vues sur Calenzana et Moncale, autre village à flanc de coteau.

REFUGE : RÈGLES ET MODE D'EMPLOI

Objectif de la journée, le refuge fait bien souvent figure d'oasis pour le randonneur fatigué, surtout quand le mauvais temps s'est mis de la partie. Il convient donc de veiller à ce que le lieu reste agréable et réparateur pour tous. Si les gardiens donnent le ton en faisant respecter quelques règles, ils ne peuvent pas être derrière tout le monde. Au-delà du bon sens, il nous semble donc utile de rappeler quelques points :

» Enlevez vos chaussures dégoulinantes et laissez-les à l'entrée

» Quand vous avez fini de manger, libérez la table (il n'est pas rare de voir des randonneurs timides manger debout pendant que d'autres "tapent" le carton sur l'unique table du refuge !)

» Lavez votre vaisselle tout de suite après avoir mangé. Certains refuges ne comptent que quelques casseroles et souvent des couverts en nombre insuffisant (nous en avons même retrouvé dans les poubelles...)

» Si les poubelles sont pleines, n'hésitez pas à jeter les sacs dans les incinérateurs placés à l'extérieur

» Si vous faites chauffer de l'eau pour le petit-déjeuner, n'hésitez pas à remplir la casserole à fond, vous ferez certainement des heureux

» Si vous veillez un peu, respectez le sommeil des autres

En période d'affluence, les refuges sont bondés, et il n'est pas rare de compter plus de 100 personnes au moment des repas. Ces petites attentions multipliées par autant de randonneurs rendent la vie plus facile. Du savoir-vivre, du bon sens : un peu comme à la maison. Et c'est finalement ce que l'on attend d'un refuge.

Un peu plus haut, quand le sentier s'engage dans les forêts de pins, on découvre la mer et Calvi. À moins d'une heure de Calenzana, vous arriverez à la hauteur du panneau "Carrefour de sentiers" (550 m), qui marque la séparation entre le GR®20 et le Mare e Monti® nord, qui relie Calenzana à Cargèse. Ceux qui auront choisi l'option via Bonifato suivront le balisage orange, sur la droite (reportez-vous à la fin de cette étape). Le GR®, balisage rouge et blanc, continue sur la gauche.

Le chemin atteint peu après les rochers de la Bocca di Ravalente, à 616 m.

Après le col, d'où la vue s'étend sur une vaste vallée en terrasse, le sentier contourne ladite vallée en croisant plusieurs petits cours d'eau, sans doute asséchés en fin de saison, avant de monter assez doucement jusqu'à 820 m. Après ce tronçon facile, le chemin grimpe en lacet jusqu'au col de la **Bocca a u Saltu** (1 250 m), endroit tout désigné pour un pique-nique, à environ 3 heures 30 de marche depuis le départ. De l'autre côté de la crête, sur la face nord-est du Capu Ghiovu, l'itinéraire devient encore plus escarpé, obligeant parfois à se servir de ses mains pour se hisser sur les rochers – prélude aux passages techniques qui vous attendent d'ici à quelques jours.

La montée s'adoucit avant d'atteindre le sommet, après environ 5 heures 30 de marche. Bien dégagé et tapissé d'herbe, le col de la **Bocca a u Bassiguellu** (1 486 m) peut être l'occasion d'une halte agréable à l'ombre des pins. Le chemin continue en traversant un paysage rocheux et dépourvu d'abri mais relativement plat. On aperçoit alors le refuge, de l'autre côté de la vallée, à une demi-heure de marche. Ce dernier tronçon semble ardu, mais se révèle plus facile qu'il n'y paraît. Un ultime raidillon mène au refuge. Le repos est bien mérité à la fin de cette journée passée presque entièrement à grimper d'une crête à l'autre. Nul doute que certains randonneurs trouvent éprouvante cette première étape, a fortiori au cœur de l'été, lorsque les cours d'eau sont à sec.

Les marcheurs les plus endurants auront peut-être envie de gravir le proche **Monte Corona** (2 144 m). Un chemin, balisé par des cairns et des traits de peinture, part juste derrière le refuge et grimpe jusqu'à la **Bocca di Tartaghjine** (1 852 m). De là, prenez vers le sud et suivez en grimpant la ligne de crête rocheuse jusqu'au moment où vous voyez le sommet arrondi, couvert de pierres branlantes, signalé par un cairn. Le panorama, superbe, s'étend du refuge en contrebas jusqu'à la côte nord. Comptez de 2 heures 30 à 3 heures aller-retour depuis le refuge.

Où se loger et se restaurer

À 1 570 m, le **refuge d'Ortu di u Piobbu** (dort 11 €, camping 6 €) abrite 30 lits et l'espace ne manque pas pour planter sa tente, sur les pentes en contrebas du bâtiment ou derrière, au milieu des arbres. Vous ne trouverez qu'une seule douche et un seul WC, plutôt sommaires. Le gardien propose quelques plats et des boissons.

ÉTAPE 2

Refuge d'Ortu di u Piobbu (1 570 m) – refuge de Carozzu (1 270 m)
Kilométrage : 8 km
Difficulté : difficile
Durée moyenne : 6 heures 30
Point culminant : 2 020 m
Remarque : deux itinéraires possibles ; le plus classique traverse une chaîne montagneuse de part en part, l'autre l'évite en contournant le massif par l'ouest via Bonifato

Une journée de marche variée : après une brève montée et descente suivent une ascension longue et ardue jusqu'à 2 020 m d'altitude, puis une traversée dans un paysage rocheux souvent spectaculaire. La dernière portion consiste en une descente vers le refuge, si longue qu'elle en paraît interminable.

Descriptif de la randonnée

Le parcours commence par une montée en pente douce, au milieu d'une forêt de pins, jusqu'à la ligne de crête (1 630 m) d'où s'étend une vue qui pourrait en décourager plus d'un : juste en face de vous, une descente à pic plonge au fond de la vallée, tandis que de l'autre côté se dresse un versant long et abrupt menant à une ligne de crête plus élevée encore.

Le chemin descend rapidement dans la vallée, en croisant les ruines de la **bergerie de Mandriaccia** (1 500 m) et le torrent du même nom, avant de se transformer en un long raidillon sur l'autre versant. À mi-chemin de cette implacable ascension jaillit une source d'eau potable.

Quelque 3 heures de marche vous mèneront à la **Bocca Piccaia** (1 950 m), après avoir monté 500 m depuis le fond de la vallée. Le peu d'ombre tout au long du chemin rend l'ascension particulièrement rude aux heures chaudes de la journée.

Le sommet vous réserve le choc d'un panorama très différent de ce que vous avez vu jusque-là : de l'autre côté de la crête s'étend un paysage de précipices et de roches dénudées ponctué d'aiguilles rocheuses. Quel contraste, alors même que le versant nord vous paraissait déjà abrupt et rocailleux !

Le sentier ne franchit pas tout de suite la ligne de crête, mais s'attarde sur le versant nord à une altitude assez élevée (2 020 m), avant de passer de l'autre côté et de descendre doucement jusqu'à la **Bocca d'Avartoli** (1 898 m).

En contournant les versants sud et ouest de la ligne de crête suivante, le chemin descend à pic avant de remonter de façon abrupte pour franchir le prochain col. Il passe ensuite sur le versant est de la crête puis vous ramène du côté ouest à la Bocca Carozzu ou **Inuminata** (1 865 m), après 5 heures de marche environ. De là, on entame la longue et quelque peu fastidieuse descente vers le refuge. Au début, le sentier se compose de gravillons.

Ne manquez pas de vous retourner pour admirer les vues magnifiques que procurent les deux dernières heures de marche.

Il faut attendre d'être suffisamment bas au cours de cette interminable descente pour que des arbres offrent enfin un peu d'ombre. Le sentier croise un torrent peu avant le refuge.

NORD-SUD OU SUD-NORD ?

Dans quelle direction faire le GR ? Près des deux tiers des randonneurs optent pour le trajet nord-sud. Accès à Calenzana plus facile, description du topo-guide faite dans ce sens, habitudes... Nous avons suivi le mouvement, mais il n'existe pas vraiment de raison objective. Certains plaident en faveur du trajet sud-nord, en se basant sur le fait que le tronçon sud, plus facile, favorise l'adaptation de l'organisme à l'effort. D'autres, à l'opposé, préfèrent commencer par les étapes du nord, tant qu'ils sont "frais". Des randonneurs préfèrent enfin l'option sud-nord pour la simple raison que le nombre de marcheurs est plus faible dans ce sens.

BIEN VIVRE LE GR®20

Le GR®20 ? Une carte de visite enviée et prestigieuse, que tout marcheur rêve d'entreprendre. Le profil du "géhériste" ? Il est français, allemand, anglais ou hollandais. Il y a les forçats des temps modernes, venus expier le stress d'une année sur ses dénivelés ; les inconditionnels de la performance qui, obnubilés par leur montre, avancent au pas cadencé et ne s'autorisent aucune fantaisie ; les organisés, qui ont préparé leur parcours comme un plan de vol, calculant au gramme près les rations d'aliments lyophilisés ; les doux dingues – dont un certain nombre renoncent – venus tenter l'aventure sans préparation sur ce parcours de légende, juste "pour voir". Les chiffres, sans pitié, sont là pour rappeler que sur les plus de 12 000 personnes qui relèvent chaque année le défi, plus de la moitié abandonnent en cours de chemin.

Et il y a ceux, de plus en plus nombreux, pour qui GR® n'est pas synonyme de travaux forcés. Ces randonneurs vivent l'itinéraire non comme un défi, mais comme une expérience, un moyen de découverte, et aspirent à concilier effort et art de vivre. C'est résolument dans cette optique que nous avons conçu cette rubrique : agrémenter l'"esprit GR®" d'une touche d'épicurisme. Notre propos n'est pas d'ôter au GR® sa dimension "aventure" – son côté sportif fait une grande partie de son aura –, mais simplement de donner quelques clés au randonneur pour qu'il vive sa ou ses semaines de marche dans de meilleures conditions. À cette fin, nous avons détaillé les possibilités de "décrochage" et d'accès aux villages qui nous paraissaient les plus intéressantes, c'est-à-dire les sentiers aménagés qui relient le GR® aux localités les plus proches. Bien sûr, il ne s'agit pas de descendre dans la vallée à chaque fois – la rupture de rythme serait trop grande –, mais d'échapper, l'espace d'un jour, aux rigueurs d'"en haut" et de rompre ainsi avec les refuges surpeuplés – bref, de se ressourcer. L'idéal, à notre avis, est de descendre une fois entre Calenzana et Vizzavona (première semaine, GR® nord) et une seconde fois entre Vizzavona et Conca (GR® sud). Lors de la préparation de votre voyage, pensez à intégrer ces crochets dans votre itinéraire et composez-vous un GR® "à la carte" en utilisant ces chemins de traverse. Pensez également à profiter des possibilités de restauration à chaque étape, dans les refuges, ainsi que dans les quelques hôtels-restaurants traversés par le GR® (à Haut-Asco, au col de Verghio, au col de Verde, au col de Vizzavona, au col de Bavella, aux bergeries de Tolla...).

Sans parler de l'aspect culturel et humain : ces brèves incursions dans des vallées reculées vous permettront de faire plus ample connaissance avec des villages où l'"âme corse" est encore bien vivace. Ne faites pas comme ces forcenés qui, de l'aéroport, filent directement à Calenzana, avalent leur parcours et, arrivés à Conca, prennent l'avion du retour le dernier jour. Et n'ont fait que passer.

Où se loger et se restaurer

Le **refuge de Carozzu** (dort 11 €, camping 6 €), à 1 270 m, bénéficie d'un cadre merveilleux : il est entouré sur trois côtés par des parois rocheuses et donne, sur le quatrième, sur une terrasse qui domine la vallée, à l'ouest. L'endroit dispose de 24 lits et offre un large choix d'emplacements pour camper dans les bois alentour. Vous trouverez de la soupe corse, des omelettes au fromage ainsi que des boissons, alcoolisées ou non, des assiettes de charcuterie mais pas de provisions. La douche est plus que sommaire, mais un bloc sanitaire était en cours de construction lors de notre passage.

Accès alternatif au GR®20 : de l'Auberge de la Forêt au refuge de Carrozzu (2 heures)

Simple balade ou voie d'accès "soft" au GR®20, cet itinéraire rejoint le refuge de Carozzu, à proximité duquel des vasques naturelles offrent de belles possibilités de baignade.

Après avoir atteint par la D251 l'Auberge de la Forêt (536 m), à 20 km de Calvi, engagez-vous sur le sentier dit "du Mouflon", à l'extrémité du parking. Cette large piste forestière mène en 20 min de marche à un embranchement où vous irez tout droit vers le refuge de Carozzu (le sentier de gauche traverse la rivière puis monte au refuge d'Ortu di u

Piobbu, signalé à 3 heures). Suivant le balisage jaune, l'ascension commence sous un couvert forestier.

Après 15 min de marche, le sentier laisse voir sur la gauche un très beau panorama minéral ; 50 min après le départ, il traverse la rivière de la Figarella puis continue de monter, dominé par les superbes aiguilles du cirque. Après un nouveau passage du cours d'eau - cette fois sur un pont suspendu, façon népalaise -, la progression, plus abrupte, continue jusqu'à un petit autel de pierre et un abri, dans une clairière, avant de rejoindre le GR®20 et son balisage blanc-rouge. Le refuge de Carozzu est à 100 m sur la gauche. C'est sur ces 100 m que vous découvrirez la plus belle vue sur les aiguilles acérées du cirque et leurs étranges teintes rouge et vert-de-gris.

En continuant 10 min sur le GR® (dans la direction du lac de la Muvrella et d'Asco), vous atteindrez en effet une passerelle suspendue sous laquelle la rivière forme de grandes vasques idéales pour la baignade.

ÉTAPE 3

Refuge de Carozzu (1 270 m) – refuge d'Asco Stagnu (Haut-Asco, 1 422 m)

Kilométrage : 6 km
Difficulté : moyenne à difficile
Durée moyenne : 5 heures
Point culminant : 2 010 m

Cette étape s'avère à peine plus facile que celles des 2 jours précédents : elle comporte une brève montée et descente, le franchissement du pont sur la Spasimata, des passages de blocs rocheux équipés de câbles, puis une longue mais souvent spectaculaire ascension jusqu'au lac de la Muvrella. Après quoi, il ne reste plus qu'une courte montée jusqu'à la dernière crête – Bocca a i Stagni (2 010 m) – avant la descente sur la station de ski de Haut-Asco (1 422 m).

Descriptif de la randonnée

La mise en jambes commence par la montée d'un petit chemin en lacet, au milieu des rochers et de la forêt, jusqu'à une ligne de crête. Une descente à peine plus longue mène ensuite à la Spasimata (1 220 m d'altitude), rivière que l'on franchit grâce à un **pont suspendu**. Au début, le sentier longe la rivière en traversant de longues plaques rocheuses pentues. Des câbles plastifiés offrent parfois une prise rassurante, mais ces tronçons rocheux peuvent être dangereusement glissants en cas de pluie.

S'éloignant de la rivière et de la fraîcheur tentatrice de ses bassins, le chemin commence ensuite une longue ascension au milieu des rochers jusqu'au **lac de la Muvrella** (1 860 m) que l'on atteint après environ 2 heures 15 de marche (l'eau du lac n'est pas potable). En regardant derrière vous sur la fin de l'ascension, vous apercevrez Calvi sur la côte nord. Depuis le lac, il ne reste qu'une courte escalade (environ 20 min) en s'agrippant avec les mains pour gagner la crête, taillée au couteau. Après une brève descente sur l'autre versant, il faut encore monter environ 30 min sur le flanc d'A'Muvrella jusqu'à la **Bocca a i Stagni** (2 010 m).

Le chemin franchit ensuite le col puis entame la longue plongée vers **Haut-Asco**, que l'on aperçoit distinctement au fond de la vallée, soit une descente assez pénible de 600 m (comptez 1 heure 15 à 1 heure 30) qui traverse une forêt de pins laricios sur le dernier tiers.

Comme la plupart des stations de ski hors saison, Haut-Asco a un peu grise mine en été avec son côté désert. Elle fait, quoi qu'il en soit, office d'oasis pour les marcheurs après les conditions spartiates des journées précédentes.

Où se loger et se restaurer

À 1 422 m, le **refuge d'Asco Stagnu** (☎04 95 47 86 83 ; dort 11 €, camping 6 € ; ravitaillement) offre 32 lits en chambre de 2, 4 ou 6. Il est doté de douches avec eau chaude, d'une vaste cuisine, d'un espace où dîner et d'une terrasse où prendre le soleil. La place ne manque pas pour planter sa tente sur les pistes de ski herbues. Les campeurs pourront bénéficier de la douche chaude au refuge. L'accueil de la sympathique

À BOIRE, À BOIRE

Vous trouverez un point d'eau aménagé au moins à chaque refuge. Entre les deux, les possibilités sont rares. Nous les indiquons dans les descriptifs d'étape. Cependant, par prudence, nous recommandons de prendre avec soi de quoi se désaltérer pour la journée (2 litres est un minimum). Quant à l'eau des ruisseaux, elle ne présente aucune garantie. N'y ayez recours qu'en cas de nécessité. Purifiez-la si possible avec des pastilles désinfectantes.

gardienne figure également en tête sur la liste de ses attraits.

L'autre possibilité d'hébergement est le **Chalet Haut-Asco**, pour plus de détails sur cet établissement privé, reportez-vous p. 278.

Il existe un téléphone public dans le bar de l'hôtel et une cabine téléphonique en face du refuge, au pied du remonte-pente. Vous trouverez de quoi vous ravitailler au refuge ainsi qu'au Chalet, tous deux très bien approvisionnés (pain, plats lyophilisés, saucisson, fromage, barres énergétiques, chocolat, céréales et fruits frais).

Haut-Asco est accessible par la D147, qui rejoint la N197 à 2 km au nord de Ponte-Leccia. Vous pouvez donc éventuellement quitter le GR® ou le commencer à Haut-Asco (mais Haut-Asco n'est pas accessible par les transports en commun ; il vous faudra faire du stop).

ÉTAPE 4

Refuge d'Asco Stagnu (1 422 m) – bergeries de Ballone (1 440 m)

Kilométrage : 8 km
Difficulté : difficile ; passages techniques (mains courantes) dans le cirque de la Solitude ; parcours faiblement ombragé
Durée moyenne : 7 heures
Point culminant : 2 218 m
Remarque : possibilité de rejoindre les villages de Calasima et d'Albertacce en fin d'étape

Ce tronçon est considéré comme le plus spectaculaire du GR®20. Il commence par une longue ascension suivie par l'impressionnante traversée du cirque de la Solitude, fermé au sud par la Bocca Minuta (2 218 m) – l'un des temps forts du GR®. Cet exaltant parcours est suivi d'une longue descente vers le refuge de Tighjettu (1 640 m) et les bergeries de Ballone (1 440 m).

Descriptif de la randonnée

De Haut-Asco, le sentier file sur la gauche (vers le sud) en bordure de la piste de ski. On risque facilement de perdre sa trace au début, quand il s'éloigne des pentes pour s'enfoncer dans les bois. Pendant 45 min environ, vous cheminez à l'ombre des pins laricios, sur un sentier en pente régulière, avant d'arriver sur un replat dénudé, d'où l'on découvre un grand amphithéâtre cerné de pics. Le sentier se dirige vers le fond de cet amphithéâtre – une longue marche à terrain découvert, sur du faux plat, avant d'attaquer franchement la montée dans un paysage de rocailles jusqu'au site d'**Altore** (2 000 m), où se trouve un petit lac, à 2 heures de marche depuis le départ environ. Faites une pause dans ce décor totalement minéral, avant d'entreprendre la montée jusqu'à la **Bocca Tumasgina** (2 183 m), très escarpée (45 min de montée). Arrivé au col, on découvre une vue exceptionnelle sur le **cirque de la Solitude**, le ravin, et la mer au loin.

C'est sans doute la vision la plus impressionnante de tout le GR®20. La plupart des randonneurs restent stupéfaits : comment imaginer qu'il soit possible de descendre la paroi abrupte de cette vallée suspendue et de remonter sur l'autre flanc ?

La descente dure en moyenne 50 min (souvent plus pour les marcheurs qui n'ont pas le pied sûr), à l'aide de chaînes fixées le long de la paroi rocheuse. Les randonneurs se trouvant souvent les uns au-dessous des autres, à la verticale, vous devrez faire particulièrement attention à ne pas détacher de pierres en cheminant. Pour la remontée, prévoyez une bonne heure, également à l'aide de chaînes et d'échelles, dans un paysage composé au départ de dalles (presque verticales), auxquelles succèdent des éboulis et un couloir empierré. Arrivé au col de **Bocca Minuta** (2 218 m), qui signifie la fin de la remontée et la sortie du cirque de la Solitude, on est récompensé par une vue exceptionnelle, et l'on distingue le refuge de Tighjettu en contrebas. Le paysage change radicalement une fois la crête passée, pour devenir plus vaste et ouvert. La descente jusqu'au refuge (1 640 m), assez éprouvante, demande environ 1 heure 20, au milieu de pierres et de dalles.

Où se loger et se restaurer

Le **refuge de Tighjettu** (dort 11 €, camping 6 € ; ravitaillement), à 1 640 m, compte 44 places. Il est très bien entretenu. Deux douches (froides) et 2 WC sont à disposition en contrebas. Le gardien vend un peu de ravitaillement (pâtes, conserves, biscuits, barres énergétiques, saucisson) et des boissons, alcoolisées (vin, bière) ou non, et prépare également des plats du jour, notamment des spaghettis sauce Tighjettu ou des omelettes. Vu le peu d'espace pour planter une tente autour du refuge, nombre de campeurs préfèrent s'installer plus bas, au bord de la rivière. Attention, cette dernière peut gonfler dangereusement en cas d'orage.

S'il vous reste quelque énergie, vous avez intérêt à pousser jusqu'aux **bergeries de**

Ballone (☎06 12 03 44 65 ; www.bergeriedeballonegr20.com ; lit sous tente 6 €, camping 5 € ; ⌚juin-oct) à 45 min de marche en descente (1 440 m). À mesure que l'on approche de la vieille ferme, le chemin devient moins raide, les arbres et la végétation sont plus fournis et l'on aperçoit la petite rivière qui étincelle en serpentant dans la vallée. Les tentes sont en bon état et comprennent un petit matelas. Le restaurant-bar des bergeries est réputé pour sa copieuse cuisine. Il propose un menu corse avec trois plats, ainsi qu'une petite carte (crudités, charcuterie, daube, pâtes, omelettes, soupe corse), ainsi que des sandwichs, du fromage, du saucisson et du chocolat (mais rien d'autre en matière de ravitaillement). Après ce grand moment qu'est la traversée du cirque de la Solitude, c'est un délice de siroter une bière bien fraîche sur la terrasse des bergeries, en contemplant la ravissante petite vallée boisée alors que le soleil se couche derrière la chaîne de montagnes.

Liaison village

Il est à noter qu'un décrochage vers les petits villages de **Calasima** et d'**Albertacce** est possible depuis les bergeries de Ballone. Des bergeries, un sentier part sur la gauche vers la "grotte des Anges" pour rejoindre une route forestière puis la D318.

Comptez 1 heure 30 pour Calasima, puis 45 min par la route pour rejoindre Albertacce où vous trouverez des offres d'hébergement et de restauration ainsi que des transferts en bus vers Corte et Porto. À l'entrée du village de Calasima, en venant des bergeries de Ballone, vous pouvez également rejoindre Albertacce en récupérant un sentier balisé qui vous connectera, après 1,5 km, au sentier du Mare a Mare® nord que vous prendrez sur la gauche. Pour des détails sur ces villages, reportez-vous p. 271.

ÉTAPE 5

Bergeries de Ballone (1 440 m) – Castel di Verghio (1 404 m)

Kilométrage : 13 km
Difficulté : moyenne ; parcours partiellement ombragé
Durée moyenne : 6 heures 30
Point culminant : 2 000 m
Remarque : possibilité de demi-étape au refuge de Ciottulu di i Mori

Variée, la marche de la journée commence par une montée tranquille à travers la forêt. Le chemin devient ensuite raide et rocailleux à l'approche d'un col situé en dessous de la Paglia Orba. Il contourne le versant sud de la Paglia Orba (2 525 m) et plonge dans la vallée boisée du Golo, qu'il suit, pour continuer vers la station de ski de Castel di Verghio (1 404 m). L'itinéraire longe des cours d'eau la plupart du temps.

RANDONNÉES ORGANISÉES

Plusieurs prestataires proposent des randonnées guidées, encadrées par des moniteurs qualifiés, à la carte ou sous forme de circuits, dans toute l'île, ainsi que divers produits "loisirs". Certaines sociétés proposent le portage de votre sac à chaque étape.

» **Couleur Corse** (☎04 95 10 52 83 ; www.couleur-corse.com ; 13 bd François-Salini) à Ajaccio. Circuits adaptés sans portage en privilégiant les petits villages.

» **Compagnie régionale des guides et accompagnateurs en montagne de Corse** (☎04 95 48 05 22 ; www.asniolu.com), à Calacuccia.

» Guides et accompagnateurs en montagne : **Jean-Paul Quilici** (☎04 95 78 64 33 ou 06 16 41 18 53 ; www.jpquilicimontagne.com) ; **Pierre Grisgelli** (☎04 95 65 48 00) ; **Pierre Piétri** (☎04 95 32 62 76)

» **In Terra Corsa** (☎04 95 47 69 48 ; www.interracorsa.fr), à Ponte-Leccia.

» **A Montagnola** (☎04 95 78 65 19 ; www.a-montagnola.com), à Quenza.

» **Altore** (☎06 88 21 49 16 ; www.altore.com), à Saint-Florent.

» **Sud Corse Rando** (☎06 23 08 39 44)

Pour toute information complémentaire sur la randonnée pédestre, contactez le PNRC (www.parc-naturel-corse.com) ou le **Comité régional de la randonnée pédestre de Corse** (☎04 95 77 18 21 ; http://corse.ffrandonnee.fr ; rando.sartene@libertysurf.fr ; 6 rue du Capitaine-Benedetti, 20100 Sartène).

Descriptif de la randonnée

Tout commence par une longue marche d'approche, dans les pins, assez facile (comptez 1 heure 30), qui contourne les flancs de la Paglia Orba. Ensuite les choses sérieuses commencent, cette fois en terrain découvert, sur des dalles abruptes, avec des passages escarpés par endroits ; en vous retournant, vous distinguerez le village de Calacuccia et le lac, dans la vallée du Niolo. Comptez 1 heure 30 de progression avant d'arriver, enfin, au col de **Bocca di Fogghiale** (1 962 m), sur une crête, d'où l'on bénéficie d'une vue époustouflante, très bien dégagée. On continue à monter, doucement cette fois, pendant environ 15 min, en restant sur la crête, avant d'obliquer et de descendre au refuge de Ciottulu di i Mori (1 991 m) que l'on rejoint un quart d'heure plus tard environ.

Juste derrière le refuge se dresse la **Paglia Orba** (2 525 m), troisième sommet de Corse. Si vous décidez de faire halte à cet endroit, profitez-en pour effectuer l'itinéraire qui passe par le col des Maures et mène au sommet (3 heures aller-retour). Méfiez-vous cependant du dernier tronçon : il comporte des passages relativement difficiles, déconseillés aux débutants. On peut aussi monter au **Tafunatu** (1 heure 30 aller-retour).

Où se loger et se restaurer

Demi-étape : le **refuge de Ciottulu di i Mori** (dort 11 €, camping 6 € ; ravitaillement) est le refuge le plus haut de tout le GR®20. Il compte 24 lits. La terrasse, qui s'étend sur toute la largeur du bâtiment, offre une belle vue sur la vallée. On y mange très bien ; le copieux menu est servi à toute heure et comprend une soupe ou des crudités, des macaronis et du fromage. Également omelettes, soupe corse, charcuterie, salade, sandwichs et petit ravitaillement (barres chocolatées, lait concentré, biscuits). Et, bien sûr, du vin et de la bière.

Descriptif de la randonnée (depuis le refuge de Ciottulu di i Mori)

Le sentier reste sur la crête dénudée pendant environ 30 min, avant de plonger brutalement dans la **vallée du Golo**, que l'on rejoint au bout d'une demi-heure de descente environ, escarpée, au milieu des pierres. Une fois arrivé au ruisseau, à la cote 1 700 m, on longe le cours de la rivière, dans une vallée encaissée, et l'on rejoint une passerelle au bout de 1 heure 10 ; profitez-en pour faire des arrêts baignades dans les eaux cristallines du Golo. À 10 min après la passerelle, on débouche sur les **bergeries de Radule** (1 370 m), où l'on peut acheter du fromage frais, de mi-juin à mi-septembre.

Le dernier tronçon se déroule au milieu des forêts de hêtres du Valdo Niello. Attention, peu après les bergeries de Radule, le balisage était défectueux lors de notre dernier passage (suivez les cairns). Au bout de 45 min, vous déboucherez sur une clairière, où se trouve l'embranchement pour le Mare a Mare® nord, bien signalé ; continuez dans la forêt et, moins d'une demi-heure plus tard, vous déboucherez (enfin !) sur la D84, à 100 m à l'ouest de Castel di Verghio (1 404 m). Les pistes de ski s'étendent de l'autre côté de la route.

Où se loger et se restaurer

Pour des détails sur l'hôtel Castel di Verghio, reportez-vous p. 135.

ÉTAPE 6

Castel di Verghio (1 404 m) – refuge de Manganu (1 601 m)

Kilométrage : 14 km
Difficulté : moyenne ; parcours partiellement ombragé
Durée moyenne : 5 heures 30
Point culminant : 1 883 m
Remarque : accès possible aux villages de Soccia et d'Orto en fin d'étape

Voilà une journée facile et agréable : elle débute par une balade en forêt, se poursuit par une bonne grimpette jusqu'à la Bocca a Reta – un col situé à 1 883 m – et redescend sur le magnifique lac de Nino (1 760 m). Le reste de l'étape, une fois les bergeries de Vaccaghja (1 621 m) passées, consiste essentiellement en une descente jusqu'à la halte de la nuit.

Descriptif de la randonnée

Un fait exceptionnel marque le début de la journée : le GR®20 croise la D84, seule route que vous pourrez voir au cours des 9 jours de marche qui séparent Calenzana de Vizzavona !

Après avoir traversé la route, le GR®20 chemine gentiment au milieu des pins laricios et des hêtres de la **forêt domaniale de Valdu Niellu**, descendant doucement jusqu'à 1 330 m (comptez 1 heure de marche), puis effectue une grimpette de 20 min jusqu'au

LE TABLEAU DE BORD DU GR®20

Sont indiqués les départs et arrivées d'étape, les altitudes, les durées moyennes, les variantes éventuelles de l'itinéraire, les possibilités de demi-étape, de décrochage vers des villages, de ravitaillement ainsi que les possibilités d'hébergement (autres que les refuges et les bivouacs). Sont également identifiées les routes qui, croisant le sentier, offrent autant d'occasions d'entrer ou de sortir du GR®20.

Étape 1 : Calenzana (275 m) – refuge d'Ortu di u Piobbu (1 570 m), 7 heures
Ravitaillement et petite restauration au refuge d'Ortu di u Piobbu
Possibilité d'un démarrage en douceur depuis l'Auberge de la Forêt à Bonifatu
Hébergement et restauration à l'Auberge de la Forêt

Étape 2 : Refuge d'Ortu di u Piobbu (1 570 m) – refuge de Carozzu (1 270 m), 6 heures 30
Ravitaillement et petite restauration au refuge de Carozzu
Variante possible depuis l'Auberge de la Forêt (hébergement et restauration), à Bonifato
Route D251 à Bonifato

Étape 3 : Refuge de Carozzu (1 270 m) – refuge d'Asco Stagnu (Haut-Asco) ou chalet Haut-Asco (1 422 m), 5 heures
Restauration et ravitaillement au refuge d'Asco Stagnu, hébergement et restauration au chalet Haut-Asco
Route D147 (qui rejoint la N197)

Étape 4 : Refuge d'Asco Stagnu (1 422 m) – refuge de Tighjettu ou bergeries de Ballone (1 440 m), 7 heures
Ravitaillement au refuge de Tighjettu et restauration aux bergeries de Ballone
Décrochage possible sur les villages de Calasima et d'Albertacce en fin d'étape

Étape 5 : Bergeries de Ballone (1 440 m) – Castel di Verghio (1 404 m), 7 heures
Hébergement, restauration et ravitaillement à Castel di Verghio
Demi-étape possible au refuge de Ciottulu di i Mori (restauration et ravitaillement)
Route D84 (bus vers Corte ou Porto)

Étape 6 : Castel di Verghio (1 404 m) – refuge de Manganu (1 601 m), 5 heures 30
Petite restauration et ravitaillement au refuge de Manganu
Décrochage possible sur les villages de Soccia et d'Orto en fin d'étape

Étape 7 : Refuge de Manganu (1 601 m) – refuge de Petra Piana (1 842 m), 6 heures
Petite restauration et ravitaillement au refuge de Petra Piana

petit oratoire situé à la **Bocca San Petru** (ou col de Saint-Pierre - 1 452 m).

Après le col, le sentier continue sa montée en suivant un ancien chemin muletier soigneusement dallé de pierres. Des vues superbes s'étendent vers l'est, où l'on découvre des successions de chaînes de collines, tandis qu'au nord le regard porte de l'hôtel et des pentes de ski de Castel di Verghio jusqu'à la vallée du Golo et la Paglia Orba. Le sentier monte régulièrement sur une crête, s'en écarte pour continuer sous un couvert végétal, puis remonte à nouveau sur la crête, puis reste à flanc, avant de rejoindre la **Bocca a Reta** (1 883 m). De Bocca San Petru à Bocca a Reta, comptez 1 heure 45 de progression.

De là, on descend jusqu'au **lac de Nino** (1 760 m), en 30 min (soit un peu plus de 3 heures de marche effective depuis le début de l'étape). Scintillant au milieu des prairies verdoyantes, le lac offre un havre de tranquillité qui incite de nombreux randonneurs à pique-niquer sur ses berges. Une **source** est aménagée dans un oratoire, juste au-dessus du lac.

Étape 8 : Refuge de Petra Piana (1 842 m) – refuge et bergeries de l'Onda (1 430 m), 5 heures
Petite restauration et ravitaillement à la bergerie de Tolla et aux bergeries de l'Onda
Décrochage possible vers les villages de Canaglia et de Tattone en cours d'étape, par la vallée (5 heures)
Variante possible par les crêtes (4 heures). Possibilité de décrochage vers Guagno (4 heures) en début d'étape par la variante alpine

Étape 9 : Refuge et bergeries de l'Onda (1 430 m) – Vizzavona (920 m), 5 heures 30
Hébergement, restauration et ravitaillement à Vizzavona
Variante possible par le Monte d'Oro, au nord
Route N193 (train et bus vers Bastia, Ajaccio et Calvi)

Étape 10 : Vizzavona (920 m) – bergeries de Capanelle (1 586 m), 5 heures 30
Hébergement, restauration et ravitaillement aux bergeries de Capanelle
Décrochage possible vers le village de Ghisoni (4 heures 30)

Étape 11 : Bergeries de Capanelle (1 586 m) – col de Verde (1 289 m), 5 heures
Restauration et ravitaillement au col de Verde
Route D69
Possibilité de poursuivre jusqu'au refuge de Prati (1 820 m, 2 heures) pour réduire la longue étape 12

Étape 12 : Col de Verde (1 289 m) – refuge d'Usciolu (1 750 m), 7 heures à 7 heures 30
Ravitaillement et petite restauration au refuge de Prati
Ravitaillement et petite restauration au refuge d'Usciolu
Décrochage possible vers le village de Cozzano (6 heures)

Étape 13 : Refuge d'Usciolu (1 750 m) – refuge d'Asinao (1 530 m), 7 heures 30 à 8 heures
Demi-étape possible aux bergeries de Bassetta (hébergement et restauration)
Ravitaillement et petite restauration au refuge d'Asinao
Route D428 puis D69 depuis Bassetta
Décrochage possible vers le village de Zicavo (7 heures)

Étape 14 : Refuge d'Asinao (1 530 m) – refuge di Paliri (1 055 m), par la variante alpine, 6 heures 15
Demi-étape possible à Bavella (hébergement et restauration)
Pas de ravitaillement ni de petite restauration au refuge de Paliri
Décrochage possible vers le village de Quenza (5 heures)

Étape 15 : Refuge di Paliri (1 055 m) – Conca (252 m), 5 heures
Hébergement, restauration et ravitaillement à Conca
Route D168

Le chemin continue vers l'est en suivant le cours du Tavignano, déversoir des eaux du lac. Il traverse successivement des prairies puis - après les vestiges d'un refuge abandonné - des pans de forêts de hêtres, jusqu'aux **bergeries de Vaccaghja** (1 621 m), à 1 heure-1 heure 30 de marche du lac. Du fromage est en vente de juin à septembre.

Le paysage est exceptionnel : on surplombe une vaste cuvette, entourée de montagnes pelées, où paissent des chevaux. De l'autre côté de la cuvette, on aperçoit le refuge de Manganu, à moins d'une heure de marche.

Le sentier dévale ensuite doucement de la bergerie jusque dans la cuvette, puis remonte jusqu'à un petit col, la **Bocca d'Acqua Ciarniente** (1 568 m), où se trouve l'embranchement pour les villages de Soccia et d'Orto (2 heures 30 à 3 heures).

Le sentier se transforme ensuite en un court mais dur raidillon qui franchit le pont sur le Manganu et conduit au refuge de Manganu (1 601 m).

Où se loger et se restaurer

L'agréable **refuge de Manganu** (dort 11 €, camping 6€) est doté de 31 lits et de bonnes douches et toilettes. L'herbe abonde alentour pour planter sa tente et le Manganu offre tout un choix d'endroits tentants pour la baignade. Un plat du jour est proposé, ainsi que des boissons et du ravitaillement (saucisson, chocolat, salades, pâtes, biscuits) mais pas de fromages ni de petit-déjeuner.

Liaison village

Accès aux villages de **Soccia** et d'**Orto**. Vu la relative facilité de la marche de la journée, les randonneurs qui n'ont pas lézardé trop longtemps sur les rives du lac de Nino peuvent avoir envie de descendre jusqu'au lac de Creno (1 310 m), accessible en 1 heure à peine du refuge de Manganu, vers l'ouest. Entouré de pins, ce lac aux abords agréables constitue un but de promenade très couru à partir du village de Soccia (voir p. 154, pour en savoir plus sur cette promenade et sur le lac). Moyennant 1 heure 30 supplémentaire de marche, vous arriverez à Soccia. Juste après le lac de Nino, un autre sentier rejoint le village d'Orto (700 m).

ÉTAPE 7

Refuge de Manganu (1 601 m) – refuge de Petra Piana (1 842 m)

Kilométrage : 10 km
Difficulté : difficile
Durée moyenne : 6 heures
Point culminant : 2 225 m
Remarque : possibilité d'ascension du Monte Rotondo (2 622 m) en fin d'étape

Très spectaculaire, cette étape commence par une ascension ardue jusqu'à la brèche de Capitellu, point culminant du GR®20 (2 225 m), qui se prolonge par une progression sur des arêtes rocheuses, en surplomb de deux lacs glaciaires, avant une longue descente sur le refuge de Petra Piana.

Descriptif de la randonnée

La montée vers la brèche de Capitellu n'est pas immédiate. En guise de hors-d'œuvre, on commence par une marche d'approche d'environ 1 heure 15, sous forme d'une montée progressive, dans la vallée, le long d'un ruisseau, puis dans une prairie. On rejoint le fond d'un amphithéâtre montagneux, et là, les choses sérieuses commencent : la montée est très abrupte, au milieu d'éboulis, dans un couloir rocheux, jusqu'à la **brèche de Capitellu** (2 225 m), une étroite et spectaculaire trouée dans la ligne de crête hérissée d'aiguilles, que l'on rejoint au bout de 2 heures/2 heures 30 de marche depuis le refuge de Manganu. La vue est éblouissante : en contrebas miroitent le **lac de Capitellu** et, plus loin, le **lac de Melo** (1 711 m). Au premier abord, on ne soupçonne pas que ces deux plans d'eau sont à des altitudes aussi différentes.

Le chemin oblique alors vers le sud-est et longe une crête escarpée, haut au-dessus du lac, et passe tantôt d'un côté de la crête, tantôt de l'autre. Certains passages nécessitent l'aide des mains.

LES LACS D'ALTITUDE ET LES POZZINES

Ignorés des scientifiques jusque dans les années 1980, les quelque quarante lacs d'altitude corses sont désormais activement surveillés par les agents du PNRC. On sait aujourd'hui qu'ils proviennent des glaciers qui recouvraient jadis les montagnes. Différentes analyses ont permis de montrer que certains étaient menacés par le creusement des porcs coureurs et par la pollution qu'occasionne la surfréquentation touristique en été. Depuis plusieurs années, le PNRC a mis sur pied un système de gardiennage estival des lacs les plus fréquentés : Melo, Nino et Creno. Des saisonniers ramassent les déchets laissés par les randonneurs et veillent à faire respecter l'interdiction de campement. Le GR®20 a même été détourné afin de ne pas contribuer à la dégradation des pelouses du lac de Nino. Respectez les consignes élémentaires : ni feu, ni ordures, ni piétinement intempestif.

Les pozzines (du corse *pozzi*, puits) constituent également un milieu fragile, menacé par les pâturages intensifs. Il s'agit de petits trous d'eau reliés entre eux par des ruisselets, reposant sur un substrat imperméable – comme des tourbières. Le marcheur a la délicieuse impression de fouler un tapis de mousse frais. Vous en rencontrerez près du lac de Nino ainsi que sur le plateau de Coscione, entre le GR®20 et les bergeries de Bassetta.

La neige qui subsiste souvent sur ce sentier bien après le début de la saison estivale oblige à rester extrêmement prudent, ce qui rend la descente particulièrement longue. Une heure après avoir franchi la brèche de Capitellu, on arrive à la **Bocca a Soglia** (2 050 m). Quelque 10 min plus tard, on débouche sur une petite éminence, où le sentier bifurque ensuite plein est. À savoir : quelques minutes après cette éminence, un sentier descend sur la gauche jusqu'au lac de Melo, et rejoint ensuite les bergeries de Grotelle et la vallée de la Restonica (voir p. 268).

L'itinéraire normal grimpe légèrement à flanc, au milieu de gros éboulis, assez pénibles à négocier. La vue est fantastique, sur les lacs en contrebas et les murailles de l'autre côté de l'amphithéâtre montagneux (on distingue à peine la brèche de Capitellu). Au bout de 40 min environ (depuis l'éminence précédemment signalée), on attaque une montée abrupte (environ 20 min) pour rejoindre le col de **Bocca Rinosa** (2 150 m), aux rebords adoucis, dans un paysage lunaire. Cette fois, on quitte définitivement les lacs glaciaires, et l'on rejoint sans difficulté la **Bocca Muzzela** – ou col de la Haute-Route (2 206 m) –, en une vingtaine de minutes (soit environ 4 heures 30/5 heures depuis le départ de l'étape).

Allez, courage ! Encore 35 min à flanc de montagne, dans un décor uniquement minéral, et vous arriverez sur un replat, d'où l'on aperçoit le refuge, en contrebas. De là, la descente (assez escarpée) jusqu'au refuge nécessite une petite demi-heure supplémentaire.

Du refuge, on peut faire l'ascension du **Monte Rotondo** (2 622 m), le deuxième sommet de l'île. Elle ne présente pas de difficultés techniques en soi, malgré ses 800 m de dénivelé. L'aller-retour à partir du refuge prend environ 5 heures.

Où se loger et se restaurer

Le petit **refuge de Petra Piana** (dort 11 €, camping 6 € ; ravitaillement) compte 25 lits et bénéficie d'une jolie situation : perché à flanc de montagne, il surplombe la vallée du Manganellu au sud. C'est un refuge agréable, bien équipé et entouré d'herbe en abondance pour planter sa tente. Il dispose de 2 WC et de 2 douches équipées de panneaux solaires qui offriront – parfois – de l'eau chaude. La sympathique gardienne et son mari préparent des plats chauds (des spaghettis au pesto, par exemple) et des gâteaux maison. En vente également : saucisson, chocolat, biscuits, pain de mie, boissons (bière, vin, sodas). Signalons également que les téléphones portables passent.

ÉTAPE 8

Refuge de Petra Piana (1 842 m) – refuge de l'Onda (1 430 m)

Kilométrage : 10 km
Difficulté : facile ; parcours largement ombragé
Durée moyenne : 5 heures
Point culminant : 1 842 m
Remarques : par la vallée, ravitaillement aux bergeries de Tolla et possibilité de rejoindre les villages de Canaglia et de Tattone en cours d'étape. Variante alpine.

Facile, la randonnée de la journée commence par une descente assez raide après une bergerie et suit une ancienne piste fréquentée par les bergers dans la vallée du Manganellu. La bergerie de Tolla (1 011 m) peut faire l'objet d'une halte agréable pour déjeuner, avant d'entreprendre l'ascension finale vers les bergeries et le refuge de l'Onda (1 430 m).

Descriptif de la randonnée

Après les spectaculaires ascensions et les descentes abruptes des jours précédents, voilà une journée de marche tranquille, sur un chemin qui descend la plupart du temps. Qui plus est, les ruisseaux sont légion et vous pourrez boire de la bière ou du vin à la bergerie de Tolla.

Peu après le refuge de Petra Piana, vous arriverez à un embranchement qui vous laissera le choix entre deux itinéraires possibles : l'un est le parcours classique du GR®20 dans la vallée du Manganellu ; l'autre est une variante qui correspond à une route de haute altitude qui suit les lignes de crête jusqu'au refuge et aux bergeries de l'Onda.

Cette seconde voie, qui présente quelques passages techniques et aériens, est plus rapide (4 heures, balisage double jaune) et offre une vue superbe sur Ajaccio (à 30 km à vol d'oiseau) par temps clair. Notons par ailleurs que cette variante permet de décrocher en début d'étape vers le village de **Guagno** (4 heures environ, balisage orange).

L'itinéraire classique descend en piqué presque dès le départ et atteint les **bergeries de Gialgu** (1 609 m) au bout d'une heure environ. Le tracé continue ensuite à dévaler la pente en suivant un ancien sentier muletier bien dallé serpentant jusqu'au **Manganellu**, qui coule à cet endroit à 1 440 m. Le sentier s'enfonce en plongeant doucement dans une épaisse forêt jusqu'aux **bergeries de Tolla** (plats 10-12 € environ ; ⌚mi-juin à mi-sept), à 1 011 m, que l'on atteint au terme d'environ 3 heures de marche. C'est une véritable oasis, l'une des plus agréables sur

DÉTRITUS ET ENVIRONNEMENT

Le GR®20 est propre. Le PNRC commence à mettre en place un tri des déchets, comme au refuge de Manganu (étape 6). Le point faible reste les sanitaires, qui sont en nombre insuffisant autour des refuges. Si les randonneurs sont généralement sensibles aux questions d'environnement, il nous semble cependant utile de faire trois remarques :

» l'une s'adresse aux consommateurs de barres de céréales. Si l'enveloppe principale est généralement ramassée, il est frappant de constater le nombre de petits coins en plastique servant à l'ouverture de l'emballage qui jonchent le parcours. Merci de les ramasser ;

» la deuxième concerne les fumeurs de cigarettes avec filtres qui ne semblent pas considérer leurs mégots comme des détritus. Leur présence sur le parcours n'a rien de naturel et constitue une véritable pollution. Merci de les conserver jusqu'à la prochaine poubelle ;

» la dernière, plus délicate, est relative à la multitude de petits papiers qui "ornent" les abords du sentier... Est-il envisageable que le randonneur accepte de prendre ce papier en charge jusqu'à la prochaine étape ? Petit rappel : plus de 12 000 personnes empruntent le GR® chaque année !

l'ensemble du GR®, où vous pourrez acheter les produits habituellement en vente dans les bergeries, mais également vous régaler d'un excellent repas : omelette au fromage de brebis et à la menthe fraîche, amandes et noisettes grillées au miel de châtaignier... accompagnés d'un verre de vin ou d'une bière fraîche. Également ravitaillement.

Juste en dessous des bergeries, un pont franchit le Manganellu (940 m). De là, vous pouvez décrocher sur les villages de **Canaglia** et de **Tattone** (reportez-vous à la fin de cette étape).

Aussitôt franchi le pont, le GR®20 oblique vers l'amont du cours d'eau et croise presque immédiatement le Goltaccia, autre affluent du Manganellu. Ne franchissez pas le pont qui enjambe le Goltaccia, mais longez ce cours d'eau en remontant vers l'amont. Après avoir finalement franchi la rivière, le chemin monte en s'éloignant vers le nord pour rejoindre les bergeries de l'Onda – actives en été – qui jouxtent l'aire de bivouac herbue du refuge de l'Onda (1 430 m), situé 10 min plus haut.

Où se loger et se restaurer

Les **bergeries de l'Onda** (camping 5 € ; ravitaillement) sont entièrement entourées de clôtures, afin d'éviter que les nombreux porcs et brebis ne viennent fourrager sur le site. Le spectacle de géhéristes parqués dans un enclos tandis que les bêtes (200 brebis) errent en totale liberté est cocasse. Le **refuge** (dort 10 €) se situe un peu plus haut, d'où il domine les bergeries et l'aire de bivouac. Il dispose de 12 places avec une cuisine et un petit bloc sanitaire composé d'une douche et d'un WC. Il est souvent déserté par les randonneurs qui, s'ils disposent d'une tente, lui préfèrent les bergeries, beaucoup plus conviviales. Du vin, du pain, du fromage et du saucisson sont en vente aux bergeries.

Liaison village

Accès aux villages de **Canaglia** et de **Tattone**. Du pont sur le Manganellu, un chemin forestier, large et facile, mène en une heure environ jusqu'au joli village de Canaglia. Une succession de bassins vous invite à de merveilleuses baignades, et les promeneurs sont nombreux sur ce sentier qui longe la rivière. De Canaglia, il faut marcher 4 km sur une route pour rejoindre Tattone. **Pierrot** (☎ 04 95 47 20 65 ou 06 14 66 42 20), du refuge qui porte son nom sur la N193, peut venir vous chercher à Canaglia, puis vous déposer le lendemain à Vizzavona (ce qui vous évite de revenir sur vos pas, et court-circuite l'étape 9). Par ailleurs, les gares de Savaggio et de Tattone offrent des possibilités de transfert en train pour Ajaccio et Bastia. Pour plus de détails sur les possibilités d'hébergement et de restauration de Canaglia et de Tattone, reportez-vous p. 282.

ÉTAPE 9

Refuge de l'Onda (1 430 m) – Vizzavona (920 m)

Kilométrage : 10 km

Difficulté : moyenne

Durée moyenne : 5 heures 30
Point culminant : 2 159 m
Remarque : variante alpine possible par le Monte d'Oro, au nord

La marche jusqu'à Vizzavona, traditionnelle étape du milieu du GR®20, démarre par une ascension ardue sur roches. Suit une longue descente en terrain nu, avant de gagner les bois qui entourent la série de chutes, de cascades et de bassins connus sous le nom de cascades des Anglais (1 150 m). Vizzavona est, de tout le GR®20, le terminus d'étape qui offre le plus de ressources, avec sa gare ferroviaire, ses hôtels, ses restaurants et ses cafés.

Descriptif de la randonnée

Le chemin part vers le nord en suivant la variante haute de l'itinéraire vers le refuge de Petra, puis revient sur ses pas pour piquer cette fois plein sud par une longue ascension jusqu'à la **crête du Muratellu** (2 020 m), que l'on atteint au bout de 2 heures 30. De ce sommet venté, le reste de l'étape n'est plus qu'une longue descente.

Une **variante** alpine, balisée seulement par des cairns, continue à grimper la crête du Muratellu, légèrement en direction nord-est, jusqu'à la Bocca di u Porcu (2 159 m), puis oblique vers le sud-est pour escalader le sommet du **Monte d'Oro** (2 389 m), la cinquième plus haute montagne de Corse. Vu les portions d'escalade rocheuse difficiles, il ne faut pas aborder cet itinéraire si l'on manque d'expérience. Il rejoint finalement le trajet normal du GR®20 juste avant Vizzavona et ajoute environ 2 heures à l'itinéraire.

L'itinéraire normal du GR®20 plonge sur les hauts de la **vallée de l'Agnone** par une descente abrupte et rocheuse – qui peut être glissante par temps de pluie. Le sentier devient moins escarpé et l'environnement plus verdoyant à partir de 1 600 m. Il passe devant les vestiges d'un refuge abandonné, à 1 500 m. Le chemin croise une haute chute d'eau aux **cascades des Anglais** (1 150 m), après environ 4 heures de marche. Puis le sentier continue au milieu des forêts de pins où l'on croise des promeneurs à la journée venus profiter de ces attrayantes baignoires naturelles. Au nord-est, la haute silhouette du Monte d'Oro plane au-dessus de la scène.

Un snack-bar et un **pont** sur l'Agnone annoncent l'approche de la civilisation. Ceux qui auront choisi de loger à l'hôtel Monte d'Oro monteront sur la droite sans traverser le pont pour rejoindre, par un chemin forestier, la N193, qu'ils prendront à droite pour arriver à l'hôtel après 5 min de marche. Une fois le pont franchi, le sentier vers Vizzavona cède la place à une piste tout à fait carrossable. Encore plusieurs lacets, plusieurs ponts, un trajet qui paraît interminable et pénible... et, enfin, le chemin débouche sur la route, en plein dans le hameau de **Vizzavona**, non loin de la gare ferroviaire.

Minuscule station climatique au pied du géant Monte d'Oro, au cœur d'une des plus belles forêts de Corse, Vizzavona forme une charnière dans le GR®, divisant traditionnellement le parcours en GR® nord et GR® sud. Ceux qui effectuent le GR® dans son intégralité la considèrent comme un salutaire retour à la civilisation et en profitent pour se réapprovisionner en vivres et s'octroyer une nuit d'hôtel et un bon repas. Certains terminent leur parcours à cet endroit, alors que d'autres le commencent, dans un sens ou dans l'autre.

Où se loger et se restaurer

Pour des détails sur les possibilités d'hébergement, de restauration, de ravitaillement et de transfert, reportez-vous p. 284.

ÉTAPE 10

Vizzavona (920 m) – bergeries de Capanelle (1 586 m)
Kilométrage : 13,5 km
Difficulté : moyenne
Durée moyenne : 5 heures 30
Point culminant : 1 647 m

Ponctuée par de splendides panoramas, cette journée n'offre pas de difficulté particulière. Elle donne l'occasion de progresser dans un décor de hêtres et de pins laricios jusqu'à la petite station de ski du Monte Renoso (2 352 m).

Descriptif de la randonnée

Au départ de la gare de Vizzavona, suivez l'itinéraire balisé du GR® sud qui passe devant l'hôtel I Laricci. Il croise tout d'abord le sentier d'accès au GR® nord sur la droite et, après un petit pont, grimpe pour rejoindre la N193 et la maison de l'ONF, atteinte au bout de 15 min. Il rejoint ensuite un large sentier qui se poursuit jusqu'à un panneau indiquant "Refuge de Capanelle, 5 heures". Le GR® quitte quelques minutes plus tard ce sentier pour monter sur la gauche. Vous aurez le loisir de rencontrer, çà et là, des houx de plusieurs mètres de haut perdus au milieu des pins et, après avoir croisé une bifurcation menant à une fontaine (localisée à 450 m sur la droite), vous profiterez des premières vues sur la forêt de Vizzavona et le Monte d'Oro, dont on perçoit très nettement encore la sourde mélodie des cascades.

L'itinéraire grimpe en lacet jusqu'à une ligne à haute tension (atteinte 1 heure environ après le départ) qui annonce un long passage à plat en sous-bois. Mettant fin à cet agréable répit, un petit raidillon mène à l'intersection d'un sentier balisé en jaune. En l'empruntant sur la droite, vous découvrirez, 100 m plus loin, une belle vue sur le Monte d'Oro et Vizzavona, que l'on devine en contrebas. Le GR®20 se poursuit pour sa part en épingle à cheveux sur la gauche et ne tarde pas à émerger des sous-bois pour évoluer dans un paysage dénudé faisant face à la **Bocca Palmente** (1 647 m). Faites attention au marquage et à la bifurcation vers la droite qui mène à ce col. Si vous allez tout droit, vous vous retrouverez à la fontaine de Palmente, à 200 m du GR®. Au bout de 15 min d'ascension, un cairn marque l'arrivée imminente au col, atteint 2 bonnes heures après avoir quitté Vizzavona. Derrière vous se dessine la sombre silhouette du Monte d'Oro (2 389 m). Sous vos yeux, la crête d'Oculo apparaît au premier plan, précédant celle de Cardo et le petit Monte Calvi (1 461 m). Le sentier redescend ensuite sur les **bergeries d'Alzeta** puis continue à plat. Une demi-heure plus tard, un virage serré marque le départ sur la gauche du sentier qui mène à Ghisoni, décrochage possible.

L'intersection entre le GR® et le sentier vers Ghisoni est le lieu idéal pour pique-niquer, tant la vue sur le massif du Monte Renoso est superbe. Le GR® poursuit sa route à flanc de coteau, à travers une forêt de pins laricios dont certains sont d'une taille impressionnante. Vous atteindrez, 1 heure 15 plus tard, les charmantes **bergeries de Scarpaccedie**.

Juste après, l'itinéraire oblique à droite toute. Respirez bien, car vous devez faire face à un dénivelé brutal de 150 m, qui vous demandera environ 20 min d'effort. Vous serez récompensé par une belle vue sur le Monte Renoso (2 352 m), avant d'atteindre une route bitumée qu'il faut emprunter sur une centaine de mètres en montant. Vous vous trouverez alors face à un panneau vantant les mérites de la bière pression vendue au gîte privé U Fugone, à Capanelle. En continuant dans la direction indiquée, vous atteindrez en 20 min environ les **bergeries de Capanelle** (1 640 m) bâties au pied des remonte-pentes de la station de ski de Ghisoni. Bien qu'un seul berger soit encore en activité, toutes les bergeries ont été conservées par les familles et servent aujourd'hui de maisonnettes de vacances et de chasse. Auparavant, elles étaient perdues au milieu des hêtres. Aujourd'hui, les arbres ont été coupés pour dégager les pistes et, à la fonte des neiges, l'eau emporte tout sur son passage, ce qui explique l'aspect désolé des pentes en été.

Où se loger et se restaurer

Face au décor un peu austère des modestes installations de la station de ski, le site des bergeries de Capanelle offre une large palette d'hébergement pour le GR®20. Une promenade balisée de 2 heures 30 aller-retour mène au lac Bastani. Du lac, il est possible de poursuivre jusqu'au sommet du Monte Renoso (2 352 m).

Refuge du PNRC (dort 5 €). Accueil au gîte U Fugone. Très rudimentaire. Projet de rénovation. Il est possible de camper gratuitement aux abords du gîte U Fugone (voir ci-dessous). Les douches, froides, sont également gratuites. Comptez en revanche 2,50 € pour prendre une douche chaude au gîte.

Gîte U Fugone (04 95 57 01 81 ; dort 33 € en demi-pension, menus 11-21 € ; mai-sept). La majorité des randonneurs dirigent leurs pas vers ce gîte privé offrant un bon rapport qualité/prix. Il rassemble des dortoirs de 4 à 5 personnes et des sanitaires avec douches chaudes dans un grand bâtiment qui ressemble à un restaurant d'altitude. L'établissement totalise 62 places, en demi-pension. Une petite épicerie vend des aliments de base. Le restaurant sert une nourriture copieuse en demi-pension et des menus de spécialités corses.

ÉTAPE 11

Bergeries de Capanelle (1 586 m) – col de Verde (1 289 m)

Kilométrage : 11,5 km
Difficulté : moyenne
Durée moyenne : 5 heures
Point culminant : 1 591 m

Relativement courte et facile, cette étape contourne à l'est le massif du Monte Renoso (2 352 m), en restant à une altitude moyenne de 1 500 m, sur un plateau, puis rejoint le col de Verde, dernière halte avant les crêtes. Nombreux sont les randonneurs qui préfèrent la prolonger jusqu'au refuge de Prati, au début de l'étape suivante, afin de réduire la longue étape 12.

INTERVIEW

"LE GR®20 PROCURE UNE FASCINANTE IMPRESSION DE LIBERTÉ"

Guide de haute montagne, Jean-Paul Quilici (voir l'encadré p. 298) a été l'un des premiers à baliser le GR®20, au tournant des années 1960-1970.

Comment expliquer la popularité du GR®20 ? C'est tout simplement fantastique de pouvoir traverser une île de part en part, sur ses hauteurs, et de rejoindre la mer aux deux bouts. Fantastique, également, de regarder le matin le paysage que l'on va traverser et le soir, en se retournant, de voir d'où l'on est parti. Ce sentier procure une fascinante impression de liberté. J'ai marché au Spitzberg, en Islande, en Patagonie... et le GR®20 m'émerveille encore par ses paysages et sa variété.

En quoi ce sentier est-il hors du commun ? Sa spécificité est d'être une randonnée en montagne, un sentier véritablement alpin. L'idée de départ était de traverser la Corse en suivant le cheminement le plus beau possible. Il a surtout été tracé par Michel Fabrickant, montagnard amoureux de la Corse, qui s'est entouré de guides locaux, dont je faisais partie, pour le baliser. Les sentiers de transhumance ne permettant pas de traverser l'île, il a fallu créer des raccords – souvent assez raides, voire faisant appel à des chaînes – pour relier des chemins existants. D'où la difficulté du tracé, qui contribue pour une large part à sa beauté et à la fascination qu'il exerce. J'ai récemment emmené des Américains qui connaissaient les grands parcs du Colorado. Ils ont été émerveillés !

Quels conseils donner à ceux qui veulent se lancer sur le sentier ? Vaste question, car, malgré les conseils, les gens n'en font toujours qu'à leur tête. J'en vois parfois partir en tongs, avec un enfant sur les épaules ou avec des sacs de plus de 20 kg... Rappelons donc l'évidence : il faut un équipement adapté, se renseigner sur la météo, écouter les montagnards locaux. La montagne corse peut être dangereuse, fantasque, changeante. Il ne faut pas la prendre à la légère. Comme toutes les montagnes, il faut l'aborder avec prudence, humilité et modestie.

Descriptif de la randonnée

Le sentier débute au pied du remonte-pente (prenez garde à suivre le balisage blanc-rouge du GR®, direction "Bocca di Verdi", et non le sentier se dirigeant vers le lac Bastani). Il s'enfonce rapidement dans une forêt de hêtres qui témoigne de ce qu'a pu être l'environnement idyllique des bergeries de Capanelle avant la construction de la station de ski. Il vous faudra moins d'une demi-heure pour atteindre les bergeries de Traggette (1 520 m). Le tracé longe ensuite un torrent et descend jusqu'à la D169, que vous atteindrez après une petite heure de marche.

Le GR® reprend une cinquantaine de mètres plus loin, sur la droite, cette fois-ci dans le sens de la montée. Après avoir offert d'amples panoramas sur le Fiumorbu et toute la chaîne du mont Kyrie, il pénètre dans une épaisse forêt de hêtres et de pins.

Après 45 min en sous-bois, le GR® effectue un virage en épingle à cheveux vers la droite. Environ 45 min plus tard, après avoir croisé une kyrielle de ruisseaux dont la traversée s'avère plus ou moins acrobatique pendant la fonte des neiges, il atteint un deuxième virage en épingle à cheveux, cette fois à découvert. Vous êtes alors à mi-parcours et faites face à Punta Capella (2 032 m). Au-dessus de vos têtes, le ruisseau du Lischetto, qui prend sa source dans les petits lacs de Rina (1 882 m), dévale la pente dans une profusion de cascades.

Une fois traversé le ruisseau du Lischetto, il ne vous faudra plus que 30 min pour parvenir au **plateau de Gialgone** (1 591 m), d'où la vue sur le col de Verde est en tout point réconfortante. Devant vous se dessine le **Monte Grosso** (1 895 m) et, à la sortie du plateau, un panneau en bois pointe la direction du sentier qui mène aux **pozzines**, magnifique plateau herbeux qui mérite éventuellement un détour (comptez 2 heures, aller-retour).

Le GR®20, quant à lui, poursuit tout droit en direction de Bocca di Verdi (col de Verde) et entame une descente en lacet caillouteuse. Elle aboutit 30 min plus tard à un petit pont en bois qui enjambe le ruisseau du Marmano.

Le sentier se poursuit ensuite à plat jusqu'à croiser un gros bloc rocheux. Il précède un large sentier qui mène en un quart d'heure à une aire de pique-nique et à un embranchement. En empruntant le chemin de gauche, vous parviendrez au bout de 300 m au **col de Verde** (à droite, la route forestière conduit au petit village de Palneca).

Où se loger et se restaurer

Le **Relais San-Petru di Verdi** (04 95 24 46 82 ; www.boccadiverdi.com ; dort 14 €, dort en demi-pension 38 €, camping 6 €/pers douche comprise, repas 19 € ; mi-mai à mi-oct), plus connu sous l'appellation de refuge du col de Verde, est un agréable gîte privé implanté dans un cadre de verdure séduisant, en bordure de la D69. La maisonnette principale, en bois, abrite un dortoir de 26 places. Dans l'entrée, un coin cuisine permet de faire ses repas. Les sanitaires sont irréprochables et les deux douches sont chaudes. Trois chalets privés de 8 places et deux de 2 places sont également disponibles (mieux vaut réserver). Un des points forts de ce refuge réside incontestablement dans sa sympathique terrasse (ou sa cheminée s'il fait froid), où vous vous régalerez de salades, de grillades et de charcuterie. Ravitaillement.

ÉTAPE 12

Col de Verde (1 289 m) – refuge d'Usciolu (1 750 m)

Kilométrage : 14 km
Difficulté : difficile ; peu d'ombre ; passages escarpés et vent parfois fort sur les crêtes
Durée moyenne : 7 heures à 7 heures 30
Point culminant : 1 981 m

Cette longue étape – à moins que vous ne l'ayez réduite en "poussant" la veille jusqu'à Prati – pourrait être qualifiée de "route des crêtes". Du col de Verde, l'itinéraire grimpe sur la crête, qu'il ne quittera pratiquement plus jusqu'au refuge d'Usciolu, oscillant entre 1 500 et 2 000 m. Au col de Laparo (1 525 m), il coupe le sentier Mare a Mare® centre. Véritable survol de la région, du Fiumorbu à l'est au Taravo, à l'ouest, cette étape est l'un des points forts du GR® sud.

Descriptif de la randonnée

Après avoir traversé la route départementale, le sentier s'élève doucement au cœur d'une forêt de pins. Dix minutes plus tard vient la fin des illusions : le GR®20 oblique à gauche toute et part à l'assaut de la montagne. Il vous faudra 20 min d'efforts soutenus pour atteindre un plateau intermédiaire qui constitue la fin du premier tronçon. En regardant au fond de la vallée, on aperçoit le petit village de Palneca. Un petit ruisseau annonce ensuite le début imminent d'un deuxième raidillon, situé heureusement à l'ombre des hêtres. Vous en viendrez à bout en 20 min. L'objectif final se trouve désormais sous vos yeux.

Encore 35 min d'une montée abrupte, le long d'un sentier rocailleux exposé aux rayons du soleil, et vous atteindrez la **Bocca d'Oru** (1 840 m), qui offre un excellent point de vue sur la plaine orientale. En vous retournant, vous pourrez considérer avec satisfaction la distance parcourue, puisque l'on distingue en enfilade le Monte Rotondo, le Monte d'Oro et le Monte Renoso.

Commence alors une agréable promenade qui mène en 15 min au **refuge de Prati** (dort 11 €, camping 6 €). Perché à 1 820 m, ce refuge du PNRC accueille les nombreux randonneurs qui préfèrent rallonger de 2 heures l'étape 11 pour diminuer d'autant l'étape 12. Le refuge de Prati compte par ailleurs quelques atouts non négligeables. Citons notamment la beauté du site – un plateau gazonné idéal pour les campeurs – et son sympathique gardien qui, outre sa charcuterie maison, ses fromages et autres produits, concocte des plats de pâtes et de viande en sauce aussi bons que copieux en juillet-août. Le refuge dispose de 28 places et d'une douche (froide). Possibilité de location de tentes.

Le GR®20 poursuit son chemin vers la droite (à gauche, un sentier balisé en jaune mène au village d'Isolacciu di Fiumorbu) et conduit tout droit aux crêtes. Le subit affolement des courbes de niveau ne durera qu'environ 20 min, mais la fin reste escarpée dans les rochers. La vue quasi "aérienne" sur les villages de Palneca, de Ciamannace et de Cozzano, à plus de 1 000 m en contrebas, est époustouflante. Sur le versant gauche (est), on aperçoit nettement le village de Prunelli, perché sur une hauteur, et Ghisonaccia dans la plaine.

Profitez bien de la vue, car vous aurez besoin de toutes vos forces pour négocier la suite du parcours, où il s'agit de gravir de larges blocs rocheux. Ce passage, qui dure une petite demi-heure, sera éprouvant pour les randonneurs sensibles au vertige et il peut se montrer dangereux par de mauvaises conditions climatiques. Vous longerez ensuite les crêtes pendant près de 1 heure 15 sur un sentier peu commode, très rocailleux, qui tutoie par moments des précipices peu rassurants. Vos efforts seront récompensés par l'exceptionnel panorama que vous découvrirez depuis la ligne de crête.

Après avoir passé **Punta di a Capella** (2 041 m), vous contournerez le rocher de la Penta, puis quitterez les crêtes par une petite forêt qui constitue une halte pique-nique idéale. Il ne vous faudra qu'une petite demi-heure de marche, dans un paysage où le minéral a cédé la place au végétal, pour rejoindre le **col de Laparo** (1 525 m), à la jonction avec le Mare a Mare® centre (l'itinéraire vers Cozzano - environ 2 heures 30 de marche - qui emprunte ce dernier, constitue l'étape 3 du sentier Mare a Mare® centre, détaillé p. 321). Une source est indiquée à proximité. Au total, comptez environ 3 heures pour rejoindre le col depuis le refuge de Prati.

Le sentier poursuit son tête-à-tête avec la crête après le col. Il s'élève régulièrement jusqu'au **Monte Formicula**, à 1 981 m d'altitude, point culminant de la journée, soit un peu moins de 500 m de dénivelé par rapport à Laparo. Comptez de 1 heure 45 à 2 heures d'ascension, dans un paysage où la végétation se raréfie à mesure que l'on prend de la hauteur. Le décor, qui voit le sentier se frayer un chemin parmi un chaos rocheux, est grandiose. Vous cheminerez tout d'abord sur le flanc est de la crête, avant de passer à l'ouest, plus venté.

Du Monte Formicula, le refuge d'Usciolu n'est plus très éloigné (30-45 min environ) et le parcours, en descente, constitue presque une promenade de santé. Le sentier repasse sur le flanc est et surplombe un vaste plateau herbeux tacheté d'amas pierreux voué aux pâturages. Il longe ensuite la crête avant d'entamer la descente proprement dite en direction du plateau, puis atteint le refuge d'Usciolu.

Où se loger et se restaurer

Le **Refuge d'Usciolu** (refuge du PNRC ; dort 11 €, camping 6 € ; ravitaillement), unique possibilité d'hébergement de cette superbe étape, est adossé en balcon aux flancs de la montagne et offre une vue plongeante sur la vallée, dominée par la stature majestueuse de l'Incudine. Propre et bien tenu, il affiche une capacité de 29 places. L'aire de bivouac est juste en contrebas. Le gardien prépare de copieux plats de pâtes et de viande et propose de la charcuterie, du fromage, du chocolat, des confitures et des boissons...

ÉTAPE 13

Refuge d'Usciolu (1 750 m) – refuge d'Asinao (1 530 m)

Kilométrage : 14,5 km
Difficulté : moyenne
Durée moyenne : 7 heures 30 à 8 heures
Point culminant : 2 134 m
Remarques : décrochage possible pour Zicavo ; demi-étape aux bergeries de Bassetta

L'étape commence par un parcours aérien, puisque vous resterez sur la crête pendant au moins 2 heures, avant de descendre jusqu'au carrefour de la Bocca di l'Agnonu. De là, vous traverserez le plateau de Coscione avant de vous frotter à l'ascension de l'Incudine, point culminant de la partie sud du GR® (2 134 m). Suit une descente très marquée jusqu'au refuge d'Asinao.

Possibilité de décrochage vers Zicavo et de demi-étape aux bergeries de Bassetta, ce qui reporte l'ascension de l'Incudine au lendemain.

Descriptif de la randonnée

Du refuge, un court raidillon (10-15 min) rejoint la crête. Un panneau indique la direction de Cozzano, un décrochage possible mais peu pratique. À partir de là, le GR®20 joue au funambule sur la crête, particulièrement escarpée, pendant 2 bonnes heures avec, en ligne de mire, l'Incudine.

Le dénivelé est faible, voire inexistant, mais ne vous réjouissez pas, car la progression sur les dalles rocheuses s'avère malaisée, et certains passages vous obligeront à utiliser les mains pour vous équilibrer. Par endroits, il faut se faufiler parmi de gros blocs rocheux ou des amas de granite en forme de lames de couteaux. L'altitude, quasi constante, avoisine 1 800 m, mais on joue au yo-yo en permanence - des mini-descentes suivies de remontées tout aussi courtes -, ce qui rend la marche harassante, impression renforcée par l'absence d'ombre.

Par ailleurs, il faut parfois chercher le balisage. Fort heureusement, vous serez gratifié de panoramas sublimes : le sentier ménage des vues sur la vallée du Taravo à l'ouest, sur l'Incudine au sud, vers lequel on chemine, et sur les pâturages du plateau à l'est.

En matière de flore, ce n'est pas sur cette partie du parcours que vous jouerez les botanistes. La rocaille nue et lisse sera votre lot pendant au moins 2 heures. Après avoir passé une brèche rocheuse caractéristique en forme de U, deux bonnes heures après le départ, le tracé descend en direction d'une

UN JOYAU ENCHÂSSÉ DANS LA MONTAGNE : LE PLATEAU DE COSCIONE

Entre la Bocca di l'Agnonu et le Monte Incudine, le GR® traverse une partie du plateau de Coscione. Cette vaste étendue constitue une mosaïque de plusieurs milieux qui lui donne un cachet inimitable : bosquets de hêtres, ruisseaux, pozzines, prairies et pâturages, éboulis, landes se succèdent à une altitude moyenne de 1 400 m avec, en arrière-plan, la masse de l'Incudine (2 134 m). En août, lorsque les aconits sont en fleur, le Coscione est recouvert de taches violettes. Par ailleurs, la topographie de Coscione – une succession de légers moutonnements, de terrasses et de petits vallons – offre un contraste saisissant avec le reste du GR®20, au relief nettement plus accusé.

Le Coscione n'est pas qu'un décor bucolique. C'est également un lieu d'une grande importance socio-économique, une terre de pacage où l'activité pastorale fut – et reste, dans une certaine mesure – vivace. Il y a quelques décennies encore, les bergers de tout le sud de la Corse venaient estiver leurs troupeaux. Au début du siècle, près de 600 personnes vivaient sur le Coscione. Cette époque est révolue et le mythe du "berger corse" a vécu. Le dernier "vrai" berger de Coscione est décédé en 1997. Aujourd'hui, leurs homologues des temps modernes montent leurs bêtes en bétaillère sur le plateau, par des pistes, puis viennent les inspecter toutes les semaines en 4x4. Quelques traditions ont pourtant perduré, telle la fête des bergers au village de Zicavo, à la chapelle San-Petru, chaque année au début du mois d'août, au cours de laquelle les troupeaux sont bénits. Jadis, cette fête attirait plus de 1 000 personnes. De nos jours, et à défaut des vastes troupeaux de jadis, vous pourrez certainement apercevoir des chevaux en liberté sur le plateau.

En hiver, le Coscione est fréquenté par des skieurs de fond, mais l'enneigement n'est pas toujours suffisant pour garantir la pratique de cette activité.

Pour apprécier au mieux le Coscione, nous conseillons de faire étape aux bergeries de Bassetta (voir ci-dessous), à environ 1 heure 15 à l'ouest du GR®. Vous aurez ainsi l'occasion de fouler les pozzines (voir l'encadré p. 302), ces tourbières remplies d'eau qui donnent l'impression de marcher sur un gazon anglais.

hêtraie, sur le flanc ouest de la crête. La végétation est à nouveau au rendez-vous. Arbustes et bruyère sont progressivement remplacés par des hêtres.

Trois heures environ après avoir quitté le refuge, vous rejoindrez un plateau empierré et arboré, idéal pour une pause pique-nique, à l'ombre des hêtres majestueux. Une source est aménagée (indiquée). Environ 10 min plus tard, vous arriverez au carrefour de la **Bocca di l'Agnonu**, à 3 heures 15 de marche environ depuis le début de l'étape. Le col marque le point de départ du sentier menant à **Zicavo** en 3 heures (voir ci-contre), en suivant le balisage jaune, et aux **bergeries de Bassetta** (voir *Où se loger et se restaurer* p. ci-contre), accessibles en 1 heure 30 environ, en suivant un balisage bleu et une signalisation que l'on trouve au bout de 10 min en prenant le sentier qui mène à Zicavo. Il est possible de faire une demi-étape aux bergeries de Bassetta, avant de repartir le lendemain directement sur le plateau de Coscione et l'Incudine, sans remonter par le même chemin, et en retrouvant le GR® à hauteur de la passerelle qui enjambe le Casamintellu.

Si vous décidez de poursuivre, passé le col de la Bocca di l'Agnonu, le sentier se prolonge dans la hêtraie pendant environ 20 min et conduit à un surplomb d'où l'on découvre une perspective dégagée sur le **plateau de Coscione** et, en toile de fond, l'imposante stature de l'Incudine. Il quitte ensuite la hêtraie et file rapidement sur le plateau vallonné, criblé de bosquets, de landes herbeuses, de ruisseaux et d'amas rocheux. Vous franchirez plusieurs petits ruisseaux à gué, qui coulent au milieu de minidépressions creusées dans le plateau. Le parcours est facile jusqu'au pied de l'Incudine. Profitez de ce répit, car l'Incudine, de plus en plus proche, sera le plat de résistance de la journée. Au bout de 1 heure environ, vous atteindrez la jonction du sentier en provenance des bergeries de Bassetta, à 1 heure 30 de marche vers l'ouest.

Le GR®20 s'engage sur une **passerelle** de bois qui enjambe le Casamintellu quelques minutes après avoir croisé la jonction vers les bergeries de Bassetta. Il se prépare ensuite doucement à affronter le relief de l'Incudine. À mesure que l'on gravit le versant, la hêtraie se fait clairsemée, et le paysage devient minéral. Après environ 30 min d'ascension modérée, vous parviendrez à l'aire de bivouac I Pedinieddi. Sur ce petit plateau (1 623 m) se trouvait le refuge de Pedinieddi, détruit par la foudre. Le bivouac est possible et une source est aménagée. Le sentier poursuit son ascension après le plateau, puis croise un point d'eau. En se retournant, on découvre un magnifique panorama sur le Coscione et les multiples vallons qui s'imbriquent.

Environ 1 heure après avoir franchi la passerelle, vous aboutirez au **col de Luana** (1 800 m), sur une crête. L'itinéraire bifurque alors franchement sur la droite, et gravit l'arête qui mène au sommet. On aperçoit, sur le versant est (à gauche), la vallée encaissée, sauvage et rocailleuse, au fond de laquelle coule le Tremoli. L'ascension du premier raidillon (environ 30 min) est assez pénible, avant qu'une légère déviation vers l'ouest permette de souffler pendant une quinzaine de minutes sur une section plate. Après environ 1 heure 15 d'efforts depuis le col de Luana, vous arriverez en vue de la croix plantée au sommet de l'**Incudine**, à 2 134 m d'altitude. Il n'est pas rare d'apercevoir quelques névés à cette altitude au mois de juin.

Reste à négocier la descente au refuge. Le premier quart d'heure se passe sans encombre, sur la crête, jusqu'à une bifurcation. À ce moment, vous voyez ce qui vous attend : un plongeon jusqu'au refuge, 500 m en contrebas. La déclivité est impressionnante, et vos articulations s'en ressentiront. Vous longerez le versant vers l'est avant de plonger plein sud et de gagner le refuge par de petits lacets. Comptez 1 heure 15/1 heure 30 de descente depuis le sommet avant de parvenir au refuge d'Asinao.

Où se loger et se restaurer

Demi-étape au **Refuge des bergeries de Bassetta** (04 95 25 74 20, 06 87 44 04 08 ; dort 38,50 € en demi-pension, demi-pension en chalet 42,50 €, plat du jour 11 €, menu 22 € ; mai-sept). Cette demi-étape potentielle oblige à s'écarter du GR® (1 heure 30 de marche environ avec un très faible dénivelé), mais le jeu en vaut la chandelle, car en fait on ne reprend pas le même chemin le lendemain pour remonter sur le GR®, que l'on rattrape bien au sud de la Bocca di l'Agnonu, à hauteur de la passerelle du Casamintellu ; c'est en fait un crochet que l'on réalise. Vous traverserez également la partie la plus bucolique du Coscione, et le cadre dont se prévaut ce refuge privé – une ancienne bergerie rénovée, impeccablement tenue par Toussaint Franceschi et sa femme – mérite ce léger détour. Plusieurs possibilités d'hébergement s'offrent à vous : en refuge (17 places, à l'étroit), dans une ancienne bergerie (pour 6 personnes) ou encore dans de jolis petits chalets récents (5-6 personnes, demi-pension obligatoire). Les repas, qui font la part belle à la charcuterie maison et à la cuisine corse, sont excellents. Ils sont servis dans une grande salle commune avec cheminée, décorée d'anciennes photos de Corse. Casse-croûte.

Refuge d'Asinao (dort 11 €, camping 6 € ; ravitaillement). Unique possibilité d'hébergement de cette fin d'étape, cet accueillant refuge géré par le PNRC affiche une capacité de 22 places. Vente de charcuterie, miel, fromage et boissons, et repas le soir.

Liaison village

Accès au village de **Zicavo** depuis la Bocca di l'Agnonu. Il permet de décrocher du GR® et de rallier le village de Zicavo (750 m), situé dans la vallée du Taravo, en moins de 3 heures. Prenez la bifurcation indiquée (balisage jaune). L'itinéraire emprunte un chemin empierré, en légère descente quasi constante. Agréable sans être exceptionnel, à l'ombre dans sa majeure partie, il décrit un large S et ne présente pas de difficulté particulière. Aux deux tiers du parcours environ, vous déboucherez sur le sentier Mare a Mare® centre (balisage orange) que vous suivrez sur la gauche jusqu'à Zicavo.

Pour les randonneurs, Zicavo est une oasis. Les ressources hôtelières et les possibilités de ravitaillement du village sont traitées p. 174.

ÉTAPE 14

Refuge d'Asinao (1 530 m) – refuge di Paliri (1 055 m), par la variante alpine

Kilométrage : 13 km
Difficulté : difficile (passages délicats par la variante alpine) ; absence d'ombre lors de la traversée du massif de Bavella
Durée moyenne : 6 heures 15
Point culminant : 2 134 m
Remarques : demi-étape possible au col de Bavella ; accès possible au village de Quenza peu après le refuge d'Asinao ; possibilité d'emprunter le parcours classique (plus facile) qui contourne le massif de Bavella

L'une des plus belles étapes du GR® sud avec, en point d'orgue, le massif de Bavella que l'on traverse si l'on emprunte la variante alpine.

Le sentier file vers le sud en surplombant l'Asinao sous un couvert végétal, puis bifurque vers l'est et évolue au cœur du massif de Bavella jusqu'au col du même nom (1 218 m), où il est possible de faire étape. Il franchit ensuite une barre montagneuse derrière laquelle se trouve le refuge.

Descriptif de la randonnée

N'espérez pas croiser les bergeries d'Asinao, en contrebas du refuge, plein sud. Le sentier part vers l'ouest avant d'obliquer légèrement vers le sud pour rejoindre la ravine où coule l'Asinao, que vous franchirez à gué au bout d'une demi-heure environ, peu après avoir croisé le sentier rejoignant **Quenza** (environ 4 heures de marche en descente ; reportez-vous p. 231 pour les informations sur cette localité). La descente est progressive, au milieu d'une zone boisée dominée par des pins. Le profil de la vallée de l'Asinao apparaît alors clairement : elle s'évase largement vers l'aval (vers Quenza), alors que, vers l'amont, elle est très encaissée.

Une fois franchi l'Asinao, le chemin remonte légèrement et se stabilise à flanc de montagne, à une altitude moyenne de 1 300 m. Il évolue sous un couvert végétal aux essences variées, parmi lesquelles vous reconnaîtrez des aulnes, des pins, des arbousiers, des violettes, des fougères et, plus surprenant, des bouleaux, dont c'est la première apparition sur le GR®. Le parcours, facile et agréable, suit le cours de l'Asinao en contrebas, pendant environ 1 heure, en corniche. Il ménage des points de vue superbes vers l'aval et sur la rive opposée, dont on admirera les profondes cicatrices des ravines qui descendent jusqu'à l'Asinao. La différence de végétation est nette entre les deux versants : sur celui d'en face, la caillasse domine, alors que celui sur lequel vous marchez est bien plus verdoyant. Le sentier est interrompu par plusieurs petits ruisseaux. Par endroits, on entraperçoit à travers les frondaisons les contreforts du massif de Bavella.

Après 1 heure 30 de marche environ, vous arriverez à un carrefour. En continuant tout droit, vous suivrez l'itinéraire "normal" du GR®, qui contourne le massif de Bavella par le sud-ouest. Il ne pose pas de difficulté particulière mais progresse en montée sur un terrain peu ombragé sur la seconde partie du parcours. À gauche, repérée par un balisage constitué de deux bandes jaunes parallèles, la variante alpine du GR® vous fera pénétrer au cœur du massif de Bavella. Les deux sentiers fusionnent à nouveau peu avant le col de Bavella.

Nous conseillons largement la **variante alpine**, incomparable et spectaculaire, qui constitue sans conteste l'un des temps forts

SE PROTÉGER CONTRE LA FOUDRE

Les orages sont relativement fréquents en Corse. L'association Protection foudre (www. apfoudre.com) donne notamment les recommandations suivantes :

» ne pas s'abriter sous un arbre. En forêt, éloignez-vous le plus possible des troncs et des branches basses

» s'éloigner des crêtes. Descendre d'au moins 50 m et ne pas se plaquer contre une paroi rocheuse

» en groupe, s'éloigner les uns des autres d'au moins 3 mètres

» ne porter aucun objet, à plus forte raison métallique, au-dessus de sa tête

» s'éloigner de toute structure métallique (pylônes, clôtures...)

» ne pas se tenir debout les jambes écartées ou marcher à grandes enjambées

» une maison en pierre fournit une excellente protection à condition de se tenir éloigné des murs

» éviter de s'abriter dans une maison au toit en tôle

» la meilleure protection consiste à se pelotonner au sol sur une cape de pluie ou toute autre matière isolante

» ne pas s'envelopper dans une couverture de survie (celle-ci contient une pellicule métallique)

» l'utilisation de téléphones portables ne pose aucun problème

LE PARC NATUREL RÉGIONAL DE CORSE (PNRC)

Le parc naturel régional de Corse, créé en 1972, recouvre aujourd'hui plus du tiers de l'île. Il englobe certains des plus beaux sites naturels de Corse, comme le golfe de Porto, la réserve naturelle de Scandola et les plus hauts sommets de l'île, jusqu'aux aiguilles de Bavella. La mission du PNRC est double : la protection de l'environnement et le développement.

En matière de protection, le parc s'attache à préserver toutes les espèces animales ou végétales menacées, comme le mouflon ou le cerf de Corse. Il participe également activement à la protection des sites sensibles, comme les pozzines ou les lacs d'altitude.

Sa mission de développement consiste à revitaliser la Corse de l'intérieur. Les randonneurs remarqueront les façades superbement entretenues des bergeries qu'ils croisent sur leur chemin : afin de redynamiser l'élevage en montagne, le PNRC a entrepris, il y a près de vingt ans, la restauration des bergeries d'altitude. De nombreux moulins et des centaines de *casgili* (caves à fromages) ont été également remis en état.

Reste que la meilleure solution imaginée par le PNRC pour développer les zones centrales est le tourisme. Plus de 1 500 kilomètres d'itinéraires de randonnée ont ainsi été aménagés.

Une centaine de personnes maintiennent en état les sentiers, "démaquisent" (débroussaillent) et informent le public. À Ajaccio, la **maison d'information du PNRC** (☎04 95 50 59 04 ; www.parc-naturel-corse.com ; 2 rue du Major-Lambroschini, BP 417, 20184 Ajaccio Cedex 1 ; ⌚lun-ven 8h15-12h et 14h-17h30) diffuse une multitude d'informations sur le parc et prodigue des conseils judicieux sur les différents itinéraires de randonnée existants.

Ce point est relayé par deux maisons d'information (une troisième à Corte n'est plus ouverte de manière régulière). Il est préférable d'appeler au préalable :

» **Maison d'information de Porto** (☎04 95 26 73 04 ; Porto ; ⌚juin-sept)

» **Maison d'information de Calenzana** (☎04 95 62 87 78 ; gîte d'étape, 20214 Calenzana ; ⌚avr-oct)

du GR®. Sachez cependant qu'elle est plus éprouvante et plus technique, car la progression se fait au milieu d'éboulis et de pierres, et qu'un passage sur une dalle se franchit par une main courante. Rien d'insurmontable, mais les personnes sujettes au vertige ou peu à l'aise se contenteront de l'itinéraire normal. De même, il vaut mieux éviter la variante alpine par temps de pluie, car le risque de glissade est réel.

Par rapport à l'itinéraire normal, le sentier de la variante oblique à 90° et attaque franchement le flanc de la montagne. La montée, très raide, serpente en petits lacets au milieu des bouleaux et des pins, qui se raréfient progressivement à mesure que l'on prend de l'altitude et que l'on se dirige vers le sud-est. Vous bénéficierez d'un court répit d'environ 10 min, avant que le chemin ne sorte de la zone boisée et continue à s'élever jusqu'à la **Bocca di u Pargulu** (1 662 m), que vous rejoindrez après 1 heure d'efforts environ. Sur la fin, on se sent écrasé par les parois rocheuses qui se dressent en lames de couteaux.

Au sommet, le panorama sur 360° vous fera oublier toutes vos peines : en face, une chaîne montagneuse qui s'étire parallèlement à celle sur laquelle on se trouve ; entre les deux, en contrebas, le col et le village de Bavella ; et la mer, à l'est. Le randonneur est au milieu d'un chaos lunaire.

Après vous être arraché à votre contemplation, vous reprendrez le sentier qui, cette fois, descend dans un pierrier escarpé pendant une demi-heure environ (soit 3 heures de marche au total depuis le refuge). Il s'achemine ainsi dans un décor grandiose jusqu'à la fameuse chaîne qui équipe un passage délicat : une dalle lisse et raide d'une dizaine de mètres. Ce passage ne pose guère de problème par temps sec : imaginez que vous êtes au pied d'un toboggan et que vous vous hissiez à son sommet en vous aidant d'une chaîne et de la force de vos bras.

Encore une demi-heure d'une progression pas toujours facile dans des escarpements rocheux et vous arriverez à un col, d'où vous jouirez de la vue sur les aiguilles ainsi que sur le village de Bavella, tout proche à l'est.

Pour rejoindre Bavella, le sentier plonge littéralement dans un couloir de granite rose creusé de *taffoni*, entre les rochers-écoles d'escalade, signalés par des plaques.

Le balisage est parfois insuffisant dans cette descente pénible. Vous rejoindrez l'itinéraire normal du GR® en 4 bonnes heures de marche après avoir quitté le refuge. Suit une promenade de santé d'environ 10 min au milieu d'une forêt de pins, jusqu'au parking du col de Bavella. Dépassez la Madone des Neiges et ses ex-voto et prenez la route goudronnée qui descend vers la gauche pendant 300 m, l'un des rares moments où le GR® fait une concession à la civilisation !

Le **col de Bavella**, qui constitue un village à part entière, offre la possibilité d'effectuer une demi-étape. Il est par ailleurs intéressant d'y faire une halte, dans la mesure où le refuge di Paliri (en bout d'étape) ne propose pas de ravitaillement. Certains randonneurs quittent le GR® à cet endroit. Dommage, car le tronçon restant ne manque pas de charme Vous trouverez des informations sur les possibilités de restauration et d'hébergement du col de Bavella, p. 230.

Le col marque un véritable changement dans le profil du GR®. Le cadre, plus verdoyant, contraste vivement avec le décor dépouillé des aiguilles de Bavella et des parcours en crête. Comptez encore 2 heures à 2 heures 15 de marche pour poursuivre l'étape jusqu'au refuge di Paliri. La seule difficulté que vous rencontrerez est le passage du **col de Foce Finosa** (1 214 m). Arrivé à hauteur de l'auberge du col de Bavella, prenez la route qui part vers la droite et qui, 50 m plus loin, se transforme en route forestière. Le parcours, agréable, évolue à plat dans une forêt de pins et de fougères pendant une quinzaine de minutes. La piste devient sentier et bifurque sur la gauche pour descendre jusqu'à un petit ruisseau. Environ 10 min plus tard, le tracé retrouve une piste forestière qu'il suit vers la droite jusqu'à une fourche située 50 m plus loin. Prenez la piste de gauche et traversez le ruisseau du Volpajola (radier).

Face à vous, plein est, se dresse une longue chaîne de montagnes, que vous allez franchir par le col de Foce Finosa. À peine 5 min après le ruisseau, le sentier bifurque sur la droite pour attaquer la montée. Comptez 200 m de dénivelé et 45 min d'une grimpette éprouvante jusqu'au col (1 214 m). De là, le regard porte jusqu'à la mer, vers le sud-est. De l'autre côté, on distingue le massif de Bavella.

La dernière partie du parcours consiste à rallier le refuge di Paliri, à environ 1 heure de marche, en descendant le versant est de la chaîne montagneuse. Au départ, la descente est abrupte, puis s'incline vers le nord-est et s'adoucit en suivant la courbe de niveau. L'arrivée au refuge di Paliri (1 055 m), précédée d'une petite croupe, marque la fin de cette longue étape.

Où se loger et se restaurer

Le **Refuge di Paliri** (refuge du PNRC ; dort 11 €, camping 6 € ; ravitaillement), bâti sur un ancien emplacement de bergeries, avec les moellons de celles-ci (20 places) vaut pour son cadre absolument grandiose : il est encadré par la crête de Punta Tafunata di i Paliri – percée d'une sorte d'œil-de-bœuf caractéristique et partiellement équipée en via ferrata – et l'Anima Danata ("âme damnée", 1 091 m), identifiable à sa forme en pain de sucre. Au sud-est, une coulée de verdure rompt ce décor minéral. Par temps clair, la vue porte jusqu'à la Sardaigne, au sud. Toilettes et coin cuisine. La seule eau potable disponible au refuge de Paliri est celle de la source aménagée, située 200 m en contrebas.

ÉTAPE 15

Refuge di Paliri (1 055 m) – Conca (252 m)

Kilométrage : 12 km
Difficulté : moyenne
Durée moyenne : 5 heures
Point culminant : 1 055 m

Parfois injustement délaissée, cette étape finale, éblouissante, offre un contraste saisissant avec le parcours de la veille. Après avoir quitté la partie sud du massif de Bavella, l'itinéraire renoue avec le maquis que le décor rocheux des précédentes étapes avait fait oublier. La présence de la mer est de plus de plus perceptible au fil de l'étape.

Descriptif de la randonnée

Au départ du refuge, le sentier suit une courte descente puis évolue au milieu d'une superbe forêt de pins maritimes investie de fougères. Sur la gauche se profile la masse imposante de l'Anima Danata, que l'on découvre encore mieux au sortir de la forêt. Après un bref ressaut, on distingue nettement les massifs du Monte Bracciutu à l'est et du Monte Sordu au sud-est (25 min). Vient ensuite un parcours en corniche qui s'incurve vers le nord-est, autour d'un cirque au

LES COUPS DE CŒUR LONELY PLANET

» La terrasse du refuge de Carozzu entourée de 3 parois rocheuses (étape 2)
» Le cadre grandiose du cirque de la Solitude (étape 4)
» Les bassins naturels le long du Golo (étape 5)
» Le magnifique lac glaciaire de Nino et ses prairies verdoyantes (étape 6)
» Le passage de la brèche de Capitellu (étape 7)
» La vision des lacs de Capitellu et de Melo depuis le col de Rinoso (étape 7)
» La vue sur Ajaccio depuis les crêtes par la variante entre le refuge de Petra Piana et celui de l'Onda (étape 8)
» Une halte-dégustation suivie d'une sieste aux bergeries de Tolla (étape 8)
» La descente vers les cascades des Anglais et leurs vasques (étape 9)
» Le coucher et le lever de soleil aux bergeries de Capanelle (étapes 10/11)
» Le chemin des crêtes, entre le refuge de Prati et celui d'Usciolu (étape 12)
» La marche sur les pozzines du plateau de Coscione (variante de l'étape 13)
» Une étape gastronomique au refuge des bergeries de Bassetta, au pied du Monte Incudine (étape 13)
» La traversée du massif de Bavella, par la variante alpine (étape 14)
» Le cadre douillet du refuge di Paliri (étapes 14/15)
» Les senteurs du maquis sur la dernière étape Paliri-Conca

milieu duquel jaillissent les pics du **massif du Bracciutu**. En vous retournant, vous pourrez jeter un dernier regard à "l'œil" de la crête de Punta Tafunata di i Paliri. On progresse sur cette corniche pendant une demi-heure environ, à découvert, jusqu'au **Foce di u Bracciu** (917 m), qui marque une nette inflexion de l'itinéraire : le chemin bifurque en U et file cette fois plein sud.

Arbousiers, cistes, lavande et bruyère composent le décor végétal. On progresse sur la courbe de niveau pendant environ 10 min, puis on aborde la montée à la **Bocca di Sordu** (1 065 m). Vous gagnerez le col, reconnaissable à de gros éboulis rocheux, au bout de 30 min d'une grimpette traîtresse (soit 1 heure 30 environ après avoir quitté le refuge). De là, la perspective est dégagée jusqu'à la mer.

Juste après le col, le tracé descend une grosse dalle de granite d'une cinquantaine de mètres (qui pourrait facilement faire un toboggan naturel en cas de pluie), d'assez forte déclivité. Elle aboutit à un chemin sablonneux qui fend une forêt de pins (environ 2 heures).

Quelques minutes plus tard, on parvient à un petit plateau d'où émergent des dômes de granite et des empilements de roches aux formes étranges. Le maquis et quelques pins maritimes plantent le décor. On évolue au milieu de ce paysage pendant une quinzaine de minutes avant d'entamer une descente. Le côté montagnard de l'étape s'efface progressivement et le relief se fait plus doux. Vous atteindrez les **bergeries de Capellu** (en ruine) 2 heures 30 environ après votre départ du refuge. Une source est indiquée sur la gauche, à 300 m du sentier principal. Profitez de l'endroit pour pique-niquer.

Une quinzaine de minutes plus tard, vous parviendrez à un petit replat, d'où vous pourrez admirer le massif de la Punta-Balardia au nord-est, reconnaissable à son pain de sucre. Vous descendrez ensuite progressivement jusqu'au **ruisseau de la Punta Pinzuta** que l'on entend couler au fond de la vallée.

Après 3 heures/3 heures 15 de marche, vous franchirez le ruisseau à gué. Le sentier le longe ensuite provisoirement en balcon, avant de décrire un grand lacet et de franchir à nouveau le cours d'eau à un endroit où de grandes vasques dans la roche permettent de se rafraîchir (au niveau d'un panneau du PNRC). Suit une bonne grimpette d'environ 20 min pour sortir de cette vallée encaissée (3 heures 45) et arriver à un col où vous pourrez reprendre votre souffle. Le sentier se poursuit ensuite à flanc de montagne, sans dénivelé ou presque, et décrit de longues sinusoïdes en corniche au milieu du maquis, pendant 45 min.

Après 4 heures 45 de marche, vous atteindrez la **Bocca d'Usciolu** (587 m). Ultime col du tracé, il a valeur de symbole. Sa forme caractéristique en U ne manque pas, en effet, d'évoquer la "porte de sortie" du GR®20. Dès le col franchi, Conca et son campanile, but de l'étape et point final du tracé, se profilent en contrebas, dans la vallée. Plus au sud, on voit nettement une belle anse littorale. La descente jusqu'au village (20-30 min) se déroule au milieu d'un épais taillis.

Cinq heures environ après avoir quitté le refuge di Paliri, vous déboucherez sur une route goudronnée. Prenez à gauche, jusqu'à un carrefour, où vous suivrez la route qui descend. Vous arriverez ensuite en vue de la route principale à **Conca**, partagé entre la joie d'avoir "bouclé" le GR®20 et, déjà, la nostalgie de ses reliefs.

Où se loger et se restaurer

La Tonnelle (04 95 71 46 55 ; www.gite-conca.com ; camping 6 € environ, dort 19 €, 38 € en demi-pension ; plats 10-20 € environ, menu 14 € ; mars-oct) est un excellent gîte d'étape, bien équipé, avec des chambres de 2, 4 ou 5 lits, pourvues de sanitaires privés, et une grande salle de restaurant. Cuisine à disposition. Service de transfert pour Sainte-Lucie de Porto-Vecchio ou Porto-Vecchio (10 €/pers à partir de 3-4 pers). Service de restauration mais pas de ravitaillement. Épiceries et snack-bar au village.

MARE E MONTI® ET MARE A MARE®

Ces appellations désignent cinq sentiers aménagés par le parc naturel régional de Corse, répartis du nord au sud de l'île. Certes moins médiatiques que le GR®, ils présentent néanmoins une batterie d'atouts spécifiques qui les rendent attrayants. Il s'agit de parcours de moyenne montagne plus courts et réputés accessibles à un plus grand nombre que celui du GR®. Ceux qui doutent de leur aptitude à "tenir" le GR® peuvent donc se tester sur ces parcours.

La localisation des sentiers Mare e Monti® et Mare a Mare® ainsi que les régions qu'ils traversent en font également d'excellents itinéraires de découverte de la Corse traditionnelle de l'intérieur des terres. Par rapport au GR®, perché dans la montagne et ne croisant que trois hameaux, ils présentent l'originalité de traverser les bourgades les plus pittoresques de l'île – les étapes sont conçues de village à village – et facilitent ainsi la découverte d'autres facettes que les seuls reliefs et sites naturels de l'île. Le confort est également supérieur, puisque des gîtes d'étape (assurant la restauration), voire des hôtels, accueillent les randonneurs à la fin de chaque étape. Vous pouvez donc tronçonner les parcours à votre guise. La fréquentation est également moindre par rapport au GR®.

Vous trouverez ci-dessous une présentation générale de chacun d'entre eux (à l'exception des Mare a Mare® centre et sud, qui font l'objet d'une description détaillée, étape par étape) avec mention des villages traversés. Certaines localités sont traitées dans les chapitres généraux de ce guide, avec les descriptions des ressources en matière d'hébergement et de restauration.

Ravitaillement et hébergement

Vous n'aurez aucun souci de logistique sur les Mare e Monti® et Mare a Mare®. Vous pourrez en effet loger dans un gîte à la fin de chaque étape. Généralement bien tenus, ils sont plus confortables que les habituels refuges. Ils disposent de petits dortoirs (chambres de 4-10 personnes), de sanitaires (avec douches chaudes) et de couvertures (parfois de draps). L'ambiance et la qualité des prestations de chacun dépendent étroitement des gérants, souvent une famille du village. Certains s'investissent beaucoup dans la tenue de leur gîte et ont réussi à en faire une adresse réputée, notamment pour leur table.

Vous avez le choix entre plusieurs formules : hébergement seul (environ 13-15 € la nuitée), demi-pension (environ 35 €/pers), table d'hôtes (dîner à 15 € environ), panier-repas, voire camping dans de rares cas. Tous ne disposent pas d'un coin cuisine, et certains imposent la demi-pension.

La période d'ouverture varie d'un gîte à l'autre. Bon nombre d'entre eux ne fonctionnent pas hors saison (de novembre à avril). Téléphonez au préalable. En saison, les réservations sont indispensables. Le règlement se fait en espèces ou par chèque. Vous trouverez des hôtels dans certains villages.

Vous ne courrez pas davantage le risque d'être pris au dépourvu en matière de ravitaillement. Outre la restauration dans les gîtes, vous croiserez en effet des épiceries ou des libres-services, voire des restaurants. En principe, chaque village bénéficie d'un bureau de poste (aux horaires d'ouverture restreints), où il est théoriquement possible de retirer de l'argent sur présentation d'une carte de crédit et d'une pièce d'identité.

Les balades et sentiers Mare a Mare® et Mare e Monti®

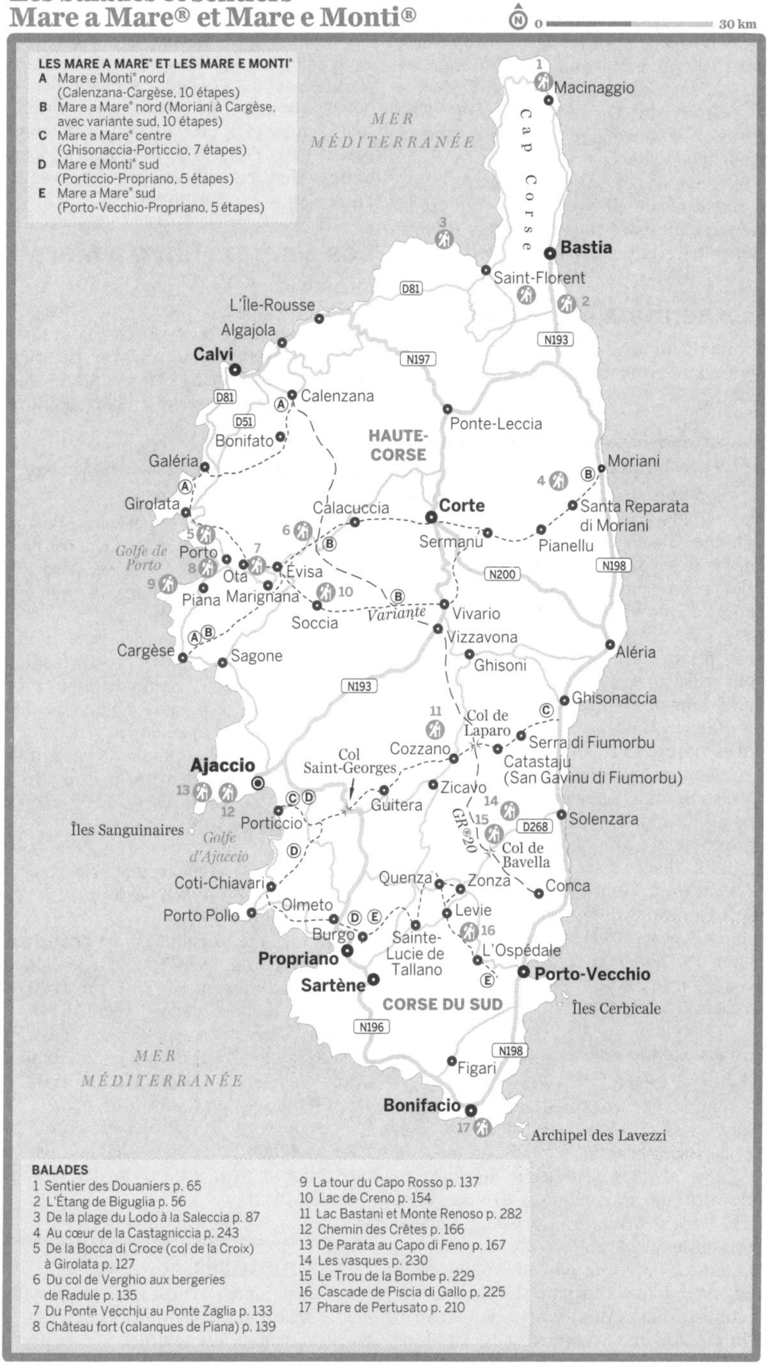

Balisage et cartes

Les itinéraires sont balisés en orange (trait de peinture sur un tronc d'arbre ou sur des rochers). La visibilité et la fréquence du balisage laissent cependant parfois à désirer sur certains tronçons. Une absence de marquage sur plus de 100 m est suspecte. Revenez toujours sur vos pas pour retrouver la balise précédente.

Une carte détaillée vous sera d'un grand secours. Munissez-vous des cartes IGN au 1/25 000 (série Top 25), très claires.

Les sentiers Mare e Monti®

Comme leur nom corse l'indique, il s'agit d'itinéraires cheminant entre la mer et la montagne.

Mare e Monti® nord

Ce superbe parcours, sans difficulté particulière, relie Calenzana, en haute Balagne, à Cargèse, au sud du golfe de Porto. Il se divise en 10 étapes de 4 à 7 heures environ, à une altitude maximale de 1 153 m. Vous traverserez plusieurs sites naturels d'exception, telles la forêt de Bonifato, la réserve naturelle de Scandola et les gorges de la Spelunca, et ferez halte dans des villages pleins de charme, notamment Galéria, Ota et Évisa.

Les gîtes sont situés successivement à Calenzana, Bonifato, Tuarelli, Galéria, Girolata, Curzu, Serriera, Ota, Évisa, Marignana, Revinda-E Case et Cargèse. Il existe également d'autres hôtels ouverts dans certains villages.

Le Mare e Monti® nord est praticable toute l'année, mais l'avant et l'après-saison (mai-juin et sept-oct) sont préférables pour éviter les fortes chaleurs. Une jonction avec le Mare a Mare® nord est possible à Évisa et à Marignana.

Mare e Monti® sud

Ce sentier relie les golfes de deux stations balnéaires du sud-ouest de la Corse, Porticcio et Propriano. Il se déroule en 5 étapes de 5-6 heures en moyenne, à une altitude maximale de 870 m. Vous ferez halte à Bisinao, à Coti-Chiavari (qui domine les deux golfes), à Porto Pollo, à Olmeto et finirez le parcours à Burgo (à 7 km au nord de Propriano). Le parcours ne comporte que 2 gîtes d'étape – à Bisinao et à Burgo. Ailleurs, vous devrez dormir dans les hôtels et campings de Coti-Chiavari, de Porto Pollo et d'Olmeto.

Le parcours se caractérise par des vues sur les golfes, les tours génoises et les plages (à Cupabia et à Porto Pollo). À l'instar de son homologue du nord, ce sentier est praticable toute l'année et ne présente pas de difficulté particulière. Préférez le printemps et l'automne. Une jonction est possible avec le Mare a Mare® sud, à Burgo.

Les sentiers Mare a Mare®

Au nombre de trois (nord, centre, sud), les sentiers Mare a Mare® ("mer à mer") relient les côtes ouest et est en passant par les montagnes de l'intérieur. Les parcours Mare a Mare® centre et Mare a Mare® sud font l'objet d'une description plus détaillée (par étapes).

Mare a Mare® nord

De Moriani, sur la côte est au sud de Bastia, à Cargèse, à l'ouest, ce sentier traverse des régions contrastées et se parcourt en 10 étapes de 4 à 6 heures, flirtant par moments avec les 1 600 m.

À partir d'Évisa (8e jour), il se confond avec le Mare e Monti® nord jusqu'à Cargèse. Vous ferez connaissance avec Corte (4e jour), le Boziu – région reculée réputée pour ses chapelles et ses fresques – et le Tavignano, avant de monter jusqu'au col de Verghio (croisement avec le GR®), d'apprécier les forêts et de filer jusqu'à Évisa et Cargèse.

Les gîtes sont situés à Pianellu, Sermano, Corte, Calacuccia, Albertacce, Casamaccioli, Évisa, puis le long du Mare e Monti® nord.

Une variante méridionale est possible à partir du 4e jour. De Sermano, elle plonge vers le sud jusqu'à Vivario via Poggio-di-Venaco, puis s'infléchit vers l'ouest et traverse successivement l'Onda, Pastricciola, Guagno, Guagno-les-Bains et Renno, avant d'opérer la fusion avec le Mare e Monti® nord à Marignana.

Compte tenu de l'altitude de certaines étapes, évitez la période s'étalant entre novembre et avril, en raison des risques d'enneigement.

Mare a Mare® centre

Le Mare a Mare® centre n'est pas le plus connu, ni le plus fréquenté de ces itinéraires, ce qui contribue à son attrait.

Composé de 7 étapes de 3-7 heures entre Ghisonaccia (façade maritime est) et Porticcio, à l'ouest, il traverse deux *pievi* méconnues, le Fiumorbo et le Taravo, dont les villages possèdent un authentique cachet, avant de traverser l'arrière-pays d'Ajaccio.

La diversité des paysages traversés est étonnante, et vous vous familiariserez avec tous les étages de la végétation.

Les parties ombragées sont nombreuses. L'altitude maximale est de 1 525 m, au col de Laparo, ce qui explique qu'il est surtout praticable d'avril à novembre. Malgré nos réactualisations régulières, nous vous conseillons de vous munir d'une carte détaillée pour avoir des points de repère précis, d'autant que le parc n'effectue pas un travail de balisage très régulier sur cette randonnée. Attention, vous ne trouverez aucun distributeur sur le parcours et les gîtes ne prennent pas la carte de crédit.

Le transport en voiture – intéressant si vous souhaitez "tronçonner" votre parcours en le commençant ou en le finissant à Catastaju – peut également être assuré (forfait de 25 € jusqu'à Ghisonaccia, 80 € jusqu'à l'aéroport de Bastia-Poretta, 100 € jusqu'à Cozzano ou Bastia).

ÉTAPE 1

Ghisonaccia – Serra-di-Fiumorbu (460 m)

Balisage : orange
Difficulté : bonne montée, "cassante" en fin de parcours
Durée moyenne : 2 heures 30 à 3 heures
Point culminant : 460 m
Accès : autocars au départ de Bastia et de Porto-Vecchio, 2/jour, tous les jours sauf le dimanche

Cette marche d'approche, dos à la mer, constitue une excellente mise en jambes qui vous conduira au village de Serra-di-Fiumorbo, perché sur les premiers contreforts de l'intérieur de l'île. Le parcours est très nettement divisé en deux parties, au profil différencié : la première, plate, traverse la plaine agricole et la seconde est une montée franche jusqu'à Serra-di-Fiumorbu.

Descriptif de la randonnée

Le point de départ du Mare a Mare® centre se situe sur la N198, à 4,5 km au sud de Ghisonaccia, à 1 km au sud du hameau de Casamozza, juste après le pont qui enjambe l'Abatescu, sur la droite. Le début de l'itinéraire est signalé par un panneau du PNRC, qui indique 3 heures pour rallier Serra-di-Fiumorbu, 7 heures pour Catastaju (votre seconde étape) et 11 heures pour la Bocca di Laparo (col de Laparo).

La première partie du parcours, plate, suit la petite route goudronnée, qui se dirige plein ouest vers les contreforts montagneux, et traverse des champs voués à la culture maraîchère, rappelant que le Fiumorbu était déjà un grenier à blé dans l'Antiquité. Votre premier contact avec un village corse sera le hameau d'Asprivu, que vous rejoindrez en moins d'une demi-heure. Faites preuve de vigilance, car le balisage devient confus : lors de notre passage, un nouveau chemin avait sans doute été créé récemment, mais rien ne l'indiquait clairement. Il faut donc suivre très attentivement le balisage. Sinon, nous vous proposons un début d'itinéraire dont le sentier est mal débroussaillé. Dans le hameau, vous arriverez à une fourche avec, à droite, un chemin caillouteux, que vous délaisserez.

Continuez sur la route goudronnée et, 100 m plus loin, prenez le chemin qui bifurque sur la droite, en direction du hangar agricole. Passez la barrière à côté du hangar et empruntez quelques mètres plus loin le chemin entre deux haies. Le sentier, bien recouvert par la végétation et les ronces, vous conduira, quelque 10 min plus tard, au Fiumorbo, un cours d'eau que vous longerez sur une centaine de mètres, le long d'une étroite corniche, puis sur une piste plus large.

Progressivement, les cultures agricoles cèdent la place à des arbres, entre autres des chênes, et au maquis, qui donne au paysage une tonalité un peu plus sauvage. Au bout de 1 heure 10 de marche, vous atteindrez le hameau de Suartellu, et passerez devant une petite maison. Prenez la route goudronnée sur 900 m environ et vous aboutirez à un carrefour. Traversez la route, et repérez le panneau sur la gauche, qui indique Serra à 1 heure (mais comptez plutôt 1 heure 15).

Les choses se gâtent alors : vous avez rendez-vous avec le premier dénivelé du Mare a Mare®. Quelque 200 m après le premier lacet, on quitte la route pour un petit sentier (indiqué) qui s'enfonce dans le couvert végétal. Prenez votre courage à deux mains, car la montée est sans concession. Trois quarts d'heure plus tard, vous déboucherez sur une route goudronnée, que vous emprunterez sur une vingtaine de mètres sur la droite, pour rattraper le sentier qui reprend à flanc de colline, sur la gauche (on ne le voit pas très bien, de même que le balisage orange). Encore 25 min de grimpette et vous tombez à nouveau sur la route goudronnée, que vous suivez cette fois sur la droite jusqu'au village de Serra, que l'on aperçoit, à 457 m d'altitude. À l'entrée du village, vous jouirez d'une belle vue d'ensemble sur la plaine. Le village est à flanc de colline, et vous enchaînerez encore 2 lacets avant de parvenir au centre. Le gîte d'étape est situé dans une bâtisse en granite à la sortie du village, sur la gauche.

À noter : certains randonneurs court-circuitent cette étape et commencent directement à Serra-di-Fiumorbo. D'autres ne font pas escale à Serra, et rallient Catastaju dès le premier soir.

Où se loger et se restaurer

Gîte d'étape de Serra di Fiumorbu (04 95 56 75 48, 06 81 04 69 49 ; Serra di Fiumorbu ; dort 13 €/pers, 35 € en demi-pension ; avr-oct). Voir description p. 253.

ÉTAPE 2

Serra di Fiumorbu (460 m) – Catastaju (523 m)

Balisage : orange
Difficulté : facile ; absence d'ombre sur la première partie de l'itinéraire
Durée moyenne : 4 à 5 heures
Point culminant : 957 m

Ce parcours varié alterne crêtes, maquis et forêts de pins et rejoint le cœur de la montagne. Un long faux plat sur une crête, suivi de quelques montées plus accentuées qui vous conduiront à près de 900 m d'altitude, cède ensuite la place à une descente rapide et ombragée jusqu'au hameau de Catastaju (523 m), dans une vallée encaissée.

Descriptif de la randonnée

Marchez en direction de la sortie de Serra-di-Fiumorbu, sur environ 500 m. Sur la droite, vous distinguerez un panneau indiquant, entre autres, la Bocca di Juva. Suivez donc cette piste qui monte sur la droite. Vous allez alors cheminer sur une large crête qui s'élève régulièrement, orientée sud-ouest, et qui dégage de magnifiques perspectives sur une chaîne montagneuse et la vaste dépression du Fiumorbo à l'ouest. La végétation est plutôt maquisante, avec des cistes, des belliums, des digitales pourpres, des bruyères. Peu ou pas d'ombre dans cette première partie de parcours.

Sur cette crête qui monte en faux plat, à découvert, quelques pistes forestières risquent de vous jouer des tours, sans que le balisage soit d'une réelle efficacité dans ces moments cruciaux. Vous croiserez d'abord une fourche avec trois pistes ; empruntez celle de gauche. Puis continuez la route forestière qui est parfois coupée par un chemin plus court qui longe la crête. Repérez bien le balisage sur les arbres ou au sol.

Au bout de 1 heure 40 de marche environ, on arrive à un col offrant une vue saisissante sur une autre vallée. On progresse sur la crête et, quelque 200 m plus loin, on arrive à une intersection ; sur la gauche, un panneau cassé indique "Ventiseri". Il faut continuer tout droit le sentier au milieu des pins et des chênes verts. La montée est plus accentuée, sur un sentier ombragé dévoré par des taillis. On arrive à un autre petit col avec vue sur la mer, après 20 min, et la végétation change. Cette fois, pins et fougères sont désormais dominants, alors qu'auparavant on avait évolué dans un cadre plus dégarni. La montée continue pendant environ 10 min jusqu'à une petite esplanade touffue, où l'on risque de perdre le balisage et la trace du sentier.

Le chemin s'incurve sur la gauche et propose à nouveau une grimpette pendant 5 min, jusqu'à un sommet (2 heures 30). On entame ensuite la descente dans un paysage grandiose, cerné par les montagnes. On traverse une pinède, puis on parvient à un premier carrefour de la Bocca di Minaguli. Il faut continuer tout droit et ignorer la descente vers Ania sur la droite. On arrive ensuite au deuxième carrefour de la **Bocca di Juva** (altitude 866 m) avec une jolie vue. Ania et Catastaju sont indiqués sur la droite. La descente se fait tantôt prononcée, tantôt douce, au milieu d'une forêt de pins.

Un peu plus de 15 min après la Bocca di Juva, on traverse une piste forestière que l'on remonte sur 50 m avant de retrouver le balisage qui descend vers la forêt. Vous croiserez une stèle en pierre qui vous indique de continuer tout droit. Au bout de 4 heures 30 de marche environ, on franchit un ruisseau. Cinquante mètres plus loin, en montant, on accède à un autre carrefour. Ne prenez pas la direction d'Ania, tout droit (indiqué en orange, risque de confusion possible), mais bifurquez sur la gauche pour mettre le cap sur Catastaju.

Vous croiserez ensuite un autre panneau indicateur, où cette fois vous prendrez à droite pour **Catastaju**. Bientôt, signe de délivrance, vous entendrez les eaux de l'Abatescu, en vue duquel vous arriverez au bout de 5 heures, après une bonne descente. Franchissez la passerelle. Le gîte se dresse sur la droite. Profitez des eaux limpides et vivifiantes de l'Abatescu pour vous remettre de cette belle étape.

Où se loger et se restaurer

Gîte d'étape de Catastaju – San Gavinu-di-Fiumorbu (04 95 56 70 14, 06 79 74 81 58 ; dort 15 €/pers, 35 € en demi-pension, plats 5-18 € ; avr-oct). Voir détails p. 253.

Épicerie bien approvisionnée à San-Gavino-di-Fiumorbu, bar et cabine téléphonique.

ÉTAPE 3

Catastaju (523 m) – Col (Bocca) de Laparo (1 525 m) – Cozzano (727 m)

Balisage : orange
Difficulté : bon dénivelé (1 000 m) sur la première partie
Durée moyenne : 6 heures à 6 heures 30
Point culminant : 1 525 m

Cette longue étape, variée et ombragée, a comme point d'orgue le franchissement du col de Laparo (1 525 m), point culminant du Mare a Mare®, qui forme une frontière naturelle entre la région du Fiumorbo et celle du Taravo. Vous ferez également connaissance avec plusieurs étages de végétation. Le profil général est celui d'un V renversé : ascension régulière jusqu'au col, puis longue descente dans la vallée de Cozzano.

Descriptif de la randonnée

Devant le gîte, suivez la route goudronnée qui monte. Au bout de 300 à 400 m, prenez à droite, après le préfabriqué, en direction de la Bocca di Laparo. Faites vos adieux au bitume et apprêtez-vous à vivre une montée progressive mais sans concession jusqu'au col de Laparo, à 1 525 m, soit un dénivelé de 1 000 m...

La première demi-heure se passe sans encombre. L'ascension est lente et régulière, et suit le cours du ruisseau Macini vers l'amont. Ne vous déconcentrez pas, car il ne faut pas manquer une bifurcation en forme d'épingle à cheveux sur la droite, à peu près à hauteur de l'endroit où le ruisseau cascade. Observez bien le balisage à terre.

Au bout de 45 min, vous débouchez sur une corniche d'où l'on domine toute la vallée du Macini. Premier carrefour après 1 heure 10 d'efforts : à droite, on se dirige vers San-Gavino ; tout droit, on monte au col de Laparo (indiqué). Quelques minutes plus tard, vous franchirez un ruisseau à gué, que vous longerez ensuite sur une corniche, vers l'amont. Une montée d'environ 10 min fait suite à cette corniche ; vous retraverserez un ruisseau, à gué, sur de gros éboulis. À cet endroit, le balisage n'est guère visible.

Fiez-vous aux petits cairns et aux marques orange sur les arbres de la rive opposée. Sur l'autre rive, le sentier louvoie en courts lacets dans la pinède, au milieu de grosses roches et de racines.

Au fur et à mesure de la progression, les pins s'effacent devant les hêtres. Sur le bord du chemin, on croise les grandes feuilles de l'ellébore corse et les jolies petites fleurs jaunes du millepertuis.

Au bout de 1 heure 55, on arrive à un col qui forme une petite esplanade où se trouvent les ruines des **bergeries de la Scanciatella**. L'endroit est idéal pour un pique-nique. Quand on fait face à la vallée, avec la forêt de hêtres derrière soi, la reprise du sentier est sur la droite. Une autre petite bergerie, avec un toit en tôle, vous attend un peu plus haut à côté d'une source d'eau. Cinquante mètres après, on s'enfonce à nouveau dans la hêtraie et l'on suit la courbe de niveau. Un quart d'heure plus tard, on franchit un ruisseau à gué.

Au bout de 2 heures 45, dans la hêtraie, on repère un petit cairn qui signale qu'il faut tourner sur la gauche. Le balisage orange, sur un tronc d'arbre, n'est pas très apparent.

Vous atteindrez le **refuge de Laparo** en 3 heures 10. Il s'agit d'un bâtiment en dur, non gardé, dans lequel on peut dormir (matelas sommaires). Une gazinière est installée et un tuyau d'eau potable en contrebas permet de se désaltérer. Pour rejoindre le sentier, prenez tout de suite à gauche juste avant d'arriver au refuge. Le sentier longe la façade puis oblique à 90° en amont. Une bonne grimpette vous conduira en 15 min (soit au bout d'environ 3 heures 30 au total) à une clairière, où le balisage est confus. Fiez-vous à la balise sur le rocher, vers l'amont.

À noter : le passage par le refuge de Laparo est facultatif. Il vous fait faire un détour d'environ 10 min tout au plus. On peut éviter ce petit crochet en prenant directement la direction de Laparo à une patte-d'oie, à hauteur de laquelle on devine le mot "refuge" sur un écriteau détaché d'un arbre et "Laparo" à peine lisible sur une pierre.

De la clairière, un raidillon final vous conduira en un quart d'heure (25 min depuis le refuge) au **col de Laparo**, point de jonction avec le GR®20, orienté nord-sud, qui coupe le Mare a Mare® à angle droit. Comptez 3 heures 30 à 4 heures pour le tronçon Catastaju-Laparo. Savourez la vue sur la région du Taravo, à l'ouest, que vous allez rejoindre.

De Laparo, le sentier commence par une descente. Après 25 min, on croise un torrent, puis bientôt un deuxième avec une petite vasque idéale pour se rafraîchir. Le chemin s'engage alors dans une superbe forêt de pins laricios avant de rejoindre une piste forestière. Prenez à gauche et vous ne tarderez pas à dépasser un torrent.

Une fontaine naturelle est située 200 m plus loin, en bord de route. Poursuivez votre chemin pendant une demi-heure jusqu'à ce que vous longiez une sorte d'esplanade : un panneau "Cozzano" pointe alors la direction d'un petit sentier qui descend dans la forêt.

Quarante minutes plus tard, il débouche sur une route forestière, fraîchement construite, qui descend. Après 10 min, vous croiserez une petite fontaine sur la gauche du sentier, puis quelques centaines de mètres plus loin, dans un virage, le sentier repart dans la forêt sur la gauche. Soyez bien vigilant, on peut en effet passer à côté du balisage. Le sentier bordé de chênes verts et de châtaigniers majestueux recroise la piste forestière avant d'emprunter le lit desséché d'un ruisseau qui part à gauche d'une porcherie.

Le sentier n'aura désormais de cesse de couper la route forestière : soyez donc attentif au balisage orange (ne suivez pas le rouge !).

Après 3 heures de descente, vous entendrez les remous d'un large torrent dans lequel vous pourrez vous baigner. Vous rejoindrez peu après une route bitumée qui mène, à gauche, au centre de Cozzano, à droite, au gîte rural.

Où se loger et se restaurer

Auberge A Filetta (04 95 24 45 61 ; www.pourlesvacances.com/filetta/ ; route de Guitera ; s/d en demi-pension 60/80 € ; plats 6-18 € environ, menu 15-25 € ; mi-avr à sept ; P). Voir détails p. 174.

Gîte d'étape Bella Vista (04 95 24 41 59 ; camping 7 €/pers, dort 14 €/pers, d 39 € ; avr-oct). Voir détails p. 175.

ÉTAPE 4

Cozzano (727 m) – Guitera-les-Bains (620 m)

Balisage : orange
Difficulté : moyenne
Durée moyenne : 4 heures 30 à 5 heures
Point culminant : 955 m
Remarque : possibilité de faire halte dans les villages traversés

Cette étape est probablement la plus ombragée du Mare a Mare® centre. Entrecoupée par la traversée de plusieurs villages, elle s'achève par une longue descente sur Guitera-les-Bains, qui dévoile de superbes points de vue. Il existe également une variante intéressante qui passe par le village de Zicavo et les bains de Guitera. Renseignez-vous auprès du gîte rural Bella Vista de Cozzano.

Descriptif de la randonnée

Le sentier prend son départ sur la route de Guitera (D757), 50 m avant l'Auberge A Filetta, au pied d'un châtaignier. Comptez environ 1 heure 30 pour rallier **Sampolo**, le premier village. Au premier embranchement, prenez à gauche. Après 10 min de descente, vous parviendrez au Taravo, cours d'eau qui a donné son nom à toute la région. C'est ce même Taravo qui alimente en eaux chaudes les bains de Guitera, situés à quelques kilomètres en aval.

Après avoir traversé le pont et foulé, sur 300 m, la D328, vous ne pourrez pas rater sur votre gauche un panneau en bois pointant la direction de Sampolo. Quittant la route, le large chemin bordé de murets de pierres débouche sur une barrière en bois. Une fois cette dernière passée, on prend, tout de suite à droite, le joli sentier au milieu des fougères jusqu'à deux maisons qui surplombent la vallée.

Enjambez une autre barrière en bois ; le sentier oblique à gauche et, après une descente, traverse un ruisseau et remonte à pic jusqu'à une tombe précédant une maison. En continuant votre chemin, vous croiserez la D28, qui vous mènera, en 1 heure 30, au petit village de Sampolo, situé 200 m en aval.

Autrefois passage obligé des bergers en transhumance, Sampolo ne compte aujourd'hui qu'une vingtaine d'habitants en hiver. Pour le randonneur, ce joli village est une aubaine : il dispose d'une épicerie (la dernière avant Porticcio), et d'un bar-tabac fort sympathique. Avec son parterre de vieux carrelage, le Bar des Amis, ouvert tous les jours, accueille, depuis 1900, riverains et gens de passage.

Il vous faudra moins d'une demi-heure pour rejoindre **Giovicacce**, le prochain village. L'itinéraire traverse Sampolo et, arrivé à une fourche, poursuit tout droit sur la D28. Il longe alors plusieurs petits cimetières dont certains sont envahis par la végétation. Au troisième cimetière, dans un virage, le sentier quitte la route sur la gauche. Longez au plus près le mur de pierres et vous descendrez dans le lit d'un ruisseau en passant sur des petites passerelles en bois. Vous rejoindrez vite deux petits ponts en bois. Juste après, tournez à droite pour entrer dans Giovicacce.

Parvenu à la route principale, rejoignez la cabine téléphonique sur la droite et poursuivez sur 500 m jusqu'à un pont. Là, un panneau du PNRC indique "Tasso 30 minutes". Le sentier grimpe régulièrement dans les sous-bois, le long d'un ruisseau. Vous noterez la présence de tuyaux en plastique noir, qui se sont depuis longtemps substitués aux traditionnels canaux à ciel ouvert qui alimentaient en eau les terrasses irriguées du village. Ce savant partage de l'eau, qui rendit possible la culture de potagers et d'arbres fruitiers au XIXe siècle, périclita après la Première Guerre mondiale. Le sentier coupe ensuite à deux reprises une route bitumée.
La seconde fois, préférez remonter à **Tasso** par la route plutôt que de tenter de trouver la suite du sentier, qui était très mal balisé à chacun de nos passages. Si vous ne souhaitez pas couvrir l'intégralité de l'étape jusqu'à Guitera, vous pouvez faire halte à Tasso (voir *Où se loger et se restaurer* ci-contre).

De Tasso, il faut marcher encore 2 heures 15 pour rallier Guitera, le sentier redémarrant à 50 m du gîte d'étape U Tassu. Une route dallée longe de petits cimetières, avant d'atteindre un premier groupe de maisons où une source constitue un excellent point de ravitaillement en eau. Le chemin commence alors à s'élever à flanc de montagne par une large piste pendant 40 min. Ensuite un petit sentier descend dans une forêt et traverse quelques torrents.

Il vous faudra près de 1 heure 30 de marche pour parvenir à une grande esplanade à découvert, à la croisée de plusieurs chemins (955 m). Prenez celui d'en face pour vous engager dans une grande descente qui vous fera perdre 350 m d'altitude en une demi-heure. Vous aurez le plaisir d'apercevoir dans des trouées de sublimes vues sur Zicavo, situé sur le versant opposé, et distinguerez en arrière-plan le col de Laparo et les crêtes sur lesquelles est suspendu le GR®20. En bas de la descente, vous aurez peut-être à enjamber une barrière en fer avant d'arriver à une maison et à une route goudronnée. Tournez à gauche pour gagner le centre de Guitera-les-Bains.

Vous longerez d'abord une fontaine et un lavoir en pierre, avant d'apercevoir l'unique gîte d'étape qui se trouve en contrebas du village. De Guitera, vous pouvez vous rendre à pied ou en stop aux bains de Guitera, petite piscine naturelle d'eau chaude, à 5 km de là.

Où se loger et se restaurer

Demi-étape au **gîte d'étape U Tassu** (☎04 95 24 52 01, 06 08 96 81 84 ; dort 15 €/pers environ) ; à la fin de l'étape, vous trouverez le **gîte d'étape de Paul-Antoine Lanfranchi** (☎04 95 24 44 40, 06 84 22 40 47 ; www.chez-paul-antoine.com ; Guitera ; nuitée/demi-pension 18/40 €, camping 8 €, menus 15-25 € ; fermé nov). Voir p. 173.

ÉTAPE 5

Guitera-les-Bains (620 m) – Quasquara (721 m)

Balisage : orange ou jaune
Difficulté : facile
Durée moyenne : entre 3 heures 30 et 4 heures 30
Point culminant : 1 086 m

Cette agréable promenade, le plus souvent à l'ombre, fait un petit détour vers la Punta di Bozzi, qui offre un magnifique panorama sur la région. Le sentier traverse le village de Frasseto, où vous pourrez faire une halte avant d'aborder la remontée abrupte sur Quasquara.

Descriptif de la randonnée

Remontez le village en passant devant le café L'Archia et la mairie, jusqu'à un panneau indiquant la direction de Frasseto à 3 heures 30. Après 40 min d'ascension sur une voie rocailleuse, le parcours effectue un virage en épingle à cheveux qui précède une succession de lacets : ne ratez pas sur la gauche le départ du sentier qui s'enfonce dans la forêt.

Quelque 20 min plus tard, un panneau vert indique sur la droite le Castellu di Bozzi. Cette variante permet de grimper en une bonne demi-heure au sommet de la Punta di Bozzi à 1 086 m. Il faut bien suivre le balisage jaune et les cairns dans la forêt. La montée abrupte débouche sur une pointe rocheuse d'où, par temps clair, on peut voir jusqu'à la mer. En rejoignant l'esplanade avant la dernière montée au sommet, ne prenez pas à gauche le chemin par lequel vous avez grimpé, mais suivez à droite le balisage jaune. Faites 200 mètres et descendez à gauche dans la forêt en suivant toujours le balisage jaune (ainsi qu'un ancien balisage orange).

Après 15 min de descente, vous rejoignez le chemin du Mare a Mare® à la Bocca di Lera (1 048 m) et, en prenant le sentier sur la droite, vous gagnez un espace à découvert, sablonneux. Un écriteau signale Frasseto à 1 heure 45 de marche. La descente qui suit, agréable, régulière et ombragée, rallie en à peine 20 min une seconde esplanade pointant la direction de Frasseto à droite.

La descente entamée le long d'une châtaigneraie débouche sur une magnifique vue sur la crête de la Punta di Forca d'Olmu (1 646 m), à 3 km à peine à vol d'oiseau. Bruyères et chênes verts bordent le reste de l'agréable balade qui mène en 35 min à une fourche. Prenez le sentier à gauche et en moins d'un quart d'heure vous arriverez à une route bitumée. Tournez à gauche et vous atteindrez rapidement Frasseto, joli hameau où de grandes maisons en pierre de taille semblent évoquer un passé prestigieux. Un snack-bar nommé L'Inattendu est ouvert de façon... inattendue.

Il ne vous faudra pas plus d'une demi-heure pour rejoindre le village de Quasquara. Descendez la route principale de Frasseto jusqu'au ruisseau de Chiova. Puis, 150 m après le pont, ne ratez pas sur la droite le départ d'un petit sentier mal nettoyé qui aborde franchement le dénivelé.

Après 20 min de montée, vous parviendrez à un cimetière et redescendrez après sur les premières maisons du village.

Où se loger et se restaurer

Gîte de Quasquara (☎06 85 18 51 16 ; Quasquara ; nuitée 15 €, repas 14 € ; mai-oct). Voir aussi p. 173.

ÉTAPE 6

Quasquara (721 m) – Col Saint-Georges (757 m)

Balisage : orange
Difficulté : moyenne, parcours faiblement ombragé
Durée moyenne : 5 heures à 5 heures 30
Point culminant : 1 150 m

Cette étape rejoint les hauteurs de la crête orientée sud-ouest, marquée par la Punta d'Urghiavari, pour ne plus vraiment la quitter. L'arrivée sur le col Saint-Georges, au bord de la route nationale très fréquentée qui mène à Ajaccio, marque de manière un peu brutale le retour à la civilisation.

Descriptif de la randonnée

Remplissez bien vos gourdes avant de partir, car il n'y a pas d'eau le long de l'itinéraire. Commencez par remonter tout le village en coupant par les escaliers. Au niveau du dernier four à pain, ne ratez pas le panneau "Col Saint-Georges 6 heures". La journée débute par une montée soutenue de 1 heure 15 environ.

Parvenu à une première esplanade à découvert, vous pourrez observer avec satisfaction la distance parcourue depuis Frasseto, tapi en contrebas. Le sentier poursuit sa progression pendant un petit quart d'heure pour atteindre le point culminant de la journée, la **Bocca di Foce** (1 150 m), qui offre une vue panoramique sur les deux versants de la crête.

Le chemin longe alors le flanc de la montagne pendant environ 35 min puis descend au niveau de la **Punta d'Urghiavari** jusqu'à une barrière en bois. Le sentier oblique immédiatement à gauche et atteint quelques centaines de mètres plus loin la **Bocca di Sant'Antonu** (907 m). Pour la première fois, on distingue nettement la mer et les pistes d'atterrissage de l'aéroport d'Ajaccio.

La traversée du col durera près de 50 min pendant lesquelles vous zigzaguerez dans le maquis, avant de buter contre une montée cruelle, exposée, qui vous amènera en 25 min à la **Punta Maggiola** (1 082 m), lieu idéal pour une pause pique-nique. Le village de Santa-Maria-Sicché, à vos pieds, Propriano au sud et les plus hauts sommets de l'île au nord s'offrent à votre regard.

L'itinéraire entame alors une grande descente au milieu des fleurs de ciste et des chênes, qui conduit, en 30 min environ, à une petite esplanade où le sentier se dédouble. Il faut prendre en face et, quelques centaines de mètres plus loin, emprunter le sentier sur la droite au milieu des ronces et des graminées. Le balisage se trouve sur une pierre posée à terre. Après avoir passé une barrière en bois et marché environ 10 min dans la forêt, on débouche sur une récente piste en terre qu'il faut grimper jusqu'à une barrière en fer. Attention à ne pas rater le sentier qui repart sur la gauche 100 mètres plus loin, au milieu d'une véritable jungle de fougères et de ronces (lors de notre passage, il était difficile de le voir). Le chemin descend ensuite dans un sous-bois et, en 30 min, vous atteindrez le **col Saint-Georges**.

Où se loger et se restaurer

Auberge du col Saint-Georges (04 95 25 70 06 ; fax 04 95 53 61 47 ; www.auberge-corse.fr ; route d'Ajaccio à Bonifacio ; d 70 €, plats 12-25 €, menu 30 € ; restaurant ouvert tlj sauf lun en hiver). Voir p. 173.

Gîte du col Saint-Georges (04 95 25 70 06 ; nuitée/demi-pension 15/43 € ; avr-sept ou oct selon fréquentation). Voir p. 173 .

ÉTAPE 7

Col Saint-Georges (757 m) – Porticcio

Balisage : orange
Difficulté : facile
Durée moyenne : entre 5 et 6 heures
Point culminant : 890 m

Ce final éblouissant vous emmène des hauteurs du col Saint-Georges aux plages de Porticcio, oasis de fraîcheur qui récompense une semaine d'efforts. Par temps clair, des panoramas magiques ponctuent la longue descente sur la mer et contribuent à l'intérêt de cette dernière étape, trop souvent délaissée par les randonneurs.

Descriptif de la randonnée

L'itinéraire débute sur la petite route quelques mètres à gauche de l'auberge et monte à travers les chênes verts, puis bifurque sur la gauche pour entamer une ascension de 15 min à peine. La végétation s'anime après une demi-heure de marche et laisse place à de superbes champs d'asphodèles. Un quart d'heure plus tard, le chemin débouche sur une très belle vue du golfe d'Ajaccio.

Un panneau indiquant la direction de Porticcio marque le début d'une route plate qui conduit à une maison en dur. Quelques mètres plus loin, la route se sépare en deux et il faut prendre l'option de droite. Après 300 m, un petit chemin part sur la droite d'une barrière en longeant un mur de pierre, sous les chênes verts. Vous atteindrez ensuite un pylône EDF qui précède un très bref raidillon, à l'issue duquel vous parviendrez à une bifurcation pour Bisinao (panneau).

Poursuivez votre chemin et vous croiserez un deuxième embranchement pour Bisinao, qui n'est autre que l'itinéraire du Mare e Monti®, qui fusionne avec le Mare a Mare®. Il faut tourner à droite, et une grande descente commence. Tout au long de ces 45 min d'exercice, vous bénéficierez de superbes vues sur Ajaccio et la tour de l'Isolella, sur la côte. Arrivé à la D302, tournez à droite et marchez le long de la route. Cette partie est vraiment pénible mais incontournable pendant près de 2,5 km, jusqu'au panneau "Buselica". Là, le chemin reprend sur la gauche, rejoint une seconde route bitumée sur 150 m, puis la quitte à nouveau sur la gauche pour se rapprocher d'une tour en ruine. Il faut encore 1 heure 15 de marche pour rejoindre la mer.

En perdant régulièrement de l'altitude, le sentier croise un dédale d'intersections, mais un balisage consciencieux permet de ne pas se perdre.

Les vues furtives sur la mer sont en tout point splendides. Clin d'œil ironique ou non, c'est le cimetière municipal de Porticcio qui marque la fin du Mare a Mare® centre.

Pour rejoindre le centre-ville, prenez à gauche la route qui traverse la résidence Pierre et Vacances "Terra Bella". Au premier carrefour, continuez tout droit jusqu'à un rond-point. Suivez la direction de Porticcio et, en moins de 10 min, vous aurez les pieds dans l'eau...

Consultez la rubrique *Porticcio*, p. 167, pour prendre connaissance des possibilités d'hébergement et de restauration.

Mare a Mare® sud

Créé sur la base d'anciens sentiers de transhumance, ce parcours facile et réputé relie Porto-Vecchio, à l'est, à Propriano, à l'ouest (plus précisément, le balisage commence à Alzu di Gallina et finit à Burgo, à 7 km de ces localités). Il se compose de 5 étapes de 5 heures en moyenne, à une altitude maximale de 1 171 m. À une encablure des aiguilles de Bavella, il traverse la magnifique région de l'Alta Rocca et plusieurs villages qui passent pour être les plus beaux de l'île. Vous ferez étape à Cartalavonu, Levie, Serra-di-Scopamène et Sainte-Lucie-de-Tallano.

La troisième étape du sentier comporte trois variantes : une "version courte" évitant le plateau de Jallicu, un détour par le village d'Aullène ou encore une "version longue", qui ajoute une journée à l'itinéraire. Cette dernière passe par le village de Zonza, superbe observatoire du massif de Bavella.

Le Mare a Mare® sud est également un itinéraire culturel : il passe à proximité du site archéologique de Cucuruzzu et traverse le village de Levie. La curieuse église de Carbini et le moulin à huile de Sainte-Lucie-de-Tallano sont également à son programme. Pour l'anecdote, il traverse également le village de Fozzano, qui fut le théâtre de la vendetta romancée par Prosper Mérimée dans son célèbre *Colomba*.

Le Mare a Mare® sud est praticable toute l'année (mais la majorité de ses possibilités d'hébergement ferme entre octobre et mars). Ses villages-étapes étant accessibles par route, il est par ailleurs possible de le fractionner en autant de promenades à la journée qu'il compte d'étapes.

Précisons également que ce sentier est le seul de Corse pour lequel les gîtes proposent un service de portage des sacs d'une étape à l'autre (contactez à l'avance les gîtes d'étape).

La majorité des localités du tracé sont desservies par un service d'autocar qui effectue la liaison Porto-Vecchio-l'Ospédale-Zonza-col de Bavella-Zonza-Quenza-Sorbollano-Serra di Scopamène/Aullène/Ajaccio. Les départs ont lieu tous les jours sauf le dimanche en haute saison et les lundis et vendredis seulement hors saison.

ÉTAPE 1

Alzu di Gallina (145 m) – Cartalavonu (1 020 m)

Balisage : orange
Difficulté : parcours en montée régulière
Durée moyenne : comptez au moins 3 heures (ou 5 heures depuis Porto-Vecchio)
Point culminant : 1 020 m
Accès : taxi depuis Porto-Vecchio

Dos à la mer, cette première étape s'élève jusqu'aux hauteurs de l'Ospédale. La montée, progressive et régulière, est cependant moins éprouvante qu'il n'y paraît sur la carte. Les étages de végétation se succèdent au fil de l'étape, les chênes-lièges de la côte cédant peu à peu la place au maquis, puis aux pins maritimes et laricios.

Descriptif de la randonnée

Le balisage de cette 1e étape débute au lieu-dit **Alzu di Gallina**, à 7 km de Porto-Vecchio. Depuis la ville, prenez la route de Muratello (D159) sur 2,5 km, puis empruntez à droite la direction de Nota. Suivez ensuite les panneaux jusqu'au départ du sentier, sur la droite de la route, peu après un groupe de maisons. De nombreux randonneurs préfèrent éviter cette heure et demie de marche sans intérêt particulier en ayant recours à un taxi depuis Porto-Vecchio (comptez environ 20-25 €). Aucun transport en commun ne dessert Alzu di Gallina.

Le panneau du PNRC indiquant "Ospédale 3h – Cartalavonu 3h30" donne le départ du tracé. Il débute par un large sentier empierré qui monte doucement dans les odeurs de ciste d'un maquis bas. Le balisage à la peinture orange est un peu distant mais le sentier est parfaitement visible. Vous atteindrez en une demi-heure un plateau dénudé qui offre, en se retournant, un large panorama sur le golfe de Porto-Vecchio.

Le sentier poursuit sa progression dans une végétation qui gagne en hauteur. Après une petite heure de marche, les premiers pins devancent de peu la route goudronnée (D368) menant à l'Ospédale. Le Mare a Mare® sud la coupe à 4 reprises dans la demi-heure suivante. Ayant à ce stade dépassé les 600 m d'altitude, le sentier se glisse ensuite sous une ligne à haute tension puis se poursuit sous un couvert forestier de plus en plus dense. Il parvient peu de temps après à un passage sans difficulté entre de gros blocs rocheux puis coupe une cinquième fois la D368. Suit une montée plus prononcée sous les hautes frondaisons des pins et un nouveau passage sous la ligne électrique, avant de déboucher sur un petit replat d'où la vue s'étend jusqu'au littoral. Bonne nouvelle : vous êtes à **l'Ospédale**.

Le tracé traverse le bourg en suivant les lacets de la route puis repart sur la gauche une centaine de mètres après le panneau de sortie du village. Une ultime demi-heure de marche sous la futaie mène au refuge de Cartalavonu.

Où se loger et se restaurer

Reportez-vous à *l'Ospédale* p. 224, pour l'hébergement et la restauration offerts par le refuge de Cartalavonu.

ÉTAPE 2

Cartalavonu (1 020 m) – Levie (610 m)

Balisage : orange et cairns
Difficulté : facile
Durée moyenne : environ 5 heures
Point culminant : 1 171 m (ou Punta di a Vacca Morta, 1 314 m)
Remarques : possibilité de détour vers le point de vue de Punta di a Vacca Morta ; prévoir un peu de temps pour la visite du musée de l'Alta Rocca à Levie

Contrastant avec l'étape précédente, cette seconde journée se déroule pour une large part en sous-bois. Le détour vers la Punta di a Vacca Morta donne tout son sens au terme de "Mare a Mare®" tandis que les villages de Carbini et de Levie dévoilent, chacun à leur manière, quelques pans de l'histoire corse.

Descriptif de la randonnée

Le tracé part juste en face du refuge, à Cartalavonu. Il ne tarde pas à retrouver une piste forestière, qu'il suit brièvement en légère montée avant de virer sur la gauche dans la forêt. Il aborde ainsi un passage rocheux (dirigez-vous aux cairns) puis poursuit son chemin sous couvert. Une bonne demi-heure après avoir quitté le refuge, vous parviendrez à **Foce Alta** (1 171 m), point culminant du Mare a Mare® sud.

Une intersection s'ouvre alors devant vous. Tout droit, un détour de quelques dizaines de minutes de marche mène à **Punta di a Vacca Morta**, à 1 314 m d'altitude. Ne ratez pas ce point de vue si les conditions météorologiques sont bonnes. La "pointe de la vache morte" offre en effet l'un des plus beaux panoramas qui soient sur la région de l'Alta Rocca. L'appellation de "mare a mare" prend ici tout son sens : la vue s'ouvre sur le golfe de Porto-Vecchio, à l'est, tandis que le profond golfe du Valinco, à l'ouest, semble à portée de main. Entre les deux, le massif de Bavella toise les mers Méditerranée et Tyrrhénienne de ses aiguilles de porphyre.

Le tracé "normal" du Mare a Mare® sud descend sur la droite à l'intersection. Il est partagé sur ce tronçon avec un sentier menant à Punta di a Vacca Morta depuis le col de Mela, balisé de gros points de couleur orange. Il quitte ce dernier sur la gauche environ 20 min plus tard, puis coupe à plusieurs reprises une piste forestière.

Environ 2 heures 30 après le départ, le tracé franchit le ruisseau de la Vacca Morta puis atteint les premières maisons du village de **Carbini** (570 m). Ce modeste bourg se distingue par l'église San-Giovanni-Battista, un bel édifice de style roman qui se caractérise par son campanile bâti à quelques dizaines de mètres de la nef.

Le sentier repart face à l'église et longe le cimetière. Il coupe la route à deux reprises avant de se glisser dans un beau sous-bois. Il descend alors entre des murets de pierre couverts de mousse pour déboucher sur un petit plateau, 4 heures environ après le début de l'étape. En levant les yeux, vous pourrez alors découvrir le village de Levie, accroché à la montagne 200 m environ en surplomb.

Le Mare a Mare® sud franchit ensuite le **Fiumicicoli**, avant d'entamer la remontée vers Levie, dans un paysage exactement symétrique à celui de la descente. Le raidillon initial vous demandera une bonne vingtaine de minutes d'efforts, au terme desquelles le sentier reprend son souffle le long d'une courbe de niveau et se poursuit jusqu'à **Levie**. Cet agréable village abrite l'étonnant **musée de l'Alta Rocca**, où repose la "Dame de Bonifacio" (voir p. 232).

Où se loger et se restaurer

Vous trouverez à Levie quelques commerces, restaurants et un gîte d'étape (qui ne serait pas le plus accueillant du tracé d'après certains lecteurs).

L'autre option d'hébergement consiste à gagner l'excellente auberge A Pignata. Pour vous y rendre, suivez le tracé de l'étape ci-dessous pendant environ 15 min jusqu'à la grille en fer d'une maison abandonnée. Environ 150 m plus loin, un chemin non balisé et pas très visible part à gauche et monte jusqu'à la route goudronnée. Empruntez celle-ci sur la gauche sur environ 2 km jusqu'à une fourche dont vous prendrez la branche de droite, direction "promenades à cheval". L'auberge, reconnaissable à son portail en bois, est située 200 m plus loin, sur la gauche. Si vous ne trouvez pas le chemin non balisé, vous pouvez aussi suivre le tracé de l'étape 3 pendant une demi-heure jusqu'à la route et prendre celle-ci sur la gauche sur 2,5 km jusqu'à la fourche, où vous prendrez à droite. Cette option est un peu plus longue.

Vous trouverez davantage de précisions sur les possibilités d'hébergement et de restauration du village à la rubrique *Levie*, p. 233.

ÉTAPE 3

Levie (610 m) – Serra di Scopamène (850 m)

Balisage : orange
Difficulté : moyenne
Durée moyenne : comptez environ 6 heures pour l'itinéraire normal
Point culminant : 1 050 m environ
Remarques : plusieurs variantes sont possibles (voir l'encadré p. 329) ; nous recommandons l'itinéraire via Zonza ; prévoir un peu de temps pour la visite des sites archéologiques

Passé les sites archéologiques des environs de Levie, cette étape "à tiroirs" offre différentes options. Vous pourrez l'effectuer en une journée ou lui consacrer 2 jours. Dans ce dernier cas, vous ferez étape à Quenza, à Zonza ou sur le plateau de Jallicu.

Descriptif de la randonnée

Le début de cette 3e étape est balisé dès le centre du village, à côté du petit bureau de tabac. Le sentier commence par monter doucement pendant une demi-heure jusqu'à retrouver une route goudronnée. Il l'emprunte vers la droite et parvient en une dizaine de minutes au bureau d'accueil des sites archéologiques du *pianu* de Levie (Cucuruzzu et Capula). Vous trouverez des précisions sur ces témoignages de l'âge du bronze dans les pages consacrées à Levie, p. 233. Les sites, bien mis en valeur, se visitent en 1 heure 30 environ.

Longeant le site, le Mare a Mare® sud évolue en sous-bois le long d'un muret de pierre, passe la chapelle Saint-Laurent puis se poursuit en terrain plat, le long d'une clôture. Il ne tarde pas à atteindre une fourche, dont la branche de droite mène en une dizaine de minutes à une piste forestière où se croisent plusieurs sentiers. Des panneaux du PNRC précisent la direction de chacun. Le chemin qui part tout droit, indiqué "Zonza", correspond à la variante en 2 jours (voir l'encadré p. 329). Celui de droite est fléché "San Gavino di Carbini".

L'itinéraire normal emprunte le chemin de gauche, en direction de Quenza. Il descend jusqu'à la rivière Saint-Antoine, qu'il traverse avant de remonter légèrement. Il se poursuit ensuite en terrain relativement plat. Peu avant **Quenza**, que vous atteindrez 3 heures environ après avoir quitté Levie, vous croiserez sur la gauche le sentier de la variante "courte" (voir l'encadré). Vous pourrez vous restaurer à Quenza (reportez-vous p. 231).

Le balisage repart face à l'église de Quenza. Après une brève montée sur le bitume, le tracé descend par un large sentier sablonneux (mal balisé) jusqu'à un ruisseau qu'une passerelle traverse. Il se lance ensuite dans l'ascension du **plateau de Jallicu** (1 010 m) qui surplombe Quenza de près de 200 m d'altitude. Comptez 1 heure d'effort pour atteindre la piste caillouteuse qui marque la fin du dénivelé. Vous parviendrez ensuite rapidement en vue de **Chez Pierrot**. Installé en bordure de la route menant au plateau de Coscione, ce gîte et relais équestre chaleureux peut faire l'objet d'une demi-étape qui restera sûrement dans votre mémoire comme un temps fort de l'itinéraire. Une auberge est également installée sur le plateau (voir p. 232).

Restent 1 heure 30 à 2 heures de marche pour atteindre Serra di Scopamène. Le sentier, toujours balisé en orange, commence par descendre jusqu'à un ruisseau, qu'il traverse avant de couper une piste. Il rencontre ensuite la variante via Aullène (voir l'encadré p. 329), environ 40 min après Chez Pierrot, au col d'Arja Petrosa. L'itinéraire vers Serra di Scopamène emprunte une piste sur la gauche sur environ 200 m pour se faufiler entre deux clôtures. Il chemine dès lors en courbe de niveau dans les fougères et la végétation maquisante et coupe plusieurs fois une piste avant d'atteindre le second sentier vers Aullène. Il précède de peu l'arrivée à Serra di Scopamène.

Où se loger et se restaurer

Gîte d'étape Le Scopos (☎04 95 78 64 90, 06 62 81 52 47 ; www.gite-corse-scopos.com ; dort 39 € en demi-pension ; ⏲mi-mars à fin oct). Voir p. 233.

ÉTAPE 4

Serra di Scopamène (850 m) – Sainte-Lucie-de-Tallano (450 m)

Balisage : orange

Difficulté : moyenne ; montées et descentes finissent par être éprouvantes

Durée moyenne : environ 5 heures 30

Point culminant : 850 m

Cette quatrième étape voit la montée du col de Tavara succéder à la descente un peu brutale qui débute la journée. Un beau point de vue sur le Rizzanese et la sublime arrivée sur Sainte-Lucie-de-Tallano récompensent ces efforts.

Descriptif de la randonnée

Le sentier quitte Serra di Scopamène face au café L'Universu. Il commence par une descente brutale (plus de 400 m) dans de larges marches rocheuses. Comptez 1 heure de descente assez éprouvante pour rejoindre une route goudronnée (D20) au niveau d'un petit cours d'eau. Le tracé emprunte la D20 sur la droite pendant environ 10 min avant de se faufiler sur la gauche et de traverser une petite passerelle. Elle précède de peu une passerelle plus importante, qui enjambe le **Rizzanese** dans un superbe paysage – environ 1 heure 30 après le départ.

Le sentier s'applique ensuite à regagner tous les mètres perdus d'une montée traîtresse. De 385 m d'altitude au moment de

LES VARIANTES DE L'ÉTAPE 3

Variante en 2 jours, via Zonza

Cette variante, qui porte à 6 le nombre des étapes du Mare a Mare® sud, s'approche du massif de Bavella. Ce sont 2 étapes de 4 heures chacune : Levie-Quenza via Zonza et Quenza-Serra di Scopamène. S'il est plus cohérent de faire étape à Quenza en terme de temps de parcours, le village de Zonza offre plus de possibilités d'hébergement et de restauration.

Commencez par suivre l'étape normale jusqu'au début de la variante, qui s'amorce au chemin indiqué "Zonza". Elle suit un large sentier, qu'elle quitte peu de temps après pour s'enfoncer en sous-bois. L'itinéraire se poursuit ainsi pendant une demi-heure jusqu'à rejoindre un ruisseau, qu'il longe avant de le traverser grâce à une passerelle. S'ensuit une brève montée, avant que le tracé ne longe une décharge. Il retrouve peu après la route bitumée (D268), à l'entrée de **Zonza** (sur la gauche). Comptez environ 2 heures 30 pour rejoindre Zonza depuis Levie.

Les possibilités d'hébergement et de restauration de Zonza sont traitées p. 226.

Pour continuer sur Quenza, prenez au milieu du village la D420 en direction d'Aullène et d'Ajaccio sur environ 1 km. Le balisage reprend sur la gauche, peu après avoir croisé la route menant à droite au lieu-dit Faragina. Un panneau indique Quenza en 1 heure 30. Le sentier descend jusqu'à un plateau dégagé d'où vous aurez, en vous retournant, une très belle vue sur les aiguilles de Bavella. On parvient ensuite à une fourche où le sentier part sur la droite et atteint un cours d'eau. Il en longe la berge sur la droite durant une centaine de mètres avant qu'une passerelle un peu brinquebalante permette de le traverser.

Une petite demi-heure de montée permet ensuite d'atteindre une route en ciment que le sentier emprunte le temps d'un virage avant de s'enfoncer à nouveau dans les bois. Il ne tarde plus, dès lors, à rejoindre la D420, que vous emprunterez sur 500 m environ sur la gauche pour parvenir à **Quenza** (voir p. 231 les hébergement et la restauration).

Reportez-vous à la description de l'étape normale pour l'itinéraire entre Quenza et Serra di Scopamène. Vous pourrez visualiser les variantes de cette étape sur la carte GR®20 sud (Vizzavona-Conca).

Variante "courte", via Sorbollano

Cette option évite Quenza et le plateau de Jallicu, ce qui ramène l'étape Levie-Serra di Scopamène à 4 heures 30 environ (au lieu de 6 heures). Suivez l'itinéraire "normal" vers Quenza. Ce sentier est indiqué sur la gauche peu avant le village, 3 heures environ après avoir quitté Levie. Il mène à Serra di Scopamène en environ 1 heure 30 via Sorbollano.

Variante via Aullène

Cette ultime variante, d'environ 2 heures, permet d'ajouter le village d'Aullène (830 m) au Mare a Mare® sud. Elle quitte l'itinéraire "normal" au niveau de la Bocca d'Arja Petrosa. À Aullène, mentionnons l'**hôtel-restaurant de la Poste** (☎04 95 78 61 21 ; www.hotel-de-la-poste-aullene.com ; d 46-48 € avec WC à l'étage). Cet établissement offre un confort simple mais le propriétaire, qui a recensé tous les sentiers de la région, est une mine d'informations pour les randonneurs.

la traversée du Rizzanese, il s'élance en effet vers le **col de Tavara**, à 720 m. Comptez une petite demi-heure pour le premier raidillon. Le tracé fait ensuite une pause sous couvert avant de se cambrer à nouveau et de reprendre son ascension. Vos efforts seront récompensés par la vue qui s'offre à vous au cours de la montée : en regardant en arrière, vous découvrirez, de droite à gauche, les villages de Zonza, Quenza, Sorballano et Serra di Scopamène, qui semblent suspendus à la montagne. Comptez au moins 1 heure pour atteindre le col – assez décevant car il n'offre guère de vue –, où vous pourrez pique-niquer.

La redescente commence par des lacets abrupts avant de s'adoucir et de cheminer en courbe de niveau. Le tracé rejoint une large piste environ 40 min après le col, puis parvient à une route goudronnée. Vous atteindrez les premières maisons du village d'**Altagène** (650 m) quelques minutes plus tard - soit environ 1 heure 15 après avoir quitté le col. Le sentier oblique brutalement à gauche juste après avoir traversé un petit pont et monte jusqu'à l'église du village, croisant au passage un lavoir. Il se faufile ensuite entre deux petites haies et descend jusqu'à un ruisseau. De là, il rejoint **Sainte-Lucie-de-Tallano** en une petite demi-heure. L'arrivée sur le village, qui apparaît en dessous du sentier, offre un panorama exceptionnel.

Où se loger et se restaurer

Sainte-Lucie-de-Tallano est l'un des villages les plus actifs de l'Alta Rocca. Reportez-vous p. 235 pour les possibilités d'hébergement et de restauration offertes par le village.

ÉTAPE 5

Sainte-Lucie-de-Tallano (450 m) – Burgo (190 m)

Balisage : orange
Difficulté : moyenne ; 300 m de dénivelé positif
Durée moyenne : 5 heures 30 à 6 heures
Point culminant : 700 m environ

Cette ultime étape voit sans surprise le sentier renouer avec la mer. Elle surgit, superbe, peu avant Fozzano.

Descriptif de la randonnée

Commencez par prendre la direction du moulin à huile depuis la place du village (vers Poggio). Environ une demi-heure après le départ, vous croiserez un carrefour où vous prendrez tout droit, en direction de la **chapelle Saint-Jean-Baptiste**. Comptez 15 min supplémentaires pour atteindre cet édifice en parfait état, mais vide.

Le tracé emprunte alors une piste qu'il descend jusqu'à un carrefour de sentiers. Il se poursuit sur la gauche d'un portail métallique, croise un sentier vers Zonza, coupe plusieurs fois une piste puis commence à descendre. Environ 1 heure 30 après le départ, il atteint les rives du Rizzanese au terme d'une descente glissante par temps de pluie. Le sentier longe le cours d'eau sur la gauche dans la chênaie pendant 15 minutes, jusqu'à atteindre le très joli **pont de Piombato** (120 m). Des panneaux mettent en garde contre les dangers de la baignade à cet endroit.

Le Mare a Mare® sud prend sur la droite après le pont et rejoint vite un large chemin empierré et en pente, bordé d'enclos d'élevage. Il mène à l'entrée de **Loreto-di-Tallano**. Le tracé oblique alors sur la gauche, emprunte une piste et monte doucement jusqu'à une barrière métallique. Il entame alors une ascension de près de 300 m.

L'environnement est très sale au début de la montée, mais s'améliore rapidement. Comptez une bonne heure pour cette ascension éprouvante. Elle aboutit à une crête, à environ 700 m d'altitude, qui révèle un large panorama sur l'ouest de l'île. Le sentier longe ensuite la crête dans un maquis bas, en embrassant un large paysage. Il entame peu à peu sa descente vers **Fozzano**, en suivant grosso modo le tracé d'une ligne électrique. Peu avant le village, le golfe du Valinco et la ville de Propriano emplissent soudainement l'horizon, rappelant aux randonneurs que le but ultime de leur voyage, la mer Méditerranée, est maintenant tout proche.

Vous atteindrez le joli village endormi de Fozzano 4 heures 30 environ après avoir quitté Sainte-Lucie-de-Tallano. Le village est célèbre pour avoir été le théâtre de la vendetta qui inspira à Mérimée son *Colomba*. Tout en escaliers, le village abrite le tombeau de Colomba, qui ne se visite pas. Vous y trouverez également un bar et une épicerie.

Le tracé du Mare a Mare® sud reprend au niveau de l'église. Il emprunte une étroite route goudronnée pendant environ 20 min jusqu'au lieu-dit voisin de Figaniella, puis part sur la droite. Il contourne alors une ravine puis descend sans discontinuer dans une chênaie jusqu'à un ruisseau. Quelques minutes plus tard, une passerelle franchit le **Baracci**. Le sentier longe ensuite la rivière sur quelques centaines de mètres avant d'aborder l'ultime montée du tracé. Elle part sur la gauche et mène en environ 20 min à l'entrée de **Burgo**. À 7 km de Propriano, le hameau de Burgo marque le point final du Mare a Mare® sud. Hormis le gîte d'étape, vous n'y trouverez pratiquement aucun service. Les taxis de Propriano font le trajet entre Burgo et la ville pour 20-25 € environ.

Où se loger et se restaurer

Le **Gîte d'étape U Fracintu** (☎04 95 76 15 05 ; www.gite-hotel-valinco.fr ; Borgu ; dort 40 € en demi-pension, d/tr 55/70 € ; ⏲mai-oct), une grande bâtisse blanche qui surplombe le hameau, se partage entre le gîte et une auberge, dotée de chambres doubles. Belle terrasse et immense salle commune.

Comprendre la Corse

La Corse aujourd'hui

Le vent nouveau de l'autonomisme

Superficie : 8 720 km²
PIB : 7,27 milliards €

Coup de tonnerre dans le paysage politique corse lors des élections régionales en mars 2010 : l'île bascule à gauche, mais c'est le mouvement autonomiste (et, dans une moindre mesure, le camp nationaliste) qui sort grand vainqueur du scrutin. Avec un total de 35,74% des voix, les listes de Femu a Corsica (autonomiste) et de Corsica Libera (nationaliste), respectivement conduites par Gilles Simeoni (25,89%) et Jean-Guy Talamoni (9,85%), talonnent la gauche. Un tournant historique dans la vie politique de l'île : c'est le meilleur score jamais enregistré dans l'histoire du mouvement autonomiste, désormais placé au centre de l'échiquier politique. Les "dynasties", notamment les Rocca-Serra (UMP) en Corse-du-Sud, sont tombées, au profit de nouvelles têtes. Jamais, depuis 1982, année de la création de l'Assemblée de Corse, celle-ci n'avait échappé à la droite. Le soir du 21 mars, à la publication de ces résultats, on assiste à des scènes de liesse dans toutes les villes de l'île. Ce renouveau traduit une nouvelle donne et une aspiration à de profonds changements, surtout chez les jeunes, qui constituent une part importante de l'électorat de Femu a Corsica. Ils se mobilisent pour une autonomie modérée, pacifique et constructive, loin des références à la lutte armée et des revendications portées par les nationalistes, dont le jusqu'au-boutisme a lassé l'opinion. En filigrane, ce scrutin manifeste également une émancipation vis-à-vis des aînés, avec la fin des grandes baronnies politiques traditionnelles. Les vents semblent favorables à une autre façon d'envisager l'avenir de l'île. L'espoir est revenu chez cette jeunesse corse déboussolée.

La Corse est la plus petite des quatre grandes îles de Méditerranée (Sicile, Sardaigne, Chypre)

Ce tournant politique s'inscrit en contrepoint d'un vaste mouvement de réappropriation culturelle chez les jeunes, qui se tournent vers les fondamentaux de l'identité corse, notamment la musique, les chants polyphoniques et les confréries.

Quelques chiffres

» Avec une densité de **34 hab/km²**, la Corse est la moins peuplée des régions de France métropolitaine.
» **61%** des 360 communes corses comptent moins de 200 habitants.
» **36%** de la population corse vit à Bastia et à Ajaccio.
» Taux de réussite au bac : **83,7%** (-2,5% par rapport à la moyenne nationale).
» Taux de chômage (% de la population active) : **9%** (2010).

Départements

» La Corse est divisée en 2 départements :
» La **Haute-Corse** (préfecture Bastia)
» La **Corse-du-Sud** (préfecture Ajaccio)

Les villes corses

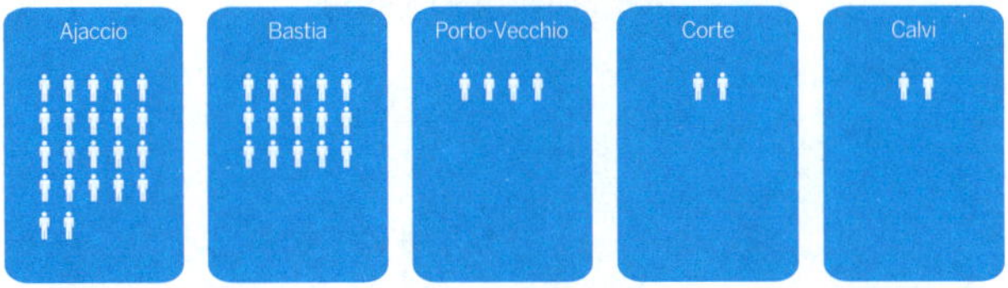

= 3 000 habitants

Population (2008) : 302 966 habitants
» Haute-Corse : 162 013 habitants
» Corse-du-Sud : 140 953 habitants

Une île touchée par la violence

Les coulisses de l'île de Beauté sont moins grandioses que ses paysages. Les Corses ont beau jeu de clamer à la diabolisation lorsqu'on évoque le sujet, mais les chiffres sont têtus : 336 meurtres ont été répertoriés depuis 1990 ; 45 homicides et tentatives en 2009, 30 en 2010. Une hécatombe, qui fait de la Corse l'une des régions d'Europe les plus violentes, si l'on rapporte ces chiffres à la population. Et cette comptabilité macabre ne semble pas près de s'arrêter, malgré les discours incantatoires des élus locaux. Réunis en session extraordinaire à l'Assemblée de Corse au mois de décembre 2010, les conseillers territoriaux n'ont pu que déplorer l'expansion du phénomène et la "gangrénation" de la société corse, sans pouvoir apporter de mesures concrètes pour enrayer cette spirale.

Quelles sont les caractéristiques de ces crimes de sang ? Précisons d'emblée qu'ils ne touchent quasiment jamais les touristes. Il s'agit, pour l'essentiel, de règlements de compte liés au grand banditisme. La spéculation immobilière et foncière, le désœuvrement des jeunes, la recomposition des clans, la prolifération des armes et les dérives mafieuses font partie des motifs avancés pour expliquer la recrudescence des assassinats. Les membres du légendaire gang de la Brise de Mer (du nom d'un bar du vieux port de Bastia), une équipe de malfaiteurs bastiais qui avait la haute main sur l'île depuis les années 1980, ont été éliminés les uns après les autres. D'autres bandes chercheraient à reprendre le flambeau et à s'assurer du contrôle d'activités économiques juteuses, d'où l'impressionnante série de règlements de compte... Plus inquiétants encore, les assassinats commis dans des lieux publics, en plein jour, mettant en danger la vie d'autrui, sont en augmentation.

Reste la violence liée de près ou de loin au nationalisme. Celle-là aussi est en hausse en 2010 : 74 attentats et 9 tentatives, soit une augmentation de plus de 50% par rapport à l'année précédente. Les affaires sont

La Corse concentre un tiers des places de camping des îles de la Méditerranée

Médias en Corse

- Le quotidien **Corse-Matin** (www.corsematin.com).
- **Corsica** (www.info.club-corsica.com), un mensuel d'information en langue française, avec des articles en corse.
- **U Ribombu**, un mensuel d'obédience indépendantiste (www.uribombu.com).
- **Journal de la Corse** (www.jdcorse.fr), un hebdomadaire d'information.
- **Alta Frequenza** (www.alta-frequenza.com), le site de la radio régionale corse. Actualités, débats, musique corse.

Trafic aérien
(nombre de passagers)

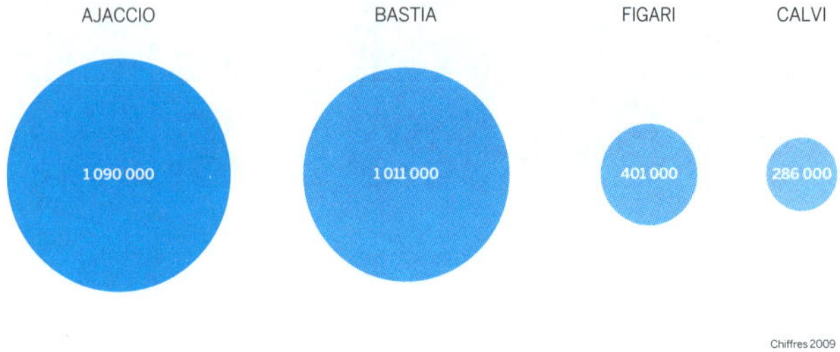

rarement élucidées, faute d'indices et de témoignages. Ces plasticages ne font pas de victimes, mais contribuent à alimenter un sentiment de défiance et d'insécurité.

Seule éclaircie dans ce sombre tableau : la petite et la moyenne criminalité sont faibles, et en tout cas bien inférieures à la moyenne. Ajaccio et Bastia sont dans le classement des 20 villes les plus sûres de France.

La Corse compte 7 ports (dont Bastia, le plus important) et 4 aéroports (dont Ajaccio, qui a le plus gros trafic de passagers)

Bon nombre de responsables politiques estiment qu'un tel climat est un frein au développement de l'île. Mais que faire ?

Menaces sur l'environnement

En Corse plus qu'ailleurs, économie et environnement ont partie liée. Le dilemme : comment concilier développement économique et protection du patrimoine naturel ? La richesse de la Corse tient à son cadre exceptionnel, qu'un certain nombre d'élus voudraient légitimement faire fructifier pour créer des emplois (hôtels, résidences, BTP) ; mais ce précieux capital serait inéluctablement entamé si le littoral venait à se garnir de constructions. C'est là tout l'enjeu et le paradoxe de la situation insulaire. Ne rien faire, c'est sanctuariser l'île et la figer économiquement ; laisser faire, c'est courir le risque de transformer une partie du littoral en une Costa del Sol... Le sujet déchaîne les passions. Le Padduc (Plan d'aménagement et de développement durable de la Corse) a fait couler beaucoup d'encre jusqu'en juin 2009, lorsqu'il a finalement été retiré après une longue saga. Selon les associations hostiles à l'adoption du Padduc, le plan visait à désanctuariser l'île pour miser sur le tout-tourisme et le tout-immobilier. Son retrait ne signifie pas la fin des dangers. Comme le disent certains Corses, "*chi u focu ferma a meza casa*" (le feu demeure dans la maison). D'autres plans de ce type seront

Économie

- » Les services regroupent 63% de l'emploi en Corse, la plus forte proportion des régions françaises hors Île-de-France.
- » Le taux d'activité des 15-64 ans s'élève à 65%, le plus faible de toutes les régions métropolitaines.
- » Seulement 50% des femmes de 15 à 64 ans travaillent, soit 9 points de moins que la moyenne nationale.
- » En 2009, 7,8 millions de passagers ont transité par les ports et aéroports de Corse (en augmentation).
- » La Corse est la moins industrielle des économies régionales, avec seulement 6% des emplois (contre 17% en moyenne).

Les ports en Corse

probablement remis sur la table. Malgré les mesures de protection du littoral, la pression immobilière sur celui-ci est de plus en plus forte, surtout dans les secteurs de Porto-Vecchio, de Bonifacio et de L'Île-Rousse. Et la question de fond n'est toujours pas résolue : comment assurer le développement économique de la Corse dans une économie mondialisée ?

La Corse compte 1 047 km de côtes baignées par la Méditerranée

Le handicap foncier

Le problème foncier est aujourd'hui une urgence vitale en Corse. L'indivision (une spécificité de l'île), tout d'abord, qui entrave l'amélioration de l'habitat (comment rénover une demeure de village qui appartient à trente indivisaires ?). S'y ajoutent les difficultés d'accession à la propriété pour les jeunes Corses, tenus à l'écart du marché en raison de la flambée des prix du foncier et de l'immobilier (d'où un sentiment d'injustice et de frustration) – problèmes mis en évidence lors des Assises du foncier et du logement, qui se sont ouvertes à Ajaccio en octobre 2010. Elles ont révélé un ensemble de craintes, dont celle qu'ont les Corses de se faire déposséder de leur patrimoine. La menace, réelle ou supposée, de spoliation, est dans toutes les têtes. Jusqu'à présent, les Corses ont bénéficié d'un statut dérogatoire dans le domaine de la fiscalité touchant les successions (sous forme d'exonérations de droits de mutation, ce qui permettait aux biens de rester dans la famille), mais il est question d'aligner progressivement la réglementation corse sur le droit commun, dès 2013...

La Corse est l'avant-dernière région de France par la superficie (devant l'Alsace)

Vive le terroir !

La Corse compte 4 produits bénéficiant de l'AOC :

- » Le brocciu
- » Le miel
- » L'huile d'olive
- » Le vin

Il est question d'établir un AOC pour la charcuterie.

Environnement : sites de référence

- » Le site de l'Office de l'Environnement de la Corse : **www.oec.fr**
- » Le site de l'association de protection de l'environnement U Levante : **http://levante.fr**

Histoire

La Corse doit à sa position géographique, longtemps considérée comme stratégique, d'avoir été propulsée très tôt au cœur de l'actualité des grandes puissances européennes et méditerranéennes. L'histoire de cette île est donc des plus mouvementées. Pisans, Génois, Français, Sarrasins, Espagnols, Britanniques, sans compter les troupes de l'Empire romain ou encore celles du Saint Empire romain germanique, y ont livré bataille. Menée au pas de charge, cette histoire est aussi celle de la lutte des Corses pour faire entendre leur voix face à des puissances qui firent souvent peu de cas d'eux.

Les origines

Si l'homme a certainement existé en Corse dès le paléolithique, sa trace la plus ancienne – le squelette de la "Dame de Bonifacio", daté des environs de 6570 av. J.-C. – remonte au Néolithique. Vraisemblablement arrivés par la Toscane, les premiers habitants de l'île se nourrissent des produits de la chasse, de la pêche et de la cueillette, vivent dans des abris sous roche (encore visibles à Filitosa) et disposent d'un outillage rudimentaire. Des céramiques, des pointes de flèches et des outils agricoles témoignent d'un début de sédentarisation vers 3300 av. J.-C. Leur plus grande réalisation date de l'ère mégalithique (4000 av. J.-C.), ainsi nommée en référence aux mégalithes (menhirs et dolmens) que ces peuples préhistoriques érigent sur l'île, et dont la signification reste obscure. C'est peu après que seraient arrivés les Torréens-Shardanes. Ce mystérieux "peuple de la mer", qui se serait peut-être replié dans cette partie de la Méditerranée après une cuisante défaite contre Ramsès III, serait, selon certains préhistoriens, entré en conflit avec les peuples insulaires.

Dans *Préhistoire d'une île : les origines de la Corse* (Errance, 1988), le spécialiste de la préhistoire, Gabriel Camps, s'intéresse aux premiers habitants de l'île, peuplée dès le VIIe ou même le VIIIe millénaire.

Détruisant ou enterrant face contre terre un grand nombre des œuvres de leurs prédécesseurs, les Torréens les auraient remplacées par des constructions circulaires au rôle tout autant mystérieux, les *torre*. Certains travaux contestent cependant cette hypothèse et avancent que les *torre* – dont certains sont encore visibles aujourd'hui – auraient été réalisés par les peuples insulaires eux-mêmes. Quoi qu'il

CHRONOLOGIE

6570 av. J.-C.

Le squelette de la "Dame de Bonifacio" est, à ce jour, la plus ancienne trace de présence humaine en Corse

565 av. J.-C.

Les Grecs phocéens fondent la ville d'Alalia (Aléria) sur la côte est de l'île

en soit, l'évolution poursuit son œuvre et apparaissent par la suite les *castelli*, ensembles architecturaux complexes témoignant d'un mode de vie sédentaire et organisé.

Les premiers conquérants

C'est la position-clé de l'île en Méditerranée, au carrefour des grandes routes commerciales, qui attire vers ses rivages les premiers peuples navigateurs. La Corse ne tarde donc pas à voir apparaître des voiles à l'horizon. Les Phéniciens, navigateurs et commerçants d'Asie Mineure, y firent peut-être un passage, sans laisser de traces, tout comme les Étrusques et les Carthaginois. Les Grecs phocéens, en revanche, s'y attardent et fondent Alalia (Aléria) au VIe siècle av. J.-C. Selon certaines sources, le passage de l'*Odyssée* où Ulysse doit combattre les Lestrygons, géants et anthropophages, se situerait dans les Bouches de Bonifacio… Sous l'impulsion phocéenne, Alalia prospère et commerce. La Corse, en bref, commence à faire parler d'elle.

L'île, à ce point de son histoire, n'a encore connu que des peuples marchands en quête de comptoirs commerciaux où faire escale et remplir les cales de leurs navires. Avec Rome, elle va faire le dur apprentissage de l'implantation d'un peuple dominateur. C'est guidée par des considérations stratégiques que Rome s'intéresse à la Corse. Elle ne peut en effet laisser cette île qui lui fait face tomber aux mains de ses ennemis, les Carthaginois. Après dix expéditions entre 260 et 160 av. J.-C., la conquête romaine commence par Alalia – vite rebaptisée Aléria –, puis s'étend à tout le littoral. Contrainte et forcée, l'île se romanise et ses habitants se réfugient dans les montagnes pour fuir la féroce répression romaine. Alors que l'Empire romain n'hésite pas à réclamer des tributs en nature et à vendre comme esclaves quelques-uns des enfants de Corse, il fera peu pour le développement de l'île : peu ou pas de voies romaines, peu ou pas de mise en valeur du territoire… Si Rome occupe la Corse, c'est avant tout pour que d'autres ne le fassent point. La Corse connaîtra 700 ans d'influence romaine. Avec le recul de l'histoire, cette période peut paraître assez calme en comparaison de ce qui va suivre…

Goths, Vandales et autres Barbares

L'Empire byzantin (Empire romain d'Orient), seul vestige de l'effondrement de l'Empire romain d'Occident en l'an 476 de notre ère, s'intéresse de très loin aux anciens territoires romains. Il laisse, ce faisant, le champ libre aux adversaires de la Rome déchue, comme les Ostrogoths de Totila ou les Vandales de Genséric. Après avoir ravagé la Gaule, ces Barbares s'attaquent à la Corse où ils détruisent vraisemblablement Aléria. La reconquête de l'île par Byzance, qui s'avère tout aussi brutale, met fin à leur domination.

La Corse, dans le même temps, est en proie aux attaques répétées des Sarrasins (nom donné alors aux musulmans). Leurs incursions se

Corse des origines de Joseph Cesari (Éditions du Patrimoine, 1999) propose 10 itinéraires à ceux qui s'intéressent à l'archéologie. Des *torre* de Tappa à la cité grecque d'Alalia en passant par le site de Filitosa, une découverte originale du passé insulaire.

Le Mémorial des Corses (Le Mémorial des Corses éditeur, Ajaccio) est une véritable encyclopédie de la Corse en 7 volumes. À défaut de l'acheter, vous pourrez le consulter dans diverses bibliothèques, en Corse ou sur le continent.

JEAN-BERNARD CARILLET

» Site archéologique du plateau de Cauria

260-160 av. J.-C.

Les légions romaines débarquent sur les côtes corses et rattachent l'île à la Sardaigne

multiplient et s'accompagnent de razzias dans les villages. L'île vit ainsi, du VIIIe au XVIIIe siècle, dans la hantise de voir apparaître à l'horizon les voiles des navires barbaresques (terme le plus souvent utilisé sur l'île, qui désigne les peuples et pirates d'Afrique du Nord, jadis désignée sous le nom de Barbarie).

S'il est attesté que la chrétienté réagit, il est en revanche difficile de faire la part entre mythe et réalité dès lors que l'on aborde le sujet des "croisades" en Corse. Pépin le Bref est sans conteste du nombre des acteurs de cet épisode, tout comme Ugo Colonna, personnage dont l'histoire est controversée, qui aurait un temps libéré l'île de ses envahisseurs. Toujours est-il que la papauté, profitant des dissensions en Europe, remplace peu à peu la lointaine Byzance dans les affaires de Corse...

Autre somme consacrée à l'histoire de l'île, le *Dictionnaire historique de la Corse* (Albiana, 2006) répondra grâce à ses 2 500 notices à toutes les questions que vous vous posez.

Seigneurs, papes et Pisans

Le Xe siècle voit également l'entrée en scène de la noblesse. De grandes familles seigneuriales se créent des fiefs sur l'île où elles règnent en maître. Certains historiens estiment que l'origine de la puissance des clans en Corse peut dater de la montée en force de ces familles, propriétaires de terres et de cheptel. On sait peu de chose de cette époque troublée par les rivalités entre ces clans. Il semblerait cependant que ce soit à la demande de quelques féodaux toscans que le pape se préoccupe à nouveau de l'île. En 1077, Grégoire VII confie les affaires corses à l'évêque de Pise.

Puissante cité italienne en constante lutte d'influence avec sa sœur ennemie – Gênes, qui entrera plus tard dans l'histoire –, Pise s'intéresse avant tout au commerce. Les marchands se dissimulent ainsi sous la robe de l'évêque. Seulement troublée par les incursions sarrasines, l'époque pisane sera pour l'île synonyme de paix, de prospérité et de développement. La Balagne et le cap Corse, notamment, commercent avec Pise, tandis que de nombreuses et belles églises font leur apparition sur l'île.

Jean-Marie Arrighi et Olivier Jehasse proposent un regard renouvelé sur la Corse depuis le néolithique à travers leur ouvrage *Histoire de la Corse et des Corses* (Perrin, 2008).

Cette activité ne peut que tenter Gênes, qui jette des regards envieux sur la Corse. La rivale de Pise parvient à ses fins en 1133, lorsqu'elle obtient du pape Innocent II le partage de l'île entre les deux républiques italiennes. Gênes ne cessera alors de pousser ses pions en avant. C'est par le sud qu'elle entame sa suprématie sur sa rivale : elle fortifie Bonifacio, puis remonte au nord où elle crée sa cité la plus fidèle, Calvi. Au XIIIe siècle, Gênes supplante Pise, malgré la lutte de nombreux seigneurs insulaires qui lui préfèrent cette dernière. La défaite de Pise à la bataille de la Meloria, en 1284, scelle la fin de la Corse pisane.

L'occupation génoise

Nul nom ne résonne aussi lugubrement dans l'histoire corse que celui de Gênes. La brutale présence de cette république italienne, marquée de nombreuses luttes, va durer cinq siècles. L'importance de la Corse pour

764

Sous contrôle pontifical, l'île connaît ses premières expéditions barbaresques. Elles s'étendront sur cinq siècles

OLIVIER CIRENDINI/LPI

» Site archéologique de Cucuruzzu

LA TERRE DES COMMUNES

Les abus de la féodalité corse furent à l'origine de la création de la Terre des Communes. Opposée à la Terre des Seigneurs, elle naît au milieu du XIVe siècle à l'initiative d'un certain Sambucuccio. Divisée en *pieve*, la Terre des Communes est organisée selon un modèle communautaire qui a amené les historiens à parler de "communisme avant l'heure". Les terres sont en effet réparties entre tous afin d'être mises en valeur, et chacun peut faire paître son bétail sur les terres communales.

Certains *caporali*, placés à la tête de cette organisation, en viendront malheureusement à se comporter en seigneurs vis-à-vis du peuple à qui ils doivent leur position. La Terre des Communes, souvent alliée aux Génois en opposition aux seigneurs féodaux, ne survivra pas à ces divisions.

la république de Gênes est à l'origine de cette ténacité. À la différence de Pise, qui contrôle un vaste territoire, Gênes est en effet confinée à un petit domaine. De plus, toute sa navigation passe au large des côtes corses. La République a ainsi rapidement compris que la Corse est une pièce maîtresse dans le développement de ses affaires. Ce n'est donc pas un hasard si elle s'empresse d'en faire une forteresse, y érige des places fortes (Bonifacio, Calvi…) et une centaine de tours de guet.

L'occupation du territoire corse étant la motivation première de Gênes, la république italienne n'a guère de temps à perdre à administrer ses habitants. Plutôt que de les soumettre, elle les chasse le plus souvent de ses places fortes d'Ajaccio ou de Bonifacio. Cité marchande, elle fait aussi en sorte qu'ils servent ses intérêts commerciaux, notamment en termes de mise en valeur des terres, d'impôt, etc. Gênes, enfin, n'hésite jamais à réprimer sévèrement ceux qui ne respectent pas cette règle du jeu… La République, en cela, poursuit une politique purement coloniale.

Histoire de la Corse, de Robert Colonna d'Istria (France-Empire, 2001), est une étude, plaisante à la lecture, qui s'attache à démystifier certains épisodes du passé insulaire sans pour autant verser dans la polémique.

Ce serait mal connaître la nature corse que de croire que Gênes peut prétendre mener une telle entreprise sans difficulté. Les seigneurs féodaux ne tardent pas, en effet, à voir d'un mauvais œil l'arrivée de ces nouveaux maîtres. C'est pour soutenir dans sa lutte contre les Génois le plus puissant d'entre eux, Vincentello d'Istria, que le roi d'Aragon, Alfonse V, en vient à s'intéresser à la Corse. En 1420, il approche avec sa flotte les rivages de l'île. À la faveur d'une trahison, il prend la très génoise Calvi puis s'attaque à l'autre place forte : Bonifacio. Il abandonnera après 4 mois de siège infructueux… Vincentello continuera pour sa part à faire de l'ombre aux Génois jusqu'à ce qu'il soit capturé et exécuté, en 1434.

Changeant de politique, Gênes fait alors appel à un organisme financier pour administrer sa turbulente colonie : l'Office de Saint-Georges. Son rôle, à partir de 1453, sera à la fois économique et répressif. L'Office crée des villes, s'occupe d'organisation administrative, oblige les populations à planter oliviers, châtaigniers et autres essences rentables, met les rares plaines de l'île en culture et espère la transformer en "grenier à blé". Dans le même temps, l'Office lève des impôts et se

1077

Le pape Grégoire VII confie les affaires corses à l'évêque de Pise

1133

Le pape Innocent II place l'île sous la tutelle partagée de Pise et de Gênes

JEAN-BERNARD CARILLET

» Église pisane San-Michele de Murato

SAMPIERO CORSO : LE FOUGUEUX

Né en 1498 près de Bastelica, celui qui fut appelé "le plus corse des Corses" commence par s'illustrer sur le continent comme militaire au service du roi de France. Malgré son origine modeste, ses hauts faits d'armes lui permettent d'épouser la noble Vanina d'Ornano, de 35 ans plus jeune que lui. Violemment antigénois, Sampiero s'engage avec fougue aux côtés de l'armée française dans la reconquête de son île natale. L'échec de sa première tentative ne le voit pas déposer les armes. N'ayant pas réussi à obtenir l'appui des puissances européennes, c'est avec quelques partisans qu'il débarque à nouveau sur l'île en 1564, où il parvient à porter quelques rudes coups à la puissance génoise sans en venir à bout. Trois ans plus tard, Sampiero sera assassiné. L'un des épisodes les plus tragiques de sa vie verra sa haine de Gênes se retourner contre son épouse. Apprenant qu'elle avait décidé de se rendre dans la République honnie, Sampiero Corso la tua de ses mains avant de l'enterrer en grande pompe...

charge de mater l'opposition locale avec une brutalité féroce. Au prix de milliers d'exécutions sommaires, il parviendra à "pacifier" l'île le temps de quelques décennies, sans faire profiter les Corses, loin s'en faut, des bienfaits de cet intermède.

Au milieu du XVIe siècle, Gênes, protégée par ses tours littorales, croit enfin régner en maître sur la Corse. Le retour de l'île au cœur des intérêts stratégiques européens en décidera autrement.

Sampiero Corso, 1498-1567 : un mercenaire européen au XVIe siècle (A. Piazzola, 1999), de M. Vergé Franceschi et A.-M. Graziani, évoque des aspects jusqu'ici inconnus de Sampiero et balaye les idées reçues sur ce personnage.

Sampiero Corso et les Français

En 1552, Henri II, roi des Français, pense que l'Italie est une pièce maîtresse de l'échiquier politique européen. Charles Quint, empereur du Saint Empire romain germanique, est visiblement du même avis. Faisant fi du traité de Crépy – par lequel la France avait fait en 1544 la paix avec le Saint Empire, abandonnant ses prétentions en Italie –, Henri II se lance à l'assaut de la péninsule italienne. Une fois de plus, la Corse doit à sa position géographique d'être embarquée dans la tourmente. En 1553, un corps expéditionnaire commandé par le maréchal de Termes et secondé par le corsaire turc Dragut, allié des Français, arrive devant Bastia. La ville est prise, bientôt suivie d'autres, et quelques jours suffisent à faire de la Corse une terre française. C'est à cette occasion qu'un colonel corse s'illustre par son courage : Sampiero Corso. Arrivé avec les Français, il reste une figure emblématique de la lutte contre le joug génois. Sa popularité et sa détermination ne suffiront cependant pas à sauver la victoire française. Les Génois ne tardent pas, en effet, à demander l'appui de Charles Quint et de l'Espagne. L'issue de combats confus sera tristement claire : trahissant la parole qu'il avait donnée aux Corses, le roi de France abandonne l'île aux Génois en 1559 par le traité du Cateau-Cambrésis. Après avoir vécu comme un soulagement les trop brèves années d'administration française, les Corses retrouvent

JEAN-BERNARD CARILLET

» La tour de l'Osse, un exemple d'architecture génoise

1284

Après sa victoire à la bataille de la Meloria, la cité de Gênes contrôle toute la Corse donc leur ennemi de toujours. La tentative de reconquête de l'île par Sampiero Corso en 1564, pourtant bien commencée, ne sera qu'un espoir de courte durée.

Certains historiens ont baptisé "siècle de fer" la période de la reprise en main génoise. La République ne reniera pas ses pratiques passées : le nouveau gouverneur génois fait ériger d'autres tours littorales pour se protéger des razzias sarrasines qui redoublent, réglemente, réprime, privilégie les cités historiques génoises, impose le développement des oliviers, des châtaigniers et des vignes... L'insatisfaction de la population insulaire demeure, d'autant plus que les retombées économiques de ces quelques réalisations ne lui profitent guère et que la pauvreté perdure. Laissés en marge de la gestion des affaires de leur pays, nombreux sont alors ceux qui choisissent l'émigration.

Le soulèvement et les interventions françaises

C'est dans ce contexte que survient, en 1729, l'un des plus importants épisodes de l'histoire de l'île : le soulèvement qui marque le début de la guerre de Quarante Ans. Le refus d'un vieil homme de payer l'impôt que lui réclame le percepteur génois met le feu aux poudres. L'événement fait boule de neige et, de jour en jour, davantage de Corses refusent de payer. Les insurgés s'organisent, s'enhardissent, dérobent des armes et ébranlent peu à peu l'ordre génois. Bastia, Algajola puis Saint-Florent tombent entre leurs mains. Face à la révolte qui gronde, Gênes appelle à la rescousse l'empereur d'Autriche. Ses troupes reprennent Saint-Florent et Bastia, sont battues à la bataille de Calenzana (1732), mais finissent par se rendre maîtresses de la situation. Gênes crie cependant victoire trop tôt. La révolte reprend et les Corses, réunis en consulte à Corte en 1735, posent les bases d'un texte constitutionnel, instaurant la Corse en État souverain.

Survient alors un épisode qu'il est aisé de qualifier de cocasse avec le recul de l'histoire. En 1736 débarque à Aléria un aristocrate allemand beau parleur et un rien opportuniste : Théodore de Neuhoff. Croyant voir en lui le chef qu'ils appellent de leurs vœux, les insurgés laissent ce curieux personnage se proclamer roi de Corse. Il restera sur l'île le temps de distribuer des titres honorifiques, de donner quelques ordres de bataille puis, déguisé en prêtre, quittera son trône sous prétexte d'aller chercher des renforts qui n'arriveront jamais...

La lutte continue sans lui et inquiète Gênes au point que la République accepte en 1738 le soutien de la France. Trop heureuse de remettre le pied sur l'île avec la bénédiction génoise, la Couronne de France délègue un corps expéditionnaire commandé par le général de Boissieux. Il est mandaté d'une mission "de conciliation et d'arbitrage", qui cache mal les intérêts diplomatiques français, et se trouve ballotté entre la prudence des ordres français et les brutales exigences des Génois, qui paient les frais de l'expédition. Malgré un cuisant revers à Borgo, les Français croient l'île pacifiée lorsqu'ils la quittent, en 1741. Les troubles

Trois beaux albums de BD consacrés à la vie de Pascal Paoli, dont les scénarios sont dus au journaliste et historien Frédéric Bertocchini, s'adressent notamment aux enfants : *La Jeunesse de Paoli* (DCL éditions, 2007), *Le Père de la Patrie* (DCL éditions, 2008) et *Ponte Novu* (DCL éditions, 2009).

1453
L'Office de Saint-Georges reprend les rênes de l'île.

1553
Selon la volonté du roi Henri II, les troupes françaises prennent possession de l'île

1559
Le traité du Cateau-Cambrésis restitue l'île aux Génois

reprennent cependant dès 1748 et Gênes réclame une nouvelle médiation française. Délégué sur place, le marquis de Cursay réussit à administrer l'île et à ménager les intérêts corses et les exigences génoises. Il n'en sera guère récompensé : dénoncé par les Génois comme trop favorable aux Corses, il est rappelé à Paris et emprisonné. L'île, en 1753, est toujours sous l'autorité génoise.

Michel Vergé-Franceschi est l'auteur d'une biographie exemplaire du plus grand héros corse : *Paoli, un Corse des Lumières* (Fayard, 2005). À travers cet ouvrage, on voit combien l'histoire corse s'inscrit dans la trame de l'histoire européenne.

De la révolte au rattachement à la France

L'année 1755, qui voit Pascal Paoli prendre la tête de l'insurrection corse, marque le renouveau de la révolte. Cultivé, l'homme qui arrive au secours de l'île – malgré l'opposition de quelques grandes familles – commence par réussir ce qu'aucun autre n'a pu faire avant lui : unifier la résistance contre les Génois. C'est un véritable État qui naît ensuite sous l'impulsion de ce visionnaire. Juxtaposée à la Corse génoise, une Corse indépendante sort ainsi de sa gangue et s'organise : Paoli rétablit l'ordre en s'appuyant sur une justice sévère, la *Giustizia Paolina*, promulgue une Constitution démocratique trente ans avant la Révolution française, développe l'agriculture, assainit les marais... En une quinzaine d'années, Paoli parviendra à créer une université et à battre monnaie, donnera à l'île son emblème à tête de Maure, fondera L'Île-Rousse pour concurrencer Calvi, commercera en marge des Génois, organisera les actions militaires... Surtout, il prouvera aux Corses qu'un des leurs peut présider à la destinée de leur île.

L'État paolien, qui siège à Corte, manquera cependant de temps. La France, qui avait fondé l'espoir de mettre la main sur l'île, se pose vite comme sa rivale. En 1764, elle obtient la bénédiction de Gênes pour s'installer dans les places fortes de Bastia, d'Ajaccio, de Calvi et de Saint-Florent. Le traité de Compiègne, qui scelle l'arrangement, n'est que la première partie d'une pièce en deux actes : 4 ans plus tard, le

PASCAL PAOLI : LE PRÉCURSEUR

Personnage le plus glorieux de l'histoire insulaire, Pascal Paoli voit le jour en 1725 près de Morosaglia. Cultivé – il a étudié à Naples –, le futur "père de la patrie" lit Montesquieu, correspond avec Rousseau et fait parler de l'île dans les salons continentaux.

C'est à la suite de son père Hyacinthe et de son frère Clément, qui se sont déjà illustrés dans la lutte contre les Génois, que Pascal Paoli s'engage dans la libération de l'île. Non seulement il deviendra rapidement la première menace des occupants, mais cet esprit brillant et éclairé apportera également à la Corse l'un des premiers textes constitutionnels démocratiques.

Certains historiens avancent que le "mythe paolien" est surestimé par rapport à l'œuvre accomplie. Il n'en demeure pas moins que l'apport de Paoli, qui manqua de temps pour mettre en œuvre des idées en avance sur son époque, est exceptionnel dans l'histoire de la Corse. Pascal Paoli mourra en exil à Londres, en 1807.

Mort de Sampiero Corso, trois ans après une tentative échouée de conquête de l'île

1755

Tentative de Pascal Paoli de créer un État corse indépendant

» Buste de Pascal Paoli à Calvi

LE SAVIEZ-VOUS ?

L'EMBLÈME À TÊTE DE MAURE

C'est Pascal Paoli qui donna officiellement ses armes à la Corse : l'emblème à tête de Maure. Nul ne sait dire avec précision comment la Corse en est venue à s'identifier à cet étendard. Le mot Maure, ou More, désigne les Sarrasins, longtemps ennemis de l'île. Peut-être est-ce en signe de victoire sur ces derniers que cet emblème fut choisi. À l'époque des croisades, tout croisé ayant remporté une victoire sur les "infidèles" pouvait en effet ajouter la tête de Maure à ses armoiries. Une autre hypothèse consiste à penser que ces armes symbolisent la victoire sur l'oppresseur et la possibilité, enfin, de regarder son avenir en face. Il est en effet significatif de constater que l'homme représenté sur l'étendard de la Corse a relevé son bandeau sur son front, libérant ainsi ses yeux. Les armes de la Sardaigne, en revanche, comportent quatre têtes de Maures dont le bandeau masque les yeux.

La tête de Maure présente toujours son profil gauche sur les armes de la Corse.

traité de Versailles consacre la mainmise française sur la Corse. La France, dès lors, n'agit plus en tant que médiateur, mais comme le nouveau maître de l'île. La mobilisation des paolistes ne parviendra pas à renverser la vapeur. Leur défaite à la bataille de Ponte-Novo, le 8 mai 1769, marque le début de la Corse française.

La Corse française

La Corse, une fois de plus, voit donc l'arrivée d'un nouveau gouverneur militaire. Rétablissant l'ordre, organisant l'administration, la France reprend la recette génoise, la brutalité en moins. Le Code corse, bientôt promulgué, tient compte de la spécificité de l'île tandis que quelques essais de développement agricole voient le jour. Ces années, surtout, sont marquées par l'intégration de la Corse à un ensemble français que la Révolution s'apprête à faire voler en éclats.

Le mouvement révolutionnaire rencontre d'emblée un écho favorable sur l'île. Sur cette terre pauvre, il donne une nouvelle voix à l'insatisfaction populaire en même temps qu'un nouvel espoir. En 1789, un décret stipule que "la Corse fait partie de l'Empire français et que ses habitants seront régis par la même Constitution que les autres Français". Amnistiant les paolistes, ce texte ne scelle pas pour autant leur réconciliation avec la France. L'échec de l'expédition de Sardaigne – décidée en 1793 par la Convention dans le cadre de conflits qui l'opposent à l'Autriche – est imputé à Pascal Paoli, qui fournit un contingent de soldats plus faible qu'espéré. Ce dernier, de plus, se rallie aux Girondins modérés, contre les Montagnards et les Jacobins, plus radicaux. Refusant de se soumettre à la Convention, il fait entrer la Corse en sécession et appelle une nouvelle venue à la rescousse : la Grande-Bretagne.

1729-1769

Guerre de Quarante Ans. Elle s'achève par la défaite des paolistes à Ponte-Novo face aux troupes françaises

15 août 1769

Naissance de Napoléon Bonaparte à Ajaccio

1789

Décret promulguant l'appartenance de la Corse à l'Empire français

Marie-Françoise Attard-Maraninchi retrace dans *Le Panier, village corse à Marseille* (Autrement, 1997) l'histoire de l'une des communautés d'émigrés corses sur le "continent" durant l'entre-deux-guerres, époque où ils furent nombreux à quitter leur île.

Arrivée en vue de l'île en 1794, la flotte anglaise prend Saint-Florent, Bastia, puis Calvi au cours d'une mémorable bataille qui coûta un œil à l'amiral Nelson. Avec ce nouveau coup de théâtre, c'est maintenant au tour du roi de Grande-Bretagne de régner sur l'île. Paoli est vite déçu par cette nation qu'il considérait comme un modèle de libéralisme. La Grande-Bretagne poursuit en effet en Corse un but stratégique et économique et fait peu de cas du peuple insulaire. Évincé, Paoli est rappelé à Londres où il meurt quelques années plus tard. Le royaume anglo-corse sera de courte durée : la signature entre la France et la Sardaigne du traité de Paris ne tarde pas, en effet, à fragiliser la position anglaise, au point d'obliger la Grande-Bretagne à quitter la Corse.

Les Anglais partis, c'est le plus célèbre des enfants du pays, révélé par la Révolution, qui prend en main les affaires corses. Bonaparte n'aura qu'un but : que l'île devienne "une bonne fois française". Cette entreprise ne se fera pas sans mal. Bonaparte bute en effet sur le clergé, ce qui crée un début d'insurrection en 1798. Se méfiant des divisions internes, il refuse par ailleurs que des Corses soient impliqués dans l'administration de l'île, qu'il divise en deux départements. Bonaparte, loin s'en faut, ne se fera pas que des amis. Paradoxalement, ce Corse est certainement celui qui fera le plus pour "franciser" l'île.

Exception et solidarité

Intégrée à la France, la Corse du XIXe siècle ne tarde pas à mettre en avant ses spécificités. Rejetant certaines décisions du pouvoir central, elle démontre au passage que sa structure clanique perdure et fait montre d'un banditisme préoccupant. Les problèmes de pauvreté, de développement ou d'agriculture y sont toujours d'actualité.

L'engagement corse dans les deux guerres mondiales sera en revanche on ne peut plus solidaire de la France. Des milliers d'enfants de l'île tomberont sur les champs de bataille entre 1914 et 1918. En 1940, plus de 90 000 soldats des troupes mussoliniennes et nazies occupent la Corse. C'est sur le sol de l'île que le terme de "maquis" commence à désigner la Résistance. La Corse lui fournira quelques grandes figures : Danielle

NAPOLÉON BONAPARTE : L'EMPEREUR

Le futur empereur des Français naît à Ajaccio en 1769. Attaché à son pays, il reviendra souvent en Corse durant ses années d'études militaires à Paris. Bonaparte, pourtant, ne tarde pas à voir plus loin et plus grand que son île natale : son destin le conduit dans le Paris de la Révolution, au pied des pyramides d'Égypte, aux confins de l'Europe, à Iéna, à Trafalgar, dans la lointaine Russie... Napoléon Bonaparte fera en définitive peu pour son île natale, où il sera parfois en désaccord avec les paolistes. Il s'inquiétera cependant toujours de son avenir et participera au développement de sa ville d'origine. Son nom contribuera enfin à donner à la Corse un rayonnement mondial. C'est dans une autre île, celle de Sainte-Hélène, qu'il mourra en 1821.

1794
La Corse est sous le contrôle des Anglais ; cela durera deux ans

1914-1918
30 000 Corses meurent au combat

1943
La Corse est le premier département français libéré des forces de l'Occupation

Casanova, mais aussi Fred Scamaroni, représentant sur l'île de la France libre du général de Gaulle, qui se donnera la mort en cellule pour ne pas parler sous la torture. En 1942, le sous-marin *Casabianca*, sous les ordres du commandant L'Herminier, débarque armes et matériel sur la plage d'Arone, près de Piana. Le soulèvement de la population contre les Italiens, l'année suivante, fera de la Corse le premier département français libéré.

Ces faits d'armes ne suffiront cependant pas à consacrer la totale réconciliation de la Corse et de la France. Tandis que de nombreux Corses choisiront dans l'après-guerre d'émigrer vers les colonies françaises, le "malaise corse" prendra peu à peu forme sur l'île.

Le "malaise corse"

Décrire l'histoire immédiate n'est jamais aisé, à plus forte raison en Corse, où elle est particulièrement troublée et confuse. Les plasticages et les démonstrations de force (jamais à l'encontre des touristes) d'individus cagoulés et armés restent l'image première du nationalisme donnée par les médias. Au-delà de cette vision, certes impressionnante, le mouvement témoigne d'un évident malaise de la société corse face à l'action d'une "mère patrie" souvent perçue comme lointaine et assimilatrice.

Comprendre la Corse (Gallimard, 2004), de Jean-Louis Andreani, est un excellent petit ouvrage permettant de replacer les composantes du "problème corse" dans leur contexte.

Née dans les années 1960, la revendication autonomiste corse se nourrit du sentiment selon lequel aucun des peuples qui se sont succédé au cours des siècles sur l'île n'est parvenu à administrer la Corse de façon satisfaisante. L'autodétermination, dès lors, est considérée comme la seule voie souhaitable par les autonomistes. À leurs yeux, la France, qui mène une politique jugée "coloniale" en Corse, ne fait pas exception. Dans ce climat de méfiance, l'installation à partir du milieu des années 1960 de rapatriés d'Algérie (les pieds-noirs) dans la plaine orientale, avec la bénédiction et les aides financières du gouvernement français, est vécue par certains comme un nouvel affront fait à l'île.

En 1975, la découverte de pratiques de vinification frauduleuses de la part d'un viticulteur pied-noir met le feu aux poudres : les rapatriés d'Algérie sont accusés de s'enrichir sur le sol corse avec l'aval du gouvernement. Le ton monte lorsque la cave de l'un d'entre eux est occupée, à Aléria, par un commando autonomiste mené par les frères Simeoni. Suite à l'assaut des forces de l'ordre, qui se conclut par deux morts, la hache de guerre est déterrée : en 1976, le Front de libération nationale de la Corse (FLNC) voit le jour. L'autonomisme corse – qui deviendra vite nationalisme – commence dès lors à faire parler les armes. On dénombrera plus d'un plasticage par jour en 1976 et de nombreuses actions au cours des années suivantes.

L'histoire interne du mouvement a depuis été émaillée de multiples rebondissements. Le FLNC, qu'Edmond Simeoni refuse de diriger dès sa création, se divisera au fil des années en de nombreuses branches politiques, auxquelles correspondent autant de branches armées

1976

Création du Front de libération nationale de la Corse (FLNC), dissous en 1983 par le gouvernement

OLIVIER CIRENDINI/LPI

» Statue de Napoléon en empereur, place Saint-Nicolas à Bastia

organisées et déterminées (pas moins d'une centaine d'attentats seront revendiqués en 1996). Cette difficulté du mouvement nationaliste à se trouver un leader unique et incontesté mènera à plusieurs scissions (1989-1990), puis à une véritable "guerre" fratricide entre branches nationalistes, de 1993 à 1996. Longtemps applaudi pour sa politique en faveur de la protection de l'environnement insulaire, le nationalisme corse laissera ainsi percer un autre visage : celui d'un mouvement au sein duquel les branches armées semblent avoir pris le pas sur les revendications politiques. L'étalage d'armes de guerre durant la conférence de presse de Tralonca, qui avait pour but d'annoncer la fin des opérations armées, en janvier 1996, viendra renforcer cette vision.

Polémique, *Pour solde de tout compte* (Denoël, 2000) est un livre d'entretiens entre Guy Benhamou, ancien journaliste à *Libération*, et deux ex-leaders nationalistes assassinés depuis : Jean-Michel Rossi et François Santoni.

Les réponses de l'État français au nationalisme corse ont été, elles aussi, ponctuées d'errances. Au fil des années, les gouvernements successifs ont oscillé entre la carotte et le bâton, faisant alterner périodes de répression, vagues d'arrestations parfois hasardeuses et trêves monnayées secrètement. En 1981, deux projets allant dans le sens des souhaits nationalistes – l'ouverture de l'université de Corte et la création de l'Assemblée de Corse (l'île était auparavant rattachée à la région Provence-Alpes-Côte d'Azur) – furent à l'origine d'une certaine décrispation. Celle-ci fut de courte durée. La dissolution du FLNC par le gouvernement, en 1983, n'apporta pas davantage d'apaisement : le mouvement continua simplement son action sous le nom d'ex-FLNC...

Trente années d'actions parfois violentes ont ainsi mené à un blocage de la situation. Jusqu'à un passé proche, les divergences de vues entre les deux parties en présence portaient sur une large palette de domaines : économie, environnement, défense de la langue... Le tourisme ne fait pas exception à la règle. Pour les responsables "continentaux", le tourisme est la meilleure solution pour assurer la subsistance économique de cette île où l'industrie est quasi inexistante et l'agriculture peu productrice. Les nationalistes, en revanche, ont longtemps dénoncé cette politique du "tout-tourisme" qui se résume, à leurs yeux, à un outil d'assimilation visant à créer une "colonie de peuplement" sur l'île, transformée en village-vacances deux mois par an et végétant le reste de l'année. Les rapports entre l'État français et la Corse, en bref, ont été longtemps un dialogue de sourds.

De l'assassinat du préfet Érignac au "processus de Matignon"

L'assassinat du préfet de région Claude Érignac, le 6 février 1998, a vu la tension franchir un cran supplémentaire. Selon certains, ce meurtre (le plus grave commis en Corse depuis les débuts du nationalisme, puisqu'il a touché le plus haut représentant de l'État sur l'île) aurait été conçu comme un acte "refondateur" du courant nationaliste, déchiré par ses dissensions internes. Si cette thèse est difficilement vérifiable, des sources convergentes ont désigné un militant nationaliste, Yvan Colonna, arrêté en juillet 2003 après de nombreuses années de cavale.

1981
Ouverture de l'université de Corte et création de l'Assemblée de Corse

1998
Assassinat du préfet Claude Érignac

1999
Affaire de la paillote Chez Francis : des gendarmes mettent le feu à un restaurant bâti illégalement

La gravité des faits a déclenché une vive réaction de l'opinion publique corse, mais aussi du gouvernement français. S'appuyant notamment sur le rapport de la commission d'enquête sur la Corse présidée par Jean Glavany, qui dénonçait aussi bien l'existence de bandes organisées sur l'île, l'émergence d'un "système corse prémafieux" et l'usage du racket par certains milieux nationalistes, que "l'inconstance des gouvernements" et les "défaillances des pouvoirs locaux", le gouvernement de Lionel Jospin répliqua en 1998. Sa réponse prit la forme d'une vaste opération "mains propres". Mal vécue par de nombreux Corses, qui dénoncèrent alors la "diabolisation" de l'île, cette politique fut pour une large part décrédibilisée par l'affaire de la paillote Chez Francis.

Présumé coupable. Les dessous de l'affaire Colonna (Presses de la Cité, 2007). Deux correspondants en Corse du journal *Le Monde* reviennent sur l'affaire du commando Érignac.

Les faits seraient cocasses s'ils n'étaient si graves : en avril 1999, des gendarmes mettent secrètement le feu à un restaurant de plage bâti illégalement sur le domaine public maritime dans le golfe d'Ajaccio. La découverte du pot aux roses fait grand bruit : le préfet Bernard Bonnet, successeur de Claude Érignac, est mis en examen. Si les motivations exactes de cette hasardeuse affaire restent dans l'ombre, nombreux sont ceux qui y virent la volonté des plus hautes instances décisionnaires de l'île de faire respecter la loi par tous les moyens, fussent-ils hors la loi… Contre toute attente, ce contexte a ouvert la voie à une période de négociations. Désignées sous le terme de "processus de Matignon", elles se déroulèrent entre le gouvernement français et les élus corses, nationalistes en tête. C'est, bien sûr, vers ces derniers, qui avaient déclaré une trêve pour l'occasion, que les regards se tournèrent en premier lieu. D'autant plus que les principales branches du mouvement nationaliste, après des années de conflits internes, s'étaient réunifiées fin 1999 sous la bannière politique Unità, dirigée par Jean-Guy Talamoni.

Les discussions du "processus de Matignon" portèrent sur une plus large autonomie de l'île et ont reçu l'aval de l'Assemblée de Corse en juillet 2000. Elles ne firent cependant pas l'unanimité et entraînèrent la démission de Jean-Pierre Chevènement, ministre de l'Intérieur, en août 2000.

Des différends virent également le jour entre les leaders nationalistes. Jean-Michel Rossi est assassiné à L'Île-Rousse en août 2000. Début 2001, le groupe Armata Corsa (considéré par beaucoup comme proche de l'ex-leader du FLNC, François Santoni) menace la France d'une vague d'attentats si les assassins de Rossi ne sont pas mis sous les verrous. La situation rentre dans l'ordre, mais certains analysent cet épisode comme une volonté de mettre fin aux négociations. En août, François Santoni est à son tour assassiné. Et un mois plus tard, Jean-Guy Talamoni et Corsica Nazione suspendent leur soutien et leur participation au processus de Matignon. L'année 2001 se solde par près de trente assassinats en Corse, visant surtout le groupe Armata Corsa ! En janvier 2002, l'ancien préfet Bernard Bonnet est condamné à trois ans de prison dont un an ferme pour "l'affaire des paillotes".

2001

Assassinat de François Santoni, ex-leader du FLNC

4 juillet 2003

Arrestation d'Yvan Colonna

6 juillet 2003

Victoire du "non" au référendum voulu par Nicolas Sarkozy et soutenu par les nationalistes

La loi relative à la Corse

Finalement, malgré ces divers revirements et cette vague de règlements de comptes, le processus de Matignon accouche d'une loi relative à la Corse, promulguée le 22 janvier 2002. Elle offre à l'Assemblée de Corse la possibilité de "présenter des propositions tendant à modifier ou à adapter des dispositions réglementaires" et fait de la langue corse "une matière enseignée dans le cadre de l'horaire normal des écoles maternelles et élémentaires de Corse". Le texte prévoit également "un programme exceptionnel d'investissements d'une durée de 15 ans" pour "aider la Corse à surmonter les handicaps naturels que constituent son relief et son insularité" et aussi à "résorber son déficit d'équipements et de services collectifs". Seul point de friction : certains élus de l'île voulaient s'octroyer la possibilité de construire sur le littoral et par conséquent de déroger à la loi qui protège les côtes françaises du béton depuis 1986. Après une contestation des Verts et des associations de protection de l'environnement, cet article fut finalement retiré. Cette période de dialogue sera malheureusement de courte durée.

Phénomène de librairie, la bande dessinée *L'Enquête corse*, de Pétillon (Albin Michel, 2000) porte un regard drolatique sur l'actualité insulaire. Le livre a également trouvé un large écho sur l'île.

Nouvelles impasses...

Le 4 juillet 2003, alors que le procès de certains des auteurs présumés de l'assassinat du préfet Érignac est sur le point de rendre son verdict, Yvan Colonna, suspecté d'avoir tiré les coups de feu mortels, est arrêté dans le maquis. Son cas est disjoint du procès des autres membres du commando. À l'issue de celui-ci, la cour d'assises spéciale de Paris condamne à la réclusion criminelle à perpétuité Alain Ferrandi et Pierre Alessandri, présentés comme les "cerveaux" du crime. Les six autres prévenus sont sanctionnés de 15 à 30 ans de réclusion - deux d'entre eux verront leur peine modifiée suite à une procédure d'appel et, en février 2006, Vincent Andriuzzi et Jean Castela, condamnés à 30 ans de réclusion en première instance, sont acquittés en appel et remis en liberté.

L'échec du référendum de 2003 lancé par Nicolas Sarkozy sur la réforme administrative de l'île, pour lequel indépendantistes et autonomistes avaient milité en faveur du "oui", est un autre élément marquant de l'actualité insulaire de ces dernières années. Il a été retentissant tant pour l'État que pour les nationalistes, qui ont remporté un faible score en mars 2004 aux élections territoriales. L'échec du référendum a une autre conséquence : toute autre réforme institutionnelle semble pour le moment enterrée en Corse.

C'est dans ce climat qu'un nouvel épisode allait marquer les esprits vers la même période. En septembre 2005, l'État parle de privatiser la SNCM, compagnie de navigation subventionnée par la collectivité de Corse, qui connaît de graves difficultés financières et des grèves successives. En réponse, une quarantaine de marins "mutins" s'emparent du *Pascal Paoli* (tout un symbole !), navire phare de la compagnie,

2004

Victoire de la droite aux élections régionales grâce à un accord avec les nationalistes

Septembre 2005

40 marins s'emparent du *Pascal Paoli* pour dénoncer le projet de privatisation de la SNCM. Le GIGN prend le bateau d'assaut

13 décembre 2007

Yvan Colonna est condamné à la réclusion criminelle à perpétuité

le 27 septembre. Dès le lendemain, le ferry est pris d'assaut par les troupes héliportées du GIGN au large de Bastia. Les mutins se rendent sans opposer de résistance, mais des heurts violents se déroulent entre manifestants et forces de l'ordre la nuit suivante à Bastia.

L'actualité, une fois de plus, débouche sur la violence. Elle redouble fin 2007, suite au procès d'Yvan Colonna. À l'issue d'un mois d'audiences au cours desquelles les langues se sont peu déliées, ou du moins à demi-mot, le berger de Cargèse est condamné à la réclusion criminelle à perpétuité pour l'assassinat du préfet Érignac. Plaidant non coupable mais désigné comme le tueur par plusieurs membres du commando, qui se sont par la suite rétractés, Yvan Colonna fait aussitôt appel de cette décision, qui déclenche une nouvelle vague d'attentats dirigés contre des bâtiments abritant des services officiels. L'épisode le plus marquant de cette période est l'incendie d'une partie de l'Assemblée de Corse, le 12 janvier 2008, suite à une manifestation nationaliste.

S'il fait encore parler la poudre, le mouvement nationaliste semble pourtant mis à mal. Nombreux sont en effet les observateurs qui constatent que ces vagues d'attentats, qui sont le fait de groupuscules souvent inconnus quelques mois plus tôt, révèlent le malaise croissant de milieux indépendantistes de plus en plus divisés, animés par de jeunes recrues radicales et difficilement contrôlables. Les signes de rupture entre nationalistes-indépendantistes et autonomistes (ces derniers ayant progressé lors des élections municipales de 2008, tandis que les nationalistes régressaient) semblent leur donner raison.

La politique étatique n'est guère plus facile à cerner. Le président Sarkozy est proche de l'île, qu'il connaît bien, soulignent les observateurs, qui constatent cependant que l'Élysée semble souvent se désintéresser du bourbier corse. Dans ce contexte, le limogeage à l'été 2008 du chef de la sécurité de l'île, au motif qu'il n'a pas pu empêcher l'occupation durant quelques heures par des militants nationalistes de la villa corse de l'acteur Christian Clavier, proche du président la République, a été vu par beaucoup comme le signe indiscutable des errances de Paris sur le dossier insulaire.

En bref, rien ne semble beaucoup changer sous le soleil corse. Y compris sur le front du grand banditisme : fin 2006, le décès de plusieurs grandes figures associées au "milieu" avait laissé croire à la fin d'une époque. Un an plus tard, de nouveaux assassinats semblaient au contraire accréditer la thèse d'une "guerre des gangs"... et d'un éternel recommencement.

La majorité des Corses, en attendant, semblent aujourd'hui plus qu'hier fatigués de ces tensions et de ces luttes sans fin. Même s'ils n'oublient pas une criante vérité : elles témoignent d'un profond malaise de la société corse.

En 2010, la victoire de la gauche aux élections régionales s'accompagne d'un vote record pour les autonomistes et les nationalistes (35% des voix).

Octobre 2008

Le tribunal administratif de Bastia confirme l'annulation des permis de construire de plusieurs villas sur des terrains protégés de la presqu'île de Bonifacio

2010

Victoire de la gauche aux élections régionales

La cuisine corse

Que dire des tables corses ? D'une façon générale, la médiocrité d'un grand nombre dissimule de très belles adresses, qu'il faut savoir dénicher...

Côtoyant des adresses relativement économiques et saisonnières, des restaurants attachés à une cuisine de tradition et de qualité ont tenté de résister. Ces derniers sont certes plus chers, mais leur cuisine, qui s'appuie sur les excellents produits locaux que l'on peut encore trouver sur l'île, est en général copieuse et savoureuse. Vous aurez donc tout intérêt à vous contenter d'un (bon) plat à l'une de ces tables plutôt que d'un (médiocre) menu touristique. Certaines goûteuses spécialités sont par ailleurs bon marché, notamment l'omelette au brocciu et à la menthe ou les cannellonis au brocciu.

La cuisine corse est avant tout une cuisine méditerranéenne élaborée à partir de produits locaux. Ses mets les plus caractéristiques se dégustent en hiver : gibier ; ragoûts longtemps mijotés (*tiani*) ; soupe aux haricots, pommes de terre et os de jambon ; daubes (*stuffati*). L'excellent veau aux olives figure également au menu, tout comme la délicate tourte aux herbes du maquis.

Spécialités locales

La charcuterie

Réputée au-delà des rivages de l'île, la charcuterie corse doit davantage son originalité et son goût à la qualité de la matière première qu'aux techniques d'élaboration. Comme toute bonne charcuterie, elle nécessite un long séchage et se vend cher. Ce qui explique pourquoi la tentation est grande de vendre en été aux touristes une charcuterie de moindre qualité. Dans les faits, les Corses eux-mêmes sont souvent en quête d'un endroit où acheter de la bonne charcuterie à un tarif raisonnable.

La charcuterie de montagne traditionnelle est élaborée à partir des cochons coureurs de l'île, issus d'une race locale et élevés en semi-liberté (voir l'encadré ci-dessous). L'été, ils sont en général conduits dans la montagne pour éviter les fortes chaleurs ; en automne, ils se nourrissent de glands et de châtaignes. L'éleveur attendra de 14 à 36 mois avant d'abattre ses cochons, contre 6 mois en élevage intensif.

UNE AOC POUR LES PORCS ?

Rares sont les produits corses à bénéficier d'une AOC (appellation d'origine contrôlée). À ce jour, seuls quelques vins, du miel, de l'huile d'olive et le célèbre fromage brocciu peuvent s'en prévaloir. Quid de la charcuterie locale ? L'Institut national des appellations d'origine (INAO) souligne une difficulté majeure : l'AOC ne peut être donnée que si le porc corse n'a pas subi de "travail génétique trop prononcé". De plus, nombreux sont les importateurs qui se contentent de rapatrier sur l'île des porcs élevés hors de Corse, tout en baptisant leurs produits "pur Corse".

LE SAVIEZ-VOUS ?

À PROPOS DU SAUCISSON D'ÂNE

Le saucisson d'âne, une tradition corse ? Que nenni ! Les ânes, qui servaient jadis au travail dans les champs, étaient de ce fait des animaux précieux sur l'île. Les sympathiques équidés furent cependant relégués au second plan avec la mécanisation de l'agriculture et certains agriculteurs corses ont vraisemblablement vendu à une époque des bêtes pour la viande en Italie (où le saucisson d'âne est une tradition dans certaines régions). Quoi qu'il en soit, "cette pratique fut transitoire et ne constitue en rien une tradition corse", peut-on lire sur un panneau explicatif au parc naturel d'Olva, près de Sartène, qui poursuit en expliquant que les saucissons d'âne vendus de nos jours proviennent le plus souvent d'Italie, seul l'emballage étant effectué en Corse.

Pourquoi la Corse, si attachée à la défense de ses valeurs et de ses traditions, contribue-t-elle à pérenniser la supercherie en proposant du saucisson d'âne dans nombre de ses boutiques de "produits corses", y compris celles à l'aspect le plus "authentique" ? "Parce qu'on nous en demande tous les jours", se défendent les commerçants. À bon entendeur...

Autrefois, on tuait les cochons en hiver dans les fermes, pour profiter du froid. Mais les nouvelles réglementations européennes obligent les éleveurs à tuer les cochons en abattoir. Ce qui revient à faire disparaître la charcuterie corse, étant donné le manque d'abattoirs sur l'île... Du coup, des dérogations sont pour l'instant accordées.

Viennent ensuite le fumage – plus ou moins long, il a traditionnellement lieu dans le *fucone* – et le séchage, dont la durée est déterminante (en la matière, la production de Bastelica est l'une des plus réputées).

Toute la charcuterie vendue sur l'île n'est cependant pas issue de la viande de cochons coureurs : afin de faire face à l'afflux estival, une certaine quantité de charcuterie est élaborée à partir de viande importée. Il s'agit donc de charcuterie de "type corse" et non pas de charcuterie corse. Fiez-vous aux labels "Testa Nera" ou "Carte fermière d'identité", qui garantissent la qualité des produits et leur origine.

Les spécialités charcutières les plus répandues sont le *prisuttu*, jambon qui doit avoir séché 18 mois pour être parfait ; la *coppa*, échine salée et séchée consommée au bout de 6 mois ; le *lonzu*, filet de porc conservé entier sous une couche de graisse ; le *figatellu*, saucisse de foie au vin servie grillée (en hiver) ; le *salamu* et la *salciccia*, saucissons secs très savoureux ; et la *salcicetta*, saucisse à cuire.

Vous pourrez goûter également d'excellentes spécialités locales comme le *fittonu di Bastelica* (du *figatellu* avec beaucoup de foie), le *salamu di Quenza* (saucisson qui sèche longtemps en altitude), le jambon du Niolo et surtout les tripes cuisinées en Castagniccia, issues de l'estomac du porc et que l'on fait mijoter longtemps avec du persil, du chou, de la menthe.

Le brocciu

Le *brocciu*, *bruccio*, ou encore *broccio*, entre dans la composition de nombreuses spécialités : soupe, omelette à la menthe, lasagnes, légumes farcis, beignets sucrés ou salés, desserts, etc. Ce fromage frais est élaboré selon une savante recette traditionnelle à base de petit lait de brebis et/ou de chèvre, chauffé et additionné de 10 à 20% de lait cru entier. Ce mélange est ensuite réchauffé, salé et brassé. Les particules qui remontent à la surface sont écumées, avant d'être déposées par couches successives dans une faisselle (récipient percé de trous pour faire égoutter le fromage). Aujourd'hui, les corbeilles de jonc tressé sont remplacées par des moules en plastique.

L'AOC "MIEL DE CORSE, MELE DI CORSICA"

Fierté insulaire, le "mele di Corsica" est le seul en France, avec le miel de sapin des Vosges, à avoir obtenu une appellation d'origine contrôlée, en 1998. Sa pureté provient de l'absence de cultures intensives et tient au respect de règles strictes : les miels issus d'espèces cultivées ne peuvent bénéficier de l'appellation et l'usage de répulsifs chimiques pour protéger les ruches est proscrit. En 1862, le miel de Corse remportait déjà la médaille d'or à l'Exposition universelle. Pas étonnant que de nombreux historiens se soient intéressés à cette précieuse manne, depuis Pline, Virgile ou Ovide qui, dans l'Antiquité, en louaient déjà les bienfaits, jusqu'à Bossuet lui-même qui dira : "À cause de la grande qualité du miel qu'ils mangent, les Corses sont plus grands que le commun des hommes."

Si le brocciu était autrefois considéré comme le fromage du pauvre, il bénéficie aujourd'hui d'un vif succès notamment lié à son appellation d'origine contrôlée (AOC). On trouve le vrai brocciu frais de décembre à juillet et on le consomme sucré (avec du miel ou de la confiture), salé (ou en vinaigrette), ou encore arrosé d'eau-de-vie (*acquavita*). Le reste de l'année, il se déguste sec. Typiquement corse, il est différent de la brousse provençale ou italienne (à base de lait de vache, la brousse remplace souvent le brocciu dans les recettes en été). On raconte que la mère de Napoléon raffolait tant de ce fromage qu'elle avait importé des chèvres corses dans sa maison de Rueil-Malmaison.

D'autres fromages délicieux sont fabriqués sur l'île. De nombreux producteurs des régions du Niolo, du Fium'Orbo ou encore des environs de Venaco produisent des fromages artisanaux de brebis ou de chèvre, avec ou sans croûte, doux ou forts. Ils n'ont en général pas de nom particulier, si ce n'est celui de leur région d'origine.

Le site www.corsica-terroirs.com comporte des informations sur les filières et les produits agricoles certifiés en Corse.

La châtaigne

C'est sans doute le produit alimentaire qui a le plus marqué l'identité corse. Si des analyses ont permis de découvrir des traces de pollen de châtaignier remontant à la dernière glaciation quaternaire, on sait que ce sont les Génois qui ont imposé et développé la culture de la châtaigne en Corse. Le fruit était utilisé sous toutes les formes, pour faire de la farine, de la bouillie, des beignets et surtout du pain, ce qui permettait d'éviter la famine : "Tant que nous aurons des châtaignes, nous aurons du pain", disait Pascal Paoli. La châtaigne se mange aussi en purée, en confiture, elle se transforme en liqueur et sert à nourrir les bêtes. Quant à l'arbre, réputé pour son imputrescibilité, il fait un bois résistant, excellent pour les charpentes, la menuiserie, les clôtures et les manches d'outils. Bref, une véritable civilisation du châtaignier s'était épanouie sur l'île. À tel point qu'il a donné son nom à la région de la Castagniccia, qui fut, jusqu'au XIXe siècle, la plus peuplée et la plus prospère de l'île. La perte d'hommes durant la Première Guerre mondiale, l'exode rural, la coupe de bois pour l'industrie du tanin, et les maladies de l'encre et du chancre qui frappèrent les châtaigniers furent à l'origine du déclin de cette culture. Néanmoins, depuis la fin des années 1980, on assiste à un renouveau de la châtaigne, que l'on retrouve en dessert à la carte de nombreux restaurants de l'île. Plus de 300 tonnes de farine sont écoulées chaque année, notamment pour fabriquer de délicieux gâteaux.

Marie-José Luciani a regroupé dans *Les Bonnes Recettes de la cuisine corse* (Libris, 2008) une soixantaine de recettes traditionnelles accompagnées par des aquarelles de Kristel Riethmuller.

Et encore...

La Corse, on l'aura compris, n'est pas le paradis des végétariens, à moins de se cantonner aux aubergines et aux courgettes farcies (au brocciu, à la tomate, etc.). Vous pourrez en revanche y déguster d'excellents poissons (y compris des dorades et des mérous) et fruits de mer : oursins, murène grillée, sardine farcie au brocciu et bouillabaisse sont au menu des produits de la mer. On pourra également goûter aux poissons d'eau douce (anguille ou truite).

Autre mets traditionnel, la *pulenta*, qui accompagne parfois les viandes en sauce (comme la daube de sanglier), est préparée à partir de farine de châtaigne et d'eau. Jadis, elle était aussi servie frite et saupoudrée de sucre aux enfants.

Comme dessert, essayez le délicieux *fiadone*, flan léger à base de brocciu, de citron et d'œufs, les beignets au brocciu ou encore les *canistrelli*, gâteaux secs aux amandes, aux noix, au citron ou à l'anis. Les confitures (de figues, d'oranges, de châtaignes) sont succulentes. Le miel est également fort réputé, puisque les abeilles ont la chance de pouvoir butiner une flore très variée (quelque 3 000 espèces de fleurs différentes), au cœur d'une nature sauvage et peu polluée (voir l'encadré ci-contre). Enfin, ne quittez pas la Corse sans avoir dégusté son huile d'olive, qui reflète à merveille le terroir et les odeurs de maquis. La récolte et la fabrication traditionnelles, s'ajoutant au climat particulièrement ensoleillé, donnent une huile d'olive douce, parfumée et sans amertume.

Surtout, évitez le *figatellu*, le brocciu et le sanglier au cœur de l'été. Ces mets d'hiver s'accommodent mal de la chaleur estivale et ne pourront parvenir dans votre assiette qu'après être passés par des moyens de conservation qui ne peuvent que nuire à leur saveur.

Dans *Cuisine de Corse* (DCL, 2009), Céline Tafanelli livre ses recettes de famille.

Boissons

D'excellentes eaux minérales proviennent des sources Zilia, en Balagne, et Saint-Georges (non loin d'Ajaccio). L'eau d'Orezza est une eau minérale gazeuse de la Castagniccia.

L'île produit trois bières locales. La Pietra réjouira les amateurs de bière ambrée, même si la châtaigne, qui entre dans sa composition, est difficile à déceler. La Serena, une blonde légère, a moins de caractère. La Colomba, enfin, est une bière blanche parfumée aux herbes du maquis.

Vins et liqueurs

Les Grecs et les Romains introduisirent la vigne en Corse avant l'ère chrétienne. Les Génois encouragèrent par la suite la culture de cette plante méditerranéenne. Le vignoble insulaire a souffert de maladies diverses (au lendemain de la Première Guerre mondiale), et des primes furent données aux viticulteurs pour qu'ils arrachent leurs pieds de vigne. Leurs efforts ont depuis porté leurs fruits, et la production corse se distingue maintenant par quelques vins d'excellente qualité, remarqués lors de dégustations à l'aveugle. Si certains vins manquent encore cruellement d'intérêt, d'autres révèlent un véritable caractère. Il est préférable d'acheter le vin directement chez les producteurs plutôt que dans les boutiques ou sur les marchés.

Patrick Fioramonti, l'un des meilleurs sommeliers de l'île, brosse un panorama complet de l'histoire viticole corse et de la production actuelle dans *Le Vin corse* (DCL, 2008).

L'HUILE D'OLIVE DE CORSE

L'huile d'olive de Corse, Oliu di Corsica, bénéficie d'une appellation d'origine contrôlée (AOC) depuis 2004 – une véritable reconnaissance pour les producteurs locaux qui ont développé ces dix dernières années des vergers autrefois abandonnés. L'île de Beauté compte six variétés d'olives reconnues : la Zingala en Corse du Sud, la Ghjermana dans l'Alta Rocca, la Sabine de Balagne, la Capanaccia du cap Corse, la Ghjermana de Casinca et la Curtinese du centre de la Corse.

L'île compte environ 10 000 hectares plantés. La majeure partie de la production est consommée au cours de la saison ; vous ne trouverez donc que peu de vins de garde.

Le cap Corse et les vignobles de Patrimonio produisent d'excellents muscats (vins blancs doux) et quelques apéritifs qui se consomment frais, dans la composition desquels entrent diverses essences maquisardes (cap Corse, Rappu...).

Pour tout savoir sur les vins corses, consultez le site www.vinsdecorse.com.

Après un bon repas, on vous proposera sûrement de goûter à l'*acquavita*. Ce digestif à base de marc de raisin a longtemps été considéré comme un médicament. Il se consomme pur ou avec des fruits macérés. Certaines liqueurs sont également incontournables. C'est le cas de la liqueur de cédrat, un agrume proche du citron et que l'on trouve également dans quelques pays méditerranéens comme la Grèce. La liqueur de myrte, encore fabriquée de manière artisanale par beaucoup de familles (chacune a sa recette), offre un goût fruité, très parfumé et légèrement âpre.

Quelques crus de référence

Le Clos Canarelli (Figari, à ne pas confondre avec Catarelli), l'Orriu du domaine de Toraccia (Porto-Vecchio), la Cuvée du gouverneur du domaine Orenga de Gaffori (Patrimonio), le Domaine de Pietri (Coteaux du cap Corse) ou encore le Domaine Peraldi (Ajaccio) sont au nombre des meilleurs rouges. Citons également le Leccia Pietra Bianca et le Gentile Noble (Patrimonio) qui font de plus en plus parler d'eux ainsi que le Poggiale (Aléria) et les Fiumiccicoli et Saparale (Sartène). Le vin blanc le plus réputé est probablement le Clos Nicrosi (Coteaux du cap Corse). Une mention pour le Leccia e Croce et l'Arena Bianco Gentile (Patrimonio).

Établissements

La restauration corse semble être à deux vitesses : de très nombreux établissements, principalement situés le long de la côte et dans les grandes villes, proposent des menus touristiques similaires sans grande qualité. Ils sont ouverts entre avril et septembre ou octobre et bénéficient principalement d'une clientèle de passage. Fort heureusement, la gastronomie étant encore bien vivace sur l'île, une gamme de restaurants sert une cuisine de grande qualité préparée à l'aide de produits frais locaux. Ils peuvent sembler onéreux, mais la gastronomie est à ce prix. Ces établissements appréciés de la population locale sont souvent ouverts en automne et une partie de l'hiver.

LES VINS AOC EN CORSE

La Corse compte neuf vins d'appellation d'origine contrôlée :

» AOC Ajaccio
» AOC Calvi
» AOC Patrimonio
» AOC Muscat du cap Corse
» AOC Coteaux du cap Corse
» AOC Figari
» AOC Porto-Vecchio
» AOC Côte orientale et centre
» AOC Sartène

PANE E VINU

A chi a pane e vinu, po invita u so vicinu. Ce proverbe corse, qui peut se traduire par "celui qui a du pain et du vin peut inviter son voisin" souligne l'importance du vin dans l'hospitalité insulaire. Aujourd'hui, la production viticole en constante amélioration est devenue, en plus, un atout touristique de l'île.

En été, des pizzerias et des crêperies font le bonheur des vacanciers à des prix plus ou moins justifiés.

Végétariens

Si la viande, la charcuterie et le poisson entrent dans la composition de la majorité des plats, les végétariens se réjouiront de la qualité des fromages locaux. Quel restaurant ne propose pas à sa carte les fameux cannellonis au brocciu ? Vous pourrez vous fournir chez les producteurs, toujours heureux de vendre en direct. Reste aussi la solution des pizzas ou des pâtes.

On peut regretter que les fruits et légumes soient souvent "importés" du continent, voire de l'étranger, mais la production corse n'est pas suffisante à la consommation des insulaires et des touristes.

SAVEURS

LES MOTS À LA BOUCHE

Petit lexique à l'usage des gourmands

addition	*addizione ; nota*
agneau	*agnellu*
assiette	*piattu*
bœuf (viande)	*carne vaccina*
boire	*bèie ; bià chjuchja (se soûler)*
bon	*bonu*
café	*caffè*
charcuterie	*salame*
chaud	*caldu*
couteau	*cultullu*
couvert	*tàvula*
cru	*crudu*
cuillère	*cuchjara*
cuit	*cottu*
déjeuner	*merenda*
dessert	*dulciumi*
dîner	*cena*
eau	*acqua*
eau-de-vie	*acquavita*
faim	*fame*
froid	*freddu*
fromage	*furmagliu ; casgiu*
fruit	*fruttu ; frutta*
gâteau	*pastadolce*
lait	*latte*
légume	*ortiglia*
manger	*manghjà*
myrte	*morta ; murta*
petit-déjeuner	*sdiunu*
poisson	*pesciu*
sanglier	*cignale ; cignali*
soif	*sete*
soupe	*suppa ; minestra*
thé	*té*
veau (viande)	*vitella ; manzu*
verre	*bichjeru*
viande	*carne*
vin	*vinu*

Avec des enfants

Les enfants profiteront non seulement du grand choix de pizzas proposées par les nombreux restaurants, mais aussi et surtout, de poissons et de viandes de qualité. Les frites semblent être une alternative quasi systématique aux légumes à la carte. Un menu enfant est parfois proposé. Notez que la cuisine corse est peu relevée. En fin de repas, le choix des desserts est toujours apprécié par les plus petits, avec ses glaces et ses sorbets. Enfin, en haute saison, de nombreux établissements de bord de plage servent en continu. Les petits creux et les horaires décalés sont donc faciles à gérer.

Culture et société

Identité régionale

L'identité corse est un sujet éminemment sensible, qui a déjà fait couler beaucoup d'encre et, au fil de l'histoire, pas mal de sang. En réalité, la question qui se pose est moins celle de l'identité corse en elle-même que celle de la représentation qui en est donnée, souvent de manière simpliste, tant par certains Corses que certains *pinzutti* (continentaux). D'où des malentendus réguliers...

Quoi qu'il en soit, on peut énoncer quelques traits qui, s'ils n'ont pas valeur de postulats définitifs, aideront les visiteurs à mieux comprendre ce que signifie "être corse" à notre époque. En premier lieu, il faut rappeler (et marteler !) que la Corse est une île, dont l'histoire tumultueuse a été jalonnée d'invasions. De là provient le sentiment de méfiance et d'autoprotection qui imprègne la mentalité locale. Tout ce qui est "non corse" peut menacer l'identité insulaire et provoque parfois des réactions disproportionnées, comme ces panneaux de signalisation en français rageusement barrés à la peinture, histoire de rappeler que la langue corse n'a pas été jetée aux oubliettes. Plus inquiétantes, les réactions racistes à l'encontre de la communauté arabe ("Arabi fora") – fort heureusement le fait d'une minorité – ne peuvent trouver une explication que dans une dérive extrémiste de cet esprit de repli et de méfiance.

Les *pinzutti* désignent familièrement les Français du continent.

Dans leur écrasante majorité, les Corses se sentent davantage corses que français. Paradoxalement, ils restent néanmoins, dans leur immense majorité, très attachés à la France. Au bout du compte, ils ont développé au fil du temps une relation d'amour-haine avec le continent, pas toujours facile à vivre et à gérer, tant pour eux que pour les visiteurs.

À cela s'ajoute une série de valeurs fondatrices du peuple corse, qui restent vivantes sur l'île. Le sens de l'honneur – et le respect de la parole donnée qui en découle – vient certainement en tête. L'atteinte à l'honneur, des hommes comme des femmes, est en effet considérée de longue date comme le pire des affronts. On raconte que le simple fait de toucher le costume ou la coiffe d'une femme suffisait naguère à la déshonorer, et des fiertés bafouées ont été à l'origine de nombreuses vendettas meurtrières. L'île a ainsi produit un certain nombre de "bandits d'honneur", devenus hors-la-loi et réfugiés parfois des années durant dans le maquis pour avoir lavé une offense par les armes. Précisons au passage que les armes, au-delà de la tradition de la chasse, font partie de la culture corse.

La famille tient également une place privilégiée. Quelques règles servent à préserver son unité et sa continuité. Outre l'indivision, qui prévaut lors des héritages, la tradition voulait – et veut souvent encore – que le premier enfant porte le prénom de son grand-père paternel, le deuxième celui de sa grand-mère maternelle, le troisième celui de sa grand-mère paternelle, le quatrième celui du grand-père maternel. Comme souvent sur le pourtour de la Méditerranée, la famille corse traditionnelle est patriarcale. Les garçons héritaient autrefois des habitations. Les terres du littoral – moins bonnes que celles de l'arrière-pays à l'époque où sévissait le paludisme – étaient dévolues aux filles (nombre d'entre elles s'en félicitent maintenant...). Le clan est une autre caractéristique insulaire. Véritable famille élargie associant des parents éloignés, mais aussi des membres de la communauté villageoise, le clan est une structure fermée, jalouse de son influence et de son autorité. Ses membres sont fidèles à ce cercle d'entraide dont ils servent aveuglément les intérêts.

Gardons-nous cependant de croire que "la Corse est un village" : les habitants de l'île ont de tout temps prouvé leur manque d'unité. Les liens qui existent au sein des familles, des clans et des villages sont souvent aussi puissants que ceux qui opposent un autre clan ou un autre village à une autre famille...

À l'heure où de nombreux Corses n'habitent plus l'île, "être corse" équivaut pour beaucoup à se conformer aux valeurs décrites brièvement ci-dessus. Le non-Corse, "celui qui n'est pas de la famille", risque pour sa part de voir un certain ethnocentrisme dans ces traits culturels et de trouver la société corse bien "refermée" sur ses villages, ses clans, ses familles, ses terroirs. Pourtant, si la Corse a appris à se méfier de ce qui arrive du monde extérieur, la curiosité est venue s'ajouter à la méfiance. De cette curiosité est sans douté née l'hospitalité corse, une autre tradition bien enracinée que l'on découvre

LA FEMME DANS LA SOCIÉTÉ CORSE

Comme de nombreuses sociétés méditerranéennes, "machistes" à bien des égards, la Corse laisse une large place à la femme. Derrière l'image traditionnelle de la femme corse, vêtue de noir et silencieuse en présence des hommes, se dissimule en effet une autre réalité, où les femmes occupent le devant de la scène. Rappelons que ce sont souvent les mères qui appelaient à la vendetta. Lorsqu'un homme était assassiné, rapporte Gaston d'Angélis dans son *Guide de la Corse mystérieuse* (Tchou, 1995), il n'était pas rare de voir son épouse se rendre sur le lieu du crime, où elle faisait mettre à ses enfants le doigt dans la plaie causée par la balle mortelle. Elle traçait ensuite sur leur front un signe de croix avec le sang de leur père avant de leur faire jurer de le venger. Moins digne de foi, une légende veut que les Bonifaciennes aient pris part d'une étonnante façon à la défense de leur ville assiégée, en 1420. Certains récits affirment en effet qu'elles auraient nourri les combattants au lait maternel, breuvage dont on aurait par ailleurs fait des fromages pour bombarder les assaillants...

Plus sérieusement et plus près de nous, la population féminine de l'île a encore récemment démontré sa détermination. Suite à l'assassinat du préfet Érignac, en février 1998, les femmes du *Manifeste pour la vie* ont fait parler d'elles en réclamant justice et en décidant de se réunir chaque sixième jour du mois face aux grilles du palais de justice de Bastia tant que le meurtre ne serait pas élucidé. L'association 51 femmes pour la Corse de l'an 2000, créée peu de temps après, poursuit un objectif plus économique.

Ce n'est pas la première fois que les femmes corses laissent éclater leur colère sur la place publique : en 1791, un mouvement de révolte des Bastiaises commandées par Flore Oliva, surnommée "la Colonelle", fit trembler le palais épiscopal de la ville où s'était réfugié un évêque favorable à la Constitution... Danielle Casanova, grande personnalité de la résistance corse qui périt en déportation en 1943, figure également parmi les grandes dames de l'île.

À l'heure où nous écrivons ces lignes, et suite à la législation sur la parité, l'Assemblée de Corse compte 26 femmes sur 51 membres.

LA DETTE DE SANG

De toutes les traditions corses, la vendetta est certainement celle qui a fait le plus parler d'elle au-delà des mers. Très répandue entre les XVIe et XVIIIe siècles, cette coutume vit des familles se livrer de véritables guerres, étalées sur plusieurs années, voire plusieurs générations. Il serait cependant erroné de penser que la vendetta se substituait à une justice officielle. Elle répondait au contraire, le plus souvent, à l'absence d'autorité de justice sur l'île et a toujours décru lorsqu'un pouvoir fort présidait à sa destinée. Loin d'être une justice "anarchique", la vendetta répondait à des règles : elle se déclarait comme une guerre, pouvait se finir par la signature d'un traité de paix, etc. Les atteintes à l'honneur furent l'une des causes les plus répandues. Les rivalités amoureuses, les différends concernant des terres ou encore la volonté d'affirmer localement sa puissance mirent également le feu aux poudres en de nombreuses occasions. Jean-Baptiste Marcaggi propose dans *Bandits corses d'hier et d'aujourd'hui* (1932, réédité par La Marge en 1978) une définition de la vendetta : "[...] c'est non seulement le droit de se faire justice soi-même, mais aussi l'obligation impérative, en cas de meurtre, d'acquitter la "dette de sang", de revendiquer, d'une façon générale, la réparation des offenses faites à l'honneur d'un membre du groupe familial. Les vengeurs, en un mot, poursuivent jusqu'à satisfaction un but de justice." La vendetta, on le voit ici, est un engrenage. Selon ses règles, qui interdisent toute compensation matérielle pour un meurtre ou une offense, chaque mort en appelle une autre. Nombreuses sont ainsi les vendettas qui n'ont pris fin que lorsque les deux familles déploraient des pertes égales... Cette sanglante coutume séculaire, intimement liée à la valeur que l'on attache au sens de l'honneur, avait également son rituel, très méditerranéen. Non seulement les familles en guerre gardaient la chemise ensanglantée du mort tant qu'il n'était pas vengé, mais les hommes ne se taillaient plus ni les cheveux ni la barbe tant que leur vengeance n'était pas complète... Plus répandu dans le Sud – il n'y en eut jamais au cap Corse, et très peu en Balagne –, le phénomène prit des proportions considérables. L'île déplora certaines années près de 900 meurtres... Nombreux sont ceux qui, une fois leur vengeance accomplie, n'eurent d'autre choix que de prendre le maquis et de se faire bandits. Il n'était plus alors question d'honneur, mais de survie, et tous les moyens étaient bons pour gagner et protéger sa vie.

encore dans certains petits villages de montagne, loin de la côte où le voyageur peut, parfois, être mal reçu. Le tourisme bouleverse en effet certaines valeurs insulaires : alors que la Corse possède une culture montagnarde dont la plus grande part des activités traditionnelles a lieu en hiver (saison du *figatellu*, de la charcuterie, du brocciu, de la chasse), la majorité des visiteurs viennent aux beaux jours sur les côtes. L'île n'en saura pas moins dévoiler des trésors de chaleur et d'hospitalité à ceux qui feront un petit effort pour décoder son âme et oublier les stéréotypes.

Us et coutumes

Quelques règles de conduite simples faciliteront votre voyage en Corse. En premier lieu, certaines habitudes de politesse, parfois disparues sur le continent, perdurent sur l'île. On s'attendra, par exemple, à vous entendre dire "merci monsieur" ou "merci madame", et pas simplement "merci" afin de gagner quelques secondes. La précipitation, en règle générale, n'est pas de mise et vous aurez tout à gagner en prenant le temps... N'oubliez pas de vous présenter lors d'une conversation ; on aime ici savoir à qui l'on a affaire. Par ailleurs, le fait de venir à une invitation en apportant quelque chose peut être vécu comme offensant. Vos hôtes pourraient en déduire que vous avez peur de ne

CES CORSES QUI ONT QUITTÉ LEUR ÎLE

Il y a plus de Corses hors de l'île qu'en Corse. L'émigration a de longue date tenté les enfants du pays, et nombreux sont ceux qui affirment que les plus grandes fortunes corses se sont faites hors de l'île... Plusieurs causes expliquent l'apparition précoce de cette diaspora. Citons notamment les occupations étrangères successives, la misère ou encore le paludisme, qui sévissait le long des rivages corses jusqu'au milieu du siècle dernier et fut éradiqué par les Américains après la Libération. Ajoutons-en une autre : le microcosme îlien est parfois trop exigu pour certains...

Au début du XIXe siècle, la France hexagonale constitue la première destination des émigrés corses, où nombre d'entre eux se tournent vers l'armée. D'autres choisissent l'Italie, où ils vont étudier les belles lettres ou les sciences. De véritables communautés corses se créent ainsi à Pise ou à Livourne. Les papes eurent même une garde corse. L'émigration est surtout le fait du Nord, Balanins et Capcorsins en tête. Ouverts à l'extérieur par leur tradition de marins et les échanges commerciaux qu'ils développent à l'époque génoise, ces derniers sont nombreux à se laisser tenter par les Amériques : Pérou, Mexique ou Venezuela. Revenus sur l'île, certains se firent construire les étonnantes "maisons d'Américains" que l'on peut encore admirer sur le cap. L'aventure coloniale prend ensuite le relais. De très nombreux enfants de l'île seront en effet tentés par les colonies françaises, notamment en Afrique du Nord. Dans les années 1930, on estime à plus de 20% le nombre de Corses dans certains secteurs de l'armée et de l'administration coloniale. La majorité reviendra sur le continent à l'heure de la décolonisation. De grandes villes comme Paris, Lyon ou Marseille comptent un grand nombre de Corses. On estime cette diaspora à 700 000 ou 800 000 personnes, dont 500 000 sur le continent même.

pas trouver sur place de quoi vous satisfaire. L'usage veut enfin, si vous buvez un verre avec des Corses, que chacun paye sa tournée plutôt que de diviser la note. Surtout, évitez de critiquer la Corse et ne vous comportez pas en pays conquis. D'autres, nombreux, s'y sont déjà cassé les dents !

Population

Selon les enquêtes annuelles de l'Insee, la Corse comptait 281 000 habitants en janvier 2007, dont 100 000 environ à Ajaccio et à Bastia, soit une croissance annuelle de 1% par rapport à 1999, date du dernier recensement général. En 2006, la Corse-du-Sud et la Haute-Corse comptaient respectivement 129 000 et 150 000 habitants et figuraient parmi les 7 départements les moins peuplés de France. Cette progression annuelle de 1% ces dernières années, l'une des plus soutenues de France métropolitaine, est due principalement à l'excédent migratoire.

Dans son numéro 2, "Corse et Maghreb, côte à côte", la *Revue Fora !* est allée frapper à la porte du Maghreb. Histoire commune, similitudes culturelles et enjeux contemporains d'une population partagée sont examinés dans une série d'articles passionnants.

Le dépeuplement reste une menace et le vieillissement de la population, notamment dans les villages de l'intérieur, est également préoccupant. L'opposition perdure entre les communes du littoral, qui concentrent la population, et celles d'un intérieur rural en voie de désertification. Sur les 360 communes que compte la Corse, les quelque 87 communes du littoral réunissent 84% de la population. Dans 137 des communes rurales de l'intérieur, la moitié des habitants ont plus de 60 ans. Les communes les plus montagneuses ont perdu environ 15 000 habitants entre 1960 et 1990, et certaines régions ont une densité quasi saharienne. Tout n'est pas négatif cependant : l'île garde vivante sa culture montagnarde et, entre 1990 et 1999, 40 000 personnes se sont installées en Corse. Ces nouveaux arrivants, plutôt jeunes, pondèrent le vieillissement de la population.

La Corse fut longtemps une terre d'accueil. Outre l'immigration italienne, elle reçut au lendemain de la guerre d'Algérie, après 1962, un grand nombre de rapatriés de l'ancienne colonie française. Leur installation dans la plaine orientale ne se fit pas sans heurts et cet épisode a joué un rôle important dans la naissance du mouvement nationaliste. Depuis 1975, la Corse accueille moins d'étrangers mais davantage de Français du continent : les *pinzutti*.

En 2005, les étrangers résidents représentaient 9% (soit 25 000 habitants) de la population insulaire contre une moyenne nationale de 8%. Les Marocains regroupaient près de 40% des immigrés, devant les Portugais, les Italiens et les Tunisiens. La présence étrangère demeure forte dans le sud de l'île et la plaine orientale, sur le littoral et dans les villes. Elle progresse à Bastia.

La proportion des moins de 25 ans est importante (environ 30%) et leur insertion professionnelle difficile. La natalité y est plus faible que la moyenne nationale : 9,9 naissances pour 1 000 habitants contre 12,7 sur le plan national. Les naissances sont par ailleurs inégalement réparties : selon l'Insee, la moitié des communes corses n'enregistrent une naissance qu'une année sur deux. Des études publiées en été 2008 font état cependant d'un renouveau démographique, les naissances (2 850) dépassant les décès d'une centaine de nouveaux petits insulaires.

Sports

La Corse réserve une place importante au football. Ses deux clubs phares, l'AC Ajaccio (ACA) et le SC Bastia (SCB), qui ont évolué dans les années 1970 parmi l'élite, notamment le SCB, connaissent depuis une période moins faste. À la suite de la tragédie de Furiani, en 1992, ce dernier club a même failli disparaître. Face aux clubs continentaux, les clubs corses souffrent d'un manque de moyens financiers pour compenser l'obstacle de leur insularité.

L'île organise par ailleurs quelques manifestations sportives, dont voici les plus importantes :

Avril

Fita Star Kalliste – Les meilleurs archers nationaux et internationaux se réunissent à Biguglia.

Mai

Tour de Corse automobile – Cette compétition de 3 jours, qui compte pour le Championnat intercontinental de rallye, se déroule chaque année sur route, depuis 1956.

Corsica raid aventure – Cette difficile épreuve ouverte aux amateurs combine, sur 8 jours, course en montagne, VTT, canyoning, etc., la dernière semaine de mai.

Juillet

Inter-lacs – Cette compétition pédestre de 28 km en 2 étapes, inaugurée en 1998, relie des lacs de montagne des environs de Corte.

Mediterranean Trophy – Cette épreuve de voile internationale est ouverte aux bateaux de croisière habitables de plus de 9 m.

Septembre

A Paolina – 70 km de course à pied à partir de L'Île-Rousse.

Médias

La soif d'information des insulaires se traduit par une étonnante vitalité de la presse et de la radio.

Presse écrite

Depuis 1998, date à laquelle le groupe Hachette a regroupé les journaux *La Corse* (émanation de *La Provence*) et *Corse Matin* (édition locale de *Nice Matin*) en un seul titre, *Corse Matin* est le seul quotidien régional corse. Tiré à 40 000 exemplaires environ, il s'intéresse à l'actualité internationale, nationale et locale. Vous pourrez retrouver ce quotidien sur le site www.corsematin.com.

Le mensuel *Corsica Magazine*, créé à l'initiative d'un ancien journaliste de *Corse-Matin* en 1999, s'attache à jeter un regard curieux sur l'actualité insulaire. Vous pouvez le retrouver en ligne (http://info.club-corsica.com).

De nombreuses publications au tirage limité, utiles pour comprendre la Corse actuelle, complètent la liste des titres de presse écrite. *Le Journal de la Corse*, qui se présente comme un "hebdomadaire de défense des intérêts de l'île depuis 1817" et comme le "doyen de la presse française", traite de toute l'actualité de l'île. Il est tiré à environ 10 000 exemplaires et présent en ligne (www.jdcorse.com).

Arritti soutient l'autonomie corse depuis 1966. Majoritairement en français, ce petit hebdomadaire s'intéresse à l'actualité insulaire et internationale et ouvre les colonnes de ses 12 pages à la poésie et à l'histoire.

La lecture du virulent *U Ribombu*, voix de l'Unità Naziunale, éclaire sur les revendications du principal mouvement nationaliste corse (www.uribombu.com).

24 Ore, lancé en mars 2010 en tant que quotidien, a dû se résoudre à un format hebdomadaire faute de ventes suffisantes. Consultable aussi en ligne (http://24ore.club-corsica.com), ce titre donne un sacré coup de jeune à la presse locale.

Deux revues récentes reflètent par ailleurs des aspirations culturelles qui gagnent du terrain. Éditée par l'association Ubiquità, qui regroupe des "jeunes Corses désirant conjuguer leur attachement à leur île et leur curiosité du monde", la *Revue Fora !* (www.revue-fora.org) a vu le jour à l'été 2007. Tournant le dos au repli identitaire, cette revue semestrielle, qui a récupéré le mot *fora !* ("dehors !") dans le sens littéral d'"ouverture", place la culture corse face à d'autres cultures.

La revue trimestrielle *Stantari* (www.stantari.net), qui a vu le jour en juin 2005, se consacre, quant à elle, à l'histoire naturelle et culturelle de la Corse et en explore les richesses par différentes approches : histoire, archéologie, zoologie marine et terrestre, minéralogie ou encore botanique.

Radio

Le relief corse rend la propagation des ondes radio particulièrement difficile. Un grand nombre de stations se contentent de couvrir le littoral et vous ne pourrez capter à l'intérieur de l'île que les radios italiennes, moins soumises aux limitations de puissance des émetteurs. Les mêmes stations émettant sur différentes fréquences en divers points de l'île, un système sophistiqué (de type RDS) n'est pas un luxe. Radio Corse Frequenza Mora, qui fait partie du réseau France Bleu ("locale" de Radio France), est la fréquence la plus écoutée. Dépassant les 25% d'audience, la station allie informations, culture et musique, en français et en corse. Frequenza Mora émet en FM sur 101.7 et 88.2 (Bastia), 100.5 et 97 (Ajaccio), 102.5 et 100 (Corte), 101.8 et 105.4 (Porto-Vecchio), 99.2 (Calvi), 88.2 (est du cap Corse), 98.2 (Bonifacio), 100.4 (L'Île-Rousse). Son émission emblématique, le Forum, de 8h à 9h en semaine, ouvre largement l'antenne aux doléances, coups de gueule et dénonciations des auditeurs. C'est le rendez-vous radiophonique le plus écouté de l'île, notamment par les hommes politiques et les décideurs, prêts à réagir au quart de tour... Alta Frequenza, "la radio corse", qui émet sur

103.2 (Ajaccio et Bastia) et 104 (Corte), est également disponible sur le Net (www.alta-frequenza.com).

Vous capterez France Info sur 105.5 à Bastia et 105.6 ou 92 à Ajaccio. France Inter émet sur 92.4 (Ajaccio), 95.9 et 96,8 (Bastia), 92.3 (Bonifacio), 96.8 (Porto-Vecchio), 89.4 (Vivario), 98.2 (Corte), 98 (L'Île-Rousse). NRJ est diffusée sur 101.2 à Ajaccio, 100.8 à Bastia, 105.1 à Bonifacio, 88.3 à L'Île-Rousse ; Fun Radio sur 105.2 à Ajaccio, 99.4 à Bastia, 93.6 à Calvi ; France Culture sur 89.2 ou 92.3 à Bastia et 97.6 à Ajaccio ; France Musique sur 93.9 à Bastia et 88 à Ajaccio.

TV

Vous retrouverez les chaînes de télévision nationales françaises. L'île dispose également avec France 3 Corse de la chaîne numérique Via Stella depuis octobre 2007, qui diffuse des programmes régionaux de 11h57 à 20h20. Ceux qui souhaitent s'initier à la langue insulaire pourront y écouter les titres du journal télévisé, Corsica Sera, quelques minutes avant 20h.

Religions

La Corse est très majoritairement catholique. Présente à de nombreux stades de la vie quotidienne, la religion s'illustre lors des cérémonies et processions (Sartène, Bonifacio, Calvi...). De nombreuses églises, souvent remarquables pour leur architecture, sont disséminées sur l'ensemble du territoire et les ex-voto disposés au pied des statues témoignent de la vigueur de la foi. Sainte Dévote, martyrisée au IIIe siècle, est la principale patronne de l'île, mais saint Alexandre Sauli, saint Appien, saint Euphrase, sainte Julie, sainte Restitude et saint Théophile de Corte sont également fêtés. La religion catholique cohabite cependant sur l'île avec un certain nombre de superstitions. La Corse compte également quelques temples protestants (Ajaccio, Pietranera) et une église catholique de rite grec à Cargèse. Cette dernière partage un prêtre avec l'église catholique romaine qui lui fait face et les offices ont lieu alternativement dans l'une ou l'autre, tantôt selon le rite catholique, tantôt selon le rite orthodoxe. Les lieux de culte musulman sont au nombre d'une vingtaine dans l'île, installés dans des locaux construits ou loués par des associations musulmanes.

Arts

Architecture

Considéré par les spécialistes comme l'un des plus riches du continent européen, le patrimoine roman corse se divise en deux périodes. La première est le préroman (dès le IXe siècle), qui vit la construction de centaines de petites églises et de chapelles rurales. Il n'en reste aujourd'hui qu'une dizaine, pour la plupart en ruine. La seconde période correspond à l'influence pisane. À la fin du XIe siècle, la république de Pise fit venir des architectes chargés de construire de petites cathédrales, notamment dans le Nebbio, la Castagniccia et la Balagne. Parmi les plus connues, San-Michele de Murato et la cathédrale de Mariana (au sud de Bastia) sont reconnaissables à leurs murs polychromes (voir p. 83 et p. 56.

Expression artistique du renouveau religieux, le baroque investit la Corse sous l'influence de Gênes aux XVIIe et XVIIIe siècles. De nombreuses églises de Balagne et de Castagniccia adoptent alors ce style très en vogue dans l'Italie du Nord. Derrière les façades à fronton triangulaire ou curviligne, les intérieurs sont somptueux. L'église Saint-Jean-Baptiste de La Porta (Castagniccia), les édifices religieux de Bastia et les cathédrales d'Ajaccio et de Cervione constituent quelques exemples de ce courant artistique, visible dans l'architecture de 150 églises construites jusqu'au XIXe siècle.

"Des curiosités architecturales spécifiquement corses sont remarquables comme les tours côtières, les ponts et les bâtiments dédiés au culte funéraire", écrit Annick Stein dans un passionnant article sur l'architecture traditionnelle corse paru dans la revue *Maisons Paysannes de France*. "Les artisans qui ont construit les ponts et les *fiumi* (ponts génois) ont emprunté à l'art des cathédrales le principe des arcs supports et des clés de voûte. Ces ponts génois à forte pente, à arche unique, arc-boutés sur les berges du Rizzaneze, du Golo, ou d'Avaro et commencés au XIIe siècle, sont les témoins de l'essor économique de la Corse au XVe siècle." Une dizaine de ponts génois sont classés monuments historiques.

Les bâtiments militaires constituent un autre témoignage architectural de premier plan. Notamment les tours génoises (il en reste 67) qui ponctuent le littoral corse et les nombreuses citadelles des villes côtières – Bastia, Saint-Florent... Construites par les occupants génois, certaines furent agrandies par les Français, comme celle de Corte, seul témoignage de citadelle de l'intérieur des terres. La maison d'habitation traditionnelle corse (*casa*) est le plus souvent en granite, à l'exception des zones calcaires de Bonifacio et de Saint-Florent et du nord de l'île, où le schiste est plus couramment utilisé. Elles atteignent fréquemment 4 ou 5 étages. Les petites ouvertures permettent de se protéger du froid en hiver, comme de la chaleur et de la lumière estivales. Les toits sont recouverts de larges plaques fines de schiste dont la couleur varie selon la provenance : gris-bleu à Corte, vert à Bastia, gris argent en Castagniccia.

ARTS

Dans *L'Art de la fresque en Corse de 1450 à 1520* (Éd. du Parc naturel régional de Corse, 2003), Joseph Orsolini recense l'ensemble des peintures murales de l'île qui permettent de découvrir la vie artistique des XVe et XVIe siècles en Corse. Ce professeur d'histoire de l'art livre par ailleurs dans *Carnets de campagne* (Piazzola, 2005) ses croquis consacrés à l'architecture rurale corse.

Peinture

À l'instar de l'architecture, la Corse a davantage importé les cultures pisane et génoise qu'elle n'a engendré de courant artistique ou de peintres. Ainsi des fresques gothiques, réalisées à la fin du XVe siècle, ornent encore une vingtaine d'églises et de chapelles. Le musée Fesch d'Ajaccio – le plus grand musée de Corse – conserve la plus vaste collection en France de peintures italiennes après celle du Louvre. Rassemblée par le cardinal Fesch, oncle de Napoléon, commissaire à la guerre en Italie puis commerçant avisé, elle compte des dizaines d'œuvres des primitifs italiens. Au XIXe siècle, quelques artistes corses se firent remarquer en fréquentant les écoles de grandes villes françaises (Charles Fortuné Guasco, Louis Pelligriniles...). Certains allèrent même jusqu'au prix de Rome ou furent exposés dans les Salons parisiens. Plus tard, l'île contribua à l'effervescence artistique en accueillant, à la fin du XIXe siècle et au début du XXe siècle, des artistes majeurs venus chercher la lumière particulière de la Méditerranée. Parmi eux, Matisse confiera : "C'est à Ajaccio que j'ai eu mon premier émerveillement pour le Sud." Fernand Léger, également à l'aube de sa carrière, choisit de passer plusieurs étés sur le littoral corse. Utrillo et sa mère, Suzanne Valadon, y firent également plusieurs séjours, tout comme Signac et l'Américain Whistler. Moins précurseurs et cependant issus de la même génération, des peintres insulaires comme Lucien Peri, François Corbellini, Pierre Dionisi ou Jean-Baptiste Pekle sont synonymes du renouveau artistique de la Corse après la Première Guerre mondiale. La plupart ont trouvé leur inspiration dans les paysages de l'île.

Littérature

Avant d'être écrite, la littérature insulaire est orale. Née dans les villages, transmise au cours des veillées, mais aussi lors de la transhumance des bergers, elle fait la part belle à la poésie, aux contes (*fola*) et aux histoires de la vie quotidienne. La chanson est le plus souvent le vecteur de cet art oral dont l'interprète devient aussi le recréateur (la complainte du départ, le *lamentu* du bandit, la sérénade de l'amoureux, la chanson électorale...). Aujourd'hui, les groupes de polyphonies corses ont su se réapproprier ce patrimoine littéraire.

La littérature écrite arrive tardivement. Avec le développement des villes, des cercles littéraires voient le jour (comme à Bastia, l'Accademia dei Vagabondi, 1659). Les écrivains se font historiens (*Historia di Corsica*, Anton Pietro Filipoini, 1594) et développent une forme de sentiment national. À partir du XIXe siècle, la littérature corse d'expression italienne (dont le représentant le plus connu est Salvatore Viale, 1787-1861) laisse lentement la place au français. C'est aussi l'époque où des auteurs du continent s'intéressent à l'île et en dressent des tableaux romanesques, pas toujours à la gloire de ses habitants. Ils sont nombreux : Guy de Maupassant publie *Un bandit corse* (1882), *Une vendetta* (1883) et *Histoire corse* ; Alexandre Dumas *Les Frères corses* (1844) ; Honoré de Balzac *La Vendetta* ; sans oublier Prosper Mérimée qui écrira, après son voyage en Corse, l'inoubliable *Colomba* (1841).

Parmi les contemporains, deux écrivains corses, largement publiés sur le continent, ont apporté leurs visions de l'île. Enfant de Bastia, Angelo Rinaldi décrit avec précision la société corse d'après-guerre. *Les Dames de France*, *La Dernière Fête de l'Empire*, *Les Jardins du consulat*, *Les Roses de Pline* traduisent l'imaginaire littéraire de l'auteur, nourri de ses années d'enfance. Marie Susini, quant à elle, évoque les problématiques de la structure familiale et de l'enfermement insulaires. Citons notamment *L'Île sans rivage* (1953). Plus récemment, Élisabeth Milleliri, journaliste à *Libération*, a publié *Caveau de famille* (Méditorial, 1993) et *Comme un chien dans la vigne* (Méditorial, 1995). Archange Morelli propose pour sa part, avec *La Moisson ardente* (Méditorial, 1997), une enquête policière dans la Corse du début du XVIe siècle. *La Fuite aux Agriates*, de Marie Ferranti (Gallimard, 2000), relate l'histoire d'une jeune femme entrée par amour dans l'engrenage de la politique insulaire. L'auteur a également publié *La Chambre des défunts* et, plus récemment, *La Chasse de nuit* (2004) et *Lucie de Syracuse* (2006) chez le même éditeur. *Deux, rue de la Marine* (Les Vents contraires), d'Hélène et Jeanne Brescioni, est la chronique d'une enfance bastiaise sur fond de deuil du père.

Du côté des ouvrages sociopolitiques, mentionnons ceux de Wanda Dressler, chercheur au CNRS, auteur d'un premier ouvrage de référence *La Corse en question(s)* (Albiana, 2004). L'auteur s'efforce de combattre l'incompréhension et le fossé entre sociétés continentale et insulaire en tentant de donner des réponses apaisées à des questions brutales, à forte charge affective, qui divisent partisans et adversaires d'un débat démocratique (violence, loi des clans, indépendance, langue, nationalisme...). *Le Destin d'une île* (Albiana, 2007) offre un panorama des travaux qu'elle a menés sur les bouleversements que connaît la Corse depuis 30 ans, qui lui ont souvent valu d'être qualifiée de "laboratoire".

En 2007, le bicentenaire de la mort de Pascal Paoli (1725-1807), le "père" de la nation corse, a donné lieu à la parution de nombreux ouvrages, ainsi qu'à une très belle exposition (accompagnée d'un ouvrage), "Pasquale de'Paoli, la Corse au cœur de l'Europe des Lumières" au musée de la Corse, à Corte. *En Corse au temps de Paoli* (Albiana/CCU, 2007), de Paul Silvani, raconte sous forme de chroniques la Corse du XVIIIe siècle. L'auteur, écrivain et journaliste qui a signé 23 ouvrages, est le principal mémorialiste de la Corse.

Le polar suscite également des vocations littéraires sur l'île depuis quelques années. Il apparaît comme une façon ludique de pénétrer habilement les arcanes d'une société et de faire passer des messages

LITTÉRATURE

"Le roman peut s'approprier la qualité de l'argumentation insulaire. Les Corses ont tendance à se situer dans le domaine de la joute verbale. L'usage de la parabole est très répandu... À cela, vient s'ajouter une propension à utiliser les phrases à tiroir." Voilà pour Bernard Biancaralli, directeur de publication chez Albiana, quelques-unes des raisons d'éditer la collection NERA (série noire made in Corsica).

sur la réalité à travers la fiction. Les auteurs de la collection NERA (Albiana) sont souvent de fin connaisseurs de la société et de la politique insulaires, tel Jean-Pierre Santini, auteur d'essais politiques sur le nationalisme corse, qui a signé plusieurs titres dans la collection. Ou telle Danièle Piani, bergère dans un village de la Cinarca, qui en est à son deuxième roman noir, *Plein Sud* (2008). Les éditions Clémentine possèdent également leur collection série noire. Marie-Hélène Ferrari y a publié plusieurs romans qui suivent les aventures du grincheux policier Pierucci à travers Bonifacio. Avec ses *Corbeaux morts* (Éditions du Cursinu, 2008), son dernier titre, Olivier Collard fait également partie des nouveaux auteurs de romans noirs.

Phénomène littéraire et gros succès de librairie sur le continent comme en Corse, la bande dessinée *L'Enquête corse* (Albin Michel, 2000) a même eu droit à sa traduction en langue corse et à une adaptation au cinéma. Le dessinateur Pétillon y croque avec un humour décapant les aventures d'un détective privé en mission sur l'île. Dans un registre plus sombre, avec *Le Procès Colonna* (12 BIS, 2008), Tignous et Paganelli présentent leurs impressions, sous forme de texte et de dessins, des 34 journées d'audience à l'issue desquelles le berger de Cargèse a été condamné, fin 2007, à la réclusion à perpétuité pour l'assassinat du préfet Claude Érignac.

MUSIQUE

Surfez sur le site www.corsemusique.com pour tout savoir sur la musique corse.

Musique

La musique vocale, en pleine renaissance, trouve ses origines dans la tradition insulaire. Le *paghjella* en est la forme la plus connue. Ces chants polyphoniques mêlent 3 ou 4 voix d'hommes, vêtus de noir et portant une main sur l'oreille afin de ne pas être troublés par la voix de leur voisin. Ce dernier point est important, car chaque voix suit une ligne mélodique définie : la première donne le ton et la base de la mélodie, la deuxième assure les basses, la troisième, plus aiguë, improvise autour du thème.

Plus triste est le *voceru*, qui accompagne les veillées funèbres. Cette forme musicale monotone et saccadée est l'apanage des femmes, qui pleurent autant qu'elles chantent et rythment l'ensemble de balancements du corps qui ne sont pas sans rappeler la transe. Les vendettas voyaient souvent les *voceri* s'accompagner d'appels à la vengeance. Plus doux, le *lamentu* est une complainte qui déplore l'absence d'un être aimé. Les *lamenti* sont eux aussi réservés aux femmes. Les *chjam'e rispondi* rappellent dans leur structure le *call and response* du blues et du spiritual : une voix appelle, une autre lui répond. Cette forme musicale se prête parfois aux joutes d'improvisation. De multiples flûtes de bois ou de corne, quelques percussions et le *cetera*, instrument à 16 cordes, peuvent accompagner ces chants.

À ÉCOUTER

A Filetta (www.afiletta.com) Le groupe de chant polyphonique de référence.

Tavagna (www.tavagna.com) Un groupe réputé pour sa fidélité à la tradition.

Jacky Micaelli (http://jackymicaelli.com) La plus célèbre des chanteuses corses.

I Muvrini (www.muvrini.com) Le groupe corse le plus connu.

À la suite de Canta U Populu Corsu, groupe qui s'est formé dans le cadre du Riacquistu – mouvement de réappropriation de la culture et de la langue corses, qui a vu le jour dans les années 1970 – des groupes polyphoniques comme I Muvrini, A Filetta ou les Ghjami font maintenant vivre ces formes traditionnelles d'expression musicale. Outre la discographie de ces formations, que vous trouverez sur l'île, vous pourrez écouter l'enregistrement intitulé *Musique corse de tradition orale* (F. Quilici, archives sonores de la Phonothèque nationale). Ce coffret de 3 disques 33 tours, enregistrés entre 1961 et 1963, permet d'entendre des interprétations anciennes, chantées, entre autres voix, par le père des musiciens d'I Muvrini. Autre curiosité, la *Canzone di i prigiuneri corsi in Alimania 1916-1917*, distribué par La Marge, a été enregistré par des ethnologues allemands dans les camps de prisonniers de la Première Guerre mondiale à partir de rouleaux de cire gravés.

À la fois chant religieux et guerrier, l'hymne corse - *Diu vi salvi Regina* - est chanté *a cappella* dans de nombreuses occasions. Pour découvrir la richesse et la diversité de la musique corse, rien ne vaut un petit détour par le village de Pigna, en Balagne. Outre les manifestations du festival Festivoce et les programmations régulières de l'auditorium, vous découvrirez plusieurs artisans qui fabriquent des instruments de musique.

De nombreux CD de groupes polyphoniques sont disponibles chez les disquaires.

Par ailleurs, les groupes de rock insulaires, comme Ghostone, Triok ou Blague à part - créé en 1999 par de jeunes Ajacciens et qui a à son actif plusieurs albums dont un *Live à La Cigale* parisienne - revisitent la musique corse traditionnelle.

Théâtre

Les manifestations théâtrales ont pris une certaine ampleur ces dernières années sous l'impulsion de Robin Renucci. Durant l'été 1998, l'acteur a créé les premières Rencontres théâtrales internationales de Haute-Corse, qui se poursuivent depuis. Fervent partisan de la décentralisation, Robin Renucci souhaite redonner une vie culturelle à des villages désertés et oubliés de la Corse intérieure. Piogiolla, Olmi-Cappella, Mausoleo, Vallica, situés dans la montagne près de Calvi, offrent autant de lieux paisibles pour installer des tréteaux. La première édition, qui fut un véritable succès populaire, permit à plusieurs compagnies corses, dont le fameux Teatrinu, de s'associer à cette démarche artistique et pédagogique. Respectueux de l'enseignement d'Antoine Vitez, Robin Renucci entend en effet renouer avec l'esprit des stages qui l'ont formé. Durant un mois d'été, des dizaines d'acteurs professionnels et amateurs, corses et continentaux, jeunes et moins jeunes, se retrouvent ainsi pour travailler ensemble. L'encadrement est assuré par des comédiens riches d'expériences diverses comme Mario Gonzales, expert en *commedia dell'arte*. Renucci, fidèle à un idéal du théâtre public, tient à la gratuité des spectacles et aux échanges entre la population et les comédiens, afin de partager le "pain du théâtre". Place de village, chapelle désaffectée, maquis et forêt se marient à merveille avec un répertoire aussi varié que Molière, Goldoni, Shakespeare, Ionesco ou encore Culiolo (en langue corse). Ces rencontres sont la principale manifestation de la scène théâtrale insulaire.

Ajaccio et Bastia possèdent chacune un théâtre municipal, et un projet de scène nationale en Corse est à l'étude.

Aria, le mensuel de bord de la compagnie aérienne CCM, disponible à bord de ses avions et dans les aéroports qu'elle dessert, consacre à l'actualité culturelle de l'île de nombreux articles intéressants.

Artisanat

L'artisanat connaît un regain d'intérêt, dont la Balagne est l'épicentre, depuis quelques années. Une route des artisans relie plusieurs villages, dont Pigna est le plus actif (voir l'encadré *Sur les traces des artisans de Balagne* p. 112) et les visiteurs peuvent acheter de l'artisanat d'art dans les ateliers - coutellerie, poterie, vannerie, verrerie, etc. La brochure *L'Art des artisans*, disponible dans les offices du tourisme des principales localités, recense les ateliers des artisans-créateurs de l'île.

Environnement

Géographie

Les 8 680 km² de la Corse jaillissent de la Méditerranée à 150 km au sud de la ville italienne de Gênes. À titre d'exemple, sa superficie équivaut à 20% environ de celle de la Suisse et représente 1,6% de la totalité du territoire français. Allongée sur un axe nord-sud, l'île affiche une longueur maximale de 185 km pour 85 km en largeur. Le cap Corse, étroite péninsule d'une quarantaine de kilomètres qui pointe au nord de l'île vers le golfe de Gênes, donne à ses contours leur caractère le plus remarquable. La Corse est plus proche de la côte italienne que des rivages français. Non seulement Ajaccio est à la latitude de Rome, mais 90 km de mer seulement séparent l'île du port italien de Piombino, à l'est. La plus proche ville continentale française, Nice, est à près de 170 km au nord-ouest. Au sud, 12 km seulement séparent Bonifacio de la Sardaigne, presque trois fois supérieure en taille à la Corse.

Couverte à 83% par les espaces naturels, l'île a plus de la moitié de sa surface occupée par les forêts et le maquis. La montagne est aussi omniprésente. Avec une altitude moyenne de 568 m, elle culmine au Monte Cinto, à 2 706 m. Le Monte Ritondu (2 622 m), le Paglia Orba (2 525 m), le Monte Pedru (2 393 m), le Monte d'Oro (2 389 m) et le Monte Renoso (2 354 m) figurent au nombre de ses plus hauts sommets.

Corse : les plus beaux sites naturels (Glénat, 2011) de Charles Pujos présente la diversité des paysages corses en textes et en photos.

Ces cimes surplombent plus de 1 000 km de rivages. La côte ouest, exposée aux vents dominants, est la plus découpée. Elle est creusée des profonds golfes de Porto, de Sagone, d'Ajaccio et de Valinco. Le rivage oriental, plus monotone, est occupé en grande partie par la longue plaine littorale d'Aléria, ou plaine orientale.

Les réserves hydrographiques de l'île, qui affiche parfois un aspect semi-aride, sont importantes. À de multiples cours d'eau côtiers s'ajoutent des fleuves prenant leur source en altitude. Le Golo, qui coule sur 80 km entre la forêt de Valdu-Niellu et le sud de l'étang de Biguglia, a le plus grand débit. Citons également le Tavignano, qui va à Aléria, et, sur l'autre rive, le Liamone, le Rizzanese et le Taravo. La Corse compte par ailleurs 43 lacs de haute montagne, d'origine glaciaire.

L'impressionnant relief montagneux de l'île et la culture clanique qui y a longtemps prévalu (et perdure encore) se sont associés pour fractionner ce petit territoire en une vingtaine de "microrégions", dont les contours varient souvent d'une carte à l'autre (selon que l'on parle de microrégions "culturelles" ou "économiques"). Enfin, la distinction historique ancienne entre l'Au-delà-des-Monts et l'En-deçà-des-Monts, encore parfois utilisée, correspond à une diagonale tracée de L'Île-Rousse à Solenzara. L'Au-delà-des-Monts représente une grande partie du sud et de l'ouest de la Corse, tandis que l'En-deçà-des-Monts désigne le nord-est de l'île.

Géologie

Les géologues s'accordent maintenant pour affirmer que le bloc formé par la Corse et la Sardaigne – désigné sous le terme de "micro-continent corso-sarde" – s'est détaché de la Provence, il y a une trentaine de millions d'années. Les deux îles ont pris la place qu'elles occupent actuellement au terme d'une lente rotation autour d'un axe situé approximativement au centre du golfe de Gênes. Minorque, aux Baléares, aurait vraisemblablement fait partie du voyage.

La majeure partie du territoire corse correspond à ce socle originel "arraché" du continent. Il constitue une très large part ouest et sud de l'île, de la Balagne à Solenzara. La base de cette Corse ancienne, ou "cristalline", est composée de roches magmatiques (roches éruptives issues de la remontée de magma de l'intérieur du globe, sous la croûte terrestre, qui ont cristallisé lentement au fur et à mesure de leur remontée), dont le granite. Cette roche dure formée de feldspath, de quartz et de mica a localement été "sculptée" par l'érosion pour former, par exemple, les paysages des calanques de Piana ou de la réserve de Scandola. Les mêmes phénomènes sont à l'origine des cavités, ou *taffoni*, visibles en de nombreux points de l'île.

La frange nord-est de l'île, incluant le cap Corse et délimitée à l'ouest par Corte et au sud par Solenzara, présente une structure géologique différente. Complexe, elle est composée de roches sédimentaires et métamorphiques, schistes notamment. On peut distinguer deux étapes dans la création de cette Corse "alpine" ou "schisteuse". Une plate-forme sédimentaire s'est d'abord formée au fond de la Méditerranée, par accumulation de matériaux issus de la désintégration ou de l'altération de roches préexistantes et d'une activité chimique ou biologique (agrégats de petites coquilles d'animaux…). Commencée au fond de la mer, cette plate-forme a jailli des flots petit à petit, strate après strate. Ces roches se sont ensuite métamorphisées, c'est-à-dire que leur composition a été modifiée par l'action de la chaleur et de la pression lors de la création des Alpes, à l'ère tertiaire.

D'autres facteurs sont venus compliquer ce schéma trop simple pour expliquer la chaotique géologie corse : une zone de fracture a séparé les deux ensembles au niveau de Corte, donnant à l'île son épine dorsale montagneuse en forme d'arête de poisson ; les glaciations de l'ère quaternaire ont modifié sa géologie pour lui donner un relief plus alpin…

Plus simplement, le profane pourra diviser la montagne corse en roche rouge (socle cristallin, comme à Piana ou à Scandola), roche blanche (calcaires, comme à Bonifacio) et roche verte (ophiolites, roches magmatiques complexes créées lors d'importants plissements).

La Corse doit à cette tumultueuse géologie la présence sur son sol d'un grand nombre de roches ornementales et de la rare diorite orbiculaire. Cette roche éruptive, reconnaissable à ses alvéoles gris, est présente à Sainte-Lucie-de-Tallano, dans l'Alta Rocca.

Faune et flore

Paradis des écologistes, des entomologistes, des environnementalistes et de tous ceux qui aiment se balader dans une nature vierge, la Corse possède une flore et une faune de toute beauté. La diversité des espèces de l'île vaut un voyage à elle seule. La découverte de certaines espèces endémiques entraîne parfois chez le randonneur ou le plongeur un bonheur que même un retour sur le continent n'arrive pas à effacer.

Flore

Flore terrestre

La riche flore corse se divise en trois "étages" successifs. L'étage méditerranéen (jusqu'à 1 000 m environ) est le territoire du maquis, des chênes verts et chênes-lièges, des oliviers et des châtaigniers. Les forêts de pins et de hêtres peuplent ensuite l'étage montagnard, qui s'étend entre 1 000 et 1 800 m environ. Enfin, l'étage alpin (au-dessus de 1 800 m) accueille une végétation faible et rase, constituée d'un peu d'herbe et de petites espèces d'altitude. Cédratiers, kiwis, clémentiniers et avocatiers sont enfin présents dans la plaine orientale.

CHÂTAIGNIER
Le châtaignier est sans conteste l'arbre qui a le plus profondément marqué la Corse. Développée sous les Génois, sa culture a rapidement pris des proportions considérables dans la région à laquelle il a donné son nom : la Castagniccia. Les bogues s'ouvrent en octobre et laissent voir leurs beaux fruits bruns qui, réduits en farine, sont utilisés dans de nombreuses spécialités culinaires. La maladie de l'encre (due à un champignon), l'absence de renouvellement des plants et les dégâts causés par les porcs coureurs ont porté de rudes coups à la culture du châtaignier au lendemain de la Première Guerre mondiale.

FLORE

La Flore endémique de la Corse (Édisud, 1996), de Jacques Gamisans, décrit la plupart des plantes de la Corse, photos de Jean-François Marzocchi à l'appui.

CHÊNE-LIÈGE
Haut de 15 à 20 m, le *Quercus suber* se distingue par ses branches basses et tordues. Son écorce épaisse, spongieuse et crevassée, est retirée tous les 8 à 10 ans – notamment pour fabriquer des bouchons –, ce qui laisse voir un tronc de couleur rouge ocre. Le bois du chêne-liège est utilisé pour le chauffage et la menuiserie. Fréquent dans le Sud, aux environs de Porto-Vecchio, cet arbre qui fleurit en avril ou en mai vit à la même altitude que les oliviers.

CHÊNE VERT
Présent en dessous de 500 m, cet arbre qui peut atteindre une quinzaine de mètres de haut fournit les glands dont se nourrissent les porcs coureurs. Les incendies répétés freinent souvent sa croissance, et il n'est pas rare de voir des chênes verts sous forme buissonnante.

FIGUIER DE BARBARIE
Plante de la famille des cactacées, le *Ficus barbarica* s'apparente davantage par son aspect à un cactus qu'à un figuier. Ses "raquettes" ovales, longues de 20 à 40 cm, ornées de fleurs jaunes, comportent de nombreuses épines. Originaire d'Amérique centrale, d'où il fut rapporté par Christophe Colomb, le figuier de Barbarie produit un fruit sucré à la pulpe épaisse.

OLIVIER
Présent sur le littoral jusqu'à 600 m, l'olivier fleurit en juin et peut porter jusqu'à 1 million de fleurs très riches en pollen. L'arbre est toujours exploité pour la production d'huile, même si le nombre d'oliviers présents en Corse a énormément décru depuis l'époque génoise. L'absence de gel sur l'île autorise la récolte par chute naturelle des fruits. Cette caractéristique du verger local explique la longueur du cycle de production des oliviers insulaires, qui donnent des fruits une année sur deux. L'olivier se plaît sur les coteaux ensoleillés, notamment en Balagne.

PINS
Le pin laricio est la principale essence des forêts situées entre 700 et 1 500 m d'altitude. Véritable géant des superbes forêts corses, il peut atteindre une cinquantaine de mètres de haut, et certains arbres de l'île sont vieux de 800 ans. Lorsque ce conifère vieillit, ses frondaisons s'étalent horizontalement à la manière d'un parasol. Le laricio est plus résistant que le pin maritime, qui vit moins longtemps et est également présent en Corse.

VÉGÉTATION DU MAQUIS

Premier ambassadeur de la Corse, le maquis se caractérise par une végétation généralement assez rase (bien qu'elle puisse parfois atteindre 5 m de hauteur si les incendies lui en laissent le temps). Couvrant 200 000 ha environ, il mêle un grand nombre d'essences, odorantes pour la plupart, dont une grande partie fleurit au printemps. Le maquis est capable de résister aux fortes chaleurs estivales. Il brûle vite, mais se reconstitue assez rapidement après les incendies. La courte liste ci-après ne prétend en rien être exhaustive.

L'essence la plus répandue est le **ciste**. Cet arbrisseau dont les pousses sécrètent une résine collante se reconnaît à ses nombreuses fleurs blanches à cœur jaune, d'environ 3 cm de diamètre. Le **ciste de Crète** a des fleurs plus grandes, d'une couleur rose-mauve. Apprécié pour ses baies bleu-noir, dont on fait d'excellentes liqueurs, le **myrte** fleurit en juin. Ses fleurs blanches dégagent une odeur poivrée. Les **bruyères arborescentes** sont en fleur en début d'année. Elles atteignent souvent 2 m de hauteur, et leurs fleurs blanches exhalent un parfum proche du miel. Les longues tiges des **arbousiers** sont reconnaissables à leurs fruits, rouges et ronds.

Rouges également, les fruits du **pistachier-lentisque** noircissent par la suite et dégagent une odeur résineuse. Les longues tiges des **asphodèles**, qui peuvent atteindre 1,5 m de hauteur, forment des groupes de petites fleurs blanches aux pétales étroits. Certaines portent de petits fruits. Les chênes verts se mêlent au maquis dès qu'il prend un peu d'altitude.

PLANTES

Arburi, Arbe, Arbigliule, Savoirs populaires sur les plantes de Corse (Parc naturel régional de Corse, 2008), est le fruit d'une vaste enquête menée auprès de nombreux insulaires sur les plantes sauvages et leurs utilisations traditionnelles (édition bilingue corse-français).

Flore sous-marine

Elle se compose de plusieurs variétés d'**algues**, brunes, vertes ou rouges, molles ou dures. Celles qui sont calcifiées peuvent composer de superbes formations minérales. La tristement célèbre *Caulerpa taxifolia*, qui a proliféré de façon catastrophique le long du littoral de la Côte d'Azur, ravageant tout sur son passage, a pour l'instant épargné la Corse.

Endémique à la Méditerranée, la **posidonie** (de Poséidon, le dieu de la Mer) est une plante verte qui forme de vastes prairies sur le sable. Les plongeurs dédaignent généralement ces fonds herbeux, qu'ils jugent monotones. Ils ont tort : les posidonies constituent un biotope privilégié accueillant de nombreuses espèces de poissons qui viennent se réfugier ou frayer dans les frondaisons.

Faune

Faune terrestre

La faune terrestre corse est assez réduite. Les porcs coureurs, les vaches, les chèvres, les brebis et les mules sont les espèces que vous rencontrerez le plus souvent. L'île compte cependant quelques représentants du règne animal difficilement observables ailleurs. Les randonneurs seront heureux d'apprendre qu'il n'y a pas de vipères en Corse. L'île compterait cependant quelques très rares araignées venimeuses. Des petits rats noirs, qui peuplaient naguère l'île en grand nombre, sont visibles sur les îlots et à Scandola. La Corse, enfin, compte un grand nombre d'insectes (inoffensifs), 53 espèces d'arachnides endémiques et une quarantaine d'espèces de libellules endémiques.

BALBUZARD PÊCHEUR

Des serres capables de capturer les proies les plus glissantes et une vue perçante font de ce gros rapace de 1,60 m d'envergure un redoutable pêcheur. Présent dans la réserve de Scandola, le balbuzard pêcheur, au corps blanc et aux ailes brunes, construit de gros nids sur les côtes rocheuses et les promontoires. Il se reproduit au début de l'été. De

3 couples en 1973, la population de balbuzards est passée en un quart de siècle à une vingtaine environ, soit près d'un tiers de la population en Méditerranée. L'espèce des balbuzards compte de nombreuses sous-branches présentes en Amérique du Nord, en Afrique, en Asie et en Australie.

CERF DE CORSE

Disparu de l'île dans les années 1960, le cerf de Corse (*Cervus elaphus corsicanus*) a été réintroduit en 1985 à partir de spécimens sardes. Cet habitant du maquis se nourrit de ronces, d'arbousiers, de glands et de châtaignes. Les mâles dépassent fréquemment une hauteur au garrot de 1 m et sont reconnaissables à leurs bois, qui poussent à l'âge de 1 an. Ces derniers tombent chaque année au printemps et repoussent l'été, chaque fois un peu plus grands. Une centaine de bêtes ont été installées à l'initiative du parc naturel régional de Corse dans des enclos protégés, à Quenza, à Casabianca et à Ania di Fium'orbo. Pour la première fois, 16 adultes ont été remis en liberté en 1998. Des naissances de faons en liberté ont depuis été constatées.

OISEAUX

Connaître les oiseaux de Corse (Albiana, Parc naturel régional de Corse, 2006), de Jean-Claude Thibault, magnifiquement illustré par des aquarelles et dessins de Denis Clavreul, s'efforce de répondre aux questions que les visiteurs se posent souvent lors de leurs balades.

CORMORAN HUPPÉ

Cet oiseau palmipède à la tête fine et au plumage noir-vert niche en colonies sur les côtes et les îles rocheuses. Il est parfois visible sur les îles Finocchiarola.

EUPROCTE DE CORSE

Comme la grenouille, l'euprocte est un petit amphibien qui vit aussi bien dans l'eau que sur la terre. N'ayant pas de poumons, il respire par la peau ! C'est une espèce endémique, rare et menacée qui se cache sous les pierres et s'accouple dans l'eau dès la fin du printemps.

GOÉLAND D'AUDOUIN

Disparu du continent, il ne se rencontre plus que sur les rivages de petites îles de la Méditerranée, notamment en Corse, en Sardaigne et aux Baléares. Plus petit que le goéland argenté, il est plus élancé et se reconnaît à son bec rouge foncé barré de noir, que finit une petite pointe jaune. Il niche dans les rochers, notamment dans la réserve des îles Finocchiarola.

GYPAÈTE BARBU

Tout vautour qu'il est, ce charognard pouvant atteindre 3 m d'envergure a une silhouette en vol proche de celle d'un faucon. Outre la "barbe" noire qui pend sous son bec, l'*altore* est reconnaissable au plumage blanc ou jaunâtre qui recouvre le dessous de son corps et au dessous sombre de ses ailes. Solitaire, il niche dans les cavités des rochers des massifs montagneux reculés et suit les troupeaux pour se nourrir de charognes. Il apprécie notamment la moelle des os, qu'il casse en les laissant tomber sur les rochers à une grande altitude.

MOUFLON

Roi de la montagne, le mouflon préfère les grands espaces peu enneigés. Visible dans les vallées exposées au sud, de décembre à février, cet herbivore se réfugie en altitude en été. Les mâles sont facilement reconnaissables à leurs cornes massives, qui s'enroulent au fil des années. Une tache blanche sur le museau – appelée masque facial et qui s'étend avec l'âge – est également caractéristique de l'espèce. De quelques milliers au début du siècle, le nombre de mouflons est maintenant estimé entre 400 et 600. Ils sont principalement cantonnés dans les réserves de Bavella et d'Asco. Le mouflon fait l'objet d'un programme spécifique de protection et de développement des populations.

SANGLIER

Vigoureux cousin sauvage du porc, le sanglier arbore une robe couverte de soies sombres. Seigneur du maquis et des forêts, cet omnivore vorace se nourrit de glands, de châtaignes, de racines et de fruits, mais aussi, à l'occasion, de vers et d'insectes qu'il déniche en fouillant la terre de son groin, ce qui provoque des dégâts importants. Les femelles (laies) et leurs petits (marcassins) vivent en hardes, mais les mâles, dont la rapidité à la course peut surprendre, sont solitaires. Ces derniers sont par ailleurs dotés de courtes défenses pouvant s'avérer redoutables, notamment lorsqu'ils s'affrontent entre eux à la saison des amours, en novembre-décembre. La chasse au sanglier est une activité traditionnelle en Corse.

SITTELLE CORSE

L'un des rares oiseaux endémiques de l'île, la sittelle, n'a été découvert qu'à la fin du XIXe siècle. Il fallait certes avoir de bons yeux pour l'apercevoir : ce minuscule représentant du règne animal ne mesure en effet guère plus de 12 cm de longueur. Grimpeur particulièrement agile et très léger, la sittelle peut s'accrocher aux ramures les plus frêles. L'espèce corse est reconnaissable au "sourcil" blanc qui lui barre la tête. La sittelle est sédentaire et se nourrit des graines de pin et d'insectes qu'elle trouve dans les forêts de conifères.

TORTUE D'HERMANN

Naguère très répandue en France, en Espagne, en Italie, en ex-Yougoslavie et en Grèce, cette tortue terrestre est maintenant l'un des reptiles les plus rares de France. Reconnaissable à sa couleur orange rayée de noir, elle est relativement bien représentée en Corse (voir p. 161). La tortue d'Hermann, présente surtout dans le maquis, est longue de 19 cm en moyenne et vit entre 60 et 80 ans. Elle hiberne sous un amas de feuilles entre mi-novembre et fin février.

Faune marine

Si les fonds corses ne peuvent rivaliser avec les mers tropicales, où l'on évolue dans un aquarium dès les premiers mètres, ils réservent cependant de belles surprises. Avec les réserves marines de Scandola et des Lavezzi, un littoral exempt de pollution, l'absence de pêche industrielle et des écosystèmes variés, la Corse fait en effet office d'oasis de vie en Méditerranée.

BALEINES

Visible dans un triangle Nice-Porquerolles-Corse, le rorqual commun (24 m de longueur moyenne) est aujourd'hui protégé. Pourtant, il arrive qu'une de ces baleines soit mortellement heurtée par un ferry ou un NGV, n'ayant pas eu le temps de fuir devant le bateau : elle ne se déplace qu'à 45 km/h (voir l'encadré p. 375).

> Les amateurs de fonds sous-marins parcourront avec intérêt le beau livre *La Corse sous-marine* (Distribution corse du livre, 1999), du photographe Georges Antoni. Richement illustré de magnifiques photos, il vous donnera envie de plonger toutes affaires cessantes.

POISSONS

Un certain nombre des poissons répandus dans les eaux corses sont connus du public pour la simple raison qu'ils sont utilisés en cuisine. C'est le cas de la **mostelle**, poisson brun qui affectionne la pénombre des cavités et des surplombs, ou encore du **saint-pierre**, qui doit son nom à saint Pierre lui-même : selon la légende, la tache noire caractéristique qui orne ses flancs serait l'empreinte laissée par les doigts du saint, qui l'aurait attrapé sur ordre du Christ pour lui retirer de la bouche une pièce d'or. L'allure majestueuse du saint-pierre tranche résolument avec l'aspect rebutant du **chapon** (la rascasse rouge de la bouillabaisse), dont le corps est hérissé d'épines venimeuses et d'excroissances. Sa parfaite capacité de mimétisme lui permet d'attendre sa proie, tranquillement posé sur le fond. Très commun, le **sar** affectionne les fonds rocheux et les herbiers. L'espèce la plus répandue est le sar commun (environ 40 cm), argenté, orné de deux taches noires caractéristiques au niveau des ouïes et de la queue. Dans la même famille, le **denti** est en revanche un redoutable carnassier pouvant atteindre 1 m de long. Il ne fait que de furtives apparitions.

Roi de la Méditerranée, le **mérou** revient en force après avoir risqué l'extinction. Ce poisson trapu pouvant atteindre 1,5 m de long se distingue par son énorme bouche lippue et les taches blanchâtres qui mouchettent sa livrée brunâtre. Curieux, joueur et débonnaire, le mérou se laisse facilement approcher. Il vit le plus souvent dans des trous, qu'il quitte occasionnellement.

Un certain nombre d'espèces moins connues sont très fréquentes en Corse, où les plongeurs peuvent les observer à loisir. C'est le cas de l'**anthias**, petit poisson gracieux de couleur rouge orangé, ou encore de l'**apogon**, également appelé "roi des rougets". Ce poisson d'une quinzaine de centimètres vit près de l'entrée des grottes ou sous les surplombs, et se reconnaît à sa couleur rouge et à ses grands yeux noirs. Les **castagnoles** forment des bancs compacts, immobiles, à proximité des hauts-fonds, à faible profondeur. Mesurant une dizaine de centimètres tout au plus, elles arborent une livrée allant du gris au noir, et une queue fourchue. La famille des **labres** comprend de nombreux représentants, très colorés, dont l'incontournable **girelle**, le poisson le plus "tropical" de Méditerranée. D'une longueur de 20 cm tout au plus, elles sont présentes dès les premiers mètres et égayent les massifs rocheux de leur livrée multicolore aux remarquables marbrures turquoise et liserés rouges. Parmi les **serrans**, citons le serran-écriture, qui doit son nom aux motifs qui ornent sa tête. Strié de bandes verticales noires et pourvu d'une tache bleue sous le ventre, il vit en général dans les herbiers de posidonies. Également présente dans ces herbiers, la **saupe** est l'un des rares poissons végétariens de Méditerranée. De couleur argentée, elle est dotée de liserés horizontaux dorés.

Parmi les prédateurs, seul le **corb**, reconnaissable à sa livrée gris argenté et à son dos très arqué, se laisse facilement observer – ce qui en fait une cible privilégiée des chasseurs. Ce poisson de belle taille (40 à 80 cm) est généralement présent en bancs près des fonds rocheux ou des herbiers de posidonies. Les autres prédateurs restent souvent cachés dans les anfractuosités. Il s'agit notamment du **congre** – également appelé anguille de mer et à ne pas confondre avec la murène –, au profil allongé et grisâtre, qui peut dépasser 2 m. Il quitte sa tanière la nuit pour chasser. Prédatrice féroce, la **murène** vit également à l'affût dans des anfractuosités d'où n'émerge que sa gueule. Longiligne, pouvant atteindre 1,5 m de long, elle se distingue par son allure patibulaire, bouche entrouverte armée de dents acérées, prête à se refermer sur un poisson infortuné. Sa livrée est sombre, parfois tachetée de jaune. Mentionnons enfin le très rare **barracuda**. Il vous faudra un très heureux concours de circonstances pour apercevoir cette espèce du large qui fait parfois de brèves incursions près des côtes.

CRUSTACÉS

Citons notamment le **crabe**, le **homard** – reconnaissable à ses pinces surdimensionnées –, la **langouste** et le **bernard-l'ermite**, qui squatte les coquilles d'autres animaux marins. La **cigale de mer**, espèce protégée, vit accrochée sous les surplombs. Moins connue, la **galathée** est un petit crustacé de couleur rougeâtre rayé de jolies bandes bleues.

MOLLUSQUES

La **seiche**, qui se propulse à reculons, émet un liquide noirâtre à la moindre menace. Elle est parfois confondue à tort avec le **poulpe**, aux

LE SANCTUAIRE PELAGOS POUR LES MAMMIFÈRES MARINS EN MÉDITERRANÉE

Il aura fallu une quinzaine d'années pour que l'alerte lancée par des organismes luttant pour la préservation des cétacés aboutisse, en 1999, à un accord entre la France, l'Italie et Monaco sur la création d'un sanctuaire méditerranéen pour protéger ces mammifères et leurs habitats contre les perturbations (pollution, capture, blessures accidentelles, etc.). S'étendant sur 87 500 km², le sanctuaire PELAGOS pour les mammifères marins en Méditerranée (www.sanctuaire-pelagos.org) inclut les eaux territoriales et le domaine pélagique (partie des mers et des océans autre que les côtes et les fonds marins) de la zone comprise entre le promontoire de la presqu'île de Giens, la lagune de Burano, en Toscane méridionale, et le nord de la Sardaigne. Il englobe les eaux de nombreuses îles dont la Corse.

Une estimation grossière recense dans cette zone plus de 8 500 espèces animales macroscopiques représentant entre 4% et 18% des espèces marines mondiales – une biodiversité remarquable, notamment en ce qui concerne le nombre de prédateurs en haut de la chaîne trophique comme les mammifères marins, étant donné que la Méditerranée ne représente que 0,82% de la superficie et 0,32% du volume des océans du monde. En été, entre 300 et 1 000 rorquals communs et environ 25 000 dauphins bleu et blanc fréquentent ce périmètre. Le sanctuaire abrite aussi des cachalots, des dauphins communs, des dauphins de Risso, des globicéphales noirs, de grands dauphins, des ziphius et des survivants des phoques moines.

L'objectif du sanctuaire est de parvenir à concilier les activités humaines et le milieu naturel qui les entoure. Il prévoit ainsi de réglementer la pêche professionnelle, le trafic maritime et d'autres activités comme l'observation des cétacés dans leur milieu naturel (le "whale-watching") qui se développe fortement.

Un projet plus spécifique (Life Linda, www.lifelinda.org), porté par le WWF-France, a vu le jour en Corse en 2003, pour protéger le grand dauphin. Associant notamment l'Office de l'environnement de Corse, le PNRC, l'université de Corse, la partie française du sanctuaire PELAGOS et des représentants des pêcheurs corses, il concerne 4 sites d'intérêt où le grand dauphin est présent.

huit tentacules garnis de ventouses, qui vit généralement enfoui dans une excavation. Autre représentante de la famille des mollusques, et l'un des plus grands existant au monde, la **grande nacre** est une espèce protégée pouvant atteindre 1 m, qui vit plantée à la verticale dans le sable, près des herbiers.

FAUNE FIXÉE

Souvent confondus par les néophytes avec des roches rouges ou des fleurs, des animaux de structure très rudimentaire vivent fixés au substrat rocheux (d'où leur nom de faune fixée) et se nourrissent de particules en suspension. Ils sont remarquables tant par leurs formes, baroques et insolites, que par leurs couleurs, très vives et diversifiées.

Les plus fréquents sont les **éponges**, qui forment de larges plaques colorées sur la surface des rochers. Globuleuses, lisses, encroûtantes, ramifiées, boursouflées, tubulaires, jaune vif, bleuâtres, orange, roses ou noires, elles font ressembler n'importe quelle paroi rocheuse à un tableau d'art moderne ! Elles se nourrissent en filtrant des quantités phénoménales d'eau. Particulièrement appréciés des plongeurs pour leurs couleurs, les parterres d'**anémones jaunes** ou de **parazoanthus** capitonnent la roche d'une parure jaune vif du meilleur effet. À l'abri de la lumière, à partir de -25 à -30 m, le célèbre **corail rouge** dresse des branches ramifiées vermillon, de consistance dure, sur lesquelles se déploient des polypes blancs. Victime d'une récolte intensive, il se fait désormais rare. Parmi les plaisirs uniquement réservés aux plongeurs,

Sur le site www.corsenature.net, vous admirerez d'impressionnantes photos sous-marines et terrestres consacrées à la faune et la flore insulaires, réalisées par Franck Pichot. Ce photographe et professeur de sciences de la vie et de la Terre contribue à la revue *Stantari* (voir p. 362).

DES PARADIS MARINS SOUS HAUTE SURVEILLANCE

L'écologie marine n'est pas un vain mot en Corse. Avec 2 sanctuaires et 7 cantonnements sur 1 045 km de littoral, l'île de Beauté bat tous les records en Europe. La **réserve naturelle des Bouches de Bonifacio**, créée en septembre 1999, se situe à l'extrême sud de l'île, entre la Corse et la Sardaigne, au large de Bonifacio. Elle constitue la partie française du parc marin international qui englobe la réserve naturelle des îles Cerbicale, les cantonnements de pêche de Bonifacio, la réserve de chasse maritime de Ventilègne et, du côté italien, l'archipel de la Maddalena, en Sardaigne. Le domaine terrestre de l'île de Cavallo (et de l'îlot de San Baïnsu), surnommée "l'île aux millionnaires", échappe curieusement à l'aire de protection. La plongée en apnée est autorisée partout. En revanche, 1 200 ha de zone dite de non-prélèvement sont interdits aux plongeurs équipés de bouteilles (plateaux des Lavezzi, des Cerbicale, des Bruzzi, des Moines et falaises de Bonifacio).

Entre la Punta Mucchilina au sud (à la sortie nord du golfe de Porto) et la Punta Nera au nord, la **réserve naturelle de Scandola** est la plus ancienne de Corse. Créée en 1975, elle couvre 919 ha sur terre et 1 000 ha sur mer. Véritable paradis en termes de flore et de faune sous-marines, Scandola protège quelque 450 espèces d'algues et 125 espèces de poissons. Un règlement strict interdit la chasse sous-marine, la pêche à la ligne (et la pêche professionnelle dans la zone classée réserve intégrale), le rejet des détritus, les mouillages supérieurs à 24 heures (le mouillage de nuit est interdit dans la réserve intégrale), le ramassage d'animaux et de végétaux marins, ainsi que la plongée sous-marine.

citons également les **gorgones rouges**. D'apparence franchement végétale, elles forment de vastes champs et s'épanouissent en forme d'arbustes très ramifiés pouvant atteindre 1 m d'envergure. Leur squelette est souple, à la différence du corail rouge, qui est calcifié.

Participent également à ce tableau les **ascidies**, qui ressemblent à des tubes mous aux couleurs variables (violet, rouge, noir), et l'élégante **dentelle de Neptune**, qui forme des buissons de pétales roses, calcifiés, ou encore la **rose de mer**, également de consistance dure et friable, aux circonvolutions rosées.

Réserves naturelles

En 2008, il existait en France 326 réserves naturelles, couvrant un total de plus de 2 848 000 ha : 160 sont des réserves naturelles nationales, 160 des réserves naturelles régionales et 6, des réserves naturelles en Corse (consultez le site www.reserves-naturelles.org pour plus de détails), dont voici la liste :

Scandola (1 731 ha, classée en 1975). Classée au patrimoine mondial de l'Unesco, elle possède également la caractéristique d'être à la fois une réserve terrestre et maritime.

Îles Cerbicale (36 ha, au large de Porto-Vecchio, 1981)

Îles Finocchiarola (3 ha, cap Corse, 1987)

Étang de Biguglia (1 790 ha, 1994)

Bouches de Bonifacio (79 460 ha, 1999). Essentiellement maritime, cette réserve est la plus importante de Corse et de France métropolitaine.

Tre Padule de Suartone (218 ha, 2000)

Préservées pour leur faune (voir p. 371), leur flore (voir p. 369) et leur patrimoine géologique, les réserves poursuivent un triple objectif : protéger la nature, la gérer et permettre de la découvrir.

La protection de l'écosystème impose le respect de diverses mesures. Il est notamment interdit dans les réserves de cueillir des végétaux et de ramasser des minéraux, d'abandonner des déchets et d'allumer des feux. Les animaux domestiques n'y sont pas les bienvenus. La pêche, la chasse et le camping y sont formellement interdits (à de très rares exceptions).

Écologie et environnement

L'attrait que suscite la Corse tient pour une large part à son environnement, remarquablement préservé grâce à la conjonction de trois facteurs. D'une part, l'attachement des Corses à leur territoire et leur promptitude à élever la voix dès lors qu'ils estiment leur île menacée. Le soulèvement de la population lors de l'affaire des "boues rouges" – en 1973, une multinationale italienne déversa des déchets toxiques au large de Bastia – en fut le premier exemple.

L'action des nationalistes dans les années 1980 – on a parfois parlé "d'écolo-nationalisme" – a été déterminante. À force de plasticages, ces derniers ont notamment tenu les promoteurs éloignés du littoral, dont ils ont empêché le bétonnage. Aujourd'hui, au sein d'un mouvement nationaliste qui a connu une dérive mafieuse et s'est singulièrement complexifié, rares sont ceux qui ont gardé cet idéal environnementaliste. Mais d'autres mouvements tels qu'ABCDE (voir l'encadré p. 378) ont pris la relève.

La Corse, enfin, s'est dotée d'organismes de protection efficaces.

www.oec.fr. Le site de l'Observatoire de l'environnement en Corse, truffé d'informations liées à l'environnement sur l'île.

Les enjeux écologiques

Principal danger qui pèse sur l'île : le feu, qui ravage des milliers d'hectares, chaque année ou presque. La forêt corse et de vastes étendues de maquis portent en de nombreux endroits les stigmates des incendies qui détruisent des centaines d'hectares de végétation. Les efforts de la sécurité civile, qui stationne aux abords des zones boisées les jours où les conditions météorologiques sont les plus propices aux départs de feu, ne suffisent malheureusement pas à stopper le fléau.

Le tourisme apporte également son lot d'atteintes à l'environnement. La hausse brutale de la population en haute saison génère un problème de déchets, notamment dans les stations balnéaires ou sur les sentiers de randonnée, qui s'ajoute à celui des décharges sauvages. Sur le littoral,

UN ÉCO-FESTIVAL QUI A LE VENT EN POUPE

Depuis sa création en 1992, l'écologie et l'environnement sont au cœur du festival du Vent qui (Festiventu) a lieu chaque année fin octobre à Calvi. Carrefour foisonnant où s'entrecroisent l'écologie, l'art, le sport, les sciences, la solidarité et les droits humains, cette manifestation mêle joyeusement 5 jours durant rencontres, débats, concerts, spectacles de rue, cinéma, théâtre et activités sportives. Le festival consacre aussi tout un espace à la construction écologique.

Cette dimension a pris un nouvel essor au sein du festival du Vent depuis que ses organisateurs, Les Amis du Vent, mènent parallèlement des actions de sensibilisation efficaces. Leur campagne "Halte aux sacs plastiques !" fit de la Corse, en 2003, la première région de France à interdire l'usage du sac en plastique dans la grande distribution. L'association voudrait étendre cette campagne aux sacs de magasins. D'autres actions écocitoyennes se sont ajoutées depuis : "Oui au papier recyclé", "Sème pas tes piles" et "Du jetable au durable" – avec l'ambition que la Corse fasse preuve dans ces domaines aussi d'exemplarité.

Pour plus de renseignements, contacter **Les Amis du Vent** (La Petite Folie, Chemin de Grottazalda, 20260 Calvi) ou le **Festival du Vent** (☎01 53 20 93 06 ; www.lefestivalduvent.com ; 22 rue de Douai, 75009 Paris).

LA LOI LITTORAL AU CŒUR D'UN GRAND DÉBAT

Prévu en 2002, et faisant depuis lors l'objet d'un vif débat, le Plan d'aménagement et de développement durable de la Corse (Padduc), rendu public en juillet 2008, divise plus que jamais l'île. Ouvrant la voie à un assouplissement de la loi Littoral et au développement de l'urbanisation des côtes (liée à l'industrie du tourisme), le Padduc, selon ses tenants, orientera la Corse vers un avenir "plus compétitif". Regroupées dans un Front uni contre le Padduc, plus de 70 organisations, élus et mouvements politiques dénoncent, quant à eux, un "projet de société fondée sur le tout-tourisme et l'économie résidentielle". À la pointe du combat contre la déclassification des espaces côtiers remarquables et leur mitage par des constructions illégales, le Collectif pour l'application de la loi Littoral en Corse (http://cll-corse.org), dénonce les fortes pressions foncières exercées à cet effet sur les maires.

En juillet 2008, le Conseil d'État a annulé l'ordonnance du tribunal administratif de Bastia, saisi par le CLL et ABCDE (Association bonifacienne comprendre et défendre l'environnement), qui avait autorisé la construction de plusieurs villas, dont celle du publicitaire Jacques Séguéla, sur des terrains protégés de la presqu'île de Bonifacio. ABCDE, qui se place résolument sur le terrain du droit, a déjà obtenu l'annulation d'une trentaine de permis de construire. Le tribunal administratif de Bastia qui jugeait l'affaire sur le fond, en octobre 2008, s'est conformé aux conclusions du Conseil d'État. Seul point sur lequel s'accordent une majorité d'insulaires : le Padduc ne saurait être imposé de force, et il doit faire l'objet d'un examen démocratique par la société civile qui ne se fera pas en quelques mois. Quoi qu'il en soit, les années à venir seront cruciales.

la surfréquentation touristique associée au surpâturage des bêtes a contribué à la destruction des plantes qui fixent les dunes, par exemple à Roccapina ou à Barcaggio. Le Conservatoire du littoral est heureusement venu à la rescousse en installant des barrières de protection.

Par ailleurs, la tradition corse de la libre circulation du bétail n'est pas sans provoquer de graves dommages à l'environnement. Les porcins, notamment, dont l'élevage traditionnel va de pair avec la culture de la châtaigne, contribuent au déboisement et à la déprédation du milieu en fouillant le sol pour trouver leur nourriture. Leur divagation affecte par ailleurs de nombreux secteurs et le labourage auquel ils se livrent va jusqu'à entraîner régulièrement la destruction des murs en pierre sèche de propriétés.

Autre problème : le traitement des déchets ménagers. Le projet d'implantation d'un incinérateur près de Ponte-Leccia, qui s'était heurté à une forte opposition depuis 2006 en raison des coûts et de la pollution qu'il aurait entraînés, a été abandonné en 2008 par les conseillers de l'Assemblée de Corse. Toutefois, bien que le tri sélectif ait été mis en place dans l'île début 2008, rien n'a encore été réglé : le Padduc (voir l'encadré ci-dessus), arrêté en juillet 2008, s'appuie en matière de déchets sur un plan datant de 2002 qui préconise la centralisation de leur traitement dans une installation de valorisation énergétique – autrement dit un incinérateur...

Organismes de protection

Parc naturel régional de Corse

La création du parc naturel régional de Corse (PNRC, www.parc-naturel-corse.com), en 1972, fut une étape décisive. Outre la gestion d'un territoire représentant plus du tiers de l'île, soit 350 510 ha, qui regroupe 145 communes, le PNRC est un organisme actif dans la protection de l'environnement de l'île. Il englobe le golfe de Porto et la réserve de Scandola, classés sites naturels du patrimoine mondial, ainsi que les hauts massifs, du Monte Cinto, au nord-ouest, aux aiguilles de Bavella, au sud-est. À la différence des parcs nationaux, qui sont réservés aux espaces inhabités, les parcs naturels régionaux ont pour vocation de "protéger et faire vivre le patrimoine naturel, culturel et humain de leur territoire pour construire leur avenir". C'est dans ce cadre que le parc fut à l'origine de la création d'environ 2 000 km de sentiers balisés. On doit également à cet organisme des efforts en faveur de la protection de la grande nacre de Méditerranée, de la patelle géante, de la tortue d'Hermann, du mouflon, du balbuzard pêcheur et la réintroduction du cerf de Corse.

Conservatoire du littoral

L'action du Conservatoire du littoral (www.conservatoire-du-littoral.fr) concerne les rivages. Cet établissement public créé en 1975 achète des terres afin de les sauvegarder. Au fil des années, le Conservatoire est ainsi devenu propriétaire d'un grand nombre de sites côtiers : au 1er juin 2008, le Conservatoire assurait la protection de 117 210 ha sur 600 sites naturels. Répartis sur l'intégralité du pourtour de l'île – notamment à Roccapina, dans les Agriates, les Bouches de Bonifacio, la pointe nord-est du cap Corse et les îles Finocchiarola, à Scandola, Cargèse, Piana, l'étang d'Urbino, etc. –, ces sites naturels totalisent 25% des 1 045 km du linéaire côtier de la Corse. Le désert des Agriates est le plus vaste site du Conservatoire du littoral au niveau national. Cet organisme s'illustre par ailleurs dans la publication d'excellents livres et brochures consacrés aux terres qu'il préserve.

www.parc-naturel-corse.com. Ce site très instructif présente les missions écologiques, les projets de développement et les dernières informations sur le parc naturel régional de Corse, qui couvre à lui seul près de 40% de l'île.

Office national des forêts

Sur les 238 000 ha de forêts, 150 000 sont placés sous le contrôle de l'Office national des forêts (ONF). Il existe 31 forêts territoriales, couvrant 49 000 ha, une forêt départementale de 1 000 ha et 160 forêts communales représentant 100 000 ha. L'ONF assure en saison des visites guidées des forêts domaniales de Fangu, Bavella, Bonifato, Marmaro, Chiavari, Aïtone, Pineta, Vizzavona et l'Ospédale. Pour efficaces qu'ils soient, ces dispositifs ne mettent pas le territoire corse à l'abri de toute atteinte écologique.

Langue

Loin d'être folklorique et tombée en désuétude, la langue corse est parlée au quotidien par une large proportion des habitants de l'île. Des journaux lui ouvrent leurs colonnes, les polyphonies lui prêtent leurs voix, des poètes la font rimer... Tous les Corses, cependant, comprennent et parlent également le français (et en général l'italien).

Le corse tire ses racines de l'italien. Fernand Ettori, dans *Le Corse* (éd. Bonneton, 1992) note que "ses plus proches parents sont à chercher en Toscane". Cette base linguistique a cependant été influencée par les langages de tous les peuples qui se sont succédé sur l'île. La langue corse présente ainsi des composantes ibère, ligure ou génoise. Le français, enfin, est venu s'y greffer, notamment après que l'enseignement de cette langue est devenu obligatoire sur l'île, à la fin du XIXe siècle.

La langue occupe une part très importante dans le sentiment identitaire corse. Les insulaires sont en effet très attachés à la défense de leur parler, comme à tout ce qui contribue à marquer la spécificité de leur île par rapport à la France au sens large. Si la plupart des panneaux de circulation que vous verrez sur place sont bilingues (corse-français), il est courant de voir cette dernière langue barrée, effacée, voire criblée de balles...

Parallèlement à la montée du mouvement autonomiste, des associations – Scola Corsa en tête – commencèrent à proposer un enseignement du corse dans les années 1970. Une tardive reconnaissance vit le jour en 1974, lorsque la langue corse fut incluse dans le cadre de la loi Deixonne sur les "langues régionales".

À ce jour, le parler insulaire pose un curieux problème constitutionnel. Reconnaître en tant que telle la langue corse équivaut en effet à reconnaître en tant que tel le peuple qui la parle, et donc à distinguer le peuple corse du peuple français. Cette délicate question reste en suspens.

QUELQUES RÈGLES

Les lettres *k*, *w*, *x* et *y* n'existent pas en corse. L'alphabet insulaire s'enrichit en revanche des groupes de lettres *chj* (tyi ou tyeu) et *ghj* (diè ou dyeu). En règle générale, *ch* se prononce *g* ; *u* se prononce *ou* ; *c* se prononce souvent *tch*, *ci* se prononce *tchi* et *g* se prononce fréquemment *dg*. La dernière voyelle d'un mot est très souvent chuintante, voire presque totalement étouffée. Porto-Vecchio, qui se dit *Purtivecchju* en corse, se prononce ainsi "pourti-vechj". Certaines consonnes deviennent par ailleurs quasi muettes lorsqu'elles sont placées entre deux voyelles.

La prononciation présente quelques différences entre le Nord et le Sud (voire d'un village à l'autre). La lettre *v* au sud de l'île se prononce *b* au nord. De même, le double *l* du Nord devient un double *d* dans le Sud (le cheval du Nord, *U cavallu*, devient *U cavaddu* dans le Sud). D'autres différences d'orthographe, notamment sur les panneaux routiers, sont dues à de mauvaises traductions ou à des amalgames avec l'italien de la part des administrations, voire des maires des communes. Il n'existe pas, en effet, d'académie garantissant la bonne orthographe de la langue corse. Les habitants de Bonifacio (*Bunifaziu*) ont pour leur part préservé leur propre langue, proche du génois.

L'accent tonique est le plus souvent placé sur l'avant-dernière syllabe (il n'est pas écrit dans ce cas). Il se trouve fréquemment sur la dernière syllabe (notamment pour former les infinitifs de verbe. Il est dans ce cas écrit : ` comme dans "andà", et de rares fois sur l'antépénultième.

Le pluriel se forme en *i* (*u trenu* = le train ; *i treni* = les trains).

SALUTATIONS ET POLITESSE

bonjour	*bunghjornu (ou bonghjurnu)*
au revoir	*avedeci*
merci	*grazie*
à votre santé !	*a salute !*
bienvenue	*pace i salute !*
à bientôt	*a prestu*

Affirmation/négation

oui	*iè ; sì*
non	*nò*
peut-être	*forse ; podassi*

Les pronoms personnels

je	*eiu*
tu	*tù*
il	*ellu*
nous	*noi*
vous	*voi*
ils	*ellu*

Les adverbes

combien ?	*quantu ?*
où ?	*duve ?*
quand ?	*quandu ?*
qui ?	*quale ?*

Le temps

matin	*matina*
midi	*meziornu*
soir	*sera*
nuit	*notte*
jour	*ghjornu*
aujourd'hui	*oghje ; oghji*
hier	*eri*
demain	*dumane*
en retard	*tardi*
en avance	*troppu prestu*

Les saisons

printemps	*veranu*
été	*estate*
automne	*autunnu*
hiver	*invernu*

Se diriger

droite	*dritta*
gauche	*manca ; sinistra*
nord	*nordiu*
sud	*meziornu*
est	*levante*
ouest	*punente*
en avant	*avanti*
en arrière	*indietru*
en haut	*in sù*
en bas	*in ghjò*
loin	*luntanu*
proche	*vicinu*

Les chiffres

0	*zeru*
1	*unu*
2	*dui*
3	*trè*
4	*quattru*
5	*cinque*
6	*sei*
7	*sette*
8	*ottu*
9	*nove*
10	*dece*
20	*vinti*
30	*trenta*
40	*quaranta*
50	*cinquanta*
60	*sessanta*
70	*settanta*
80	*ottanta*
90	*novanta*
100	*centu*
1 000	*mille*

En cas d'urgence

attention !	*attenti !*
au secours !	*aiuti !*
police	*pulizza*

Quelques verbes

aimer	*amà ; tene caru*
arriver	*arrivà*
avoir	*ave*
conduire	*cunduce*
dormir	*dorme*
marcher	*marchjà ; caminà*
nager	*natà ; nutà*
partir	*parte*
payer	*pagà*
quitter	*lascià*
saluer	*salutà*
voyager	*viaghjà*

Assimil propose une méthode incluant 1 livre et 3 CD intitulée *Le corse sans peine* (Pascual Marchetti, 2005), ainsi qu'un petit guide de conversation, *Le corse de poche* (Pascual Marchetti, 2010).

DCL éditions publie un *Dictionnaire français/corse corsu/francese* au format poche (Culioli, 1997). Vous pourrez également consulter *Mon premier dictionnaire français-corse en images* (L. Memmi, L. Santucci et Ch. Lazé, Ed JP Gisserot, 2001) ou *Parlons corse* (Jacques Fusina, L'Harmattan, 1999). Le *Dictionnaire commenté des expressions corses* (DCL, 2004) de Jean-Guy Talamoni et Éric Simoni (illustrations) voit le célèbre militant nationaliste commenter des centaines d'expressions de la vie quotidienne recueillies pendant des années dans son village de A Petra, dans la *pieve* de Verde.

L'université Pasquale-Paoli, à Corte, dispense un enseignement supérieur de corse. À Bastia également, l'association Scola Corsa (M. Stefani, ☎ 06 75 19 61 63) propose des cours de corse.

PETIT LEXIQUE

De nombreuses différences peuvent exister entre le nord et le sud de l'île.

argent – argentu
assurance – assicurazione
attentat – attaccu
autobus – vitturonu
avion – avione

bagnarinu – maillot de bain
baiser – basgià
bateau – battellu
beau – bellu
bébé – ciucciu
biberon – titterola
bien – bene
billet – bigliettu

célibataire – figliu ; scàpulu
chambre – càmera
chaud – caldu
chemin – caminu ; strada
couche (de bébé) – fasciola

danse – ballu
docteur – duttore
dortoir – dormitoriu
douleur – dulore

enfant – zitellu ; bambinu

fatigue – fatica
faux – falsu
femme – donna
fermé – serratu
fille – figliola (jeune fille) ; figlia (sens paternel ou maternel)
fils – figliolu
forêt – valdu
froid – freddu

garçon – maschju
grand – grande
grand-mère – mammone
grand-père – babbone

homme – omu
hôpital – ospidale
hôtel – usterìa

le – u
lit – lettu

mal – male
malade – malatu
maquis – machja
marié(e) – sposu ; casatu
mauvais – gattivu ; malu
mer – mare
mère – mamma
montagne – muntagna ; monte
mule – mula
musique – mùsica

ouvert – apertu

pain – pane
passeport – passaportu
petit – chiùcu ; pìcculu
plage – piaghja
politesse – crianza

route – strada
rue – carrughju

théâtre – teatru
toilettes – latrine ; cabinettu
train – trenu

vélo – velò
vengeance – vindetta
vrai – veru

Corse pratique

Carnet pratique

Argent

Aucun problème pour retirer de l'argent aux distributeurs automatiques de billets (DAB) dans les villes du littoral. En revanche, la situation se complique dans l'intérieur de l'île, ainsi que dans le cap Corse, qui ne comptent que peu d'agences bancaires équipées d'un DAB. Avec un peu de chance, on trouvera un bureau de poste équipé d'un DAB, mais il est préférable de prévoir suffisamment d'espèces.

Bénévolat

Quelques associations proposent des missions de bénévolat en Corse. Certaines œuvrent principalement dans d'autres régions, mais pourront proposer ponctuellement des chantiers sur l'île ; renseignez-vous notamment auprès de l'**Association Rempart** (☎01 42 71 96 55, www.rempart.com) ou du **Service Civil International** (SCI, branche française ; ☎01 42 54 62 43 ; www.sci-france.org ; 20, rue Camille-Flammarion 75018 Paris). **Cotravaux** ☎01 48 74 79 20 ; www.cotravaux.org ; 11, rue de Clichy 75009 PARIS) regroupe également plusieurs associations.

Voici deux associations qui proposent régulièrement des missions de bénévolat en Corse :

Le **Centre régional information jeunesse de Corse** (CRIJ ; ☎06 23 53 65 26 ; http://crij.phpnet.org) propose des chantiers de fouilles archéologiques à des bénévoles. Ces missions, d'une semaine au moins, ont lieu durant les vacances d'été et sont ouvertes à tous.

La **Fédération française de randonnée pédestre** (FFRP ; ☎01 44 89 93 93 ; www.ffrandonnee.fr) regroupe des bénévoles pour entretenir et baliser ses sentiers, animer et encadrer des randonnées, et promouvoir le tourisme vert.

Cartes et plans

La carte routière de l'Institut géographique national (IGN) n° R19 au 1/250 000

À SAVOIR

- Nombre de prestataires, d'hôtels et de restaurants n'acceptent pas les cartes de crédit. Prévoyez suffisamment d'espèces et de chèques.
- De nombreuses localités de l'intérieur des terres et du cap Corse ne disposent pas de distributeurs automatiques.
- Calvi, desservie par voie maritime et voie aérienne, est une porte d'entrée pratique en Corse.
- Vu la configuration du réseau routier corse, les distances ne s'évaluent pas en kilomètres, mais en heures de route.
- N'espérez pas capter la radio durant vos déplacements en voiture : le relief rend la transmission des ondes très difficile.
- L'avant-saison (d'avril à juin) et l'arrière-saison (septembre-octobre) sont des périodes idéales pour profiter de l'île.
- La plupart des établissements touristiques démarrent la saison à Pâques et ferment début octobre.
- La demi-pension est parfois obligatoire dans les hôtels en juillet et août.

(1 cm = 2,5 km), d'un format pratique, donne une image claire du réseau routier de l'île. Elle existe également en version "minicarte" (n° MR19), qui se glisse facilement dans une poche. Michelin édite pour sa part une carte routière au 1/150 000 (n° 345).

Plus détaillées et largement diffusées sur l'île, les 2 cartes IGN de la série Top 100 (n° 73 Bastia-Corte et n° 74 Ajaccio-Bonifacio) au 1/100 000 (1 cm = 1 km) permettent de mieux appréhender le relief. L'IGN édite également 19 cartes au 1/25 000 (1 cm = 250 m), très précises et couvrant toute l'île, destinées aux randonneurs (n° 4149OT à 4352OT). Reportez-vous au chapitre *Randonnée*, p. 287. Les cartes de l'IGN sont notamment disponibles sur le site www.ign.fr.

À de rares exceptions près, tous les offices du tourisme proposent gratuitement des cartes plus ou moins détaillées des villes et des localités qui les bordent.

Climat

Le climat corse ? Un vrai bonheur, en toute saison ! Bénie soit cette île qui bénéficie d'un climat méditerranéen, caractérisé par sa sécheresse estivale, son ensoleillement, et des températures presque toujours clémentes (moyenne annuelle : 12°C). L'île compte en moyenne 2 800 heures de soleil par an, contre 1 800 à Paris, Ajaccio battant le record avec 2 900 heures. La température dépasse souvent 25°C de juin à septembre et frise 30°C durant les mois les plus chauds. Il fait parfois plus de 35°C en juillet et en août. Selon les statistiques de Météo France (centre d'Ajaccio), le mercure franchit la barre des 30°C en moyenne 12 jours dans l'année à Ajaccio et 32 jours à Corte.

Ajaccio

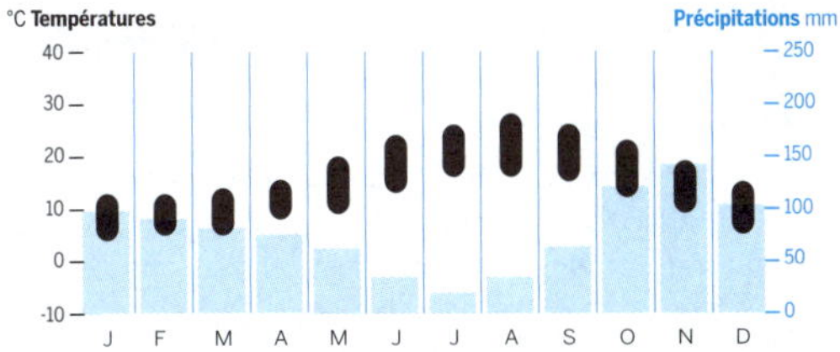

Corte

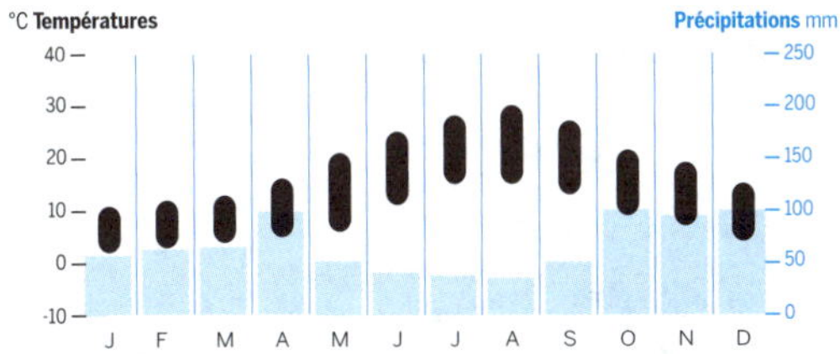

Il existe cependant des nuances, essentiellement dues au relief. Le thermomètre baisse sensiblement à mesure que l'on prend de l'altitude, et il n'est pas rare d'observer une couche de neige au-dessus de 1 600 m d'octobre à juin – un facteur dont il faut tenir compte si l'on fait de la randonnée dans l'intérieur de l'île. Quand la chaleur est oppressante sur la côte, elle est généralement nettement plus supportable dans les villages de l'intérieur.

Les avant et arrière-saisons sont très belles, avec 14°C en moyenne et des maximales pouvant atteindre 20°C d'octobre à mars. La pluviosité la plus importante intervient durant les trois derniers mois de l'année, lorsque les orages et les crues peuvent être très violents. Les précipitations, minimes en juillet, sont parfois abondantes en automne. Les côtes sont relativement épargnées par les précipitations ; il pleut surtout sur le relief. L'hiver est souvent rigoureux en montagne et la neige s'accroche toute l'année à quelques sommets de l'île. Corte compte en moyenne 30 jours de gel par an, contre 11 à Ajaccio et 3 à Bastia.

Les vents les plus habituels sont le libecciu, sec et doux (surtout en Haute-Corse), et la tramontane, qui descend du nord en hiver. Le sirocco, chaud et humide, remonte parfois du sud-est. Le cap Corse et les bouches de Bonifacio sont les points les plus ventés (sur le cap Corse, les pointes de 190 km/h ne sont pas rares).

Quant à la température de la mer, elle dépasse fréquemment les 25°C en été et descend rarement en dessous de 14°C. Avis aux amateurs de baignade...

MÉTÉO FRANCE

Météo France (☎3250 ; http://france.meteofrance.com) propose des prévisions, département par département, pour les 9 jours à venir. Vous pouvez aussi accéder directement aux différents bulletins de la région Corse en appelant le ☎08 99 71 02 20 (1,35 €/appel + 0,34 €/min).

POUR LES VISITEURS ÉTRANGERS

Argent

Avec l'apparition de l'euro, les bureaux de change sont devenus rares sur l'île et vous n'en trouverez aucun dans les aéroports. Installés dans les villes touristiques du littoral, certains pratiquent des commissions exagérées. Mieux vaut passer par l'intermédiaire des banques.

Les banques, bureaux de change et bureaux de poste acceptent souvent les chèques de voyage.

Heure locale

La Corse vit à la même heure que le continent. L'île a donc 1 heure (hiver) ou 2 heures (été) d'avance par rapport à l'heure de Greenwich.

Lorsqu'il est 14h en Corse, il est 8h à Montréal. L'heure est la même en Corse, en Suisse et en Belgique.

Formalités et visas

L'entrée en Corse est soumise aux mêmes conditions que toute autre région française. À ce titre, les Belges et les Suisses n'ont pas besoin de visa pour une période maximale de 90 jours. Les Canadiens peuvent également séjourner 90 jours sans visa (limité à 2 séjours de 90 jours par an).

Les permis de conduire délivrés dans les pays membres de l'Union européenne, en Suisse et au Canada sont valables pour circuler en Corse.

Pour plus de précisions, ou pour d'autres nationalités, reportez-vous au site officiel du ministère des Affaires étrangères français : www.diplomatie.gouv.fr

Ambassades et consulats étrangers en Corse

La Suisse est le seul pays francophone à disposer d'un consulat honoraire sur l'île. Pour la Belgique et le Canada, adressez-vous à leurs représentations respectivement à Nice et à Paris.

» **Consulat de Suisse** (☎04 95 21 28 43 ; 38 cours Lucien-Bonaparte, 20000 Ajaccio)

» **Consulat de Belgique** (☎04 93 87 79 56 ; 5 rue Gabriel-Fauré, 06000 Nice)

» **Ambassade du Canada** (☎01 44 43 29 00 ; www.amb-canada.fr ; 35 avenue Montaigne, 75008 Paris)

Ambassades et consulats de France à l'étranger

Belgique

» **Ambassade** (☎02 548 87 11 ; www.ambafrance-be.org ; rue Ducale, 65, 1000 Bruxelles)

» **Consulat** (☎02 548 88 11 ; bd du Régent, 42, 1000 Bruxelles)

Canada

» **Ambassade** (☎0613 789 17 95 ; www.ambafrance-ca.org ; 42 Sussex Drive, Ottawa, Ontario K1M 2C9)

» **Consulats** Montréal (☎0514 878 43 85 ; www.consulfrance-montreal.org ; 1501 McGill Collège, 10e étage, bureau 1000, Montréal (QC) H3A 3M8) ; Québec (☎0418 266 25 00 ; www.consulfrance-quebec.org ; 25 rue Saint-Louis, Québec (QC) G1R 3Y8).

Suisse

» **Ambassade** (☎031 359 21 11 ; www.ambafrance-ch.org ; Schosshaldenstrasse 46, BP 300, 3006 Berne).

» **Consulat général** (☎022 319 00 00 ; www.consulfrance-geneve.org ; 2 cours des Bastions, 1205 Genève). Service des visas au 15 rue Guillaume-de-Marcossay (☎0900 847 237).

Désagréments et dangers

Le principal danger est la conduite automobile : les routes sont particulièrement sinueuses et les automobilistes corses peu patients lorsqu'ils sont ralentis par des visiteurs appréciant le paysage à 40 km/h (on peut les comprendre...). En montagne, du bétail peut par ailleurs surgir à tout moment devant votre capot. Ne vous laissez pas trop distraire par les paysages et ne quittez pas la route des yeux.

Les vols restent très rares sur l'île. Évitez cependant de laisser des objets en évidence dans votre véhicule (à plus forte raison si elle est immatriculée sur le continent). Sachez que les touristes n'ont jamais été la cible d'attentats nationalistes.

Le racisme à l'égard des Nord-Africains est devenu préoccupant. Plusieurs actes racistes ont été perpétrés ces dernières années.

Douane

La Corse fait partie intégrante du territoire douanier de l'Union européenne. Les dispositions en vigueur dans les autres pays de l'Union s'appliquent donc sur l'île. Il est notamment possible d'y importer depuis un pays non membre de l'UE un maximum de 200 cigarettes, 2 litres de vin (ou autre boisson alcoolisée de moins de 22°) et un litre d'alcool (titrant plus de 22°).

Les aéroports corses ne possèdent aucune boutique hors taxes.

Les plaisanciers arrivant de l'étranger (hors UE) doivent se présenter à la capitainerie du port de débarquement. Les services des douanes viennent habituellement à bord.

Enfants

La famille étant une valeur culte de la société locale, les enfants sont les bienvenus. L'île ne présente aucun danger pour les plus jeunes, même les bébés, et leur propose de nombreuses activités sportives, tant au bord de la mer (écoles de voile, de planche à voile, etc.) qu'à la montagne (parcours aventure, balades à dos d'âne, etc.). De nombreux hôtels installent des lits supplémentaires à la demande, et la majorité des agences de location de voitures pourra vous fournir des sièges auto, parfois gratuitement. La plupart des hébergements consentent des réductions pour les enfants (généralement 50% du tarif plein jusqu'à 12 ans) et certains restaurants offrent des menus enfant.

Vous trouverez sur place des couches (de toutes marques), de l'eau minérale, de nombreux médecins et tout ce dont vous pourriez avoir besoin. Méfiez-vous néanmoins des incidents liés à la mer et à la chaleur. En été, prévoyez une protection contre le soleil : écran total à renouveler plusieurs fois par jour et chapeau sont impératifs. Faites boire votre enfant fréquemment, même s'il joue sur le rivage. Préférez les plages surveillées et gardez un œil sur vos enfants lorsqu'ils sont dans une piscine.

Vous trouverez des suggestions d'activités regroupées dans un tableau en début de chaque chapitre régional. Pour les parents souhaitant voyager léger, **A Casetta** (06 29 18 13 42 ; www.acasetta.fr ; Lieu dit Teghia 20 230 Canale di Verde) loue du matériel de puériculture (lit, poussette, babycook...) que l'on peut prendre sur place ou qui nous est livré, moyennant un surcoût, aux différents aéroports de l'île.

Handicapés

Avec ses ruelles en pente ou pavées, ses escaliers et autres obstacles causés par le relief montagneux, la Corse n'est pas sans poser problème aux personnes se déplaçant en fauteuil roulant. Rien n'est perdu pour autant. Les délégations départementales en Corse de l'**Association des paralysés de France** (APF ; ☎04 95 20 75 33 ; 19 bis rue du Dr Dell-Pellegrino, 20090 Ajaccio ; ☎04 95 30 86 01 ; Immeuble San Petru, Bât. A, route Impériale, 20600 Bastia) s'efforcent d'orienter dans leurs recherches les visiteurs à mobilité réduite ayant une demande particulière. Au niveau national, **APF-Évasion** (www.apf.asso.fr) organise parfois des séjours en Corse, en général dans la région d'Ajaccio.

Les compagnies aériennes facilitent l'accès des avions et des aéroports aux handicapés. Les ferries et les NGV des transporteurs maritimes disposent chacun de quelques cabines accessibles en fauteuil roulant. Dans un cas comme dans l'autre, vous devrez faire votre demande à l'avance auprès des compagnies.

Des efforts ont été faits et les centres-villes de Bastia, d'Ajaccio, de Bonifacio, de Porto-Vecchio, de Propriano, de L'Île-Rousse et, dans une moindre mesure, de Sartène sont globalement accessibles, tout comme la majorité des musées de l'île.

Hébergement

Les hébergements abondent, mais la qualité n'est pas toujours au rendez-vous. Si la Corse compte un nombre grandissant d'adresses récentes et agréables, elles cohabitent en effet avec de nombreux hôtels de catégorie moyenne assez anciens, à la décoration d'un autre âge.

Autre caractéristique : la forte élasticité des prix selon la saison. Ainsi, il n'est pas rare qu'une chambre coûte deux, voire trois fois plus cher en août qu'en basse saison ! Sachez aussi que la plupart des établissements ferment de novembre à mars, faute de clients. Vous trouverez de bonnes opportunités, à des tarifs très raisonnables, en avant et en arrière-saison (avril-juin et septembre-octobre).

Campings

La Corse dispose d'un vaste réseau de campings, de qualité variable. Certains sont de simples terrains équipés de sanitaires mal entretenus, d'autres proposent des services dignes des meilleurs hôtels : piscine, activités sportives, salle de remise en forme, etc. En montagne, la plupart des refuges disposent d'une aire de bivouac réservée aux campeurs.

Le "camping à la ferme" est une formule originale et bon marché : on plante sa tente sur une parcelle d'une exploitation agricole, près de la bâtisse principale. On doit alors se contenter d'infrastructures plutôt limitées, que compense souvent la possibilité d'acheter directement les produits de l'exploitation.

Chambres d'hôtes

De plus en plus appréciées, les chambres d'hôtes se multiplient, mais leur nombre reste encore relativement limité par rapport à d'autres régions touristiques françaises (sans doute n'est-il pas dans la tradition corse de recevoir chez soi des personnes étrangères à la famille...). Généralement installées près des sites touristiques, dans un environnement attrayant et calme, elles constituent la meilleure manière d'appréhender la Corse.

Ici encore, les prestations varient énormément. Si la majorité des chambres d'hôtes présentent un bon niveau de confort et de propreté, elles se différencient énormément côté décoration et cachet. Certaines chambres d'hôtes de luxe sont de vrais palaces, d'autres sont de simples constructions récentes, sans âme ni caractère. La plupart sont affiliées au réseau Gîtes de France ou à son concurrent Clévacances, ce qui garantit le respect de normes de sécurité et de confort.

Le tarif, pour une chambre double avec petit-déjeuner, s'échelonne de 55 à 100 € environ en fonction du confort et de la saison. Certaines proposent également la table d'hôtes au dîner.

La réservation est indispensable, car les propriétaires ne sont pas toujours présents sur place. Appelez directement la chambre d'hôtes ou contactez le **Relais départemental des Gîtes de France** (☎04 95 10 06 14 ; www.gites-corsica.com ; 77 cours Napoléon, 20 000 Ajaccio) ou l'office du tourisme local. Sur place, demandez le guide régional des *Chambres et tables d'hôtes de Corse*, actualisé chaque année, qui répertorie la plupart des prestations de l'île.

Hôtels

Anciens et désuets pour les uns, modernes et sans charme pour d'autres... les hôtels corses méritent une mention "peuvent mieux faire". D'autant plus qu'ils sont en général surévalués, en haute saison, sur le littoral.

Tout ce mal étant dit, ajoutons que les hôtels de catégorie moyenne, à défaut d'avoir le moindre caractère ou de se différencier par la singularité de leur décoration ou de leurs prestations, sont en général corrects. Leurs tarifs varient selon la saison, le confort, la vue (mer ou maquis) et les équipements (TV, piscine, clim, etc.). Les hôtels de catégorie supérieure sont disséminés aux abords des stations balnéaires les plus fréquentées. Renseignez-vous, car certains pratiquent des tarifs étonnamment bas hors saison. Les hôtels de luxe et/ou de charme restent assez peu représentés mais leur nombre a tendance à augmenter depuis quelques années. Il arrive que la demi-pension soit exigée en haute saison, même si cette pratique est illégale.

De nombreux estivants adoptent la formule des villages-vacances, réservés des mois à l'avance par l'intermédiaire des tour-opérateurs. N'espérez pas y séjourner sans réservation.

Gîtes ruraux et meublés de tourisme

Les meublés de tourisme désignent des studios, des appartements et des villas équipés, loués à la semaine – une excellente formule pour ceux qui privilégient l'indépendance. Les tarifs sont très variables selon le site et la saison. Comptez une moyenne de 550 à 800 € la semaine en haute saison. On en dénombre plus de mille sur l'ensemble de l'île, dont un grand nombre sont affiliés aux Gîtes de France (voir *Chambres d'hôtes*). Demandez la brochure spécialisée (www.gites-de-france.com). Vous pouvez aussi contacter les offices du tourisme, qui possèdent la liste des hébergements locaux.

Gîtes d'étape et refuges

Destinés en principe aux randonneurs, les gîtes d'étape font également le bonheur des petits budgets, qui y trouvent une excellente alternative au camping et à l'hôtel. Ces structures, privées ou gérées par les mairies, se trouvent dans des villages traversés par des sentiers de randonnée (principalement les Mare a Mare® et les Mare e Monti®). Ils proposent un hébergement en dortoir, de capacité variable, avec des sanitaires communs. Leur niveau de confort est généralement très satisfaisant voire, pour certains, exceptionnel ! Ils sont en général situés dans des localités accessibles par la route, ce qui permet aux non-randonneurs disposant d'un véhicule de les utiliser. La demi-pension est généralement demandée en haute saison (environ 35 € par jour et par personne), mais ce n'est pas systématique.

Les refuges se trouvent pour leur part dans les zones montagneuses reculées, en premier lieu sur le parcours du GR®20. Ils sont exclusivement fréquentés par les randonneurs, car ils ne sont pas accessibles par la route, et sont mis en gérance par le PNRC. L'hébergement se fait dans des dortoirs assez rustiques. Comptez 10 € la nuitée par personne (4 € en bivouac). Les gardiens assurent en général un modeste service de restauration (assiette de fromages et de charcuterie, plat chaud, ravitaillement de base) pendant la saison.

Homosexualité

Bien que le regard de la société corse sur les gays et les lesbiennes ait évolué, la différence sexuelle ne s'affiche pas facilement sur l'île et la discrétion reste la règle. Aucun club, discothèque, restaurant gay et lesbien n'est recensé comme tel en Corse, à l'exception du bar Le Shirley, à Porto-Vecchio, qui s'affiche ouvertement gay-friendly, tout en rejetant l'idée de communautarisme homosexuel. On dit que la plage du Ricanto, proche de l'aéroport Campo dell'Oro (Ajaccio), la place de Gaulle et le jardin Romieux à Bastia, ou encore la plage d'Algajola, près de L'Île-Rousse, auraient les faveurs des gays. Créée en 2004, l'association lesbienne, gay, bi, trans de Corse, Semu Qui (corseboy2b@wanadoo.fr) organise des débats, des excursions et des soirées à thème, en partenariat avec l'association de lutte contre le sida Aiutu Corsu.

Offices du tourisme

Des offices du tourisme et des syndicats d'initiative sont implantés dans les villes et les sites touristiques. Certains ouvrent toute l'année, d'autres seulement pendant la saison touristique. Le niveau de motivation et de compétence des employés est très variable. Ici vous trouverez des professionnels passionnés et compétents, là des stagiaires ou de jeunes recrues saisonnières qui n'ont pas forcément réponse à toutes les questions et qui sont souvent débordés, ce qui est étonnant pour une destination aussi touristique. Montrez-vous compréhensif. Les brochures, disponibles en nombre, sont généralement d'excellente qualité.

De plus en plus d'offices du tourisme possèdent leur propre site Internet. Vous trouverez leurs coordonnées dans ce guide.

Organismes à connaître

L'**Agence du tourisme de la Corse** (ATC ; ☎04 9551 00 00 ; fax 04 95 51 14 40 ; www.visit-corsica.com ; 17 bd Roi-Jérôme, 20181 Ajaccio cedex 1) fournit une multitude de renseignements afin de préparer au mieux son voyage en Corse.

Le **parc naturel régional de Corse** (PNRC ; ☎04 95 51 79 10 ; fax 04 95 21 88 17 ; www.parc-naturel-corse.com ; 2 rue du Major-Lambroschini, BP 417, 20184 Ajaccio Cedex 1) est une excellente source d'informations pour les randonneurs. Son personnel aide à mieux découvrir les difficultés des parcours, les hébergements, l'approvisionnement, les cartes, etc.

La **Fédération française de randonnée pédestre** (FFRP ; ☎01 44 89 93 93 ; fax 01 40 35 85 67 ; www.ffrandonnee.fr ; 64 rue du Dessous-des-Berges, 75013 Paris) regroupe près de 1 800 associations et clubs. Très efficace, cet organisme national dispose de quelque 6 000 bénévoles pour entretenir ses sentiers.

La **Compagnie régionale des accompagnateurs en montagne** (☎04 95 48 10 43, 06 10 55 07 45 ; Syndicat intercommunal du Niolu, route de Cuccia, 20224 Calacuccia) regroupe une soixantaine de professionnels répartis sur toute l'île.

Voyager en solo

Les voyageurs solitaires devront s'attendre à quelques déconvenues, surtout dans les localités touristiques du littoral en haute saison, où tout semble avoir été pensé pour les couples et, surtout, les familles. La tarification en "simple" dans les hôtels n'est pas courante et les restaurateurs ne voient pas toujours d'un très bon œil un touriste seul s'installer en terrasse, l'estimant moins "rentable". En revanche, les prestataires habitués à la fréquentation des randonneurs sont plus habitués à ce type de clientèle et facturent les nuitées par personne.

Voyager seule

Aucun danger particulier ne menace a priori les voyageuses solitaires. La tradition de respect de la femme prévaut sur l'île, et il suffit de se promener dans les rues d'Ajaccio pour se rendre compte que les femmes corses n'ont rien à envier à celles du continent. Il n'y a donc pas de consigne particulière à respecter sur le plan vestimentaire, si ce n'est les usages que dictent la plus élémentaire des politesses.

Transports

DEPUIS/VERS LA CORSE

Voie aérienne

Aéroports et compagnies aériennes

L'île compte 4 aéroports (Bastia, Ajaccio, Calvi et Figari) récents et bien équipés. Deux compagnies, Air France et Air Corsica-CCM Airlines, assurent des dessertes régulières. Deux compagnies low cost, easyJet (pour Bastia et Ajaccio) et XL Airways (pour Figari) viennent compléter cette offre.

Les tarifs indiqués dans ces pages correspondent aux prix annoncés par les compagnies et les voyagistes au moment de la rédaction de cet ouvrage. Ils ne doivent pas être considérés comme une recommandation en faveur de tel ou tel transporteur, mais comme un support informatif lors de vos recherches personnelles.

Depuis/vers le continent

Air France et Air Corsica-CCM Airlines proposent des vols directs en partage de code de Paris, de Marseille, de Lyon ou de Nice vers Bastia, Ajaccio, Calvi et Figari. On compte de 2 à 8 vols par jour selon la ligne. En ligne régulière, un aller-retour plein tarif de Paris (ou d'une grande ville de province) vers la Corse (durée de vol 1 heure 30) coûte environ 320 € en haute saison. Sur ce prix plafond, les compagnies consentent diverses réductions, selon le profil du voyageur, les conditions d'achat du billet et les offres promotionnelles.

La compagnie low cost easyJet dessert régulièrement Bastia et Ajaccio au départ de Paris (1/j), tandis que XL Airways dessert Figari de fin mai à fin octobre.

Réservations et renseignements Air France : www.airfrance.fr

Réservations et renseignements Air Corsica : www.aircorsica.com

Réservations et renseignements easyJet : www.easyjet.fr

Réservations et renseignements XL Airways: www.xlairways.com

Depuis/vers la Belgique

Air France propose des allers-retours Bruxelles-Corse avec une escale à Lyon, Nice ou Paris. Comptez 3 heures 30 pour le trajet Bruxelles-Ajaccio et 4 heures 40 vers Bastia. Le prix moyen s'élève à 450 € l'aller-retour pour un billet acheté 3 semaines à l'avance. En haute saison, il existe des vols directs et des charters.

Gigatour – Éole (☎02 227 57 80 ; www.voyageseole.be ; 39-41 chaussée de Haecht, 1210 Bruxelles)

Depuis/vers la Suisse

Air France propose des vols vers la Corse au départ de Suisse (Genève), avec une ou deux escales. Comptez environ 450 € pour un aller-retour sur un vol régulier. En été, il existe également des liaisons charters et des vols directs, plus avantageux. Vous pouvez contacter les agences suivantes :

Tui Agence de voyages (Tui Suisse a intégré les agences de Nouvelles Frontières en Suisse ; www.tui-suisse.com ; ☎022 716 15 70, 25 rue Chantepoulet, 1201 Genève ; ☎021 321 41 11, 4 rue du Grand-Chêne, 1002 Lausanne)

STA Travel (☎058 450 48 50 ; www.statravel.ch ; 20 bd de Grancy, Lausanne)

Surveillez également les propositions des compagnies low cost qui peuvent ouvrir des lignes entre Genève et la Corse, durant l'été.

Voie maritime

Six ports corses sont desservis par mer depuis le continent : Bastia et Porto-Vecchio sur la côte est ; L'Île-Rousse, Calvi, Ajaccio et Propriano sur la côte ouest. Les navires partent de France ou d'Italie. C'est de cette dernière que l'île est la plus proche, tant en nombre de kilomètres (90 km séparent Piombino de Bastia) qu'en temps de trajet. Le trajet Livourne/Bastia ne dure ainsi pas plus de 2 heures 30 en navire à grande vitesse (NGV). Second avantage, qui découle du premier, le prix de la traversée est souvent moins élevé, d'autant qu'il existe davantage de jours "basse saison" au départ des ports italiens.

La tarification des transporteurs étant particulièrement complexe, choisissez bien votre date de départ et profitez au maximum des jours "basse saison". En raison de la saisonnalité du tourisme en Corse, il est recommandé de réserver son billet plusieurs semaines à l'avance. La réservation est même impérative plusieurs mois à l'avance si vous décidez de partir avec votre véhicule au cœur de la haute saison.

Les tarifs varient selon la période, à plus forte raison pour les véhicules. De nombreuses réductions (familles, enfants, etc.) et promotions sont régulièrement proposées. Renseignez-vous auprès de chaque transporteur. Tous les tarifs sont disponibles sur les sites Internet des compagnies maritimes.

Des taxes et droits de port, variables selon la destination, s'ajoutent au prix du billet, tant pour les passagers que pour les véhicules. Le tarif de la traversée est calculé sur la base d'un billet passager avec fauteuil. À cela peut s'ajouter une "installation" : cabine (1, 2 ou 4 passagers) ou fauteuil en salon confortable (pour les traversées nocturnes).

La durée de la traversée varie selon le type de navire (NGV ou car-ferry) et les ports d'embarquement et de débarquement. S'il faut 6 heures pour relier Bastia au port de Nice en car-ferry, 3 heures 30 suffisent pour faire le même trajet en NGV.

Quatre principales compagnies desservent la Corse :

Corsica Ferries (www.corsicaferries.com). Au départ de Toulon, de Nice, de Savone et de Livourne, liaisons avec Bastia, L'Île-Rousse, Ajaccio et Calvi.

La Compagnie méridionale de navigation (www.lameridionale.fr). Au départ de Marseille, traversées de nuit vers Ajaccio, Bastia et Propriano. La CMN assure également des rotations estivales Bastia-Rome en partenariat avec la compagnie italienne

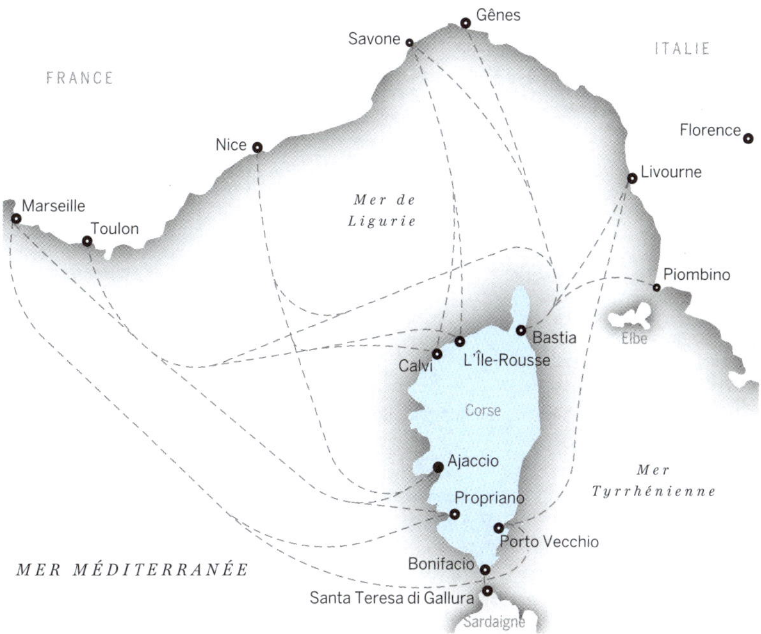

GLD Grimaldi Lines, et une liaison entre Propriano et Porto Torres, en Sardaigne.

Moby Lines (www.mobylines.fr). Liaisons avec Bastia depuis Gênes et Livourne, et avec Bonifacio depuis Santa Teresa di Gallura (Sardaigne).

SNCM (www.sncm.fr). Liaisons avec Calvi, Bastia, L'Île-Rousse, Ajaccio, Propriano et Porto-Vecchio, au départ de Marseille, de Toulon ou de Nice, et entre Propriano et Porto Torres (Sardaigne).

Citons enfin la **Saremar** (www.saremar.it), qui assure des liaisons entre Santa Teresa di Gallura (Sardaigne) et Bonifacio.

Voyages organisés

L'**Agence du tourisme de la Corse** (ATC, ☎04 95 51 00 00 ; www.visit-corsica.com) pourra vous fournir la liste des tour-opérateurs de l'île.

COMMENT CIRCULER

Bateau

À moins d'être arrivé en bateau ou d'en louer un sur place, ce mode de transport reste peu développé sur l'île. Seuls certains sites avant tout accessibles par mer, comme la plage du Lodo (près de Saint-Florent), le village de Girolata ou les îles Lavezzi, sont desservis en saison par des services touristiques. S'y ajoutent les excursions estivales, à la journée ou demi-journée, entre Porto-Vecchio et Bonifacio, entre Porto et Calvi, ou encore entre Ajaccio et la réserve de Scandola.

Les voyageurs trouvent parfois un arrangement avec les bateaux effectuant ces excursions pour ne faire qu'un aller simple. Il est ainsi théoriquement possible de joindre par mer Calvi et Porto (Girolata), Calvi et Ajaccio, ou encore Bonifacio et Porto-Vecchio. Les tarifs proposés, basés sur les prix des sorties en mer "touristiques", sont malheureusement souvent décourageants.

Louer une embarcation légère, gonflable ou semi-rigide est un bon moyen pour découvrir certaines portions du littoral de l'île. Les plaisanciers trouveront des informations sur les services proposés dans les principaux ports de l'île dans les pages régionales de ce guide.

Circuits organisés

Diverses compagnies proposent sur place des excursions en bus. Plusieurs itinéraires d'une demi-journée, d'une journée ou de 2 jours figurent par exemple au catalogue de la compagnie **Les Beaux Voyages** (☎04 95 65 11 35 ; www.lesbeauxvoyagesencorse.com), basée à Calvi, parmi lesquels la forêt de Bonifato, les vieux villages de Balagne, le golfe de Porto, le cap Corse, ou encore un tour de l'île jusqu'à Ajaccio et Bonifacio. Toujours à Calvi, l'agence **Corse Voyages** (☎04 95 65 00 47) organise des excursions à des tarifs similaires.

Au départ d'Ajaccio et de Bastia, **Ollandini Voyages** (☎04 95 21 87 08, 04 95 21 10 12 ; www.ollandini-voyages.fr), l'un des principaux tour-opérateurs corses, a une offre comparable.

Souvent, les départs ont lieu si un nombre minimal de participants sont inscrits. Les bus confortables de ces compagnies concentrent leur activité sur les mois estivaux. Mieux vaut réserver.

En stop

Fréquemment utilisé par les randonneurs, le stop permet de rejoindre des hameaux mal desservis par les transports en commun. En Corse, comme ailleurs, il comporte des risques. Il semble que le stop fonctionne assez bien en été sur le littoral. La faible circulation le rend nettement plus aléatoire sur les routes de montagne.

En règle générale, ce moyen de transport est déconseillé aux femmes voyageant seules.

Taxi

Particulièrement onéreux pour les voyageurs en solo, le taxi est parfois le seul moyen de transport disponible (notamment vers certains aéroports). On peut éventuellement se regrouper (les taxis acceptent jusqu'à 4 passagers) afin de réduire la note.

Train

Le réseau des **Chemins de fer de la Corse** (CFC ; www.ter-sncf.com/corse) assure 4 liaisons en toutes saisons : Ajaccio-Bastia, Bastia-Corte, Ajaccio-Calvi et Calvi-Bastia. Effectués par des michelines, ces itinéraires sont l'occasion de découvrir les paysages exceptionnels de l'intérieur de l'île. Le train est également un très bon moyen de voyager à prix raisonnable en Corse. Seul hic : les trajets sont longs, compte tenu des faibles distances. Le trajet Bastia-Ajaccio dure 4 heures. Mieux vaut ne pas être pressé... Dans un avenir proche, il est cependant prévu d'installer des rames qui circuleront plus rapidement sur certains tronçons et qui réduiront significativement les temps de trajet.

Une réduction de 25% est appliquée sur les allers-retours de plus de 200 km.

Afin de démontrer que le train est un véritable moyen de transport sur l'île – et pas seulement l'occasion de découvrir de beaux paysages –, la SNCF et les

CFC proposent la "Carte Zoom". Pour 48 €, elle permet la libre circulation sur l'ensemble du réseau corse pendant 7 jours consécutifs.

Le transport d'une bicyclette revient à 18 € quel que soit le trajet.

Les principales gares desservies sont les suivantes (pour les horaires, variables, le mieux est de consulter le site Internet de la CFC) :

Bastia-Ajaccio

Itinéraire : Bastia/Biguglia/Casamozza/Ponte-Novo/Ponte-Leccia/Francardo/Corte/Venaco/Vivario/Vizzavona/Bocognano/Ajaccio
Quatre liaisons quotidiennes (cinq liaisons pour Bastia-Corte).

Ajaccio-Calvi

Itinéraire : Ajaccio/Ponte-Leccia/'Île-Rousse/Algajola/Calvi
Deux liaisons quotidiennes (changement en correspondance à Ponte-Leccia).

Bastia-Calvi

Itinéraire : Bastia/Biguglia/Casamozza/Ponte-Novo/Ponte-Leccia/L'Île-Rousse/Algajola/Calvi
Deux liaisons quotidiennes (changement en correspondance à Ponte-Leccia).

Reportez-vous aux rubriques *Depuis/vers* dans les chapitres régionaux pour plus de précisions.

Le train des plages de la Balagne

Des michelines relient Calvi à L'Île-Rousse par la côte, desservant au passage une quinzaine de plages, dont Lumio, Sant'Ambroggio, Algajola, Davia et Bodri. Les départs ont lieu une dizaine de fois par jour dans chaque sens, entre avril et octobre. L'aller simple Calvi/L'Île-Rousse coûte 5,50 €. Il est théoriquement possible d'embarquer des vélos à bord, dans la limite des places disponibles, moyennant 18 €.

Bus

D'innombrables compagnies de bus sillonnent la Corse. Cela ne signifie pas pour autant qu'il soit aisé de se déplacer sur l'île par ce moyen de transport. D'une part parce qu'il est difficile de s'y retrouver : connaître l'intégralité des liaisons desservant tel ou tel lieu relève parfois de la gageure, un grand nombre de compagnies n'assurant qu'une seule ligne. D'autre part parce que beaucoup de liaisons sont rares (1 ou 2/j, souvent tôt le matin) ou saisonnières.

Vous devriez cependant pouvoir rejoindre en bus la majorité des localités de l'île en été, à l'exception des villages de montagne les plus reculés. Le réseau est nettement moins complet hors saison. En hiver, certains services sont regroupés avec le ramassage scolaire et l'acheminement du courrier.

Les bus circulant sur les grands axes sont généralement modernes et confortables. Ceux qui desservent les localités de moindre taille sont plus petits et moins rapides.

Les tarifs sont relativement élevés compte tenu des faibles distances parcourues (un trajet revient en moyenne à 0,15 €/km). Ils s'expliquent par la saisonnalité de la demande.

Les billets doivent en général être achetés directement auprès du chauffeur, à bord du bus. Il est néanmoins préférable de vérifier les horaires et de réserver vos billets dans les villes qui disposent de gares routières.

Reportez-vous aux rubriques *Depuis/vers* dans les chapitres régionaux pour plus de précisions et les coordonnées des transporteurs.

Vélo

La chaleur estivale et le relief font du cyclisme une activité assez difficile à pratiquer en Corse. Néanmoins, les "grimpeurs" connaîtront de véritables joies à se retrouver dans la montagne corse. Plusieurs prestataires louent des VTT entre 12 et 20 € par jour (les tarifs sont généralement dégressifs à partir de 3 jours).

Reportez-vous à l'encadré *La Corse à vélo*, p. 148.

Voiture et moto

La voiture et la moto sont sans conteste les meilleurs moyens de circuler sur l'île. Certains choisissent de venir en Corse avec leur propre véhicule. Si tel n'est pas votre cas, vous pourrez avoir recours aux multiples sociétés de location implantées sur place. Plus rares sont les compagnies proposant des locations de motos ou de scooters.

Pour des raisons d'assurance, il est souvent impossible de louer un véhicule à Nice ou à Marseille et de l'embarquer sur un ferry à destination de la Corse. Cette formule s'avère de toute façon peu intéressante compte tenu des tarifs pratiqués sur l'île.

Location

C'est dans les aéroports, où sont représentées les sociétés de location les plus importantes, que vous aurez le plus grand choix. Elles proposent en général des véhicules neufs ou récents. Leurs tarifs incluent une assurance tous risques et un kilométrage illimité, du fait de la taille de l'île. L'empreinte de votre carte de crédit (indispensable en cas de location) fait office de caution. Si votre responsabilité est engagée dans un accident, c'est à votre retour seulement que le montant de la franchise sera débité (en partie ou entièrement, généralement entre 600 et 800 €). Une assurance supplémentaire de 11 à 16 € par jour vous permet d'annuler la franchise.

N'hésitez pas à faire jouer la concurrence entre les loueurs. En fonction de la demande, vous pourrez alors obtenir un siège enfant, un véhicule de taille supérieure, voire une journée de location supplémentaire pour le même prix. Il est également possible d'éviter de payer la taxe s'appliquant à toute location dans les aéroports. Il est difficile de donner des indications tarifaires. Les prix dépendent de la saison, de la catégorie du véhicule, du nombre de jours de location, et il n'est pas rare que dans une même semaine les prix évoluent chez un même loueur. En règle générale, attendez-vous à payer entre 230 et 350 € la location d'un véhicule de catégorie A (3 portes, 4 places) pour une semaine. Le tarif pour une journée varie de 60 à 90 €.

Faites le tour de toutes les agences pour faire jouer la concurrence. Vous pouvez également contacter, avant le départ, les courtiers par internet, comme **Corse Easy Car** (www.corseasycar.com), **Autoescape** (www.autoescape.com), **Elocationdevoiture** (www.elocationdevoiture.fr), qui proposent généralement des tarifs plus avantageux.

Conditions de circulation

Soyez particulièrement attentif à votre conduite en Corse : les routes sont sinueuses, vous risquez à tout moment de croiser du bétail errant sur la route, et certains conducteurs insulaires sont pressés et impatients. Si un automobiliste vous talonne sur une route difficile (dont il a peut-être plus l'habitude que vous), n'hésitez pas à lui permettre de vous doubler dès que possible, vos nerfs en seront soulagés...

Essence

Surveillez également votre jauge de carburant. Certaines routes sont mal approvisionnées : de petites routes bien sûr, telles que celles de la Castagniccia ou des montagnes du Centre, mais aussi certains tronçons de route nationale. Ainsi, celui qui relie Ajaccio et Porto (80 km) ne comporte qu'une seule station à essence à Cargèse.

Les coordonnées des principaux loueurs de voitures sont les suivantes :

Ada
Aéroport d'Ajaccio : ☎04 95 23 56 57
Aéroport de Bastia : ☎04 95 54 55 44
Aéroport de Calvi : ☎04 95 60 59 96
www.ada.fr

Avis
Aéroport d'Ajaccio : ☎04 95 23 56 90
Aéroport de Bastia : ☎04 95 54 55 46
Aéroport de Calvi : ☎04 95 65 88 38
www.avis.fr

Budget
Aéroport d'Ajaccio : ☎04 95 23 57 21
Aéroport de Bastia : ☎04 95 30 05 04/05
www.budget.fr

Europcar
Aéroport d'Ajaccio : ☎04 95 23 57 01
Aéroport de Bastia : ☎04 95 30 09 50
Aéroport de Calvi : ☎04 95 65 10 19
www.europcar.fr

Hertz
Aéroport d'Ajaccio : ☎04 95 23 57 04
Aéroport de Bastia : ☎04 95 30 05 00
Aéroport de Calvi : ☎04 95 65 88 36, 04 95 65 02 96
www.hertzcorse.com

National Citer
Aéroport d'Ajaccio : ☎04 95 23 57 15
Aéroport de Bastia : ☎04 95 36 07 85
Aéroport de Calvi : ☎04 95 65 16 06
www.citer.fr

Sixt
Aéroport d'Ajaccio : ☎04 95 72 26 35
Aéroport de Bastia : ☎04 95 54 54 70
www.sixt.fr

	Ajaccio	Bastia	Bonifacio	Calvi	Corte	Porto-Vecchio	Sartène
Bastia	154						
Bonifacio	136	170					
Calvi	176	92	240				
Corte	84	70	148	92			
Porto	82	134	220	81	88		
Porto-Vecchio	164	142	28	212	120	220	
Sartène	84	178	54	262	162	154	64

En coulisses

VOS RÉACTIONS ?

Vos commentaires nous sont très précieux et nous permettent d'améliorer constamment nos guides. Notre équipe lit toutes vos lettres avec la plus grande attention. Nous ne pouvons pas répondre individuellement à tous ceux qui nous écrivent, mais vos commentaires sont transmis aux auteurs concernés. Tous les lecteurs qui prennent la peine de nous communiquer des informations sont remerciés dans l'édition suivante, et ceux qui nous fournissent les renseignements les plus utiles se voient offrir un guide.

Pour nous faire part de vos réactions, prendre connaissance de notre catalogue et vous abonner à Comète, notre lettre d'information, consultez notre site web : **www.lonelyplanet.fr**

Nous reprenons parfois des extraits de notre courrier pour les publier dans nos produits, guides ou sites web. Si vous ne souhaitez pas que vos commentaires soient repris ou que votre nom apparaisse, merci de nous le préciser. Pour connaître notre politique en matière de confidentialité, connectez-vous à : **www.lonelyplanet.fr/confidentialite/index.cfm**

À NOS LECTEURS

Nous remercions vivement les lecteurs qui ont utilisé la précédente édition et qui ont pris la peine de nous écrire pour nous communiquer informations, commentaires et anecdotes :
Gérald Baudry, Laure-Anne Billot, Monique Bosc, Délia Cauchoix, Bénédicte Dulin, Muriel Girardin, Anne Reversez, Élodie Segura , Pascal Tanchoux .

UN MOT DES AUTEURS

Jean-Bernard Carillet

Un grand merci à toute l'équipe éditoriale pour le travail de titan accompli lors de la réalisation de cette nouvelle maquette : Didier, Isabelle, Laurence et Martine, ainsi que Nicolas. Un coup de chapeau tout particulier à Isabelle, l'éditrice de ce guide, qui a veillé avec talent, rigueur et professionnalisme à la montée en graine de cette remise à jour.

Sur place, je remercie spécialement Claude Albert, qui a également œuvré à la dynamique de cet ouvrage, et m'a gentiment accueilli dans son Ghjunsani d'adoption. À tous les Corses que j'ai croisés pendant mon travail, un grand *Pace e salute !*

Olivier Cirendini

Un grand merci et un fraternel salut à ceux qui m'ont aidé dans la réalisation de ce livre, par leurs connaissances et – ce qui est au moins aussi important – leur bonne humeur : Monique, Nadine et Dominique, les habitants de l'Alta Rocca en général, Xavier Lorenzi, Claude Albert, Olivier à Penta-di-Casinca, Dominique à Verdèse, Noël à Bonifacio, Jean-Paul Quilici. Sans oublier tous ceux qui, depuis maintenant douze ans, ont permis au fil des éditions d'améliorer sans cesse ce livre. *Pace e salute !*

Emmanuel Dautant

"Et vous êtes qui vous ?", la question posée avec plus ou moins de tact revient souvent sur l'ile de beauté. Heureusement, si l'on se prête au jeu des devinettes on bénéficie souvent de précieux conseils et d'une hospitalité qui n'est pas un vain mot. Un grand merci donc à tous les Corses qui ont pris le temps de partager un peu de leur temps avec moi et qui sont aussi un peu auteurs de ce guide. Je n'oublie pas Christelle et son pedigree si utile dans les villages reculés de Castagniccia, les habitants de Lento qui me font régulièrement oublier que je fus un jour un "pinzut", Marie-Dominique Bartoli à Sartène pour son accueil et sa

À PROPOS DE CE LIVRE

Cet ouvrage est la 9e édition du guide *Corse*. Claude Albert et Olivier Bauer ont participé à ses éditions précédentes. Concernant le chapitre *Randonnée* et les balades, nombreux sont ceux à y avoir usé leurs semelles et leurs mines de crayon au fil des éditions.

CRÉDITS

Direction éditoriale
Didier Férat
Coordination éditoriale
Émeline Gontier
Responsable prépresse
Jean-Noël Doan
Maquette
Valérie Police
Cartographie
Martine Marmouget
Couverture
Joséphine Cormier et Jean-Noël Doan

Remerciements à Françoise Blondel pour sa contribution au texte, à Nicolas Benzoni pour son aide précieuse et à Sarah Arfaoui pour les renvois de pages. Un grand merci à Dominique Spaety et à toute l'équipe du bureau parisien. Enfin, merci à Luan Angel, Tracy Kislingbury et Mark Walsh du bureau londonien, ainsi qu'à Glenn van der Knijff, Chris Love et Craig Kilburn du bureau australien.

gentillesse et bien sûr toute l'équipe de Lonely Planet, Didier en tête. Et un dernier "big up" pour la liqueur de myrte qui remet toujours les idées en place.

REMERCIEMENTS

CRÉDITS PHOTOGRAPHIQUES

Photographie de couverture : ponton de Santa Giulia, Corse-du-Sud / ©ANTONI Georges/Hemis.

De nombreuses photographies de ce guide sont également disponibles auprès de notre agence photographique Lonely Planet Images (LPI) : www.lonelyplanetimages.com

Index

Références des cartes **en gras**

D

E

F

G

Références des cartes **en gras**

Références des cartes **en gras**

Références des cartes **en gras**

U

V

W

Z

... / ...

Art et patrimoine

Histoire

Culture et société

Gastronomie

Avec des enfants

Vie pratique

Nature et environnement

Sports et loisirs

Randonnées

Comment utiliser ce guide

Ces symboles vous aideront à identifier les différentes rubriques :

- À voir
- Activités
- Cours
- Circuits organisés
- Fêtes et festivals
- Où se loger
- Où se restaurer
- Où prendre un verre
- Où sortir
- Achats
- Renseignements/transports

Ces symboles vous donneront des informations essentielles au sein de chaque rubrique :

- Numéro de téléphone
- Horaires d'ouverture
- Parking
- Non-fumeurs
- Climatisation
- Accès Internet
- s Chambre simple
- f Chambre familiale
- Wi-Fi
- Piscine
- Végétarien
- Familles bienvenues
- Animaux acceptés
- dort Dortoir
- d Chambre double
- app Appartement
- Bus
- Ferry
- Métro
- Tramway
- Train
- ch Chambre
- tr Chambre triple
- ste Suite

Les adresses sont présentées par ordre de préférence de l'auteur.

Les pictos pour se repérer

- Les coups de cœur de l'auteur
- BON PLAN Les meilleurs rapports qualité/prix
- Les adresses écoresponsables

Nos auteurs ont sélectionné ces adresses pour leur engagement dans le développement durable – par leur soutien envers des communautés ou des producteurs locaux, leur fonctionnement écologique ou leur investissement dans des projets de protection de l'environnement.

Légende des cartes

À voir
- Centre d'intérêt
- Château
- Église/cathédrale
- Monument
- Musée/galerie
- Mosquée
- Plage
- Ruines
- Synagogue
- Vignoble
- Zoo

Activités
- Plongée/snorkeling
- Canoë/kayak
- Ski
- Surf
- Piscine/baignade
- Randonnée
- Planche à voile
- Autres activités

Se loger
- Hébergement
- Camping

Se restaurer
- Restauration

Prendre un verre
- Bar
- Café

Sortir
- Spectacle

Achats
- Magasin

Renseignements
- Poste
- Point d'information

Transports
- Aéroport/aérodrome
- Poste frontière
- Bus
- Téléphérique/funiculaire
- Piste cyclable
- Ferry
- Métro
- Monorail
- Parking
- S-Bahn
- Taxi
- Train/rail
- Tramway
- Tube
- U-Bahn
- Autre moyen de transport

Routes
- Autoroute à péage
- Autoroute
- Nationale
- Départementale
- Cantonale
- Chemin
- Route non goudronnée
- Rue piétonne
- Escalier
- Tunnel
- Passerelle
- Promenade à pied
- Promenade à pied (variante)
- Sentier

Limites et frontières
- Pays
- Province/État
- Contestée
- Région/banlieue
- Parc maritime
- Falaise/escarpement
- Rempart

Population
- Capitale (pays)
- Capitale (État/province)
- Grande ville
- Petite ville/village

Géographie
- Refuge/gîte
- Phare
- Point de vue
- Montagne/volcan
- Oasis
- Parc
- Col
- Aire de pique-nique
- Cascade

Hydrographie
- Rivière
- Rivière intermittente
- Marais/mangrove
- Récif
- Canal
- Eau
- Lac asséché/salé/intermittent
- Glacier

Topographie
- Plage/désert
- Cimetière (chrétien)
- Cimetière (autre religion)
- Parc/forêt
- Terrain de sport
- Site (édifice)
- Site incontournable (édifice)

LES GUIDES LONELY PLANET

Une vieille voiture déglinguée, quelques dollars en poche et le goût de l'aventure, c'est tout ce dont Tony et Maureen Wheeler eurent besoin pour réaliser, en 1972, le voyage d'une vie : rallier l'Australie par voie terrestre via l'Europe et l'Asie. De retour après un périple harassant de plusieurs mois, et forts de cette expérience formatrice, ils rédigèrent sur un coin de table leur premier guide, Across Asia on the Cheap, qui se vendit à 1 500 exemplaires en l'espace d'une semaine. Ainsi naquit Lonely Planet, qui possède aujourd'hui des bureaux à Melbourne, Londres et Oakland, et emploie plus de 600 personnes. Nous partageons l'opinion de Tony, pour qui un bon guide doit à la fois informer, éduquer et distraire.

NOS AUTEURS

Jean-Bernard Carillet

Passionné par les îles, qu'il explore dans toutes les mers du globe, Jean-Bernard prend un plaisir toujours renouvelé à sillonner la Corse, l'une de ses destinations préférées. Toutes les facettes de l'île l'ont conquis : les paysages, la vitalité culturelle, les villages, les festivals, la gastronomie, les activités sportives... Sa région préférée ? Il hésite entre l'Alta Rocca et le cap Corse.
Journaliste et photographe spécialisé dans l'univers du voyage, Jean-Bernard travaille régulièrement pour Lonely Planet et collabore à une dizaine de titres dans la presse magazine, en France et à l'étranger.

Olivier Cirendini

"Votre nom, c'est italien, non ?" Cette question, Olivier l'a entendue souvent. Et chaque fois il a répondu la même chose : "Non, c'est corse." Constatant que le nom de cette île déclenchait des réactions diverses auprès de ses contemporains, ce natif de Paris a fini par avoir envie d'aller y jeter un œil. Journaliste et photographe, Olivier collabore régulièrement aux pages Voyage de plusieurs titres de la presse magazine. Il a signé de nombreux titres de la collection Lonely Planet en français, notamment Madagascar, Marrakech, Québec et Réunion et Maurice. Cette édition marque le douzième anniversaire de la version originale de ce livre, qu'il avait en grande partie rédigée.

Emmanuel Dautant

Après des études à Lyon et plusieurs expériences de vie à l'étranger, il s'installe à Marseille au bord de la Méditerranée où il devient rédacteur en chef d'un magazine de tourisme. Aujourd'hui journaliste et photographe indépendant pour la presse écrite et l'édition, il a collaboré à de nombreux guides touristiques dont les éditions *Provence* et *Côte d'Azur* des guides Lonely Planet. Amoureux des terres escarpées qu'il adore explorer à pied, il s'embarque fréquemment pour la Corse. La faute à une compagne aux yeux noirs, avec un faible pour la vallée du Niolo, l'Alta Rocca et le golfe de Porto.

Corse

9e édition

Dépôt légal Mars 2012
ISBN 978-2-81611-967-1
Imprimé par IME (Imprimerie Moderne de l'Est), Baumes-les-Dames, France

MIXTE
Issu de sources responsables
FSC www.fsc.org FSC® C003309

En Voyage Éditions | un département place des éditeurs